Excel 2013

Die Anleitung in Bildern

von

Petra Bilke und Ulrike Sprung

Vierfarben

Sie haben Fragen, Wünsche oder Anregungen zum Buch?
Gerne sind wir für Sie da:

Anmerkungen zum Inhalt des Buches: vaclav.demling@vierfarben.de
Bestellungen und Reklamationen: service@vierfarben.de
Rezensions- und Schulungsexemplare: thomas.losch@vierfarben.de

An diesem Buch haben viele mitgewirkt, insbesondere:

Lektorat Vaclav Demling
Korrektorat Angelika Glock, Ennepetal
Herstellung Kamelia Brendel
Einbandgestaltung Sabine Reibeholz
Coverentwurf Daniel Kratzke
Typographie und Layout Vera Brauner
Satz Tilly Mersin
Druck aprinta druck, Wemding

Gesetzt wurde dieses Buch aus der Linotype Syntax (10,25 pt/14,25 pt) in Adobe InDesign CS6. Und gedruckt wurde es auf mattgestrichenem Bilderdruckpapier (115 g/m²). Hergestellt in Deutschland.

Bibliografische Information der Deutschen Nationalbibliothek
Die Deutsche Nationalbibliothek verzeichnet diese Publikation in der Deutschen National-bibliografie; detaillierte bibliografische Daten sind im Internet über http://dnb.d-nb.de abrufbar.

ISBN 978-3-8421-0074-9

1. Auflage 2013
© Vierfarben, Bonn 2013
Vierfarben ist ein Verlag der Galileo Press GmbH
Rheinwerkallee 4, D–53227 Bonn
www.vierfarben.de

Der Verlagsname Vierfarben spielt an auf den Vierfarbdruck, eine Technik zur Erstellung farbiger Bücher. Der Name steht für die Kunst, die Dinge einfach zu machen, um aus dem Einfachen das Ganze lebendig zur Anschauung zu bringen.

Liebe Leserin, lieber Leser,

ob im Beruf, im Verein oder im Privatleben – das Tabellenkalkulationsprogramm Excel kann Ihnen in vielen Fällen Arbeit abnehmen. Sie können damit nicht nur Kalkulationen erstellen oder Umsatzzahlen veranschaulichen, sondern etwa auch Telefonlisten oder Ihre DVD-Sammlung verwalten.

Doch Excel wirkt mit seinen vielen Formeln und Funktionen oft abschreckend und man weiß oft nicht, wie man zum Ziel gelangt. Hier setzen nun Petra Bilke und Ulrike Sprung an: Die erfahrenen Excel-Trainerinnen zeigen Ihnen ganz konkret und anhand praktischer Beispiele, wie Sie Daten eingeben, Formeln und Funktionen nutzen, Diagramme gestalten und Ihre Ergebnisse ausdrucken – Schritt für Schritt und immer am Bild. Sie erklären Ihnen die Grundlagen und alle wichtigen Fachbegriffe, sodass Sie Excel bald sicher im Griff haben. Als Bonus haben die beiden Autorinnen praktische Vorlagen für Sie vorbereitet, die Sie auf unsere Website finden und auf die Sie Ihre Arbeit aufbauen können.

Dieses Buch wurde mit größter Sorgfalt geschrieben und hergestellt. Leider sind vereinzelte Fehler dennoch nie ganz auszuschließen. Sollten Sie einen Fehler bemerken oder aber eine wichtige Information vermissen, können Sie mir gerne schreiben. Über Lob freue ich mich genauso wie über Kritik. Doch nun wünsche ich Ihnen viel Freude beim Lesen!

Ihr Vaclav Demling
Lektorat Vierfarben

vaclav.demling@vierfarben.de

Inhalt

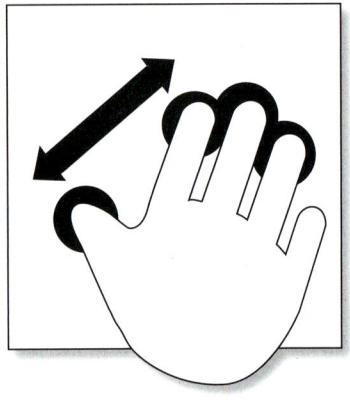

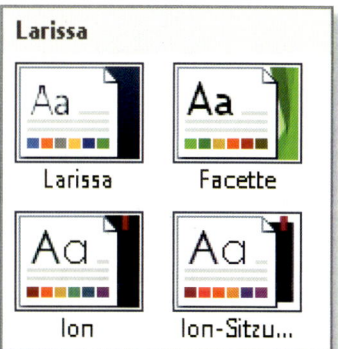

Inhalt

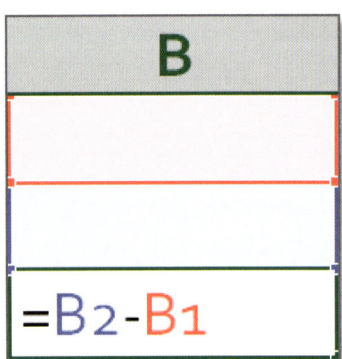

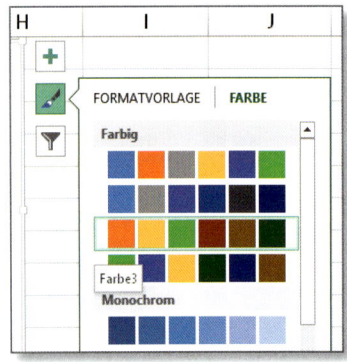

Inhalt

Kapitel 1
Ein erster Überblick

Aller Anfang ist schwer – jedoch nicht mit diesem Buch. Wir fangen erst einmal klein an, denn auch die Grundlagen wollen gewusst sein. In diesem Kapitel geht es also zunächst darum, sich im Programm zurechtzufinden: Wie öffnen Sie Excel, wo finden Sie die Funktionen, die Sie brauchen, und welche kleinen Extras erleichtern Ihnen die Arbeit?

Menüband

Das Menüband ❶, das oben am Bildschirm zu sehen ist, enthält fast alle Befehle, die Excel Ihnen zum Bearbeiten Ihrer Daten bietet. Diese Befehle sind auf Registerkarten sowie in Gruppen sortiert. Je nachdem, woran Sie gerade arbeiten, sind unterschiedliche Teile des Menübands relevant.

Kontextmenüs

Damit Sie nicht immer im Menüband suchen müssen, gibt es die sogenannten *Kontextmenüs* ❷. Sie erscheinen, wenn Sie z. B. eine Zelle auf dem Tabellenblatt mit der rechten Maustaste anklicken, und enthalten Befehle, die zu dieser Zelle bzw. ihrem Inhalt passen.

Shortcuts und Smarttags

Wenn es noch schneller gehen soll, können Sie Tastaturkürzel (*Shortcuts*) oder *Smarttags* ❸ nutzen, die Excel Ihnen zu bestimmten Aktionen anbietet. Hier wurde das Wort »Beispieltext« mithilfe des Kontextmenüs kopiert und per Shortcut ([Strg] + [V]) in eine andere Zelle eingefügt. Excel bietet daraufhin ein Smarttag mit speziellen Einfügeoptionen an.

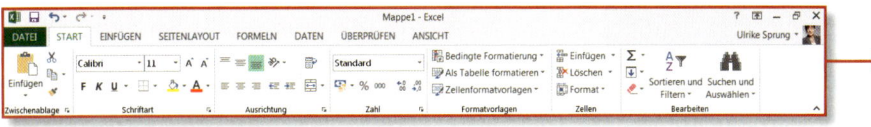

Auf dem Menüband finden Sie alle wichtigen Befehle zum Bearbeiten einer Tabelle, und zwar sortiert in Registerkarten.

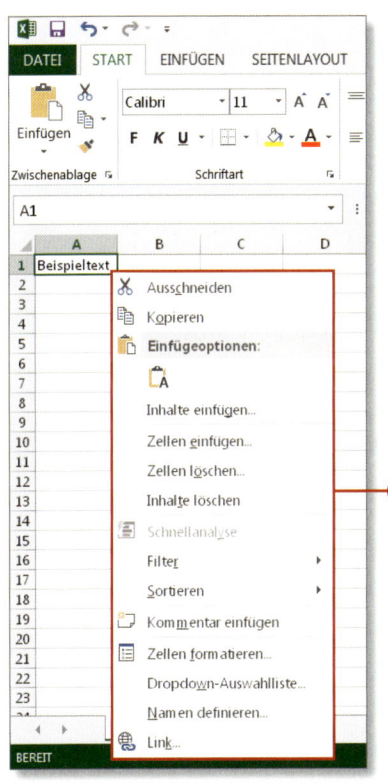

Kontextmenüs ersparen Ihnen viele unnötige Umwege.

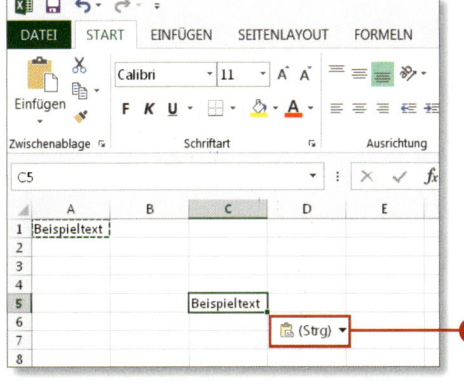

Noch schneller geht es mit Tastenkürzeln, Shortcuts und Smarttags.

Excel starten und beenden

Sie können mit Excel Zahlen systematisch und schnell berechnen, auswerten und grafisch darstellen. In diesem Abschnitt zeigen wir Ihnen, wie Sie das Programm starten und beenden.

Schritt 1

Um Excel zu starten, klicken Sie auf dem Startbildschirm von Windows 8 auf die entsprechende Kachel, die Sie rechts neben den Standardkacheln sehen.

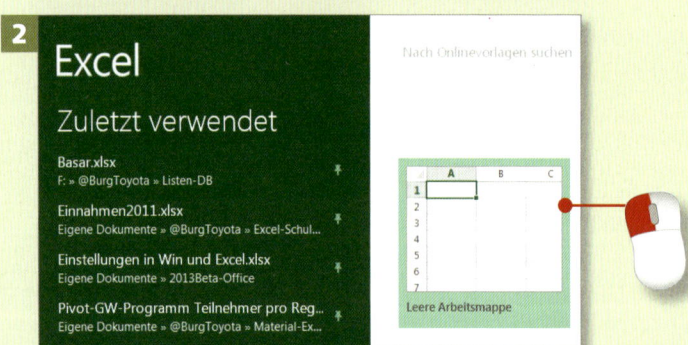

Schritt 2

Excel startet mit einem Dialogfenster und bietet eine Auswahl an Vorlagen für Ihre neue Tabelle. Klicken Sie z. B. auf die Vorlage **Leere Arbeitsmappe**.

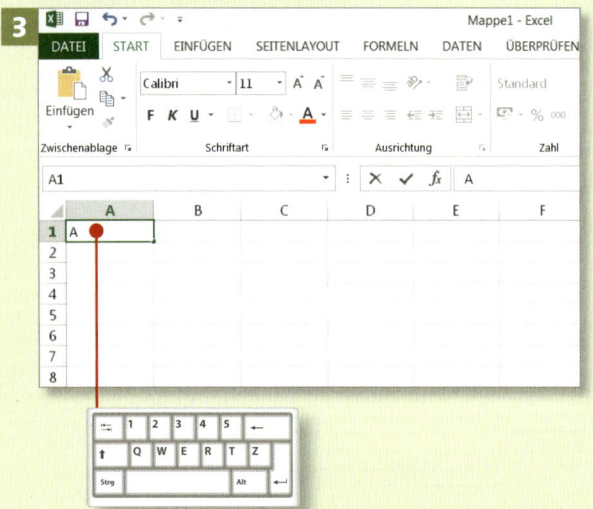

Schritt 3

Nun erscheint das Excel-Fenster mit einem leeren Arbeitsblatt, das **Mappe1** heißt und eine Tabelle zeigt. Geben Sie einen Buchstaben in das Feld **A1** ein.

Excel über die Suche öffnen

Sie können Excel auch starten, indem Sie auf dem Windows-Startbildschirm die Windows-Taste betätigen und dann sofort »Excel« tippen und mit ⏎ bestätigen.

Schritt 4

Um das Programm zu beenden, klicken Sie auf das Kreuzsymbol **Schließen** oben rechts im Excel-Programmfenster. Wenn Sie keine Daten eingegeben haben, schließt sich das Fenster mit der leeren **Mappe1**.

Schritt 5

Falls Sie schon etwas eingegeben haben, fragt Excel Sie vor dem Beenden, ob die Daten gespeichert werden sollen. Wenn Sie auf **Nicht speichern** klicken, hebt Excel eine Kopie der Mappe kurzzeitig auf, die Sie im Öffnen-Dialog über die Option **Nicht gespeicherte Arbeitsmappen wiederherstellen** rekonstruieren könnten. Ansonsten gehen die Eingaben verloren. Mit **Abbrechen** kehren Sie zu Excel zurück. Klicken Sie also auf **Speichern**.

Schritt 6

Wählen Sie einen Dateinamen ❶ und einen Speicherort ❷, um die Datei später wiederfinden zu können. Geben Sie außerdem die Dateiendung .xlsx ❸ für Ihre Arbeitsmappe an. Klicken Sie dann auf **Speichern**. Eine ausführliche Anleitung zum Speichern finden Sie im Abschnitt »Arbeitsergebnisse speichern« ab Seite 44.

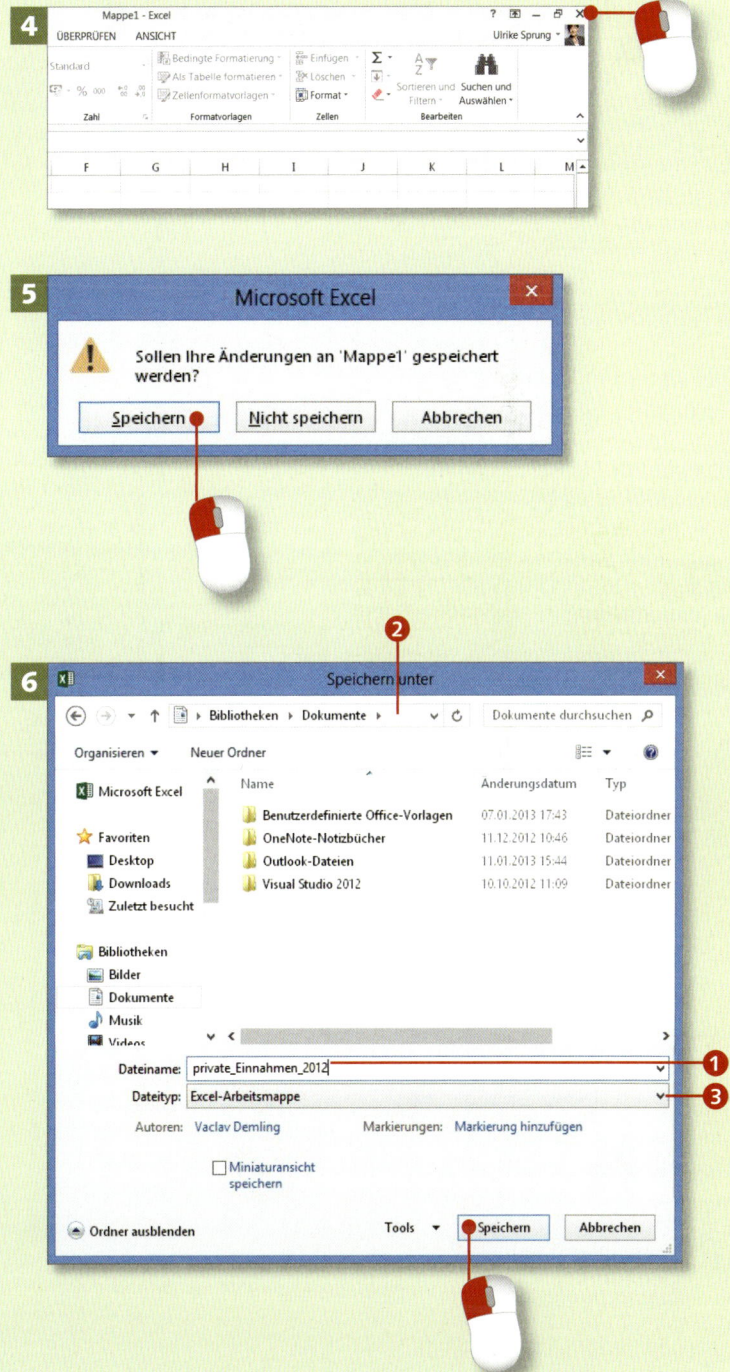

Was ist wo in Excel 2013?

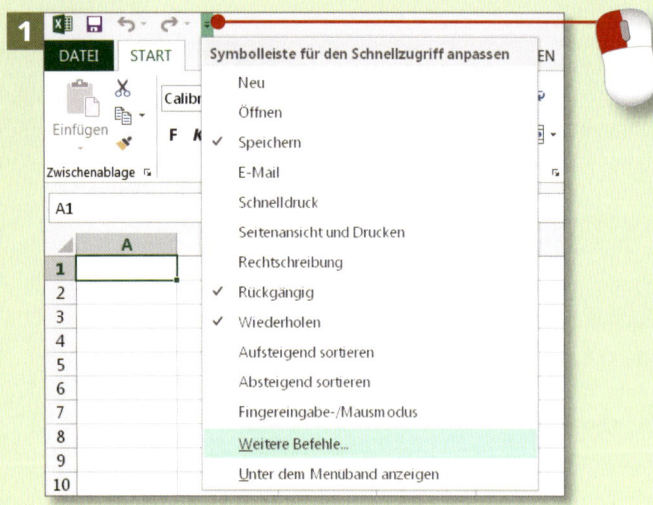

Schauen Sie sich die wichtigsten Bestandteile des Excel-Fensters an, damit Sie bei künftigen Aktionen den Überblick behalten.

Schritt 1

Die **Symbolleiste für den Schnellzugriff** dient dem schnellen Aufruf häufiger Befehle. Sie fügen Befehle hinzu, indem Sie auf den kleinen schwarzen Pfeil klicken und den gewünschten Befehl auswählen.

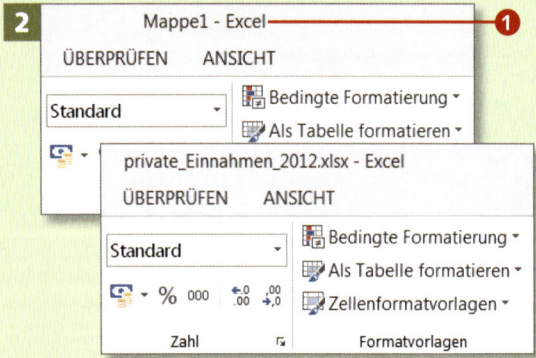

Schritt 2

In der Mitte der *Titelleiste* zeigt Excel Ihnen den Namen der Arbeitsmappe an. Im Standard ist es **Mappe1** ➊. Nachdem Sie die Datei gespeichert haben, wird hier der neue Dateiname angezeigt.

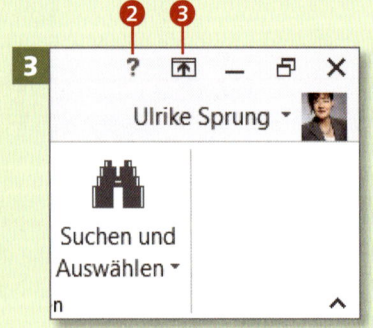

Schritt 3

Oben rechts im Programmfenster befinden sich die Symbole zur Excel-Hilfe ➋, zu den Anzeigeoptionen des Menübands ➌, zum **Minimieren** bzw. **Maximieren** sowie zum **Schließen** des Programmfensters. Direkt darunter sehen Sie, wer momentan angemeldet ist. Dazu mehr im Abschnitt »Der Umgang mit dem Dialogfenster« ab Seite 18.

Schritt 4

Mit einem Klick auf den kleinen schwarzen Pfeil blenden Sie das Menüband aus, um mehr von Ihrer Tabelle zu sehen. Es bleiben nur die Registernamen übrig.

Schritt 5

Klicken Sie auf das Symbol **Menüband-Anzeigeoptionen** und dann auf den Eintrag **Registerkarten und Befehle anzeigen** ❹, um das Menüband wieder komplett einzublenden.

Schritt 6

Die *Register*, die an Karteikarten erinnern, beinhalten fast alle Excel-Befehle. Sie sind von links nach rechts angeordnet, dem Entstehungs- und Bearbeitungsprozess einer Tabelle folgend. Sie öffnen ein Register mit einem Mausklick auf seinen Titel, z. B. **Seitenlayout**.

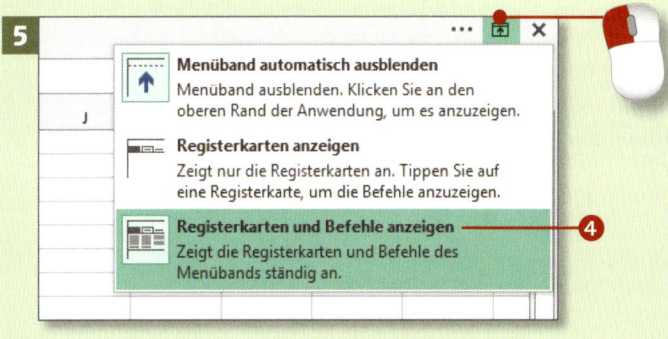

Ausblenden per Doppelklick

Mit einem Doppelklick auf das geöffnete Register blenden Sie das Menüband aus. So sehen Sie mehr von Ihrer Tabelle. Klicken Sie erneut doppelt mit der linken Maustaste auf ein Register, dann blenden Sie das Menüband wieder ein.

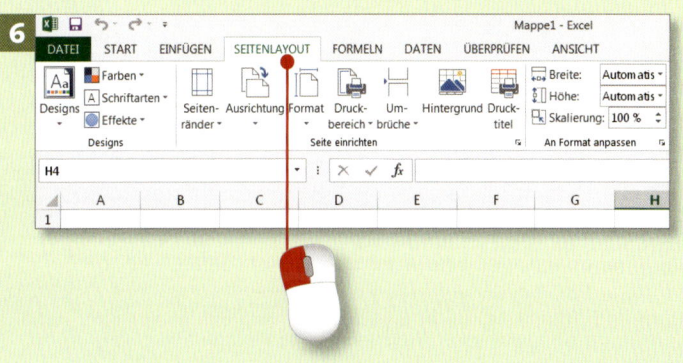

Das Anwendungsfenster

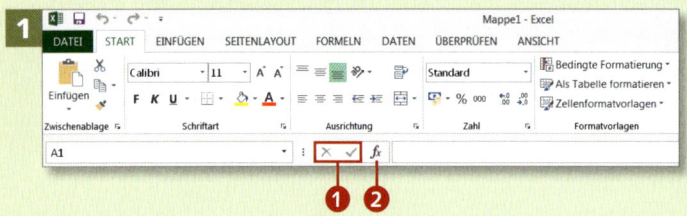

Betrachten Sie Ihren Excel-Arbeitsplatz einmal genauer, und entdecken Sie die Besonderheiten des Programmfensters.

Schritt 1

Die Bearbeitungsleiste präsentiert links im *Namensfeld* die Koordinate der aktiven Zelle, hier A1. Rechts daneben finden Sie Symbole zum Löschen und Bestätigen ❶ der Eingabe sowie zum Start des Funktionsassistenten ❷, gefolgt von einem Feld, das den Inhalt der aktiven Zelle anzeigt.

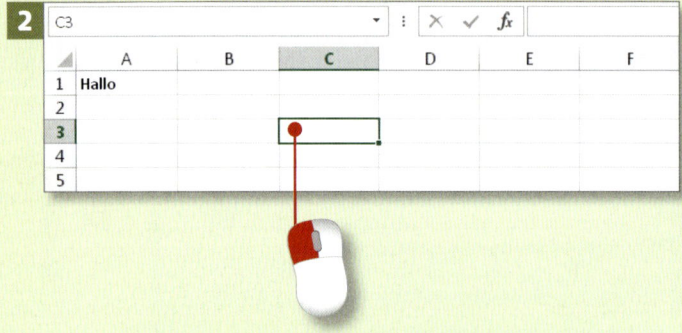

Schritt 2

Das Arbeitsblatt ist in Spalten und Zeilen gegliedert. Die Spalten sind durch Buchstaben gekennzeichnet, die Zeilen durch Zahlen. Die im Beispiel markierte Zelle heißt also C3.

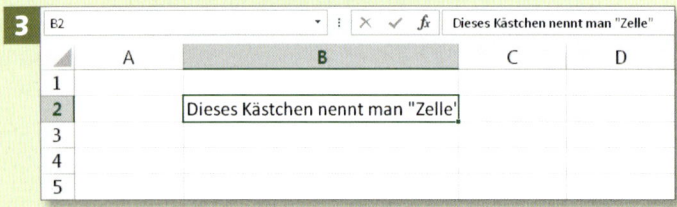

Schritt 3

Eine *Zelle* ist der Schnittpunkt einer Spalte und einer Zeile. Aus dieser Kombination entsteht wie bereits beschrieben auch die Zellbezeichnung, z. B. B2 (Spalte B und Zeile 2). Der dunkle Rahmen um die Zelle wird *Zellcursor* genannt.

Verfügbarer Platz

Der gesamte Bereich einer Tabelle besteht aus 16.384 Spalten und 1.048.576 Zeilen. Die Spalten sind einmal fortlaufend von A bis Z benannt, danach geht es mit AA, AB, AC etc. bis XFD weiter.

Schritt 4

Am unteren Rand des Programmfensters finden Sie den *Navigationsbereich* ❸ mit Navigationsschaltflä-
chen und *Blattregistern*. Darunter
schließt sich die grüne *Statusleiste*
an, die Sie immer über den jeweiligen Arbeitsstatus informiert, z. B.
Bereit.

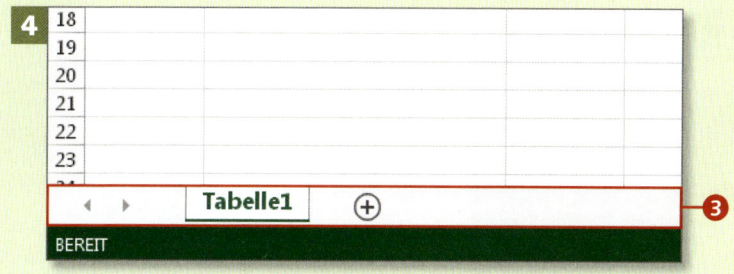

Schritt 5

Wenn Sie Excel geöffnet haben,
enthält es ein Tabellenblatt, dessen
Name auf einem *Register* zu sehen
ist: **Tabelle1**. Dieses aktive Tabellenblatt wird hell dargestellt. Rechts
daneben finden Sie das Symbol ❹
zum Einfügen eines neuen Blattes.

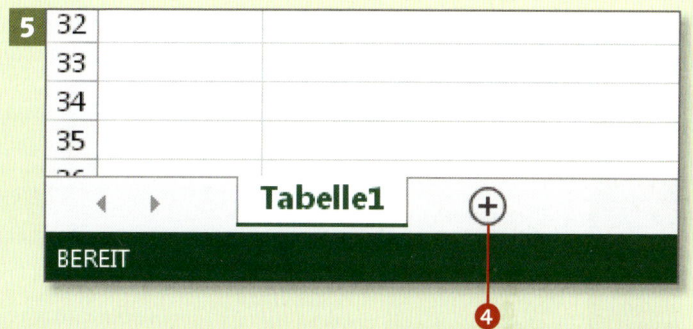

Schritt 6

Rechts unten werden drei Symbole
angezeigt, mit denen Sie die Ansicht ändern können. **Normal** ❺ ist
voreingestellt und wird beim Erstellen bzw. Ändern der Tabelle genutzt.
Wenn Sie daneben auf **Seitenlayout** ❻ klicken, sehen Sie die
Seitenränder und die Bereiche für
Kopf- und Fußzeile. Die **Umbruchvorschau** ❼ zeigt die Seitenumbrüche und ermöglicht deren Änderung.
Daneben ist der **Zoomregler**, über
den Sie die Tabelle zum besseren
Arbeiten größer darstellen können.

Der Umgang mit dem Dialogfenster

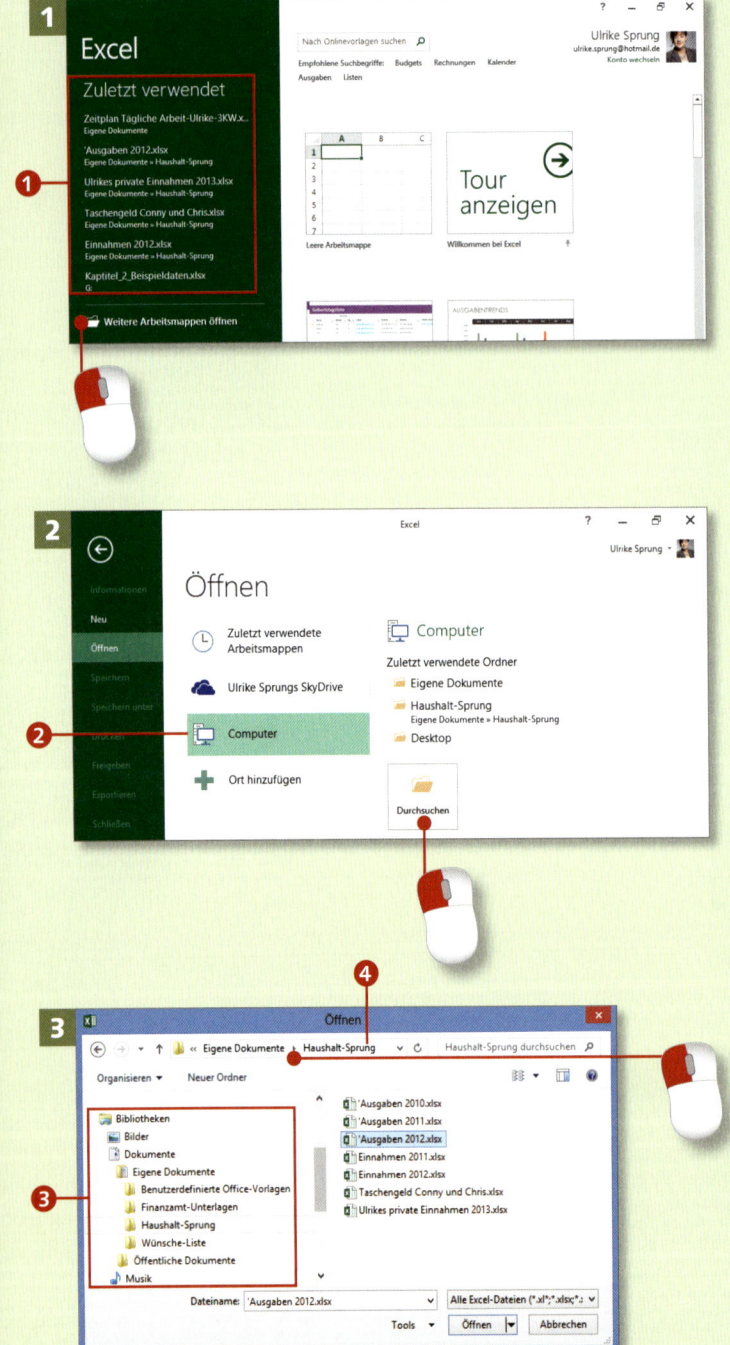

Excel startet mit dem Dialogfenster. Hier können Sie z. B. zuletzt verwendete Tabellen schnell finden und sich einen Speicherort im Web einrichten.

Schritt 1

Starten Sie Excel, tritt das Programm sofort mit Ihnen in einen Dialog. Im linken Bereich bietet Excel eine Liste der zuletzt verwendeten Dateien (bis zu 50) ❶, die Sie mit einem Mausklick schnell öffnen können. Ist die gesuchte Datei nicht dabei, wählen Sie den Eintrag **Weitere Arbeitsmappen öffnen** aus.

Schritt 2

Klicken Sie hier auf **Computer** ❷, dann sehen Sie rechts die letzten Speicherorte. Über die Schaltfläche **Durchsuchen** kommen Sie dann zu allen Speicherorten Ihres Computers.

Schritt 3

Wählen Sie hier den Speicherort links im *Navigationsbereich* ❸ aus, z. B. **Eigene Dokumente**, **Haushalt-Sprung**. Das könnten Sie genauso gut auch in der Adresszeile ❹ machen, indem Sie auf den Pfeil rechts neben **Eigene Dokumente** klicken.

Schritt 4

Um sich beim Öffnen langes Suchen zu ersparen, könnten Sie künftig gleich Ihre Arbeitsmappen im Web, d. h. im Internet, speichern. Dazu benötigen Sie ein Microsoft-Konto, das Sie über den Eintrag **Ort hinzufügen** aktivieren bzw. einrichten können.

Schritt 5

Rechts erscheinen zwei Orte im Internet. Klicken Sie unter **Ort hinzufügen** auf den Eintrag **SkyDrive**, einem kostenlosen Speicherort von Microsoft im Internet.

Schritt 6

Geben Sie jetzt Ihre E-Mail-Adresse ein, und klicken Sie dann auf **Weiter**. Sind Sie bei Microsoft registriert, tragen Sie einfach Ihr Kennwort ein. Wenn nicht, erscheint der Dialog zum Anmelden automatisch, und Sie können jetzt die entsprechenden Angaben machen. Beim nächsten Start sehen Sie dann rechts oben die angemeldete Person. Damit haben Sie die Voraussetzung geschaffen, Ihre Tabellen an einem Ort im Internet zu speichern, auf den Sie von überall her zugreifen können.

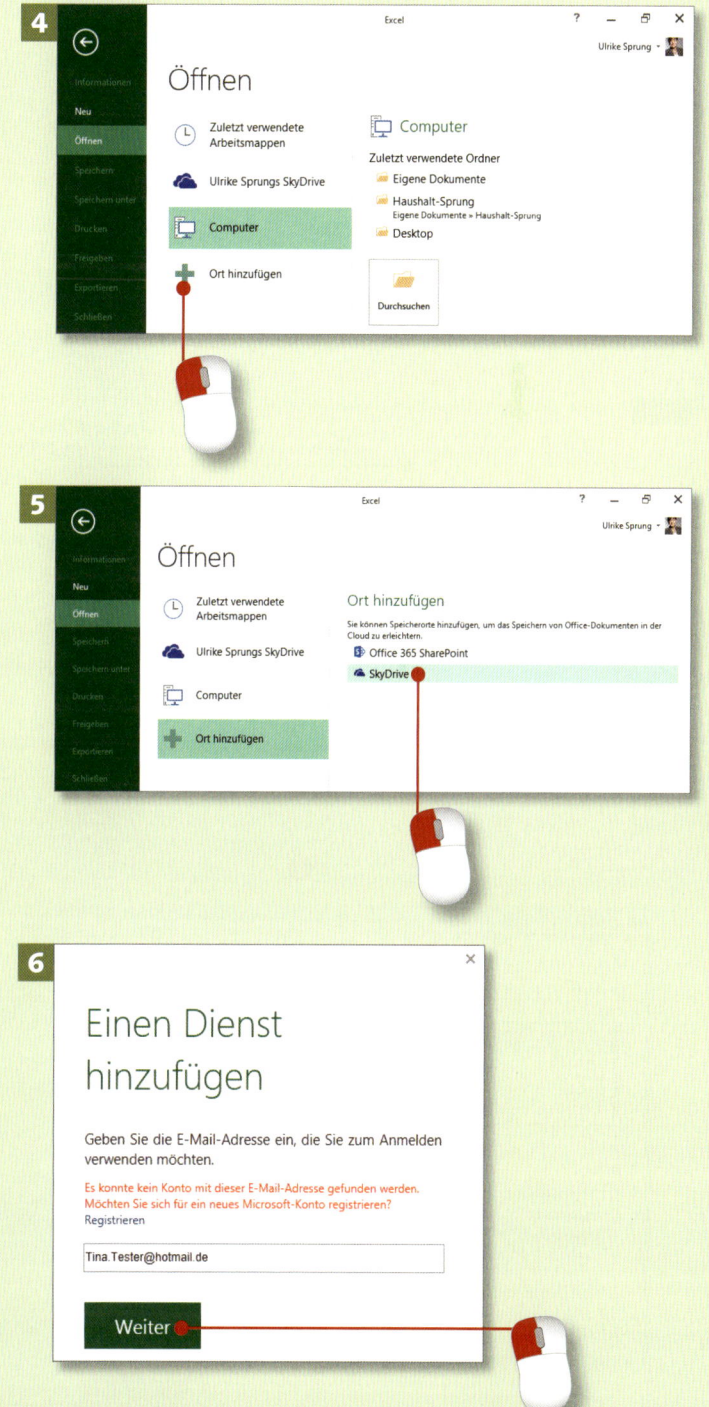

Befehle über das Menüband aufrufen

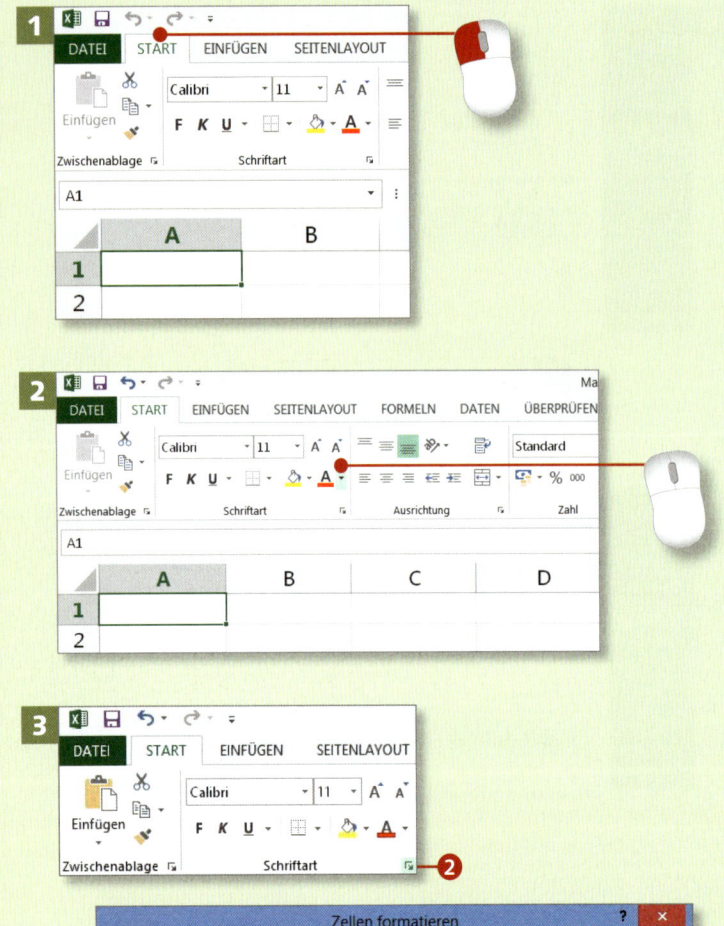

Im Menüband finden sich fast alle Befehle, die Excel bietet. Wir zeigen Ihnen, wie Sie dort schnell Befehle aufrufen und wie Sie sich Ihr eigenes Menü zusammenstellen.

Schritt 1

Klicken Sie auf eines der Register, z. B. **Start**. Daraufhin erscheint das zugehörige Menüband, das die Excel-Befehle übersichtlich in Gruppen zusammenfasst. Eine dieser Gruppen ist z. B. **Schriftart**, in der Sie den Schrifttyp, die Schriftgröße oder die Farbe der Schrift verändern können.

Schritt 2

Wenn Sie mit der Maus auf einen Befehl zeigen (nicht klicken!), erscheint eine *QuickInfo* ❶. Handelt es sich um den gesuchten Befehl, klicken Sie auf das Symbol. Im Beispiel sehen Sie den Befehl zur Änderung der Schriftfarbe.

Schritt 3

In vielen Gruppen finden Sie rechts unten ein kleines Viereck ❷ mit einem Pfeil darin, den *Dialogfeldstarter*. Wenn Sie darauf klicken, öffnet sich ein Fenster, in dem Ihnen weitere Befehle zur Verfügung stehen: ein sogenanntes *Dialogfenster*.

Schritt 4

Den Umgang mit dem Dialogfenster zeigen wir Ihnen nun am Beispiel von tiefgestellten Zeichen. Geben Sie zunächst »H2O« in die Zelle B2 ein. Markieren Sie dann die »2«. Klicken Sie in der Gruppe **Schriftart** auf das kleine Viereck ❸.

Schritt 5

Daraufhin öffnet sich ein Dialogfenster, das Ihnen weitere Befehle zur Auswahl bietet. Diese sind z. B. in *Listenfeldern* ❹ zum Scrollen, in *Dropdown-Listen* ❺ oder einfach als *Kontrollkästchen* zum Anhaken geordnet. Klicken Sie das Kontrollkästchen **Tiefgestellt** an, und bestätigen Sie es mit einem Klick auf **OK**.

Schritt 6

Excel übernimmt diesen Befehl für den markierten Bereich, d. h., die »2« wird nun tiefgestellt angezeigt.

Erst blicken, dann klicken!

Jeder Mausklick auf ein Symbol im Menüband löst einen Befehl aus, also vergewissern Sie sich zuerst, ob Sie den richtigen Befehl ausgewählt haben! Wenn Sie einmal zu schnell geklickt haben sollten, können Sie Ihre Eingaben mit Strg + Z rückgängig machen.

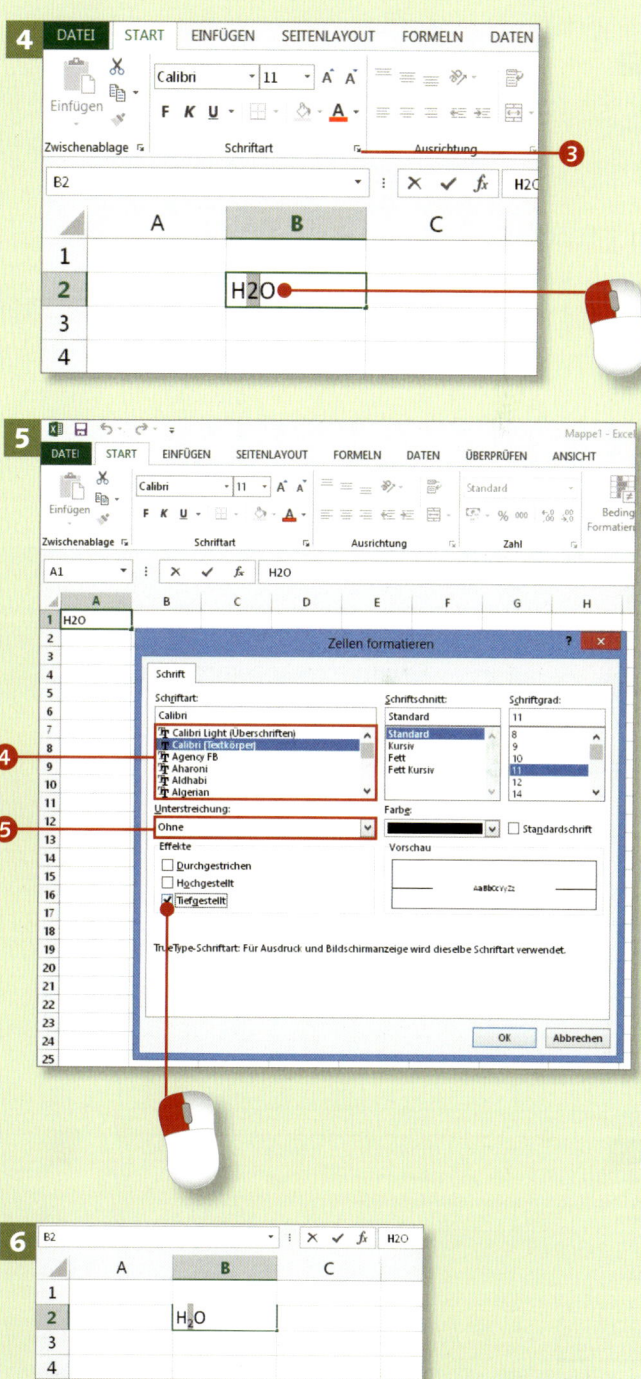

Kontextmenüs nutzen

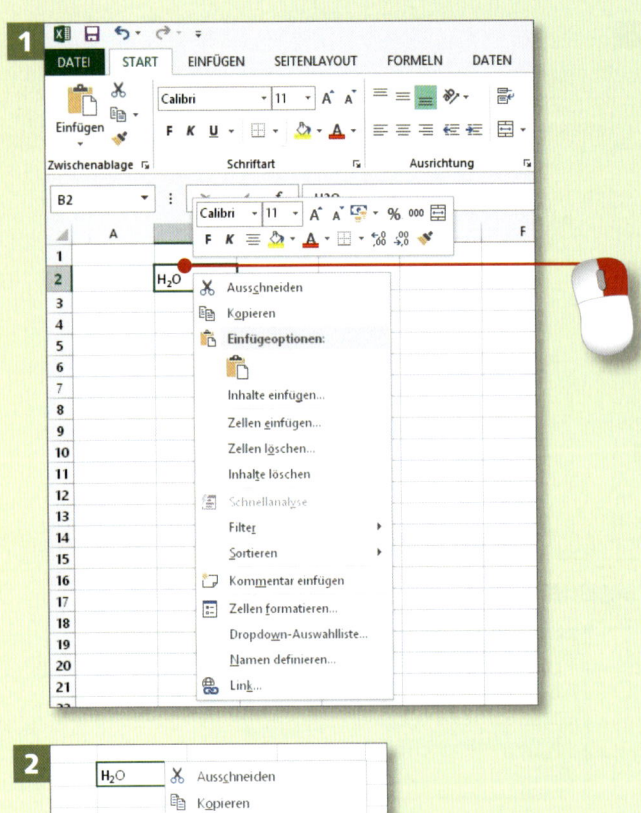

Kontextmenüs sind eine tolle Möglichkeit, um Ihnen Befehle zur Verfügung zu stellen, ohne dabei die Bildschirmansicht zu überfrachten. Wie Sie sie nutzen, zeigen wir Ihnen im Folgenden.

Schritt 1

Um ein Kontextmenü aufzurufen, klicken Sie mit der *rechten Maustaste* z. B. auf eine Zelle, deren Inhalt Sie löschen möchten. Durch den Klick wird ein Menü geöffnet, das passende Befehle enthält (daher auch die Bezeichnung *Kontextmenü*).

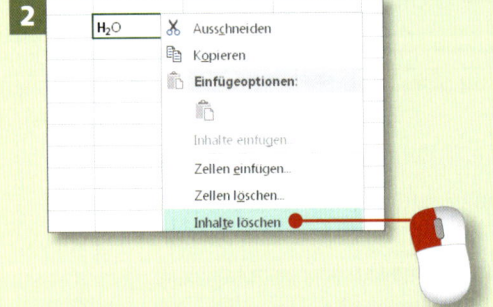

Schritt 2

Zeigen Sie mit der Maus auf den gewünschten Befehl im Kontextmenü. Er wird hellgrün hinterlegt. Um die Aktion auszulösen, klicken Sie mit der *linken Maustaste* auf diesen Befehl, z. B. **Inhalte löschen**.

Schritt 3

Auch die Register können Sie mithilfe von Kontextmenüs bearbeiten. Um z. B. ein eigenes Register zu erstellen, klicken Sie mit der rechten Maustaste auf ein vorhandenes und wählen dann aus dem Kontextmenü den Befehl **Menüband anpassen**.

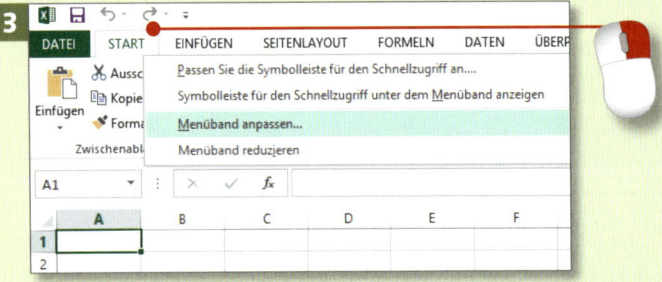

Schritt 4

Im darauffolgenden Dialogfenster klicken Sie auf **Neue Registerkarte** und markieren den Eintrag **Neue Registerkarte (Benutzerdefiniert)** in der Liste ❶. Dann klicken Sie auf **Umbenennen** ❷ und geben im zugehörigen Dialogfenster einen neuen Namen ein. Klicken Sie auf **OK**.

Schritt 5

Um der neuen Registerkarte Befehle hinzuzufügen, markieren Sie den Eintrag **Neue Gruppe (Benutzerdefiniert)** ❸. Klicken Sie auf **Umbenennen**, und ordnen Sie der Gruppe ein Symbol zu, das später im Menüband stellvertretend für alle Gruppenbefehle erscheint, wenn das Fenster kleiner dargestellt werden soll. Geben Sie einen Namen ein, und bestätigen Sie mit **OK**.

Schritt 6

Suchen Sie sich dann aus der linken Spalte Befehle aus, und fügen Sie sie mit einem Klick auf **Hinzufügen** zu Ihrem Register hinzu. Wenn Sie erneut auf **OK** klicken, haben Sie es geschafft! Im Programmfenster sehen Sie das neue Register.

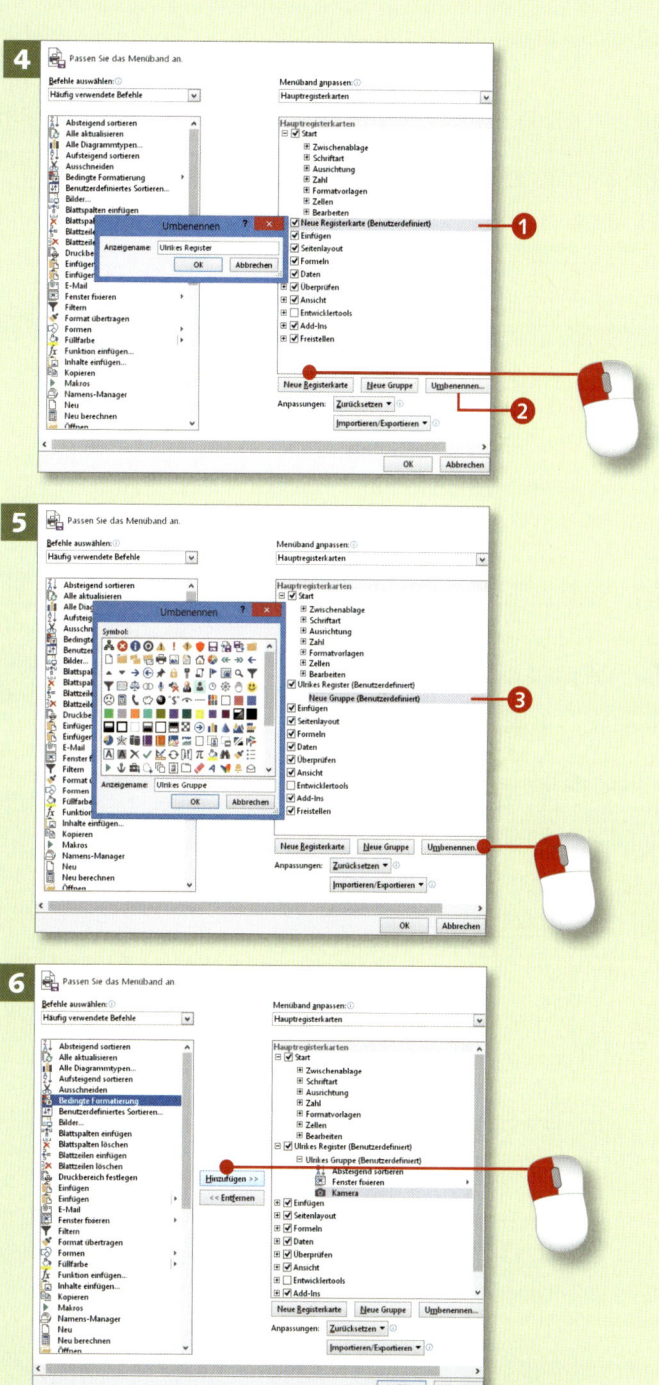

Effektiv mit Smarttags arbeiten

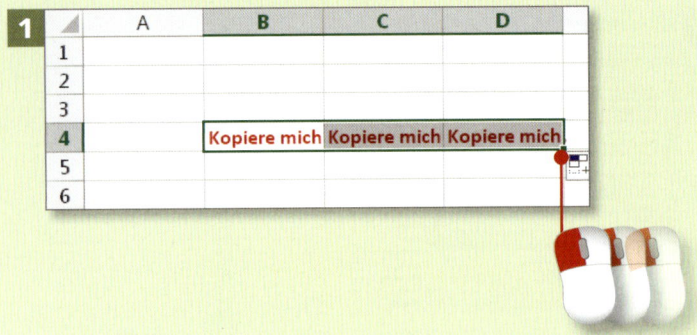

An verschiedenen Stellen bietet Ihnen Excel Smarttags mit passenden Befehlen an. Auf diese Weise müssen Sie sich nicht erst durch ein Menü klicken.

Schritt 1

Zeigen Sie mit der Maus auf die rechte untere Ecke einer Zelle, und ziehen Sie den Rahmen mit gedrückter linker Maustaste nach rechts. Wenn Sie die Maustaste loslassen, wird der Inhalt der Zelle in die Nachbarzellen kopiert, und der Smarttag erscheint.

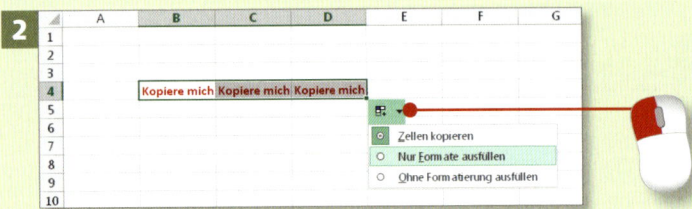

Schritt 2

Klicken Sie auf den kleinen Smarttag-Pfeil, und wählen Sie per Klick die Option **Nur Formate ausfüllen.**

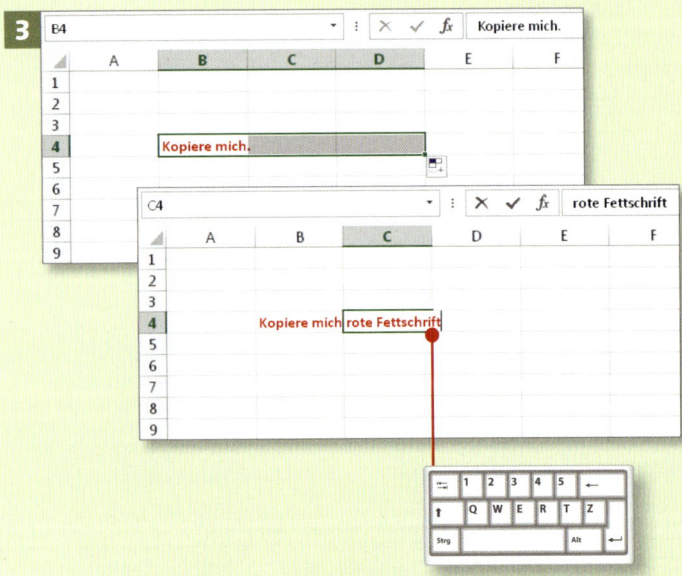

Schritt 3

Die Nachbarzellen zeigen keine Kopie, aber die Formateinstellungen wurden übernommen. Wenn Sie wie hier etwas Neues in die Zelle eingeben, wird es also z. B. auch in roter Fettschrift gezeigt.

i

Smarttag

Der Begriff *Smarttag* leitet sich von den englischen Wörtern *smart* (»schlau«) und *tag* (»Etikett«) ab.

Schritt 4

Wenn Sie Zellen kopieren und an einer anderen Stelle einfügen, erscheint ebenfalls ein Smarttag. Es bietet Ihnen verschiedene Möglichkeiten des Einfügens. Klicken Sie unter **Einfügen** auf einen Befehl, z. B. auf **Keine Rahmenlinien**. Das Ergebnis ist, dass alle Daten und Formate bis auf die Rahmen eingefügt werden.

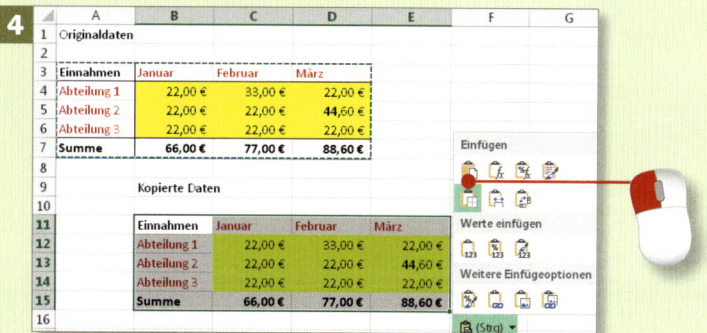

Schritt 5

Auch für Formelfehler gibt es Smarttags. Die Smarttag-Optionen weisen Ihnen den Weg zur Fehlerbehebung. Die grau hinterlegte Zeile **Fehler: Ungültiger Zellbezug** bedeutet z. B., dass Sie mit den »falschen« Zellen rechnen. Unter diesem Hinweis stehen verschiedene Befehle zur Lösung dieses Problems.

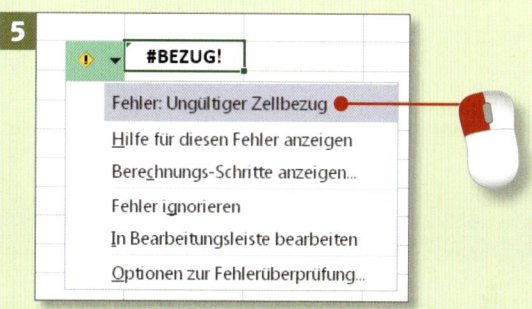

Schritt 6

Ein anderes Beispiel für solche Smarttags ist die Schnellanalyse, die beim Markieren eines Tabellenbereichs erscheint. Klicken Sie z. B. auf **Symbolsatz**, fügt Excel Pfeilsymbole ein, die die Zahlenwerte optisch hervorheben. Mit weiteren Schnellanalysetools können Sie aus der Tabelle ein Diagramm erzeugen oder eine Summe berechnen.

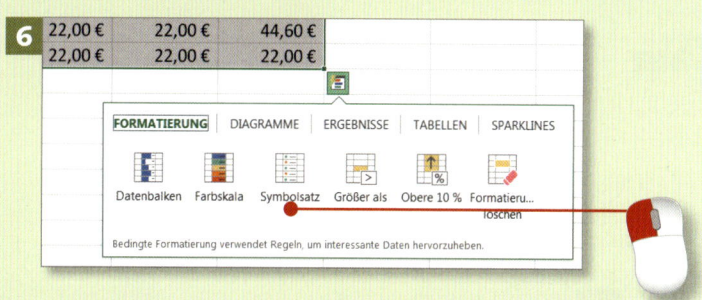

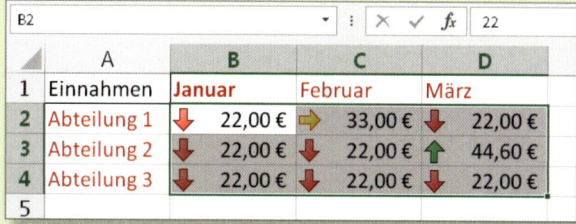

Tastenkürzel gezielt einsetzen

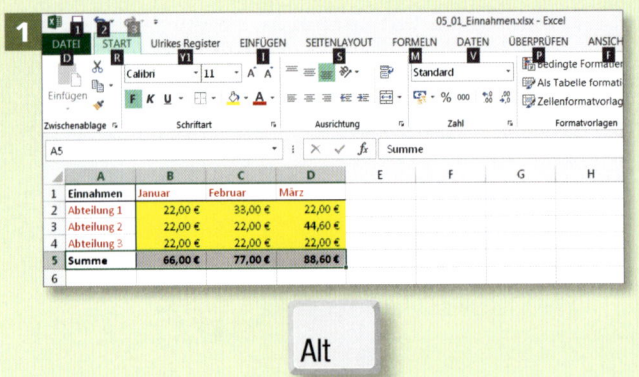

Excel arbeitet mit Tastenkombinationen, mit denen Sie Befehle ausführen können, ohne die Maus zu nutzen. Wir stellen Ihnen in diesem Abschnitt die wichtigsten vor.

Schritt 1

Wenn Sie die ⎡Alt⎤-Taste drücken, werden an den Registern Tastaturkürzel eingeblendet. Um ein Register auszuwählen, geben Sie einfach das jeweils angezeigte Kürzel ein. Groß- und Kleinschreibung müssen Sie dabei nicht unterscheiden.

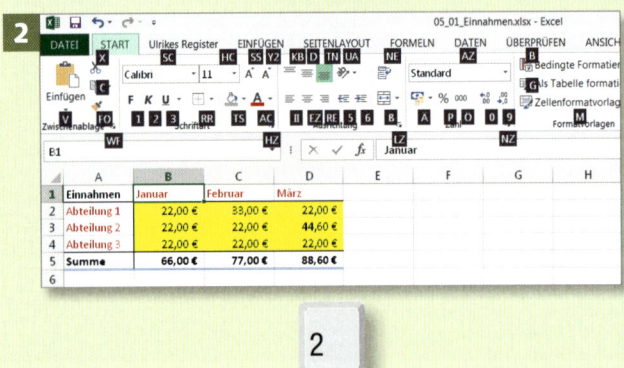

Schritt 2

Wenn Sie auf diese Weise ein Register aufgerufen haben, zeigt auch das jeweilige Menüband Kürzel an. Geben Sie wieder die entsprechenden Buchstaben oder die Zahl ein, z. B. »2« für kursive Schrift.

Schritt 3

Die meisten Shortcuts bestehen aus einer Kombination der ⎡Strg⎤-mit einer weiteren Taste. Mit ⎡Strg⎤ + ⎡F1⎤ blenden Sie z. B. das Menüband aus und sehen so mehr von Ihrer Tabelle. Indem Sie erneut ⎡Strg⎤ + ⎡F1⎤ drücken, blenden Sie das Menüband wieder ein.

Schritt 4

Mit der Funktionstaste `F1` öffnen Sie das Hilfe-Fenster. Wenn es immer im Vordergrund angezeigt werden soll, klicken Sie auf die graue waagerechte Pinnnadel ❶ (sie wird dann senkrecht). Geben Sie Ihre Frage oder ein Stichwort in das Suchfeld ein, z. B. »Tastenkombinationen«, und drücken Sie `↵`. Alternativ klicken Sie auf das Lupensymbol ❷. Aus den Ergebnissen wählen Sie dann das passende aus.

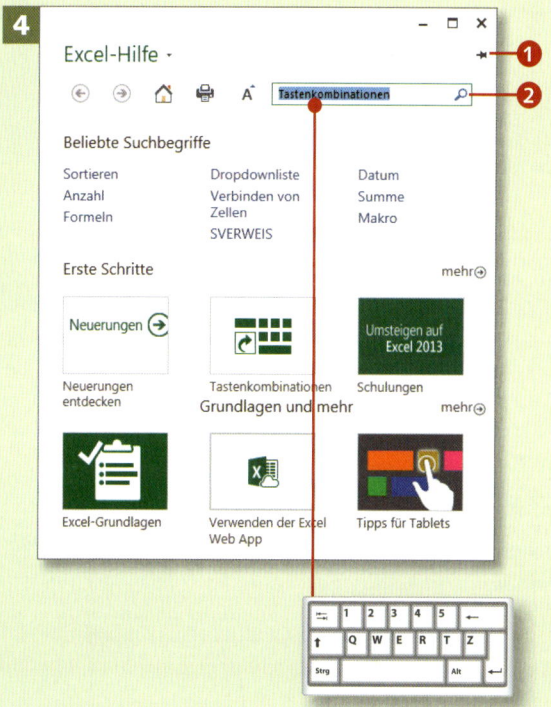

Schritt 5

Normalerweise wird alles, was Sie in einer Excel-Zelle schreiben, innerhalb einer Zeile dargestellt. Mit der Tastenkombination `Alt` + `↵` während der Eingabe können Sie einen Zeilenumbruch einfügen.

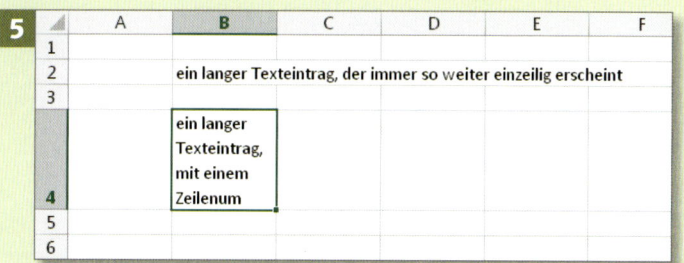

Schritt 6

Es gibt verschiedene Möglichkeiten, Eingaben zu beenden und den Cursor für die weitere Dateneingabe neu zu positionieren. Die gängigste Methode ist das Drücken der `↵`-Taste. Die entsprechenden Tastenkombinationen finden Sie in der Tabelle auf Seite 338.

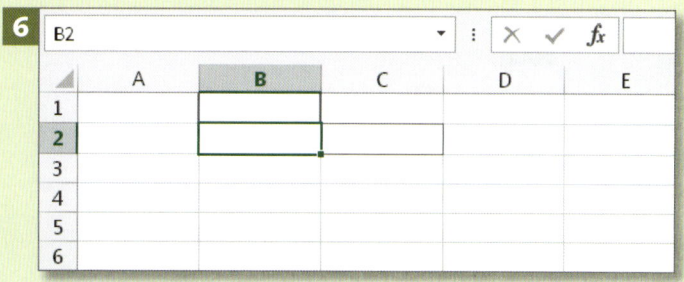

Excel auf dem Touchdisplay bedienen

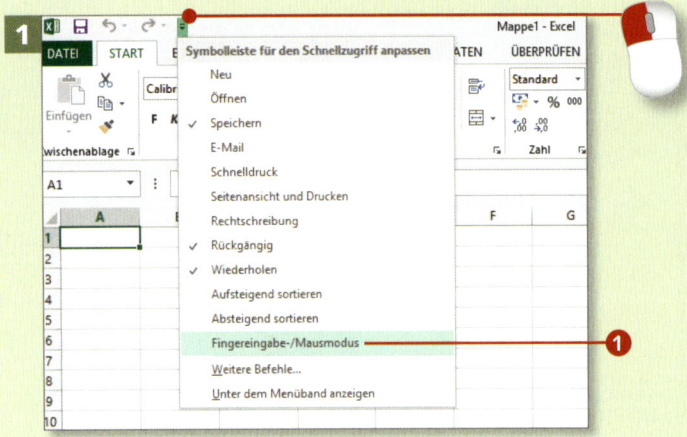

Arbeiten Sie mit einem Tablet oder einem Touchscreen, können Sie Excel mit den Fingern bedienen.

Schritt 1

Bei einem Tablet ist der Fingerein-gabemodus automatisch einge-schaltet. Nutzen Sie ein Gerät mit Tastatur, müssen Sie umschalten. Dazu klicken Sie auf den **Pfeil** an der *Symbolleiste für den Schnellzugriff* und aktivieren den Eintrag **Finger-eingabe-/Mausmodus** ❶.

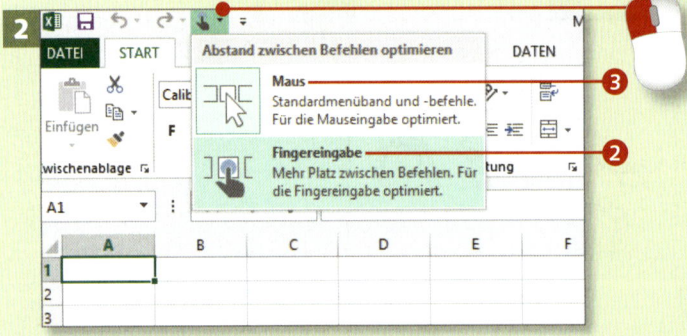

Schritt 2

In der Schnellzugriffsleiste erscheint das Symbol zum Umschalten in den Fingereingabemodus. Klicken Sie auf den Auswahlpfeil und wählen **Fingereingabe** ❷.

Schritt 3

Die Darstellung ist nun für die Fingereingabe optimiert, und die Abstände zwischen den Symbolen im Menüband sind größer.

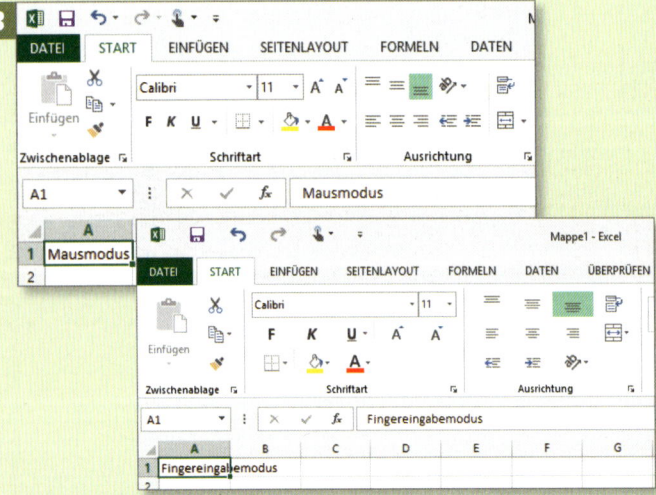

Mausmodus wieder einschalten

Möchten Sie lieber wieder mit der Maus Befehle geben, klicken Sie erneut auf das Symbol wie in Schritt 2 beschrieben und wählen **Maus** ❸ aus.

Schritt 4

Sie können prima mit dem Finger in der Tabelle navigieren. Zeigen Sie auf eine Zelle, wird sie umrandet und erhält zwei Markierungspunkte an der oberen linken und der unteren rechten Ecke. Damit haben Sie den Zellcursor in eine andere Zelle gesetzt.

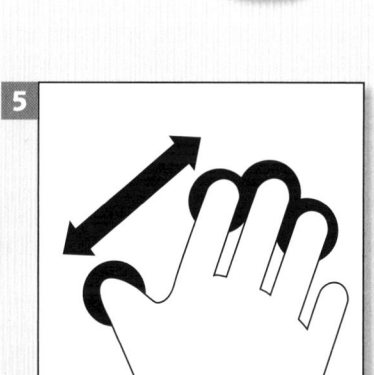

Schritt 5

Eine weitere Möglichkeit ist das Zoomen mit zwei Fingern, die Sie auf den Touchscreen legen und langsam auseinander- bzw. zusammenziehen.

Schritt 6

Auf dem Bildschirm erscheint die Bildschirmtastatur, die Sie ebenso mit Ihren Fingern bedienen.

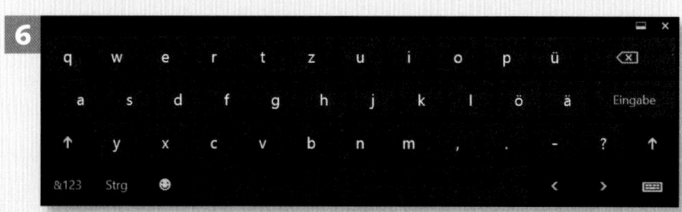

Stifteingabe

Benutzen Sie einen Eingabestift, dann schalten Sie mit dem kleinen Symbol **Tastatur** in Stifteingabe um. Im Schriftfeld schreiben Sie »=12+4« in Ihrer Handschrift. Bestätigen Sie anschließend. Excel wandelt Ihre Eingabe korrekt in eine Formel um. So können Sie auch mit handschriftlichen Zahlen- oder Texteingaben verfahren.

Kapitel 2
Mit Tabellen arbeiten

Nach diesem ersten Überblick über die Excel-Menüs beginnen wir nun mit den grundlegenden Handgriffen. In diesem Kapitel sehen Sie, wie man sich im Tabellenblatt bewegt, wie man Daten eingibt und bearbeitet und wie man Excel für erste kleine Berechnungen zur Hilfe nehmen kann.

Tabellenblätter

Wir zeigen Ihnen, wie Sie den Mauszeiger von Zelle zu Zelle und von Blatt zu Blatt bewegen. Die Einteilung in Zeilen und Spalten, die sich wiederum in Zellen ❶ »treffen«, ist sehr hilfreich, wenn Sie mit Excel rechnen möchten.

Bearbeitungszeile

Die Bearbeitungszeile ❷ ist eine Orientierungshilfe: Sie können eine Zelladresse direkt eingeben, sehen den Text in der aktuellen Zelle und können die Aktionen **Bestätigen** und **Löschen** mit einem Klick ausführen.

Excel als Taschenrechner

Wenn man das Grundprinzip kennt, kann man Excel ganz einfach als Taschenrechner nutzen ❸. Hier kommen wir auf die Zelladressen zurück, in denen sich Zeilen und Spalten »treffen«, z.B. A1 oder A2.

Arbeitsmappen speichern und öffnen

Sie müssen Ihre Eingaben speichern ❹, wenn sie nicht verloren gehen sollen. Wie Sie die Dateien später wiederfinden, zeigen wir Ihnen natürlich auch.

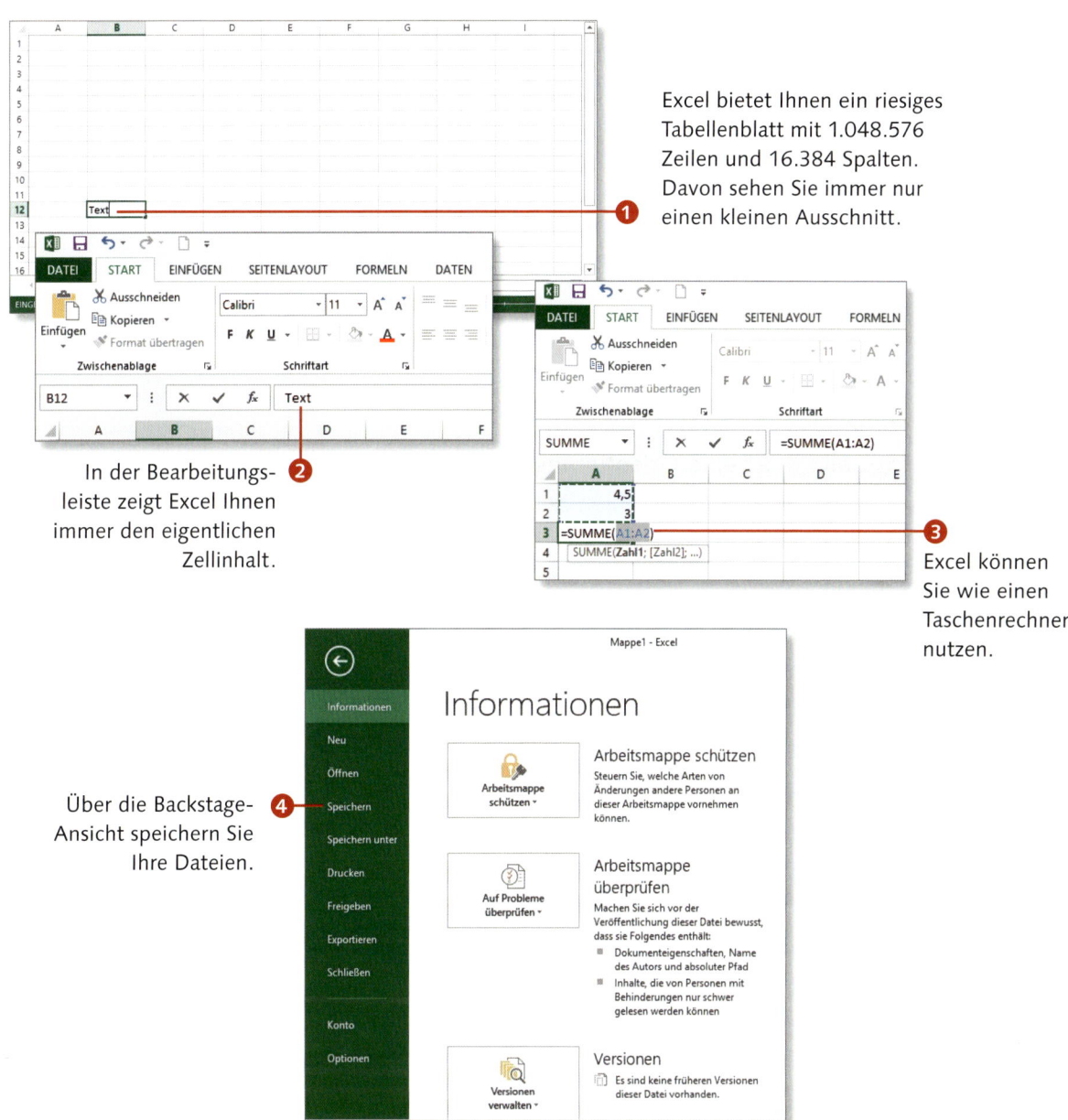

Excel bietet Ihnen ein riesiges Tabellenblatt mit 1.048.576 Zeilen und 16.384 Spalten. Davon sehen Sie immer nur einen kleinen Ausschnitt.

In der Bearbeitungsleiste zeigt Excel Ihnen immer den eigentlichen Zellinhalt.

Excel können Sie wie einen Taschenrechner nutzen.

Über die Backstage-Ansicht speichern Sie Ihre Dateien.

Im Tabellenblatt bewegen

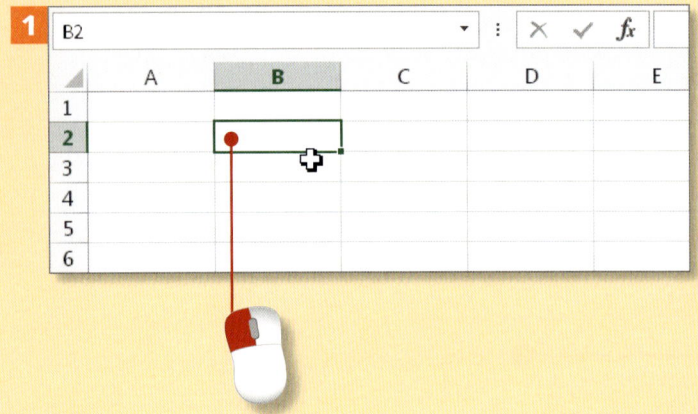

Wenn Sie eine Tabelle erstellen, ändern oder anschauen möchten, werden Sie sich stets zu unterschiedlichen Stellen des Tabellenblattes bewegen. In diesem Abschnitt zeigen wir Ihnen, wie das geht.

Schritt 1

Der Tabellencursor lässt sich per Mausklick bewegen. Der Mauszeiger sieht wie ein dickes Plus aus. Klicken Sie beispielsweise in die Zelle B2. Die angeklickte Zelle wird mit einem schwarzen Rechteck markiert und ist nun bereit für die Eingabe.

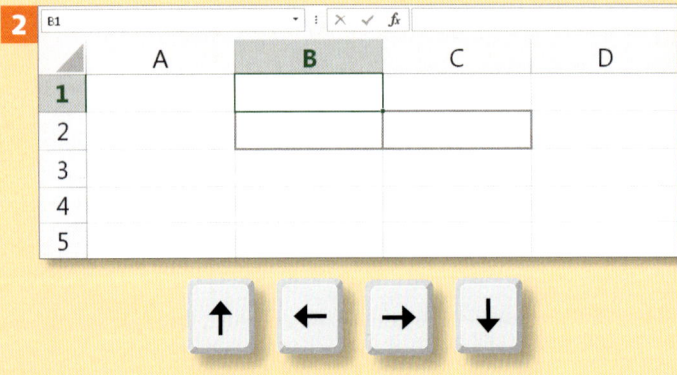

Schritt 2

Auch mit den Pfeiltasten Ihrer Tastatur können Sie zu benachbarten Zellen wandern. Springen Sie mit der Taste → eine Zelle nach rechts zu C2, dann mit ← eine Zelle nach links zu B2, mit ↑ nach oben zu B1 und mit ↓ nach unten zu B2.

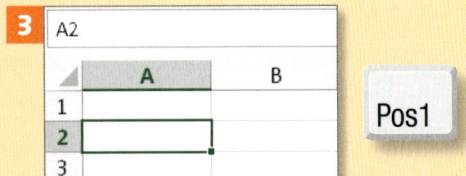

Schritt 3

Der Cursor befindet sich nun in der Zelle B2. Betätigen Sie die Taste Pos1 auf Ihrer Tastatur, um schnell zum *Zeilenanfang* zu springen, d. h. in die Zelle A2.

Schritt 4

Auf dem Bildschirm sehen Sie eine bestimmte Anzahl von Zeilen. Wenn Sie nicht scrollen wollen, können Sie mit den beiden Bildtasten [Bild ↑] und [Bild ↓] auf Ihrer Tastatur jeweils ein »Blatt« nach unten und wieder nach oben springen.

Schritt 5

Um zu einer bestimmten Zelle zu springen, geben Sie den Zellnamen, z. B. B158, einfach in das *Namensfeld* ein und bestätigen Ihre Eingabe mit der [↵]-Taste.

Schritt 6

Tragen Sie »A1« in das Namensfeld ein, und bestätigen Sie mit [↵]. So springen Sie schnell wieder an den Anfang des Tabellenblattes in die Zelle A1.

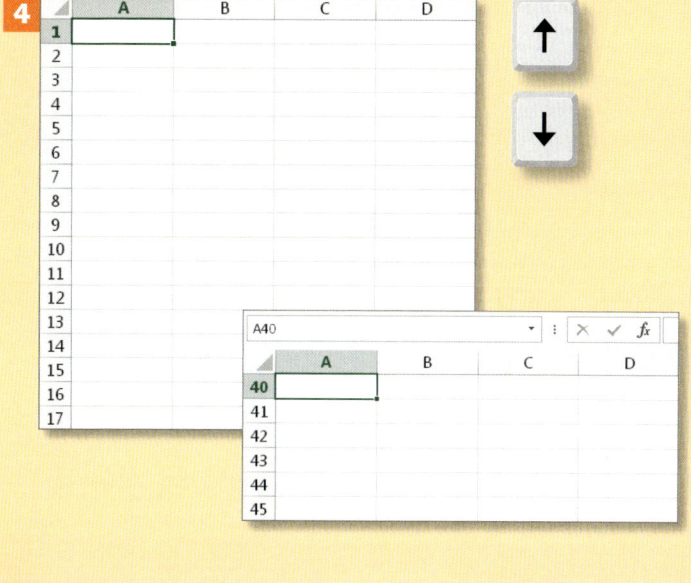

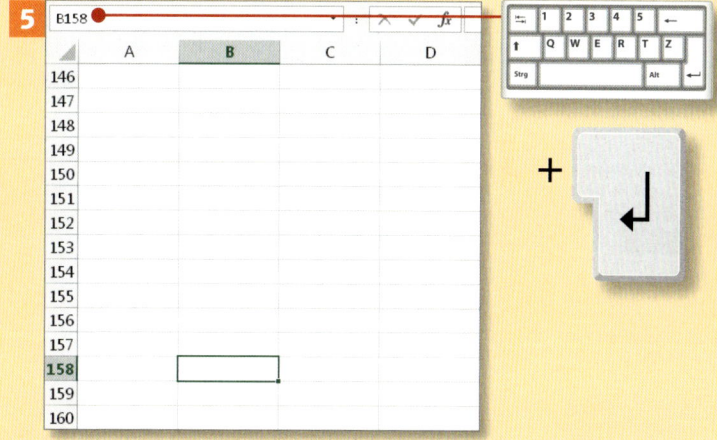

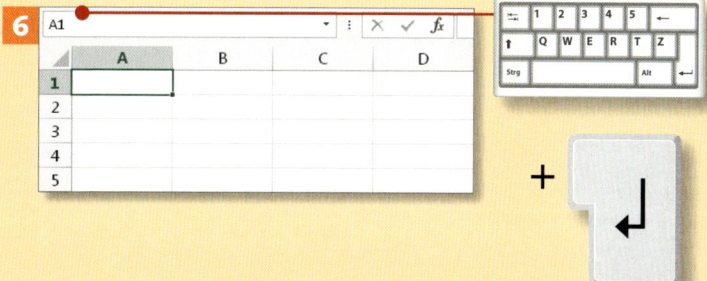

Noch schneller zur Zelle A1

Mit dem Tastatur-Shortcut [Strg] + [Pos1] können Sie direkt in die Zelle A1 springen.

Daten eingeben, ändern, löschen

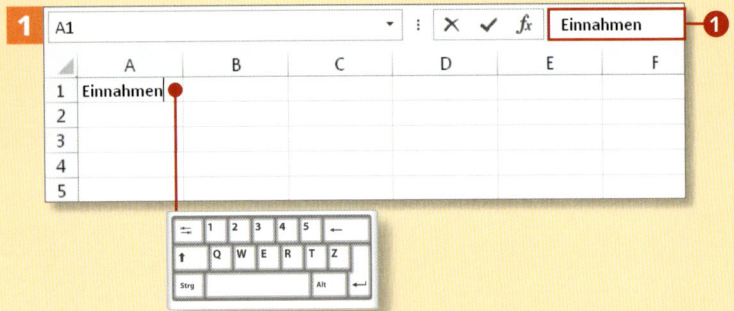

Der »Excel-Alltag« besteht aus dem Eingeben, Ändern und Löschen von Daten. Dabei werden Ihnen diese Tipps sehr helfen.

Schritt 1

Klicken Sie in die Zelle A1, und geben Sie »Einnahmen« ein. Sobald Sie mit dem Schreiben beginnen, blinkt die *Schreibmarke* als kleiner senkrechter Strich in der Zelle, und die *Bearbeitungsleiste* ❶ verändert sich.

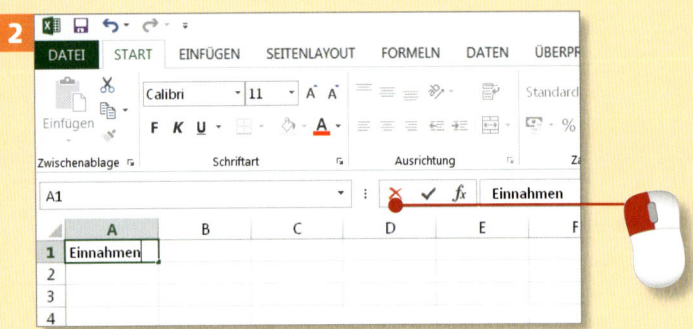

Schritt 2

Die Bearbeitungsleiste zeigt nun den eingegebenen Text und die Symbole für **Abbrechen** und **Eingeben** kräftiger, d. h., sie sind jetzt anklickbar. Klicken Sie auf **Abbrechen**. Damit beenden Sie die Eingabe, und der Text verschwindet unwiderruflich. Deshalb müssen Sie das Wort »Einnahmen« noch einmal in die Zelle A1 eingeben.

i AutoKorrektur

Excel bietet eine AutoKorrektur an. Wenn Sie z. B. »(c)« und dann ein Leerzeichen eingeben, korrigiert Excel dies automatisch in ©.

Schritt 3

Um die Daten zu erhalten, müssen Sie Ihre Eingabe bestätigen. Dazu klicken Sie auf das Häkchen für **Eingeben**. Sie können auch die ↵-Taste, eine der Pfeiltasten oder die ⇆-Taste drücken.

Schritt 4

Geben Sie »2000« in die Zelle B2 ein, und bestätigen Sie mit ⏎. Tragen Sie in die Zelle B3 den Wert »12,40« ein, und bestätigen Sie. Die letzte Null zeigt Excel bei einer Nachkommastelle nicht an.

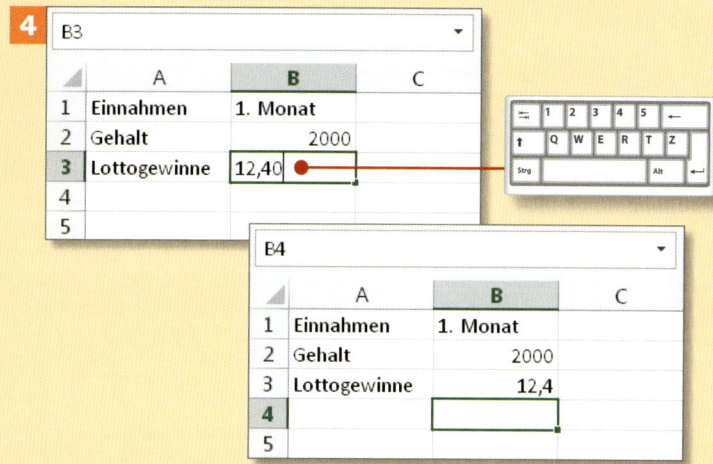

Schritt 5

Tragen Sie in die Zelle B8 das Datum ein. Sie können es außer in der Form »7.5.2013« z. B. auch als »7/5/2013« eingeben. Excel stellt automatisch das Zahlenformat **Datum** ein und passt das Format Ihrer Eingabe an.

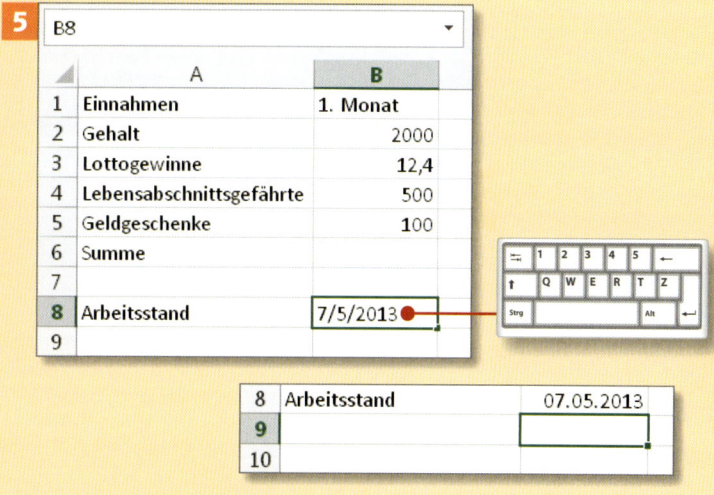

Schritt 6

Geben Sie in die Zelle B1 »030« ein, und bestätigen Sie die Eingabe. Excel entfernt die erste Null. Bei Postleitzahlen oder Vorwahlen sind diese Nullen aber wichtig. Hier gibt es einen Trick: Geben Sie in die Zelle B2 zuerst ein Hochkomma ein (⇧ + #), dann »030«, und bestätigen Sie dann die Eingabe.

Keine Tausenderpunkte ergänzen

Ergänzen Sie bei der Eingabe von Zahlen keinen Tausenderpunkt und keine Währungseinheit, denn Excel würde die Zahl dann als Text interpretieren.

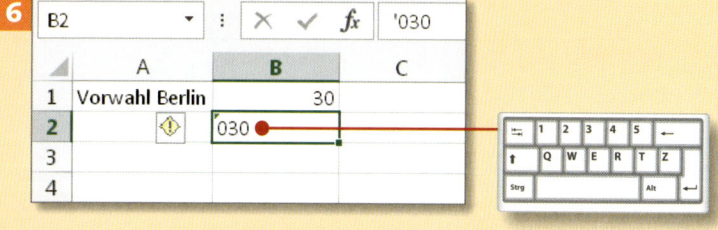

Daten eingeben, ändern, löschen (Forts.)

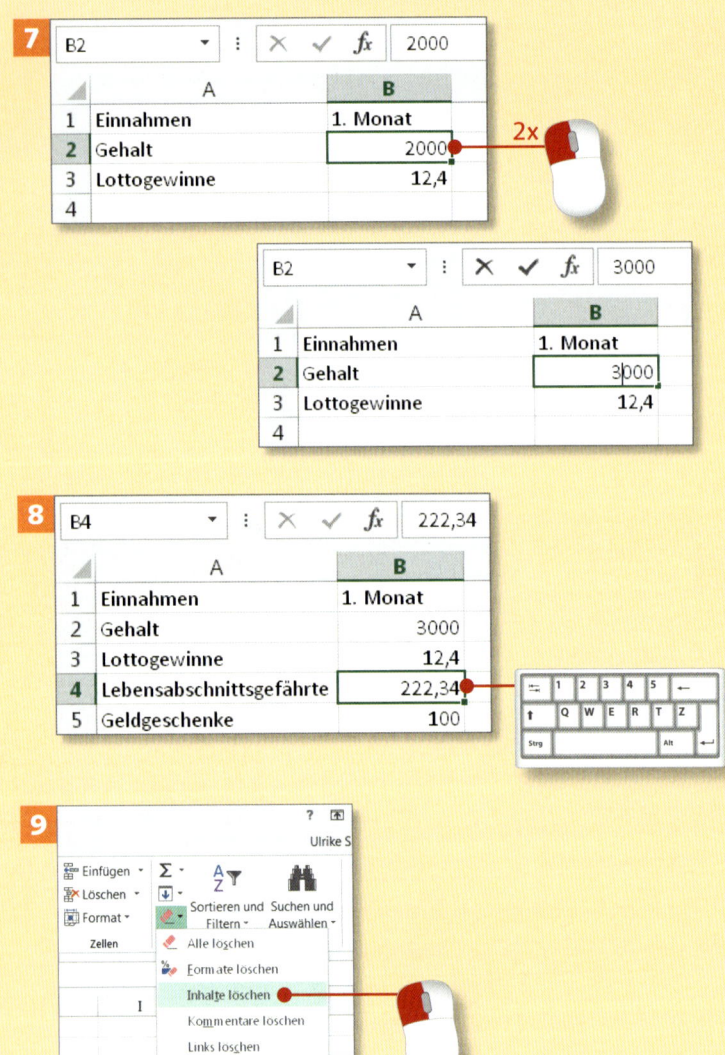

Schritt 7

Um bereits eingegebene Daten zu ändern, setzen Sie einen Doppelklick auf die Zelle, die Sie ändern wollen, z. B. B2. Der Cursor blinkt in der Zelle. Löschen Sie »2« mit der ←-Taste, ersetzen Sie sie durch »3«, und bestätigen Sie den neuen Wert.

Schritt 8

Anstatt nur eine einzelne Ziffer zu ändern, können Sie den Wert auch ganz überschreiben. Klicken Sie die entsprechende Zelle an, z. B. B4. Sie ist jetzt markiert. Tragen Sie dann den neuen Wert ein, z. B. »500«, und bestätigen Sie. Der ursprüngliche Eintrag wird überschrieben.

Schritt 9

Um Daten zu löschen, markieren Sie die entsprechenden Zellen. Drücken Sie die Entf-Taste, oder klicken Sie auf das Symbol **Löschen** (Register **Start**, Gruppe **Bearbeiten**). Aus dem Menü wählen Sie die Option **Inhalte löschen**. Alternativ klicken Sie mit der rechten Maustaste auf die markierten Zellen und wählen aus dem Kontextmenü den Befehl **Inhalte löschen**. Der Inhalt der Zelle wird gelöscht, das Format bleibt.

Schritt 10

Wenn Sie nur das Format einer Zelle löschen wollen (z. B. die Schrift- oder Hintergrundfarbe), markieren Sie die jeweilige Zelle und klicken auf den Radiergummi. Diesmal wählen Sie **Formate löschen**. Der Wert bleibt erhalten, die Formatbefehle werden wieder auf den Standard zurückgesetzt.

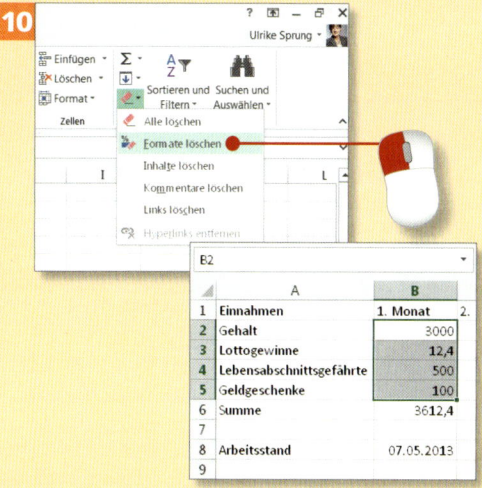

Schritt 11

Wenn Sie falsche Werte *und* die Gestaltung der Zellen entfernen möchten, markieren Sie die entsprechenden Zellen. Klicken Sie wieder auf den Radiergummi, wählen Sie aber nun **Alle löschen**. Sowohl die Werte als auch die Formate werden gelöscht.

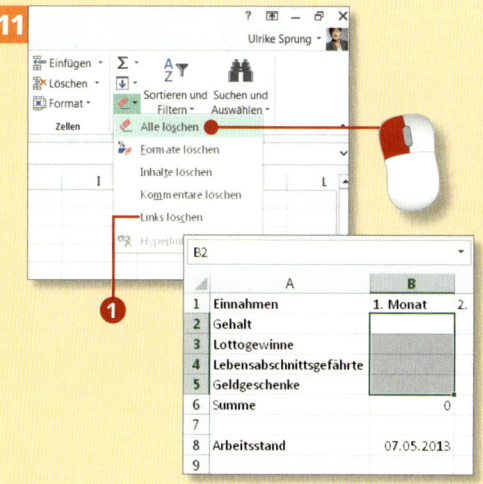

Schritt 12

Wenn Sie z. B. in der Zelle B9 den Hyperlink entfernen möchten, markieren Sie diese Zelle. Klicken Sie dann auf den Radiergummi, und wählen Sie **Links löschen** ❶. Um den Hyperlink endgültig loszuwerden, klicken Sie auf den Eintrag **Nur Hyperlinks löschen** im Smarttag, der an der Zelle B9 erscheint.

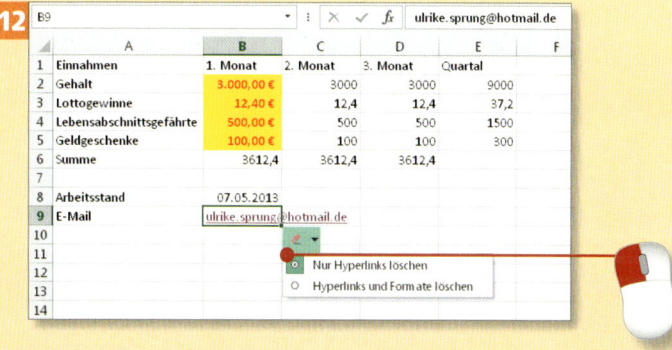

Excel als Taschenrechner

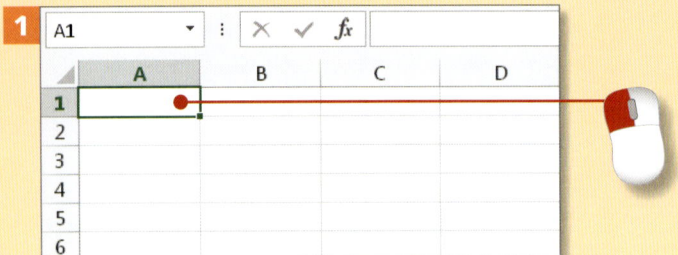

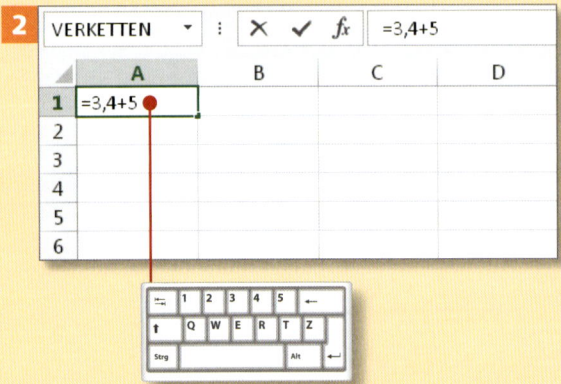

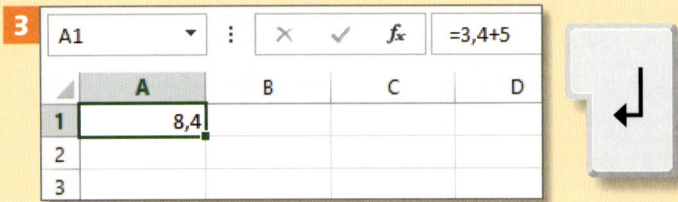

Sie können Excel wie einen Taschen-rechner verwenden. Wie Sie Rechen-aufgaben auf diese Weise schnell und einfach lösen, zeigen wir Ihnen hier.

Schritt 1

Excel benötigt für Ihre Berechnung eine leere Zelle. Bitte klicken Sie deshalb in eine beliebige leere Zelle, z. B. A1.

Schritt 2

Um eine Berechnung mit Excel zu starten, geben Sie ein Gleichheits-zeichen ([=]) ein. Dazu drücken Sie die [⇧]-Taste und die [0]. Geben Sie dann die erste Zahl der Rechenauf-gabe ein, z. B. »3,40«. Die letzte Null können Sie dabei weglassen. Geben Sie nun das Pluszeichen gefolgt von der zweiten Zahl ein, z. B. »5«.

Schritt 3

Prüfen Sie Ihre Eingaben, und be-stätigen Sie die Aufgabe mit [↵]. Erst dann beginnt Excel mit dem Rechnen. Das Ergebnis 8,4 sehen Sie in der gleichen Zelle. Berechnen Sie nun folgende Übungsaufgaben: =4-3, =3*3, =12/4, =100*19%.

Rechenzeichen

Das Minus ist ein Bindestrich, das Malzeichen der Stern links neben [↵]. Das Geteiltzeichen geben Sie als Schrägstrich ein ([⇧] + [7]), das Prozentzeichen erzielen Sie mit [⇧] + [5]. Verwenden Sie ein Komma und keinen Punkt als Trennzeichen.

Schritt 4

Wie viel ist 2 hoch 3? Um das zu berechnen, geben Sie z. B. in die Zelle C3 ein Gleichheitszeichen ein. Dann tippen Sie die Zahl »2«, gefolgt vom Potenzzeichen, das Sie auf der Tastatur ganz links oben neben der Zahl 1 finden. Schreiben Sie zuletzt die Zahl »3« für die Potenzierung, und bestätigen Sie mit ⏎.

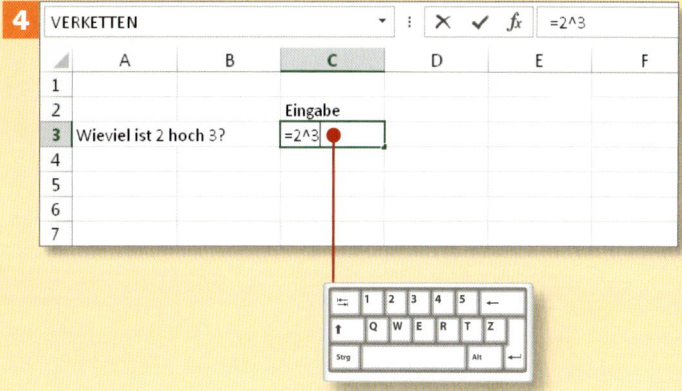

Schritt 5

Sie können auch mehrere Rechenoperationen hintereinander eingeben, z. B. =55-3+7*5 und dann bestätigen. Das Ergebnis ist 87.

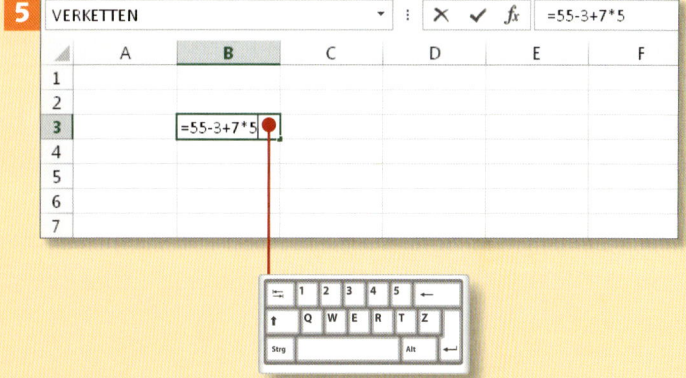

Schritt 6

Verwenden Sie beim Rechnen Klammern, z. B. =55-(3+7)*5, und bestätigen Sie anschließend, ist das Ergebnis 5. Auch bei Excel-Berechnungen gilt die altbekannte Regel: »Punkt kommt vor Strich, kommt 'ne Klammer, dann komm ich«.

Auch bei Division

Auch bei der Division gilt, dass erst die Berechnung in den Klammern erfolgt. In der Beispiel-Formel =A3/(A1+A2)+A4 wird die Summe von A1+A2 gebildet und durch A3 geteilt. Dieser Betrag wird dann mit A4 summiert.

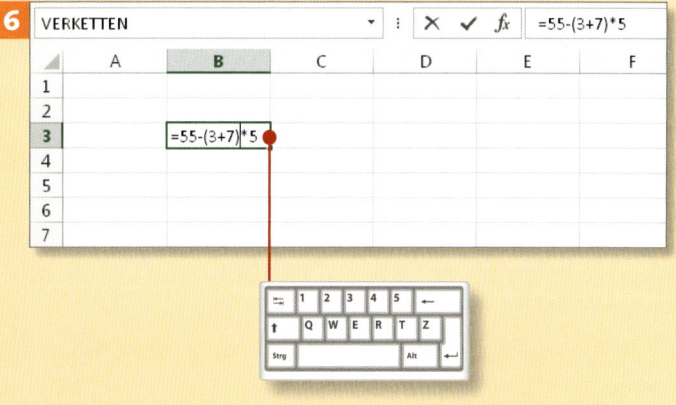

Einfache Formeln eingeben

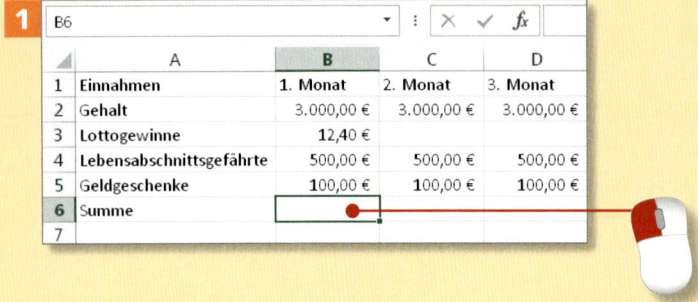

Sie können in Excel auch mit einfachen Formeln rechnen, die Sie selbst in eine Zelle tippen.

Schritt 1

In diesem Beispiel ermitteln wir die Summe der Einnahmen aus den Werten der Zellen B2:B5 (B2 bis B5). Excel benötigt für das Rechenergebnis eine leere Zelle. Klicken Sie in die Zelle B6.

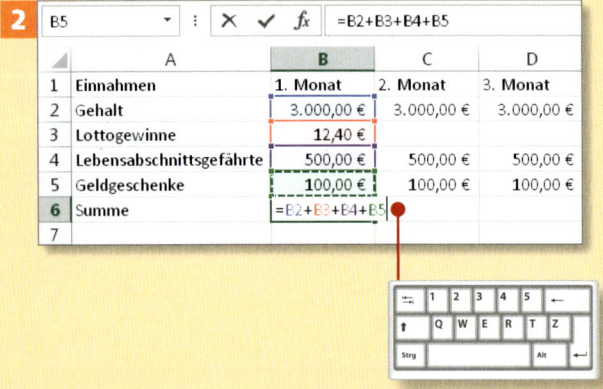

Schritt 2

Eine Formel beginnt immer mit einem Gleichheitszeichen (=). Geben Sie dann ein, welche Zellen Sie wie berechnen möchten, hier also »B2+B3+B4+B5«. Es ist Groß- oder Kleinschreibung möglich, Leerzeichen sind erlaubt.

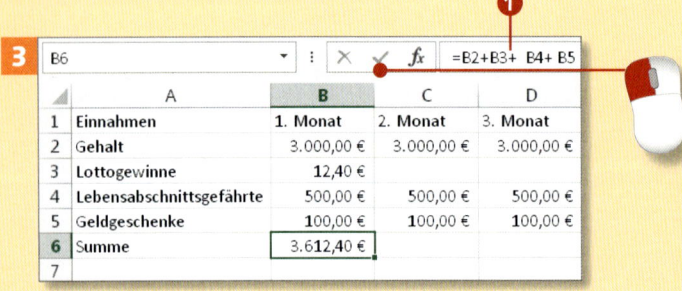

Schritt 3

Bestätigen Sie die Eingabe mit einem Klick auf das Häkchensymbol **Eingeben** in der Bearbeitungsleiste oder mit ↵. Nun erscheint das Ergebnis als Zahl in der Zelle B6. Die Bearbeitungsleiste ❶ zeigt die Formel. So erkennen Sie auch später noch, dass die Zelle B6 das Ergebnis Ihrer Formel enthält.

Farbige Markierung
Zur besseren Übersicht bietet Excel Ihnen bei der Eingabe eine farbige Markierung der Zellen und Zelladressen an.

Schritt 4

Ein weiteres Beispiel: Sie möchten berechnen, wie sich Ihre Gesamteinnahmen prozentual zusammensetzen. Klicken Sie dazu in die Ergebniszelle C2. Geben Sie das Gleichheitszeichen ein, und schreiben Sie dahinter die Formel »B2/B6« (B2 geteilt durch B6).

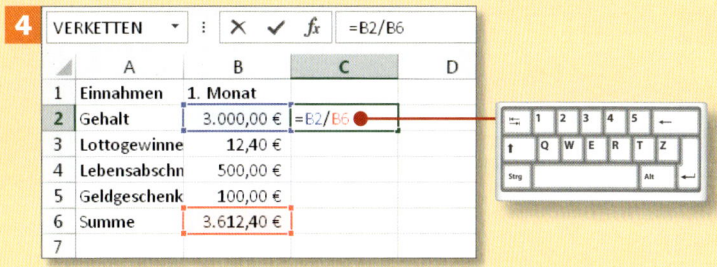

Schritt 5

Bestätigen Sie Ihre Eingabe, und prüfen Sie das Ergebnis. Wie Sie sehen, hat Excel den Wert in B2 durch den Wert in B6 geteilt. Das Ergebnis stimmt also für die gewünschte Rechnung noch nicht, denn es muss noch mit 100 multipliziert werden.

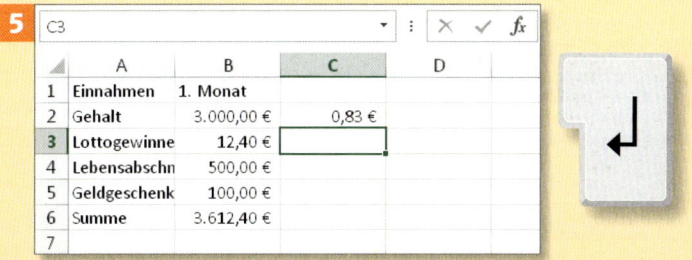

Schritt 6

Markieren Sie die Ergebniszelle C2, und klicken Sie dann im Register **Start** in der Gruppe **Zahl** auf das Symbol **Prozentformat**. In der Zelle C2 steht nun das richtige Ergebnis in Prozent.

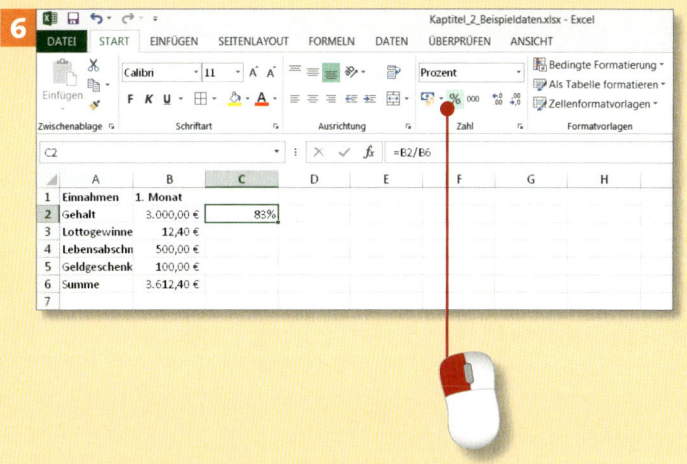

Prozentformat

Das Symbol **Prozentformat** stellt nicht nur das Prozentzeichen ein, sondern multipliziert den Zellinhalt automatisch mit 100.

Tipparbeit durch Zeigen reduzieren

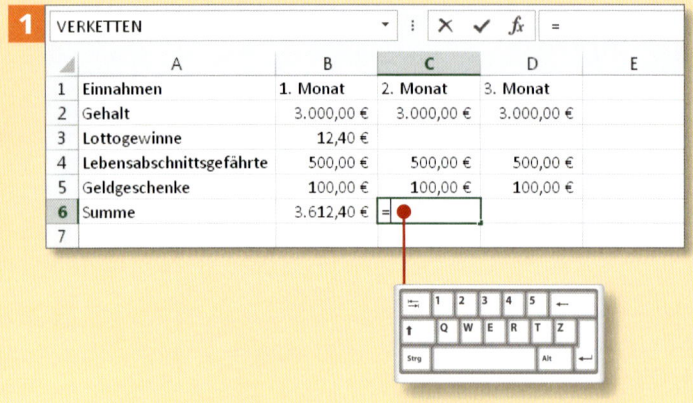

Überlassen Sie Excel das Schreiben der Zelladressen, und zeigen Sie nur auf die Zellen, mit denen Sie rechnen wollen. Damit reduzieren Sie auch das Risiko, aus Versehen falsche Zelladressen einzugeben.

Schritt 1

Um Excel einen Zellnamen automatisch einfügen zu lassen, schreiben Sie ein Gleichheitszeichen in die noch leere Ergebniszelle C6.

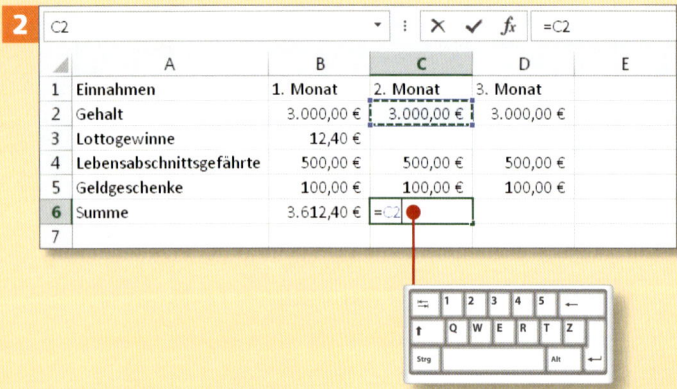

Schritt 2

Klicken Sie mit der Maus auf die Zelle, mit der Sie rechnen wollen, z. B. C2. Excel fügt den Namen dieser Zelle in die Ergebniszelle ein. Geben Sie dann das Rechenzeichen ein, z. B. ein Plus (»+«), und klicken Sie mit der Maus auf die Zelle C3 etc.

Schritt 3

Kontrollieren Sie die fertige Formel, und schließen Sie dann die Rechenaufgabe mit ⏎, mit der ⇆-Taste oder mit einem Klick auf das Häkchensymbol ab.

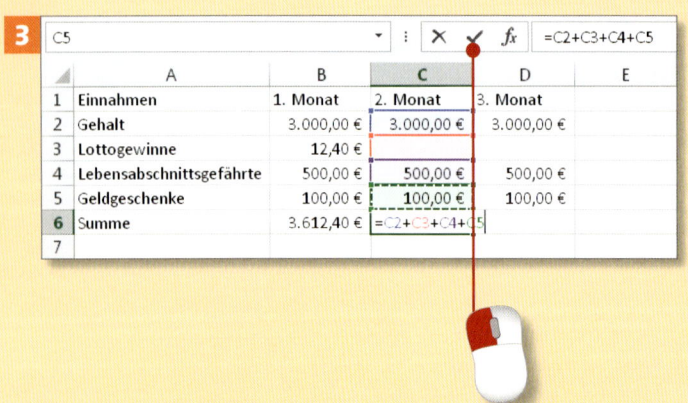

Schritt 4

Um eine Summe zu bilden, klicken Sie in die leere Ergebniszelle (hier D6), dann auf das Symbol **Summe**. Excel macht einen Vorschlag für den zu addierenden Bereich, der bei der leeren Zelle D3 ❶ endet. Das ist jedoch nicht der korrekte Bereich für unser Beispiel (denn wir wollen ja alle Werte der Spalte addieren).

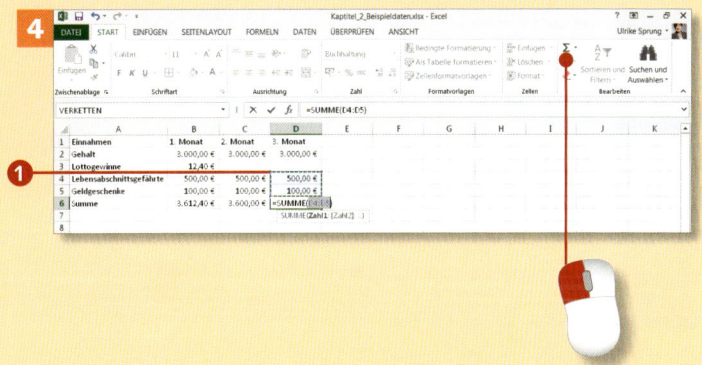

Schritt 5

Klicken Sie mit der Maus auf die erste Zelle, also D2, und markieren Sie die gewünschten Zellen, indem Sie auf das kleine blaue Viereck klicken und es mit gedrückter linker Maustaste bis D5 ziehen. Excel ergänzt nun in der Formel den richtigen Bereich (D2:D5) und hebt ihn durch eine gestrichelte Linie hervor.

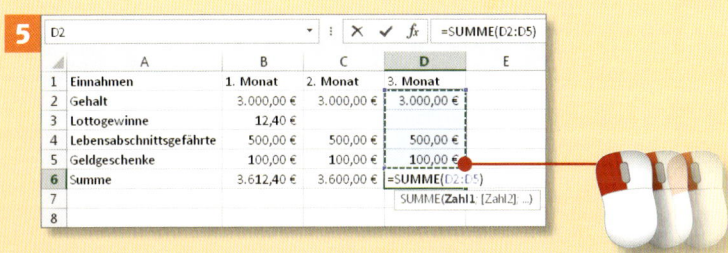

Schritt 6

Sie können für Ihre Formel jederzeit andere Zellen oder Zellbereiche auswählen. Dazu klicken Sie doppelt auf die Zelle, deren Formel Sie ändern wollen (D6). Löschen Sie den angegebenen Bereich mit der [Entf]-Taste, und zeigen Sie dann auf die neue Zelle ❷ bzw. den neuen Zellbereich.

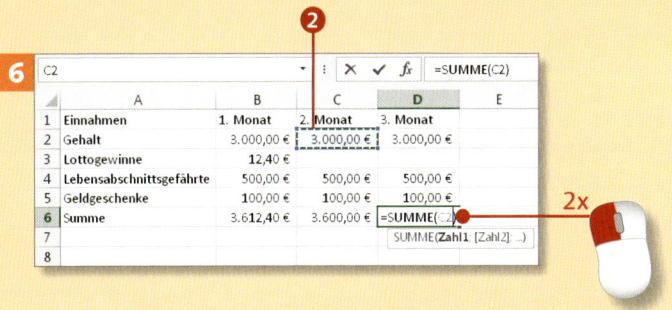

Arbeitsergebnisse speichern

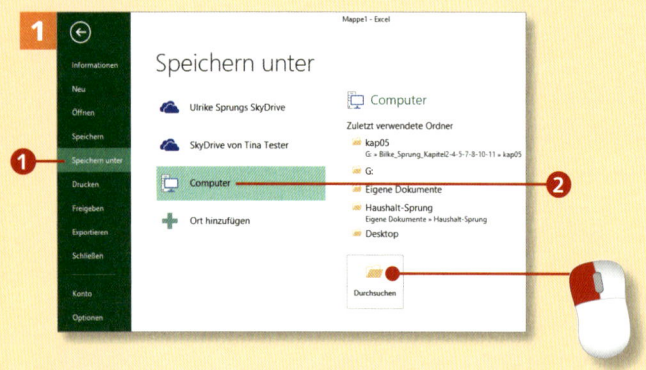

Wenn Sie Ihre Tabellen regelmäßig speichern, vermeiden Sie Datenverluste und damit doppelte Arbeit.

Schritt 1

Klicken Sie auf das Register **Datei**. Die *Backstage-Ansicht* erscheint. Wählen Sie dort **Speichern unter ❶**. Entscheiden Sie dann, ob Sie in *SkyDrive* oder auf Ihrem Computer speichern wollen. Klicken Sie auf **Computer ❷** und anschließend auf **Durchsuchen**.

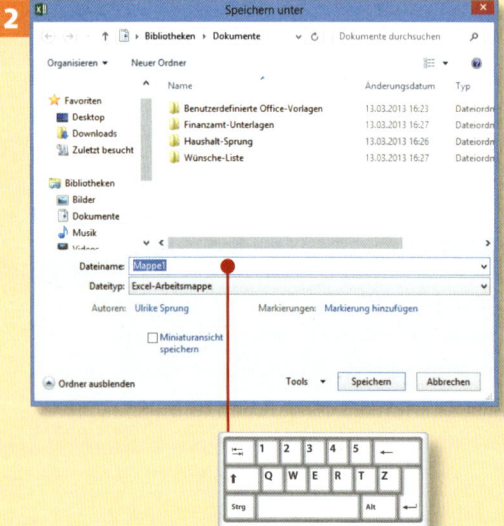

Schritt 2

Das Dialogfenster **Speichern unter** erscheint. Tragen Sie einen eindeutigen Dateinamen ein. Damit überschreiben Sie den Vorschlag von Excel *Mappe1.xlsx*, der Ihnen später nicht bei der Suche helfen würde.

Schritt 3

Damit Sie Ihre Tabelle später schnell wiederfinden, wählen Sie einen passenden Speicherort dafür aus.

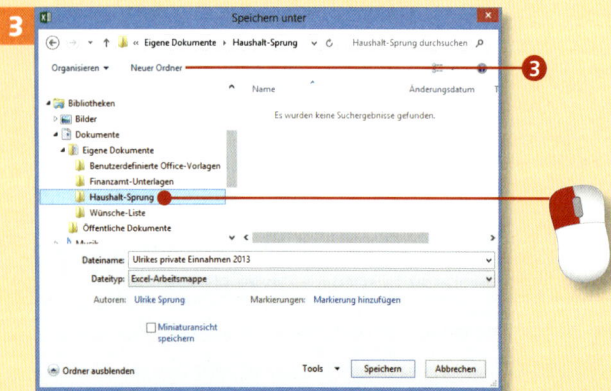

Neuen Ordner anlegen

Um für Ihre Tabelle einen neuen Ordner anzulegen, klicken Sie auf das Symbol **Neuer Ordner ❸**. Geben Sie einen Namen ein, und bestätigen Sie mit ⏎.

Schritt 4

Als **Dateityp** ist immer die Dateinamenserweiterung *.xlsx* voreingestellt.
Wenn die Tabelle später auch mit
einer älteren Excel-Version zu öffnen
sein soll, wählen Sie den Dateityp
»Excel 97-2003-Arbeitsmappe«
aus, also *.xls*.

Schritt 5

Kontrollieren Sie unbedingt noch
einmal den Dateinamen, den
Dateityp und vor allem den eingestellten Speicherort. So ersparen
Sie sich unnötiges Suchen oder das
spätere Umbenennen von Dateien.
Dann klicken Sie auf **Speichern**.

Schritt 6

Wenn Sie keine Fehlermeldung
erhalten und in der Titelleiste ❹ den
Namen Ihrer Datei sehen, war das
Speichern erfolgreich.

Sicherungsdatei erstellen
Im Dialogfenster **Speichern unter**
finden Sie den Eintrag **Tools** ❺.
Dort können Sie Speicheroptionen
einstellen, z. B. unter **Allgemeine
Optionen** auswählen, dass Excel
eine Sicherungsdatei erstellt. Die
Sicherungskopie wird unter demselben Namen, aber mit der
Erweiterung *.xlk* im selben Ordner
gespeichert.

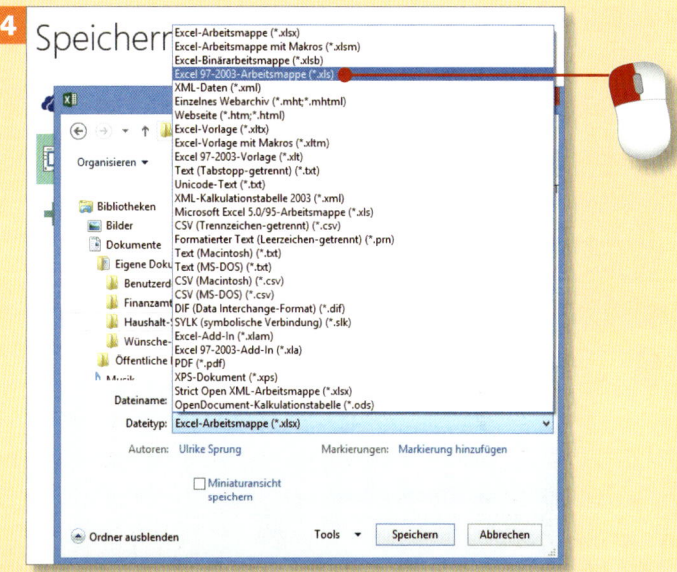

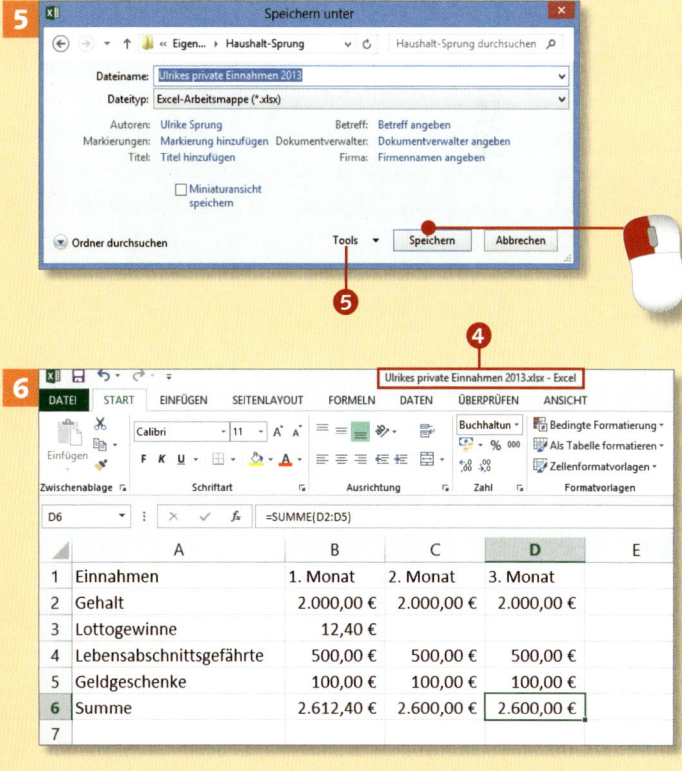

Eine Arbeitsmappe öffnen

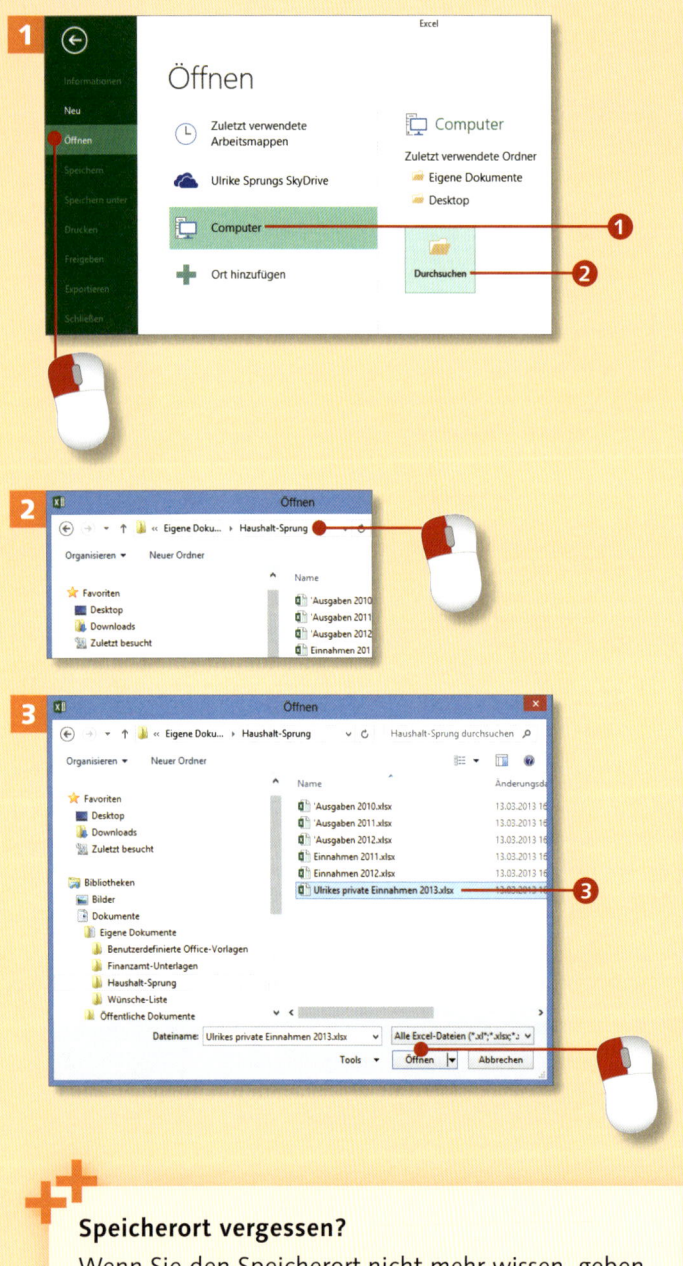

Sie haben eine Tabelle gespeichert. Wenn Sie diese Datei später erneut öffnen wollen, um etwas nachzulesen, zu ändern oder um sie weiterzuverwenden, müssen Sie die Antworten auf diese beiden Fragen kennen: Wie heißt die Datei, und wo ist sie gespeichert?

Schritt 1

Wählen Sie das Register **Datei**. In der Backstage-Ansicht klicken Sie auf den Befehl **Öffnen**. In der Mitte klicken Sie auf den Eintrag **Computer ❶** und dann rechts auf **Durchsuchen ❷**. Das Dialogfenster **Öffnen** erscheint.

Schritt 2

Wählen Sie den Ordner aus, in dem Ihre Tabelle gespeichert ist. Im Dialogfensterbereich darunter erscheint eine Liste der in diesem Ordner gespeicherten Excel-Tabellen.

Schritt 3

Klicken Sie auf den Namen derjenigen Datei ❸, die Sie öffnen möchten. Klicken Sie dann auf die Schaltfläche **Öffnen**.

Speicherort vergessen?

Wenn Sie den Speicherort nicht mehr wissen, geben Sie einfach den Dateinamen oder nur einen Teil dessen in das Suchfeld im Startmenü ein.

Schritt 4

Wenn Sie die Tabelle erst vor Kurzem bearbeitet haben, finden Sie sie unter dem Eintrag **Zuletzt verwendete Arbeitsmappen**. Hier listet Excel standardmäßig die 25 Dateien auf, die Sie zuletzt bearbeitet haben, damit Sie sie schnell wiederfinden.

Schritt 5

Wenn die Liste eine Tabelle enthält, die Sie regelmäßig benötigen, können Sie sie dauerhaft zum schnellen Öffnen festlegen. Klicken Sie dazu auf die kleine waagerechte Pinnnadel rechts neben dem Dateinamen. Die Pinnnadel erscheint nun senkrecht und zeigt so an, dass die Datei dauerhaft zum schnellen Öffnen aufgelistet wird. Sie können auf diese Weise auch mehrere Dateien festpinnen.

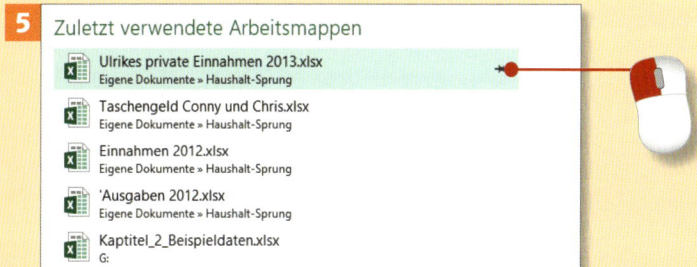

Schritt 6

Wenn Sie diese Markierung rückgängig machen wollen, klicken Sie erneut auf die senkrechte Pinnnadel rechts neben dem Dateinamen. Sie wird wieder waagerecht, und die Datei wird nicht mehr dauerhaft zum schnellen Öffnen aufgelistet.

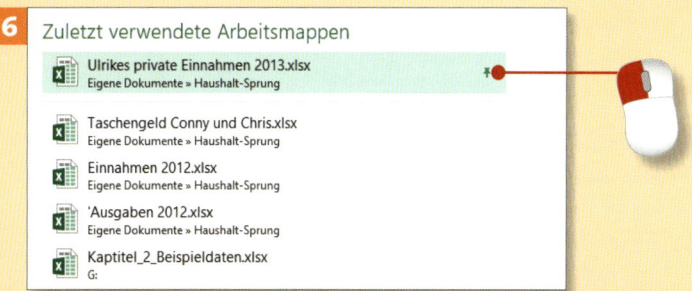

Eine neue Arbeitsmappe erzeugen

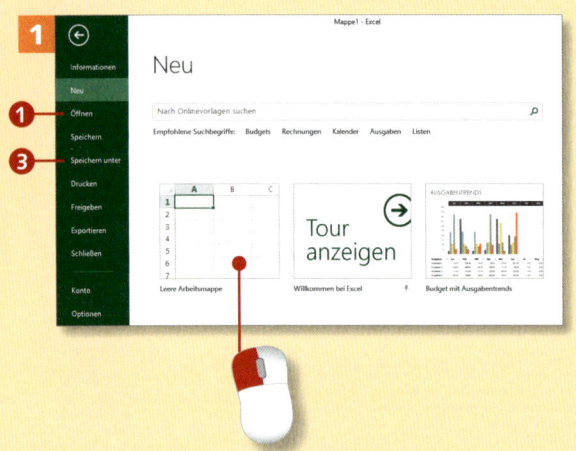

In diesem Abschnitt erfahren Sie, wie Sie mithilfe von vorhandenen Tabellen und Vorlagen im Handumdrehen eine tolle Tabelle zaubern.

Schritt 1

Mit jedem Start schlägt Excel eine leere Arbeitsmappe vor. Um diese Mappe anzulegen, klicken Sie in der Backstage-Ansicht auf **Leere Arbeitsmappe** oder betätigen die ⏎-Taste. So öffnen Sie eine neue *Mappe1* im Standardformat.

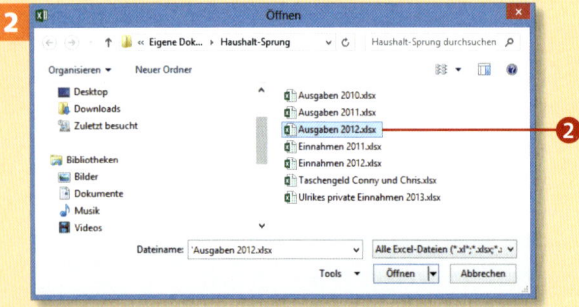

Schritt 2

Falls Sie eine bereits gespeicherte Tabelle als Vorlage nutzen wollen, wählen Sie **Öffnen** ❶. Im Dialogfenster suchen Sie den Speicherort und klicken auf den Namen der Tabelle ❷, z. B. *Ausgaben 2012.xlsx*.

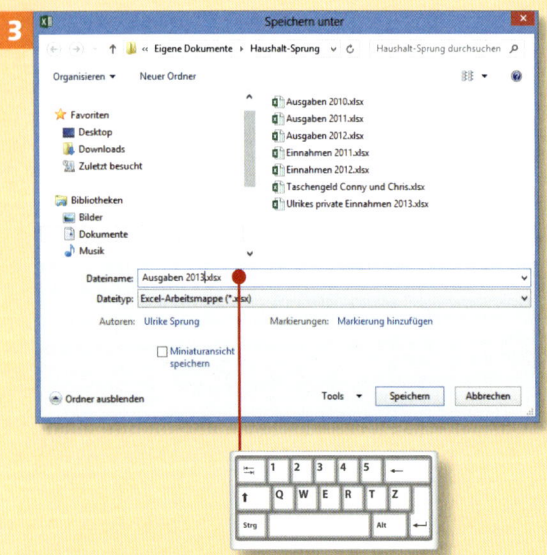

Schritt 3

Klicken Sie auf das Register **Datei**, um in die Backstage-Ansicht zu gelangen und klicken Sie dann auf **Speichern unter** ❸ und geben der Datei einen neuen Namen, z. B. »Ausgaben 2013«. Die Dateiendung *.xlxs* müssen Sie nicht eingeben, da diese über den Dateityp bereits voreingestellt ist.

Schritt 4

Sie können sich viel Arbeit ersparen, wenn Sie eine vorgefertigte Tabellenschablone benutzen. Klicken Sie auf das Register **Datei** und in der Backstage-Ansicht in den Bereich **Neu**, der neben **Leere Arbeitsmappe** eine Auswahl von Beispielvorlagen zeigt.

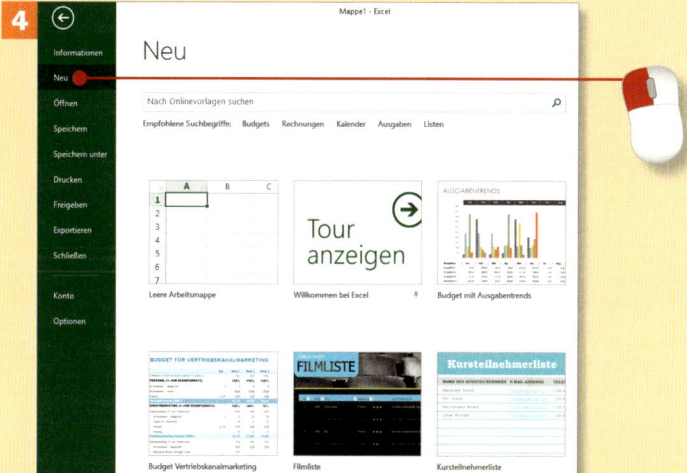

Schritt 5

Rollen Sie mit der Bildlaufleiste ❹ nach unten. Klicken Sie nun z. B. auf die Vorlage **Zeitplan "Tägliche Arbeit"**.

Schritt 6

Die Tabelle wird als Vorschau mit Informationen zur Quelle, Dateigröße und zum Inhalt gezeigt. Klicken Sie auf **Erstellen**, und der Download dieser Vorlage aus dem Internet beginnt. Wenn Sie eine Vorlage kennen, können Sie sie per Doppelklick auch direkt aus der Übersicht öffnen.

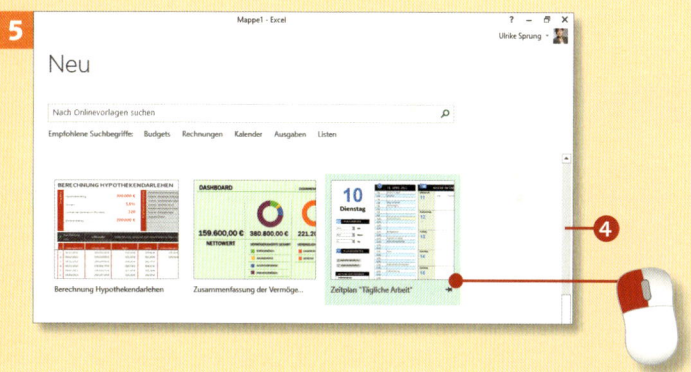

i

Internetverbindung herstellen

Zum Download einer Vorlage benötigen Sie immer eine funktionierende Internetverbindung.

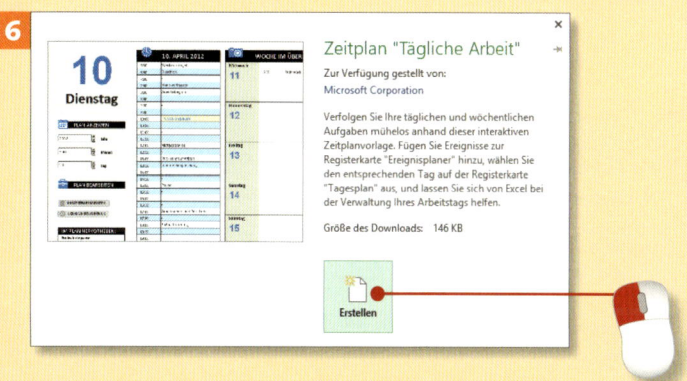

Eine neue Arbeitsmappe erzeugen (Forts.)

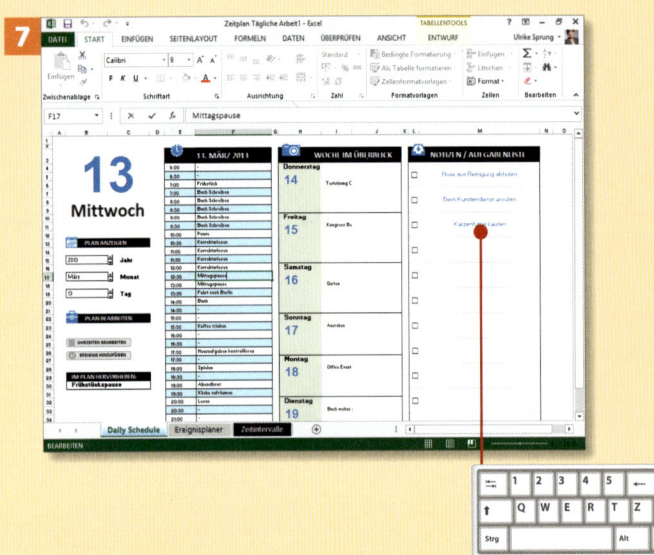

Schritt 7

Danach wird die Excel-Arbeitsmappe mit dem Namen *Zeitplan Tägliche Arbeit1* geöffnet; sie ist bereits fertig gestaltet. Sie müssen nur noch Ihre eigenen Daten eintragen, wie Sie im Beispiel sehen, und die Datei dann unter einem eigenen Namen speichern.

Schritt 8

Starten Sie Excel erneut, sehen Sie, dass die Vorlage **Zeitplan "Tägliche Arbeit"** jetzt auf den ersten Blick zu sehen ist. Klicken Sie darauf.

Schritt 9

Nun klicken Sie auf die Schaltfläche **Erstellen**. Die Vorlage ist jetzt auf Ihrem Computer auch ohne Internet-verbindung zum Erstellen einer neuen Arbeitsmappe vorhanden.

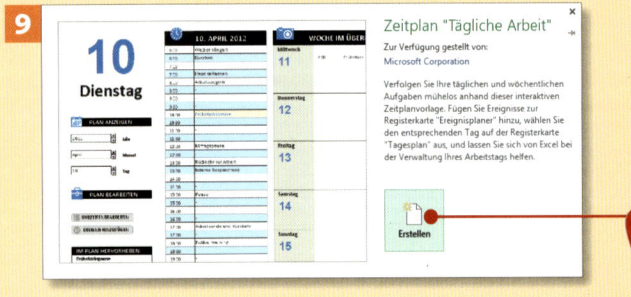

Sparen Sie sich Arbeit

Verwenden Sie die professionell gestalteten Vorlagen als Basis und passen Sie die Gestaltung an oder fügen Sie weitere Formeln selbst hinzu. Speichern Sie die bearbeitete Datei als Excel-Vorlage mit der Dateinamenserweiterung *.xltx* ab, dann steht sie Ihnen künftig unter **Meine Vorlagen** zur Verfügung.

Schritt 10

Es öffnet sich wieder eine leere Bei-
spielmappe mit dem Namen *Zeitplan
Tägliche Arbeit1*, die Sie mit eigenen
Daten füllen und dann speichern
können.

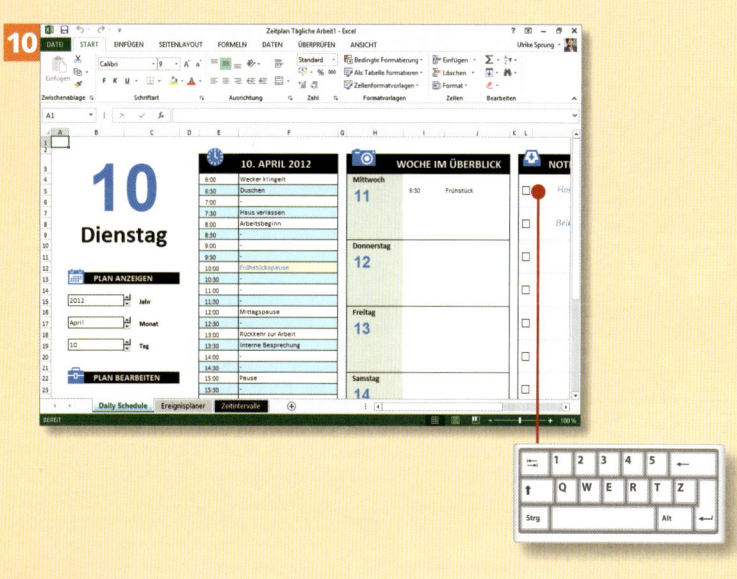

Schritt 11

Wenn Sie in der Liste der Vorlage
nichts Passendes finden, klicken Sie
unterhalb des Suchfeldes auf einen
der empfohlenen Suchbegriffe, z. B.
Budgets.

Schritt 12

Das Suchergebnis erscheint, und Sie
sehen weitere Kategorien ❶, mit
denen Sie Ihre Suche fortsetzen können. Die Zahl ❷ neben der Kategorie gibt die Anzahl der gefundenen
Vorlagen an. Haben Sie neben Excel
noch weitere Office-Programme
installiert, werden Ihnen ganz unten
entsprechende Treffer angezeigt.

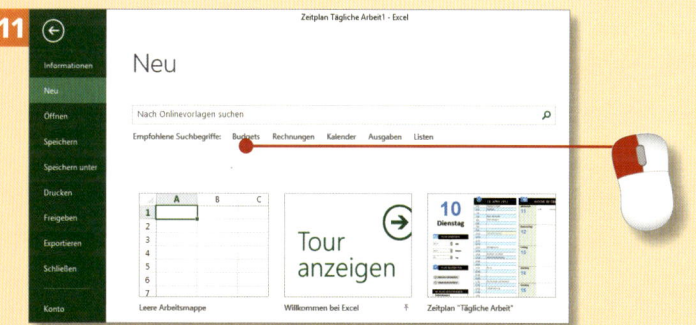

Eigener Suchbegriff

Geben Sie in das Suchfeld ❸ einfach einen eigenen Suchbegriff ein,
z. B. Geburtstag, und bestätigen Sie
mit ↵ oder mit einem Klick auf
das Lupensymbol rechts.

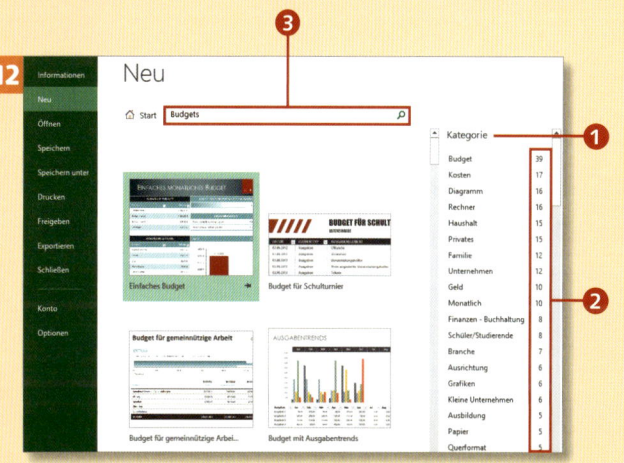

Kapitel 3
Es geht noch viel schneller!

Spätestens wenn man lange Tabellen oder immer wieder die gleichen Datenreihen eingeben muss, lohnt es sich, mit der Autoausfüllen-Funktion zu arbeiten. Neben dieser Grund-
funktion gibt es noch andere Automatismen, die für vielerlei Zwecke genutzt werden
können.

Autoausfüllen
Mit der Autoausfüllen-Funktion können Sie sich einige Tipparbeit sparen. Logische Reihen
lassen sich automatisch vervollständigen, indem Sie mit gedrückter linker Maustaste am
Ausfüllkästchen ziehen ❶. Das funktioniert für Zahlen ebenso wie für Text und sogar bei
gemischten Eingaben.

Bereiche markieren
Um nicht jede Zelle einzeln bearbeiten oder löschen zu müssen, können Sie mehrere Zellen markieren ❷. Was immer Sie danach tun, wirkt sich dann auf den gesamten markierten Bereich aus.

Drag & Drop
Drag & Drop ist eine klassische Funktion in jeder Computerbeziehung. Auch in Excel
lassen sich damit einzelne Zellinhalte oder auch ganze Bereiche kopieren oder komplett
verschieben ❸, wenn Sie mit gedrückter linker Maustaste am Markierungsrahmen ziehen.

Zeilen und Spalten
Zeilen und Spalten bilden die Grundordnung ❹ in Excel-Tabellen. Auch sie kann man
natürlich verschieben, vergrößern, nachträglich einfügen oder wieder löschen.

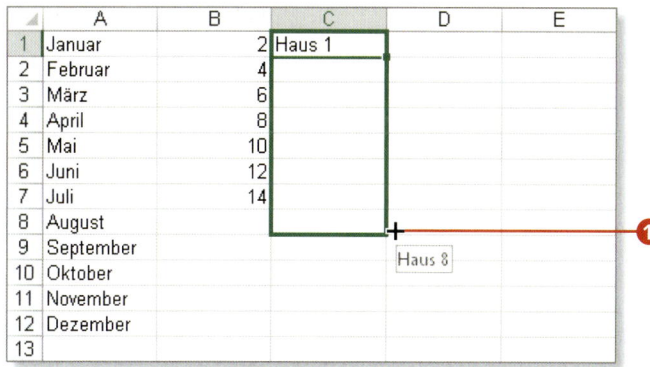

❶ Excel vervollständigt Listen und Reihen auf Wunsch automatisch.

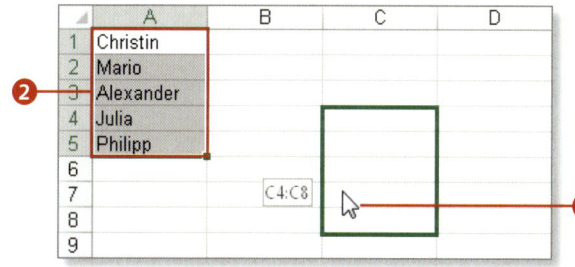

❷

Mehrere Zellen können Sie markieren und in einem Rutsch bearbeiten. Drag & Drop meint nichts anderes als »Ziehen und Fallenlassen«.

❸

Zeilen und Spalten bilden das Grundgerüst einer Excel-Tabelle.

❹

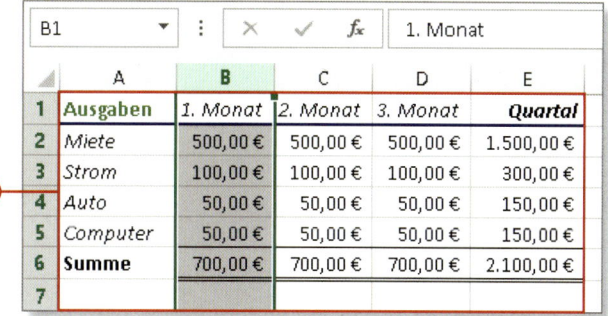

Weniger Aufwand durch Autoausfüllen

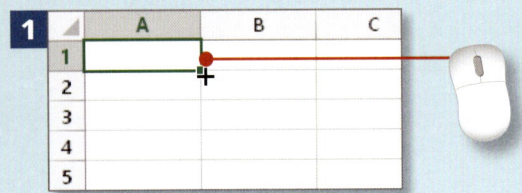

Mithilfe des Ausfüllkästchens können Sie Eingaben in Excel wesentlich effektiver gestalten. In diesem Abschnitt testen Sie, wie das automatische Ausfüllen in Excel funktioniert.

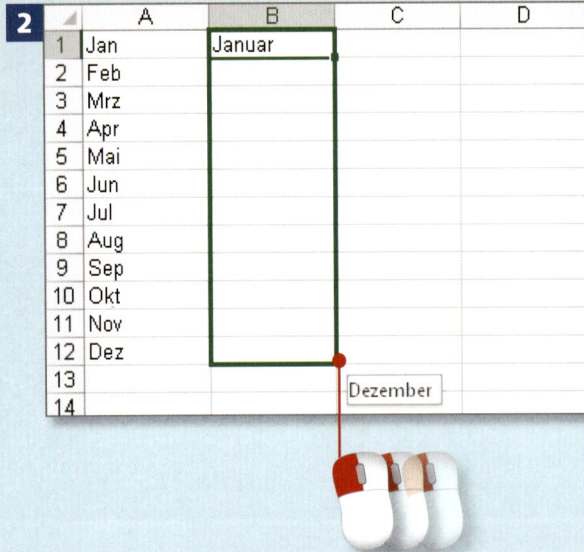

Schritt 1

Wählen Sie die Zelle A1 aus. Das *Ausfüllkästchen* ist das kleine grüne Kästchen in der rechten unteren Ecke der Markierung. Wenn Sie mit dem Mauszeiger auf das Ausfüllkästchen zeigen, nimmt er die Form eines schwarzen Kreuzes an.

Schritt 2

Geben Sie in die Zelle B1 einen Monatsnamen ein, beispielsweise »Januar«. Zeigen Sie mit der Maus auf das Ausfüllkästchen, und ziehen Sie es nach unten oder nach rechts. So füllen Sie ganz einfach die nächsten elf Monate aus.

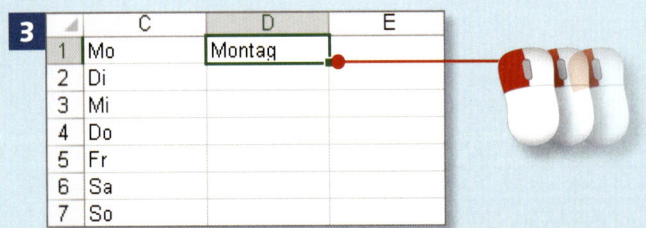

Schritt 3

Geben Sie in die Zelle D1 einen Wochentag ein, z. B. »Montag«. Zeigen Sie mit der Maus auf das Ausfüllkästchen, und ziehen Sie es nach unten oder nach rechts, um die nächsten sechs Tage auszufüllen.

✚✚ So geht es auch

Sie können auch die gängige Abkürzung eingeben, also statt »Januar« nur »Jan« oder statt »Montag« nur »Mo«.

Schritt 4

Genauso funktioniert es mit Datum und Uhrzeit. Geben Sie ein bestimmtes Datum in die Zelle A1 und eine beliebige Uhrzeit in die Zelle B1 ein. Wenn Sie mit der Maus auf das Ausfüllkästchen zeigen und es nach unten bzw. nach rechts ziehen, können Sie die Daten der folgenden Tage bzw. die Zeit stundenweise ausfüllen.

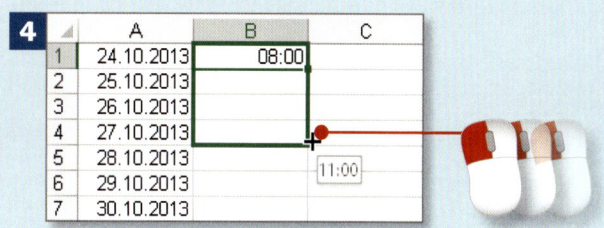

Schritt 5

Das Ausfüllen funktioniert sogar bei Texten, die mit Zahlen kombiniert sind. Geben Sie in die Zelle A1 »Haus 1« ein. Markieren Sie die Zelle A1, und ziehen Sie das Ausfüllkästchen nach unten. Sie können alternativ auch »1. Haus« eingeben, das Prinzip bleibt das gleiche.

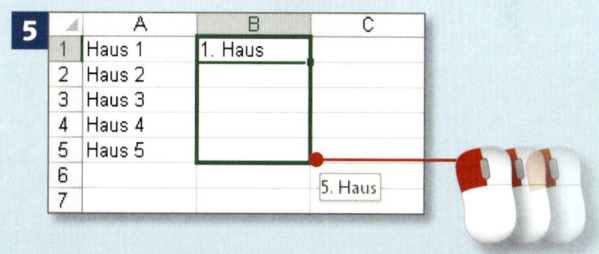

Schritt 6

Wenn Sie eine Zahlenreihe eingeben möchten, tragen Sie den Startwert in eine Zelle ein. Mit der nächsten Zelle geben Sie das Muster vor. Markieren Sie beide Zellen, und ziehen Sie das Ausfüllkästchen nach unten bzw. nach rechts. Excel ergänzt die Reihe automatisch.

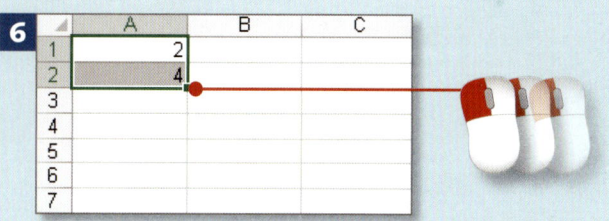

Autoausfüllen unterdrücken

Sie können das Autoausfüllen unterdrücken, indem Sie Strg gedrückt halten, während Sie am Kästchen ziehen. Die Werte werden dann nicht fortlaufend ergänzt, sondern lediglich in die angrenzenden Zellen kopiert.

Benutzerdefinierte Datenreihen

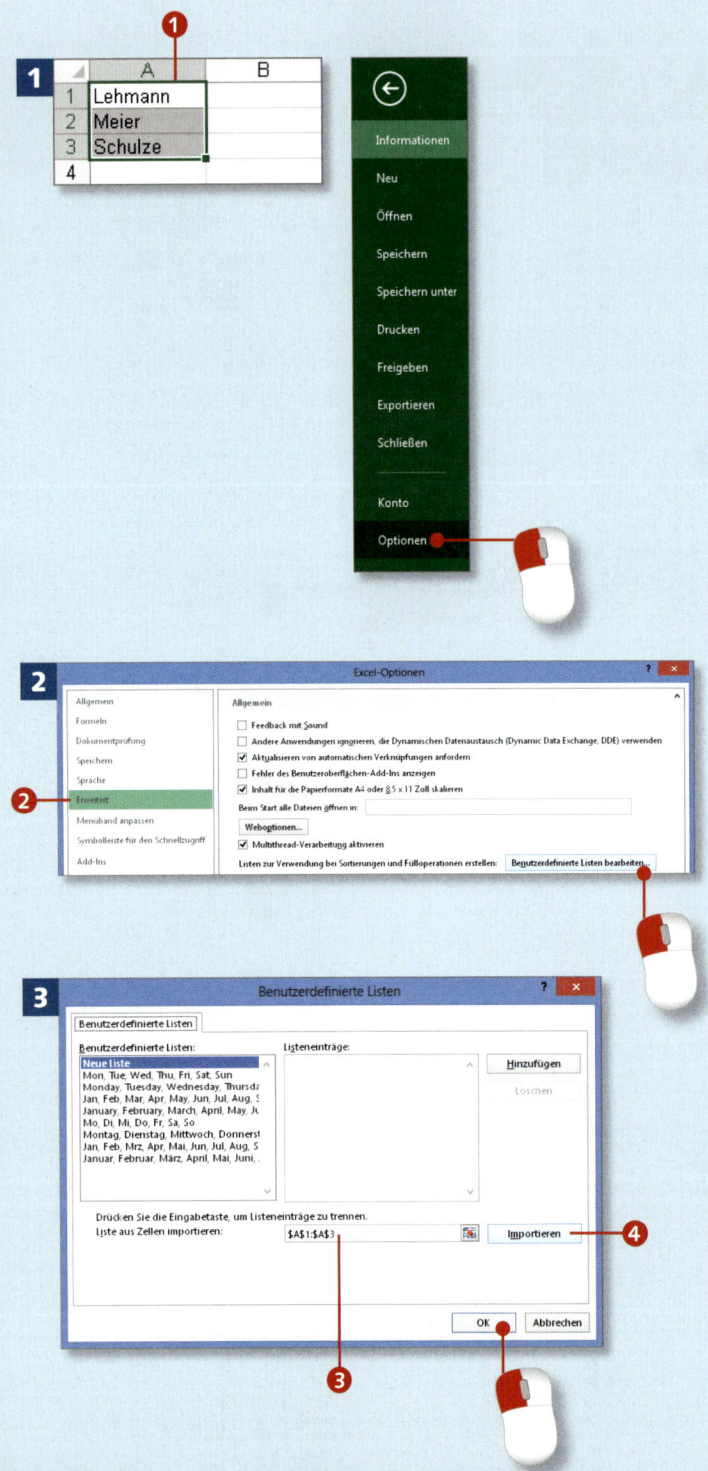

Sie können auch eigene Reihen erstellen, beispielsweise für Namen in Telefonlisten oder feste Ausgaben im Haushaltsbuch. Wie Sie Ihre speziellen Listen in Excel anlegen, zeigen wir Ihnen im Folgenden.

Schritt 1

Wählen Sie im Arbeitsblatt die Liste mit den Elementen aus, die Sie in der benutzerdefinierten Datenreihe verwenden möchten ❶. Öffnen Sie die Backstage-Ansicht über das Register **Datei**, und klicken Sie dort auf **Optionen**.

Schritt 2

Wählen Sie dann die Option **Erweitert** ❷. Auf der rechten Seite des Fensters klicken Sie im Abschnitt **Allgemein** auf die Schaltfläche **Benutzerdefinierte Listen bearbeiten**.

Schritt 3

Die Zellen, die Sie vorher markiert haben, werden im Feld **Liste aus Zellen importieren** angezeigt ❸. Klicken Sie auf **Importieren** ❹. Die Elemente der ausgewählten Liste werden dem Feld **Benutzerdefinierte Listen** hinzugefügt. Bestätigen Sie beide Fenster mit **OK**.

Schritt 4

Um Ihre eigene Reihe zu verwenden, klicken Sie im Arbeitsblatt auf eine leere Zelle. Geben Sie dann das Element Ihrer Datenreihe an, mit dem Sie die Liste beginnen möchten. Ziehen Sie wie gehabt das Ausfüllkästchen über die Zellen, die gefüllt werden sollen.

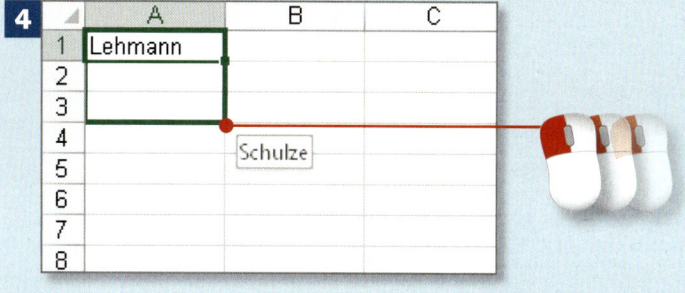

Schritt 5

Auch Formeln lassen sich automatisch übertragen. Wählen Sie die Zelle aus, die die Formel enthält, mit der Sie angrenzende Zellen ausfüllen möchten. Ziehen Sie das Ausfüllkästchen nach unten. Die Formel passt sich zeilenweise an: Aus =B1*5 in der Zelle A1 wird =B2*5 in A2 etc.

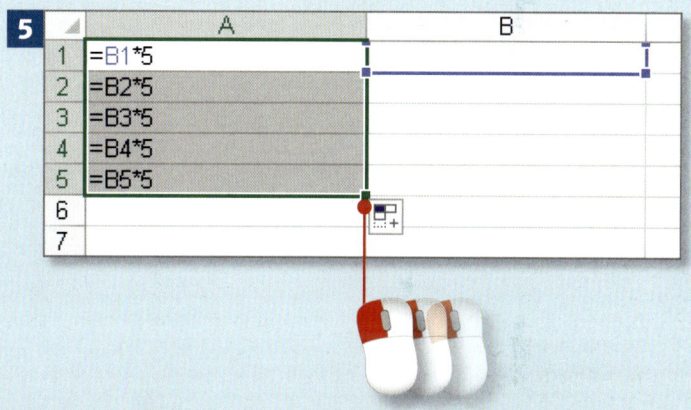

Schritt 6

Im folgenden Beispiel erstellen wir zusammen eine Telefonliste. Dabei setzen wir die Autoausfüllen-Funktion ein.

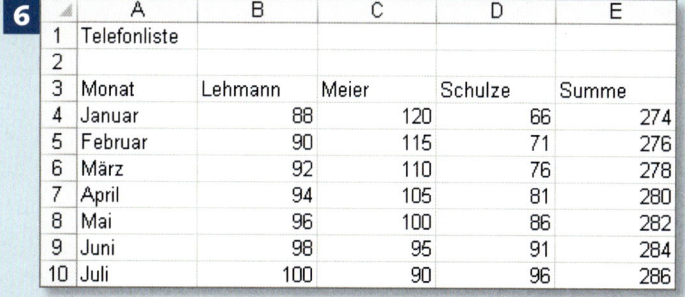

	A	B	C	D	E
1	Telefonliste				
2					
3	Monat	Lehmann	Meier	Schulze	Summe
4	Januar	88	120	66	274
5	Februar	90	115	71	276
6	März	92	110	76	278
7	April	94	105	81	280
8	Mai	96	100	86	282
9	Juni	98	95	91	284
10	Juli	100	90	96	286

Autoausfüllen per Doppelklick

Anstatt das Ausfüllkästchen über die Zellen zu ziehen, die mit den Formeln ausgefüllt werden, können Sie alternativ auf das Ausfüllkästchen doppelklicken.

Benutzerdefinierte Datenreihen (Forts.)

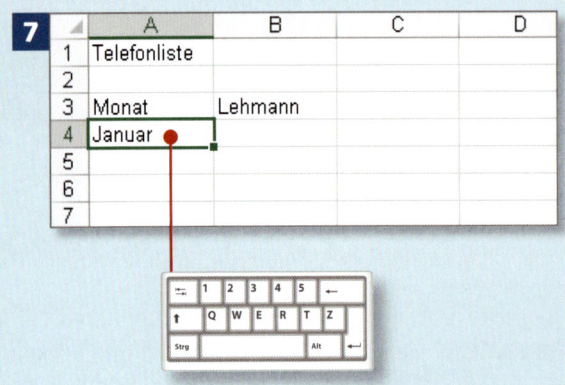

Schritt 7

Geben Sie in die Zelle A1 die Überschrift »Telefonliste« und in die Zelle A3 »Monat« ein. In die Zelle B3 schreiben Sie »Lehmann« und in die Zelle A4 »Januar«. Die Texte in den Zellen C3 und D3 sowie im Bereich A5:A15 lassen Sie Excel automatisch ausfüllen, indem Sie das Ausfüllkästchen über die entsprechenden Zellen ziehen.

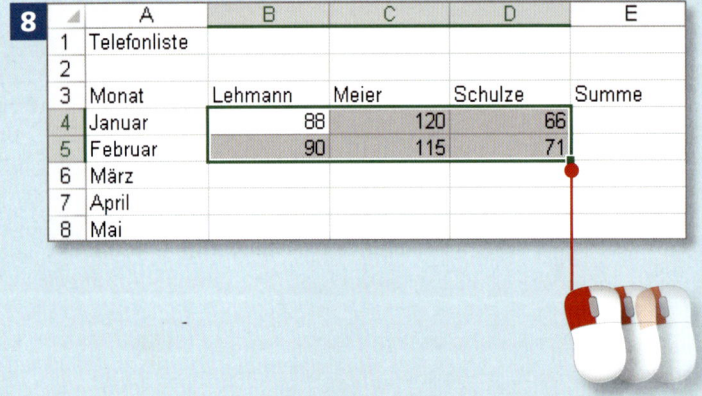

Schritt 8

Geben Sie Zahlen in die Zellen ein, wie im nebenstehenden Beispiel zu sehen. Damit geben Sie die Abstände für die einzutragenden Zahlen vor. Markieren Sie alle sechs Zellen, und lassen Sie Excel die Tabelle automatisch ausfüllen, indem Sie das Ausfüllkästchen nach unten ziehen.

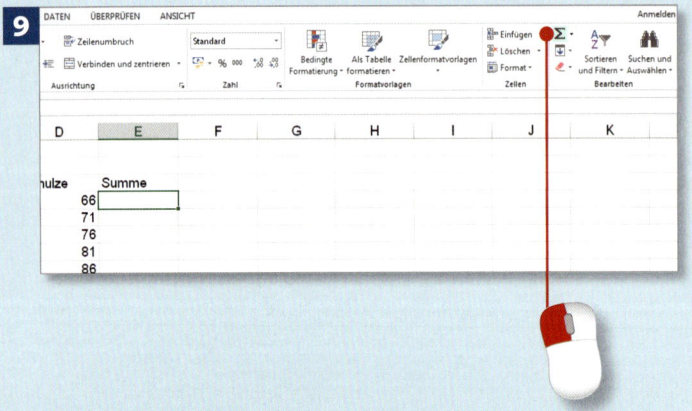

Schritt 9

Ergänzen Sie in den Zellen A16 und E3 jeweils das Wort »Summe« als Überschrift. Um die Summe der Zellen B4:D4 bzw. B4:B15 zu bilden, positionieren Sie den Cursor in der jeweiligen Ergebniszelle (E4 bzw. B16). Klicken Sie dann im Register **Start** in der Gruppe **Bearbeiten** auf den Befehl **AutoSumme**.

Schritt 10

Ein gestrichelter Laufrahmen umgibt die Zellen, die Excel automatisch erkennt. Dieser Bereich lässt sich bei Bedarf mit der Maus korrigieren. Bestätigen Sie die Auswahl mit Drücken der ↵-Taste.

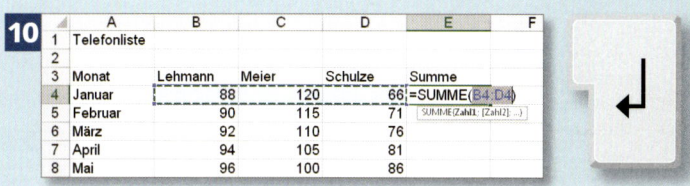

10

	A	B	C	D	E	F
1	Telefonliste					
2						
3	Monat	Lehmann	Meier	Schulze	Summe	
4	Januar	88	120	66	=SUMME(B4:D4)	
5	Februar	90	115	71	SUMME(Zahl1; [Zahl2]; ...)	
6	März	92	110	76		
7	April	94	105	81		
8	Mai	96	100	86		

Schritt 11

Um die Summen in den Spalten C und D zu ergänzen, ziehen Sie das Ausfüllkästchen der Zelle B16 nach rechts bis D16.

Schritt 12

Die Summenformel der Zelle E4 übertragen Sie durch Ziehen des Ausfüllkästchens bis E15 (im Bild nicht mehr zu sehen). Sie können die Formeln auch erzeugen, indem Sie doppelt auf das kleine Ausfüll-kästchen klicken.

11

	A	B	C	D	E
1	Telefonliste				
2					
3	Monat	Lehmann	Meier	Schulze	Summe
4	Januar	88	120	66	274
5	Februar	90	115	71	
6	März	92	110	76	
7	April	94	105	81	
8	Mai	96	100	86	
9	Juni	98	95	91	
10	Juli	100	90	96	
11	August	102	85	101	
12	September	104	80	106	
13	Oktober	106	75	111	
14	November	108	70	116	
15	Dezember	110	65	121	
16	Summe	1188	1110	1122	
17					
18					

Komplizierte Formeln

Auch komplizierte Formeln lassen sich automatisch ausfüllen. Ausführliche Informationen zu diesem Thema erhalten Sie in den Abschnitten »Formeln erzeugen mit der Ausfüllfunktion« ab Seite 142 sowie »Relative und absolute Adressierung« ab Seite 144.

12

	A	B	C	D	E
1	Telefonliste				
2					
3	Monat	Lehmann	Meier	Schulze	Summe
4	Januar	88	120	66	274
5	Februar	90	115	71	
6	März	92	110	76	
7	April	94	105	81	
8	Mai	96	100	86	
9	Juni	98	95	91	

2x

Blitzvorschau (Flash Fill)

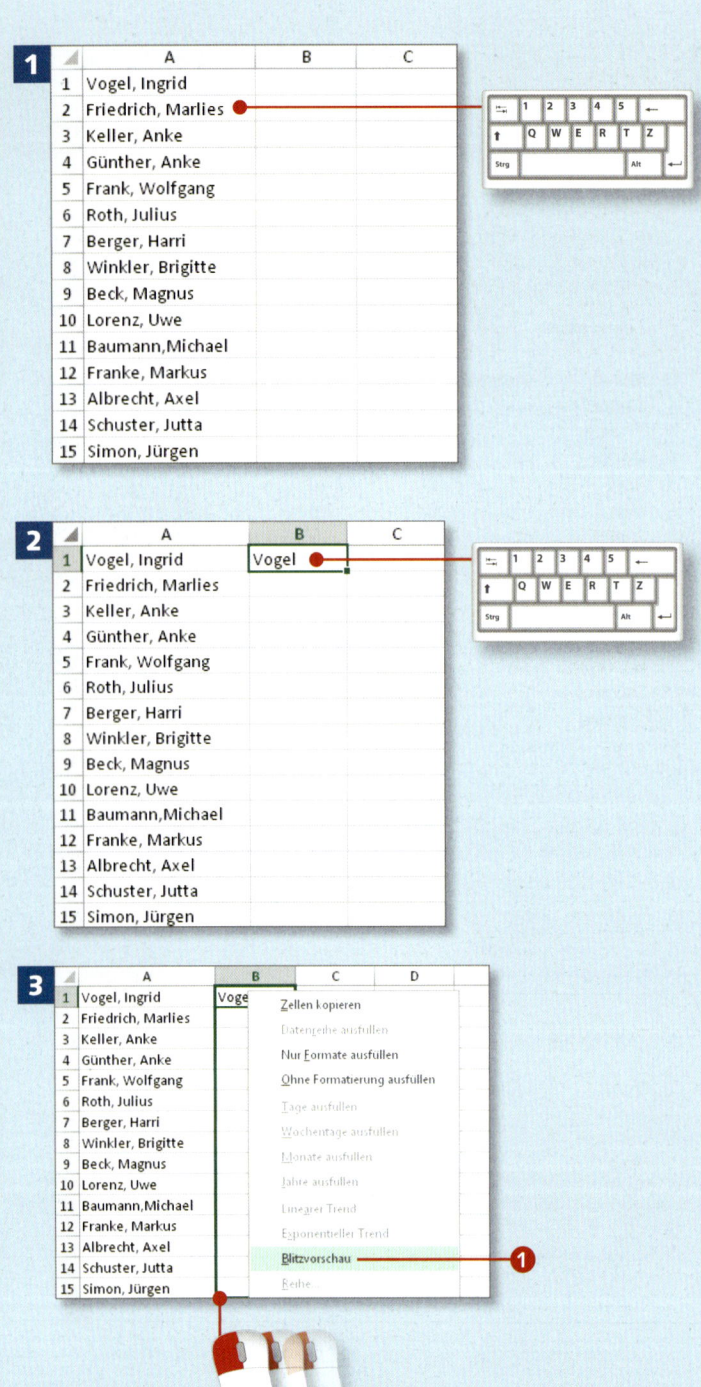

Die Blitzvorschau ist eine neue, geniale Funktion in Excel 2013. Haben Sie Daten in Excel, die Sie in Ihrer Tabelle in einer anderen Darstellung brauchen, setzen Sie die Blitzvorschau ein.

Schritt 1

Bereiten Sie nebenstehende Tabelle so vor, dass die Namen von Personen in der Spalte A in der Tabelle erfasst werden. Diese Daten sind Grundlage für das Füllen der weiteren Spalten.

Schritt 2

In der Spalte B werden ausschließlich die Familiennamen benötigt. In der Zelle B1 geben Sie zunächst den Familiennamen der ersten Person ein.

Schritt 3

Den Familiennamen aus Zelle B1 übertragen Sie durch Ziehen des Ausfüllkästchens mit der rechten Maustaste bis zur Zelle B15. Wählen Sie aus dem Kontextmenü die **Blitzvorschau** ❶ aus.

Schritt 4

Genau so funktioniert es auch mit dem Vornamen, den Sie in der Zelle C1 eingeben. Übertragen Sie den Inhalt durch Ziehen des Ausfüllkästchens mit der rechten Maustaste bis zur Zelle C15. Aus dem Kontextmenü wählen Sie die **Blitzvorschau** aus.

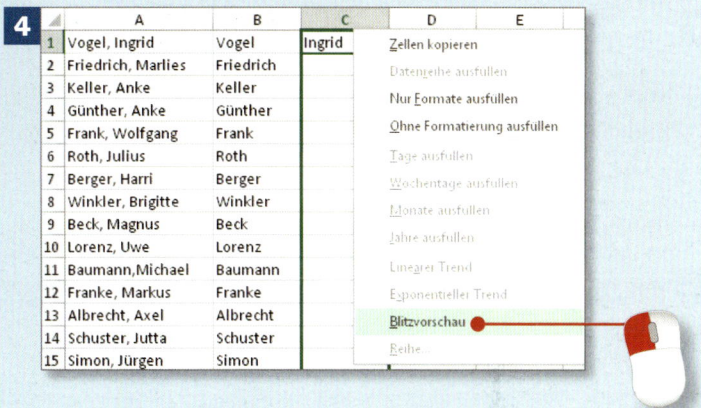

Schritt 5

In der Spalte D werden ein Buchstabe des Vornamens und der gesamte Familienname benötigt. Nach Eingabe von *I. Vogel* können Sie den Inhalt durch Ziehen des Ausfüllkästchens mit der rechten Maustaste bis zur Zelle D23 (im Bild nicht zu sehen) unter Wahl der **Blitzvorschau** kopieren.

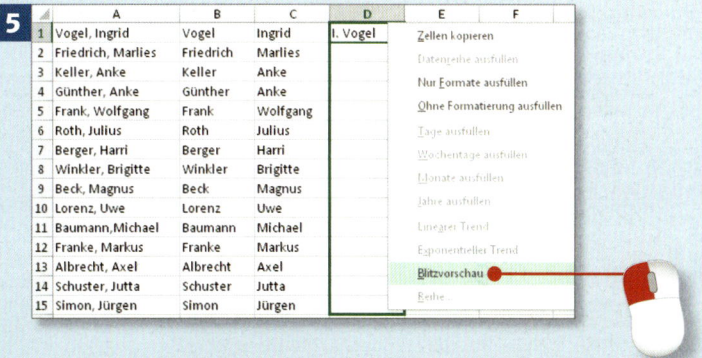

Schritt 6

Werden Namen und Vornamen in einer E-Mail-Adresse benötigt, geben Sie in die erste Zeile der Spalte E die Adresse *Ingrid.Vogel@Berlin.de* ein. Den Inhalt kopieren Sie durch Ziehen des Ausfüllkästchens mit der rechten Maustaste bis zur Zelle E15 unter Wahl der **Blitzvorschau** ❷.

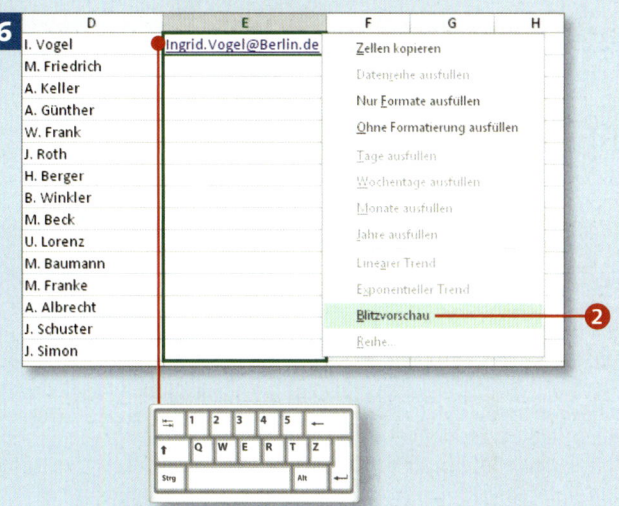

Bereiche markieren

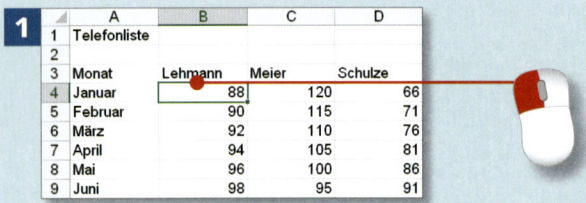

Bei der Bearbeitung Ihrer Tabellen kopieren, verschieben oder löschen Sie Daten. Mit der Maus oder über die Tastatur können Sie bestimmte Bereiche markieren. So erleichtern Sie sich die Arbeit, da Sie nicht jedes Mal jeden Wert einzeln ändern müssen.

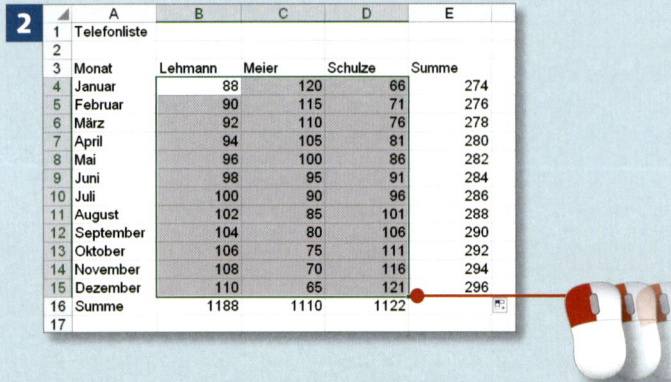

Schritt 1

Um mehrere Zellen zu einem Bereich zusammenzufassen, klicken Sie in eine Zelle oder navigieren Sie mithilfe der Pfeiltasten (→, ←, ↑ oder ↓) zu einer Zelle, die Sie markieren wollen.

Schritt 2

Ziehen Sie das Ausfüllkästchen der Zelle B3 diagonal zur Zelle D15. Wenn Sie die Tastatur benutzen, halten Sie die ⇧-Taste gedrückt, während Sie über die Pfeiltasten den Auswahlbereich erweitern.

Schritt 3

Um das gesamte Arbeitsblatt auszuwählen, klicken Sie auf die Schaltfläche **Alle auswählen**. Sie können dafür auch die Tastenkombination Strg + A verwenden.

Strg + A

Wenn das Arbeitsblatt Daten enthält und sich der Cursor im Datenbereich befindet, wird mit Strg + A der aktuelle Bereich ausgewählt. Wenn Sie Strg + A ein zweites Mal nutzen, wird das gesamte Arbeitsblatt ausgewählt.

Schritt 4

Um mehrere nicht zusammenhängende Bereiche auszuwählen, klicken Sie auf die erste Zelle oder den ersten Zellbereich. Halten Sie dann die Strg-Taste gedrückt, während Sie weitere Zellen oder Bereiche auswählen. Die bereits markierten Bereiche werden grau hinterlegt.

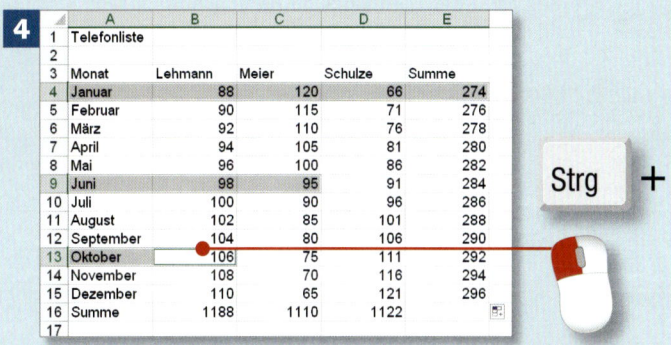

Schritt 5

Sie können auch ganze Zeilen oder Spalten auswählen. Klicken Sie dazu auf die Zeilen- bzw. auf die Spaltenbeschriftung der Bereiche, die Sie markieren möchten. Mit der Strg-Taste können Sie sich auch hierbei mehrere nicht zusammenhängende Bereiche »merken«.

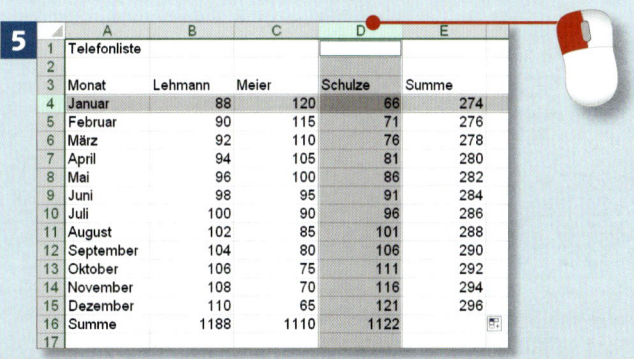

Schritt 6

Um mehrere Zeilen oder Spalten auf einmal zu markieren, klicken Sie z. B. auf die Spaltenbeschriftung B und ziehen die Maus über die Beschriftungen der folgenden Spalten. Sie können auch die erste Spalte auswählen und dann bei gedrückter ⇧-Taste auf die letzte Spalte klicken.

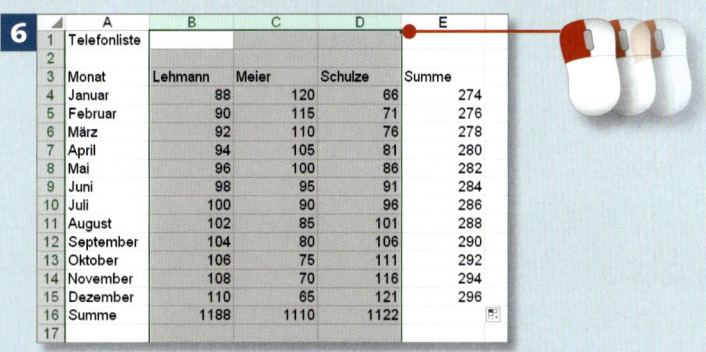

Bereiche kopieren, ausschneiden und löschen

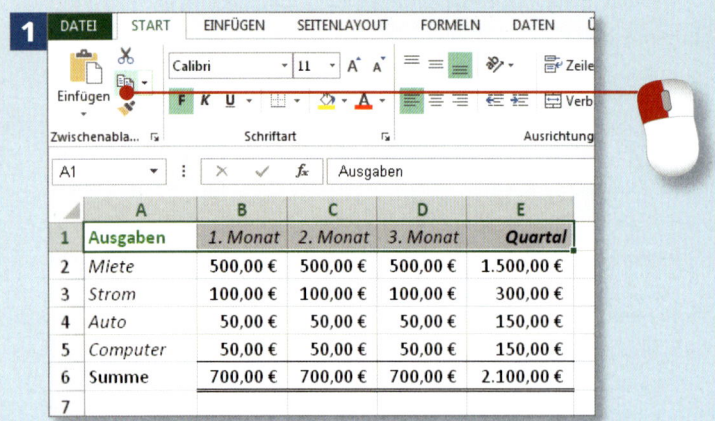

Das Kopieren, Ausschneiden und Wiedereinfügen sowie Löschen einzelner oder mehrerer Zellen gehört zu den sehr oft vorkommenden Arbeitsschritten. In diesem Abschnitt zeigen wir Ihnen, wie es geht.

Schritt 1

Markieren Sie zunächst den Bereich, den Sie kopieren wollen. Wählen Sie dann im Register **Start** aus der Gruppe **Zwischenablage** die Schaltfläche **Kopieren**. Alternativ können Sie [Strg] + [C] drücken.

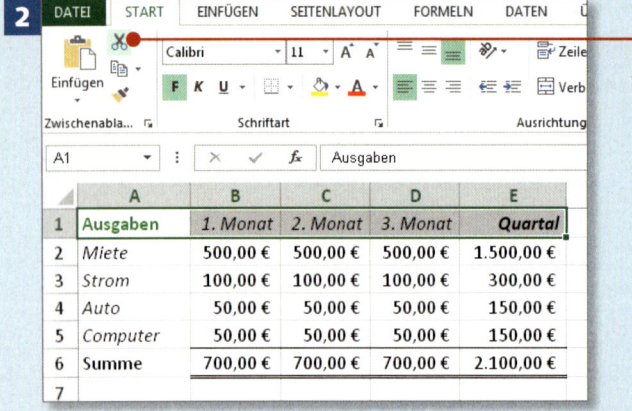

Schritt 2

Anstatt den Bereich zu kopieren, können Sie ihn auch ausschneiden. Klicken Sie dazu im Register **Start** in der Gruppe **Zwischenablage** auf **Ausschneiden**. Die Alternative ist die Tastenkombination [Strg] + [X].

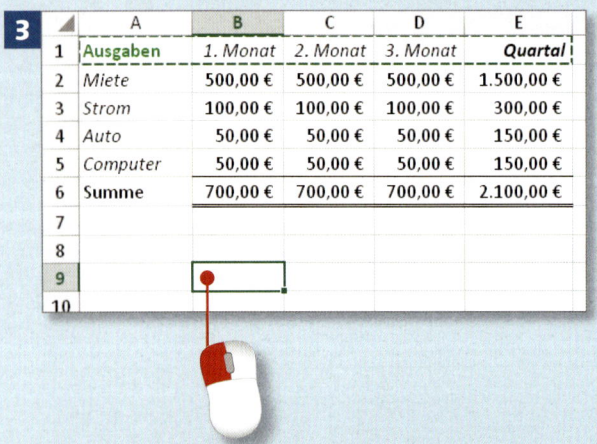

Schritt 3

Der kopierte oder ausgeschnittene Bereich wird durch einen gestrichelten Laufrahmen gekennzeichnet und befindet sich jetzt in der *Zwischenablage*. Wählen Sie nun die Zelle B9 als linke obere Ecke des *Einfügebereichs* aus.

Schritt 4

Klicken Sie im Register **Start** in der Gruppe **Zwischenablage** auf **Einfügen**. Sie können stattdessen auch Strg + V drücken oder aber die Zelle B9 mit der rechten Maustaste anklicken und aus dem Kontextmenü den Befehl **Einfügen** wählen.

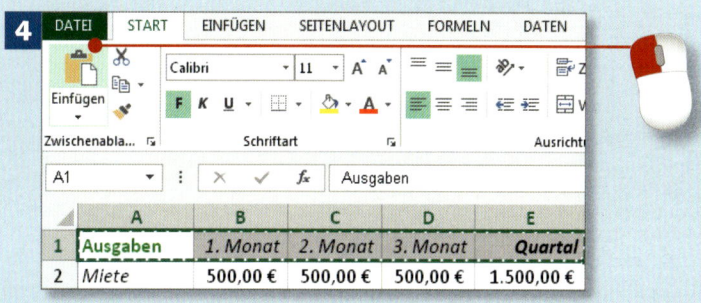

Schritt 5

Der entsprechende Bereich wird eingefügt, und Excel zeigt ein Smarttag an. Wenn Sie auf den kleinen Pfeil klicken, wird eine Vorschau verschiedener Einfügeoptionen angezeigt, die Sie nun nutzen können.

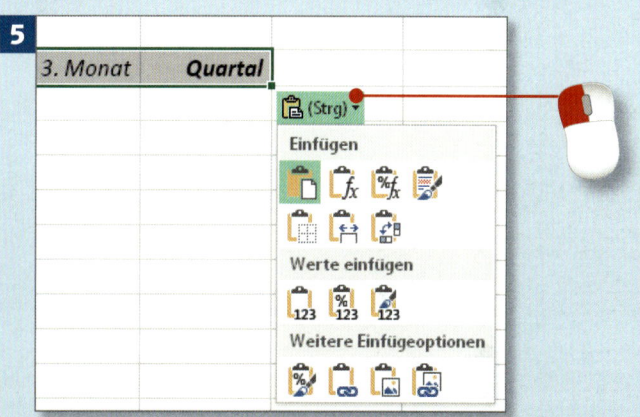

Schritt 6

Wenn Sie sowohl die Inhalte als auch die Formate entfernen möchten, klicken Sie auf den Befehl **Alle löschen**. Sie finden ihn im Register **Start** in der Gruppe **Bearbeiten** im Untermenü zu **Löschen**.

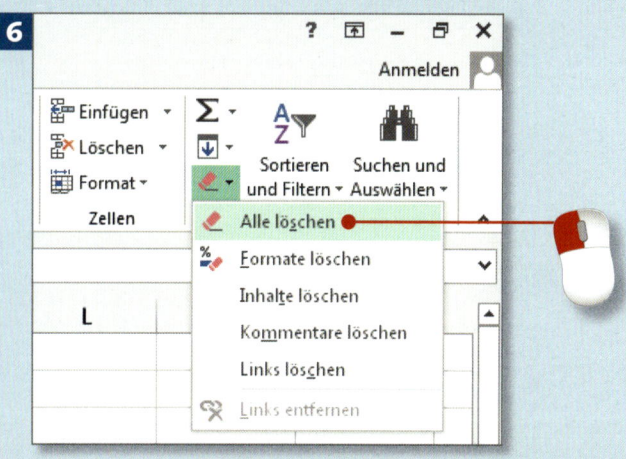

Nur Inhalte löschen

Möchten Sie nur die Inhalte aus einem markierten Bereich löschen, reicht es, die Entf-Taste zu nutzen.

Drag & Drop

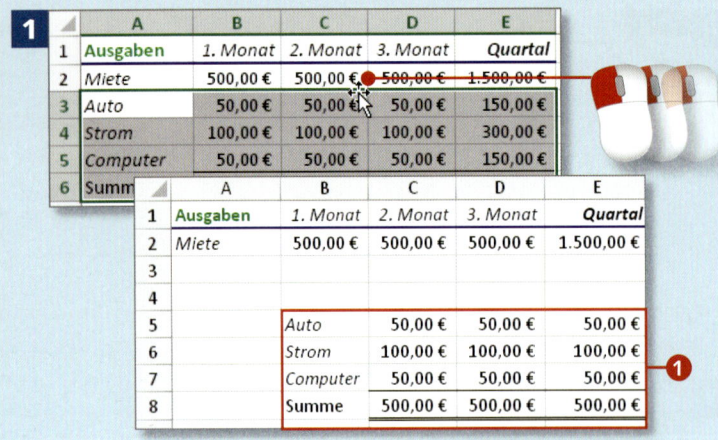

Mit der Funktion Drag & Drop (»Ziehen und Fallenlassen«) können Sie Zellinhalte schnell verschieben oder kopieren. Drag & Drop können Sie auch einsetzen, um in Tabellen Zeilen oder Spalten neu anzuordnen, ohne vorhandene Inhalte zu überschreiben.

Schritt 1

Um Daten zu verschieben, markieren Sie den betreffenden Bereich. Zeigen Sie mit der Maus auf die Bereichsumrandung. Sobald der Mauszeiger als Verschiebezeiger angezeigt wird, können Sie den Bereich an eine andere Position ❶ ziehen.

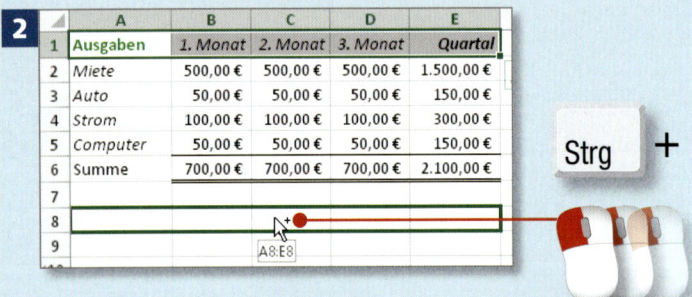

Schritt 2

Sie können per Drag & Drop auch kopieren. Halten Sie die `Strg`-Taste gedrückt, während Sie den Bereich an eine andere Position ❷ ziehen.

Schritt 3

Sollte Drag & Drop nicht funktionieren, müssen Sie es erst aktivieren. Öffnen Sie im Menü **Datei** den Befehl **Optionen**. Unter **Erweitert** aktivieren Sie im Abschnitt **Bearbeitungsoptionen** das Kontrollfeld **Ausfüllkästchen und Drag & Drop von Zellen aktivieren**.

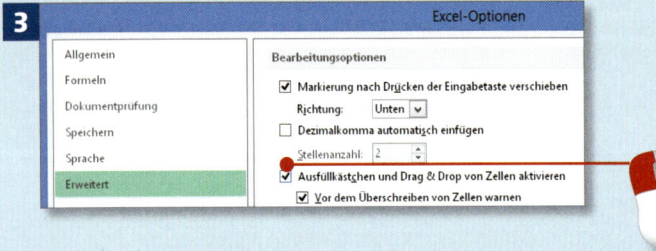

Schritt 4

Wir wollen nun beispielhaft die Zeilen *Auto* und *Strom* vertauschen. Markieren Sie dazu den Bereich A3:E3.

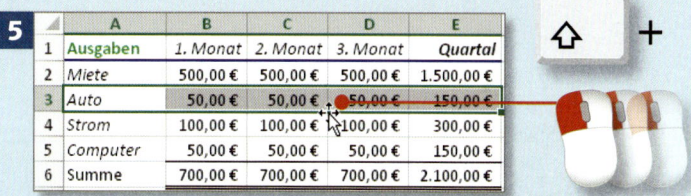

4		A	B	C	D	E
	1	**Ausgaben**	*1. Monat*	*2. Monat*	*3. Monat*	**Quartal**
	2	*Miete*	500,00 €	500,00 €	500,00 €	1.500,00 €
	3	*Auto*	50,00 €	50,00 €	50,00 €	150,00 €
	4	*Strom*	100,00 €	100,00 €	100,00 €	300,00 €
	5	*Computer*	50,00 €	50,00 €	50,00 €	150,00 €
	6	**Summe**	700,00 €	700,00 €	700,00 €	2.100,00 €

Schritt 5

Zeigen Sie mit der Maus auf die Bereichsumrandung. Wenn der Zeiger als Verschiebezeiger angezeigt wird, ziehen Sie mit gedrückter ⇧-Taste den Bereich hinter die Position A4. Das Ergebnis sehen Sie in der nebenstehenden Abbildung.

5		A	B	C	D	E
	1	**Ausgaben**	*1. Monat*	*2. Monat*	*3. Monat*	**Quartal**
	2	*Miete*	500,00 €	500,00 €	500,00 €	1.500,00 €
	3	*Auto*	50,00 €	50,00 €	50,00 €	150,00 €
	4	*Strom*	100,00 €	100,00 €	100,00 €	300,00 €
	5	*Computer*	50,00 €	50,00 €	50,00 €	150,00 €
	6	**Summe**	700,00 €	700,00 €	700,00 €	2.100,00 €

	A	B	C	D	E
1	**Ausgaben**	*1. Monat*	*2. Monat*	*3. Monat*	**Quartal**
2	*Miete*	500,00 €	500,00 €	500,00 €	1.500,00 €
3	*Strom*	100,00 €	100,00 €	100,00 €	300,00 €
4	*Auto*	50,00 €	50,00 €	50,00 €	150,00 €
5	*Computer*	50,00 €	50,00 €	50,00 €	150,00 €
6	**Summe**	700,00 €	700,00 €	700,00 €	2.100,00 €

Schritt 6

Um die Spalten B und C zu vertauschen, markieren Sie den Bereich B1:B6. Ziehen Sie den Bereich mit gedrückter ⇧-Taste auf die Position vor der Zelle D1. Sie machen eine Änderung wieder rückgängig, indem Sie [Strg] + [Z] drücken.

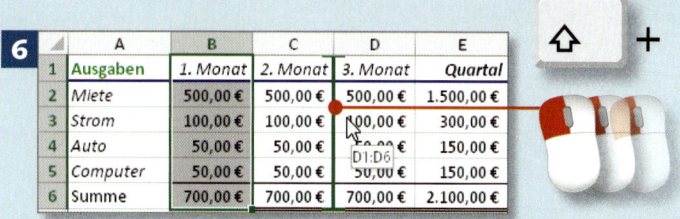

6		A	B	C	D	E
	1	**Ausgaben**	*1. Monat*	*2. Monat*	*3. Monat*	**Quartal**
	2	*Miete*	500,00 €	500,00 €	500,00 €	1.500,00 €
	3	*Strom*	100,00 €	100,00 €	100,00 €	300,00 €
	4	*Auto*	50,00 €	50,00 €	50,00 €	150,00 €
	5	*Computer*	50,00 €	50,00 €	50,00 €	150,00 €
	6	**Summe**	700,00 €	700,00 €	700,00 €	2.100,00 €

	A	B	C	D	E
1	**Ausgaben**	*2. Monat*	*1. Monat*	*3. Monat*	**Quartal**
2	*Miete*	500,00 €	500,00 €	500,00 €	1.500,00 €
3	*Strom*	100,00 €	100,00 €	100,00 €	300,00 €
4	*Auto*	50,00 €	50,00 €	50,00 €	150,00 €
5	*Computer*	50,00 €	50,00 €	50,00 €	150,00 €
6	**Summe**	700,00 €	700,00 €	700,00 €	2.100,00 €

Daten im Zielbereich

Wenn in dem Bereich, in den Sie die Daten ziehen, bereits etwas steht, fragt Excel sicherheitshalber nach, ob Sie es überschreiben wollen.

Zeilen und Spalten einfügen

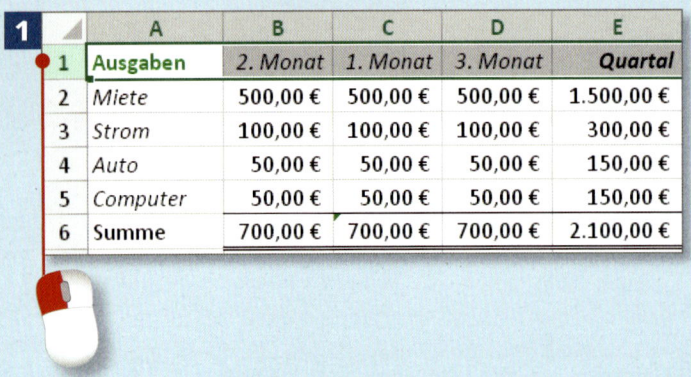

Bei der Entwicklung Ihrer Tabellen werden Sie häufig zusätzliche Zeilen und Spalten benötigen. Diese lassen sich mit Excel einfach einfügen.

Schritt 1

Um eine einzelne Zeile einzufügen, markieren Sie die Zeile, *über* der Sie eine neue einfügen möchten. Um oberhalb der Zeile 1 eine neue Zeile einzufügen, klicken Sie also auf die Zeilenbeschriftung 1.

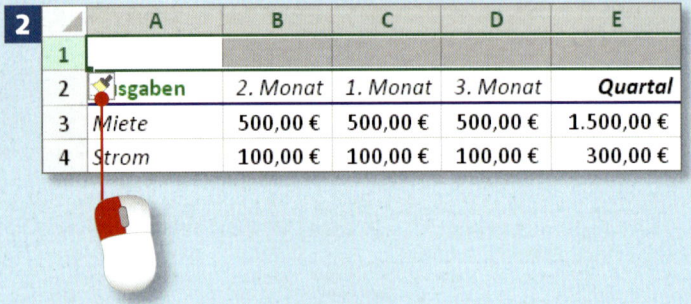

Schritt 2

Klicken Sie dann mit der rechten Maustaste auf die markierte Zeile, und nutzen Sie die Option **Zellen einfügen** aus dem Kontextmenü. Eine leere Zeile wird über der von Ihnen markierten Zeile eingefügt.

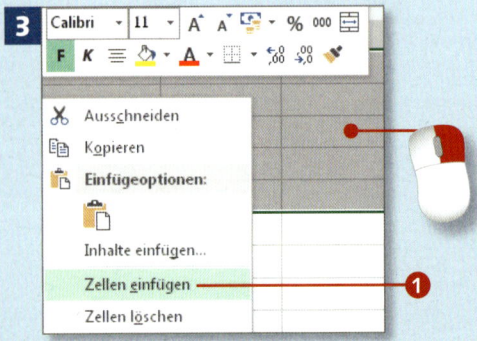

Schritt 3

Um mehrere Zeilen auf einmal hinzuzufügen, markieren Sie so viele Zeilen, wie Sie einfügen möchten. Wenn Sie fünf neue Zeilen brauchen, müssen Sie also fünf Zeilen markieren. Klicken Sie mit der rechten Maustaste auf den markierten Bereich, und wählen Sie **Zellen einfügen** ❶.

Bezüge

Beim Einfügen von Zeilen oder Spalten in das Tabellenblatt werden alle betroffenen Zellbezüge, also alle Formeln, aktualisiert.

Schritt 4

Um eine einzelne Spalte einzufügen, markieren Sie die Spalte, *vor* der Ihre zukünftige neue Spalte ergänzt werden soll. Wenn Sie zwischen B und C eine neue Spalte einfügen möchten, klicken Sie also auf die Spaltenüberschrift C.

Schritt 5

Klicken Sie mit der rechten Maustaste auf die markierte Spalte, und wählen Sie die Option **Zellen einfügen** ❷. Die neue Spalte wird sofort hinzugefügt.

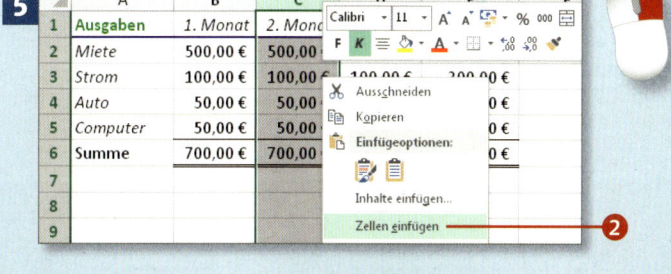

Schritt 6

Um mehrere Spalten einzufügen, markieren Sie die Spalten rechts neben der Stelle, an der Sie Spalten ergänzen möchten. Markieren Sie so viele Spalten, wie Sie einfügen möchten. Klicken Sie im Kontextmenü auf **Zellen einfügen**.

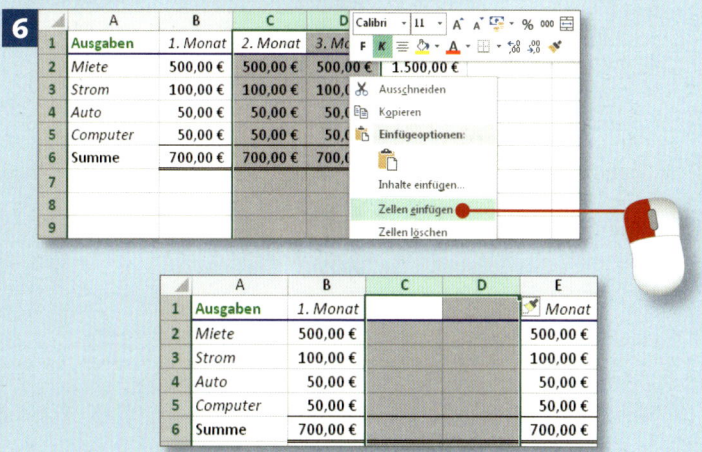

Strg + Y

Sie können nach der ersten Einfügung ruck, zuck weitere gleichartige Einfügungen realisieren, indem Sie die nächste Einfügestelle markieren und `Strg` + `Y` drücken.

Zeilen und Spalten löschen

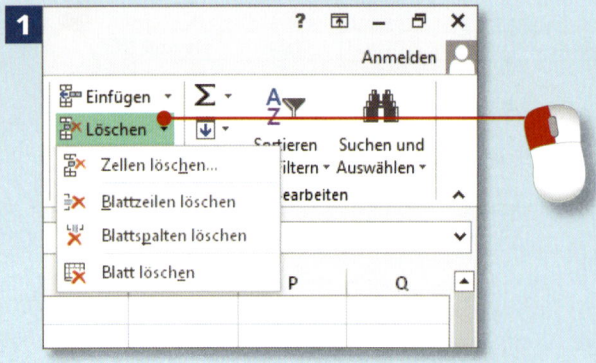

Ebenso einfach wie das Hinzufügen von Zeilen und Spalten ist es, sie wieder zu löschen. Wie Sie das am besten anstellen, zeigen wir Ihnen im Folgenden.

Schritt 1

Um markierte Zeilen oder Spalten zu löschen, nutzen Sie im Register **Start** in der Gruppe **Zellen** das Symbol **Löschen**. Hier stehen Ihnen die Menüpunkte **Blattzeilen löschen** und **Blattspalten löschen** zur Verfügung.

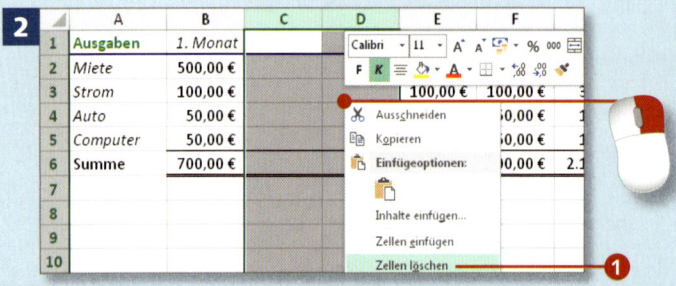

Schritt 2

Alternativ können Sie das Kontextmenü nutzen, indem Sie mit der rechten Maustaste auf den markierten Bereich und dann auf **Zellen löschen** ❶ klicken.

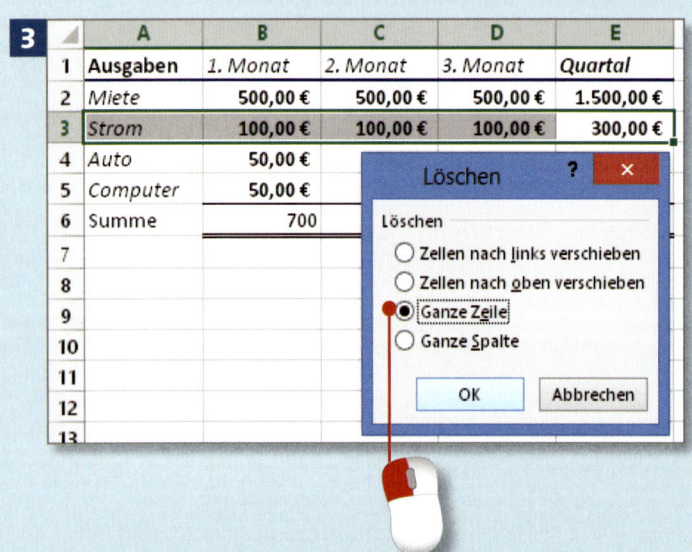

Schritt 3

Wenn Sie nur einen Teil einer Zeile markieren und auf **Zellen löschen** (siehe Schritt 2) klicken, bietet Ihnen Excel zusätzliche Möglichkeiten an, die sich am markierten Bereich orientieren. Wählen Sie zum Löschen der ganzen Zeile die Option **Ganze Zeile**.

Schritt 4

Kontrollieren Sie nach dem Löschen das Funktionieren der Formeln. Die in unserem Fall verwendeten Summenformeln wurden auf die neue Situation angepasst.

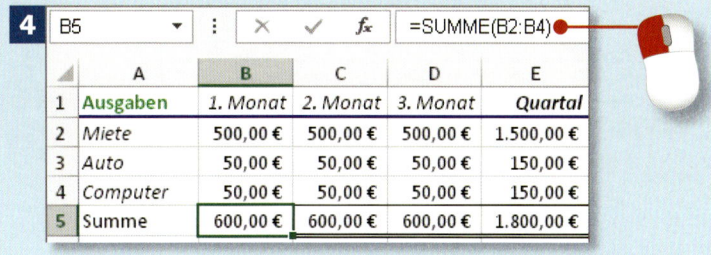

Schritt 5

Zum Löschen eines markierten Bereichs können Sie auch die Tastenkombination Strg + – wählen. Haben Sie beispielsweise nur einen Teil einer Spalte markiert, bietet Excel wiederum Löschoptionen. Wählen Sie zum Löschen der ganzen Spalte die Option **Ganze Spalte**.

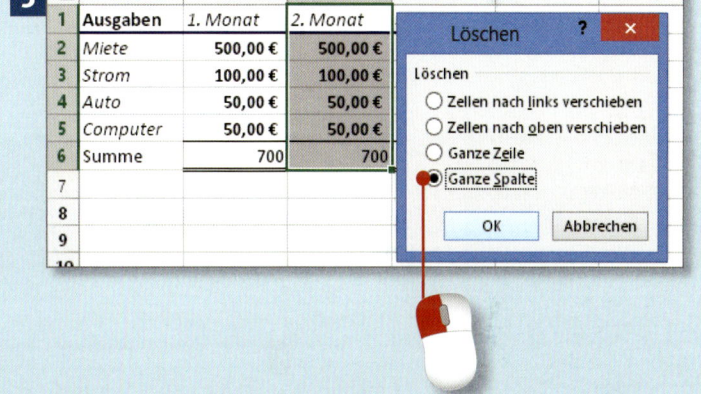

Schritt 6

Wenn Sie schnell noch weitere Zellen, Zeilen oder Spalten löschen möchten, markieren Sie die nächsten Zellen, Zeilen oder Spalten, und drücken Sie dann Strg + Y.

	A	B	C	D
1	Ausgaben	1. Monat	3. Monat	Quartal
2	Miete	500,00 €	500,00 €	1.000,00 €
3	Auto	50,00 €	50,00 €	100,00 €
4	Computer	50,00 €	50,00 €	100,00 €
5	Summe	600,00 €	600,00 €	1.200,00 €

Strg + Y

Aktualisierte Zellbezüge

Auch beim Löschen von Zeilen oder Spalten werden die Zellbezüge aktualisiert. Wenn eine Zelle, auf die verwiesen wird, nicht mehr existiert, zeigt die Formel den Fehlerwert *#BEZUG!* an.

Spaltenbreite und Zeilenhöhe ändern

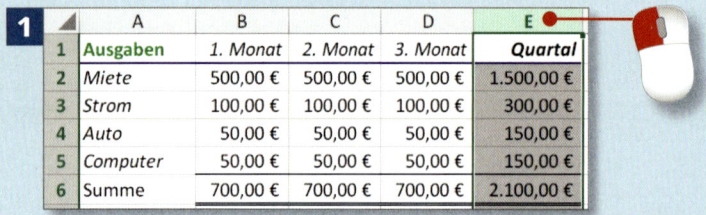

Excel bietet eine Fülle von Gestaltungsmöglichkeiten. In diesem Abschnitt werden Sie lernen, die Spaltenbreite oder Zeilenhöhe zu ändern sowie ganze Spalten und Zeilen auszublenden.

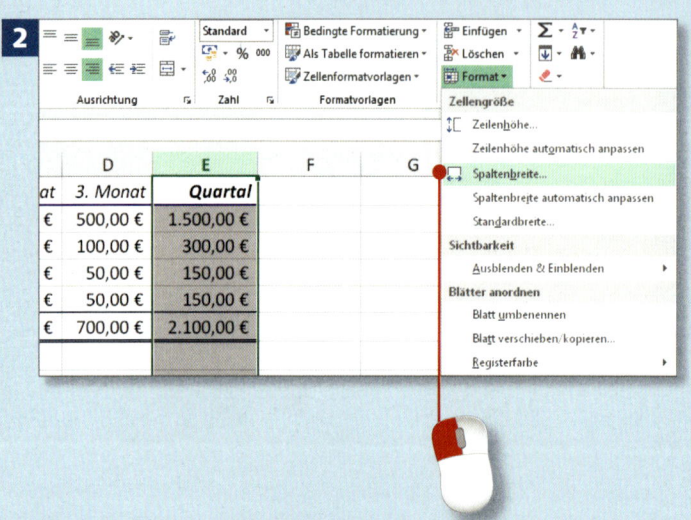

Schritt 1

Sie können die Breite einer Spalte ihrem Inhalt entsprechend anpassen. Wählen Sie dazu eine oder mehrere Spalten aus, deren Breite Sie ändern möchten.

Schritt 2

Klicken Sie im Register **Start** in der Gruppe **Zellen** auf **Format**. Klicken Sie unter **Zellengröße** auf **Spaltenbreite**.

Schritt 3

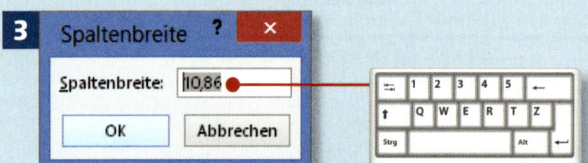

Geben Sie dann im Feld **Spaltenbreite** den gewünschten Wert ein. Excel verändert die Spalte daraufhin entsprechend.

i

Spaltenbreite

Der Wert der Spaltenbreite kann zwischen 0 und 255 liegen. Das entspricht der Anzahl der Zeichen, die in der Zelle angezeigt werden können, wenn sie in der Standardschrift formatiert ist.

Schritt 4

Sie können die Breite einer oder mehrerer Spalten auch einfach verändern, indem Sie die Begrenzungslinie auf der rechten Seite einer Spaltenbeschriftung nach rechts bzw. links ziehen.

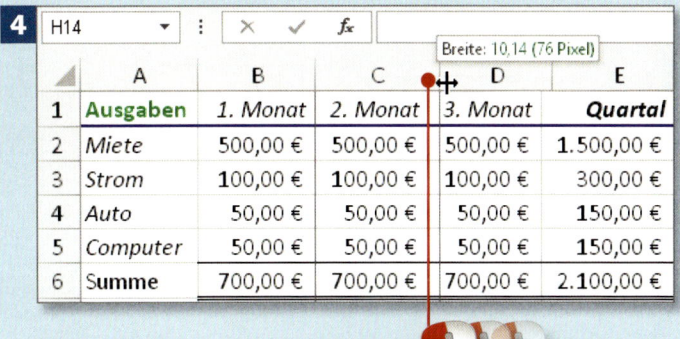

Schritt 5

Wenn Sie die Breite einer Spalte an ihren Inhalt anpassen möchten, markieren Sie sie, und doppelklicken Sie dann auf die rechte Begrenzungslinie der Spaltenbeschriftung.

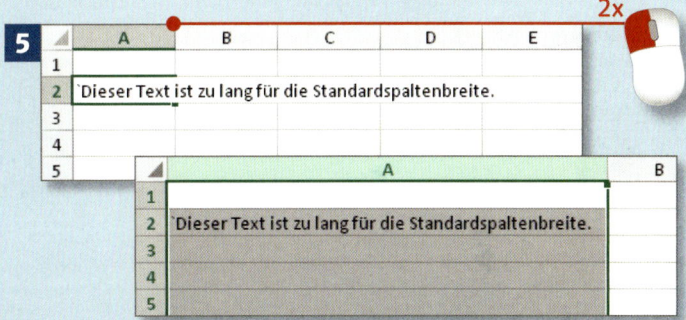

Schritt 6

Um die Höhe einer oder mehrerer Zeilen zu ändern, wählen Sie diese aus. Klicken Sie im Register **Start** in der Gruppe **Zellen** auf **Format**. Klicken Sie unter **Zellengröße** auf **Zeilenhöhe**.

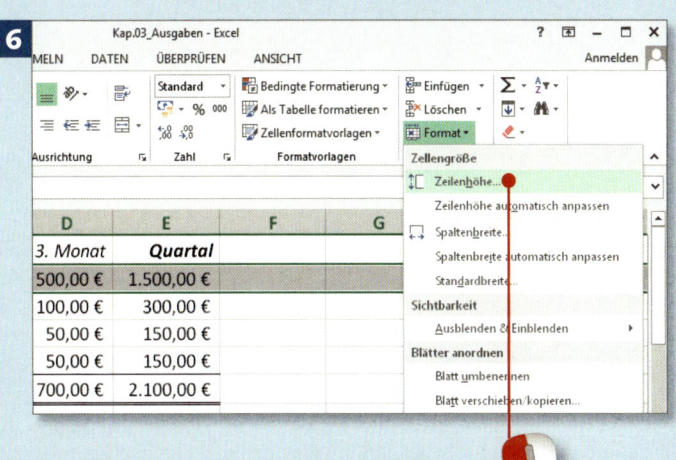

Ändern über das Kontextmenü

Um Zeilenhöhen über das Kontextmenü anzupassen, müssen Sie die gewünschten Zeilen vollständig markieren. Klicken Sie mit der rechten Maustaste in den markierten Bereich, steht Ihnen das Menü **Zeilenhöhe** zur Verfügung.

73

Spaltenbreite und Zeilenhöhe ändern (Forts.)

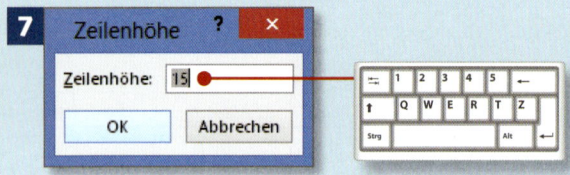

Schritt 7

Geben Sie im nachfolgenden Dialogfeld **Zeilenhöhe** den gewünschten Wert ein. Excel passt die Höhe dann dementsprechend in Pixeln an.

Schritt 8

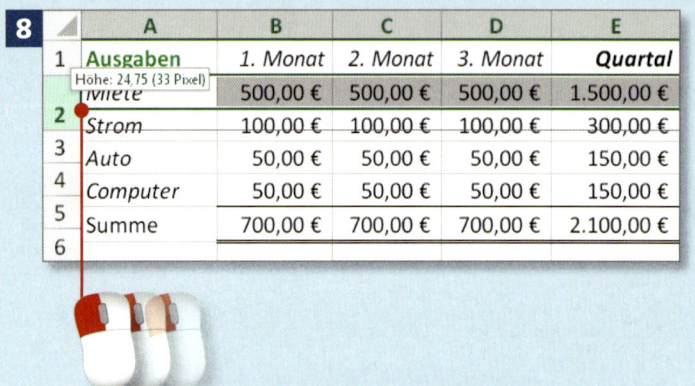

Sie können die Höhe einer oder auch gleich mehrerer Zeilen ändern, indem Sie die zu ändernden Zeilen markieren und dann mit der Maus an der Begrenzungslinie unter einer der Zeilenbeschriftungen nach unten oder oben ziehen.

Schritt 9

Um die Zeilenhöhe wieder automatisch an den Inhalt anzupassen, doppelklicken Sie auf die Begrenzungslinie unter der Zeilenbeschriftung.

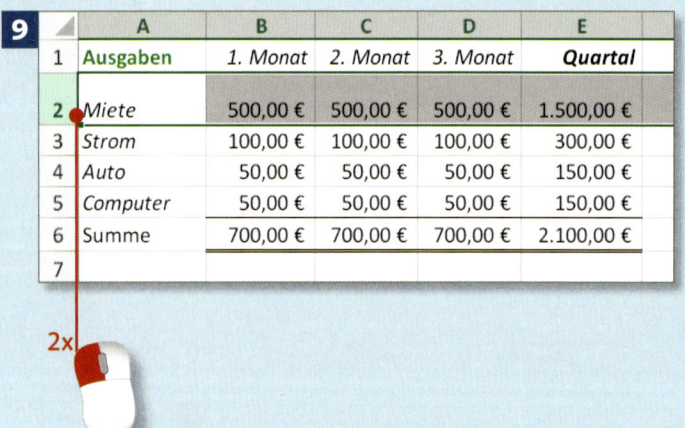

Zeilenhöhe

Die Zeilenhöhe kann zwischen 0 und 409 angegeben werden. Dieser Wert entspricht der Höhenabmessung in Pixeln. Ein Pixel ist die Einheit zur Bestimmung der Größe von Elementen der Bildschirmdarstellung und entspricht etwa 0,3 mm.

Schritt 10

Wenn Sie für die Zeilenhöhe oder die Spaltenbreite »0« angeben, wird die Zeile bzw. Spalte ausgeblendet.

Schritt 11

Alternativ können Sie markierte Zeilen oder Spalten aus- oder einblenden, indem Sie im Register **Start** in der Gruppe **Zellen** auf **Format** klicken. Dort gibt es im Bereich **Sichtbarkeit** den Befehl **Ausblenden & Einblenden** mit weiteren Optionen.

Schritt 12

Um ausgeblendete Zeilen oder Spalten wieder anzuzeigen, markieren Sie das Tabellenblatt. Klicken Sie im Register **Start** in der Gruppe **Zellen** auf **Format**. Wählen Sie im Bereich **Sichtbarkeit** den Befehl **Ausblenden & Einblenden**, und klicken Sie anschließend z. B. auf **Spalten einblenden**.

✚✚ Alternative über Kontextmenü

Um Zeilen oder Spalten über das Kontextmenü ein- bzw. auszublenden, müssen Sie die gewünschten Zeilen bzw. Spalten vollständig markieren. Im Kontextmenü stehen Ihnen dann die Befehle **Einblenden** bzw. **Ausblenden** zur Verfügung.

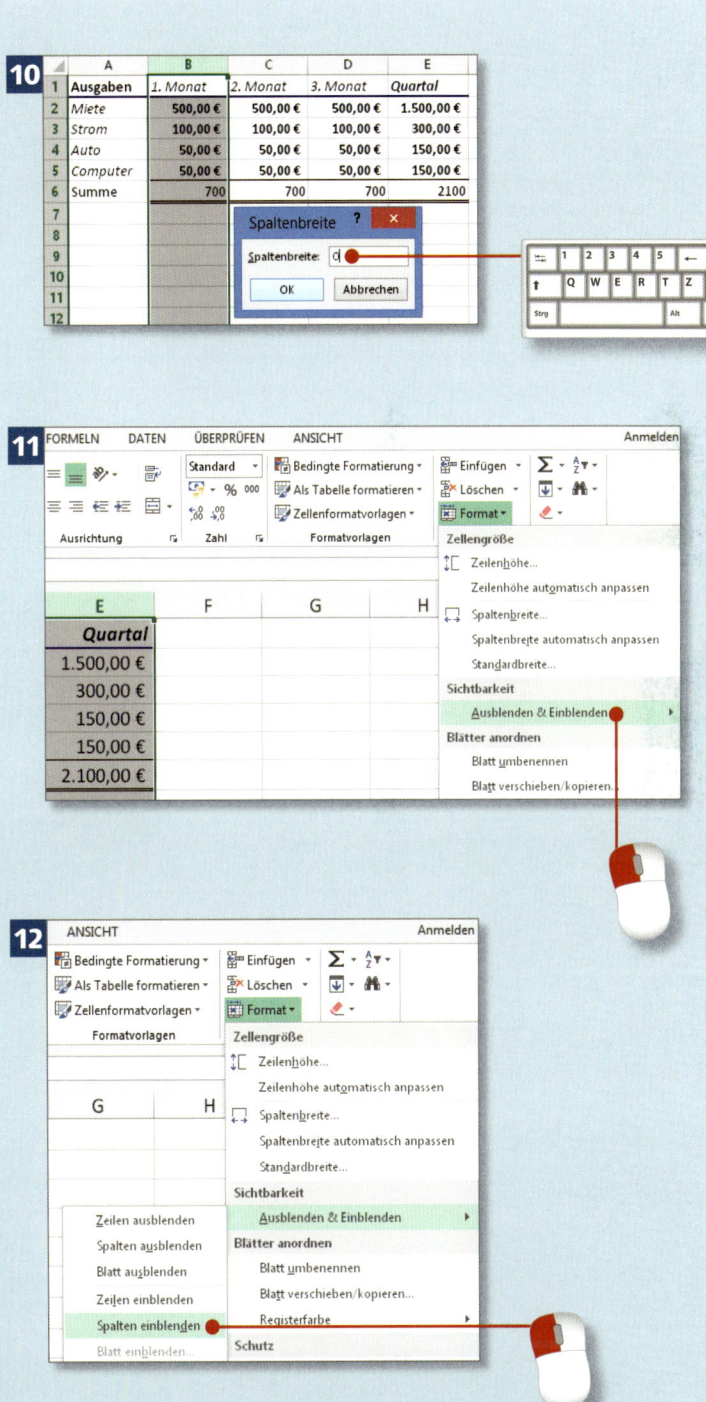

Überblick: Excel-Cursor

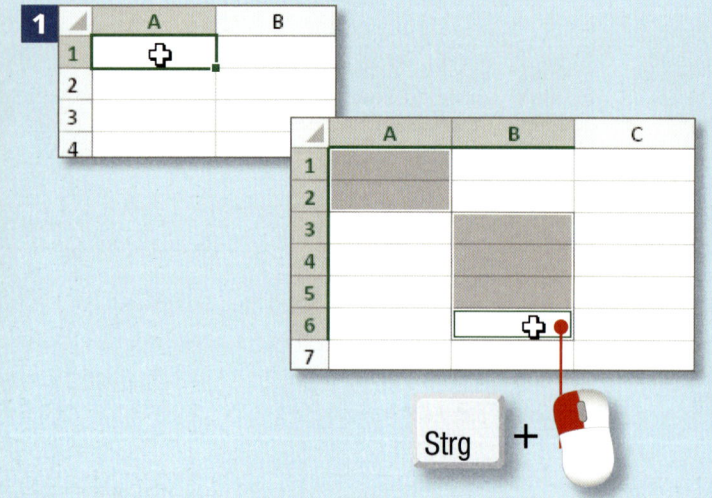

In den vorherigen Abschnitten haben Sie den Einsatz verschiedenster Cursors kennengelernt, die wir nun noch einmal zusammenfassend für Sie darstellen.

Schritt 1

Mithilfe des Markierungscursors, eines weißen Kreuzes, markieren Sie eine einzelne Zelle. Mit gedrückter ⇧-Taste können Sie einen Bereich markieren, mit gedrückter Strg-Taste hingegen mehrere nicht notwendigerweise nebeneinanderliegende Zellen.

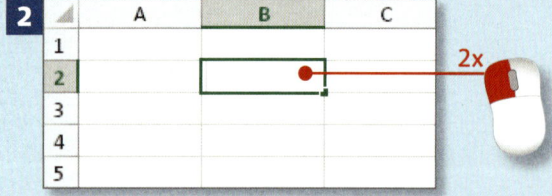

Schritt 2

Wenn Sie doppelt auf eine Zelle klicken, erscheint der blinkende Eingabecursor, und Sie können die Zelle mit Daten füllen.

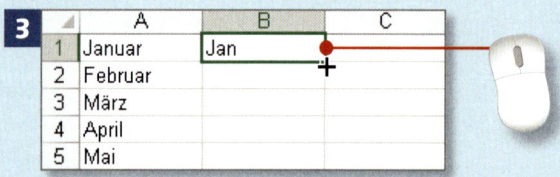

Schritt 3

Wenn Sie auf das Ausfüllkästchen zeigen, nimmt der Mauszeiger die Form eines schwarzen Kreuzes an. So können Sie Reihen fortlaufend ergänzen. Das funktioniert senkrecht wie waagerecht.

Schritt 4

Mithilfe des Verschiebecursors (weißer Pfeil mit Verschiebekreuz) lassen sich markierte Bereiche verschieben. Zeigen Sie dazu mit der Maus auf die Umrandung. Sobald der Verschiebecursor angezeigt wird, ziehen Sie den Bereich an eine andere Position.

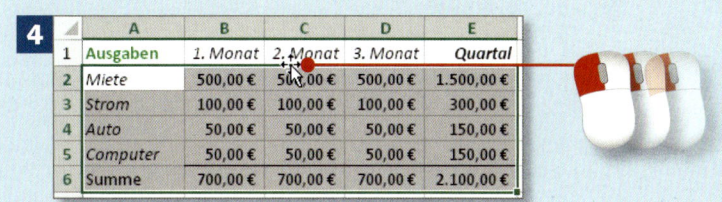

Schritt 5

Mithilfe des Kopiercursors (weißer Pfeil mit Pluszeichen) lassen sich markierte Bereiche kopieren und an anderer Stelle einfügen. Zeigen Sie bei gedrückter [Strg]-Taste mit der Maus auf die Bereichsumrandung. Sobald der Cursor als Kopiercursor angezeigt wird, können Sie den Zellbereich an eine andere Position kopieren.

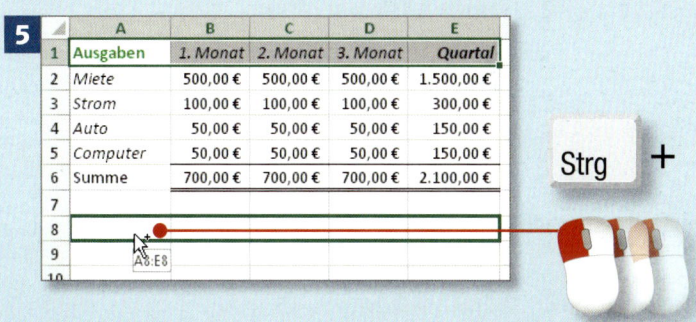

Schritt 6

Wenn Sie die Breite einer Spalte verändern möchten, ziehen Sie die rechte Begrenzungslinie der Spaltenbezeichnung entweder nach rechts (breiter) oder nach links (schmaler). Um die Höhe einer Zeile zu verändern, markieren Sie die entsprechende Zeile und ziehen dann mit der Maus an der Begrenzungslinie unter einer der markierten Zeilenbeschriftungen nach oben oder unten.

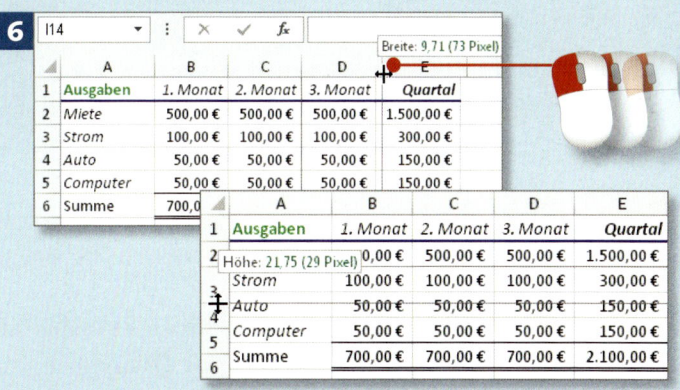

Kapitel 4
Tabellen professionell gestalten

Wenn Sie andere mit Ihrer Tabelle überzeugen oder etwas demonstrieren möchten, spielt ihr Aussehen eine entscheidende Rolle. Wir zeigen Ihnen in diesem Kapitel, wie schon mit ein paar Klicks aus nüchternen Zahlen und Daten eine vorzeigbare Tabelle werden kann.

Zellen und Bereiche formatieren

Markierte Zellen und Zellbereiche können Sie über das Register **Start** ❶ formatieren: In der Gruppe **Schriftart** verändern Sie z.B. Gestalt, Größe, Schnitt oder Farbe der Schrift. Hier können Sie auch die Hintergrundfarbe der Zelle verändern oder sie mit einem Rahmen versehen. Über die Gruppe **Ausrichtung** verbinden Sie mehrere Zellen oder fügen Zeilenumbrüche ein.

Zellen- und Tabellenformatvorlagen

Wenn Sie nicht die Muße haben, sich im Einzelnen Gedanken über die farbliche Gestaltung zu machen, bietet Excel Ihnen dafür Vorlagen an: die Tabellenformatvorlagen ❷ für ganze Tabellen und die Zellenformatvorlagen für vorgegebene Bereiche wie Überschriften.

Tabellen sortieren

Wenn Sie eine der genannten Vorlagen angewendet haben, ergänzt das Programm automatisch Filterpfeile ❸ an den Tabellenüberschriften. Mit ihrer Hilfe können Sie Listen sortieren und damit übersichtlicher machen.

Seitenlayout

Weitere Möglichkeiten, ganze Tabellen zu verschönern, finden sich auf der Registerkarte **Seitenlayout**. Hier können Sie Designs ❹ zuweisen oder Effekte ergänzen, die Ihren Tabellen mehr Pepp und ein einheitliches Erscheinungsbild verleihen.

Im Register **Start** finden
Sie alle Möglichkeiten,
Zellen und Bereiche zu
formatieren.

Mit vordefinierten
Zellen- und Tabellen-
formatvorlagen können
Sie Zellen, Bereiche oder
Ihre ganze Tabelle schnell
formatieren.

Designs verleihen Ihrer
Excel-Datei ein professio-
nelles Aussehen.

Filterpfeile
bieten Ihnen das
Sortieren, Suchen
und Auswählen
von Daten einer
Spalte an.

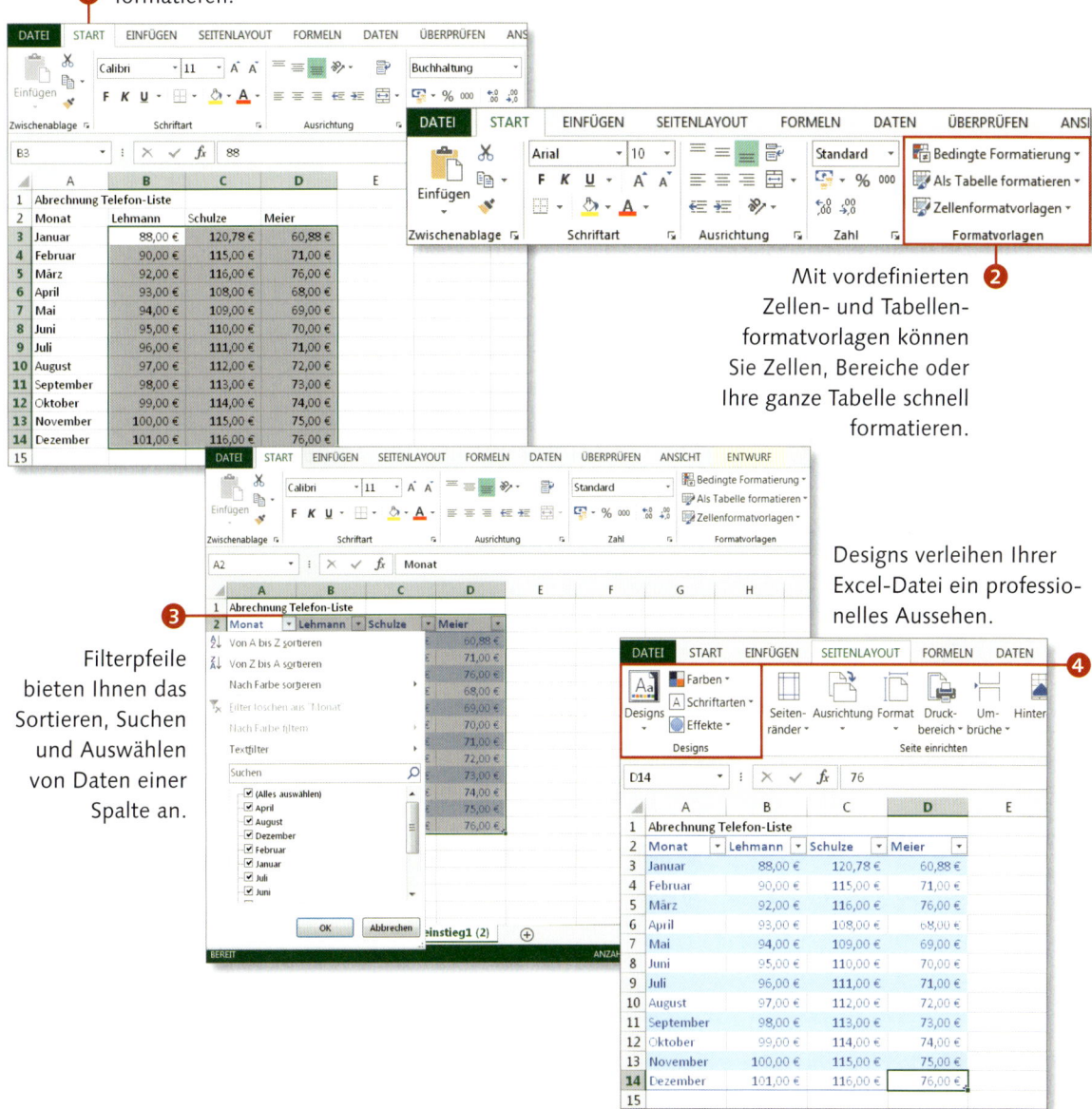

Zellen formatieren – grundsätzliche Vorgehensweise

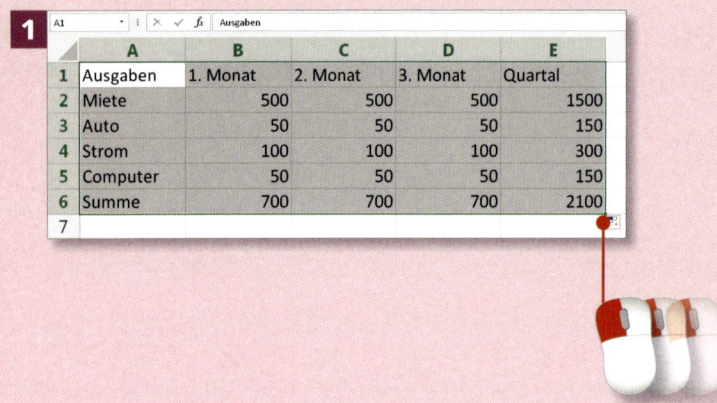

In diesem Abschnitt zeigen wir Ihnen einige Grundlagen zum Gestalten von Zellen, also zum Formatieren, im Überblick.

Schritt 1

Die Markierung von Zellen oder Zellbereichen ist die Voraussetzung für Formatierungsbefehle. Eine Zelle markieren Sie mit einem Mausklick und einen Zellbereich, indem Sie den Rahmen mit der Maus entsprechend ziehen (siehe dazu den Abschnitt »Bereiche markieren« ab Seite 62).

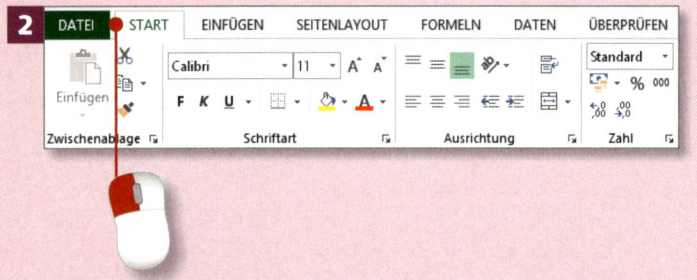

Schritt 2

Nun können Sie loslegen. Die Formatierungsbefehle finden Sie im Register **Start** in den Gruppen **Schrift-art**, **Ausrichtung** und **Zahl**. Weitere Befehle stehen Ihnen jeweils nach einem Mausklick auf die kleinen Pfeilsymbole zur Verfügung.

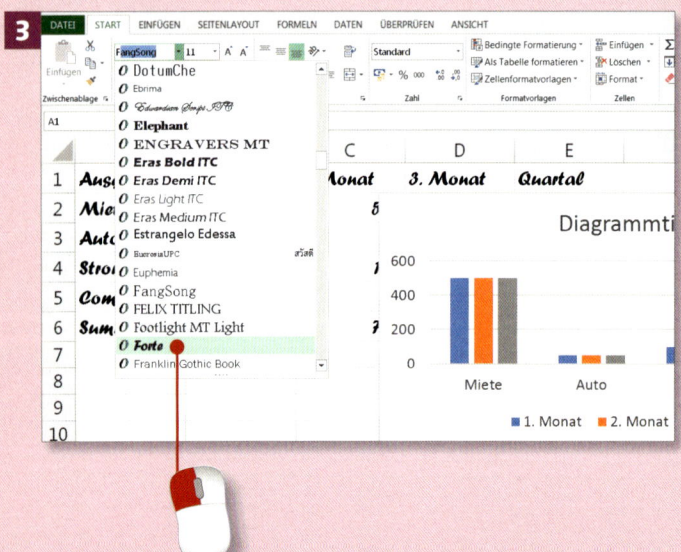

Schritt 3

Wählen Sie im Menüband z. B. die Schriftart **Forte** aus. Sie wird für die markierten Zellen übernommen. Das Diagramm bleibt hingegen unverändert.

Schritt 4

Sie können zur Formatierung auch Vorlagen nutzen. Damit lässt sich z. B. die Farbe eines Designs verändern. Im Register **Seitenlayout** klicken Sie auf das Symbol **Farben** in der Gruppe **Designs**. Wählen Sie eine andere Farbe aus, z. B. **Graustufe**. Alle Farben in der Datei ändern sich.

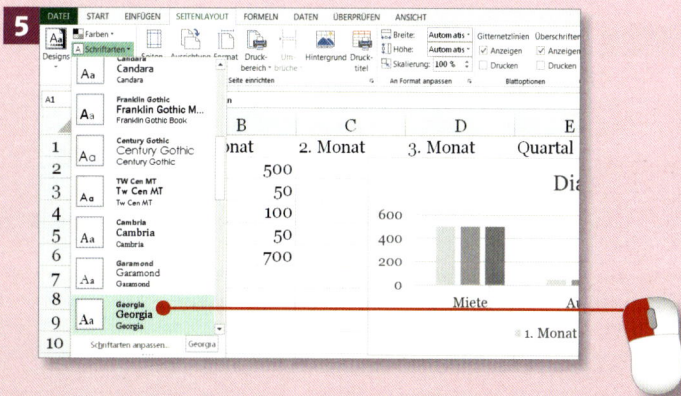

Schritt 5

Auch die Schrift des gesamten Designs können Sie anpassen. Klicken Sie im Register **Seitenlayout** in der Gruppe **Designs** auf das Symbol **Schriftarten**. Wählen Sie eine andere Schriftart, z. B. **Georgia**. Alle Texte in der Datei werden angepasst.

Schritt 6

Auch SmartArts oder selbst gezeichnete Formen lassen sich schnell verändern. Dazu klicken Sie im Register **Seitenlayout** in der Gruppe **Designs** auf das Symbol **Effekte**. Wählen Sie beispielsweise **Glänzend** aus. Alle SmartArts und Formen in der Datei werden entsprechend angepasst.

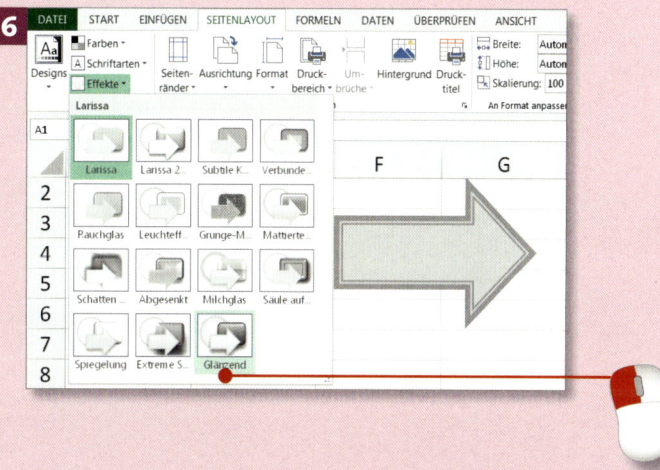

Zellinhalte ausrichten

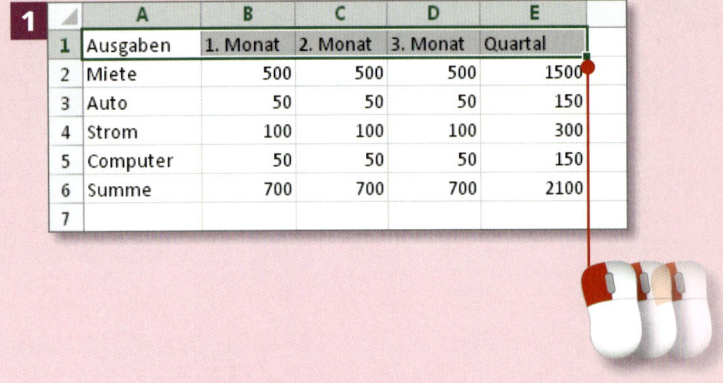

Zellinhalte werden von Excel automatisch ausgerichtet, je nachdem, worum es sich handelt: Text rutscht z. B. immer nach links, und Zahlen stehen rechts in der Zelle.

Schritt 1

Zuerst markieren Sie wieder den Bereich, dessen Inhalt Sie anders ausrichten möchten, z. B. A1:E1.

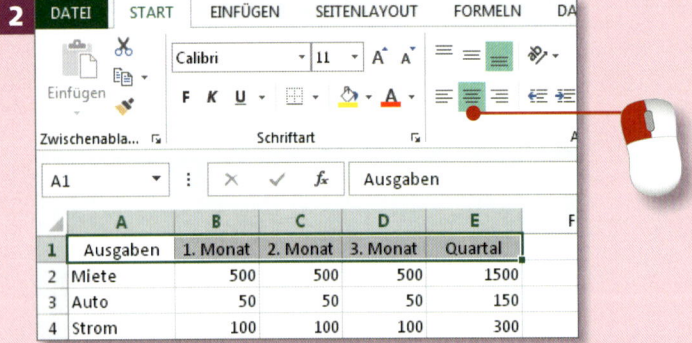

Schritt 2

Im Register **Start** finden Sie die Gruppe **Ausrichtung**. Die häufigsten Befehle sind hier als Symbole enthalten. Klicken Sie zum Zentrieren des Textes auf das mittlere Symbol. Die Inhalte der markierten Zellen werden nun mittig gesetzt (ausgerichtet an den seitlichen Rändern der Zelle).

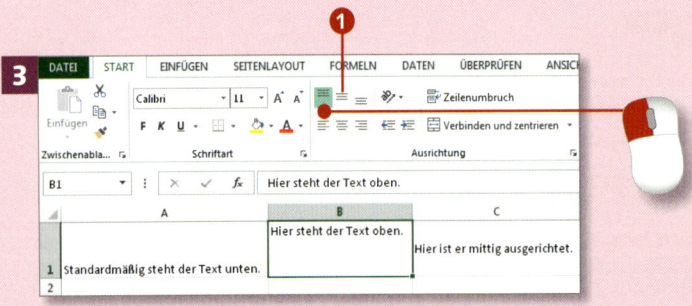

Schritt 3

Sie können die Inhalte auch am oberen bzw. unteren Rand der Zelle ausrichten. Vergrößern Sie die Zeilenhöhe, und wählen Sie eine Zelle aus, z. B. B1. Klicken Sie dann auf das Symbol **Oben**. In der Zelle C1 testen Sie den Befehl **Zentriert** ❶.

Schritt 4

Zu guter Letzt lässt sich der Text – z. B. in langen Überschriften – schräg ausrichten. Markieren Sie die entsprechenden Zellen. Klicken Sie dann auf das kleine Dreieck neben dem Symbol **ab**, und wählen Sie aus dem Dropdown-Menü die Option **Gegen den Uhrzeigersinn drehen**.

Schritt 5

Um Zahlen ein wenig vom rechten Zellenrand weg einzurücken, markieren Sie die entsprechenden Zellen und klicken dann auf das Symbol **Einzug vergrößern**. Um den Einzug zu verringern, klicken Sie auf das Symbol **Einzug verkleinern ❷**.

Schritt 6

Individuelle Ausrichtungen nehmen Sie in der Gruppe **Ausrichtung** über den Pfeil zum Dialogstart ❸ vor. Im Dialogfenster **Zellen formatieren** wählen Sie das Register **Ausrichtung** und stellen z. B. den Einzug auf »3«. Bestätigen Sie mit **OK**.

i Dezimalsystem

Zahlen werden standardmäßig rechtsbündig ausgerichtet, um ihren Stellenwert als Einer, Zehner, Hunderter oder Tausender auf den ersten Blick anzuzeigen.

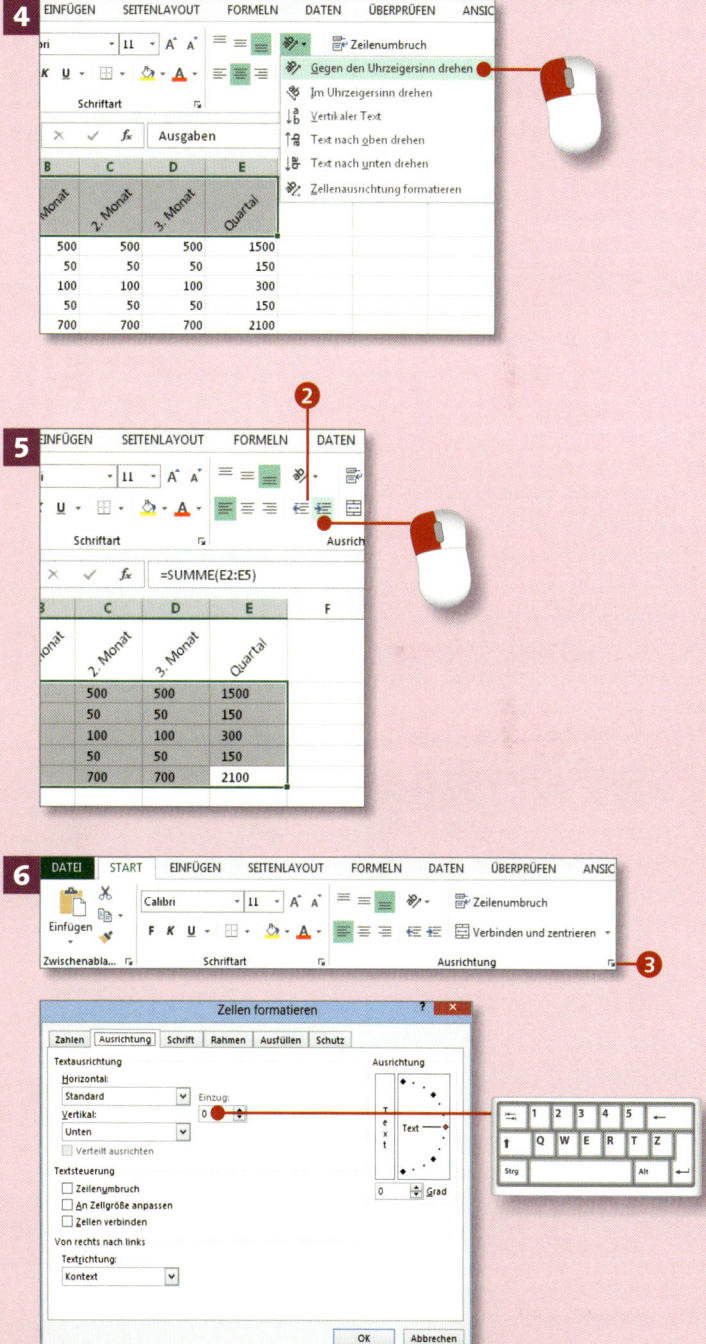

Zellen verbinden und Zeilenumbrüche vornehmen

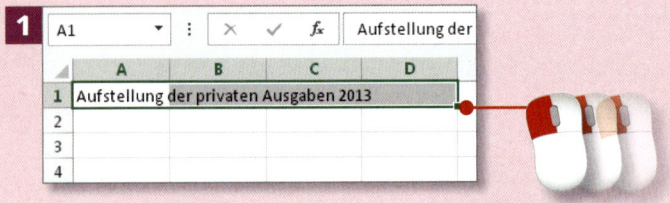

Eine Überschrift, die sich über mehrere Spalten erstreckt, sieht wunderbar aus. Manche Texte sind dafür aber einfach zu lang. Sie können Abhilfe schaffen, indem Sie die Zellen miteinander verbinden oder einen Zeilenumbruch einfügen.

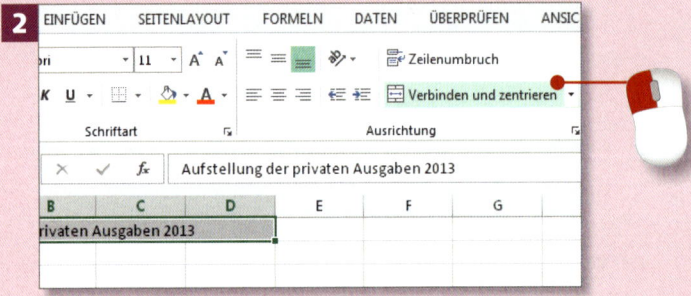

Schritt 1

Zunächst markieren Sie den gesamten Bereich, über den sich die Überschrift erstrecken soll, z. B. A1:D1. Es müssen natürlich zusammenhängende Zellen sein.

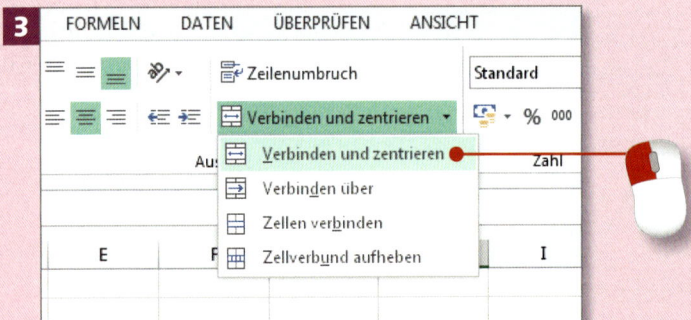

Schritt 2

Klicken Sie dann im Register **Start** in der Gruppe **Ausrichtung** auf das Symbol **Verbinden und zentrieren**. Die markierten Zellen werden zu einer großen Zelle verbunden, und ihr Inhalt wird mittig ausgerichtet.

Schritt 3

Sie können aber auch auf den kleinen Pfeil rechts neben dem Symbol klicken, dann erscheint ein Menü mit mehreren Möglichkeiten. Wählen Sie den ersten Eintrag **Verbinden und zentrieren**. Das Ergebnis ist das gleiche wie im Schritt zuvor.

i Verbindungsoptionen

Es gibt in diesem Menü weitere Optionen: Mit **Verbinden über** werden die markierten Zellen einer Zeile miteinander verbunden, ohne die Inhalte zu zentrieren. Mit **Zellen verbinden** werden alle markierten Zellen miteinander verbunden. Mit **Zellverbund aufheben** machen Sie die Einstellung wieder rückgängig.

Schritt 4

Wenn der Text zu lang für eine Zelle ist, können Sie auch einen Zeilenumbruch einfügen. Leider macht Excel das nicht automatisch wie z. B. Word. Wählen Sie also die entsprechende Zelle aus.

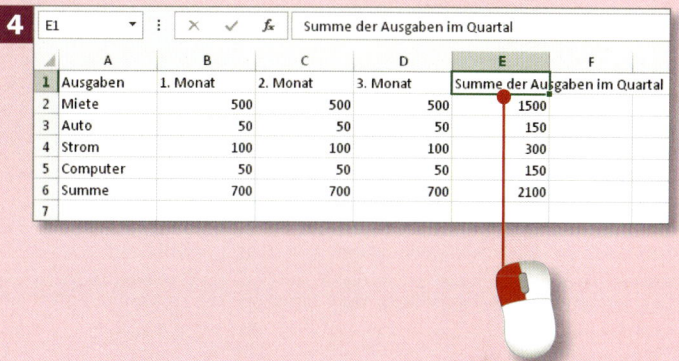

Schritt 5

Klicken Sie dann auf das Symbol **Zeilenumbruch** in der Gruppe **Ausrichtung**.

Schritt 6

Wie Sie sehen, bricht die lange Zeile um, d. h., die Länge der Zeile wird automatisch an die Breite der Spalte angepasst. Dadurch lassen sich die Spalten schmaler und weitaus gleichmäßiger darstellen.

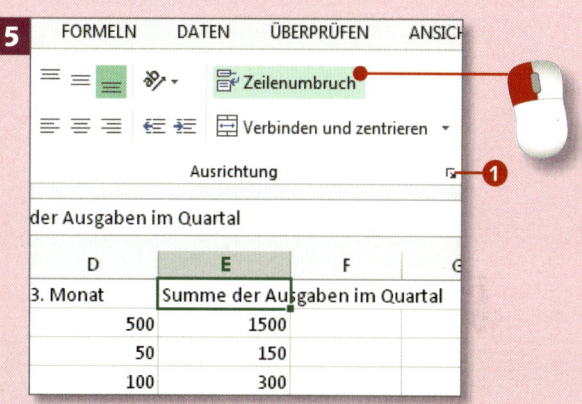

Zeilenumbruch

Sie können auch manuell einen Zeilenumbruch erzeugen, indem Sie [Alt] + [↵] drücken. Die letzte Möglichkeit besteht darin, in der Gruppe **Ausrichtung** auf den Dialogfeldstarter ❶ zu klicken und auf der Registerkarte **Ausrichtung** ein Häkchen bei **Zeilenumbruch** zu setzen.

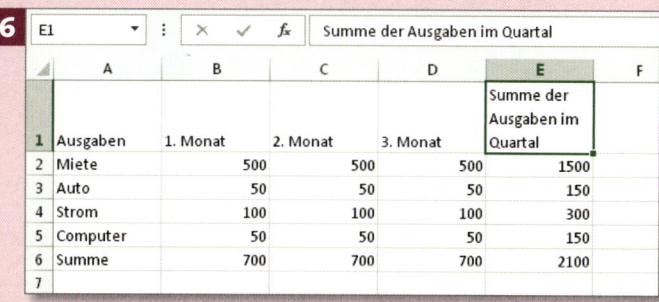

Zahlen formatieren

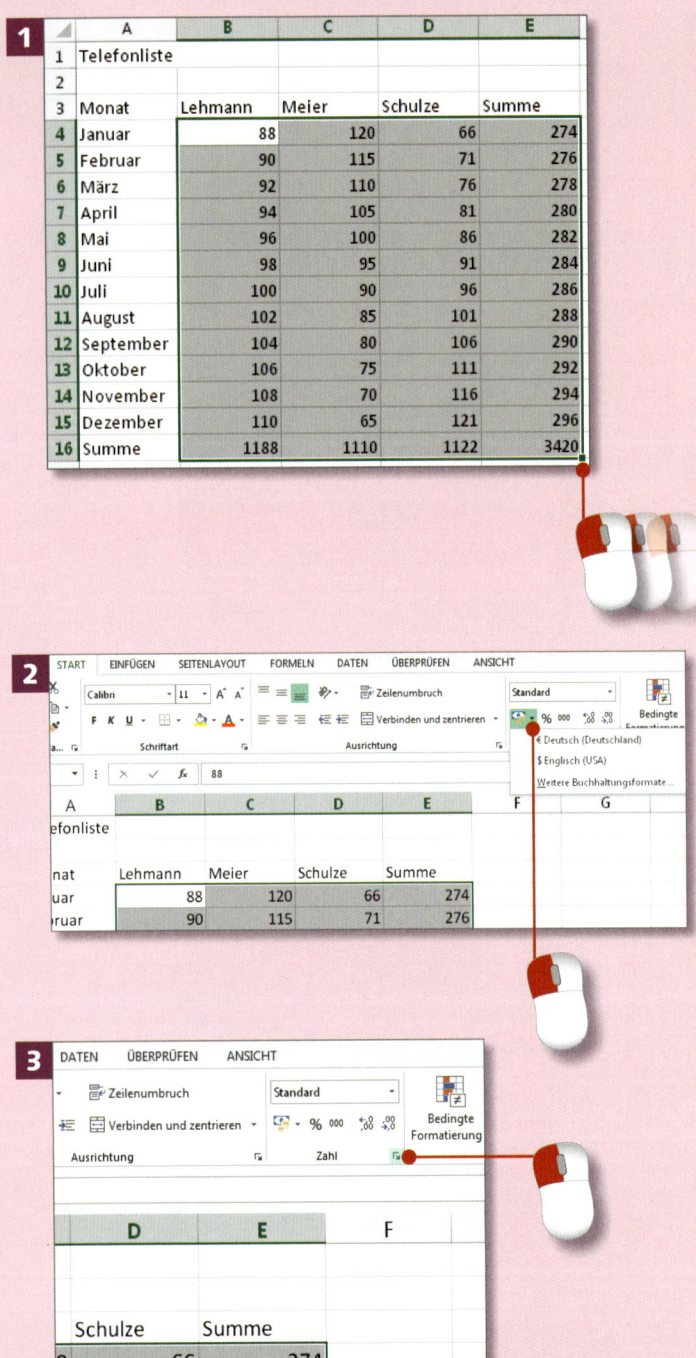

1

	A	B	C	D	E
1	Telefonliste				
2					
3	Monat	Lehmann	Meier	Schulze	Summe
4	Januar	88	120	66	274
5	Februar	90	115	71	276
6	März	92	110	76	278
7	April	94	105	81	280
8	Mai	96	100	86	282
9	Juni	98	95	91	284
10	Juli	100	90	96	286
11	August	102	85	101	288
12	September	104	80	106	290
13	Oktober	106	75	111	292
14	November	108	70	116	294
15	Dezember	110	65	121	296
16	Summe	1188	1110	1122	3420

Wenn Sie viele Zahlen in ein Arbeitsblatt eingeben, wird dieses zunehmend unübersichtlich. Um dem entgegenzuwirken, können Sie das Aussehen der Zahlen verändern, indem Sie die Zahlen formatieren.

Schritt 1

Öffnen Sie die Telefonkostenliste. Die Tabelle ist nicht optimal gestaltet, denn die Zahlen sind nicht als Beträge formatiert, und es gibt z. B. keine Währungsangaben. Das lässt sich recht schnell ändern. Um zunächst die Zahlen im Währungsformat darzustellen, markieren Sie den Bereich B4:E16.

Schritt 2

Klicken Sie nun in der Registerkarte **Start** in der Gruppe **Zahl** auf den Pfeil neben dem Symbol **Buchhaltungszahlenformat**. Es stehen € und $ zur Auswahl.

Schritt 3

Wenn Sie ein anderes Währungssymbol nutzen wollen, markieren Sie die betreffenden Zellen. Klicken Sie im Register **Start** in der Gruppe **Zahl** auf den Dialogpfeil unten rechts. Ein Dialogfenster öffnet sich.

Schritt 4

Klicken Sie links unter **Kategorie** auf **Währung**. Geben Sie im Feld **Dezimalstellen** ❶ die Anzahl der anzuzeigenden Dezimalstellen an, in unserem Fall »2«. Über den Pfeil rechts neben dem Feld **Symbol** wählen Sie eine Währung aus der Liste aus, in diesem Fall also »€«.

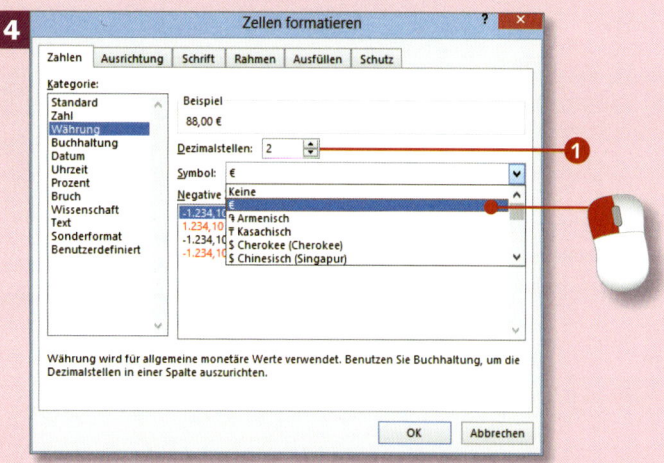

Schritt 5

Im Dialogfenster stehen zahlreiche weitere Formatierungsmöglichkeiten zur Auswahl. Wir haben hier einige Beispiele für Sie zusammengetragen, aber probieren Sie einfach selbst ein paar Formate aus.

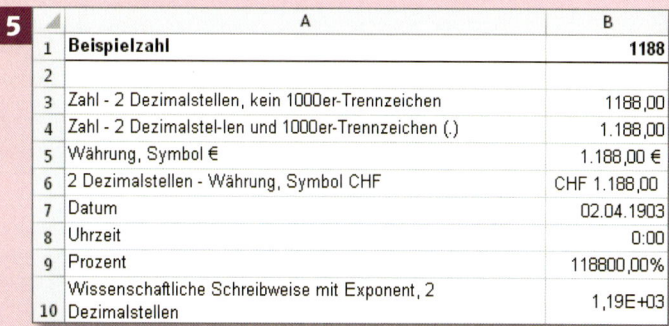

	A	B
1	**Beispielzahl**	**1188**
2		
3	Zahl - 2 Dezimalstellen, kein 1000er-Trennzeichen	1188,00
4	Zahl - 2 Dezimalstel-len und 1000er-Trennzeichen (.)	1.188,00
5	Währung, Symbol €	1.188,00 €
6	2 Dezimalstellen - Währung, Symbol CHF	CHF 1.188,00
7	Datum	02.04.1903
8	Uhrzeit	0:00
9	Prozent	118800,00%
10	Wissenschaftliche Schreibweise mit Exponent, 2 Dezimalstellen	1,19E+03

Schritt 6

Wenn Sie nach Ihren Experimenten wieder das Standardformat für Zahlen einstellen wollen, wählen Sie dafür einfach die Kategorie **Standard** aus, und bestätigen Sie das Dialogfenster mit einem Klick auf **OK**.

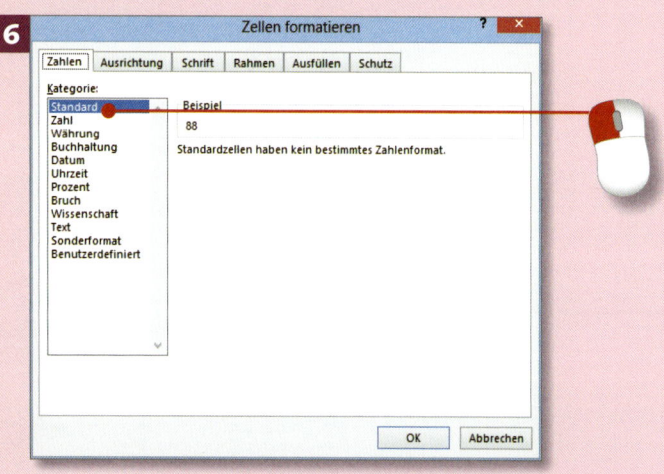

> **! Markierung**
>
> Wenn Sie die Markierung vergessen, gilt die Formatierung nur für die aktuelle Zelle.

Zahlen formatieren (Forts.)

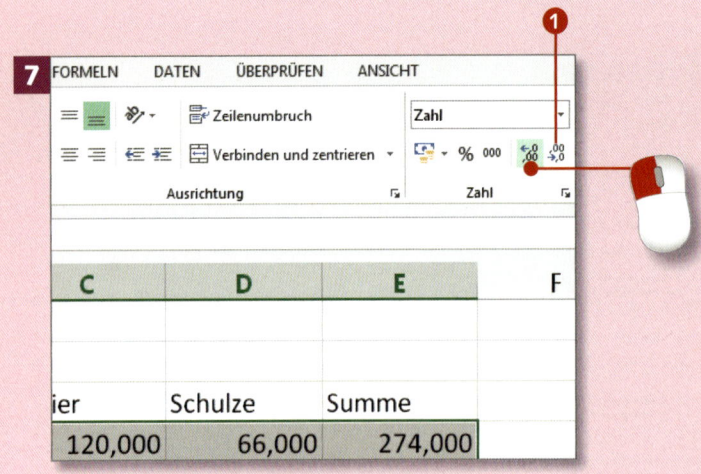

Schritt 7

Die Anzahl der Dezimalstellen lässt sich noch einfacher ändern. Klicken Sie im Register **Start** in der Gruppe **Zahl** auf das Symbol **Dezimalstelle hinzufügen**, um mehr Nachkommastellen anzuzeigen. Pro Klick wird eine Stelle ergänzt. Wenn Sie Stellen hinter dem Komma löschen möchten, klicken Sie auf das Symbol **Dezimalstelle löschen** ❶.

Schritt 8

Für die am häufigsten gebrauchten Formate bietet Excel eine Auswahlliste an, die Sie ebenfalls in der Gruppe **Zahl** finden. Klicken Sie auf den Pfeil rechts neben dem Feld, und wählen Sie eine Darstellung aus der Liste aus, z. B. **Währung** ❷.

Schritt 9

Wenn Sie auf das Format **Buchhaltung** klicken, wird ebenfalls die Währung Euro eingestellt, doch hinter dem Eurozeichen wird jeweils noch ein Leerzeichen ergänzt, um die Übersichtlichkeit der Tabelle zu erhöhen.

i

Landeswährung

Das Format **Währung** nutzt die Währung, die in der Windows-Systemsteuerung hinterlegt ist.

Schritt 10

Ein anderer Fall einer Zahlenangabe ist die Postleitzahl. Nehmen wir an, die Überschrift Ihrer Tabelle lautet »Telefonliste aus dem Postleitzahlenbereich«. In der Zelle E1 geben Sie nun die Postleitzahl »04329« ein.

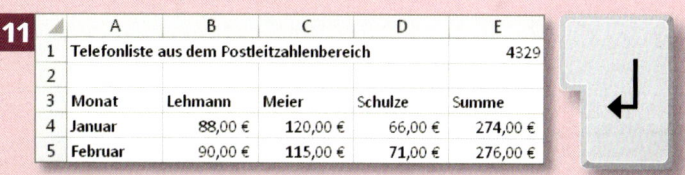

Schritt 11

Bestätigen Sie Ihre Eingabe mit ⏎. Excel macht daraufhin aus Ihrer Eingabe automatisch die Zahl 4329. Die führende Null ist durch die Standardformatierung verloren gegangen. Für dieses Problem gibt es aber natürlich eine Lösung.

Schritt 12

Markieren Sie die Zelle E1. Klicken Sie im Register **Start** in der Gruppe **Zahl** auf den Pfeil für das Dialogfeld. Im Dialogfenster wählen Sie dann unter **Kategorie** den Eintrag **Sonderformat ❸**. Aus der Liste **Typ** auf der rechten Seite des Fensters wählen Sie **Postleitzahl**, und dann klicken Sie auf **OK**, um Ihre Eingaben zu bestätigen.

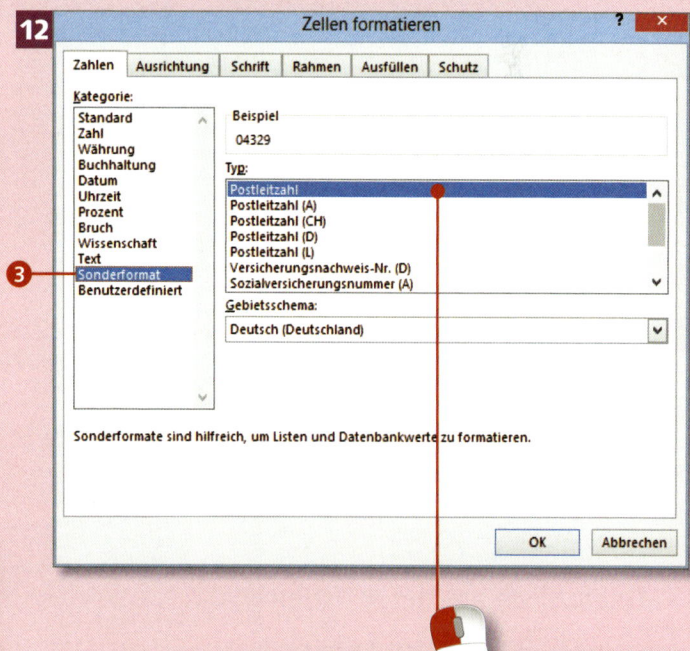

Zellen formatieren

Das Dialogfenster **Zellen formatieren** erreichen Sie auch über den gleichnamigen Befehl im Kontextmenü.

Schriftart, -größe und -farbe von Text ändern

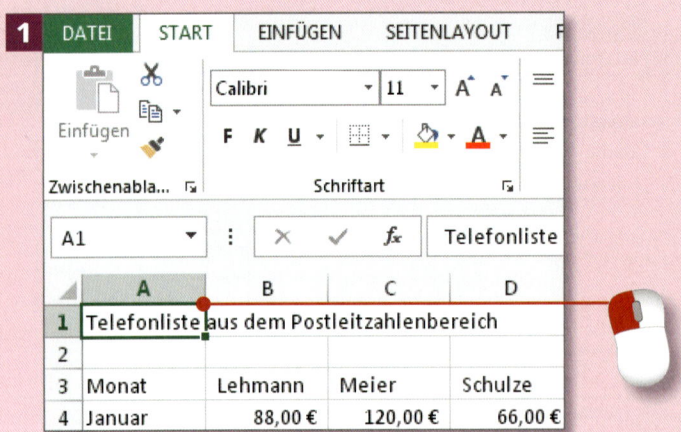

Sie können Schriftart, -größe und -farbe für markierte Bereiche auf einem Arbeitsblatt ändern. Zudem können Sie die in neuen Arbeitsmappen verwendete Standardschriftart sowie die Standardschriftgröße ändern.

Schritt 1

Markieren Sie die Zelle A1, um die Überschrift zu formatieren. Im Register **Start** in der Gruppe **Schriftart** stehen Ihnen nun verschiedene Möglichkeiten der Schriftformatierung zur Verfügung.

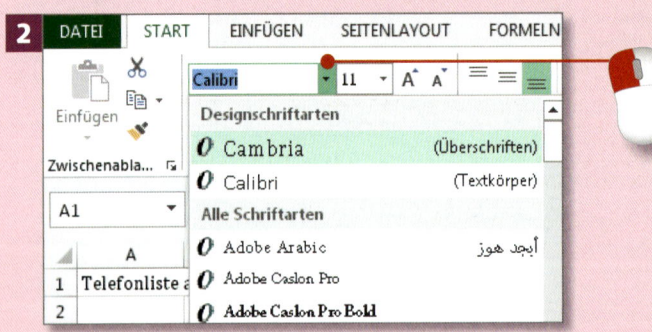

Schritt 2

Um eine andere Schriftart auszuwählen, klicken Sie auf den kleinen Pfeil neben dem Feld mit der voreingestellten Schriftart. Aus der Liste können Sie eine passende Schrift wählen. Auch hierbei wird Ihnen eine Vorschau angezeigt.

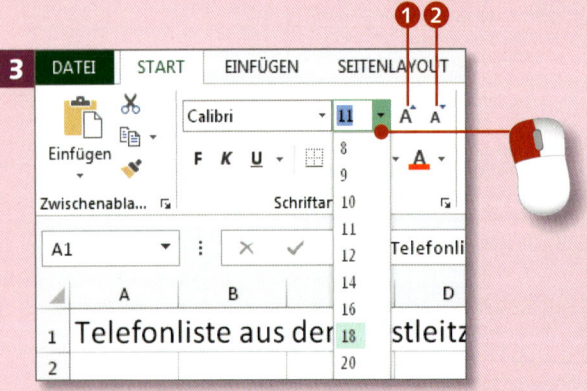

Schritt 3

Wenn Sie die Größe der Schrift (den Schriftgrad) ändern möchten, gehen Sie genauso vor. Alternativ können Sie die entsprechenden Symbole **Schriftgrad vergrößern ❶** und **Schriftgrad verkleinern ❷** nutzen.

Schritt 4

Für eine weitere Gestaltung markieren Sie die entsprechenden Zellen und klicken auf **Fett**, **Kursiv** oder **Unterstrichen** ❸. Alternativ können Sie im Register **Start** in der Gruppe **Schriftart** auf den Dialogfeldstarter unten rechts klicken und Ihre Wahl im Dialogfenster vornehmen.

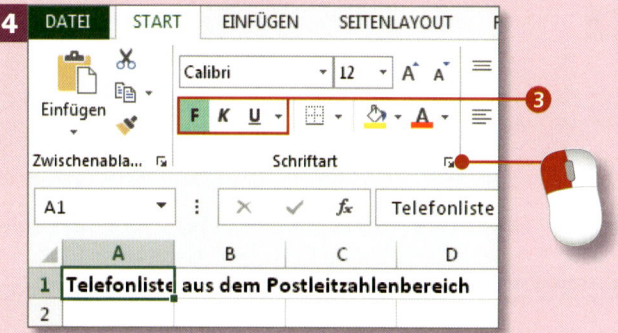

Schritt 5

Im Dialogfeld können Sie dann z. B. einen anderen **Schriftschnitt** wählen, in unserem Fall **Fett**.

Schritt 6

Zu guter Letzt passen Sie die Farbe der Schrift an. Klicken Sie auf den Pfeil neben dem Symbol **Schriftfarbe**, und wählen Sie dann unter **Designfarben**, **Standardfarben** oder **Weitere Farben** die Farbe aus, die Sie verwenden möchten.

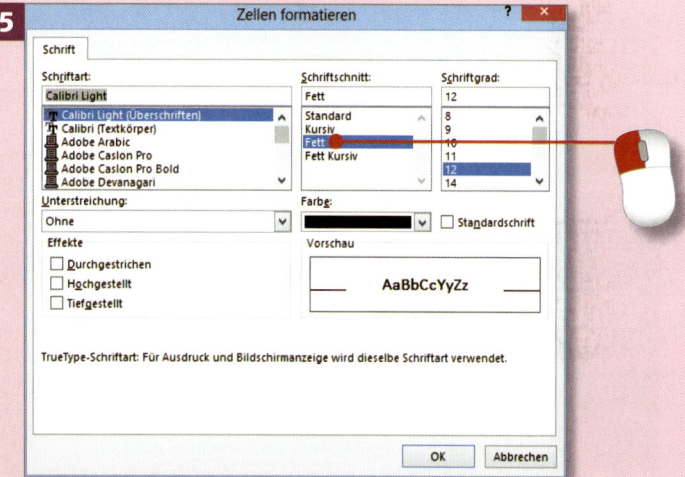

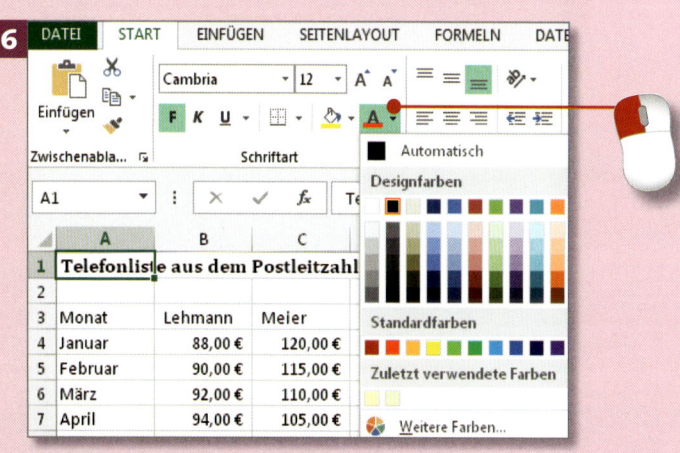

Schriftgröße

Die Schriftgröße wird in Punkt angegeben. Gut lesbar ist eine Schriftgröße ab 11 Punkt.

Schriftart, -größe und -farbe von Text ändern (Forts.)

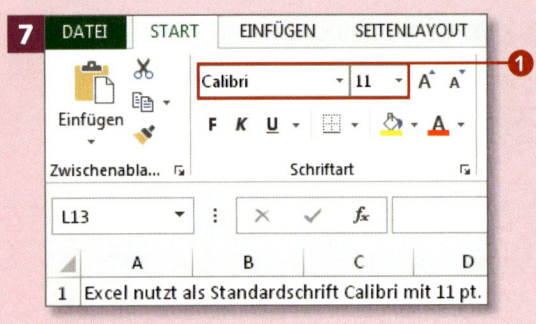

Schritt 7

Auch für die Schrift gibt es in Excel natürlich Standardeinstellungen. Wenn Sie das Programm öffnen, wird in einer neuen Tabelle dieser Standard in den entsprechenden Feldern angezeigt. Excel 2013 verwendet grundsätzlich die Schriftart **Calibri** mit dem Schriftgrad **11** ❶.

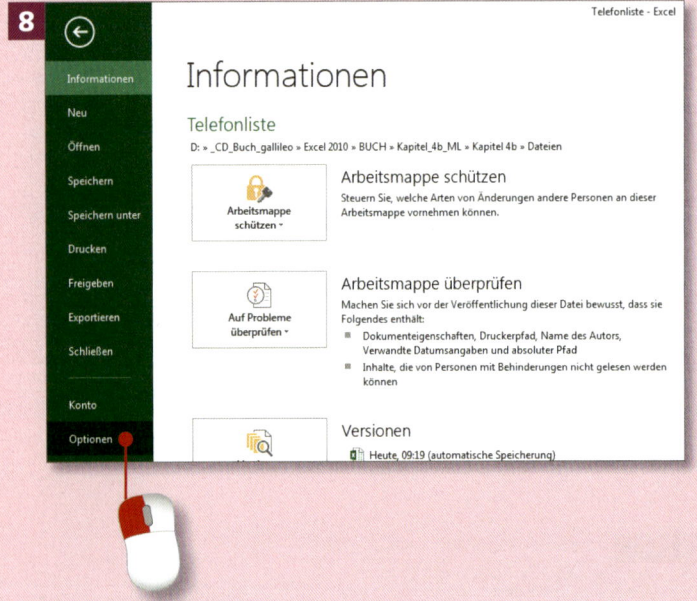

Schritt 8

Um die Standardeinstellungen dauerhaft zu verändern, können Sie die Einstellungen in den Excel-Optionen verändern. Klicken Sie auf das Register **Datei**, um in die Backstage-Ansicht zu gelangen. Dort klicken Sie auf den Befehl **Optionen**. Daraufhin öffnet sich das Dialogfenster **Excel-Optionen**.

Schritt 9

In der Kategorie **Allgemein** können Sie in der Gruppe **Beim Erstellen neuer Arbeitsmappen** ❷ nun die gewünschte Schriftart (in unserem Beispiel »Arial«) sowie den gewünschten Schriftgrad (»10 Punkt«) hinterlegen. Bestätigen Sie Ihre Eingaben dann mit **OK**.

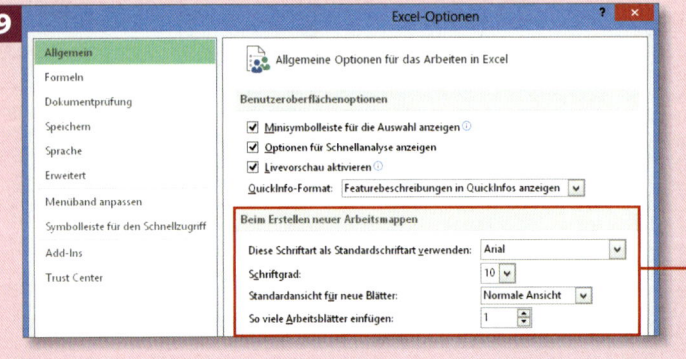

Schritt 10

Excel weist Sie darauf hin, dass Sie das Programm beenden und neu starten müssen, damit die Änderungen wirksam werden. Bestätigen Sie das Popup mit einem Klick auf **OK**.

Schritt 11

Öffnen Sie Excel erneut, sehen Sie die Veränderung in den Feldern **Schriftart** und **Schriftgrad** ❸. Die neue Standardschriftart **Arial** und der neue Standardschriftgrad **10** werden nun in allen neuen Arbeitsmappen verwendet. Sie können diese Änderungen auf dem gleichen Weg wieder rückgängig machen.

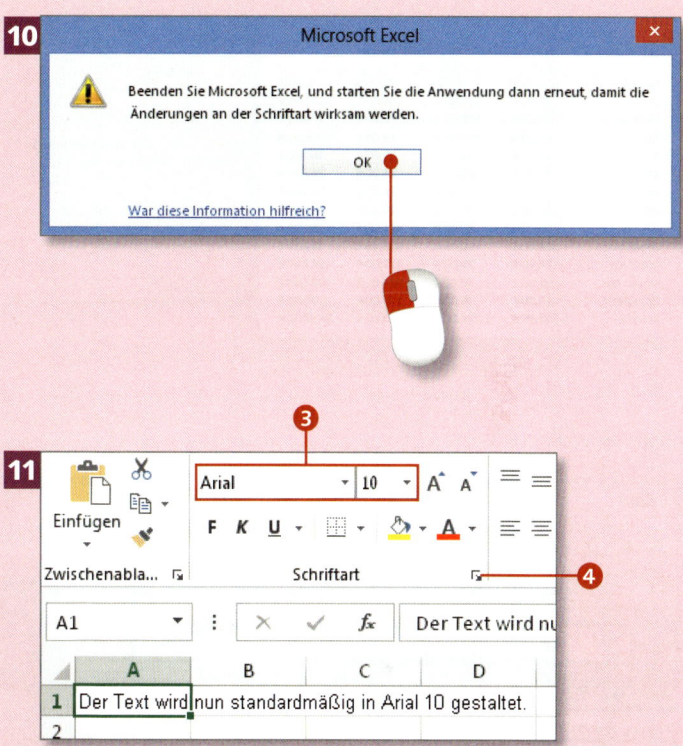

Schritt 12

Auch im Dialogfenster **Zellen formatieren**, das Sie über den Dialogfeldstarter ❹ in der Gruppe **Schriftart** (Register **Start**) öffnen, ist die neu eingestellte Schriftart als Standardschrift ❺ ausgewählt.

✚✚ Welche Schriftart darf es sein?

Die gewünschte Schriftart können Sie aus allen installierten Windows-Schriften auswählen. Um sich einen Überblick zu verschaffen, klicken Sie in der Systemsteuerung auf **Schriftarten**.

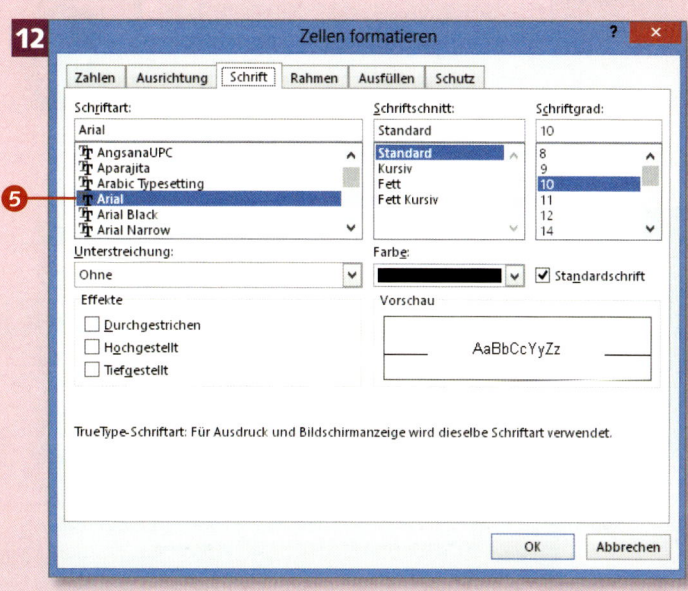

Rahmenlinien verwenden (Forts.)

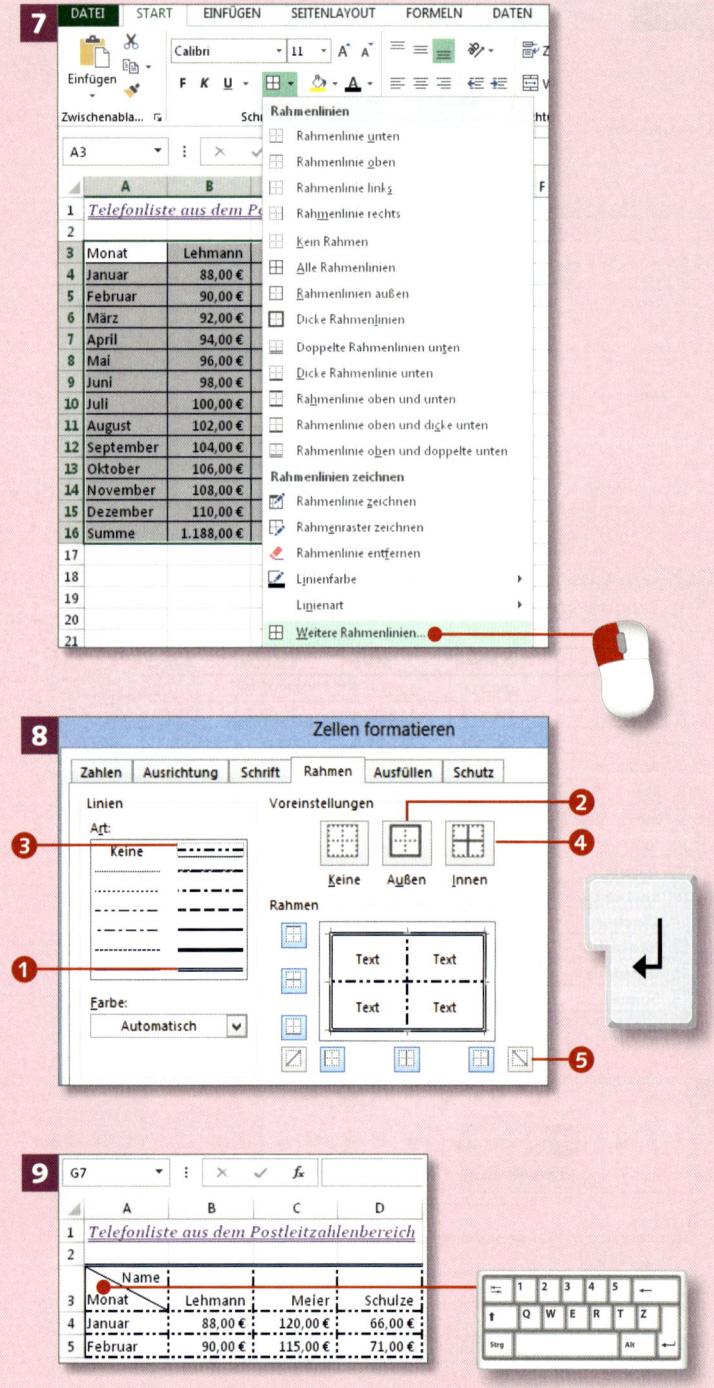

Schritt 7

Sie können auch benutzerdefinierte Rahmen verwenden. Markieren Sie dazu einen Zellbereich, z. B. A3:E16. Klicken Sie dann wieder auf den Pfeil neben dem Rahmensymbol, und wählen Sie im Menü die Option **Weitere Rahmenlinien**.

Schritt 8

Das Dialogfenster **Zellen formatieren** erscheint. Im Register **Rahmen** legen Sie für den gesamten markierten Bereich Rahmenlinien fest. Man unterscheidet dabei die Rahmen außen und innen. Wählen Sie unter **Art** die doppelte Linie ❶, dann klicken Sie auf **Außen** ❷. Im Anschluss klicken Sie auf die gestrichelte Linie ❸ und auf **Innen** ❹. Bestätigen Sie mit ⏎.

Schritt 9

Um eine diagonale Linie zu verwenden, markieren Sie z. B. die Zelle A3 und rufen das Dialogfenster **Zellen formatieren** auf. Hier wählen Sie die diagonale Linie ❺ und bestätigen Ihre Wahl. In der Zelle A3 schreiben Sie nun noch den Text »Name« vor den bestehenden Text »Monat«, erzeugen mit Alt + ⏎ einen Zeilenumbruch und fügen vor Name ca. ein Dutzend Leerzeichen ein.

Schritt 10

Erstellen Sie eine Zellenformatvorlage mit diesem Rahmen. Markieren Sie eine Zelle mit Rahmen, z. B. C6. Klicken Sie dann im Register **Start** in der Gruppe **Formatvorlagen** auf **Zellenformatvorlagen**. Im Menü klicken Sie auf **Neue Zellenformatvorlage**.

Schritt 11

Das Dialogfenster **Formatvorlage** öffnet sich. Geben Sie im Feld **Name der Formatvorlage** eine passende Bezeichnung ein. Im unteren Teil stehen Ihre Formatierungen, die Excel automatisch übernommen hat. Klicken Sie auf **OK**.

Schritt 12

Markieren Sie die Zellen, denen Sie die Vorlage zuweisen möchten. Dann klicken Sie im Register **Start** in der Gruppe **Formatvorlagen** im Bereich **Benutzerdefiniert** auf Ihre eigene Formatvorlage. Die markierten Zellen erhalten einen gestrichelten Rahmen.

Gestaltungsvarianten
Über die Schaltfläche **Formatieren** im Dialogfenster **Formatvorlage** können Sie weitere Gestaltungsvarianten hinzufügen.

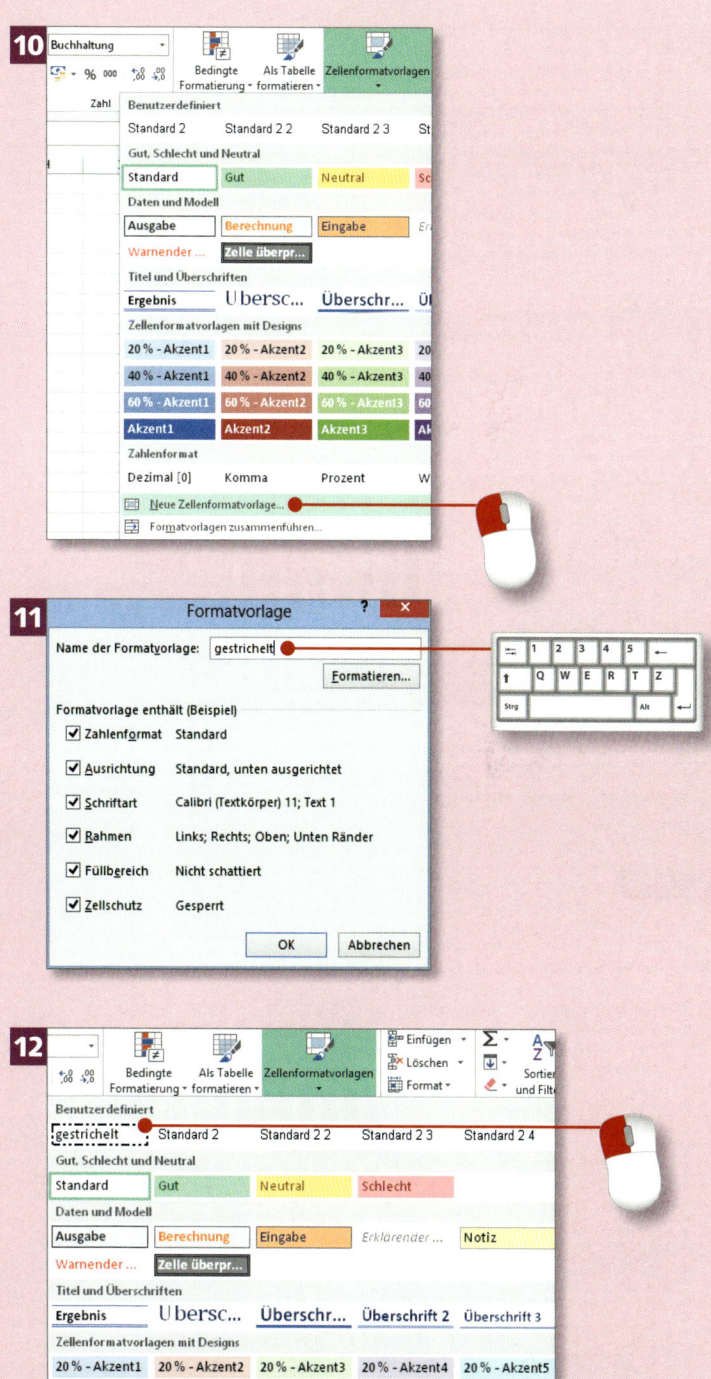

Hintergrundfarbe von Zellen festlegen

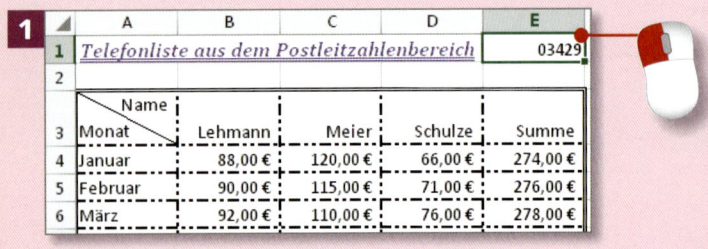

Sie können Zellen oder Zellbereiche z. B. als Überschriften kennzeichnen, indem Sie sie mit Vollton- oder Designfarben füllen.

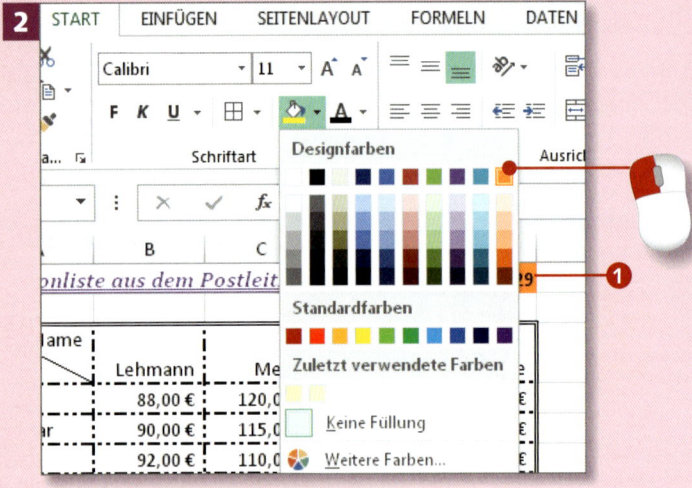

Schritt 1

Zunächst wählen Sie die Zelle oder den Zellbereich aus, den Sie farbig gestalten möchten. In unserem Beispiel hinterlegen wir den Postleitzahlenbereich mit Farbe, also die Zelle E1.

Schritt 2

Klicken Sie dann im Register **Start** in der Gruppe **Schriftart** auf den Pfeil rechts neben dem Symbol **Füllfarbe**. Wählen Sie unter **Standardfarben** eine Farbe aus. Die Zelle E1 wird hier orange hinterlegt ❶.

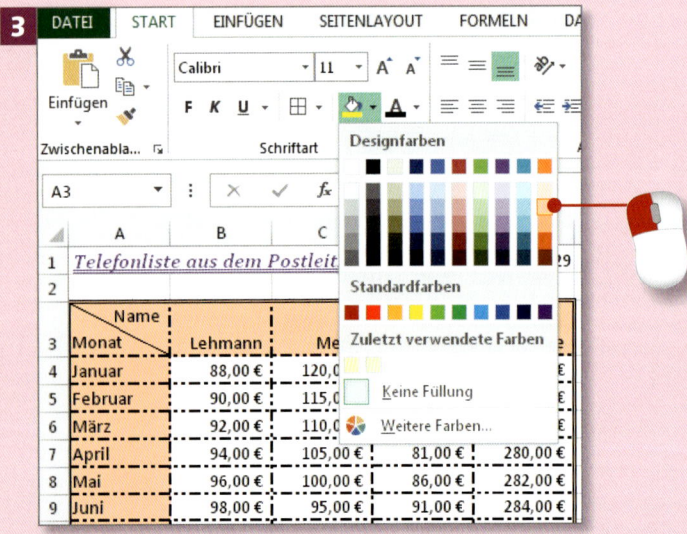

Schritt 3

Markieren Sie nun die Überschriftenzellen Ihrer Tabelle. Nach der Markierung des Bereichs A3:E3 halten Sie die `Strg`-Taste gedrückt, um den Bereich A4:A16 zusätzlich zu markieren. Öffnen Sie wieder das Füllfarben-Menü, und wählen Sie die Designfarbe **Orange, Akzent 6, heller 60 %**.

Schritt 4

Nun markieren Sie den Zahlenbe-
reich B4:E16, öffnen das Menü für
die Füllfarbe und wählen **Weitere
Farben**. Im Dialogfenster gibt es
unter dem Register **Standard** eine
größere Palette, aus deren Spekt-
rum Sie sich eine Farbe aussuchen
können, indem Sie mit der linken
Maustaste darauf klicken. Wenn Sie
etwas Passendes gefunden haben,
klicken Sie auf **OK**.

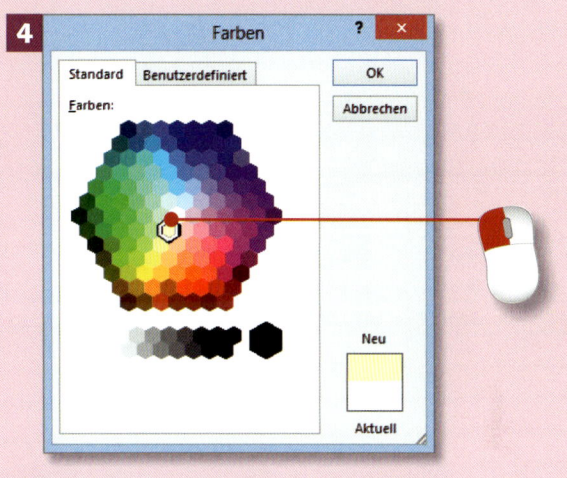

Schritt 5

Alternativ gibt es das Register
Benutzerdefiniert. Verschieben
Sie dort einfach das Kreuz an die
gewünschte Stelle des Spektrums.
Rechts daneben gibt es eine Skala ❷
für die Helligkeit. Um sie zu verän-
dern, verschieben Sie den schwarzen
Pfeil mit der Maus. Bestätigen Sie
Ihre Auswahl mit **OK**.

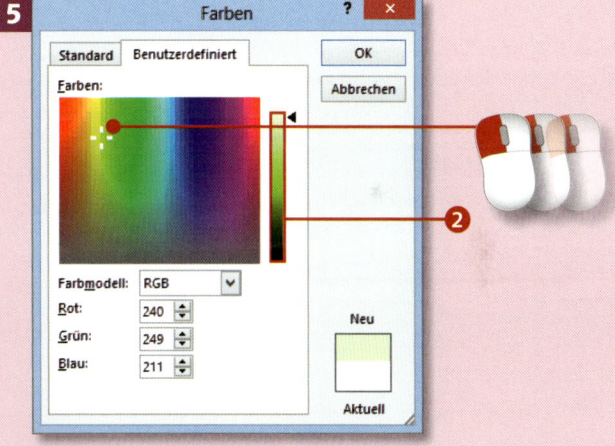

Schritt 6

Füllfarben können selbstverständ-
lich wieder gelöscht werden. Mar-
kieren Sie die Zelle E1, und klicken
Sie im Register **Start** in der Gruppe
Schriftart auf den Pfeil neben dem
Symbol **Füllfarbe**. Im Menü wählen
Sie **Keine Füllung** aus.

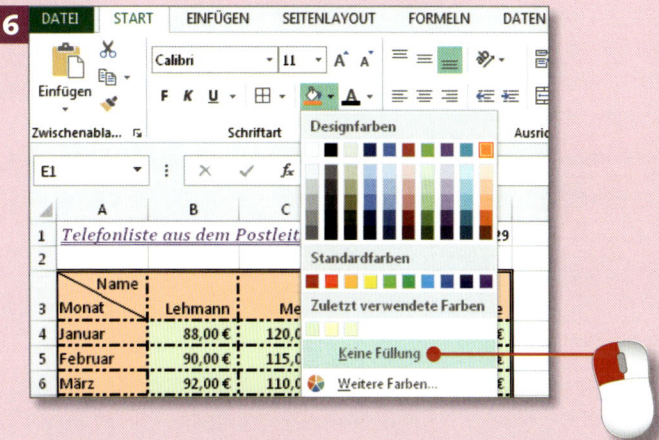

Zellformatierung übertragen

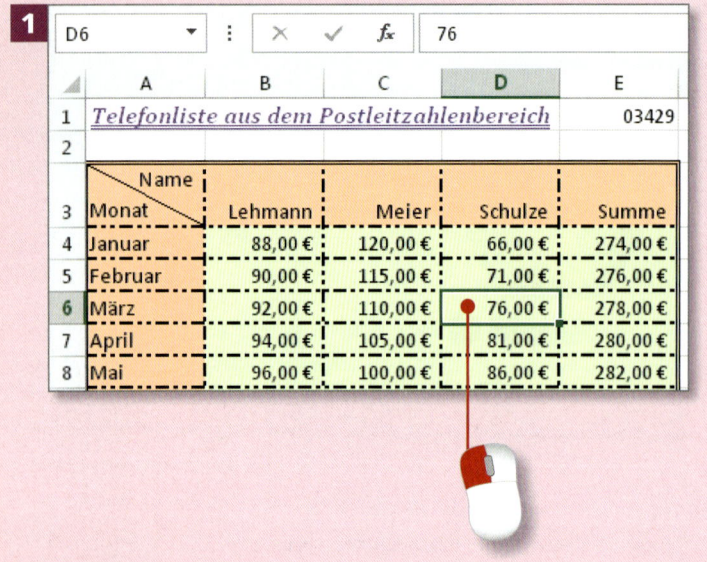

Mithilfe des Pinselwerkzeugs lassen sich Formate aus einer Zelle kopieren und auf eine andere übertragen. So müssen Sie Ihre Einstellungen nicht jedes Mal neu vornehmen.

Schritt 1

Nun möchten Sie die Zelle E1 doch mit der gleichen Farbe hinterlegen wie die Zahlen in der übrigen Tabelle, nämlich hellgelb. Wählen Sie also eine Zelle aus, deren Formatierung Sie kopieren möchten. Für unser Beispiel kommt dafür z. B. die Zelle D6 infrage.

Schritt 2

Klicken Sie im Register **Start** in der Gruppe **Zwischenablage** auf **Format übertragen** (den kleinen Pinsel). Das Format der markierten Zelle wird zwischengespeichert.

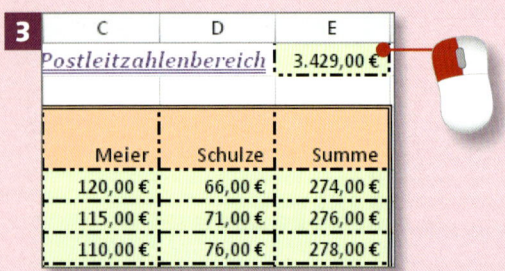

Schritt 3

Klicken Sie dann auf die Zelle, die Sie formatieren wollen (E1). Nun ist auch sie hellgelb. Aber Excel hat auch die Postleitzahl in einen Eurobetrag verwandelt und eine Rahmenlinie eingefügt. Der Pinsel überträgt sämtliche Formate einer Zelle.

Schritt 4

Sie müssen also für die Postleitzahl in der Zelle E1 das Währungsformat wieder zurücksetzen. Klicken Sie mit der rechten Maustaste auf die Zelle E1, und wählen Sie aus dem Kontextmenü die Option **Zellen formatieren**.

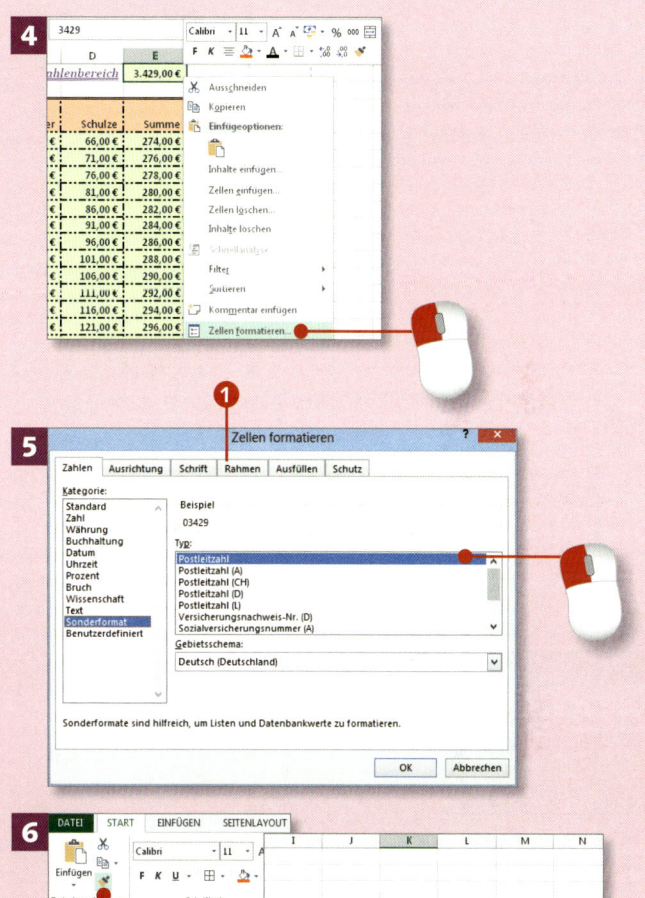

Schritt 5

Im darauffolgenden Dialogfenster wählen Sie in der Kategorie **Sonderformat** wieder den Typ **Postleitzahl**. Auch den gestrichelten Rahmen könnten Sie in diesem Fenster unter dem Register **Rahmen** ❶ wieder entfernen. Klicken Sie nach der gewünschten Auswahl auf die Schaltfläche **OK**.

Schritt 6

Normalerweise wird das kopierte Format sofort wieder aus dem Zwischenspeicher gelöscht. Mehrere Übertragungen ❷ sind möglich, wenn Sie auf den Pinsel doppelklicken. Zur Deaktivierung des Pinsels klicken Sie abschließend noch einmal auf **Format übertragen** oder drücken Esc.

➕ Format übertragen mit F4

Wollen Sie nur ein Format von einer auf die andere Zelle übertragen, sollten Sie dafür die Funktionstaste F4 nutzen. Sie stellen den Formatbefehl ein, markieren den anderen Zellbereich und drücken F4. Das funktioniert so lange hintereinander, bis Sie einen anderen Befehl einstellen.

Tabelle drehen

1

◢	A	B	C	D	E
1	**Ausgaben**	*1. Monat*	*2. Monat*	*3. Monat*	**Quartal**
2	*Miete*	500,00 €	500,00 €	500,00 €	1.500,00 €
3	*Auto*	50,00 €	50,00 €	50,00 €	150,00 €
4	*Strom*	100,00 €	100,00 €	100,00 €	300,00 €
5	*Computer*	50,00 €	50,00 €	50,00 €	150,00 €
6	**Summe**	700,00 €	700,00 €	700,00 €	2.100,00 €
7					

Wenn Sie feststellen, dass die Daten in den Spalten und Zeilen anders doch besser organisiert wären, können Sie sie schnell transponieren, d. h. in der Tabelle anders anordnen.

Schritt 1

Für diese Übung nutzen wir wieder die Beispieltabelle zu den privaten Ausgaben. Aktuell sind die Monatsangaben spaltenweise angeordnet. Sie würden sie aber lieber zeilenweise nutzen.

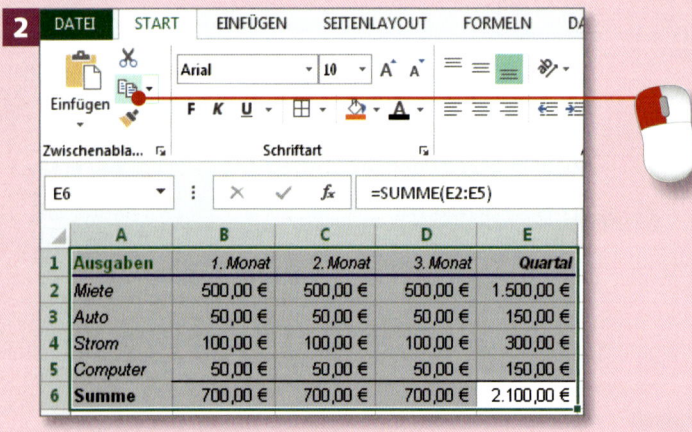

Schritt 2

Markieren Sie alle Zellen, die Sie umorganisieren wollen. Klicken Sie dann im Register **Start** in der Gruppe **Zwischenablage** auf das Symbol **Kopieren**.

Schritt 3

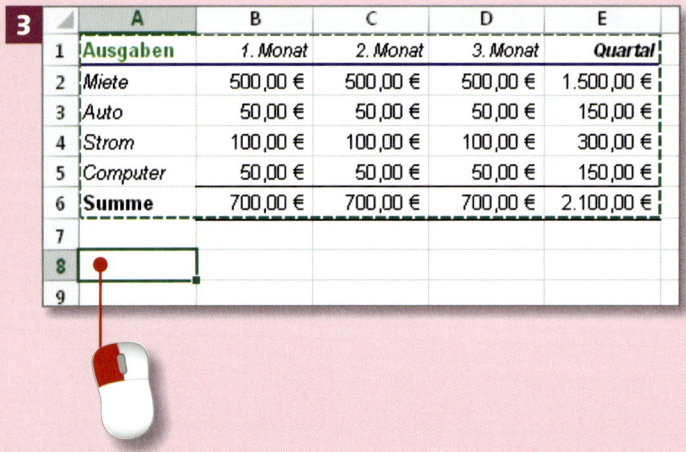

Danach wählen Sie den Bereich aus, in dem die kopierten Daten eingefügt werden sollen. Markieren Sie dafür auf dem Arbeitsblatt die erste Zelle des Bereichs, z. B. A8.

Überlappung

Der Bereich, den Sie kopieren, und der Bereich, in den Sie die Kopie einfügen wollen, dürfen sich nicht überlappen.

Schritt 4

Nachdem Sie die Zelle markiert haben, klicken Sie im Register **Start** in der Gruppe **Zwischenablage** auf den kleinen Pfeil unter **Einfügen**. In dem Menü, das sich daraufhin öffnet, klicken Sie im Bereich **Einfügen** auf das Symbol **Transponieren**.

Schritt 5

Nachdem Sie die Daten erfolgreich transponiert haben, können Sie den ursprünglichen Tabellenbereich löschen. Markieren Sie die Zeilen 1 bis 7, und wählen Sie im Kontextmenü (rechte Maustaste) die Option **Zellen löschen**. Im Dialog wählen Sie **Ganze Zeile** und klicken auf **OK**.

Schritt 6

Gestalten Sie nun die Tabelle entsprechend Ihren Wünschen. Im Beispiel vergeben wir für den Bereich A2:F6 die Formatierung **Alle Rahmenlinien**.

Formeln transponieren

Wenn die transponierten Zellen Formeln enthalten, werden diese Formeln ebenfalls transponiert, d. h., die in ihnen enthaltenen Zellverweise werden automatisch angepasst.

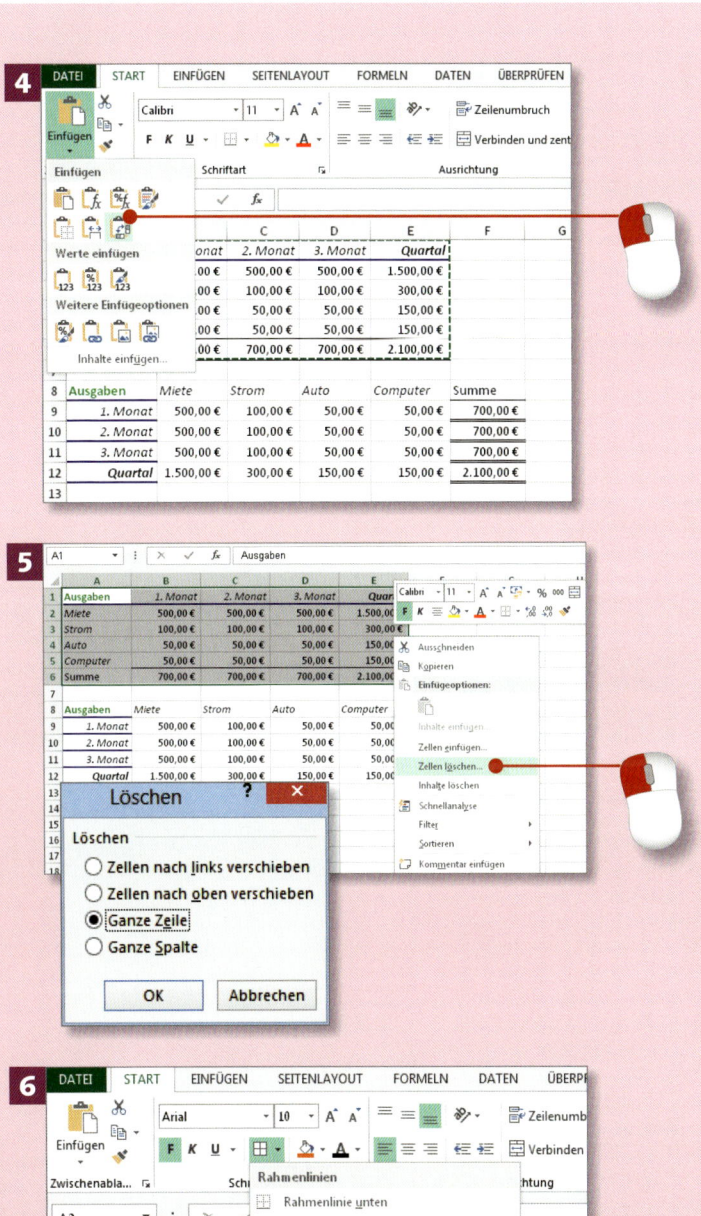

Designs und Zellenformatvorlagen

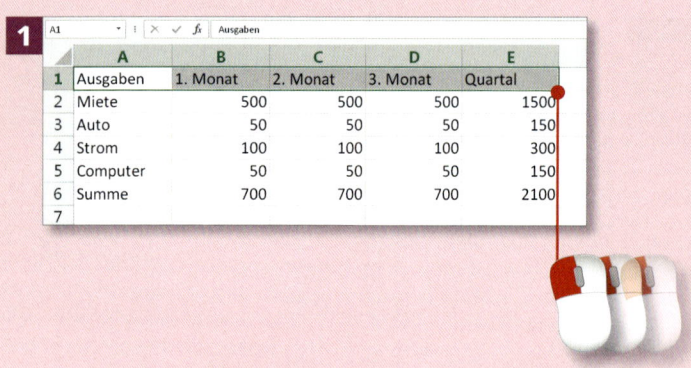

Professionell gestaltete Tabellen erkennen Sie an ihrer klaren Struktur und an der einheitlichen Gestaltung inhaltlich gleicher Aussagen. Mithilfe der Excel-Designs und der dazu passenden Formatvorlagen gestalten Sie Ihre Tabelle durch wenige Klicks.

Schritt 1

Um eine Überschrift für Ihre Tabelle zu erstellen, markieren Sie zunächst die Zellen, die die Tabellenüberschrift bilden sollen (hier A1:E1).

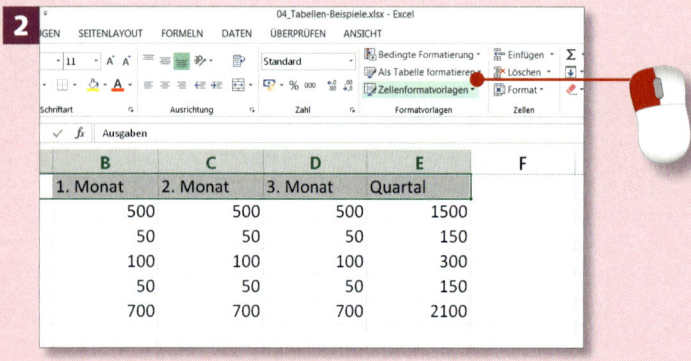

Schritt 2

Ihnen stehen 46 vorgefertigte Gestaltungsbefehle zur Auswahl, die **Zellenformatvorlagen**. Klicken Sie im Register **Start** in der Gruppe **Formatvorlagen** auf das entsprechende Symbol.

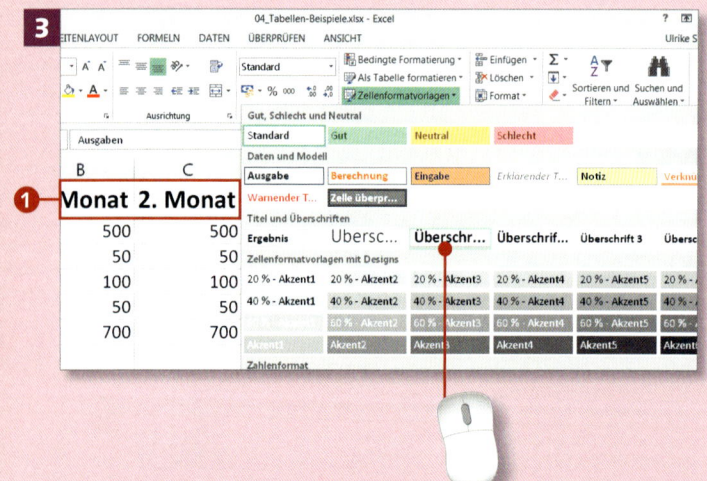

Schritt 3

In der Mitte des Menüs finden Sie die Zellenformatvorlagen der Kategorie **Titel und Überschriften**. Wenn Sie den Mauszeiger nur auf **Überschrift 1** setzen, ohne zu klicken, wird Ihnen in der Tabelle eine Live-Vorschau ❶ dieser Gestaltung angezeigt.

Schritt 4

Für unser Beispiel ist das Format **Überschrift 3** passend. Indem Sie auf die Zellenformatvorlage klicken, weisen Sie den markierten Zellen diese Gestaltung zu.

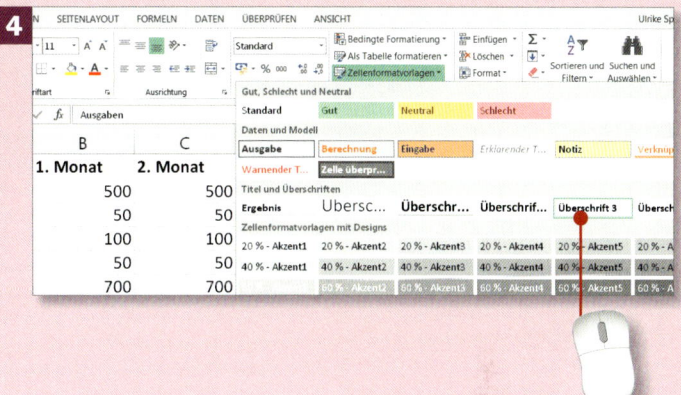

Schritt 5

Sie können auf diese Weise auch ganze Tabellenbereiche formatieren. Markieren Sie z. B. den Zellbereich A2:E5. Er soll sich optisch vom Bereich der Überschrift abheben.

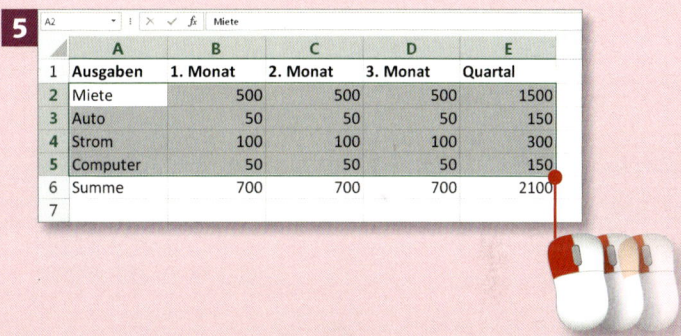

Schritt 6

Klicken Sie im Register **Start** in der Gruppe **Formatvorlagen** auf **Zellenformatvorlagen**. Dort stehen Ihnen weitere Gruppen zur Verfügung, z. B. – nach dem Ampelprinzip – die Formatvorlagen **Gut, Schlecht und Neutral**, **Daten und Modell**, **Titel und Überschriften**, **Zellenformatvorlagen mit Designs** sowie darunter **Zahlenformat** mit einer Auswahl an klassischen Formaten.

Spezifische Vorlagen

Die Zellenformatvorlagen gehören zum jeweils verwendeten Design. Wenn Sie ein anderes Design auswählen, stehen Ihnen auch andere Vorlagen zur Verfügung.

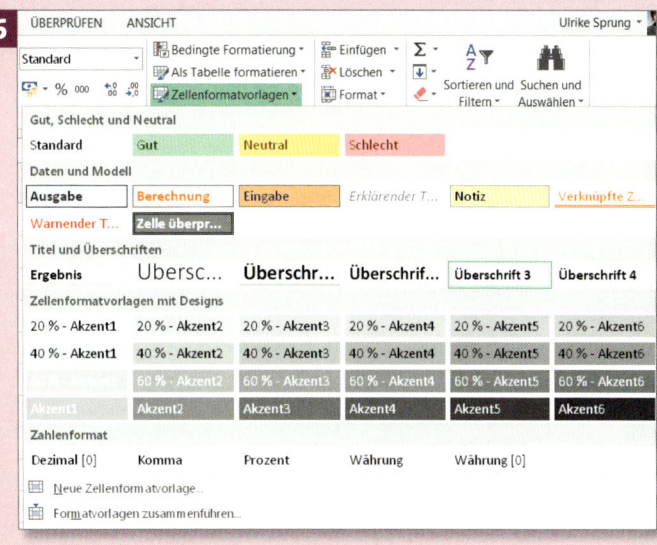

Designs und Zellenformatvorlagen (Forts.)

Schritt 7

Klicken Sie wieder mit der Maus auf die verschiedenen Formate, und lassen Sie die Live-Vorschau auf sich wirken.

Schritt 8

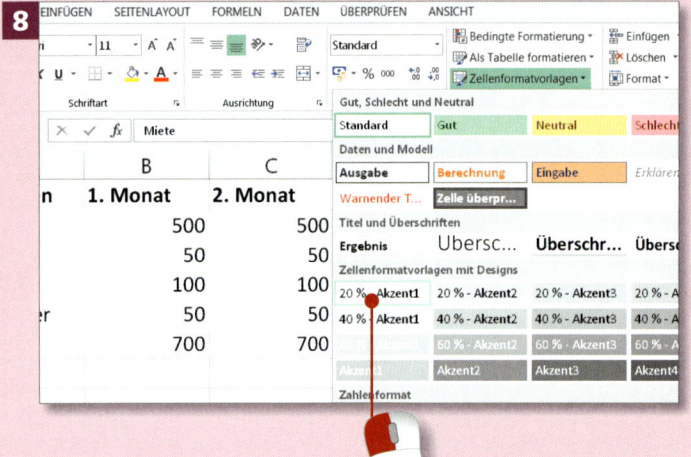

Nehmen wir an, Ihnen gefällt besonders die hellgraue Gestaltung **20 % – Akzent1**. Weisen Sie den markierten Zellen also nun mit einem Klick diese Zellenformatvorlage zu.

Schritt 9

Sie können mithilfe von Formatvorlagen auch ganze Tabellen ansehnlich gestalten – und das ganz einfach und schnell! Setzen Sie dazu den Zellcursor auf eine beliebige Zelle im Tabellenbereich, oder markieren Sie gleich die ganze Tabelle.

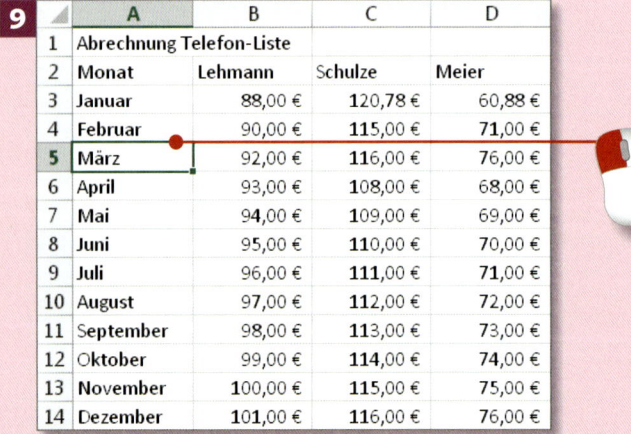

	A	B	C	D
1	Abrechnung Telefon-Liste			
2	Monat	Lehmann	Schulze	Meier
3	Januar	88,00 €	120,78 €	60,88 €
4	Februar	90,00 €	115,00 €	71,00 €
5	März	92,00 €	116,00 €	76,00 €
6	April	93,00 €	108,00 €	68,00 €
7	Mai	94,00 €	109,00 €	69,00 €
8	Juni	95,00 €	110,00 €	70,00 €
9	Juli	96,00 €	111,00 €	71,00 €
10	August	97,00 €	112,00 €	72,00 €
11	September	98,00 €	113,00 €	73,00 €
12	Oktober	99,00 €	114,00 €	74,00 €
13	November	100,00 €	115,00 €	75,00 €
14	Dezember	101,00 €	116,00 €	76,00 €

➕➕ Formatvorlagen ändern

Sie können alle Formatvorlagen ändern. Dazu klicken Sie mit der rechten Maustaste auf den Namen der Formatvorlage und wählen **Ändern**.

Schritt 10

Klicken Sie in der Gruppe **Format-vorlagen** des Registers **Start** auf den Button **Als Tabelle formatieren**. Daraufhin werden Ihnen 60 Tabellenformatvorlagen angezeigt, von denen Ihnen hoffentlich eine gefällt. Klicken Sie dann z. B. auf **Tabellenformat – Hell 4**.

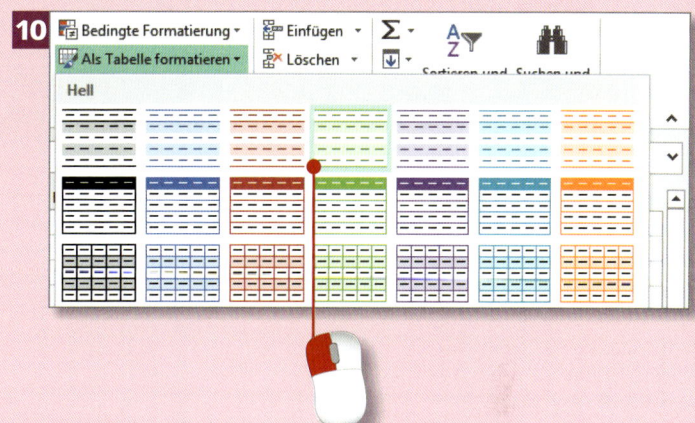

Schritt 11

Excel kennzeichnet den erkannten Tabellenbereich durch eine gestrichelte Linie. Im Fenster wird der Bereich mit absoluten Bezügen (dafür steht das Dollarzeichen) angegeben, also =$A$1:$E$13. Mithilfe eines Häkchens können Sie angeben, ob Ihre Tabelle Überschriften enthält. Bestätigen Sie die Angaben mit einem Klick auf **OK**.

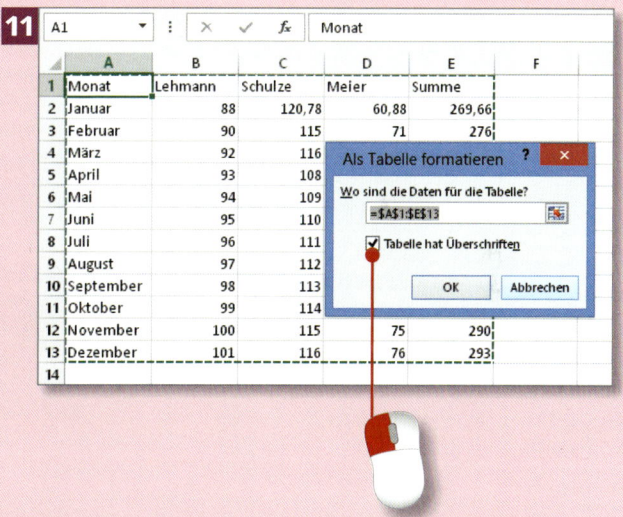

Schritt 12

Nun sieht Ihre Tabelle sehr professionell aus, super! Und nicht nur das – es wurden außerdem Filterpfeile an den Zellen der Überschrift eingefügt. Wenn Sie darauf zeigen, wird der Mauszeiger zu einer kleinen Hand.

Designs und Zellenformatvorlagen (Forts.)

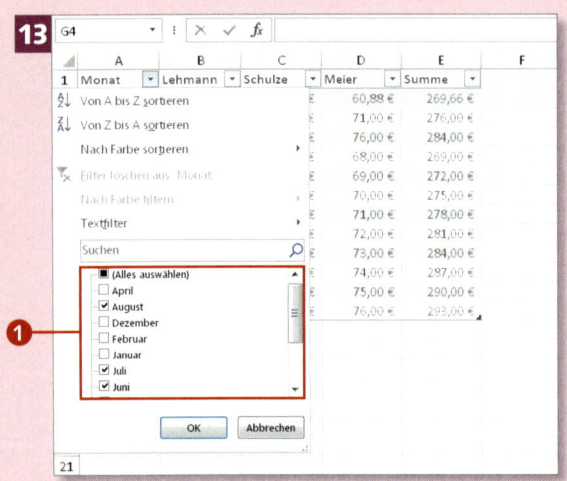

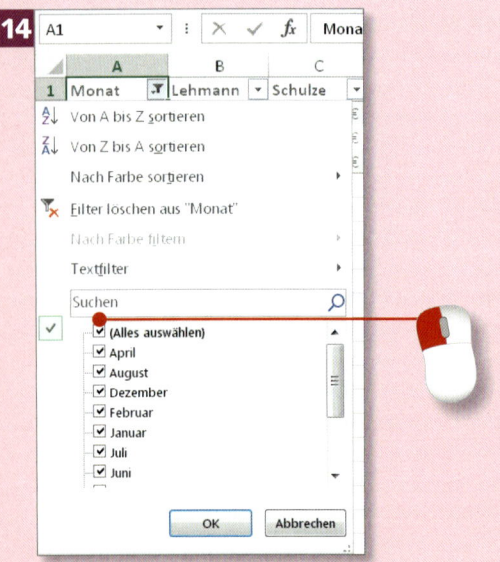

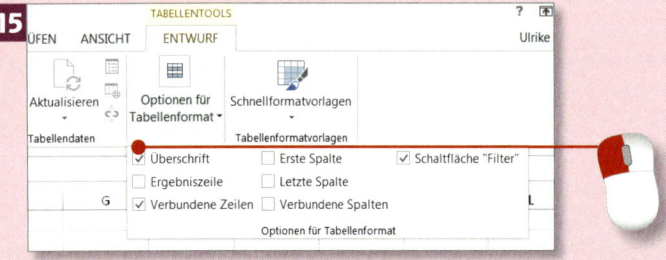

Schritt 13

Im unteren Bereich des Filtermenüs können Sie mithilfe der Häkchen auswählen, was angezeigt werden soll, und so die Tabelle schnell auswerten. Sie können sich so z. B. nur die Telefonkosten für die Sommermonate ❶ anzeigen lassen.

Schritt 14

Mit einem Klick auf **Alles auswählen** blenden Sie dann wieder alle Einträge ein. Ausführlichere Informationen zum Filtern finden Sie im Abschnitt »Den AutoFilter anwenden«, ab Seite 270.

Schritt 15

Wenn Sie eine Tabellenformatvorlage verwendet haben, wird Ihnen ein neues Register angezeigt: **Tabellentools/Entwurf**. Sie können von hier aus z. B. die Überschrift ausblenden oder eine andere Tabellenformatvorlage einstellen. Probieren Sie einfach einige Möglichkeiten aus.

> **Filterpfeile**
>
> Die Filterpfeile werden nur am Bildschirm angezeigt und nicht mit ausgedruckt.

Schritt 16

Excel enthält umfangreiche Gestaltungsvorlagen (Schriftart, Farben, Effekte), die auch für Word und PowerPoint gültig sind. So wirken z. B. Berichte, Tabellen und Präsentationen wie aus einem Guss. Klicken Sie im Register **Seitenlayout** auf die Schaltfläche **Designs**. Es öffnet sich eine Auswahl.

Schritt 17

Setzen Sie den Mauszeiger auf ein beliebiges Design, z. B. **Himmlisch**, und warten Sie einen Moment. Excel bietet Ihnen rechts die Live-Vorschau Ihrer Tabelle im jeweiligen Design.

Schritt 18

Entscheiden Sie sich mit einem linken Mausklick z. B. für das Design **Ion** ❷. Damit wird der Gestaltungsbefehl ausgeführt, und Ihre Tabelle erstrahlt im neuen Design.

! Auswahl des Designs

Die Auswahl eines Designs wirkt sich auch auf die anderen Blätter Ihrer Arbeitsmappe, auf Effekte bei SmartArts (Zeichnungen) und auf gegebenenfalls vorhandene Diagramme aus.

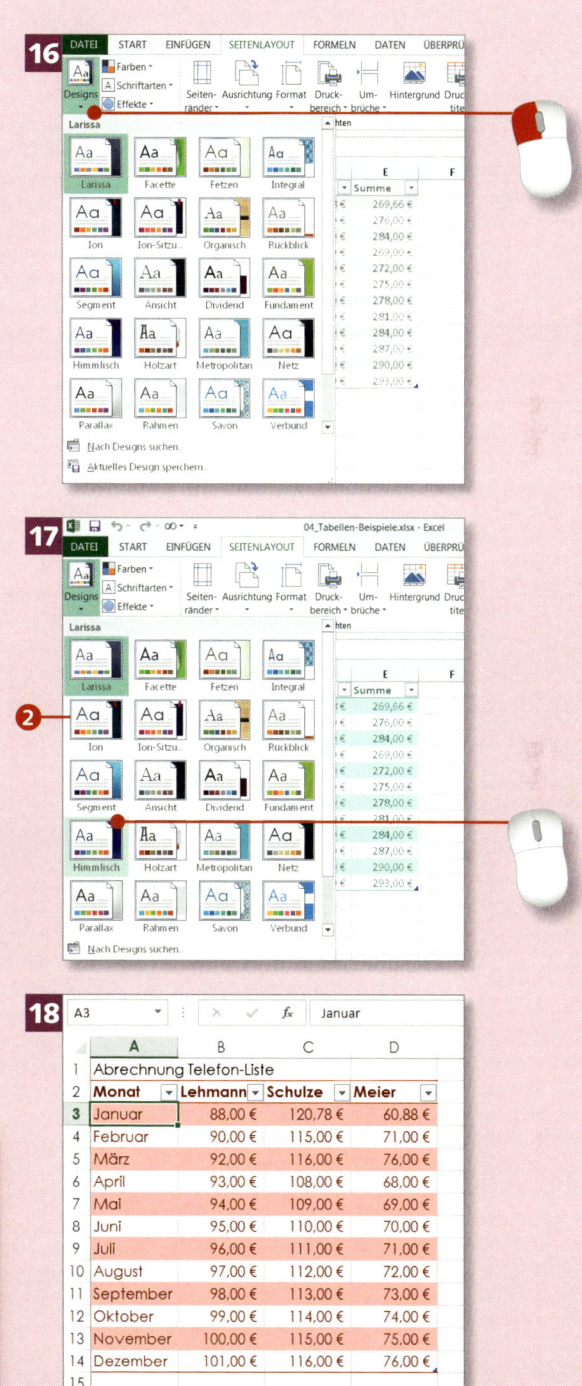

Designbestandteile ändern

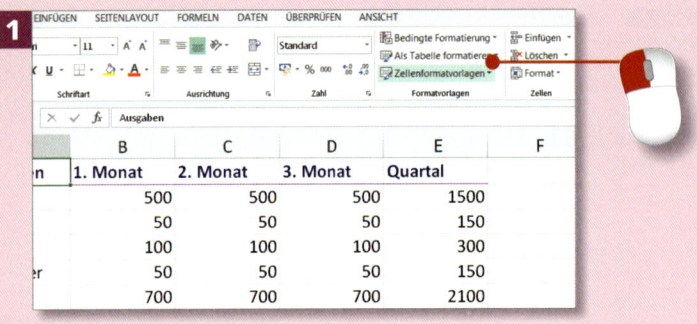

Nichts ist so schön, dass es nicht noch schöner werden könnte. Sie werden staunen, wie schnell Sie Designbestandteile ändern können.

Schritt 1

Nehmen wir an, Sie haben Ihre Ausgaben quartalsweise erfasst und die Überschrift mit der Formatvorlage **Überschrift 3** formatiert. Wählen Sie nun im Register **Start** die Gruppe **Formatvorlagen** und dort **Zellenformatvorlagen**.

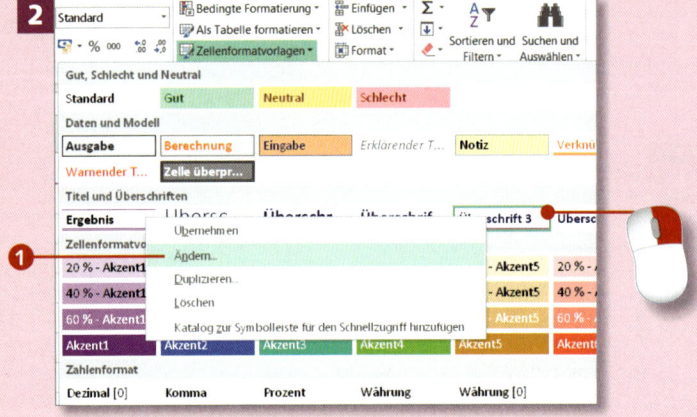

Schritt 2

Es öffnet sich ein Auswahlmenü. Klicken Sie mit der rechten Maustaste auf die verwendete Zellenformatvorlage, also in diesem Fall auf **Überschrift 3**. Im Kontextmenü wählen Sie die Option **Ändern** ❶.

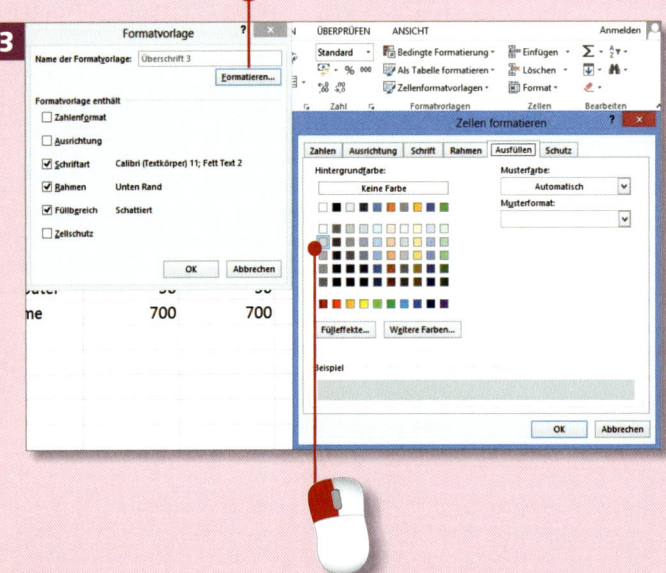

Schritt 3

Klicken Sie im Dialogfenster auf **Formatieren** ❷. Im nächsten Dialogfenster können Sie neue Gestaltungsbefehle eingeben, z. B. Hellgrau als Füllfarbe. Wenn Sie beide Fenster mit **OK** bestätigen, wird die Änderung für alle Tabellen übernommen, die mit der Vorlage **Überschrift 3** gestaltet worden sind.

Schritt 4

In einem der Beispiele im Abschnitt »Designs, Zellenformatvorlagen und der Befehl »Als Tabelle formatieren«« (siehe Seite 107) haben wir die Vorlage **Tabellenformat – Hell 4** verwendet. Um sie zu verändern, müssen Sie ein Duplikat erzeugen. Klicken Sie im Register **Tabellentools/Entwurf** mit der rechten Maustaste auf die Vorlage, und wählen Sie die Option **Duplizieren** ❸.

Schritt 5

Geben Sie Ihrer Formatvorlage einen eindeutigen Namen ❹, z. B. »Sonnige Tabelle«. Wählen Sie unter dem Namensfeld dann ein **Tabellenelement** aus, das Sie verändern wollen, z. B. **Ganze Tabelle**. Dann klicken Sie auf **Formatieren**.

Schritt 6

Im nächsten Dialogfenster können Sie den Schriftschnitt verändern, eine Füllfarbe für die Zellen einstellen etc. Bestätigen Sie Ihre Eingaben durch einen Klick auf **OK**. Die Vorlage ist fertig und steht Ihnen im Bereich **Tabellenformatvorlagen** in der neuen Kategorie **Benutzerdefiniert** zur Verfügung.

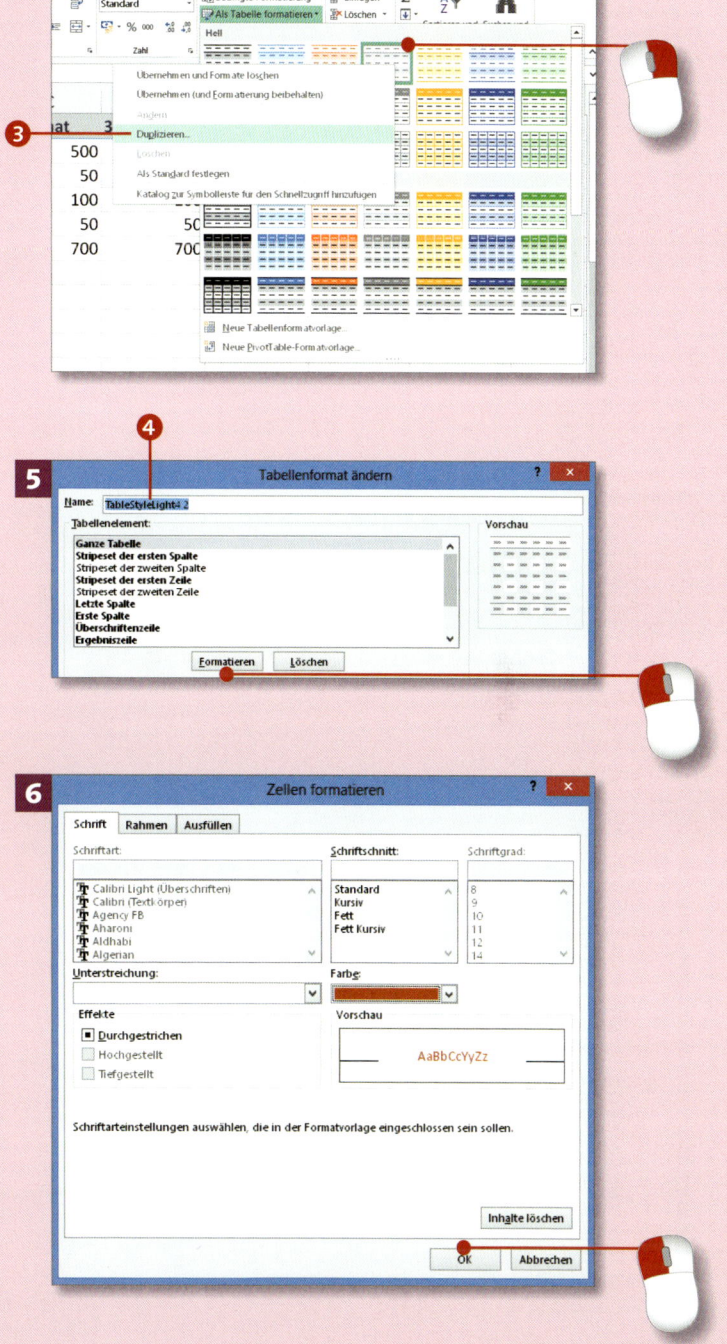

Highlights setzen mit der bedingten Formatierung

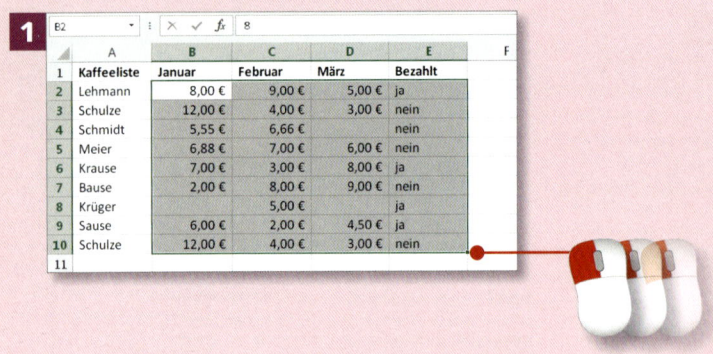

Geben Sie Excel den Auftrag, Ihre Daten zu überwachen und ein optisches Highlight zu setzen, falls die vorgegebenen Bedingungen erfüllt sind. So können Sie nichts übersehen.

Schritt 1

Excel soll Ihnen alle Zellen gelb anzeigen, in die Sie noch nichts eingetragen haben. Dazu markieren Sie den hervorzuhebenden Tabellenbereich, z. B. B2:E10.

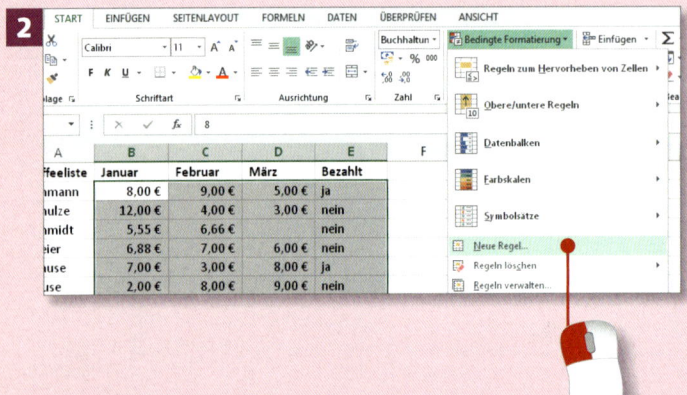

Schritt 2

Wählen Sie im Register **Start** in der Gruppe **Formatvorlagen** den Eintrag **Bedingte Formatierung**. Klicken Sie auf **Neue Regel**.

Schritt 3

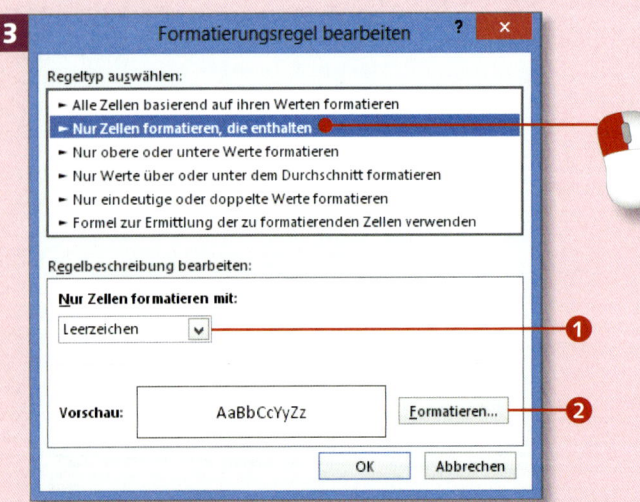

Klicken Sie auf den *Regeltyp* **Nur Zellen formatieren, die enthalten**. Im Teil **Regelbeschreibung bearbeiten** wählen Sie bei **Nur Zellen formatieren mit** den Auswahlpunkt **Leerzeichen** ❶ aus. Für die Gestaltung der Zellen nutzen Sie die Schaltfläche **Formatieren** ❷, die zum Dialogfenster **Zellen formatieren** führt.

Schritt 4

Stellen Sie auf dem Register **Ausfüllen** die Hintergrundfarbe gelb ein, und bestätigen Sie zwei Mal. Fertig! Tragen Sie in die Zelle B8 die Zahl 4 ein, so verschwindet der gelbe Hintergrund, weil die Zelle nun nicht mehr leer ist.

Schritt 5

Im zweiten Beispiel wollen Sie die Zeile der Personen hervorheben, die noch nicht bezahlt haben. Wiederholen Sie dazu die Schritte 1 bis 2 und stellen den *Regeltyp* **Formel zur Ermittlung der zu formatierenden Zellen verwenden** ein. Tragen Sie die Formel ein: =$E2=, in Anführungszeichen »nein«. Wählen Sie über die Schaltfläche **Formatieren** die Ausfüllfarbe Gelb und bestätigen.

Schritt 6

Alle Personen, die noch nicht bezahlt haben, werden gelb hervorgehoben. Ändern Sie den Eintrag in der Zelle E7 in »ja«, verschwindet die gelbe Hervorhebung für diese Zeile.

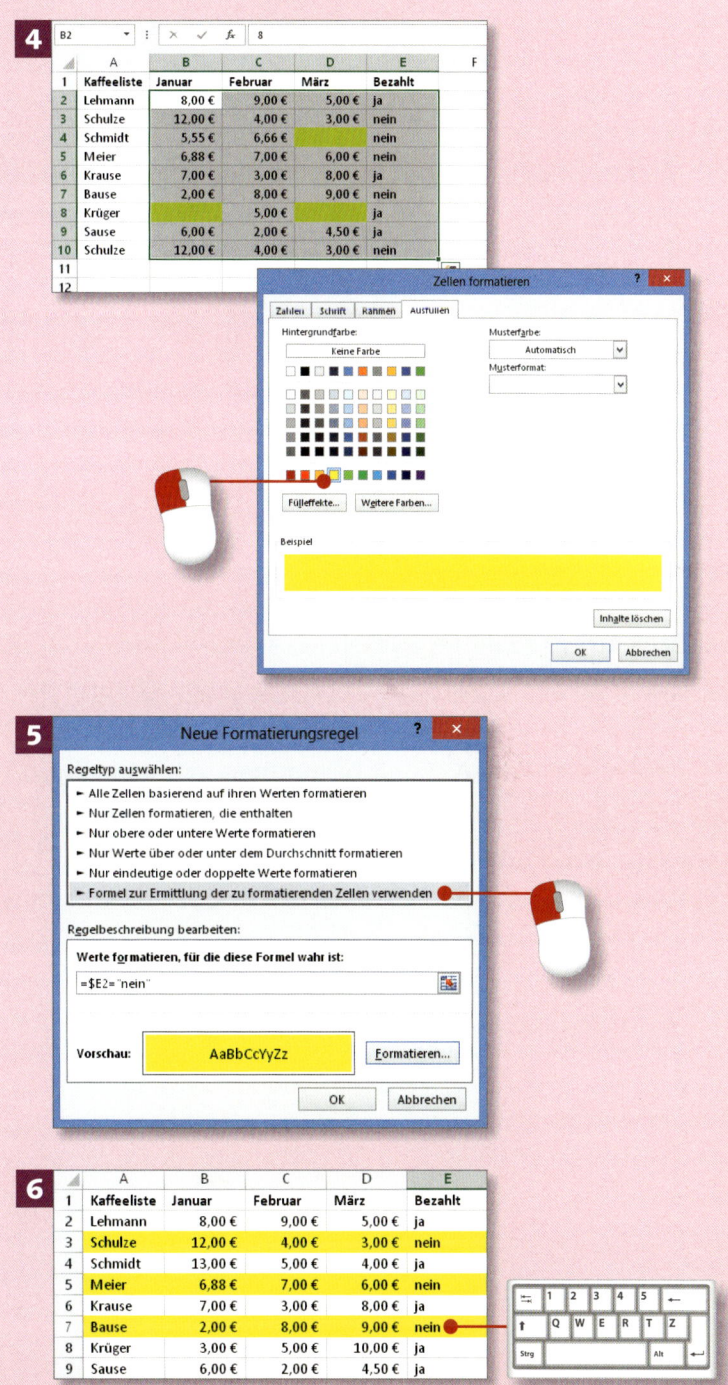

Kapitel 5
Drucken

Ab und an müssen Sie Tabellen auch ausdrucken. Das führt häufiger zu ärgerlichen Fehldrucken, denn viele vergessen, vorher den Seitenumbruch einzustellen, also zu bestimmen, wo eine Seite des Ausdrucks aufhört und die nächste beginnt.

Mit verschiedenen Ansichten arbeiten
Auf der Registerkarte **Ansicht** ❶ gibt es viele verschiedene Möglichkeiten, das optische Erscheinungsbild Ihrer Excel-Tabelle an Ihre Bedürfnisse anzupassen. Unter anderem können Sie sich dort eine **Umbruchvorschau** anzeigen lassen, anhand derer Sie sehen, wo Excel beim Ausdruck eine neue Seite beginnt.

Die Druckvorschau
Über **Drucken** in der Backstage-Ansicht können Sie sich anzeigen lassen, wie der Ausdruck später aussehen wird. Die Druckvorschau ❷ stellt nur dar, was nachher wirklich auf dem Papier zu sehen ist. Hier lässt sich außerdem der Seitenrand verbreitern, das Format einstellen (z. B. DIN A3) und bestimmen, ob hochkant oder quer gedruckt wird.

Kopf- und Fußzeilen einfügen
Wenn Sie über die Registerkarte **Ansicht** die Ansicht **Seitenlayout** wählen, können Sie Ihrer Tabelle Kopf- ❸ und Fußzeilen hinzufügen. Darin stehen z. B. Seitenzahlen oder auch das Firmenlogo. Sobald der Bereich aktiviert wurde, erscheinen im Menüband die **Kopf- und Fußzeilentools**.

Im Register **Ansicht** finden Sie die verschiedenen Ansichten passend zu Ihrer Arbeit in der Tabelle.

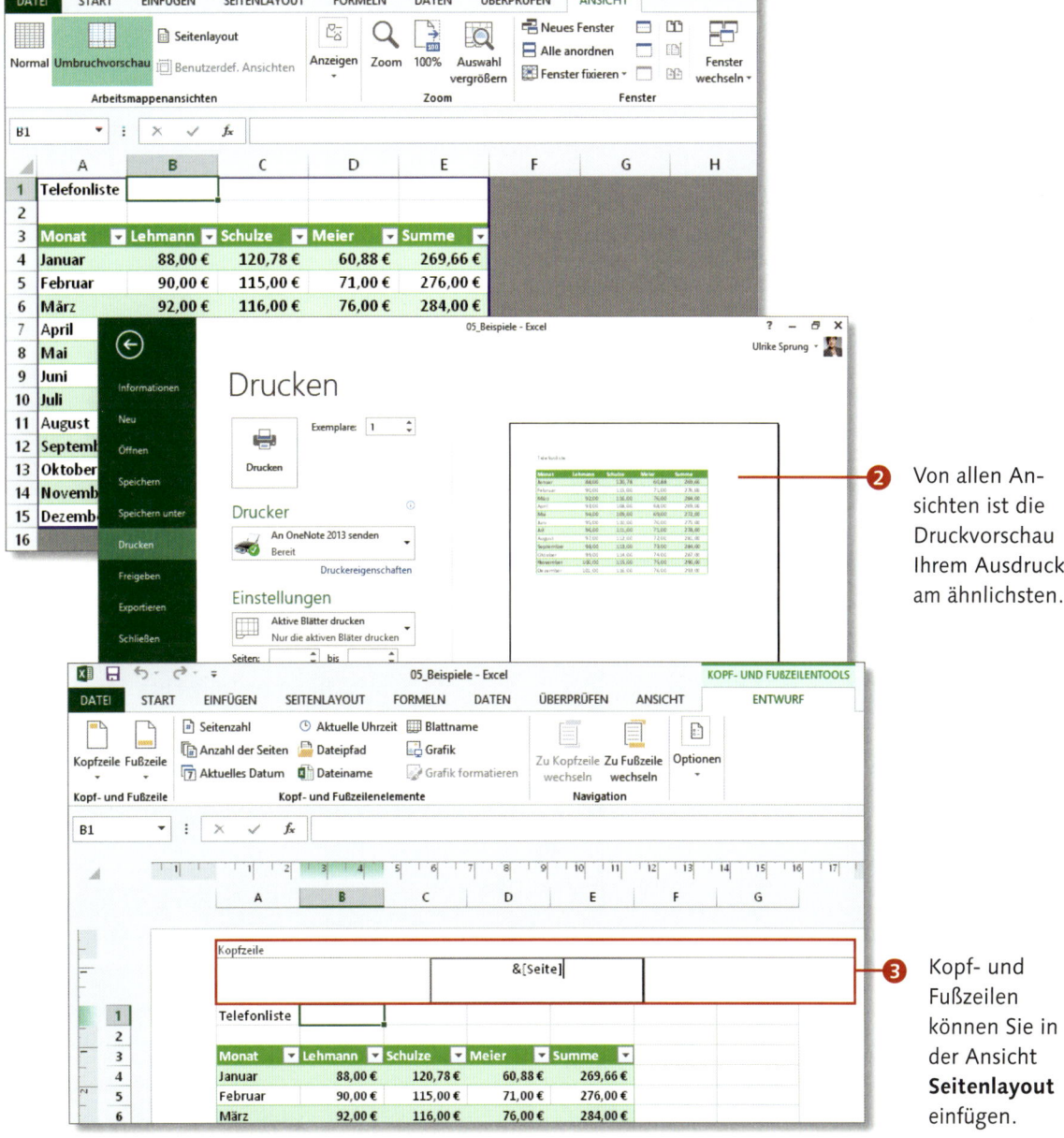

Von allen Ansichten ist die Druckvorschau Ihrem Ausdruck am ähnlichsten.

Kopf- und Fußzeilen können Sie in der Ansicht **Seitenlayout** einfügen.

Ein erster Druckversuch

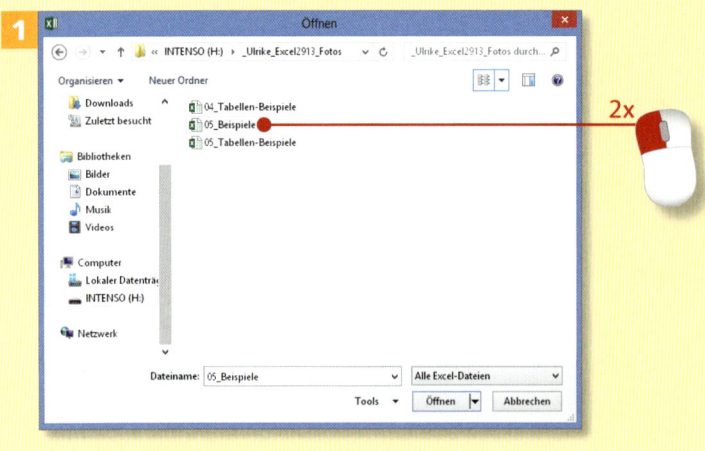

Ein Ausdruck Ihrer Tabelle ist vor allem dann nützlich, wenn Sie Zahlen dokumentieren möchten oder wenn Sie deren Inhalte anderen zur Verfügung stellen wollen. Wir zeigen Ihnen hier, wie Sie Ihre Excel-Tabelle schnell ausdrucken.

Schritt 1

Um die Tabelle zu öffnen, die Sie drucken möchten, wählen Sie in der Backstage-Ansicht den Befehl **Öffnen**. Suchen Sie den Speicherort, z. B **Computer**, und klicken Sie auf **Durchsuchen**, um den Ordner und den Dateinamen auszuwählen.

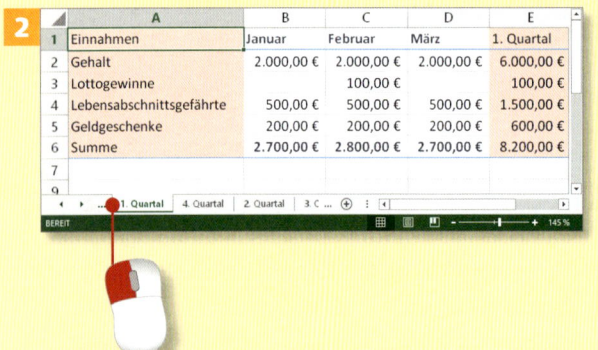

Schritt 2

Wird das Tabellenblatt angezeigt, das Sie drucken wollen? Falls nicht, klicken Sie auf das Blattregister, auf dem sich die gewünschte Tabelle befindet.

Schritt 3

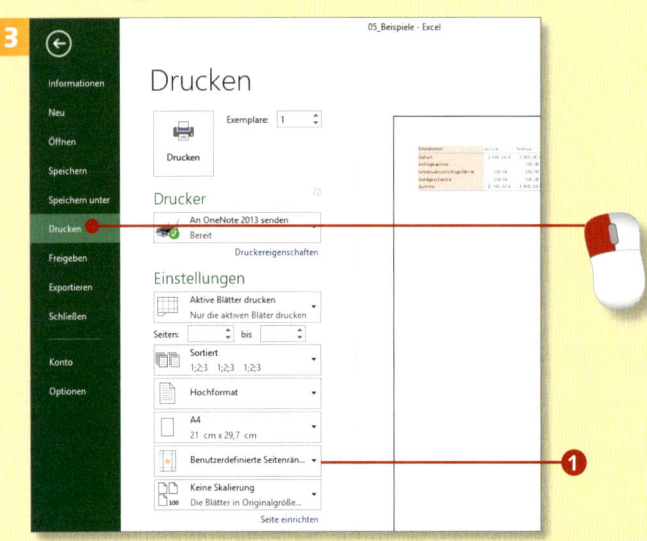

Klicken Sie auf das Register **Datei**, und wählen Sie in der Backstage-Ansicht den Befehl **Drucken**. Für den schnellen Ausdruck ist bereits alles Wesentliche voreingestellt: **Hochformat**, **A4** und die Seitenränder ❶. Rechts im Bild sehen Sie die Druckvorschau Ihrer Tabelle.

Schritt 4

Wenn der richtige Drucker einge-
stellt ist, können Sie direkt loslegen.
Um einen bestimmten Drucker
anzusteuern, klicken Sie auf den
Auswahlpfeil rechts neben dem
Symbol **Drucken** und wählen Ihren
Drucker aus.

Schritt 5

Nun haben Sie fast alles passend
eingestellt. Allerdings brauchen Sie
nicht nur ein Exemplar, sondern
zwei. Wenn Sie auf den Drehpfeil
nach oben klicken, können Sie dies
einstellen.

Schritt 6

Achten Sie darauf, dass in Ihrem
Drucker genügend Papier eingelegt
ist und starten Sie den Ausdruck
mit einem Klick auf die Schaltfläche
Drucken.

Tabelle blitzschnell drucken

Klicken Sie im Explorer mit der
rechten Maustaste auf eine
Excel-Datei. Wählen Sie aus dem
Kontextmenü die Option **Drucken**.
Die Tabelle wird sofort gedruckt,
ohne dass Sie sie vorher öffnen
müssen.

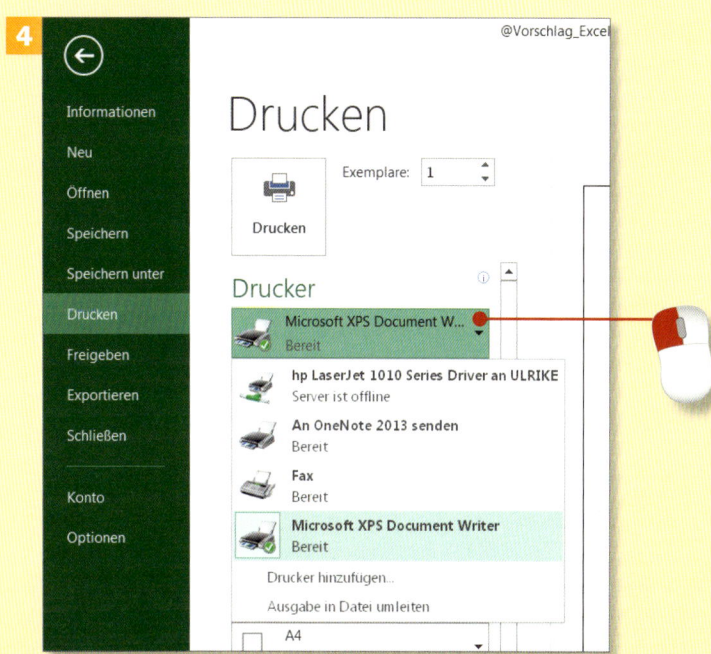

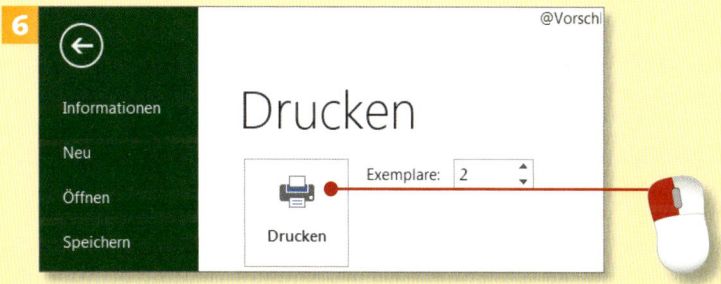

Arbeitsmappen-Ansichten

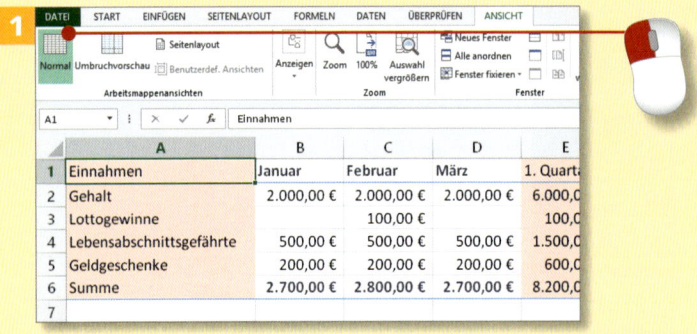

Alles ist eine Frage der Ansicht – das gilt auch für Excel-Arbeitsmappen. Was sie zeigen und was sie »verschweigen«, erfahren Sie in diesem Abschnitt.

Schritt 1

Wechseln Sie über das Register **Ansicht** mit einem Klick auf das Symbol **Normal** in die Normalansicht. Sie dient der Bearbeitung von Tabellentexten, -zahlen und -formeln.

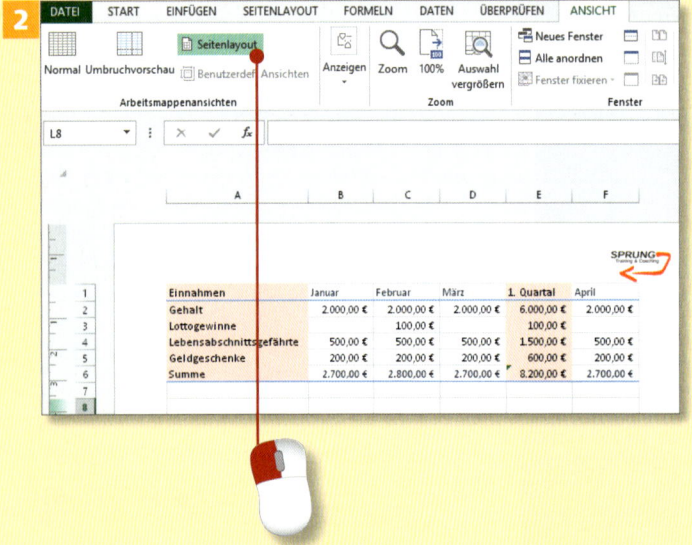

Schritt 2

Indem Sie im Register **Ansicht** auf das Symbol **Seitenlayout** klicken, wechseln Sie in eine andere Ansicht. Nun sehen Sie auch den Bereich für die Formatierung des Tabellenblatts: Kopfzeile, Seitenränder und Lineale.

Schritt 3

Wählen Sie nun im Register **Ansicht** das Symbol **Umbruchvorschau.** Excel »begrüßt« Sie mit einem Blick auf die gesamte Tabelle.

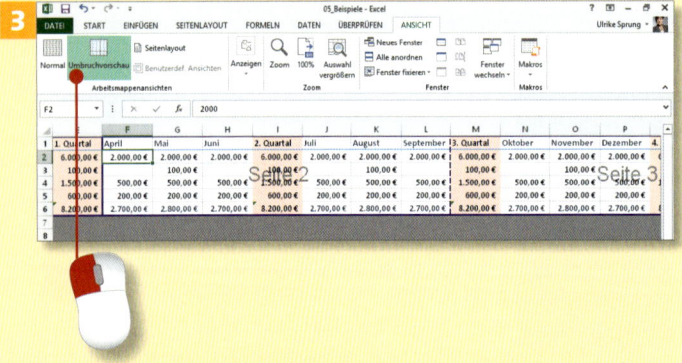

Schneller Ansichtswechsel

Die Ansichten können Sie auch über die Befehle am rechten unteren Fensterrand wechseln.

Schritt 4

Ist Ihnen die Darstellung zu klein, zoomen Sie (mit `Strg` und Mausrad oder mit dem Zoomregler unten rechts im Fenster) die Tabelle näher heran. So können Sie die Standardseitenumbrüche besser erkennen und sehen auch die Information *Seite 1* (Wasserzeichen) besser.

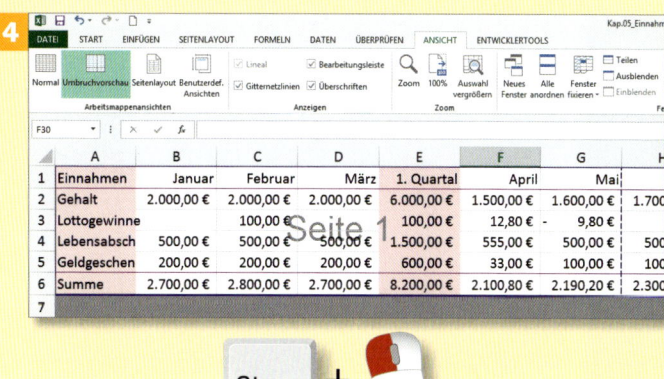

Schritt 5

Ziehen Sie die Linie (die den Standardseitenumbruch anzeigt) mit der Maus eine Spalte nach links, sodass die neue Seite nach dem 1. Quartal beginnt. Wenn Sie die Maus loslassen, wird der von Ihnen festgelegte Seitenumbruch als durchgehende blaue Linie ❶ dargestellt.

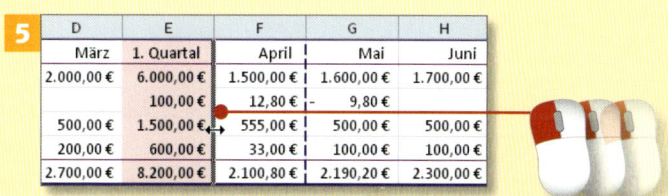

Schritt 6

Lassen Sie sich den neuen Seitenumbruch in der Seitenansicht anzeigen. Dazu klicken Sie auf das Register **Datei** und in der Backstage-Ansicht auf **Drucken**. Blättern Sie zur nächsten Seite, um den Seitenumbruch zu kontrollieren.

Zuletzt eingestellte Ansicht
Excel zeigt die Tabelle beim nächsten Öffnen automatisch in der zuletzt eingestellten Ansicht an.

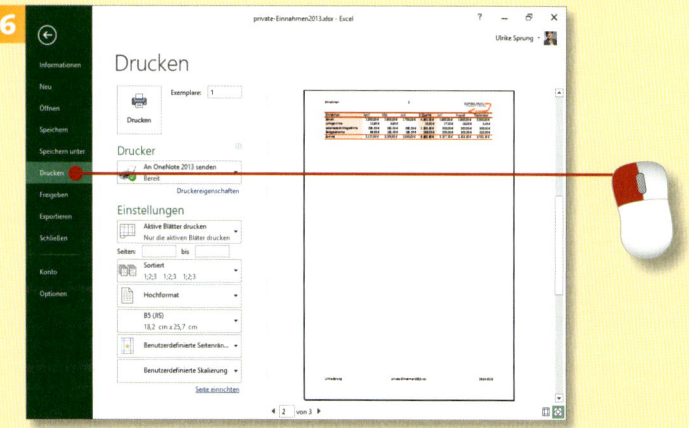

Die Seitenansicht kontrollieren

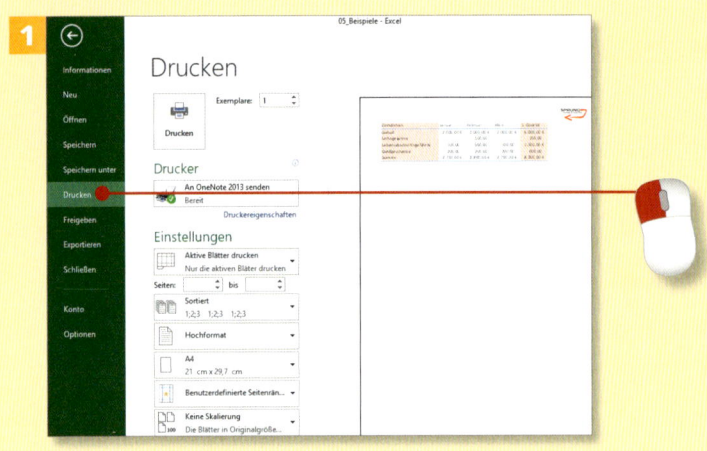

Vor dem Ausdruck kontrollieren ist besser als noch einmal drucken. Deshalb zeigen wir Ihnen hier die wichtigsten Kontrollmöglichkeiten in der Seitenansicht.

Schritt 1

Rufen Sie mit einem Klick auf das Register **Datei** die Backstage-Ansicht auf. Über die Option **Drucken** gelangen Sie zur Seitenansicht. Alternativ drücken Sie die Tastenkombination Strg + P, um in das Druck-Menü zu gelangen. Wenn Sie hier Einstellungen für den Ausdruck vornehmen, sehen Sie deren Auswirkung rechts in der Druckvorschau.

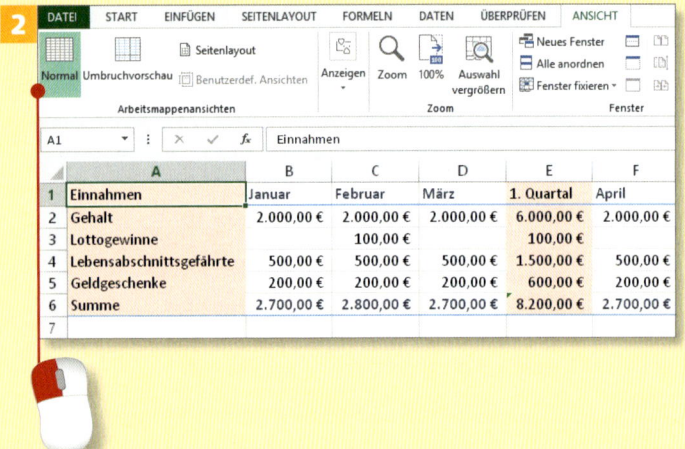

Schritt 2

Sie wollen z. B. nur einen Tabellenbereich und nicht die ganze Tabelle drucken. Brechen Sie die Seitenansicht mit der Esc -Taste ab, oder klicken Sie noch einmal auf **Normal** im Register **Ansicht**, um in die Normalansicht zurückzukehren.

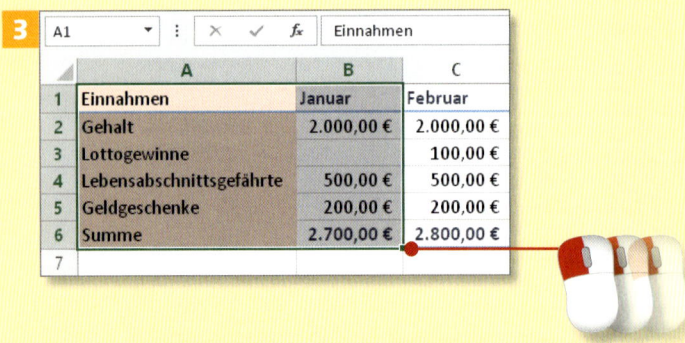

Schritt 3

Markieren Sie nun den Bereich, den Sie drucken möchten, z. B. A1:B6.

Schritt 4

Klicken Sie in der Backstage-Ansicht auf **Drucken**. In den Einstellungen klicken Sie auf **Auswahl drucken**. Auf diese Weise wird nur der markierte Bereich gedruckt.

Schritt 5

Heben Sie die Einstellung **Auswahl drucken** auf, indem Sie auf **Aktive Blätter drucken** klicken.

Schritt 6

Um Papier zu sparen, können Sie die Tabelle auf nur einer Seite drucken. Klicken Sie auf den Pfeil neben **Skalierung**, und wählen Sie den Eintrag **Blatt auf einer Seite darstellen**. Starten Sie den Druck mit einem Klick auf das Symbol **Drucken** ❶.

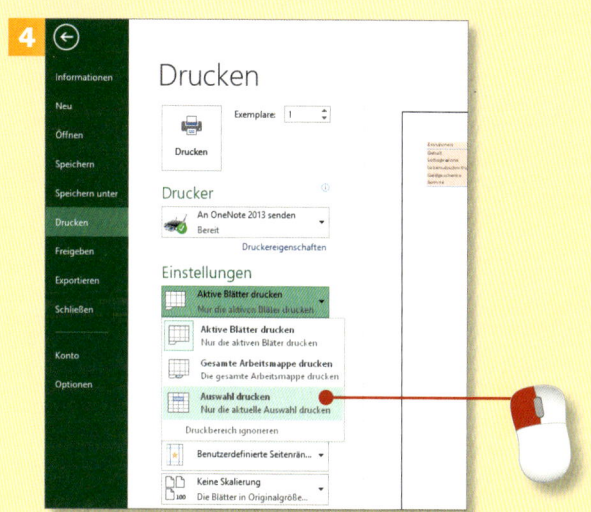

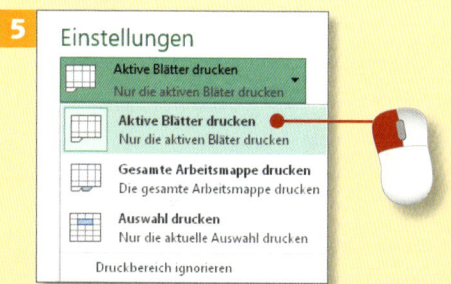

Tabelle zentrieren

Um Ihre Tabelle mittig zu drucken, klicken Sie auf den Link **Seite einrichten** ❷ und dann im Dialogfenster auf das Register **Seitenränder**. Setzen Sie ein Häkchen sowohl neben **horizontal** als auch neben **vertikal**, und bestätigen Sie mit einem Klick auf **OK**.

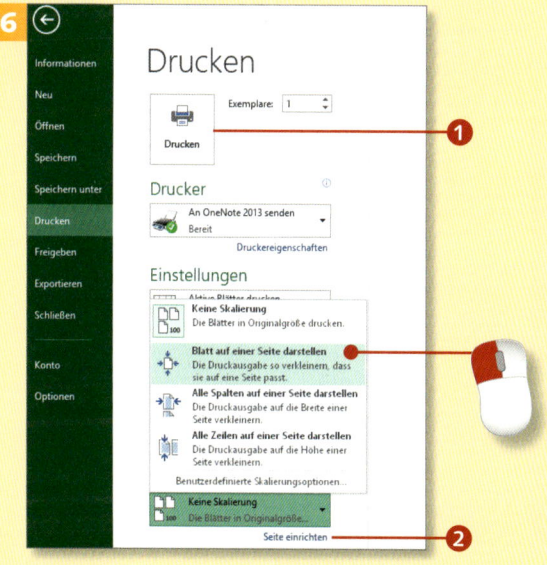

Ausrichtung – Quer- oder Hochformat?

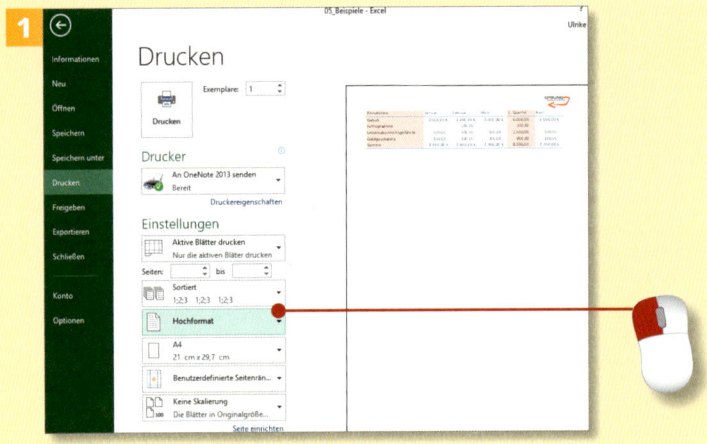

Um den Platz auf dem Blatt besser auszunutzen, ist das Querformat oft hilfreich. Wir zeigen Ihnen, wie Sie den Formatwechsel einstellen.

Schritt 1

Die Standardeinstellung für den Druck ist immer **Hochformat**. Sie können diese Einstellung wie hier im Bereich **Drucken** in der Seitenansicht überprüfen.

Schritt 2

In unserem Beispiel ist die Tabelle im Hochformat nicht gut lesbar, darum entscheiden wir uns für das Querformat. Klicken Sie in der Seitenansicht auf den Pfeil neben **Hochformat**, und wählen Sie aus der Liste die Option **Querformat** aus.

Schritt 3

Auch das Papierformat können Sie in der Seitenansicht einstellen. Wenn Sie auf den Auswahlpfeil ❶ neben der Voreinstellung **A4** klicken, erscheint eine Auswahl der Papierformate. Stellen Sie hier z. B. **B5 (JIS)** ein. Die Tabelle wird nun entsprechend an das Format angepasst.

Schritt 4

Wechseln Sie in die Normalansicht, indem Sie auf das Register **Ansicht** und dann auf das Symbol **Normal** klicken. Hier sieht man das Querformat nicht, weil in dieser Ansicht der Fokus auf dem Eingeben und Ändern von Tabellendaten liegt.

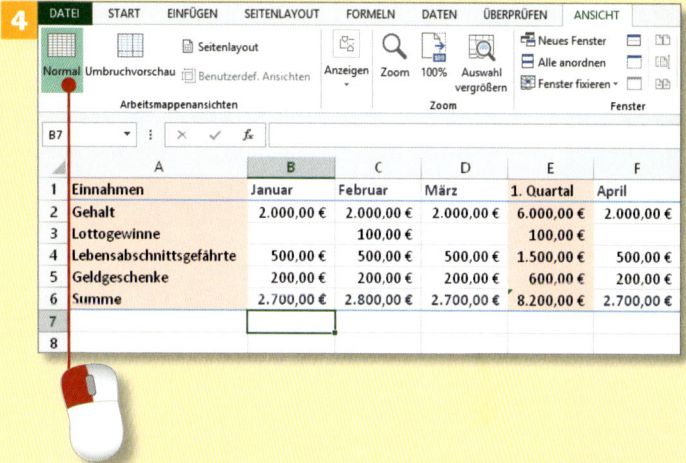

Schritt 5

Wechseln Sie in die Ansicht **Seitenlayout**. Hier erkennt man das Querformat.

Schritt 6

Wenn Sie dann ins Register **Seitenlayout** wechseln, finden Sie im Menüband die Gruppe **Seite einrichten**. Klicken Sie auf das Symbol **Ausrichtung**, und wählen Sie **Hochformat**. Das Ergebnis ist sofort sichtbar.

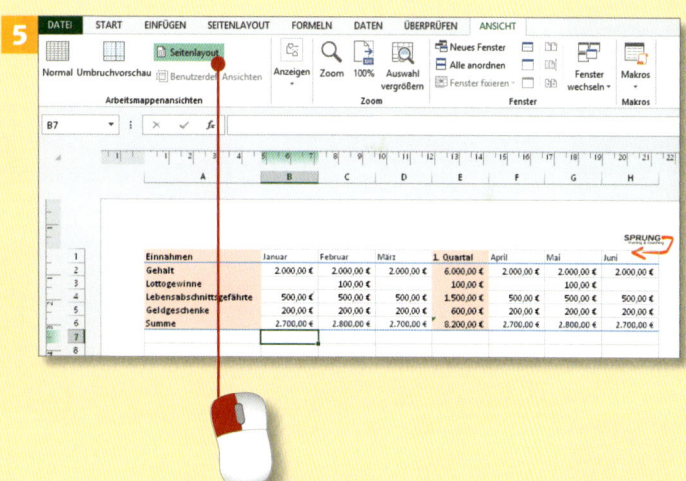

Die Ansicht »Seitenlayout«

In der Ansicht **Seitenlayout** können Sie alle Arbeiten erledigen, die Sie auch in der Normalansicht durchführen, z. B. Formeln erstellen oder Zellen formatieren. Sie sehen dabei allerdings immer mehr als in der Normalansicht, z. B. die Kopf- und Fußzeilenbereiche, die Randeinstellungen oder die anschaulich dargestellten Seitenumbrüche.

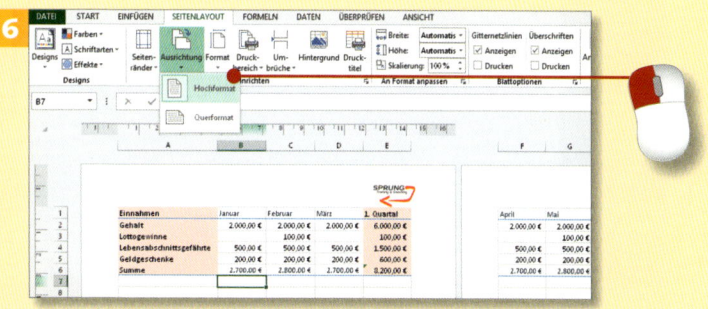

Seitenränder einstellen

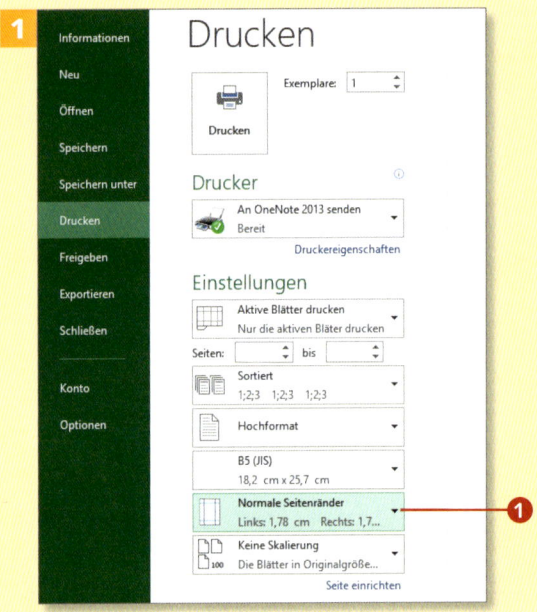

Haben Sie genug Platz zum Lochen und Abheften des Tabellenausdrucks? In diesem Abschnitt erfahren Sie, wie Sie die Seitenränder verbreitern oder mit individuellen Maßen versehen.

Schritt 1

Auch die Seitenränder können Sie an Ihre Wünsche anpassen. Dazu klicken Sie auf das Register **Datei**. In der Backstage-Ansicht rufen Sie über **Drucken** die Druckvorschau auf. Die Standardeinstellung ist **Normale Seitenränder**.

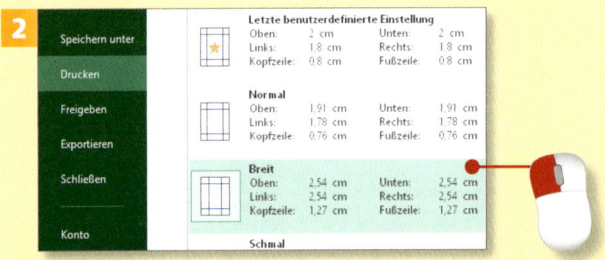

Schritt 2

Wenn Sie Ihren Ausdruck später lochen und abheften möchten, sollten Sie die Seitenränder vergrößern. Dazu klicken Sie auf den Auswahlpfeil rechts neben **Normale Seitenränder** ❶ und wählen den Eintrag **Breit** aus.

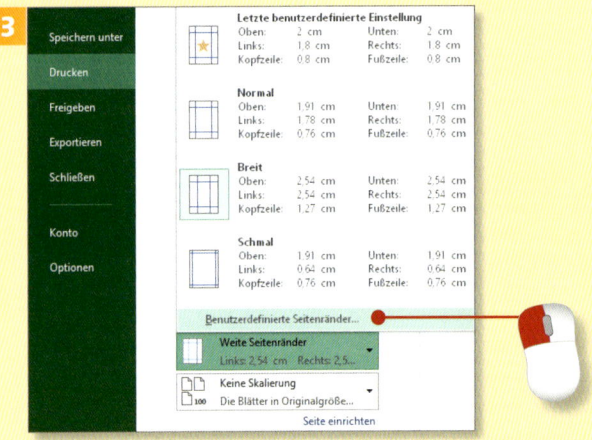

Schritt 3

Obwohl der Rand nun 2,54 cm breit ist, finden Sie ihn noch immer zu schmal. Klicken Sie also auf die Auswahl **Benutzerdefinierte Seitenränder**.

Schritt 4

Das Dialogfeld **Seite einrichten**
erscheint. Auf dem Register **Seitenränder** stellen Sie unter **Links** mithilfe der Pfeile eine Breite von 5 cm
für den linken Rand ein. Bestätigen
Sie Ihre Eingabe mit einem Klick
auf **OK**. Alternativ können Sie auch
direkt einen Wert eingeben, indem
Sie den vorhandenen überschreiben.

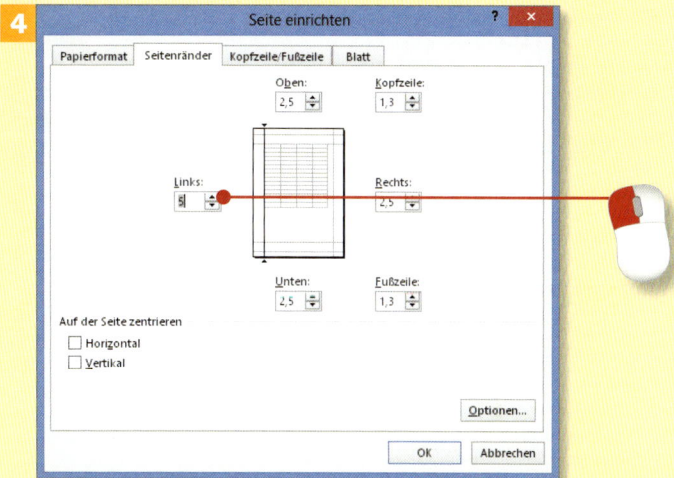

Schritt 5

Die Druckvorschau zeigt nun die
verbreiterten Ränder. Excel »merkt«
sich diese benutzerdefinierte Einstellung ❷ für den nächsten Ausdruck. Sobald Sie das Programm
jedoch ganz beenden oder eine neue
Arbeitsmappe erstellen, gehen die
Einstellungen verloren.

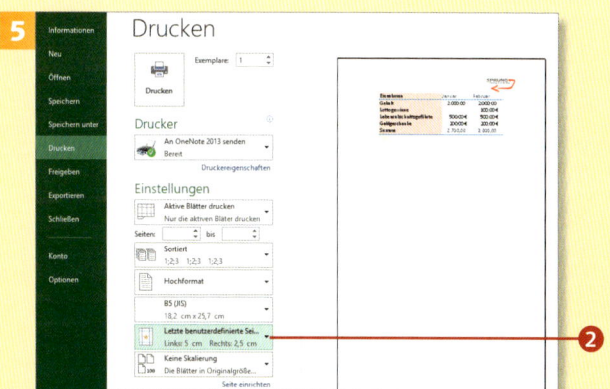

Schritt 6

Öffnen Sie eine weitere Excel-
Tabelle, und rufen Sie die Seitenansicht auf. Wie Sie sehen, hält Excel
sofort die von Ihnen definierten
Einstellungen für die Ränder bereit.
Wenn Sie also erneut breite Ränder
brauchen, klicken Sie auf **Letzte
benutzerdefinierte Seitenrand-
einstellung**.

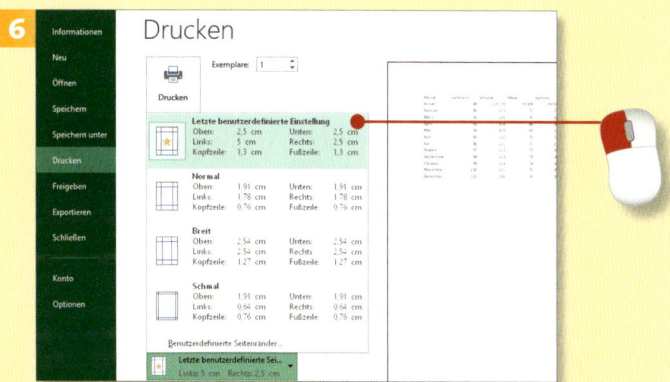

Kopf- und Fußzeile verwenden

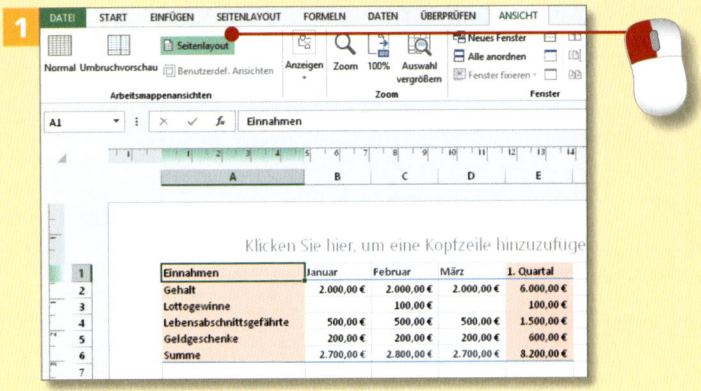

Kopf- und Fußzeilen sind Bereiche am oberen bzw. unteren Blattrand, die Platz lassen für zusätzliche Angaben. Das können z. B. Seitennummern, Dateinamen oder Grafiken wie Logos und Wappen sein. Auf den nächsten Seiten erfahren Sie, wie Sie Kopf- und Fußzeilen gestalten.

Schritt 1

Um die Kopfzeile zu gestalten, wechseln Sie über das Register **Ansicht** in die Ansicht **Seitenlayout**. Sie können auch auf das entsprechende Symbol unten rechts in der Statuszeile klicken.

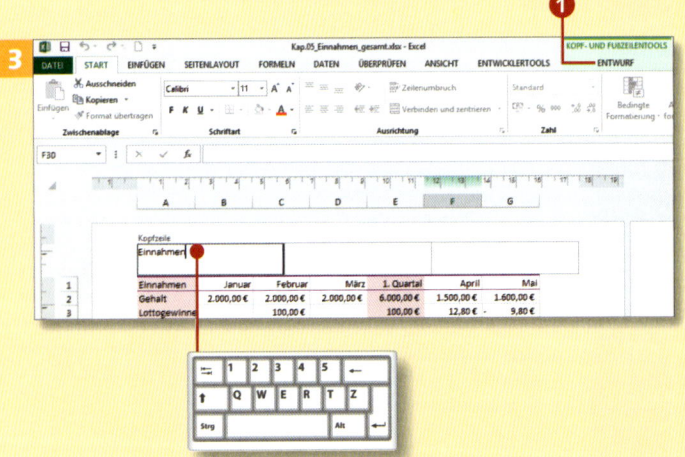

Schritt 2

Sie können den Bereich der Kopfzeile links, in der Mitte und rechts anklicken – auf diese Weise aktivieren Sie ihn für die Bearbeitung.

Schritt 3

Klicken Sie in den linken Bereich der Kopfzeile, und schreiben Sie einen entsprechenden Text hinein, z. B. »Einnahmen«. Die Befehle, die Sie nun benötigen, werden in einem zusätzlichen Register **Kopf- und Fußzeilentools/Entwurf ❶** angezeigt.

Schritt 4

Um eine Seitenzahl zu ergänzen, klicken Sie in den mittleren Kopfzeilenbereich und wählen aus der Multifunktionsleiste in der Gruppe **Kopf- und Fußzeilenelemente** das Symbol **Seitenzahl**. Der Platzhalter »&[Seite]« ❷ wird eingefügt: Er sorgt dafür, dass beim Ausdruck die aktuelle Seitenzahl angezeigt wird.

Schritt 5

Wenn Sie auf eine beliebige Zelle *außerhalb* der Kopfzeile klicken, können Sie sich die Kopfzeile mit dem Ergebnis Ihrer Eingaben anschauen.

Schritt 6

Nun möchten Sie noch eine Grafik einfügen, z. B. Ihr Firmenlogo. Klicken Sie dazu in den rechten Kopfzeilenbereich. Wählen Sie dann im Menüband das Symbol **Grafik** ❸, klicken Sie anschließend auf **Durchsuchen** und suchen Sie sich die passende Grafikdatei aus. Klicken Sie doppelt auf die gewünschte Datei oder bestätigen Sie Ihre Wahl mit **Einfügen** ❹.

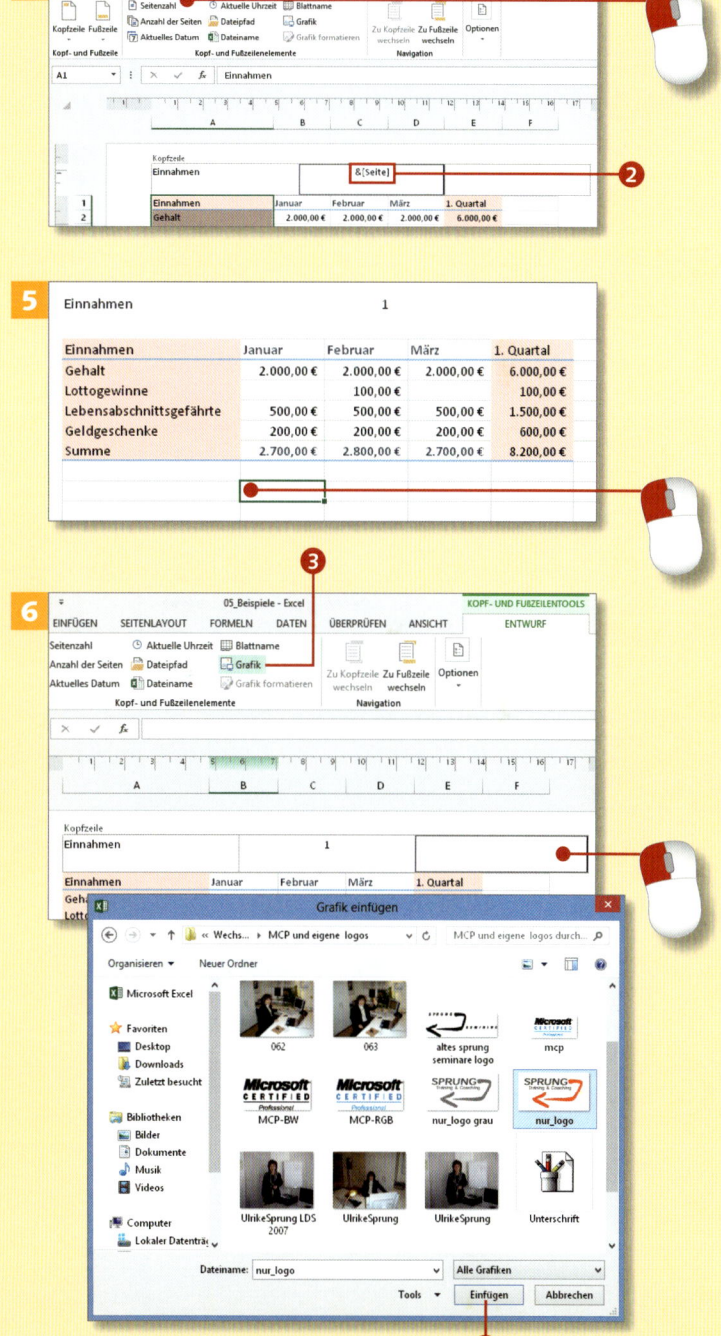

Kopf- und Fußzeile verwenden (Forts.)

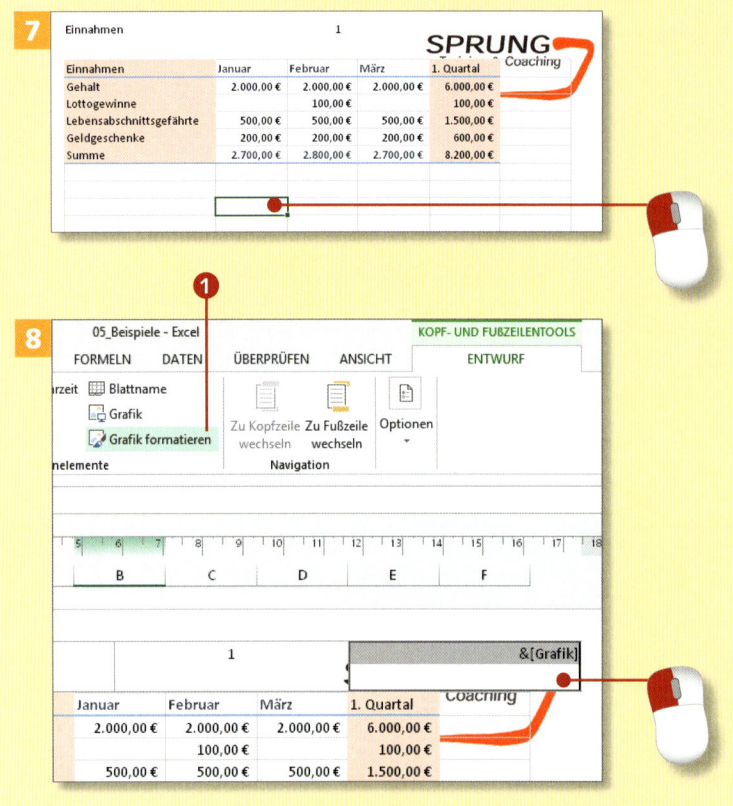

Schritt 7

Klicken Sie in eine Zelle *außerhalb* der Kopfzeile, um das Logo in der Kopfzeile begutachten zu können. Wie Sie sehen, ist es zu groß.

Schritt 8

Klicken Sie also erneut in den rechten Kopfzeilenbereich, und wählen Sie dann das Symbol **Grafik formatieren** ❶.

Schritt 9

Stellen Sie im Dialogfeld auf dem Register **Größe** unter **Skalierung** bei **Höhe** und **Breite** jeweils »30 %« ein. Bestätigen Sie mit **OK**. Dann können Sie das Ergebnis erneut betrachten, indem Sie auf einen Bereich außerhalb der Kopfzeile klicken.

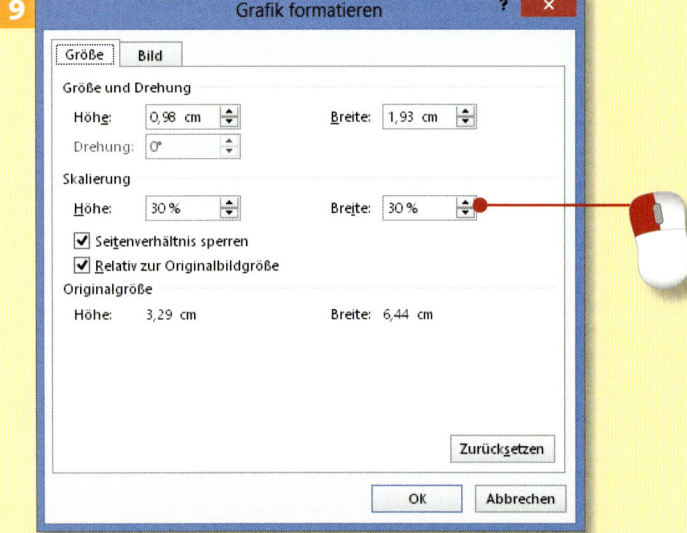

Bildbearbeitungstipp

Der Dialog **Grafik formatieren** bietet Ihnen auf dem Register **Bild** die Möglichkeiten, das Bild zuzuschneiden, zu komprimieren und die Bildsteuerung zu ändern, z. B. Graustufen einzustellen. Ist Ihr Änderungsversuch misslungen, finden Sie auch den Befehl **Zurücksetzen**, der Ihr Bild in den Ausgangszustand nach dem Einfügen zurücksetzt.

Schritt 10

Nun kommen wir zur Fußzeile:
Die Bearbeitung funktioniert nach
dem gleichen Prinzip wie bei der
Kopfzeile. Klicken Sie in der Ansicht
Seitenlayout in die Fußzeile, und
tragen Sie in den linken Bereich
Ihren Namen ein.

Schritt 11

Wenn Sie den Zellcursor auf eine
Zelle außerhalb der Fußzeile setzen,
sehen Sie das Ergebnis unten.

Schritt 12

Auch der Dateiname soll in der
Fußzeile stehen. Klicken Sie also
auf den mittleren Bereich und dann
auf das Symbol **Dateiname** ❷. Der
Platzhalter für den Dateinamen,
»&[Datei]«, erscheint.

Den Dateipfad mitdrucken

Wenn Sie Ihre Tabellen oder Diagramme mit Kopf- und Fußzeilen
versehen und z. B. Dateiname und
Speicherpfad einfügen, finden Sie
auch nach langer Zeit schnell die
dazugehörigen Arbeitsmappen in
Ihrer Dateiablage wieder.

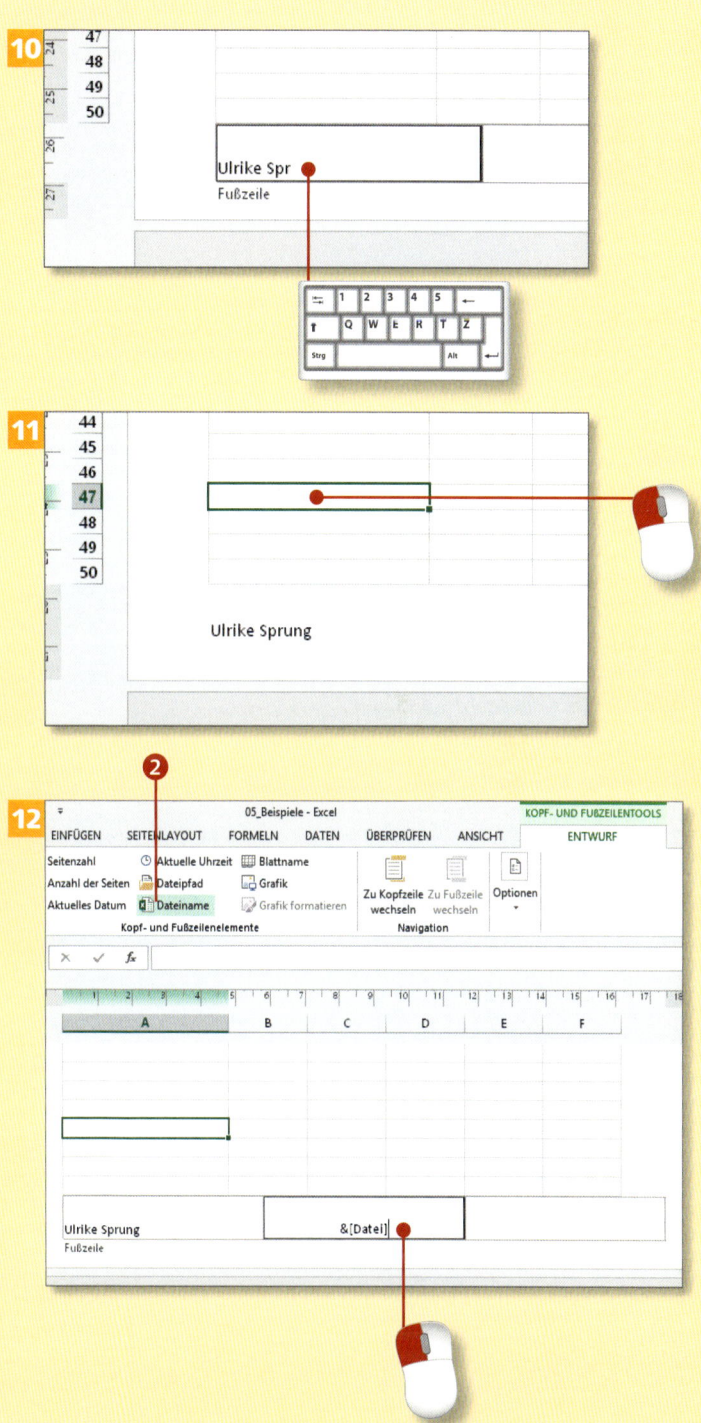

Kopf- und Fußzeile verwenden (Forts.)

Schritt 13

Wenn Sie auf einen Tabellenbereich außerhalb der Fußzeile klicken, erscheint der aktuelle Dateiname.

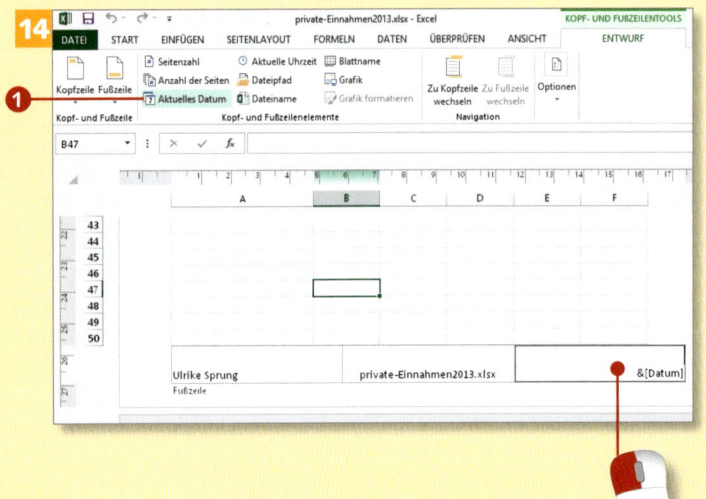

Schritt 14

Im rechten Bereich der Fußzeile soll das aktuelle Datum stehen. Klicken Sie deshalb auf diesen Bereich und dann auf das Symbol **Aktuelles Datum ❶**. Der Platzhalter »&[Datum]« steht für das Systemdatum und aktualisiert sich täglich. Es ist auch möglich, den Platzhalter einfach direkt einzugeben, ohne auf eine Schaltfläche klicken zu müssen.

Schritt 15

Wenn Sie dann auf eine Zelle außerhalb der Fußzeile klicken, sehen Sie das aktuelle Datum als Ergebnis in der Fußzeile.

Arbeitsstand mit Datumsangabe

Wenn Sie einen Arbeitsstand mit einem Datum in der Kopf-oder Fußzeile festhalten wollen, müssen Sie das Datum selbst eintippen. Das Feld **Datum** liefert immer das aktuelle Tagesdatum beim Öffnen der Datei.

Schritt 16

Sollten Sie Ihre Kopf- oder Fußzeile
noch einmal ändern wollen, klicken
Sie einfach erneut in den jeweiligen
Bereich, und nehmen Sie die Änderung vor. Tragen Sie z. B. im mittleren Bereich der Kopfzeile neben
»&[Seite]« ein Leerzeichen und das
Wort »von« ein. Dann wählen Sie
das Symbol **Anzahl der Seiten** ❷.

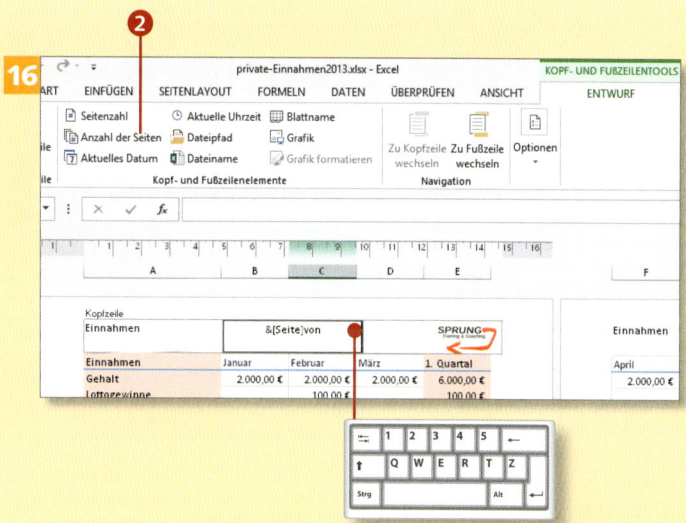

Schritt 17

Der Platzhalter »&[Seiten]« ❸ bewirkt, dass die Gesamtseitenzahl der
Tabelle angezeigt wird. Das Ergebnis
in unserem Beispiel ist »1 von 7«,
das bedeutet, wir befinden uns auf
Seite 1 von insgesamt 7 Seiten.

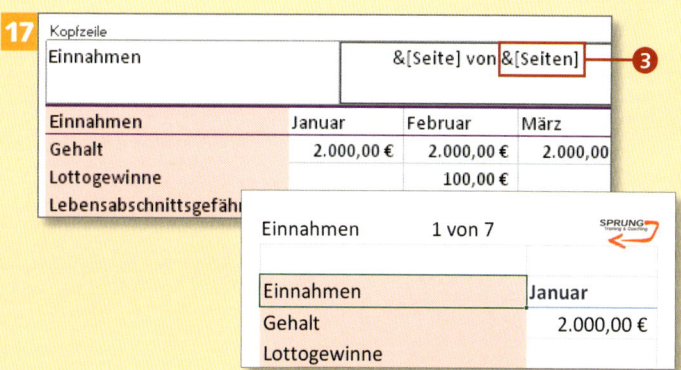

Schritt 18

Um Einträge in Kopf- und Fußzeilen
wieder zu löschen, klicken Sie in den
entsprechenden Bereich. Markieren
Sie dann z. B. den Platzhalter für die
Seitenzahlen, und löschen Sie ihn
mit der [Entf]-Taste.

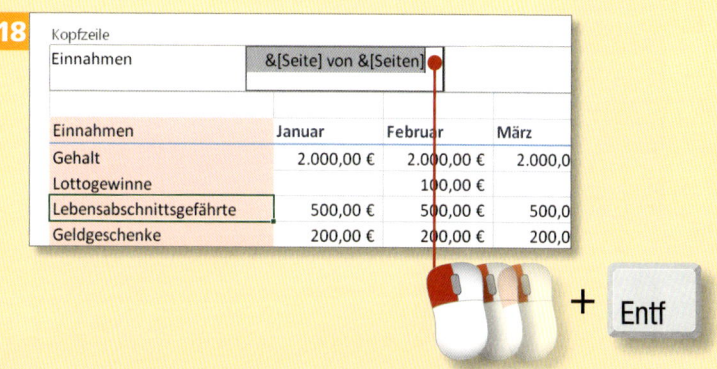

> **Gültigkeit im Tabellenblatt**
> Die Kopf- und Fußzeilen gelten
> nur für das aktuelle Tabellenblatt
> einer Arbeitsmappe.

Seitenumbrüche festlegen und löschen

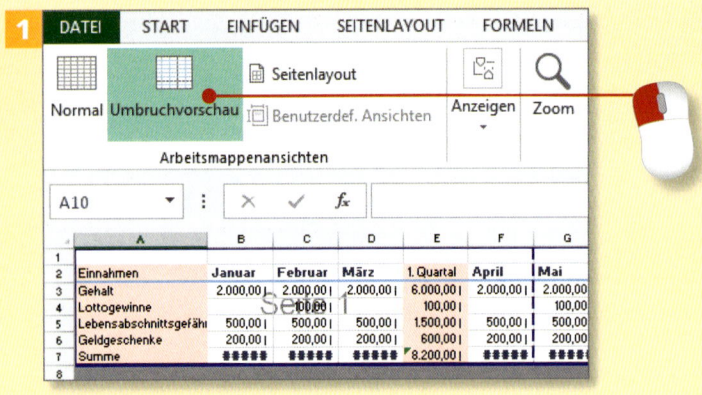

Der Seitenumbruch erfolgt automatisch, aber nicht immer an einer günstigen Stelle. Wie Sie nachhelfen und einen inhaltlich passenden Seitenwechsel einstellen, können Sie hier erfahren.

Schritt 1

Aktivieren Sie im Register **Ansicht** das Symbol **Umbruchvorschau**. Sie erkennen an der blauen gestrichelten Linie den unpassenden Seitenumbruch nach dem Monat April.

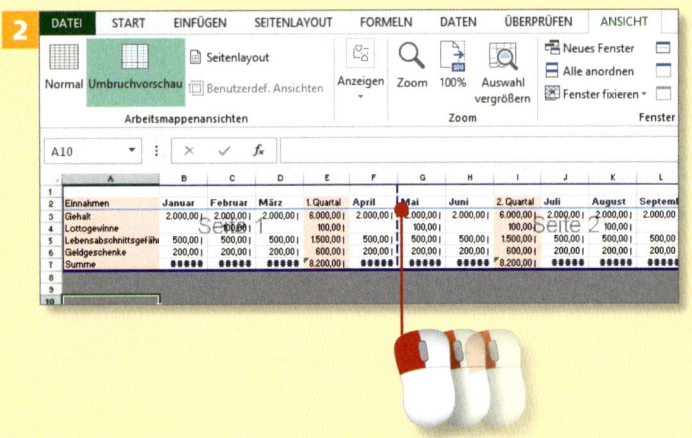

Schritt 2

Ziehen Sie die blaue gestrichelte Umbruchlinie mit der Maus nach rechts, sodass auch das 2. Quartal mit auf die erste Seite kommt, die gestrichelte Linie also unmittelbar vor dem Monat Juli zu sehen ist.

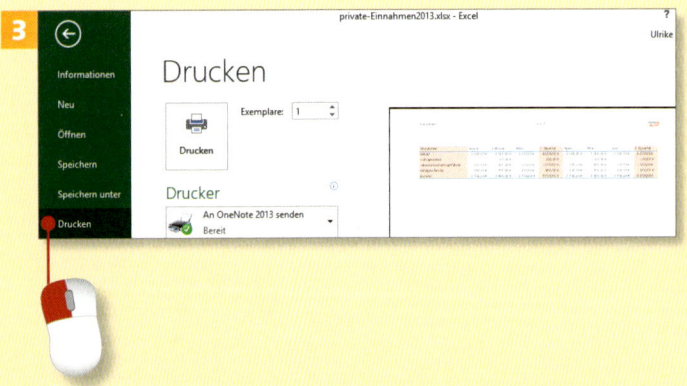

Schritt 3

Wechseln Sie dann über das Register **Datei** in der Backstage-Ansicht zur Kategorie **Drucken**, um den neuen Seitenumbruch in der Vorschau zu sehen.

Schritt 4

Eine andere Möglichkeit, den Umbruch zu bestimmen, besteht darin, den Zellcursor in einer anderen Ansicht, z. B. Normal, direkt in die Zelle zu setzen, mit der die neue Seite beginnen soll. Klicken Sie also z. B. in die Zelle F1.

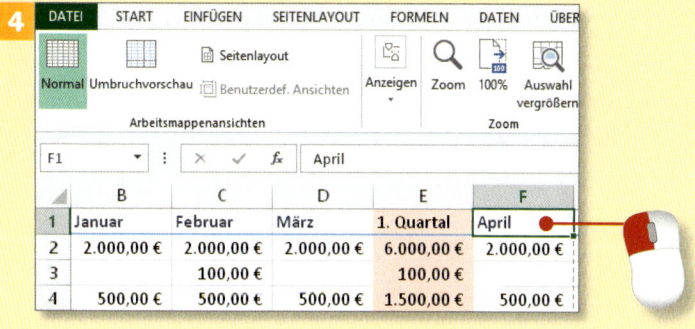

Schritt 5

Wählen Sie dann im Register **Seitenlayout** in der Gruppe **Seite einrichten** das Symbol **Umbrüche**. Im zugehörigen Menü aktivieren Sie den Befehl **Seitenumbruch einfügen**.

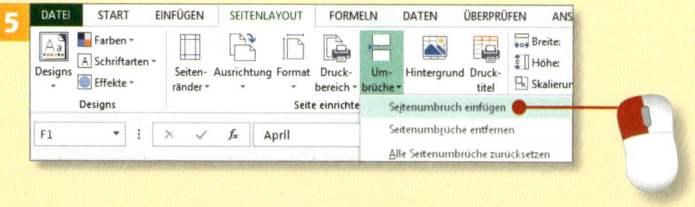

Schritt 6

Nun sehen Sie links neben der aktiven Zelle F1 Ihren eigenen Seitenumbruch als dünne Linie **1**. Er erfolgt jetzt nach dem 1. Quartal. Kontrollieren Sie das Ergebnis erneut in der Seitenansicht.

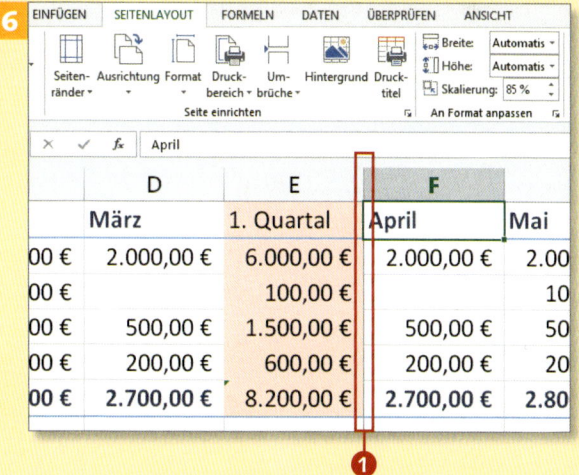

Umbruch mit der Maus

Sie können den Seitenumbruch innerhalb der Umbruchvorschau auch mit der Maus an eine andere Stelle verschieben.

Seitenumbrüche festlegen und löschen (Forts.)

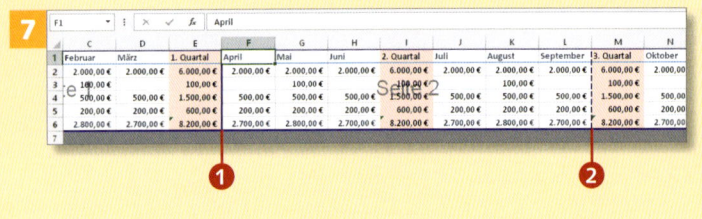

Schritt 7

Kehren Sie in die Umbruchvor-schau zurück, indem Sie im Register **Ansicht** das Symbol **Umbruchvor-schau** wählen und den Dialog mit **OK** bestätigen. Sie sehen den von Ihnen eingestellten Seitenumbruch als durchgehende blaue Linie **1**, der automatische Seitenumbruch hinge-gen wird gestrichelt dargestellt **2**.

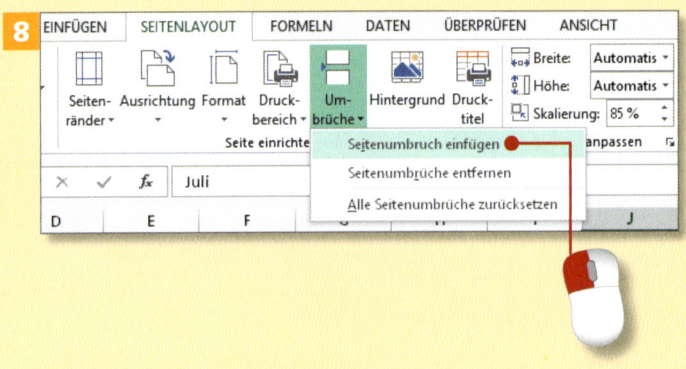

Schritt 8

Klicken Sie im Register **Seitenlayout** in der Gruppe **Seite einrichten** auf das Symbol **Umbrüche**, und wählen Sie erneut aus dem Menü **Seiten-umbruch einfügen**. Fügen Sie nun weitere eigene Seitenumbrüche ein: hinter dem 2. und 3. Quartal und – nur zum Test – vor November.

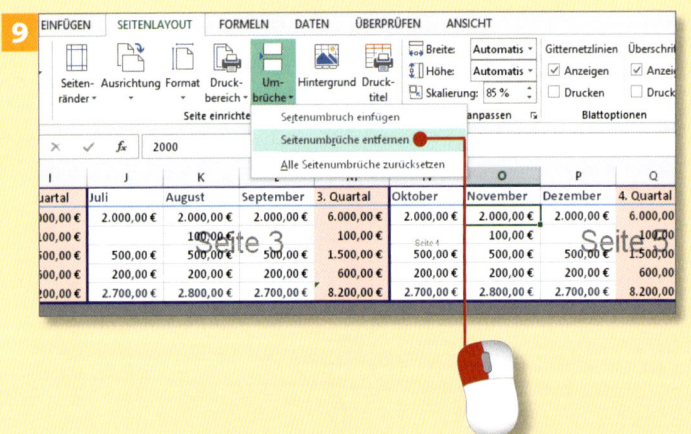

Schritt 9

Wenn Sie den ungünstigen Um-bruch links neben November wieder entfernen wollen, gehen Sie mit der Maus in die Zelle O2. Klicken Sie auf das Symbol **Umbrüche** und dann auf den Eintrag **Seitenumbrüche entfer-nen**. So wird nur der Seitenumbruch links neben der Zelle O2 gelöscht.

Schritt 10

Wenn Sie alle manuell eingefügten Umbrüche auf diesem Tabellenblatt wieder entfernen wollen, wechseln Sie zum Register **Seitenlayout** und klicken auf das Symbol **Umbrüche**. Wählen Sie dort den Eintrag **Alle Seitenumbrüche zurücksetzen**. Nur die Standardseitenumbrüche bleiben übrig, die Sie an den gestrichelten blauen Linien erkennen können.

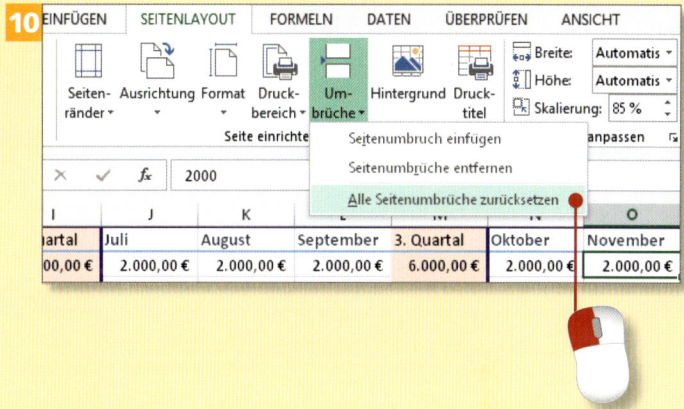

Schritt 11

Auch in der Seitenansicht können Sie das Löschergebnis noch einmal kontrollieren, indem Sie in der Backstage-Ansicht auf die Kategorie **Drucken** klicken. Alle Seitenumbrüche sind wieder in den Ausgangszustand versetzt worden.

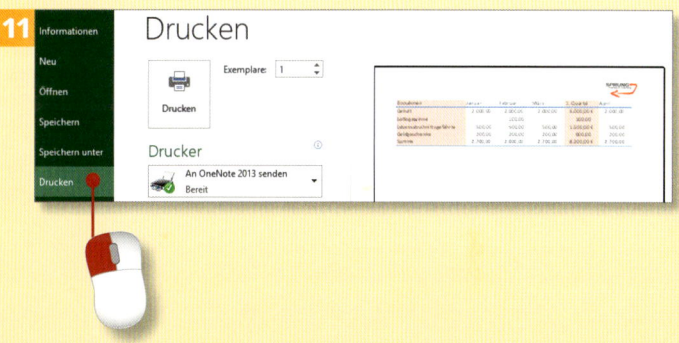

Schritt 12

Drucken Sie die Tabelle zur Kontrolle aus, indem Sie auf die Schaltfläche **Drucken** klicken.

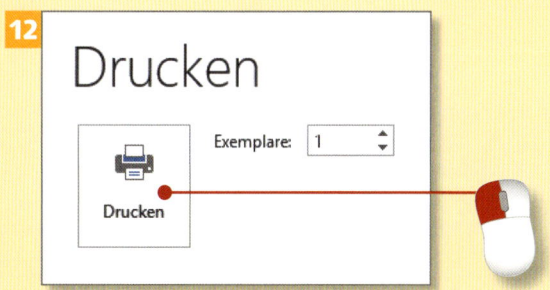

Strg + Z

Falls Sie etwas zu schnell mit dem Löschen oder Einfügen von Seitenumbrüchen waren, können Sie dies mit Strg + Z wieder rückgängig machen.

Zeilen- oder Spaltenwiederholung auf jeder Seite

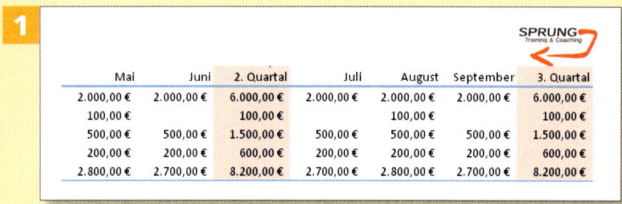

Sehr große Tabellen müssen auf mehreren Seiten gedruckt werden. Die Überschriften sind normalerweise nur auf der ersten Seite zu sehen, sodass man auf den Folgeseiten schwer erkennt, welcher Wert in welche Spalte oder Zeile gehört.

Schritt 1

Lassen Sie sich Ihre große Tabelle in der Seitenansicht anzeigen. Blättern Sie in der Druckvorschau zur zweiten Seite. Wie Sie sehen, ist die Beschriftung der ersten Spalte nicht mehr zu sehen.

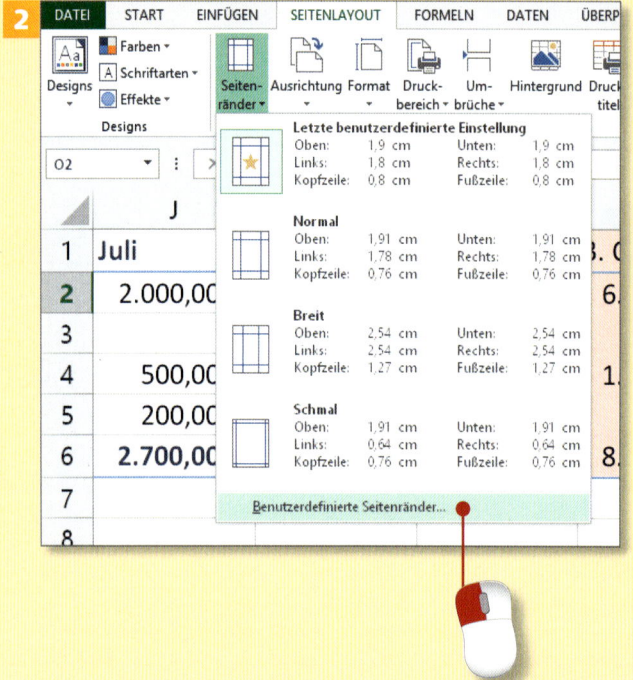

Schritt 2

Brechen Sie die Druckvorschau mit der `Esc`-Taste ab, und rufen Sie das Register **Seitenlayout** auf. Klicken Sie in der Gruppe **Seite einrichten** auf **Seitenränder** und dann auf **Benutzerdefinierte Seitenränder**.

Schritt 3

Wählen Sie im Dialogfenster das letzte Register **Blatt** aus, und klicken Sie in das Feld **Wiederholungsspalten links**.

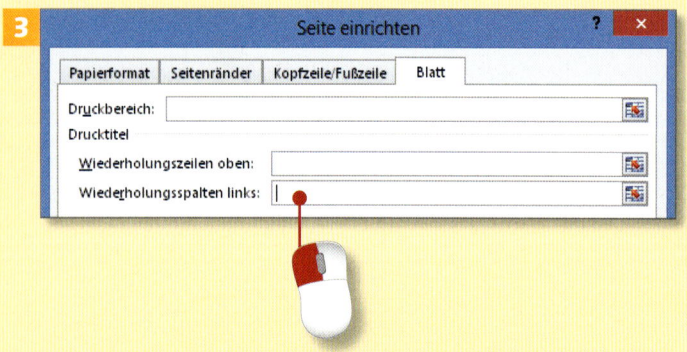

Schritt 4

Tragen Sie dort die Spalte ein, die sich wiederholen soll, also »A:A«. Excel ergänzt im Feld zwei Dollar-zeichen ($A:$A), um den Zellbe-zug absolut zu machen (siehe den Abschnitt »Relative und absolute Adressierung« ab Seite 144). Bestäti-gen Sie mit **OK**.

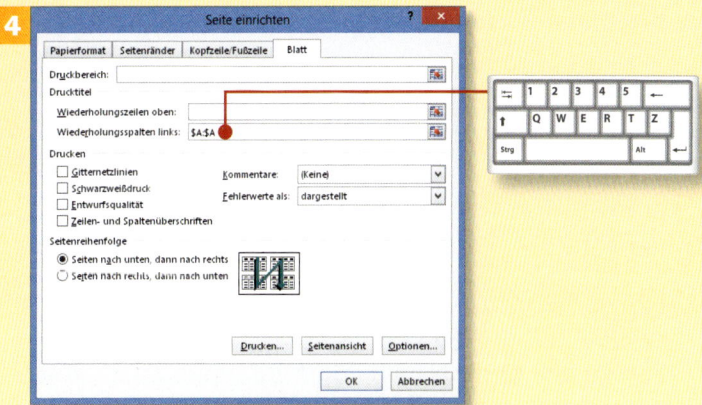

Schritt 5

Wenn Sie nun in der Druckvorschau blättern, werden Sie erfreut feststel-len, dass die Beschriftung aus der Spalte A auch auf den Folgeseiten zu sehen ist.

Schritt 6

Um die Wiederholung zu löschen, rufen Sie im Register **Seitenlayout** erneut **Benutzerdefinierte Seiten-ränder** auf. Klicken Sie im Dialog auf das Register Blatt und dort in das Feld **Wiederholungsspalten links**. Löschen Sie den Eintrag $A:$A, und klicken Sie auf **OK**.

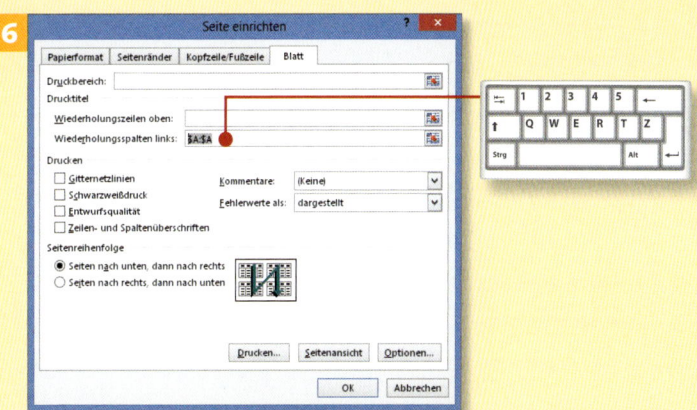

Wiederholungszeile

Nach dem gleichen Prinzip können Sie einstellen, dass sich eine Zeile wiederholt. Geben Sie einfach »$1:$1« in das Feld **Wiederho-lungszeilen oben** ein.

137

Kapitel 6
Formeln und Funktionen

Im Bereich der Formeln und Funktionen hat Excel naturgemäß seine größten Stärken. Mit ihnen können Sie von einfachen Additionen bis hin zu verschachtelten Wenn-dann-Rechnungen (z. B. für Rabatte) alles berechnen – und das mit wenigen Mausklicks.

Zellbezüge in Formeln

Zellbezüge ❶ innerhalb von Formeln können relativ oder absolut sein. Normalerweise werden Zelladressen beim Autoausfüllen zeilen- bzw. spaltenweise angepasst (Spalte D); setzt man sie absolut, indem man ein Dollarzeichen ($) ergänzt, wird die Adresse nicht verändert, und die Formel bezieht sich fortlaufend auf dieselbe Zelle (Spalte E).

Funktionsbibliothek

Die Funktionsbibliothek ❷ auf der Registerkarte **Formeln** beinhaltet alle Funktionen, die Excel standardmäßig anbietet. Sie sind in Gruppen sortiert und können über die jeweiligen Menüs direkt ins Arbeitsblatt eingefügt werden.

Funktionsassistent

Im Feld **Kategorie** des Funktionsassistenten ❸ können Sie Themenfelder angeben, z. B. **Statistik**, **Datum u. Zeit** oder **Finanzmathematik** – je nachdem, welche Aufgabe Sie gerade lösen möchten –, und so gezielt nach passenden Funktionen suchen.

Bedingte Formatierung

Eine weitere Möglichkeit der »intelligenten Gestaltung« ist die bedingte Formatierung ❹. Hierbei können Sie Regeln und Werte angeben, auf deren Grundlage Excel dann Ihre Tabelle gestaltet. Wenn Sie im Dialogfeld **Größer als** beispielsweise »100« und **mit hellgelber Füllung** angeben, hinterlegt Excel die Werte in der Tabelle farbig, die größer als 100 sind.

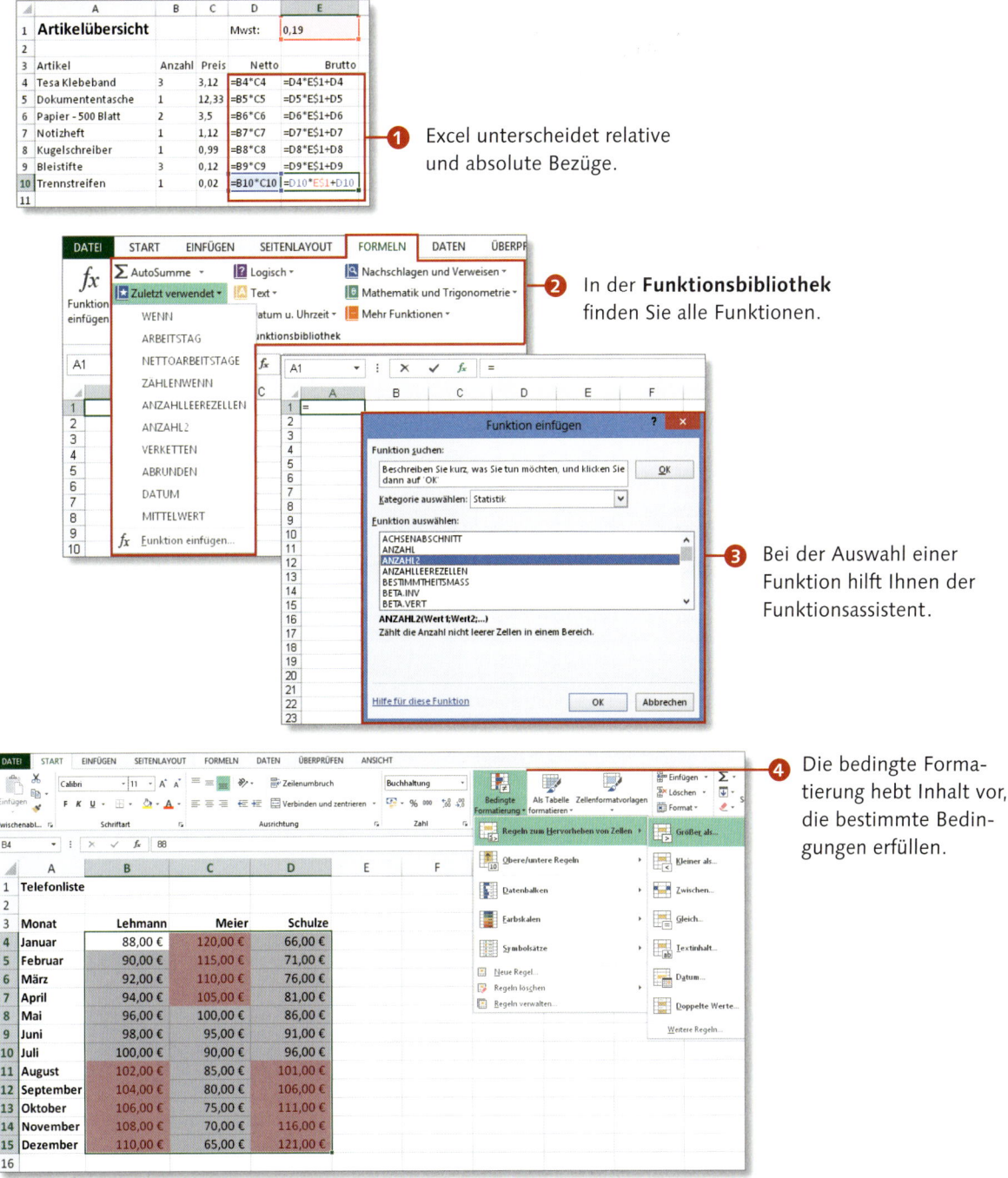

Excel unterscheidet relative und absolute Bezüge. ❶

In der **Funktionsbibliothek** finden Sie alle Funktionen. ❷

Bei der Auswahl einer Funktion hilft Ihnen der Funktionsassistent. ❸

Die bedingte Formatierung hebt Inhalt vor, die bestimmte Bedingungen erfüllen. ❹

Formeln als Text wiedergeben mit FORMELTEXT

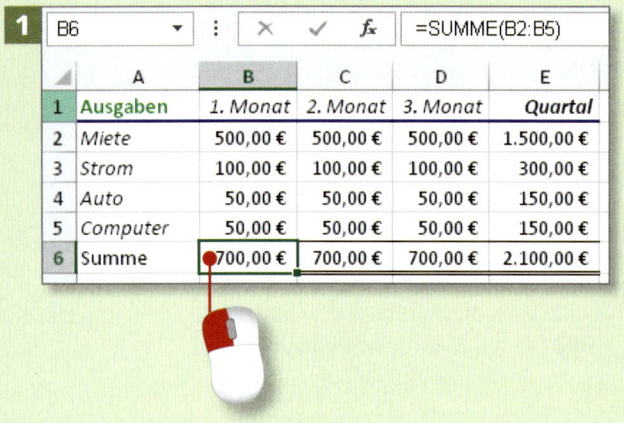

Für diejenigen, die die Ergebnisse und die Formelsyntax zusammen im Arbeitsblatt sehen wollen, stellt Excel 2013 die neue Funktion FORMELTEXT zur Verfügung.

Schritt 1

Zur Veranschaulichung der Funktion FORMELTEXT öffnen Sie ein vorhandenes Beispiel, wie z. B. die Datei *Ausgaben.xlsx* aus Kapitel 3, »Es geht noch viel schneller!«. Wenn Sie Ihren Cursor in die Zelle B6 setzen, sehen Sie die Formel in der Bearbeitungszeile.

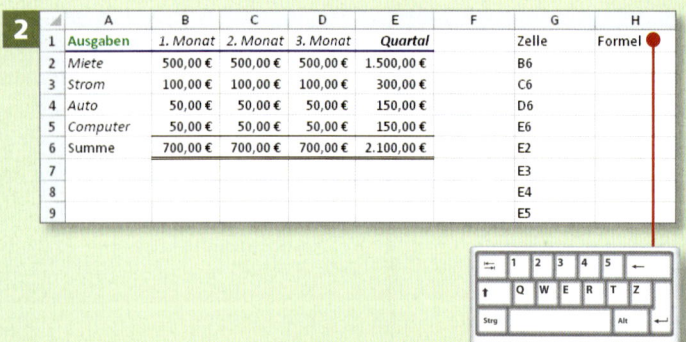

Schritt 2

Für den Einsatz der neuen Funktion FORMELTEXT erweitern Sie das Beispiel um eine kleine Hilfstabelle mit den Überschriften »Zelle« und »Formel«. Füllen Sie die Hilfstabelle so aus, wie im nebenstehenden Bild zu sehen.

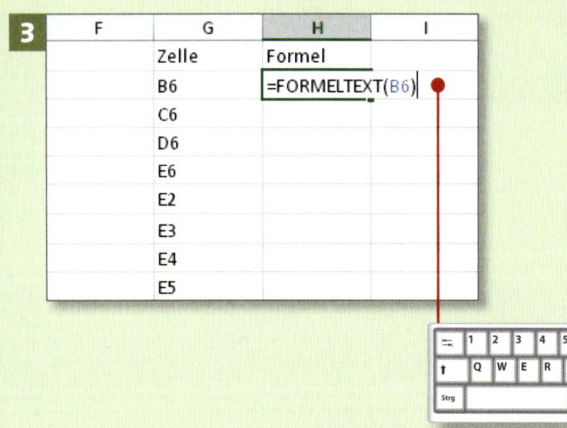

Schritt 3

In der Zelle H2 soll nun der Formeltext erscheinen. Aus diesem Grund geben Sie in der Zelle H2 die Formel »=FORMELTEXT(B6)« ein.

Schritt 4

Die Funktion FORMELTEXT gibt die Formel =SUMME(B2:B5) als eine Zeichenfolge zurück.

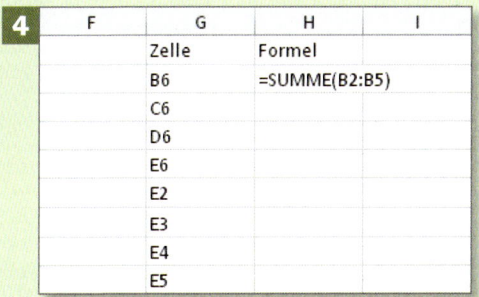

	F	G	H	I
		Zelle	Formel	
		B6	=SUMME(B2:B5)	
		C6		
		D6		
		E6		
		E2		
		E3		
		E4		
		E5		

Schritt 5

Geben Sie im Anschluss die weiteren Formeln ein. H2: =FORMELTEXT(B6) … H9: =FORMELTEXT(E5), wie in unserem Beispiel in der nebenstehenden Abbildung.

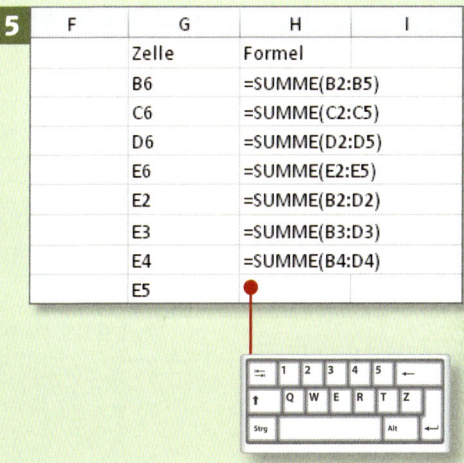

	F	G	H	I
		Zelle	Formel	
		B6	=SUMME(B2:B5)	
		C6	=SUMME(C2:C5)	
		D6	=SUMME(D2:D5)	
		E6	=SUMME(E2:E5)	
		E2	=SUMME(B2:D2)	
		E3	=SUMME(B3:D3)	
		E4	=SUMME(B4:D4)	
		E5		

Schritt 6

Erhalten Sie nach der Formeleingabe den Fehlerwert #NV, kann das unter anderem folgende Ursachen haben:

▶ Die als Argument verwendete Zelle enthält keine Formel.
▶ Die Formel in der Zelle umfasst mehr als 8.192 Zeichen.
▶ Die Formel kann nicht im Arbeitsblatt angezeigt werden, da das Arbeitsblatt geschützt ist.

Wie Sie einen Blattschutz aufheben, lesen Sie im Abschnitt »Arbeitsblätter und Zellen schützen« ab Seite 240.

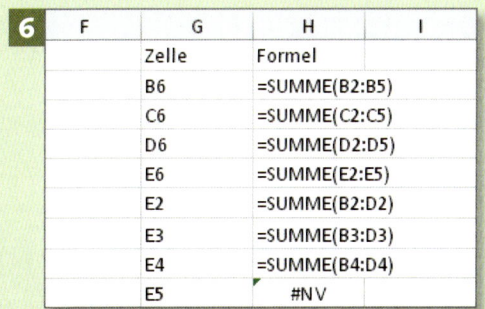

	F	G	H	I
		Zelle	Formel	
		B6	=SUMME(B2:B5)	
		C6	=SUMME(C2:C5)	
		D6	=SUMME(D2:D5)	
		E6	=SUMME(E2:E5)	
		E2	=SUMME(B2:D2)	
		E3	=SUMME(B3:D3)	
		E4	=SUMME(B4:D4)	
		E5	#NV	

Formeln erzeugen mit der Ausfüllfunktion

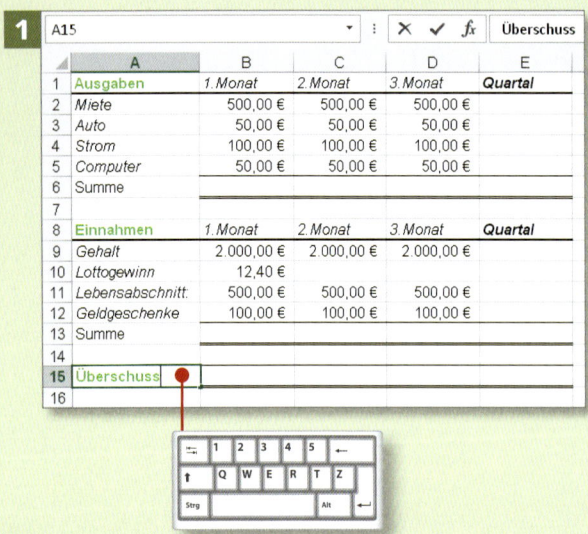

Bei der Arbeit mit Formeln bietet das Autoausfüllen mit der Maus eine große Arbeitserleichterung.

Schritt 1

Für das Beispiel erfassen Sie Ausgaben und Einnahmen für jeweils drei Monate. Im Anschluss daran fügen Sie noch einen Zeile mit der Beschriftung »Überschuss« ein.

Schritt 2

Um nun die Summen der Ausgaben und Einnahmen pro Quartal sowie den Überschuss zu errechnen, geben Sie in die entsprechenden Zellen folgende Formeln ein:

▸ E2: =SUMME(B2:D2)
▸ E9: =SUMME(B9:D9)
▸ B6: =SUMME(B2:B5)
▸ B13: =SUMME(B9:B12)
▸ B15: =B13-B6

Schritt 3

Um die Zellen automatisch zu füllen, zeigen Sie mit der Maus auf das Ausfüllkästchen der Zelle B6. Der Mauszeiger verwandelt sich in ein Kreuz. Ziehen Sie den Rahmen nun mit gedrückter Maustaste nach rechts bis zur Zelle E6.

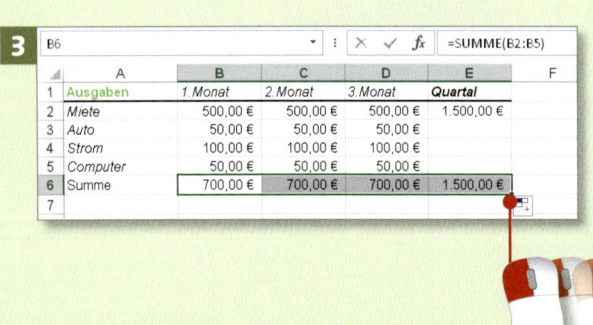

Schritt 4

Auch die Formeln für die Quartalssummen können Sie schnell füllen: entweder wie in Schritt 3 beschrieben oder per Doppelklick. Zeigen Sie dazu mit der Maus auf das Ausfüllkästchen der Zelle E2. Wenn der Mauszeiger sich in ein Kreuz verwandelt, klicken Sie doppelt. Die Formel wird nun in den Bereich E3:E5 kopiert.

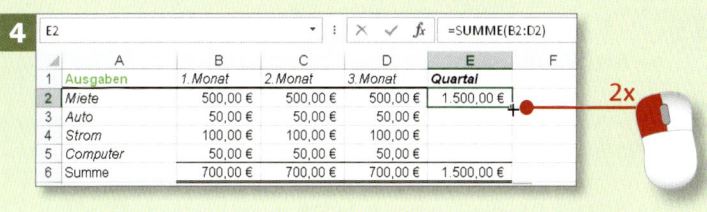

Schritt 5

Übertragen Sie auch die Formeln der Zellen B13, E9 und B15.

Schritt 6

Nun lassen Sie sich zur Kontrolle noch einmal die Formeln anzeigen. Dafür nutzen Sie die Tastenkombination $\boxed{\text{Alt}}$ + $\boxed{\text{M}}$ + $\boxed{\text{F}}$ (nacheinander, nicht gleichzeitig drücken!). Genauso können Sie die Anzeige auch wieder ausschalten.

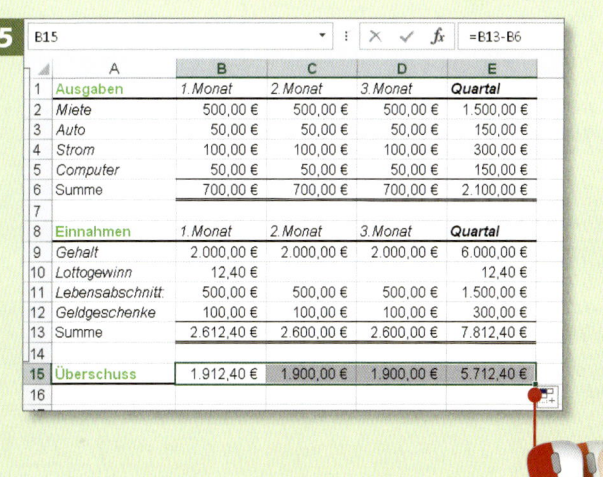

Das geht nicht mehr

In Excel 2007 konnte man für die Formelanzeige die Tastenkombination $\boxed{\text{Strg}}$ + $\boxed{\#}$ nutzen. Leider geht das ab der Version 2010 nicht mehr.

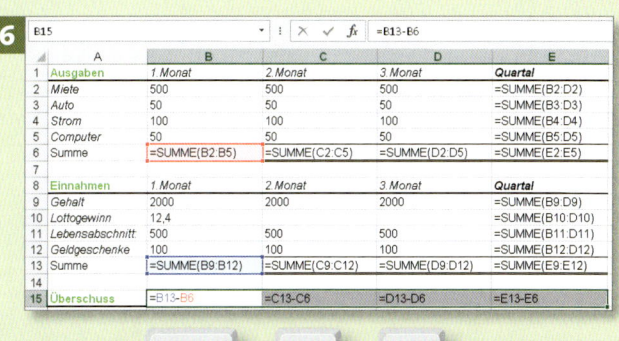

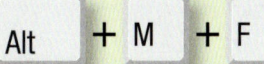

Relative und absolute Adressierung

Excel unterscheidet zwischen relativen und absoluten Bezügen und verwendet standardmäßig erstere. Der Unterschied zeigt sich erst beim Kopieren.

Schritt 1

Um Unterschiede zwischen relativen und absoluten Bezügen zu demonstrieren, nutzen wir als Beispiel eine Artikelübersicht. Geben Sie dazu entsprechende Texte und Zahlen ein, und gestalten Sie die Tabelle nach Ihren Wünschen.

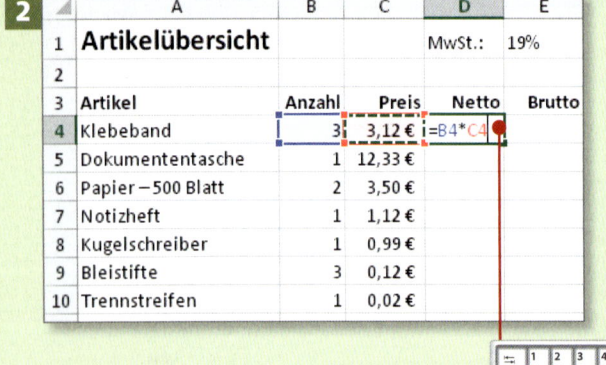

Schritt 2

Zunächst berechnen Sie den Nettowert. Dafür geben Sie in die Zelle D4 die Formel »=B4*C4« ein. Drücken Sie ⏎.

Schritt 3

Um die folgenden Zellen auszufüllen, ziehen Sie mit der Maus am Ausfüllkästchen.

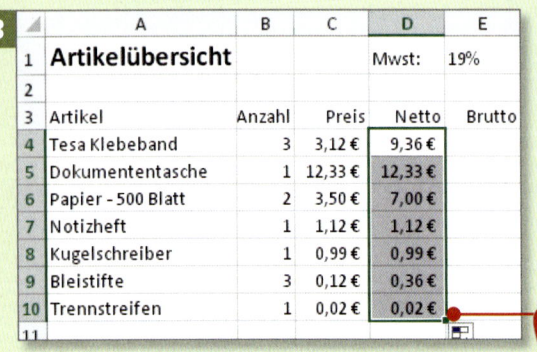

Relative Zellbezüge

Zellbezüge werden beim Kopieren relativ zur Zielposition angepasst, d. h., beim waagerechten Kopieren wird der Spaltenbuchstabe, beim senkrechten Kopieren die Zeilennummer angepasst.

Schritt 4

Wenn Sie mit der Tastenkombination Alt + M + F auf die Formeldarstellung umschalten, sehen Sie, dass die Formeln zeilenweise angepasst wurden. Es handelt sich hier um relative Bezüge.

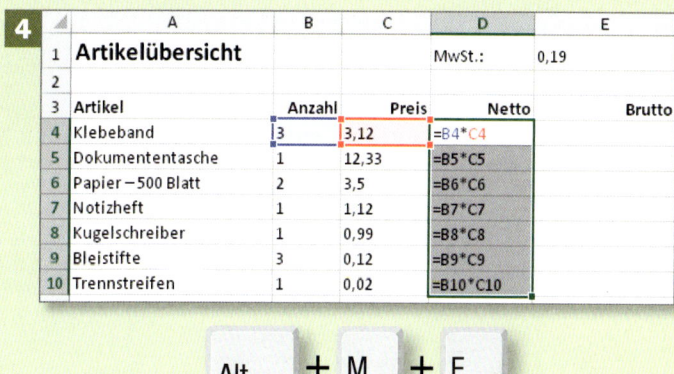

Schritt 5

Für den Bruttobetrag geben Sie in die Zelle E4 die Formel »=D4*E1+D4« ein.

Schritt 6

Füllen Sie dann wie in Schritt 3 beschrieben die folgenden Zellen automatisch aus. Wie Sie in der Spalte E sehen, führt das Autoausfüllen in diesem Fall leider nicht zum gewünschten Ergebnis, also dazu, von jedem Artikel den Bruttopreis zu erfahren. Sie ahnen, dass hier etwas mit den Bezügen nicht stimmt.

Fehleranzeige #WERT!

Excel zeigt den Fehlerwert #WERT! an, wenn die Formel Zellen mit unterschiedlichen Datentypen enthält.

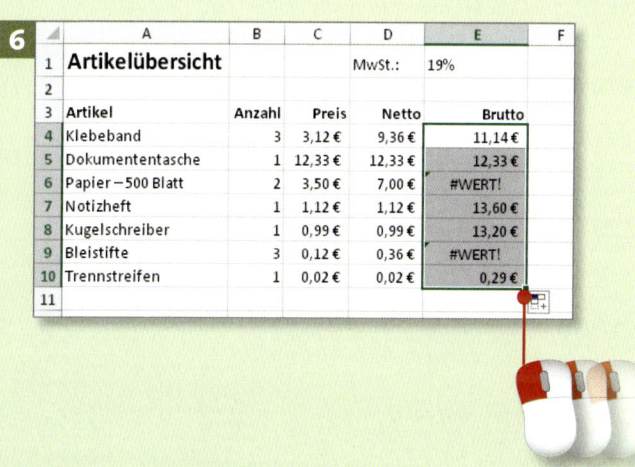

Relative und absolute Adressierung (Forts.)

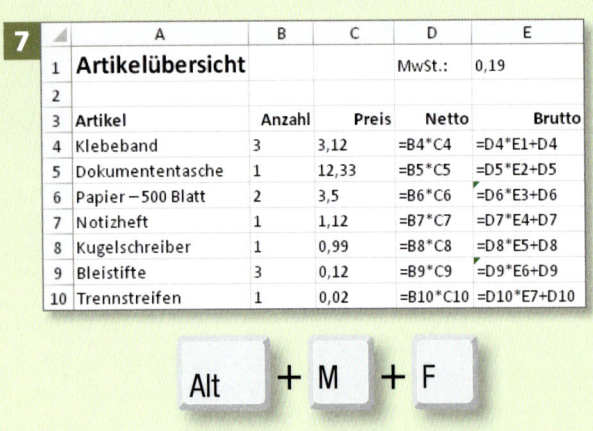

Schritt 7

Wenn Sie auf die Formeldarstellung umstellen, sehen Sie, warum das Ergebnis nicht stimmt: Excel hat, wie bei *relativen Bezügen* üblich, die Zelle E1 in den Formeln angepasst, was nicht zielführend ist (denn es muss ja immer mit dem Wert aus Zelle E1 gerechnet werden).

Schritt 8

Sie müssen in diesem Fall also die zeilenweise Anpassung verhindern. Markieren Sie die fehlerhaften Formeln, und löschen Sie sie mit der Entf -Taste.

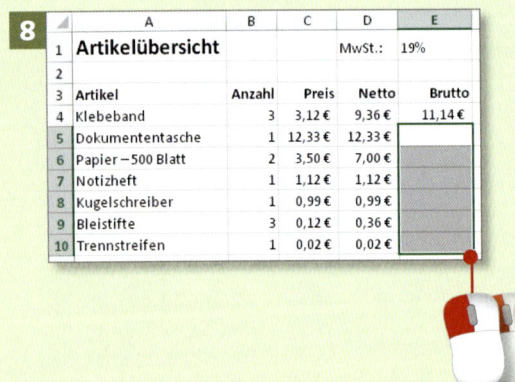

Schritt 9

Die Spaltennummer bleibt beim automatischen Ausfüllen unverändert. Damit die Zeilennummer nicht angepasst wird, setzen Sie diese absolut. Verändern Sie dazu die Ursprungsformel in der Zelle E4 wie folgt: =D4*E$1+D4, d. h., fügen Sie genau zwischen dem »E« und der »1« mit der Tastenkombination ⇧ + 4 ein Dollarzeichen ein.

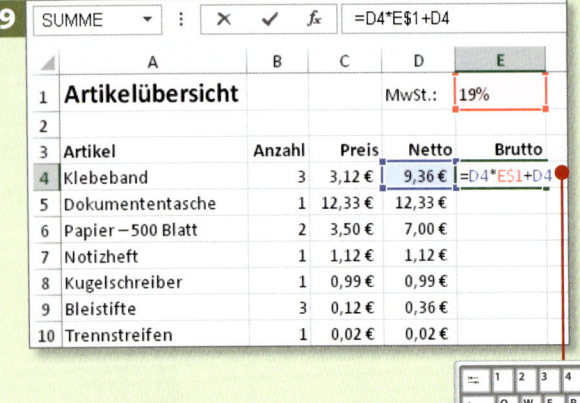

Schritt 10

Weil Sie das Dollarzeichen eingefügt haben, wird die 1 beim Autoausfüllen der Formeln nicht angepasst. Nun zeigt sich das Ergebnis wie gewünscht.

Schritt 11

Nun möchten Sie noch wissen, wie groß die prozentualen Anteile der jeweiligen Bruttoausgaben sind. Ergänzen Sie das Beispiel in der Zelle E11 um die Formel »=SUMME(E4:E10)«, und in der Zelle F3 geben Sie den Text »prozentualen Anteile« ein.

Schritt 12

In der Zelle F4 ergänzen Sie die Formel »=E4/E11«. Bevor Sie die Formel bestätigen, betätigen Sie die Funktionstaste F4, um den Wert E11 absolut zu setzen. Nun können Sie die Formel mit der Maus ausfüllen. Die Ergebnisse formatieren Sie mit dem Prozentformat.

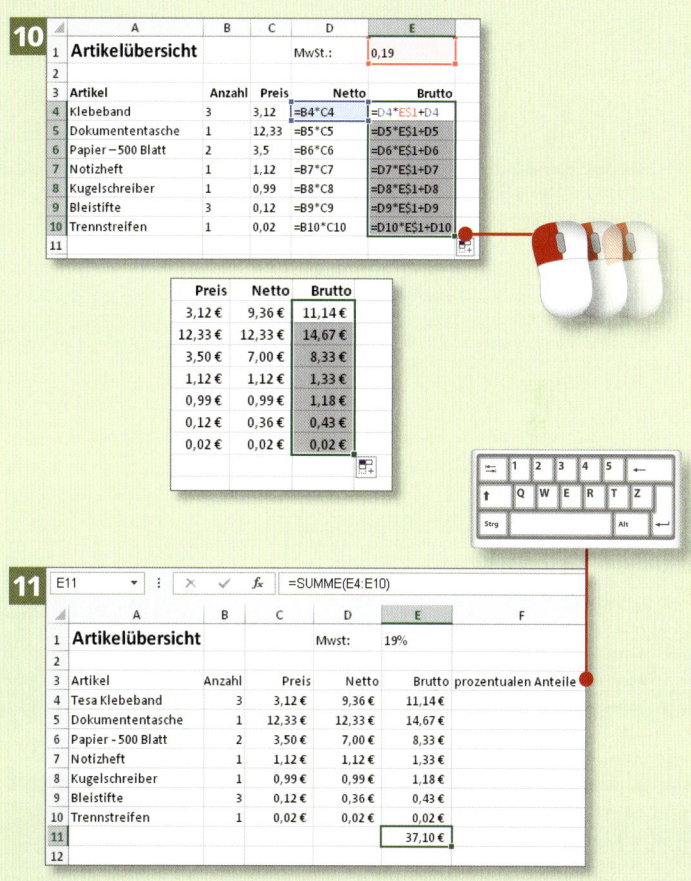

Funktionstaste F4

Wenn Sie F4 zwei Mal nacheinander drücken, ist der Zeilenbezug absolut. Beim dritten Tastendruck wird die Spalte absolut gesetzt. Beim vierten Druck auf F4 sind die Zellbezüge wieder relativ.

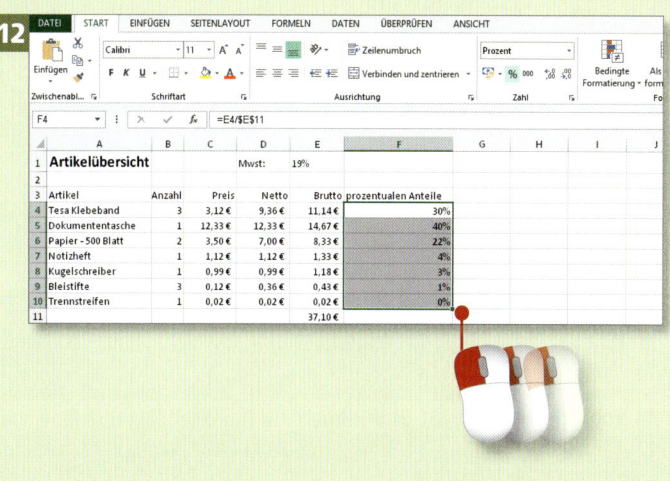

Funktionsbibliothek

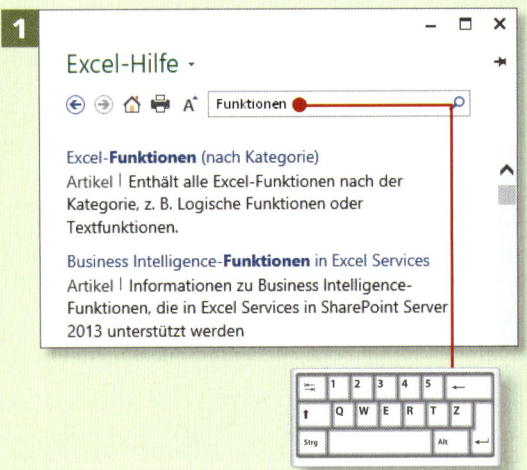

Funktionen unterstützen Sie bei der Realisierung komplizierter Rechenformeln. In der Funktionsbibliothek auf der Registerkarte »Formeln« finden sich verschiedene Funktionsgruppen.

Schritt 1

Für anspruchsvollere Berechnungen gibt es in Excel 2013 über 400 Tabellenfunktionen. Einen guten Überblick liefert die Funktionsreferenz, die Sie in der Excel-Hilfe unter dem Stichwort »Funktionen« finden.

3	Monat	Lehmann	Meier	Schulze	Summe
4	Januar	88	120	66	274
5	Februar	90	115	71	276
6	März	92	110	76	278
7	April	94	105	81	280
8	Mai	96	100	86	282
9	Juni	98	95	91	284
10	Juli	100	90	96	286
11	August	102	85	101	288
12	September	104	80	106	290
13	Oktober	106	75	111	292
14	November	108	70	116	294
15	Dezember	110	65	121	296
16	Summe	1188	1110	1122	3420
17	Mittelwert	=MITTELWERT(B4:B15)		93,5	285

①

Schritt 2

Die Struktur einer Funktion ① beginnt mit einem Gleichheitszeichen (⇧ + 0), gefolgt vom Funktionsnamen, einer öffnenden Klammer, den durch Semikola getrennten Argumenten und einer schließenden Klammer. Argumente können Zahlen, Text, logische Werte wie WAHR oder FALSCH, Matrizen oder Zellbezüge sein.

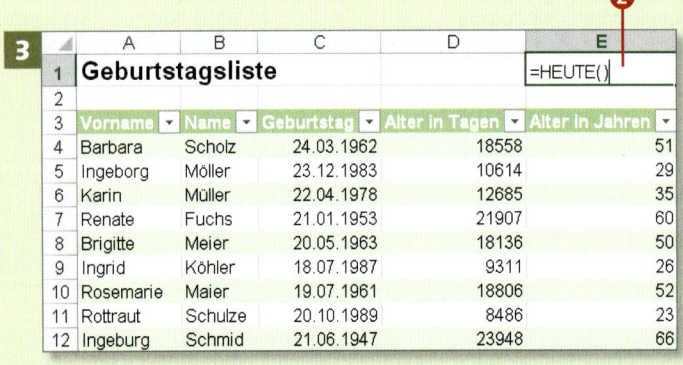

	A	B	C	D	E
1	Geburtstagsliste				=HEUTE()
2					
3	Vorname	Name	Geburtstag	Alter in Tagen	Alter in Jahren
4	Barbara	Scholz	24.03.1962	18558	51
5	Ingeborg	Möller	23.12.1983	10614	29
6	Karin	Müller	22.04.1978	12685	35
7	Renate	Fuchs	21.01.1953	21907	60
8	Brigitte	Meier	20.05.1963	18136	50
9	Ingrid	Köhler	18.07.1987	9311	26
10	Rosemarie	Maier	19.07.1961	18806	52
11	Rottraut	Schulze	20.10.1989	8486	23
12	Ingeburg	Schmid	21.06.1947	23948	66

Schritt 3

Es gibt auch *argumentlose Funktionen*. Als Beispiel dient die Funktion für das heutige Datum, nämlich =HEUTE() **②**.

Schritt 4

Wenn Sie Ihre Formeln nicht von Hand eingeben möchten, hält Excel einige Unterstützung für Sie bereit. Über die Multifunktionsleiste in der Gruppe **Funktionsbibliothek** auf der Registerkarte **Formeln** finden Sie eine Übersicht über die verschiedenen Funktionsgruppen. Wählen Sie eine Gruppe aus, z. B. **Datum u. Uhrzeit**. Ein Menü klappt auf, in dem die zugehörigen Funktionen zu sehen sind.

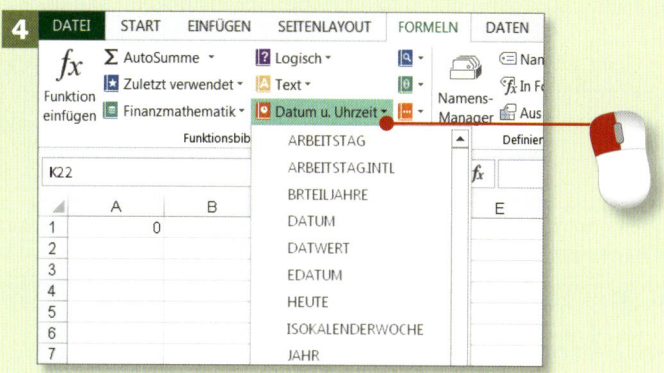

Schritt 5

Excel fordert Sie mit einem Dialogfeld auf, Argumente einzugeben. Diese sind abhängig von der ausgewählten Funktion. Achten Sie bei der Eingabe auf die angezeigte Hilfe, die Ihnen jedes Argument erklärt ❸.

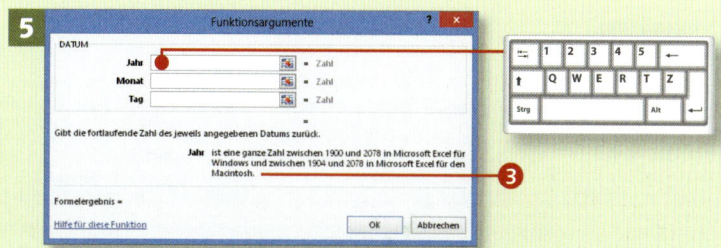

Schritt 6

Alternativ zu den Funktionsgruppen können Sie in der Gruppe **Funktionsbibliothek** auch direkt den Funktionsassistenten ❹ wählen. Hier stehen Ihnen die Funktionen nach Kategorien ❺ sortiert zur Verfügung. Auch hier erhalten Sie auf Wunsch zu jeder Funktion Hilfestellung ❻.

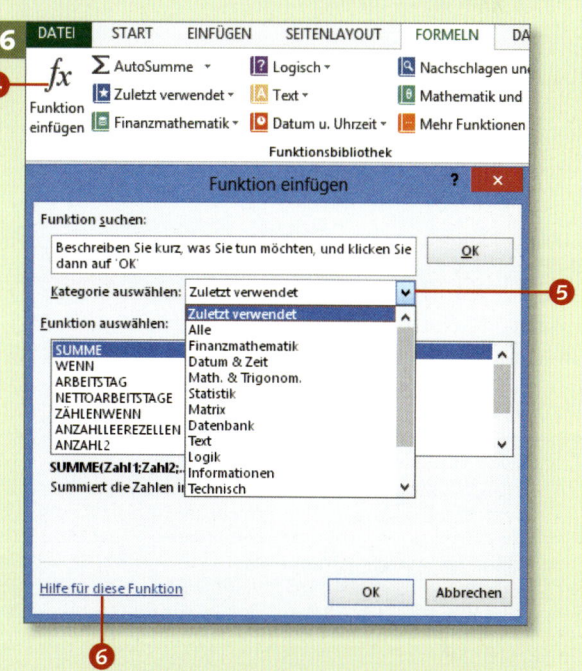

Der Funktionsassistent hilft

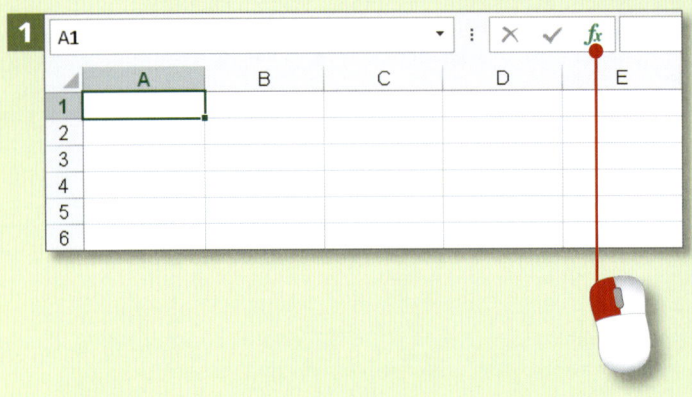

Mithilfe des Funktionsassistenten, den Sie vielleicht schon aus den Vorgängerversionen von Excel kennen, können Sie nach einer passenden Funktion suchen und diese erstellen. Wie Sie ihn nutzen, zeigen wir Ihnen im Folgenden.

Schritt 1

Den Funktionsassistenten erreichen Sie auf verschiedenen Wegen. Eine Möglichkeit ist der Klick auf die Schaltfläche **fx** in der Bearbeitungsleiste.

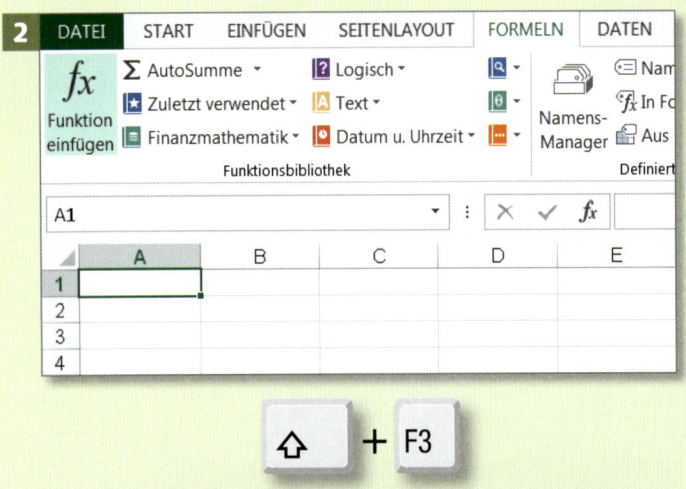

Schritt 2

Alternativ können Sie unter dem Register **Formeln** die Schaltfläche **Funktion einfügen** in der Gruppe **Funktionsbibliothek** wählen. Am schnellsten öffnen Sie den Funktionsassistenten jedoch mit der Tastenkombination ⇧ + F3 .

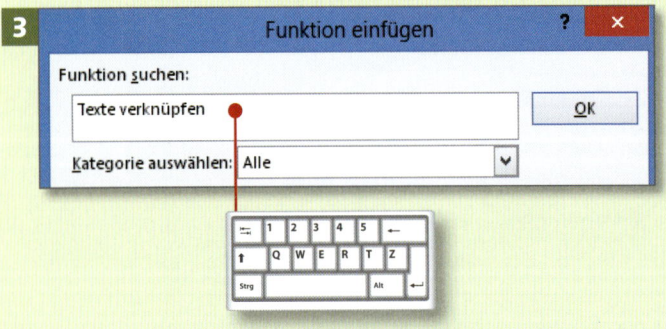

Schritt 3

Um eine Funktion zu suchen, geben Sie eine Kurzbeschreibung oder den Funktionsnamen ein, wenn Sie ihn kennen. Klicken Sie dann auf **OK**.

Schritt 4

Excel gibt die Ergebnisse in einem Listenfeld aus. Wählen Sie dort die passende Funktion aus ❶. Sie erhalten eine Kurzbeschreibung ❷. Eine detaillierte Beschreibung finden Sie über den Link **Hilfe für diese Funktion** ❸. Wenn Sie die gewünschte Funktion gefunden haben, können Sie den Eingabeassistenten mit **OK** starten.

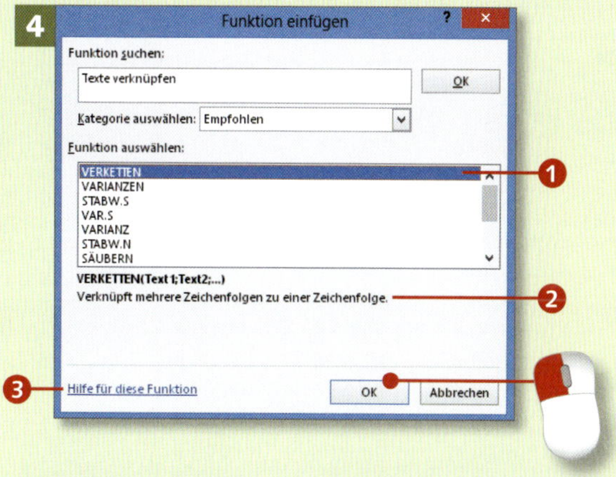

Schritt 5

Im nächsten Dialogfenster stellt der Assistent Eingabefelder bereit, in die Sie die Argumente der Funktion schreiben können. Auch hierzu erhalten Sie eine Kurzinformation ❹.

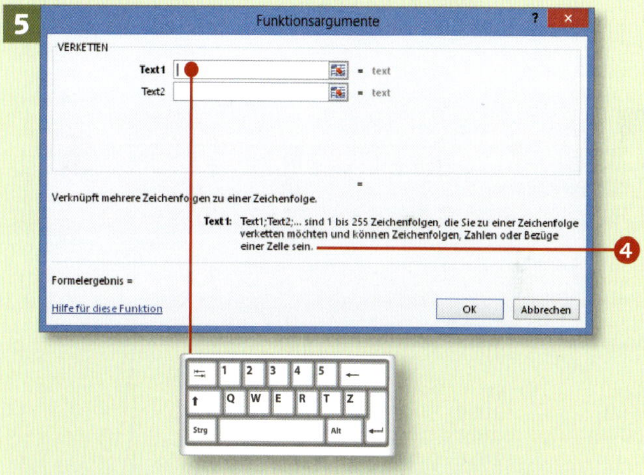

Schritt 6

Der zu verkettende Text kann Inhalt einer Zelle sein, wie im Feld **Text1**, oder Sie können ihn direkt eingeben (Feld **Text2**). Bestätigen Sie Ihre Eingabe mit **OK**.

Funktionsargumente

Sie können bis zu 255 Funktionsargumente verketten.

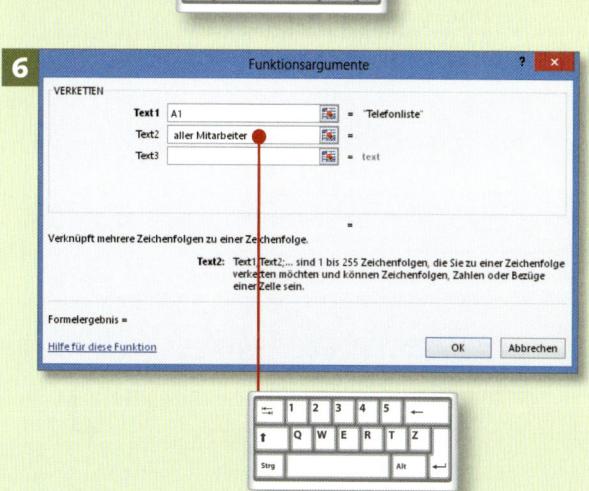

Statistik – mit Summe, Mittelwert und Co.

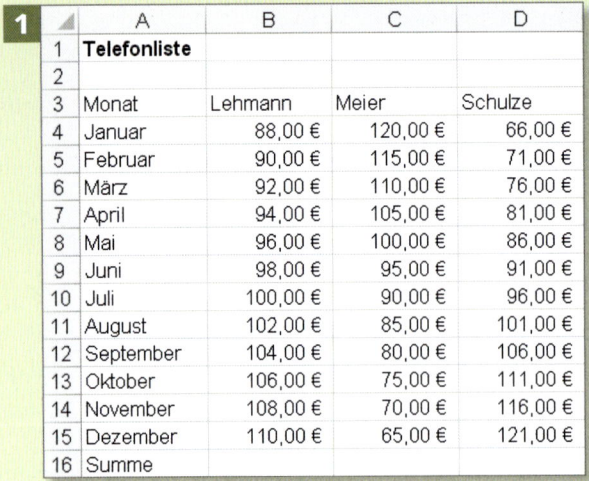

Mit Excel 2013 stehen Ihnen zahlreiche Funktionen zur Verfügung, um
aussagekräftige Statistiken anzufer-
tigen. In diesem Abschnitt lernen Sie
einige Statistikfunktionen kennen.

Schritt 1

Als Beispiel für diese Lektion nutzen
wir die schon bekannte Telefonliste.
Diese Tabelle soll um Funktionen
für die Summe, den Mittelwert, den
kleinsten Wert, den größten Wert
und die Anzahl ergänzt werden.

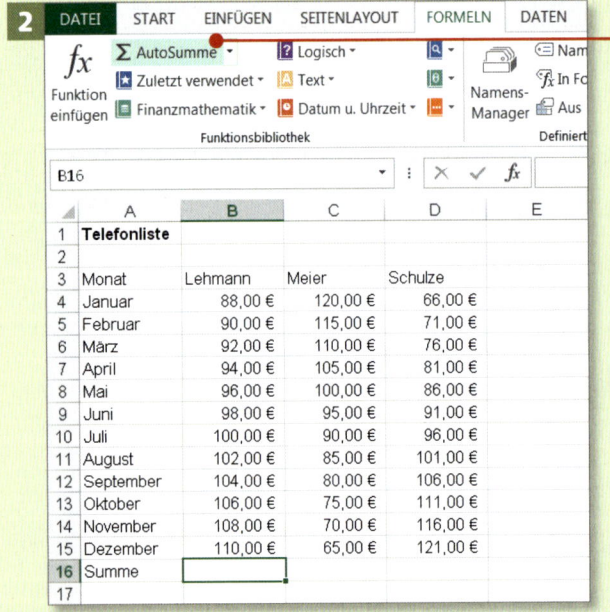

Schritt 2

Die einfachste Statistikfunktion ist
die Summenfunktion. Nun wollen
wir Herrn Lehmanns Telefonkosten
zusammenrechnen. Platzieren Sie
den Cursor in der Zelle B16. Um die
Formel nicht manuell eingeben zu
müssen, wählen Sie über die Multifunktionsleiste das Menü **Formeln**.
In der Gruppe **Funktionsbibliothek**
klicken Sie auf **AutoSumme**.

Schritt 3

Wie Sie sehen, wird in der Zelle B16
die Formel =SUMME(B4:B15) ergänzt. Wenn Sie nun ⏎ drücken,
erhalten Sie die Summe der Telefonkosten als Ergebnis in derselben
Zelle.

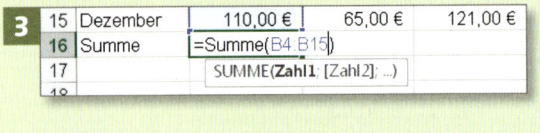

Schritt 4

Als Nächstes berechnen Sie den *Mittelwert*. Erweitern Sie Ihre Tabelle, indem Sie in die Zelle A17 den Text »Mittelwert« eintragen, und positionieren Sie dann den Cursor in der Zelle B17.

Schritt 5

Klicken Sie nun auf den Pfeil unter **AutoSumme**, und wählen Sie den Menüeintrag **Mittelwert** ❶. Bevor Sie die Formel mit ⏎ bestätigen, markieren Sie mit der Maus den Bereich B4:B15. So verhindern Sie, dass der Wert der Summe (B16) in die Berechnung einfließt. Die fertige Formel sieht dann wie folgt aus: =MITTELWERT(B4:B15).

Schritt 6

Auch den größten Betrag innerhalb einer Aufstellung können Sie mit einer Formel herausfinden. Ergänzen Sie in der Zelle A18 den Text »Maximum«. Zur Formeleingabe setzen Sie Ihren Cursor dann in die Zelle B18.

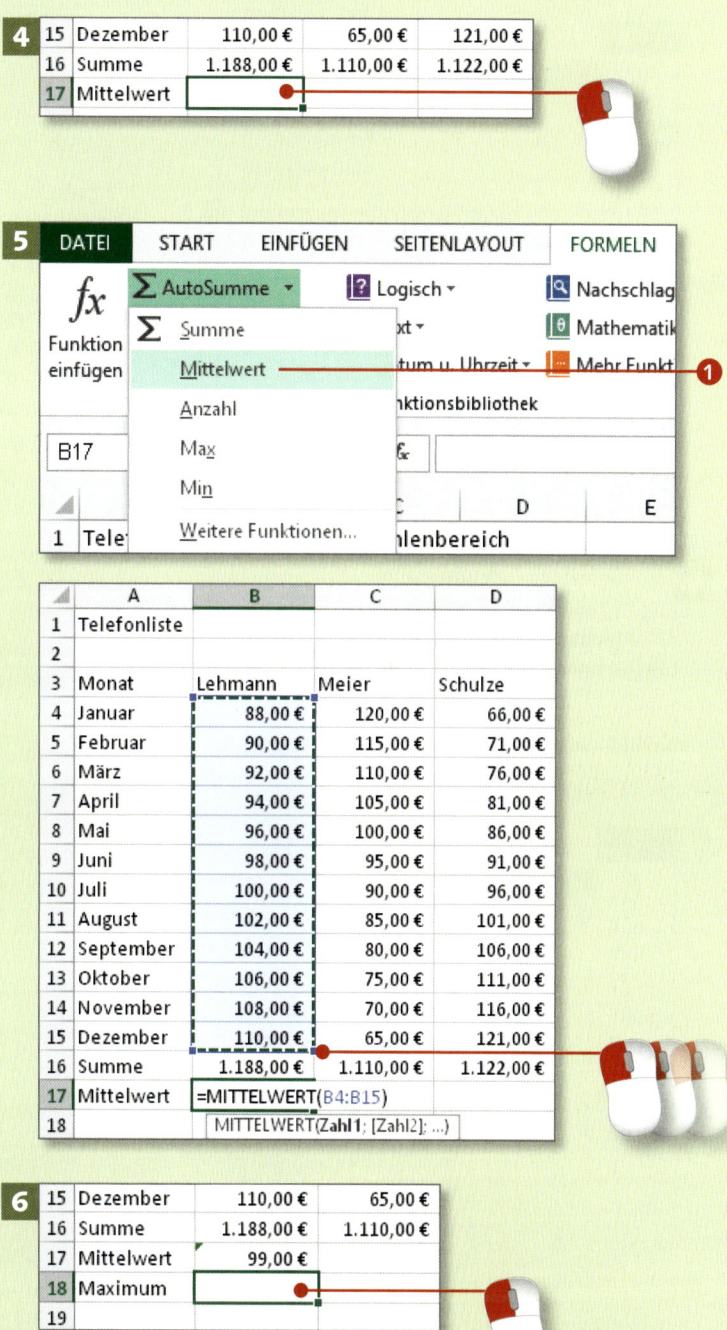

> **ℹ Mittelwert**
>
> Der Mittelwert, oft auch Durchschnitt genannt, wird berechnet, indem eine Gruppe von Zahlen addiert und anschließend durch deren Anzahl dividiert wird.

Statistik – mit Summe, Mittelwert und Co. (Forts.)

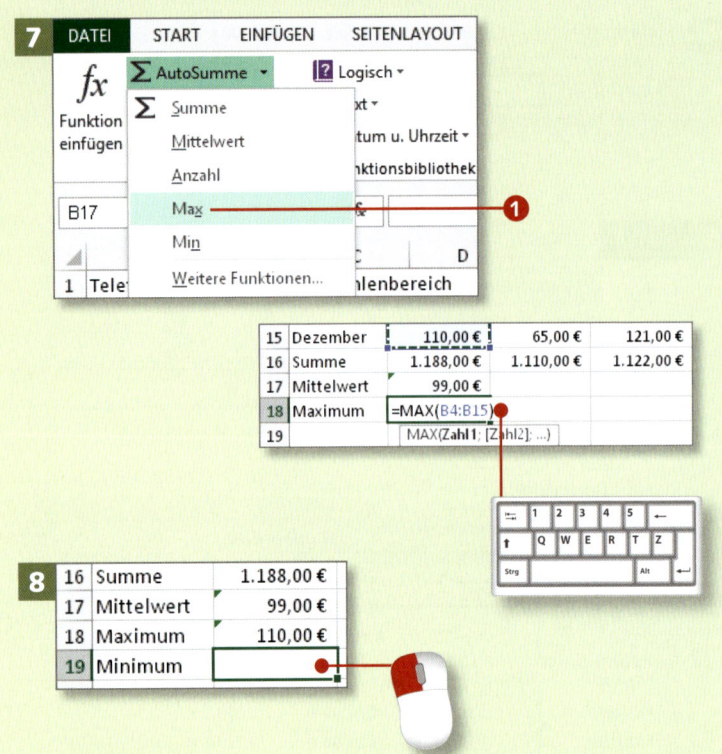

Schritt 7

Klicken Sie nun auf den Pfeil neben **AutoSumme**, und wählen Sie den Menüeintrag **Max** ❶. Bevor Sie Ihre Formel mit ↵ bestätigen, korrigieren Sie die Bereichsangabe in »B4:B15«, um nur diese Werte in die Berechnung aufzunehmen. Die fertige Formel lautet dementsprechend =MAX(B4:B15).

Schritt 8

Auf die gleiche Weise finden Sie den kleinsten Betrag in der Tabelle. Ergänzen Sie zunächst den beschreibenden Text »Minimum« in der Zelle A19, und setzen Sie Ihren Cursor in die Zelle B19.

Schritt 9

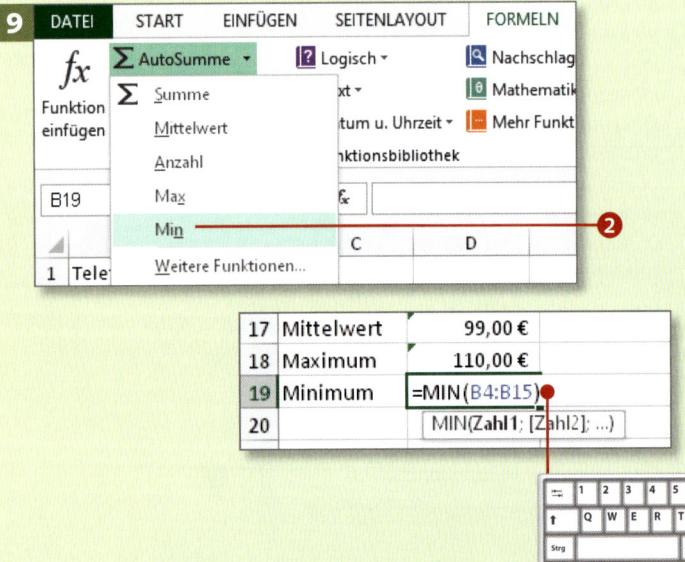

Klicken Sie nun wieder auf den Pfeil neben **AutoSumme**, und wählen Sie diesmal **Min** ❷. Auch hier korrigieren Sie den Bereich, der mit einbezogen werden soll, bevor Sie Ihre Formel mit ↵ bestätigen. Die fertige Formel sieht wie folgt aus: =MIN(B4:B15).

Schritt 10

Ebenfalls mit einer Formel lässt sich die Anzahl der Werte insgesamt ermitteln – auch wenn wir das Ergebnis in diesem Fall schon kennen. Geben Sie in die Zelle A20 den Text »Anzahl« ein, und setzen Sie Ihren Cursor in die Zelle B20.

Schritt 11

Klicken Sie nun auf den Pfeil neben **AutoSumme**, und wählen Sie dann den Menüeintrag **Anzahl** ❸. Bevor Sie Ihre Formel mit ⏎ bestätigen, ändern Sie den Bereich in »B4:B15«. Die fertige Formel sieht wie folgt aus: =ANZAHL(B4:B15).

Schritt 12

Wenden Sie diese Formeln nun auf Herrn Meier (Spalte C) und Herrn Schulze (Spalte D) an – das ist eine prima Übung. Wenn es schnell gehen soll, markieren Sie den Formelbereich B16:B20, und füllen Sie die Zellbereiche C16:C20 und D16:D20 automatisch aus, indem Sie das Ausfüllkästchen mit der Maus nach rechts ziehen.

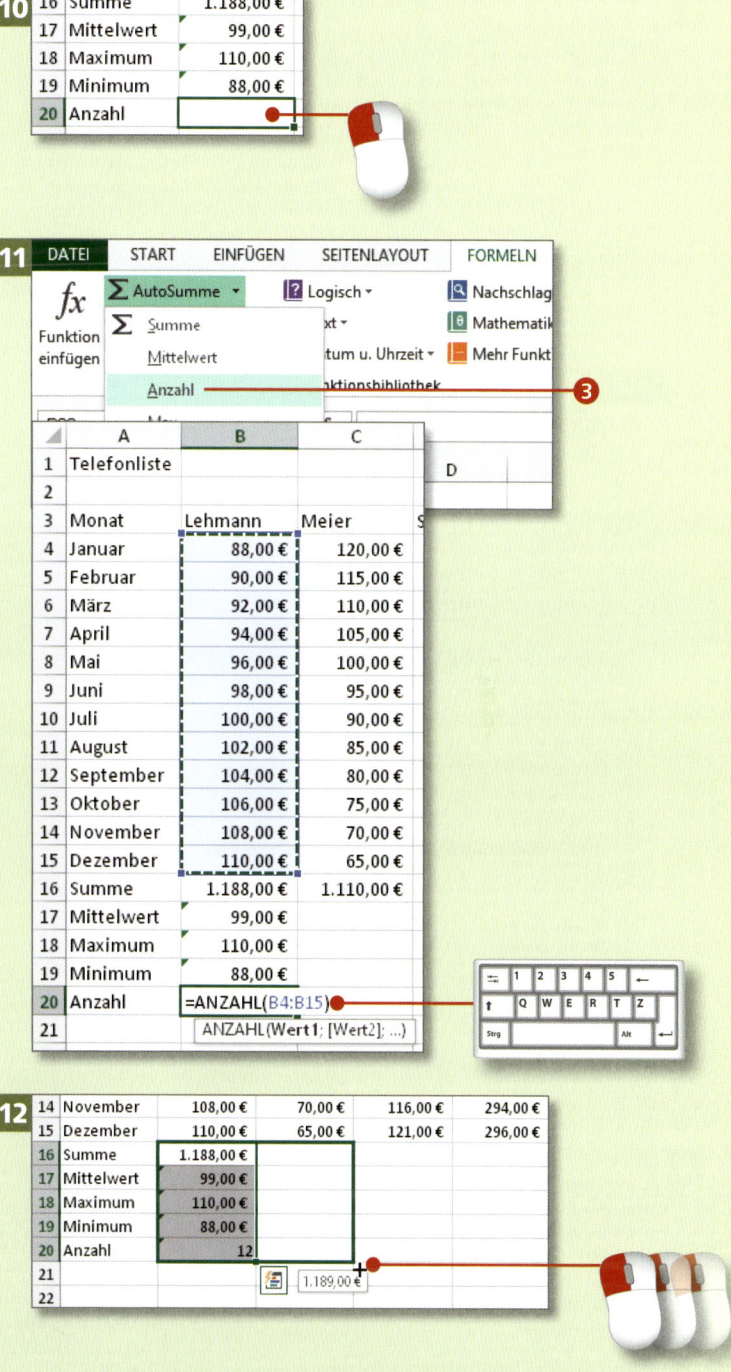

Funktion – ANZAHL

Die Funktion ANZAHL ermittelt die Anzahl von Zellen, die Zahlen enthalten und eignet sich somit für »gemischte« Tabellen.

Statistik – mit Summe, Mittelwert und Co. (Forts.)

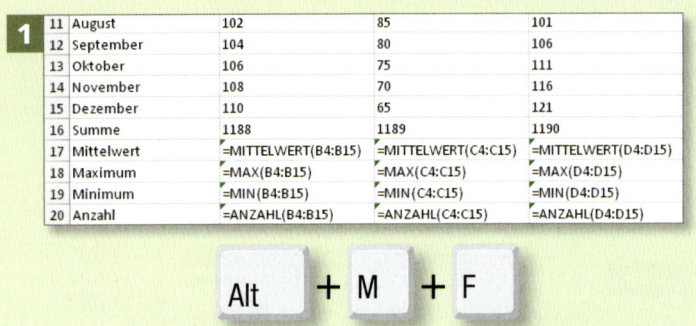

Schritt 13

Schalten Sie jetzt zur Überprüfung der Formeln auf die Formeldarstellung um. Nutzen Sie dazu die Tastenkombination [Alt] + [M] + [F] (nacheinander drücken, nicht gleichzeitig!).

Schritt 14

Wenn Sie weitere Statistikfunktionen benötigen, wählen Sie im Menü **AutoSumme** den Punkt **Weitere Funktionen**. Im entsprechenden Dialogfenster sehen Sie noch weitere Funktionen für die Anzahl, z. B. AN-ZAHL2 und ANZAHLLEEREZELLEN.

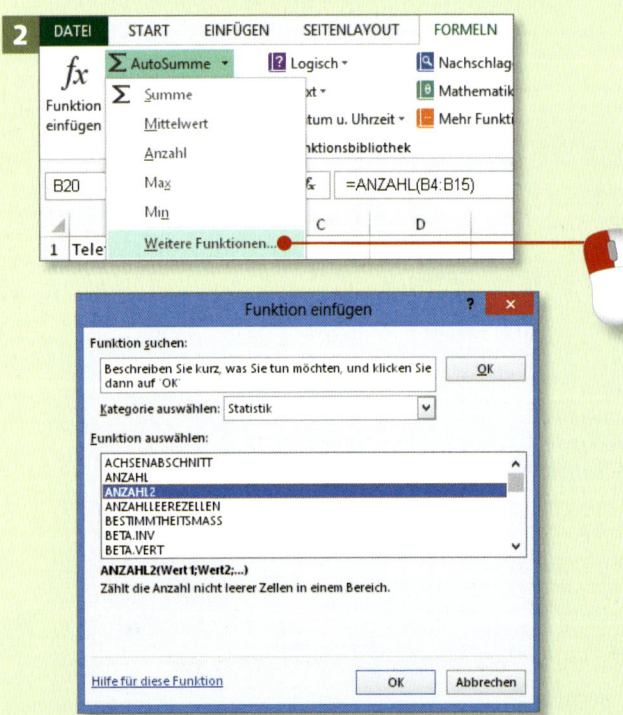

Schritt 15

Mit der Funktion ANZAHL2 werden Zellen ermittelt, die beliebige Arten von Informationen enthalten, Fehlerwerte und leerer Text eingeschlossen.

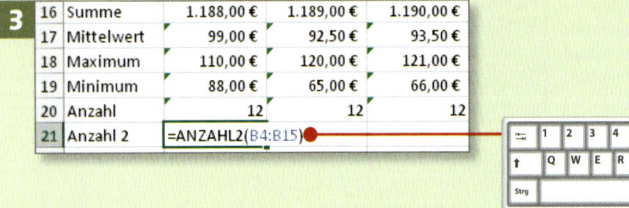

Sind Kriterien zu erfüllen?

Wenn nur Zahlen einbezogen werden sollen, die bestimmte Kriterien erfüllen, verwenden Sie die Funktion ZÄHLENWENN, über die Sie mehr im Abschnitt »Statistik mit ZÄHLENWENN« ab Seite 160 erfahren.

Schritt 16

Die Funktion ANZAHL2 kann aber noch mehr. Während die Funktion ANZAHL nur Zellen berücksichtigt, die Zahlen enthalten, werden bei der Funktion ANZAHL2 auch Zellen mit Textinhalt bearbeitet. Ergänzen Sie Ihre Tabelle, wie in der nebenstehenden Abbildung zu sehen.

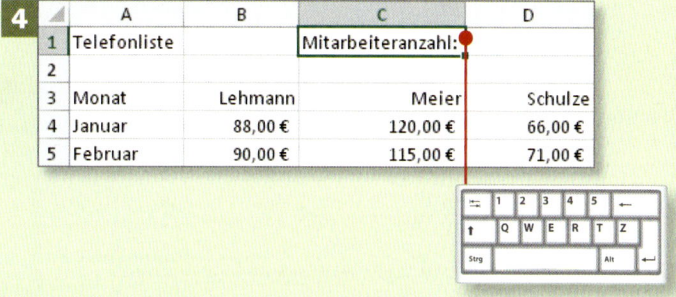

Schritt 17

Für die Formeleingabe positionieren Sie den Cursor in der Zelle D1. Wählen Sie dann den Funktionsassistenten, indem Sie auf die Schaltfläche **fx** in der Bearbeitungsleiste klicken.

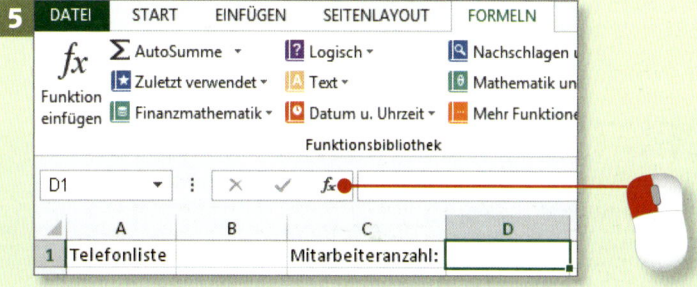

Schritt 18

Im ersten Dialogfenster des Funktionsassistenten wählen Sie die Funktion ANZAHL2 aus der Kategorie **Statistik**, und klicken Sie dann auf **OK**.

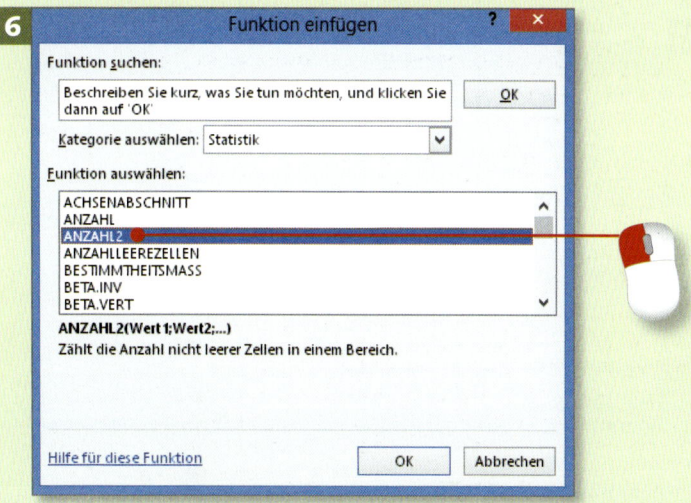

Funktion – ANZAHL2

Mit der Funktion ANZAHL2 wird ermittelt, wie viele Zellen in einem Bereich nicht leer sind.

Statistik – mit Summe, Mittelwert und Co. (Forts.)

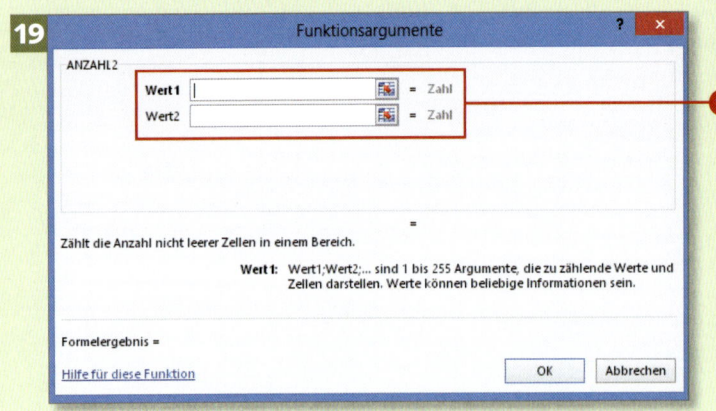

Schritt 19

Im zweiten Schritt des Funktionsassistenten geben Sie den Bereich der auszuwertenden Zellen ein ❶. Insgesamt können Sie bis zu 255 Bereiche hinterlegen. Sie können sie von Hand eingeben, einfacher ist es aber mit der Maus. Wenn Sie den Cursor in das unterste Feld setzen, wird automatisch ein weiteres hinzugefügt.

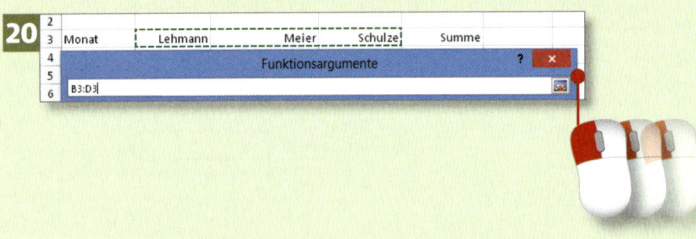

Schritt 20

Schieben Sie dazu das Dialogfenster mit der Maus zur Seite, sodass Sie den Bereich der Tabelle sehen, den Sie markieren wollen. Wenn Sie nun den Bereich in der Tabelle durch Ziehen mit der Maus markieren, wird das Dialogfenster automatisch verkleinert.

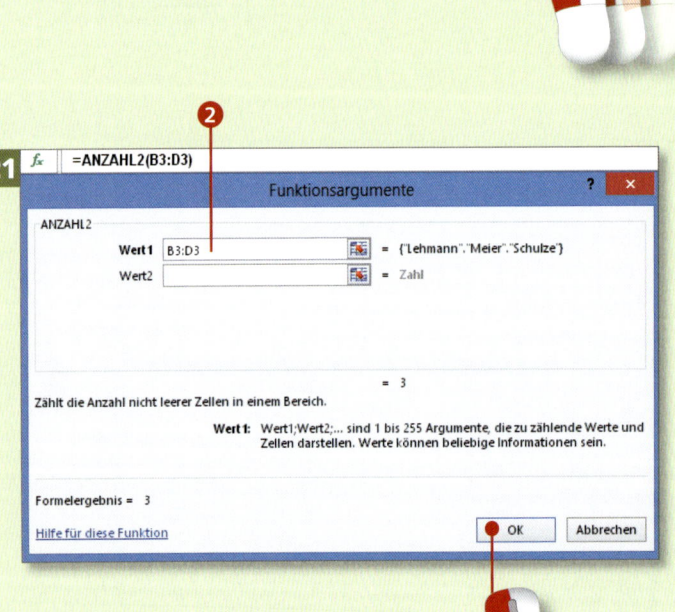

Schritt 21

Die Zelladressen des markierten Bereichs werden automatisch übernommen ❷. Nachdem Sie den Wertebereich vollständig angegeben haben, vergrößert Excel das Fenster wieder. Die fertige Formel bestätigen Sie mit einem Klick auf **OK**.

Schritt 22

Die Funktion ANZAHLLEEREZEL-LEN zählt die leeren Zellen in einem Zellbereich. Um das zu demonstrieren, haben wir unser Beispiel durch einige Löschungen modifiziert. Die Anzahl der fehlenden Eingaben soll in der Zelle D2 ausgewiesen werden. Setzen Sie also den Cursor in die Zelle D2.

Schritt 23

Öffnen Sie erneut den Funktions-assistenten über einen Klick auf die Schaltfläche **fx** in der Bearbeitungsleiste. Im ersten Schritt wählen Sie aus der Kategorie **Statistik** die Funktion ANZAHLLEEREZELLEN. Klicken Sie dann auf **OK**.

Schritt 24

Nun markieren Sie mit der Maus den Wertebereich B5:D16. Die Formel =ANZAHLLEEREZELLEN(B5:D16) ermittelt vier leere Zellen ❸. Bestätigen Sie Ihre Eingabe mit **OK**.

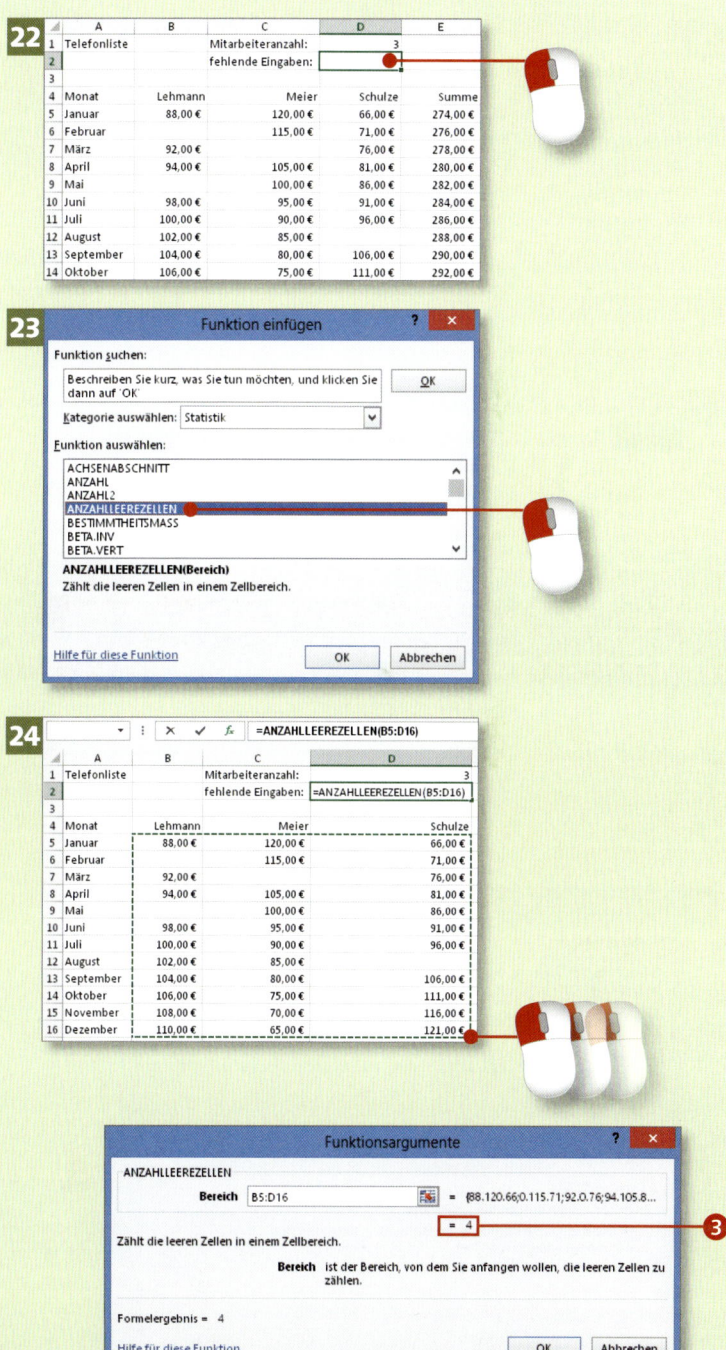

Manuelle Eingabe

Sie können alle Formeln auch per Hand eintragen, allerdings ist diese Methode fehleranfälliger als der Weg über den Assistenten.

Statistik mit ZÄHLENWENN

Noch interessantere Statistikfunktionen sind die Funktionen, die Bedingungen enthalten, also ein »Wenn«. Diese Funktionen werten nur Zellen aus, die einem bestimmten Kriterium entsprechen.

Schritt 1

Mit der Funktion ZÄHLENWENN wird die Anzahl der Zellen in einem Bereich ermittelt, die einem bestimmten Kriterium entsprechen. In unserem Beispiel soll die Anzahl der Werte ermittelt werden, die größer als 100 € sind.

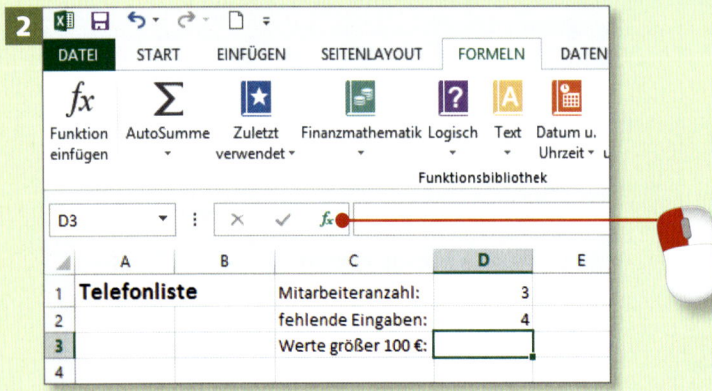

Schritt 2

Positionieren Sie den Cursor in der Ergebniszelle D3, und wählen Sie den Funktionsassistenten durch einen Klick auf die Schaltfläche **fx**.

Schritt 3

Im ersten Schritt wählen Sie wieder die Funktion aus. Sie finden auch die Funktion ZÄHLENWENN in der Kategorie **Statistik**, wenn Sie mit der Bildlaufleiste rechts ganz nach unten scrollen. Bestätigen Sie Ihre Auswahl mit **OK**.

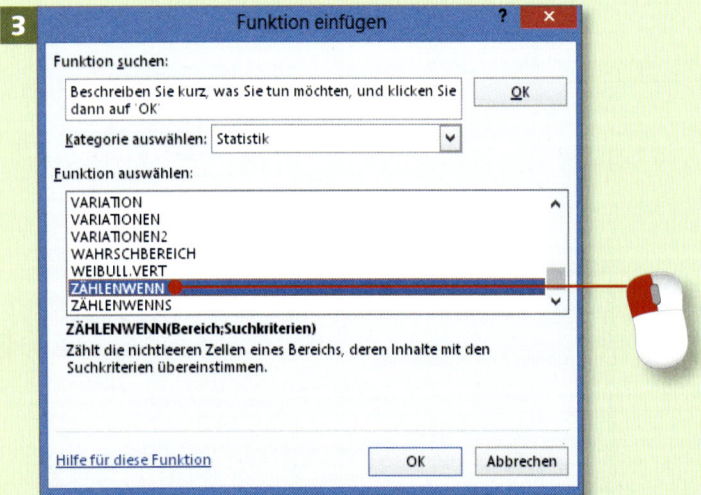

Schritt 4

Im nächsten Schritt markieren Sie erneut die Zellen, die in der Formel berücksichtigt werden sollen: Hier ist es der Bereich B6:D17.

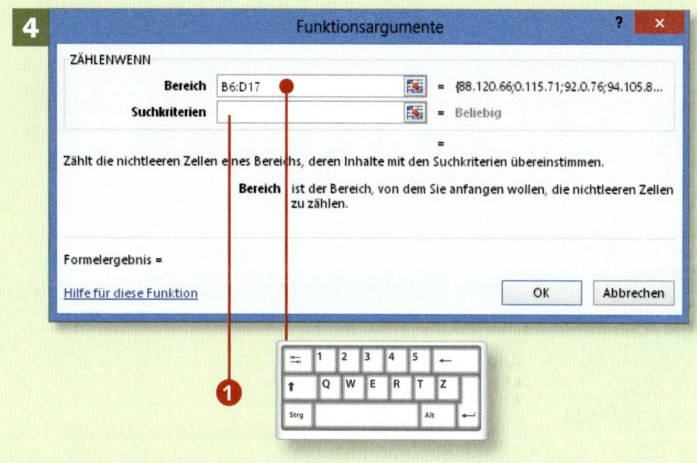

Schritt 5

Im Feld **Suchkriterien** ❶ müssen Sie nun festlegen, wonach gesucht werden soll. In unserem Beispiel tragen Sie also »>100« ein. Als Vergleichsoperatoren dürfen nebenstehende Ausdrücke eingegeben werden.

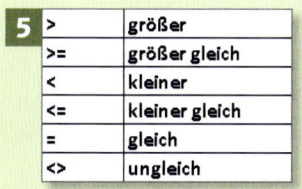

Schritt 6

Bestätigen Sie die fertige Formel =ZÄHLENWENN(B6:D17;">100") mit **OK**. Das Ergebnis erscheint in der Zelle D3.

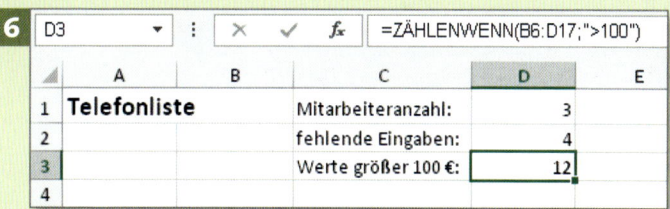

Platzhalterzeichen

Eine Zeichenfolge im Suchkriterium darf die Platzhalterzeichen Fragezeichen [?] und Sternchen [*] enthalten. Ein Fragezeichen ersetzt dabei ein einzelnes Zeichen, ein Sternchen eine Zeichenfolge. Die Formel =ZÄHLENWENN(A6:A17;"J*") zählt z. B. Wörter im Bereich A6:A17, die mit J beginnen.

Datum & Uhrzeit – Jahre, Monate, Tage

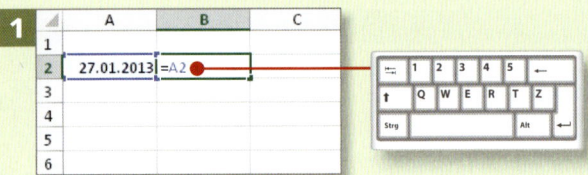

Excel speichert alle Datums- und Zeitwerte intern als Zahlen ab. Das erlaubt Ihnen, Datums- und Zeitwerte für Berechnungen einzusetzen.

Schritt 1

Geben Sie das aktuelle Datum in die Zelle A2 ein. In den Zellen B2 und C2 hinterlegen Sie jeweils die Formel »=A2«, damit Excel das Datum aus der Zelle A2 automatisch in diese Zellen übernimmt. Klicken Sie in die Zelle B2 und drücken Sie `Strg` + `1`.

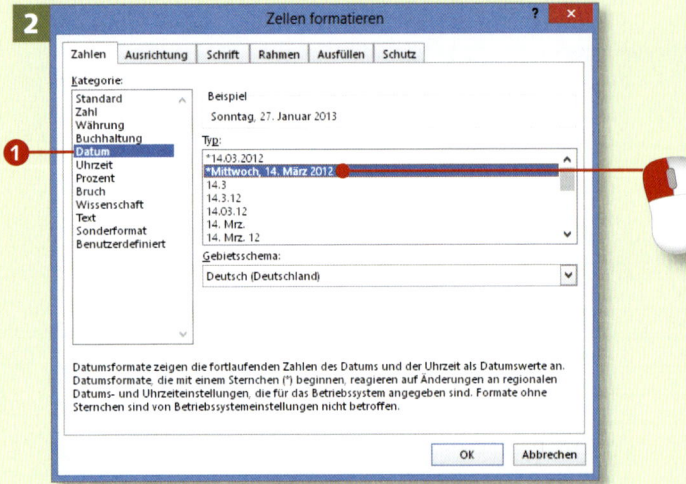

Schritt 2

Im Dialogfenster **Zellen formatieren** klicken Sie unter **Kategorie** auf **Datum** ➊. Rechts wählen Sie dann eine Datumsdarstellung.

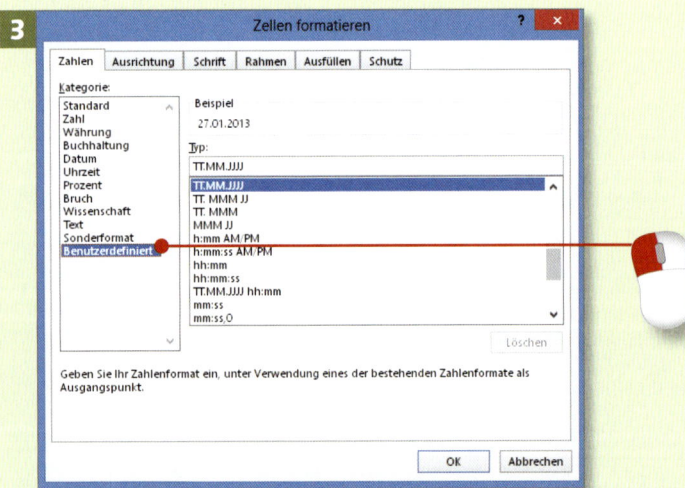

Schritt 3

Sie können die Datumsformate nicht nur in der Kategorie **Datum** wählen. In der Kategorie **Benutzerdefiniert** finden Sie viele speziellere Formate und können auch selbst welche anlegen.

Schritt 4

Bereiten Sie eine Tabelle vor: In die Zellen B2:B9 übernehmen Sie mögliche Formatierungen, z. B. *TTTT* für eine ausgeschriebene Tagesangabe (»Montag«), *TTT* für die gängige Abkürzung (»Mo«) etc. In C2:C9 tragen Sie jeweils den absoluten Bezug auf Zelle A2 ein: »=$A$2«.

Schritt 5

Markieren Sie nun zuerst die Zelle C2. Um sie mit dem Format *TTTT* zu versehen, wählen Sie erneut den Befehl **Zellen formatieren** aus dem Kontextmenü. In der Kategorie **Benutzerdefiniert** tragen Sie dann »TTTT« ❷ unter **Typ** ein. Wenn Sie auf **OK** klicken, wird Ihr Format für die markierte Zelle übernommen.

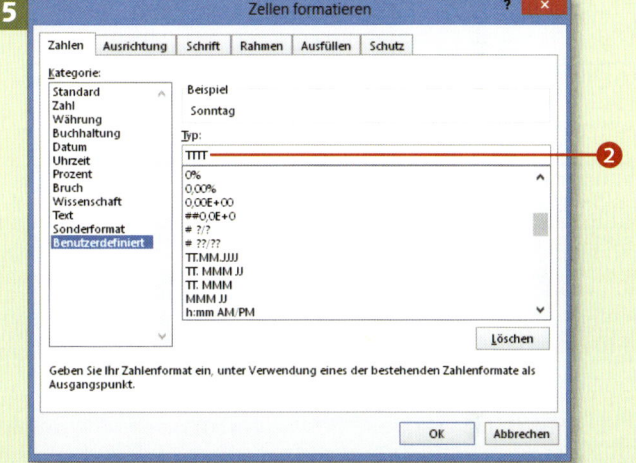

Schritt 6

Auf die gleiche Art und Weise können Sie nun auch die Zellen C3:C9 mit verschiedenen Datumsformaten versehen. Auch Kombinationen von Formaten sind möglich. Für Zelle C10 wurde z. B. das Format *TTTT, TT. MMMM JJJJ* vergeben.

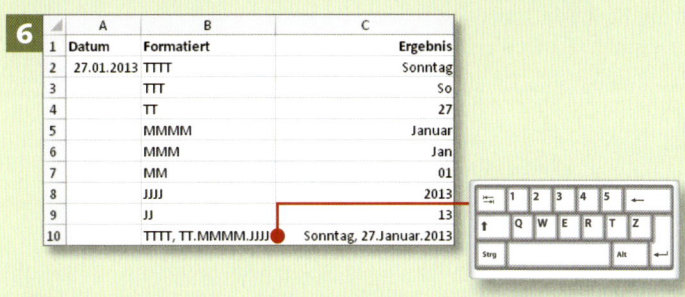

Sie sehen nur Rauten?

Keine Panik, falls Ihnen in der Zelle C10 nur Rauten angezeigt werden: Verbreitern Sie die Spalte einfach etwas, dann kann das ganze Datum angezeigt werden.

Datum & Uhrzeit – Jahre, Monate, Tage (Forts.)

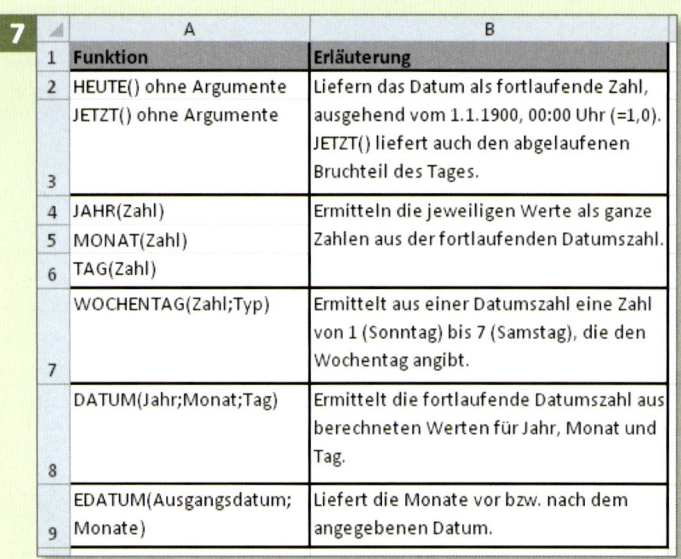

	A	B
1	**Funktion**	**Erläuterung**
2–3	HEUTE() ohne Argumente JETZT() ohne Argumente	Liefern das Datum als fortlaufende Zahl, ausgehend vom 1.1.1900, 00:00 Uhr (=1,0). JETZT() liefert auch den abgelaufenen Bruchteil des Tages.
4	JAHR(Zahl)	Ermitteln die jeweiligen Werte als ganze
5	MONAT(Zahl)	Zahlen aus der fortlaufenden Datumszahl.
6	TAG(Zahl)	
7	WOCHENTAG(Zahl;Typ)	Ermittelt aus einer Datumszahl eine Zahl von 1 (Sonntag) bis 7 (Samstag), die den Wochentag angibt.
8	DATUM(Jahr;Monat;Tag)	Ermittelt die fortlaufende Datumszahl aus berechneten Werten für Jahr, Monat und Tag.
9	EDATUM(Ausgangsdatum; Monate)	Liefert die Monate vor bzw. nach dem angegebenen Datum.

Schritt 7

Für Berechnungen stehen Ihnen zahlreiche Funktionen zur Verfügung. Schauen wir uns zunächst die einfachen Datumsfunktionen an, die wir Ihnen im Einzelnen in den nächsten Arbeitsschritten vorstellen werden.

Schritt 8

Wenn Sie in einer Zelle immer automatisch das aktuelle Datum anzeigen wollen, können Sie die Funktion HEUTE() nutzen. Die Funktion JETZT() liefert Ihnen zusätzlich auch die aktuelle Uhrzeit.

	A	B	C
1	27.01.2013	←	=HEUTE()
2	27.1.13 17:44	←	=JETZT()

Schritt 9

Oft benötigen Sie aus der Datumsangabe nur das Jahr, den Monat oder den Tag. Für diese Aufschlüsselung können Sie Formeln nutzen, die jeweils auf Zelle A1 mit dem Datum verweisen:

▶ =JAHR(A1) für die Jahreszahl, hier in der Zelle B4
▶ =MONAT(A1) für den Monat, hier in der Zelle B5
▶ =TAG(A1) für den Tag, hier in der Zelle B6

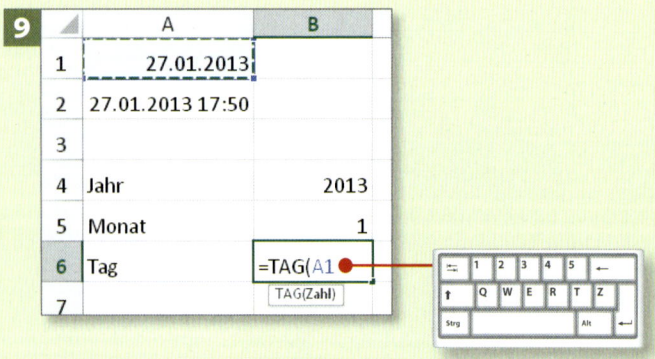

	A	B
1	27.01.2013	
2	27.01.2013 17:50	
3		
4	Jahr	2013
5	Monat	1
6	Tag	=TAG(A1
7		

Schritt 10

Wenn Sie herausfinden wollen, was für ein Tag z. B. der 13.06.2013 war, nutzen Sie die Funktion WOCHENTAG(Zahl;[Typ]). Da die Zählung der Wochentage regional verschieden ist, legen Sie sie über den Typ fest.

Schritt 11

Bestätigen Sie unsere Beispielformel =WOCHENTAG(A1;1) mit ⏎. Sie liefert als Ergebnis 5 zurück, d. h., der Tag war der fünfte Tag der Woche. Da wir mit der Zählung bei Sonntag beginnen, war der 13.06. also ein Donnerstag.

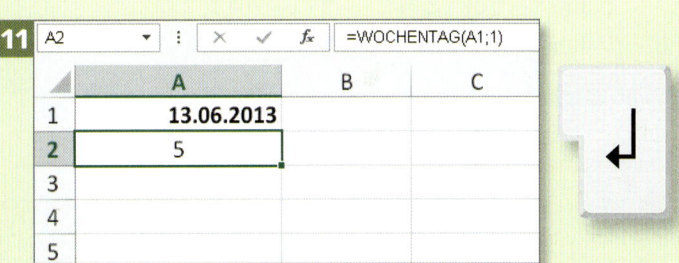

Schritt 12

Aus den Angaben zu Jahr, Monat und Tag lässt sich wiederum ein Datum erzeugen, indem Sie die Funktion DATUM(Jahr;Monat;Tag) einsetzen. Um diese Funktion auszuprobieren, geben Sie in die Zelle B1 einen Tag, in die Zelle B2 einen Monat und in die Zelle B3 ein Jahr ein. Die Formel =DATUM(B3;B2;B1) ergibt dann den 12.05.2013.

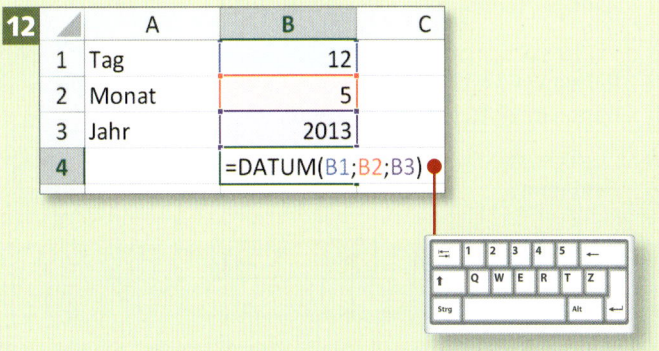

Wochentag als Text

Wollen Sie den Wochentag aus Schritt 11 direkt als Text sehen, verwenden Sie die Formel =TEXT(A1;"TTTT").

Datum & Uhrzeit – Jahre, Monate, Tage (Forts.)

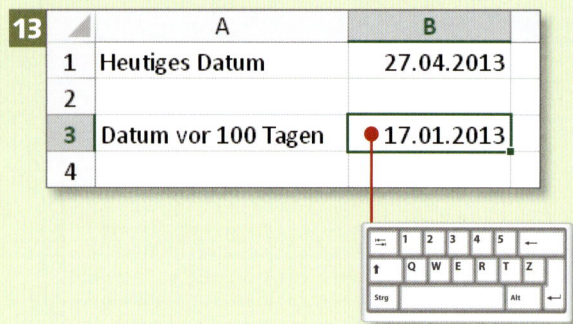

Schritt 13

Lassen Sie uns nun einige Rechnungen ausprobieren. Finden Sie z. B. das Datum heraus, das 100 Tage vor dem aktuellen liegt. In unserem Beispiel erhalten Sie diese Information, wenn Sie »=B1-100« in die Zelle B3 eintragen und ↵ drücken.

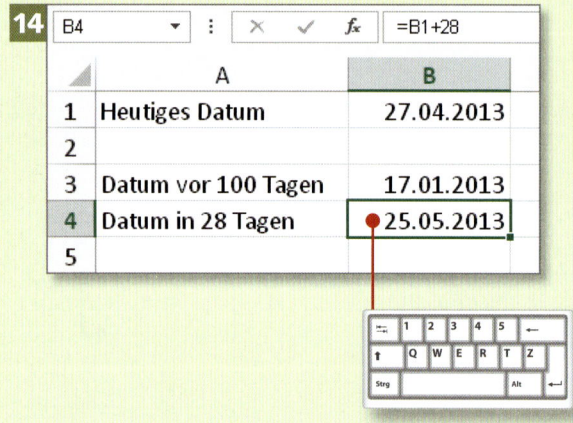

Schritt 14

Die Bücher aus der Bibliothek müssen in vier Wochen zurückgegeben werden, daher interessiert Sie das Datum in 28 Tagen. Die Formel, die Sie dafür in die Ergebniszelle B4 eintragen müssen, lautet =B1+28.

Schritt 15

Heiligabend ist nicht mehr lange hin. Aber wie viele Tage haben Sie wirklich noch Zeit, um die Geschenke zu besorgen? Geben Sie zunächst das Zieldatum in die Zelle B6 ein, also »24.12.2013«, und ziehen Sie davon das aktuelle Datum ab. Die fertige Formel lautet also =B6-B1.

Tagesrechner online

Falls Ihnen Excel einmal nicht zur Verfügung stehen sollte, gibt es Tagesrechner auch im Internet. Geben Sie einfach das entsprechende Suchwort in eine Suchmaschine ein.

Schritt 16

Sie können auch monatsweise rechnen. Dazu bietet sich die Funktion EDATUM(Ausgangsdatum;Monate) an. Sie gibt das Datum zurück, das eine bestimmte Anzahl von Monaten vor bzw. nach einem Ausgangsdatum liegt. Geben Sie in die Zelle A2 ein Ausgangsdatum ein.

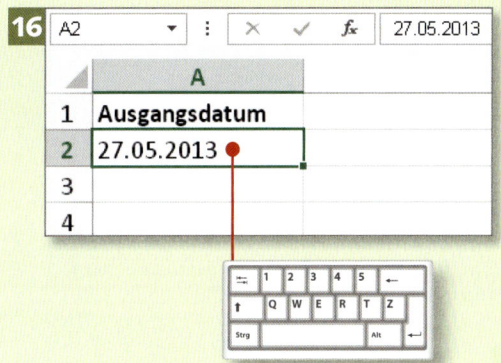

Schritt 17

Geben Sie nun die entsprechenden Formeln ein:

▸ Zelle A5: =EDATUM(A2;1)
▸ Zelle A6: =EDATUM(A2;-1)
▸ Zelle A7: =EDATUM(A2;2)
▸ Zelle A8: =EDATUM(A2;-7)

Wenn Sie ⏎ drücken, sehen Sie das Ergebnis als Zahl.

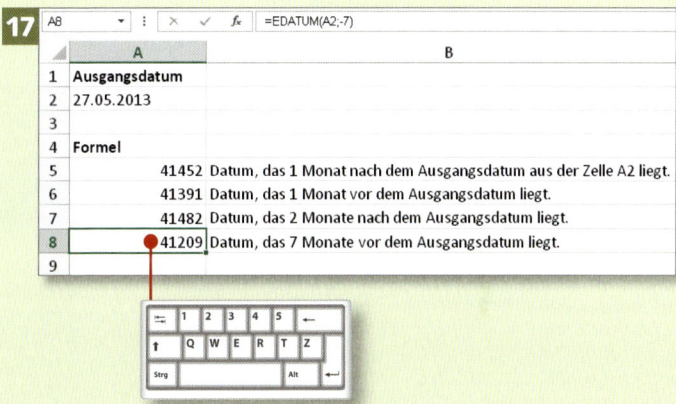

Schritt 18

Markieren Sie die Zellen A5:A8, und stellen Sie im Register **Start** in der Gruppe **Zahl** das Format **Datum, kurz** ein, um sich die Daten im richtigen Format anzeigen zu lassen.

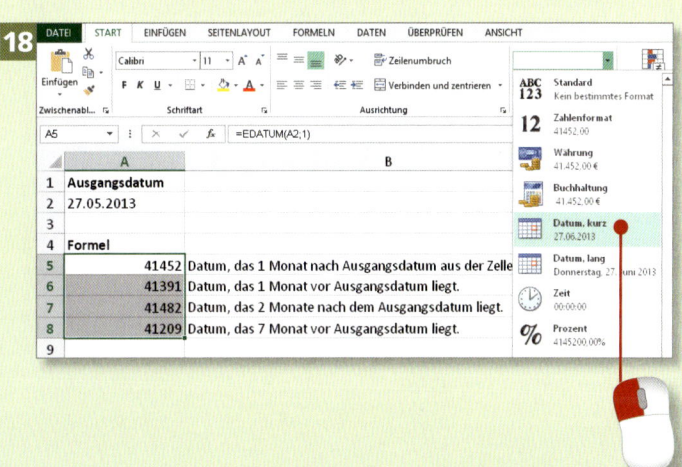

> **Datumsfunktion nutzen**
>
> Verwenden Sie als Ausgangsdatum nicht das konkrete Datum, sondern die Funktion =HEUTE(), um Ihre Berechnungen stets aktuell zu halten.

Datum & Uhrzeit – Arbeitstage

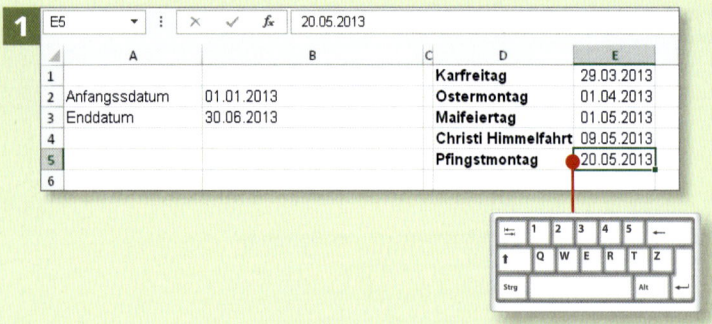

Auch Berechnungen der Arbeitstage sind wichtig. Nicht zu den Arbeitstagen gezählt werden Wochenenden und Feiertage.

Schritt 1

Bereiten Sie zunächst eine Tabelle vor. Geben Sie, wie im Bild zu sehen, das Anfangs- und das Enddatum des Zeitraums ein, den Sie betrachten wollen, sowie die Feiertage, die in dieser Zeit anstehen.

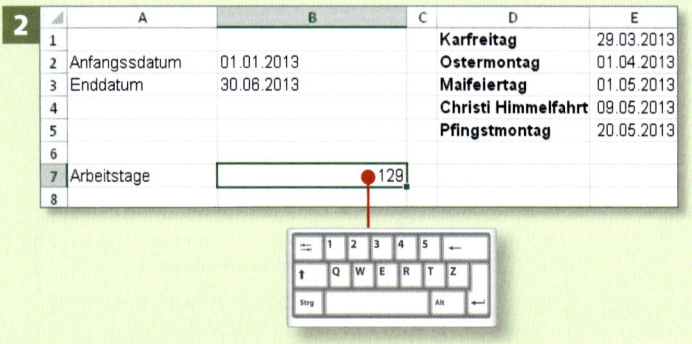

Schritt 2

Um herauszufinden, wie viele Arbeitstage im Zeitraum vom 01.01.2013 bis zum 30.06.2013 liegen, geben Sie »=NETTOARBEITSTAGE(B2;B3)« in die Zelle B7 ein. Wenn Sie ⏎ drücken, werden 129 Arbeitstage ausgewiesen, also alle Tage im Zeitraum abzüglich der Wochenenden.

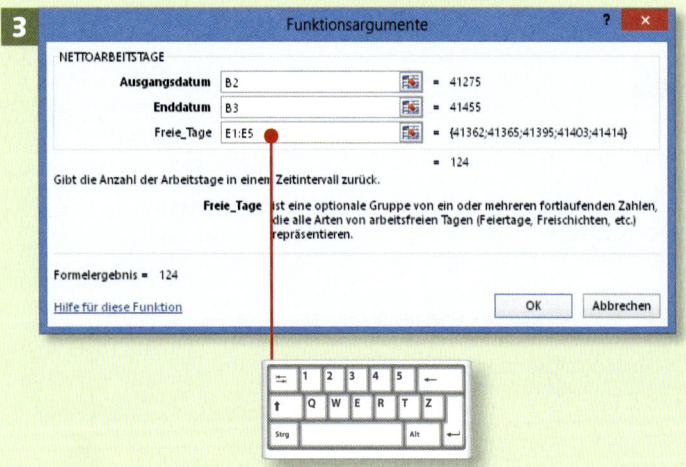

Schritt 3

Um noch die Feiertage herauszurechnen, öffnen Sie den Funktionsassistenten über die Schaltfläche **fx**. Geben Sie im Feld **Freie_Tage** den Bereich an, in den Sie in Schritt 1 die Feiertage eingetragen hatten, hier also E1:E5.

Schritt 4

Excel »denkt« in jedem Fall mit: Fällt der 1. Mai auf einen Sonntag, würden in unserer Rechnung statt fünf nur vier Feiertage beachtet. Das Ergebnis sehen Sie in der Zelle B8.

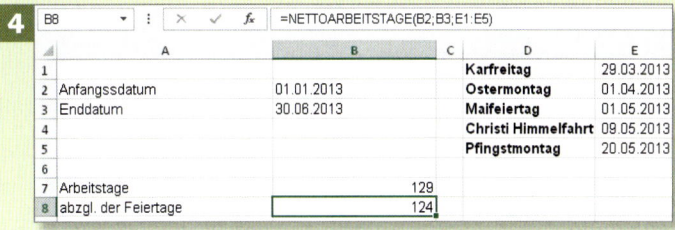

Schritt 5

Lassen Sie uns eine weitere Rechnung anstellen. Sie haben für ein Projekt eine Dauer von 100 Arbeitstagen vereinbart. Das Projekt beginnt am 01.01.2013, und Sie möchten nun wissen, wann genau es beendet sein wird. Geben Sie »=ARBEITSTAG(B2;B10)« in die Zelle B11 ein, und drücken Sie ⏎.

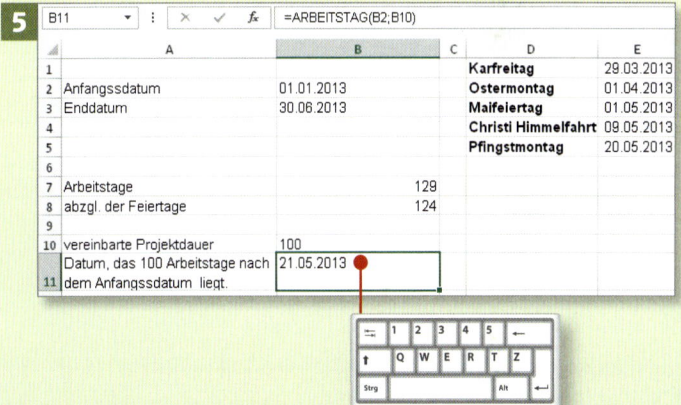

Schritt 6

Auch bei dieser Rechnung müssen die Feiertage einkalkuliert werden, daher nutzen Sie wie zuvor erneut den Funktionsassistenten ❶. Die Formel lautet so: =ARBEITSTAG(B2;B10;E1:E5). Dadurch verschiebt sich das Ende des Projekts auf den 28.05.2013.

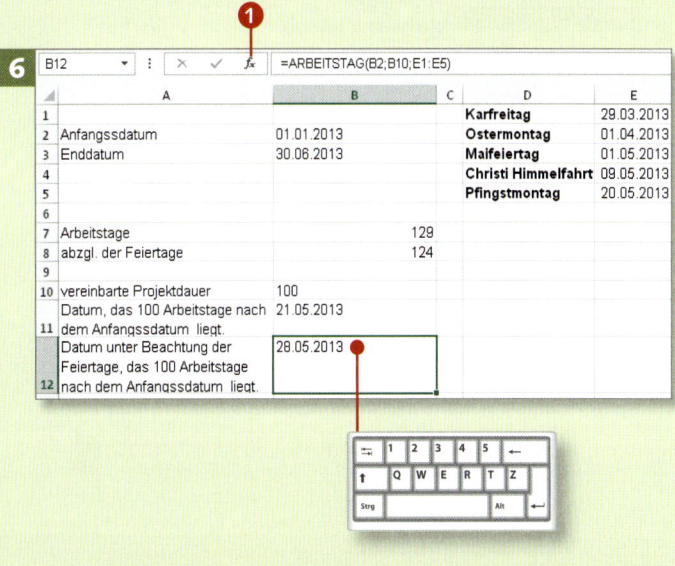

Feiertage

Sie müssen Feiertage nicht selbst in eine Excel-Tabelle eintragen. Suchen Sie im Internet nach »Feiertage« und »CSV« und laden Sie die entsprechende CSV-Datei herunter, die Sie in Excel öffnen können.

Datum & Uhrzeit – Datumsrechnereien

In diesem Abschnitt erstellen wir zunächst eine anpassbare Feiertagsliste. Im Anschluss daran lernen Sie, wie Sie wichtige Jubiläen berechnen.

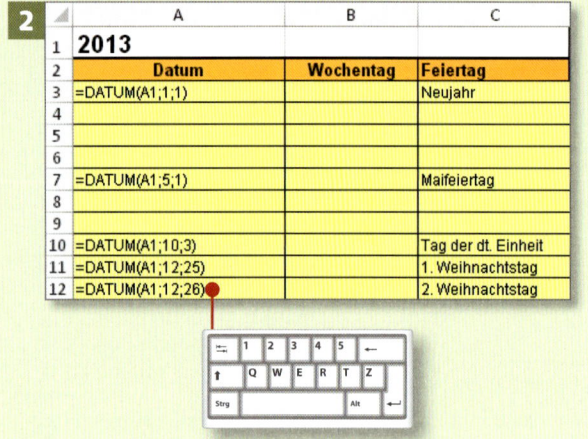

Schritt 1

Wir werden nun eine Feiertagsliste gestalten, die sich für verschiedene Jahre nutzen lässt. Bereiten Sie eine Tabelle vor, und gestalten Sie sie nach Ihren Wünschen. Dann tragen Sie in der Zelle A1 das aktuelle Jahr ein.

Schritt 2

Einige Feiertage fallen immer auf ein festes Datum, z. B. der Tag der Deutschen Einheit, die Weihnachtsfeiertage sowie Neujahr. Geben Sie also die passenden Formeln in die Zellen für die feststehenden Daten ein.

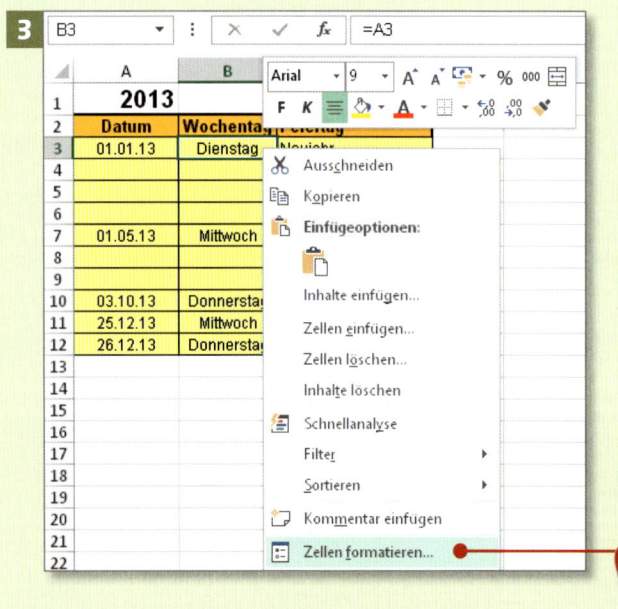

Schritt 3

Um den entsprechenden Wochentag zuzuordnen, geben Sie »=A3« in die Zelle B3 ein, und vervielfältigen Sie sie mit der Autoausfüllen-Funktion. Markieren Sie dann die Zellen B3:B12, und klicken Sie im Kontextmenü auf **Zellen formatieren**. Im Dialogfenster wählen Sie unter **Benutzerdefiniert** den Typ *TTTT*.

Schritt 4

Da alle anderen Feiertage ausgehend von Ostersonntag berechnet werden, brauchen wir zuerst dieses Datum. Die *Gaußsche Osterformel* erlaubt die Berechnung des Osterdatums für das jeweilige Jahr, das bei uns in der Zelle A1 steht. Geben Sie also exakt folgende Formel in die Zelle A5 ein:
»=DM((TAG(MINUTE(A1/38)/2+55)&".4."&A1)/7;)*7-6«.

Schritt 5

Nun brauchen wir noch die restlichen Feiertage. Karfreitag liegt immer zwei Tage vor Ostern, also geben Sie »=A5-2« in die Zelle A4 ein. Der Rest geht so:

▶ Ostermontag: =A5+1
▶ Christi Himmelfahrt: =A5+39
▶ Pfingstmontag: =A5+50

Schritt 6

Fertig ist der dynamische Kalender! Sie können ihn nun testen, indem Sie in die Zelle A1 verschiedene Jahreszahlen eingeben, z. B. »2016«, wie in der nebenstehenden Abbildung zu sehen.

Datum & Uhrzeit – Datumsrechnereien (Forts.)

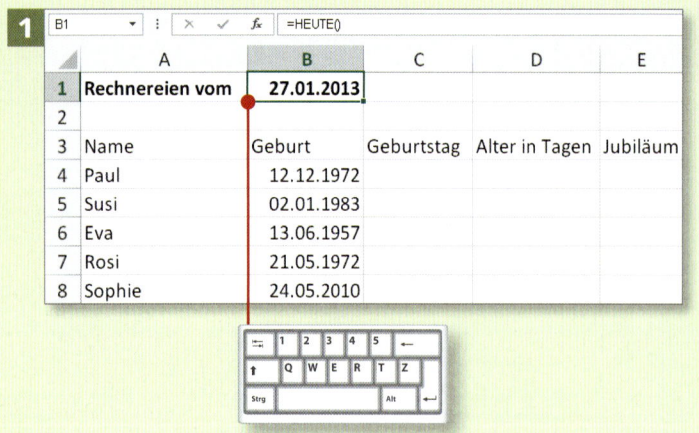

Schritt 7

In der nächsten Beispielrechnung geht es um Festtage unserer Freunde und Verwandten. Erfassen Sie zunächst die Texte für die Überschriften sowie verschiedene Geburtstage. In die Zelle B1 geben Sie die Formel für das aktuelle Datum ein: =HEUTE(). Auf diese Art sind Sie beim Öffnen der Tabelle immer auf dem aktuellen Stand.

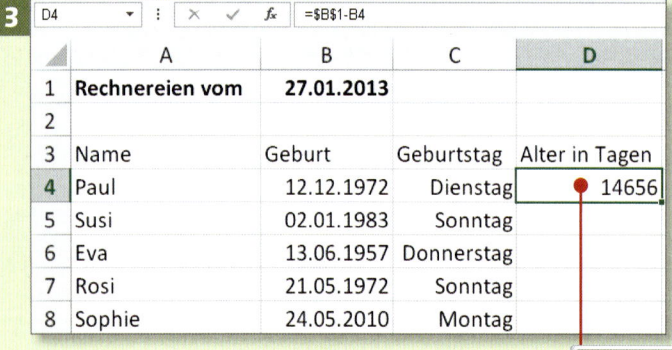

Schritt 8

Den Wochentag der Geburt finden Sie so heraus: Geben Sie z. B. in die Zelle C4 »=B4« ein, und formatieren Sie die Zelle mit dem Datumsformat *TTTT*. Die anderen Zellen füllen Sie mithilfe der Autoausfüllen-Funktion.

Schritt 9

Pauls Alter in Tagen berechnen Sie, indem Sie sein Geburtsdatum vom aktuellen Datum abziehen. Vergessen Sie nicht, den Verweis auf das aktuelle Datum vor dem Autoausfüllen als absolut zu formatieren. Die Formel lautet also =$B$1-B4.

Schritt 10

Es kann nicht genug Anlässe für Feiern mit seinen Liebsten geben. Wie wäre es z. B., Paul zu 15.000 Tagen auf dieser Welt zu gratulieren? Geben Sie dazu »15000« in die Zelle E4 ein. Für andere Freunde oder Verwandte können Sie sich andere Jubiläen ausdenken.

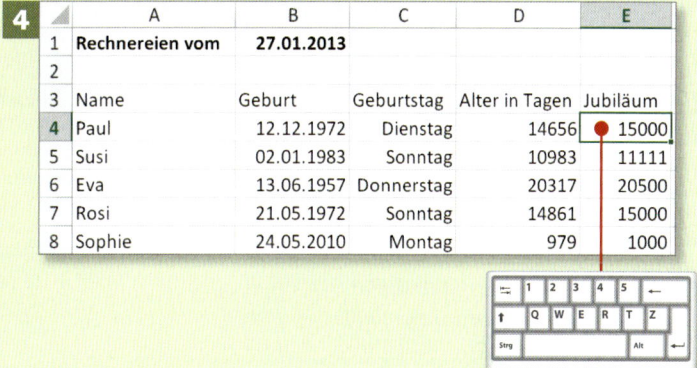

Schritt 11

Nun wollen wir das Datum errechnen, auf das das Jubiläum fällt. Addieren Sie dazu in der Zelle F4 das Geburtsdatum und die Jubiläumstage, hier also mithilfe der Formel =B4+E4.

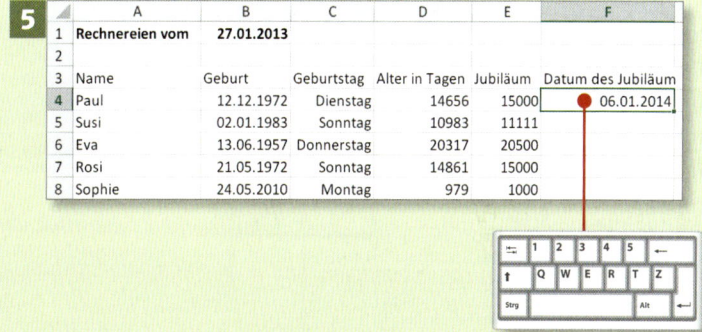

Schritt 12

Sie können die Tabelle natürlich noch nach Ihren Wünschen gestalten (siehe Kapitel 4, »Tabellen professionell gestalten«, ab Seite 80). Markieren Sie dazu den Bereich, und klicken Sie auf dem Register **Start** in der Gruppe **Formatvorlagen** auf **Als Tabelle formatieren**. Wir haben hier das Tabellenformat **Mittel 14** verwendet. Über die hinzugekommenen Filterpfeile können Sie Ihre Ergebnisse sortieren und filtern.

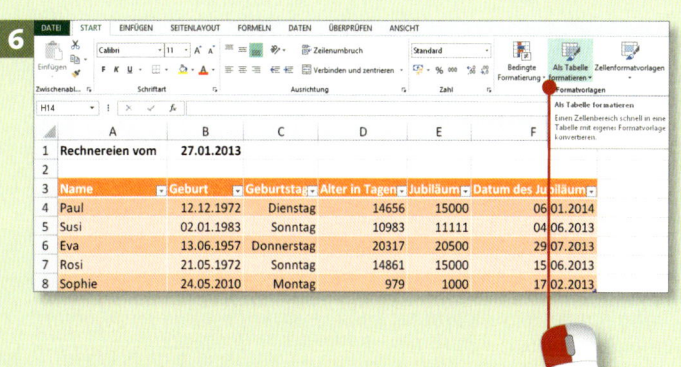

Datum & Uhrzeit – eine Geburtstagsliste

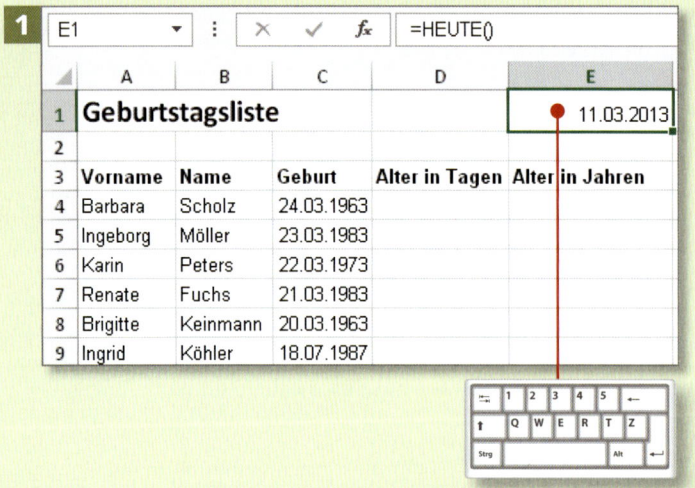

In diesem Abschnitt erstellen Sie eine Übersicht, die die Geburtstage Ihrer Freunde und Bekannten einschließlich ihres aktuellen Alters enthält.

Schritt 1

Erfassen Sie zunächst die Namen und Geburtstage Ihrer Liebsten. In der Zelle E1 stellen Sie mithilfe der Formel =HEUTE() das aktuelle Datum dar.

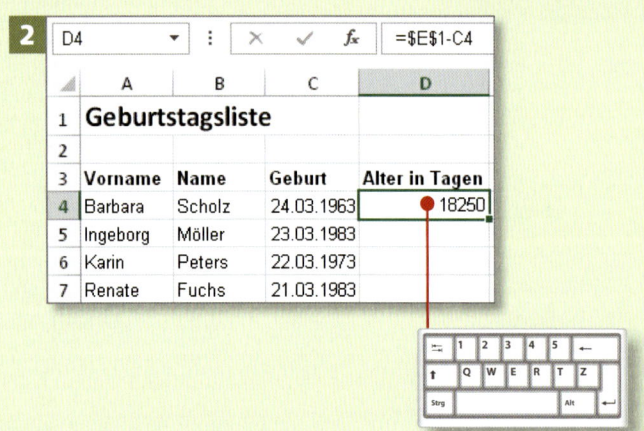

Schritt 2

Um das Alter in Tagen zu berechnen, brauchen wir die Differenz zwischen dem aktuellen Datum und dem Geburtsdatum. Tragen Sie dafür folgende Formel in die Zelle D4 ein: »=$E$1-C4«. Nach der Eingabe der Formel werden durch Autoausfüllen die Formeln für die weiteren Personen ausgefüllt.

Schritt 3

Sinnvoller wäre es jedoch, das Alter in Jahren zu kennen. Es lässt sich über folgende Formel ermitteln: =DATEDIF(Startdatum; Enddatum; "Einheit"). Tragen Sie also »=DATEDIF(C4;E1;"Y")« in die Zelle E4 ein. Dies funktioniert zunächst nicht mit Autoausfüllen.

Schritt 4

Bevor die Formel in die nächsten Zellen kopiert werden kann, müssen Sie noch den Zellbezug für das aktuelle Datum als absolut kennzeichnen: =DATEDIF(C4;$E$1;"Y"). Anschließend können Sie Excel das Alter in Jahren für alle anderen Personen automatisch ausfüllen lassen, indem Sie das Ausfüllkästchen nach unten ziehen.

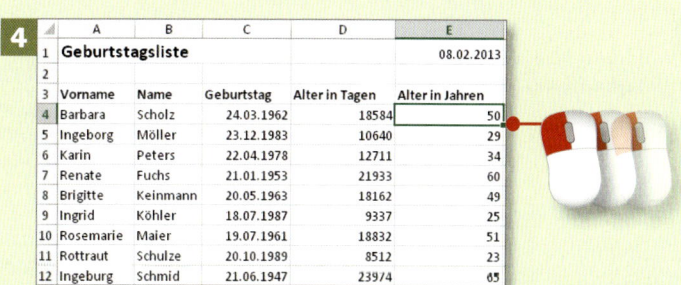

Schritt 5

Nun wollen wir den Wochentag herausfinden, auf den der Geburtstag jeweils fällt. Zuerst nutzen Sie dafür die Datumsfunktion: DATUM(Jahr;Monat;Tag). Für das Jahr geben Sie das aktuelle Datum an (Zelle E1), für Monat und Tag das jeweilige Geburtsdatum (Zelle C4): »=DATUM(JAHR(E1);MONAT(C4);TAG(C4))«.

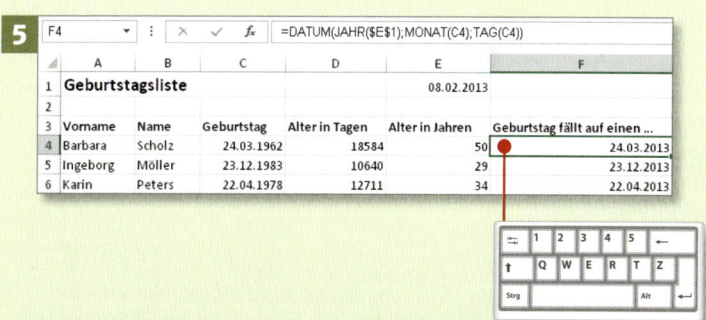

Schritt 6

Wir wollen aber wissen, auf welchen Wochentag der Geburtstag fällt. Das können Sie über die Formatierung realisieren. Über das Kontextmenü wählen Sie den Befehl **Zellen formatieren**. In der Kategorie **Benutzerdefiniert** tragen Sie Ihr Wunschformat ein: »TTTT«. Bestätigen Sie es mit **OK**.

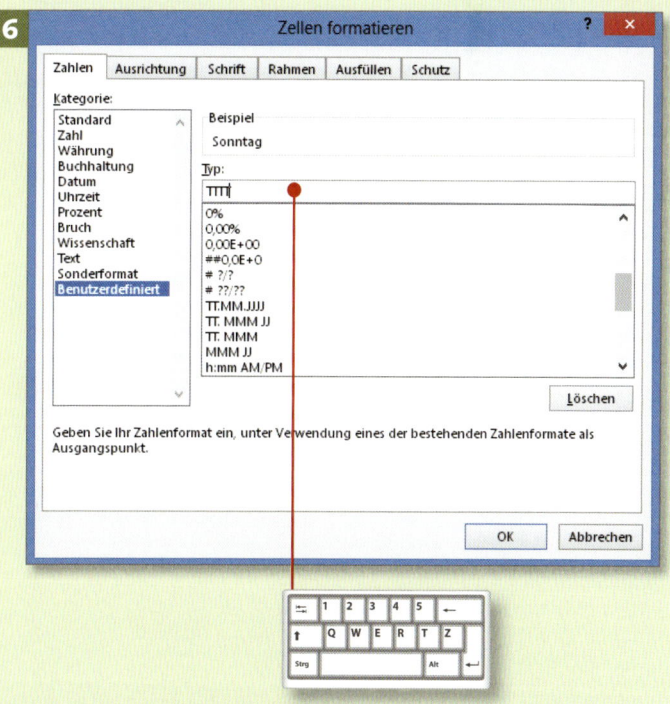

Datum & Uhrzeit – eine Geburtstagsliste (Forts.)

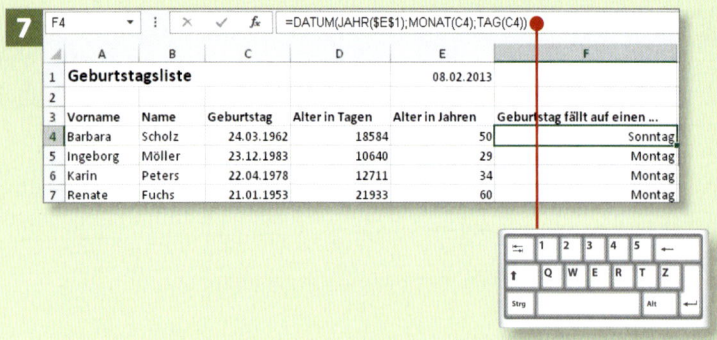

Schritt 7

Nun zeigt Excel Ihnen den Wochentag an, auf den der Geburtstag im jeweiligen Jahr fällt. Bevor die Formel über Autoausfüllen vervielfältigt wird, kennzeichnen Sie den Zellbezug für das aktuelle Datum als absolut: »=DATUM(JAHR($E$1); MONAT(C4);TAG(C4))«.

Schritt 8

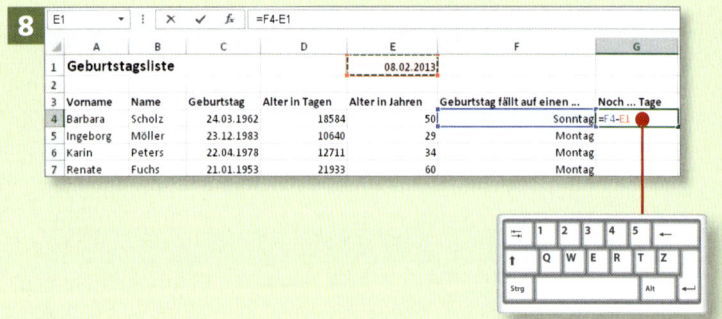

In der Spalte G soll zu guter Letzt noch angezeigt werden, wie lange es noch bis zum nächsten Geburtstag dauert. Dazu ziehen Sie den Geburtstag in diesem Jahr (Zelle F4) vom aktuellen Datum (Zelle E1) ab: =F4-E1.

Schritt 9

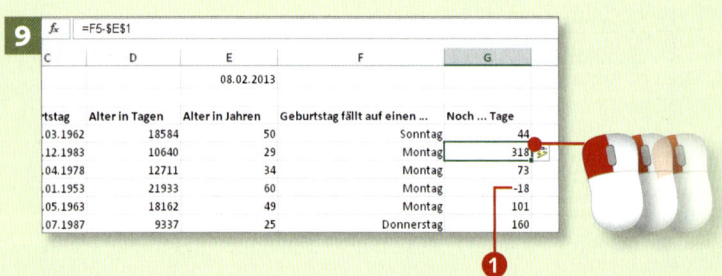

Kennzeichnen Sie die Zelle E1 als absolut, bevor Sie die Formel speichern: »=F5-$E$1«. Der Ausfüllmodus füllt die fehlenden Formeln automatisch aus. Ein Minus vor der Zahl zeigt an, dass der Geburtstag bereits vorbei ist – Renate (Zeile 7) hatte also bereits vor 18 Tagen ❶ Geburtstag.

Schritt 10

Markieren Sie Ihre Tabelle, und weisen Sie ihr über die Schaltfläche **Als Tabelle formatieren** in der Gruppe **Formatvorlagen** ein Format zu. Wir verwenden im Beispiel das Format **Mittel 4**.

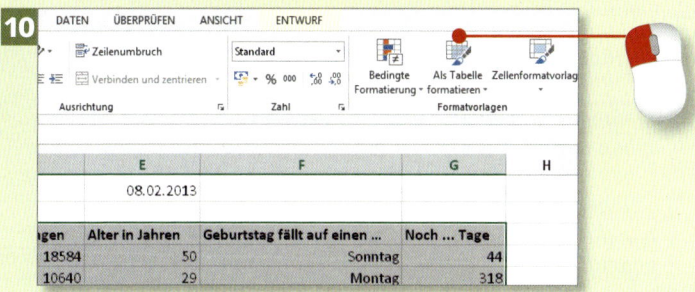

Schritt 11

Nun werden rechts neben den Überschriften Pfeile angezeigt. Mit ihrer Hilfe können Sie die Liste ganz einfach sortieren. Klicken Sie auf den Pfeil, und wählen Sie aus dem Menü **Zahlenfilter** die Option **Größer als**.

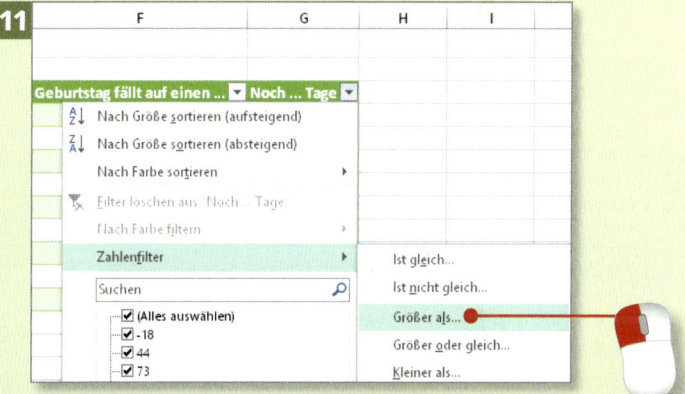

Schritt 12

Im Dialogfenster geben Sie »0« in das Feld **ist größer als** ein und klicken dann auf **OK**. So werden in der Tabelle nur noch die Geburtstage eingeblendet, die im aktuellen Jahr anstehen. Neben dem Pfeil zeigt ein Symbol an, dass hier ein Filter gesetzt wurde.

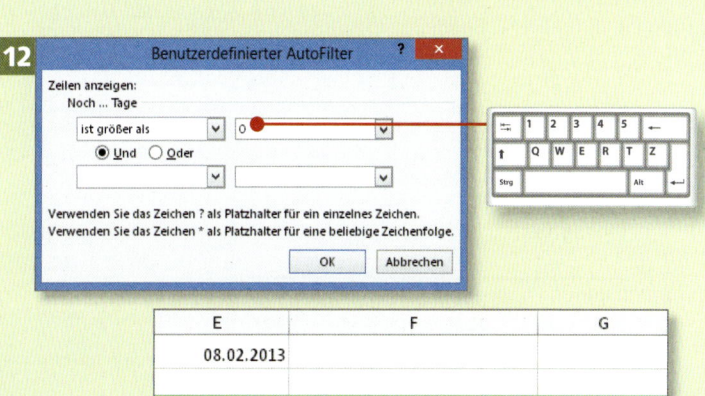

✚ Vorlagen nutzen

Wenn Sie eine Geburtstagsliste benötigen, aber nicht ganz bei Null anfangen möchten, suchen Sie in den Vorlagen nach »Geburtstagsliste«.

Datum & Uhrzeit – Zeitberechnungen

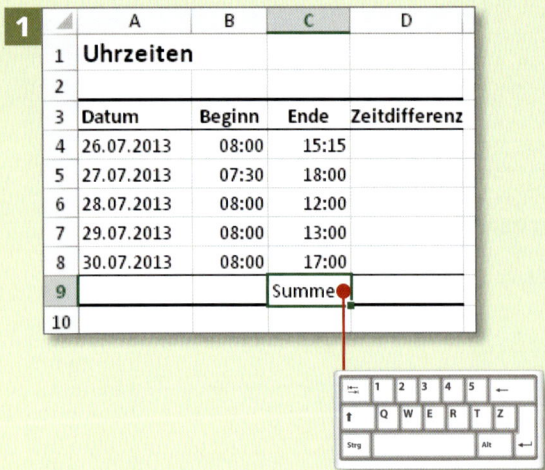

Beim Rechnen mit Zeitangaben gibt es ein paar Besonderheiten, die wir in diesem Abschnitt betrachten werden.

Schritt 1

Uhrzeiten werden im Format *hh:mm* eingegeben. Bereiten Sie ein entsprechendes Beispiel vor, wie es in der nebenstehenden Abbildung zu sehen ist.

Schritt 2

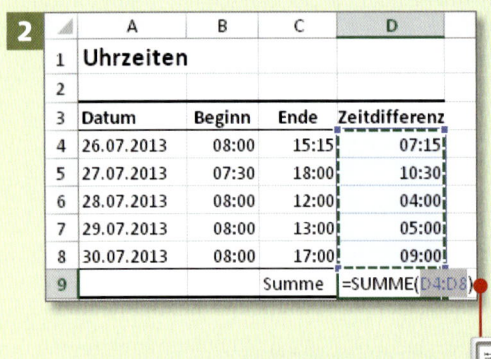

Auch Zeitangaben lassen sich addieren und subtrahieren. Berechnen Sie die Differenzen, indem Sie in die Zelle D4 »=C4-B4« eingeben und sie in die darunterliegenden Zellen kopieren. Zum Schluss berechnen Sie die Summe aller Differenzen in der Zelle D9: =SUMME(D4:D8).

Schritt 3

Was sonst sehr praktisch ist, ist hier leider hinderlich: Das Ergebnis in der Zelle D9 ist falsch, weil Excel beim Erreichen von 24 Stunden automatisch wieder bei 0 zu zählen beginnt. Die Summe wird also als Uhrzeit angezeigt. Ähnlich ist es bei Minutenangaben: Hier fängt Excel beim Erreichen von 60 Minuten wieder bei 0 an.

Schritt 4

Dieses Problem lösen Sie, indem Sie das Format der Zelle ändern. Markieren Sie die Zelle durch einen Rechtsklick, und wählen Sie aus dem Kontextmenü **Zellen formatieren**.

Schritt 5

Im Register **Zahlen** wählen Sie unter **Kategorie** den Eintrag **Benutzerdefiniert** und rechts dann den Typ *[h]:mm:ss*. Prima – nun wird das Ergebnis in der Zelle D9 exakt angezeigt, nämlich die Summe der Stunden, Minuten und Sekunden.

Schritt 6

Für den nächsten Fall ändern Sie die Beispielzeiten so, dass sie über die Tagesgrenze hinausgehen. Wenn Sie so beispielsweise die Dauer Ihrer Nachtschicht berechnen wollen, liefert die Funktion in der Spalte D Fehlerwerte.

Falsche Berechnungen sehen

Um die fehlerhaften Berechnungen sehen zu können, müssen Sie die Spalte D breiter ziehen.

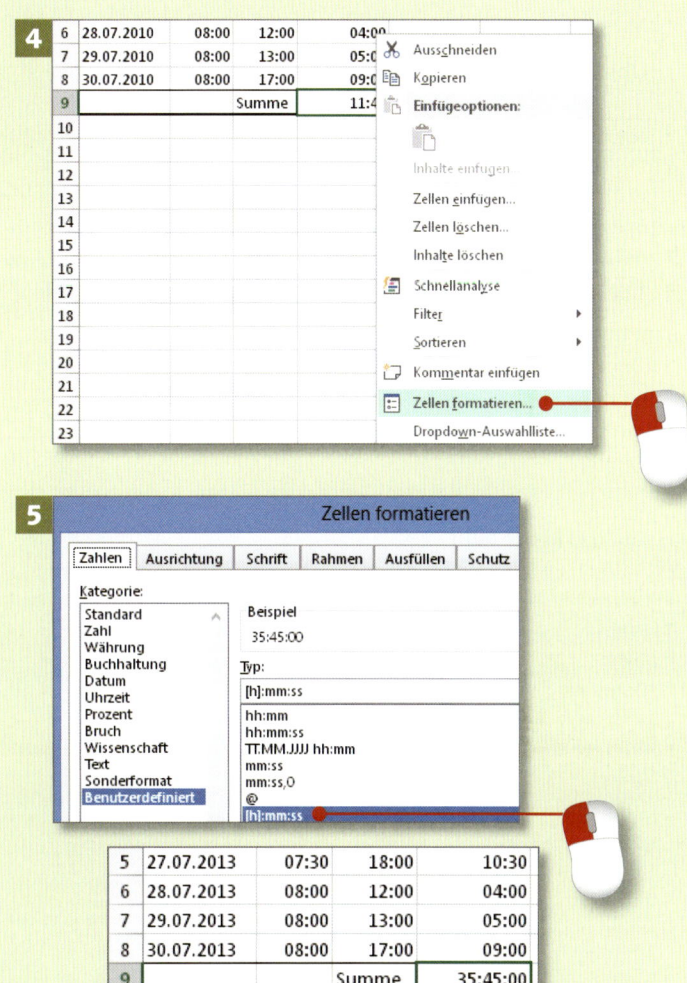

Datum & Uhrzeit – Zeitberechnungen (Forts.)

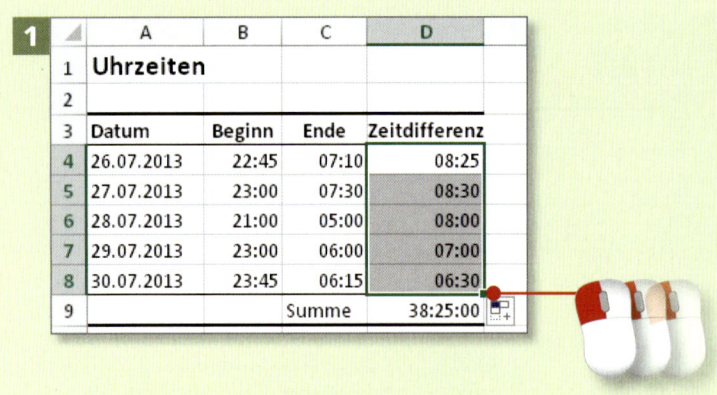

Schritt 7

Verändern Sie die Formel in der Zelle D4 wie folgt: =(1-B4)+C4. Füllen Sie dann die Zellen D5:D8 automatisch aus. Wird eine Tagesgrenze überschritten, berechnet die Formel nun zuerst die Stunden bis 24:00 Uhr und addiert dann die Stunden des neuen Tages.

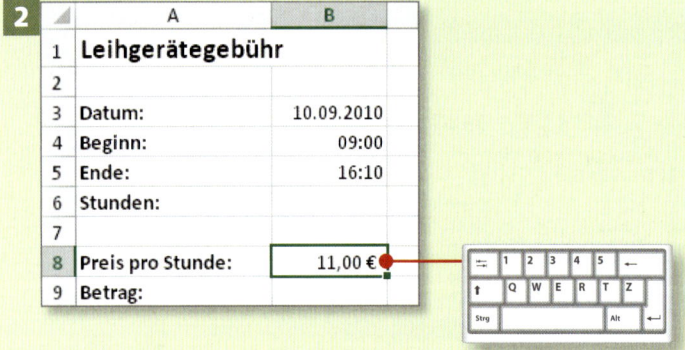

Schritt 8

Möchten Sie bei einer Zeitangabe auf Stunden, Minuten oder Sekunden zurückgreifen, ist das mithilfe der entsprechenden Funktionen möglich. Wir probieren nun die Zeitfunktionen am Beispiel einer Rechnungserstellung für die Leihgerätegebühr aus. Bereiten Sie das Beispiel vor, wie in der nebenstehenden Abbildung zu sehen.

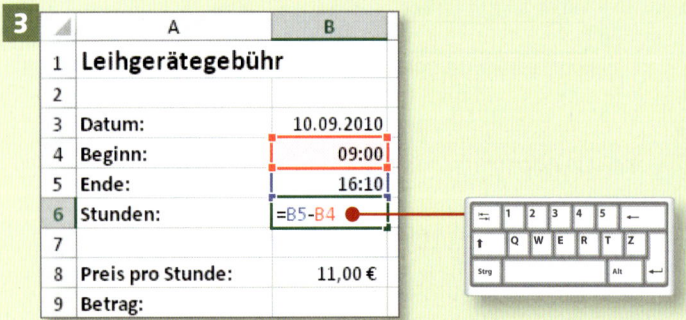

Schritt 9

Die Bezahlung erfolgt pro Stunde; pro jede angefangene Stunde wird die Gebühr für je eine volle Stunde berechnet. Aus der Beginn- und der Endzeit können Sie für die Zelle B6 mit der Formel =B5-B4 die genaue Nutzungszeit von 07:10 ermitteln. Dieser Wert hilft Ihnen aber nicht weiter, da Sie für die Betragsberechnung die Zeit als Zahl benötigen.

Schritt 10

Ermitteln Sie also zunächst Stunden und Minuten, indem Sie die Formel entsprechend ändern: =STUNDE(B5-B4)+MINUTE(B5-B4)/60. Falls Ihr Ergebnis nicht 7,166666667 lautet, hat die Zelle B6 das Zeitformat. Formatieren Sie die Zelle als **Standard**.

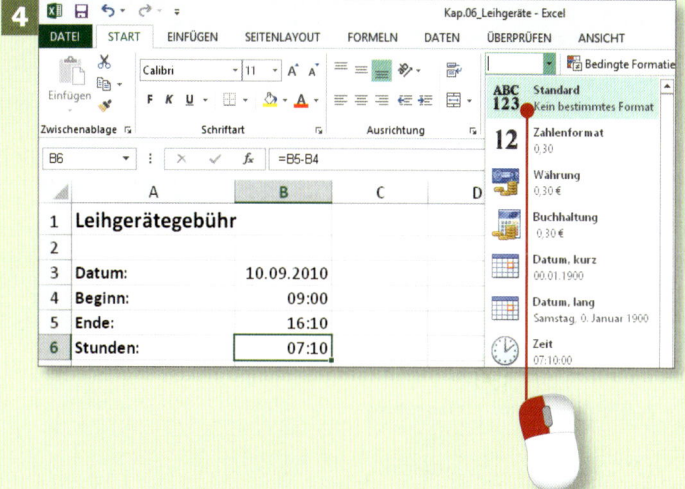

Schritt 11

Nun können Sie das ermittelte Ergebnis auch noch auf ganze Stunden aufrunden. Ändern Sie die Formel in der Zelle B6:
=AUFRUNDEN(STUNDE(B5-B4)+MINUTE(B5-B4)/60;0).

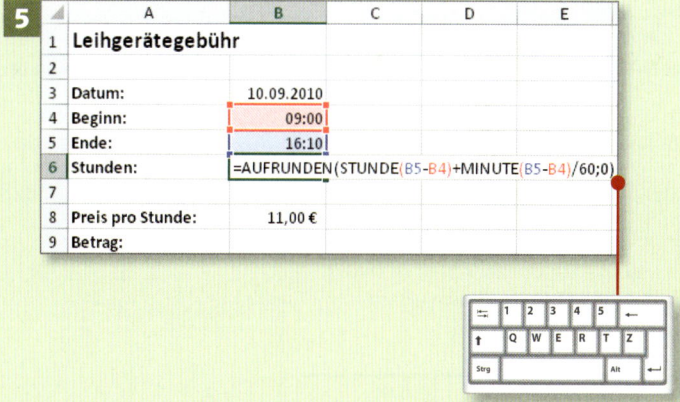

Schritt 12

Die Berechnung der Gebühr ist nun ganz einfach. Geben Sie die Formel »=B6*B8« in die Zelle B9 ein. Das Ergebnis von 88,00 € wird in derselben Zelle angezeigt, wenn Sie ⏎ drücken.

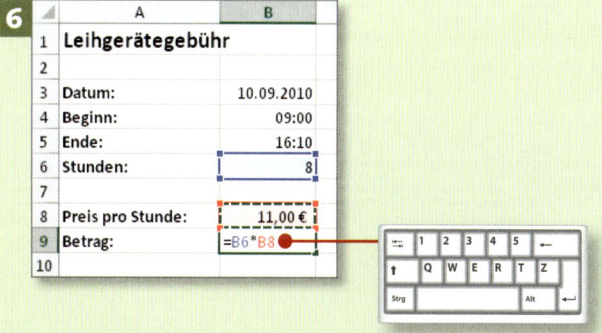

Funktion – ABRUNDEN

Entsprechend der Funktion AUFRUNDEN funktioniert auch die Funktion ABRUNDEN.

Logik – die WENN-Funktion am Beispiel

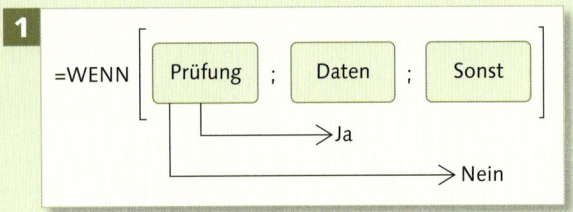

1 =WENN [Prüfung ; Daten ; Sonst]
→ Ja
→ Nein

Die WENN-Funktion gehört zu den Logikfunktionen, die recht häufig in der Praxis eingesetzt werden.

Schritt 1

Die Funktion WENN nutzen Sie, um Prüfungen in Werten und Formeln durchzuführen und je nach Ergebnis über die Folgeaktion zu entscheiden. So können Sie Sachverhalte testen und in Abhängigkeit vom Ergebnis verschiedene Berechnungen durchführen, Texte ausgeben oder auf andere Zellinhalte verweisen.

2

Vergleichsoperator	Bedeutung
=	gleich
>	größer als
<	kleiner als
>=	größer oder gleich
<=	kleiner oder gleich
<>	ungleich

Schritt 2

In einer solchen Prüfung kommen verschiedene Vergleichsoperatoren zum Einsatz. Sie hat folgende Syntax: =WENN(Prüfung;Dann-Wert;Sonst-Wert). Das Resultat der Prüfung ist WAHR (Dann-Wert) oder FALSCH (Sonst-Wert).

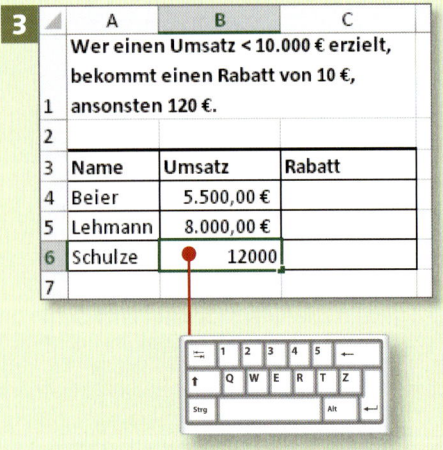

3

	A	B	C
1	Wer einen Umsatz < 10.000 € erzielt, bekommt einen Rabatt von 10 €, ansonsten 120 €.		
2			
3	Name	Umsatz	Rabatt
4	Beier	5.500,00 €	
5	Lehmann	8.000,00 €	
6	Schulze	12000	
7			

Schritt 3

Wir wollen nun mithilfe der Funktion WENN einen Rabatt errechnen, der umsatzabhängig gezahlt wird. Wer weniger als 10.000 € Umsatz macht, bekommt 10 € Rabatt, die anderen 120 €. Bereiten Sie die Tabelle vor, wie im nebenstehenden Bild zu sehen.

Schritt 4

Markieren Sie die Zelle C4; hier wollen Sie das Ergebnis darstellen. Zur Eingabe der Formel öffnen Sie den Funktionsassistenten über die Schaltfläche **fx**. Im Bereich **Kategorie auswählen** wählen Sie die Option **Logik ❶** und unter **Funktion auswählen** WENN. Bestätigen Sie Ihre Wahl mit **OK**.

Schritt 5

Im zweiten Schritt geben Sie als Funktionsargumente folgende Werte ein:
▶ **Prüfung**: B4<10000
▶ **Dann_Wert**: 10
▶ **Sonst_Wert**: 120
Bestätigen Sie Ihre Eingaben erneut mit **OK**.

Schritt 6

Die fertige Formel, =WENN(B4< 10000;10;120), können Sie nun automatisch in die nächsten Zellen übertragen, indem Sie das Ausfüllkästchen mit gedrückter rechter Maustaste über die entsprechenden Zellen ziehen. Das Ergebnis sehen Sie in der nebenstehenden Abbildung.

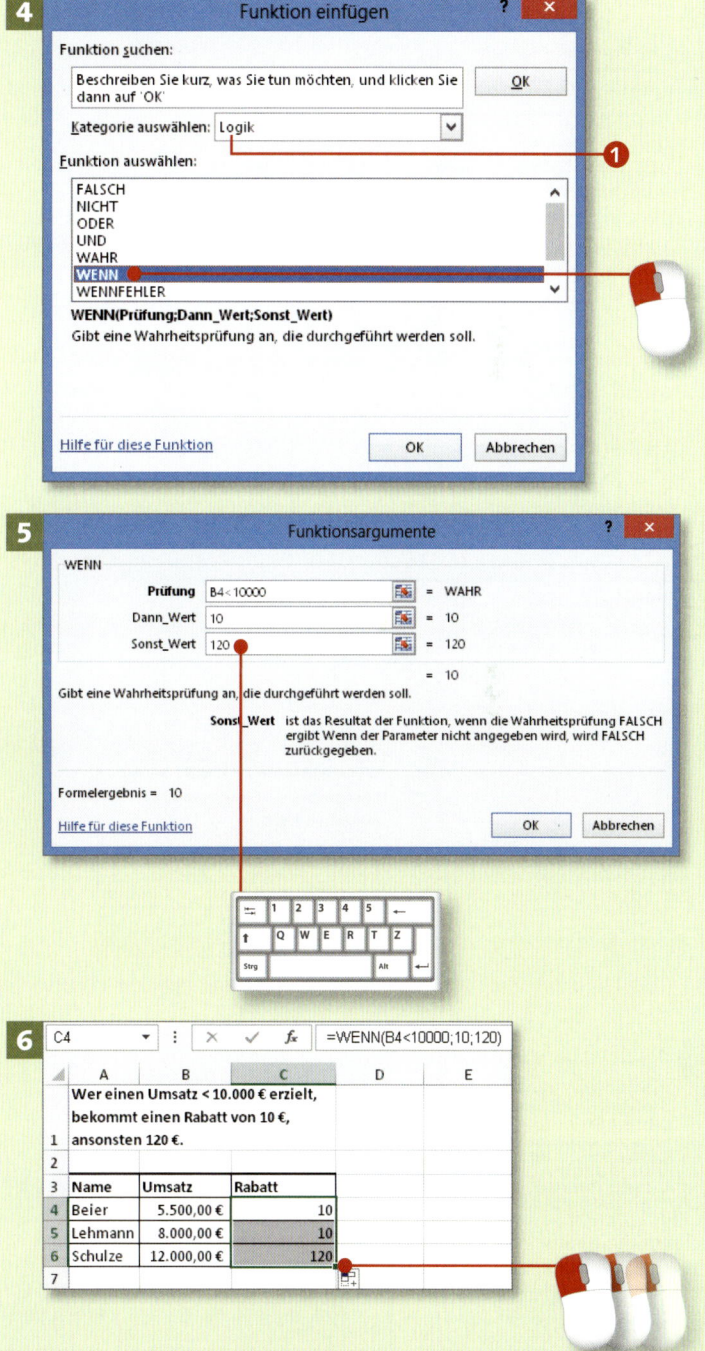

Logik – die WENN-Funktion am Beispiel (Forts.)

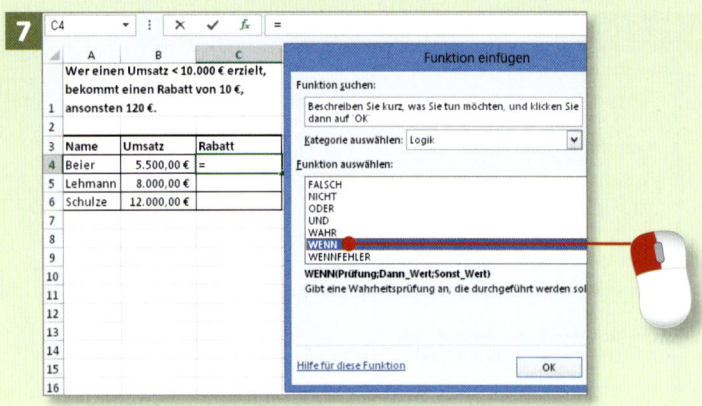

Schritt 7

Im nächsten Beispiel tragen Sie für den Rabatt keinen festen Wert ein, sondern berechnen ihn prozentual. Markieren Sie wie zuvor die Ergebniszelle, öffnen Sie den Funktionsassistenten, wählen Sie die Funktion WENN aus, und bestätigen Sie mit **OK**.

Schritt 8

Im zweiten Schritt des Funktionsassistenten geben Sie die entsprechenden Argumente wie folgt ein:

- ▶ **Prüfung**: B4<10000
- ▶ **Dann_Wert**: 1%*B4
- ▶ **Sonst_Wert**: 5%*B4

Nun bestätigen Sie Ihre Eingaben mit **OK**. Die fertige Formel lautet: =WENN(B4<10000;1%*B4;5%*B4), und in den Zellen wird der zahlbare Rabatt angezeigt.

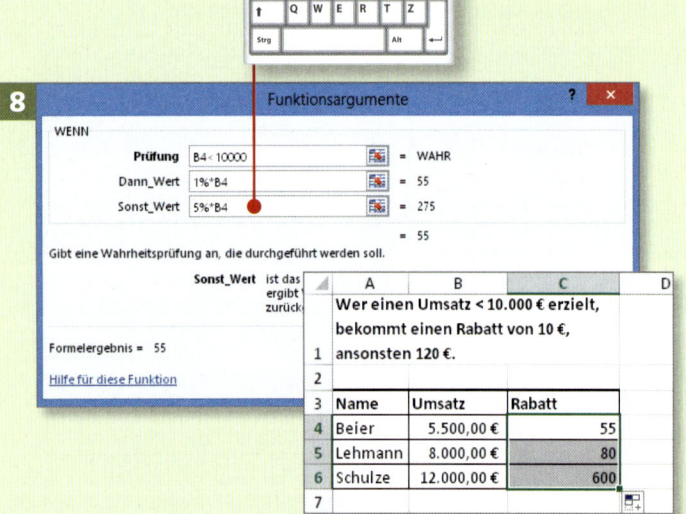

Schritt 9

Nun können Sie in der Spalte D noch einen beschreibenden Text ergänzen. Markieren Sie dazu die Zelle D4, wählen Sie im Funktionsassistenten die Funktion WENN aus, und klicken Sie auf **OK**.

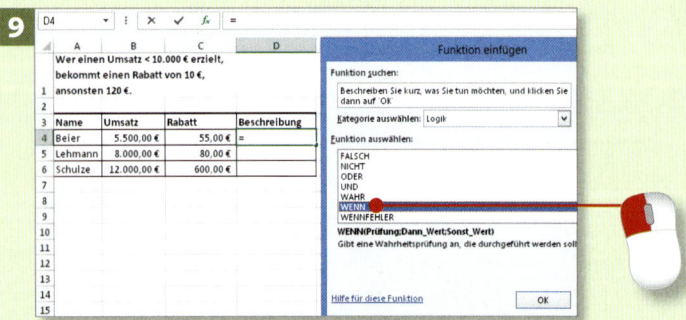

Schritt 10

Im dritten Schritt des Funktionsassistenten geben Sie diesmal die
Beschreibungen als Argumente an.
Die Texte kennzeichnet der Assistent
automatisch durch Anführungszeichen. Bestätigen Sie Ihre Eingaben
mit **OK**. Die fertige Formel können
Sie auf die anderen Zeilen übertragen: =WENN(B4<10000;"leider nur
1 % Rabatt";"super, 5 % Rabatt!").

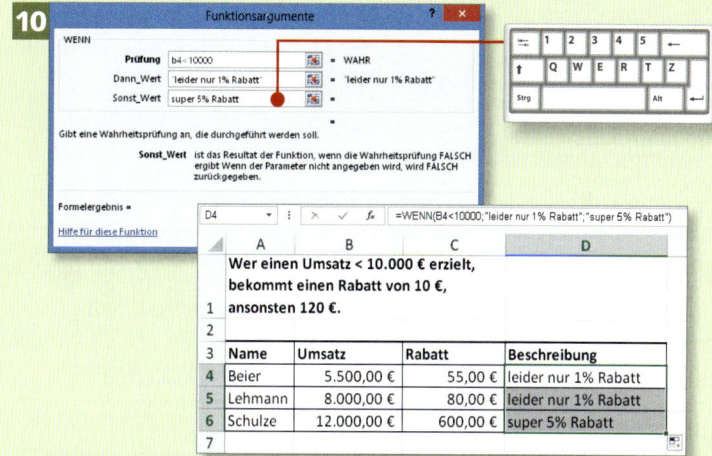

Schritt 11

Das letzte Beispiel ist eine Ja-/Nein-
Entscheidung. Wir fragen ab, ob
eine Zelle die Zeichenkette *Ja* oder
Nein enthält. Markieren Sie die Zelle
C4, wählen Sie im Funktionsassistenten die Funktion WENN aus, und
klicken Sie auf **OK**.

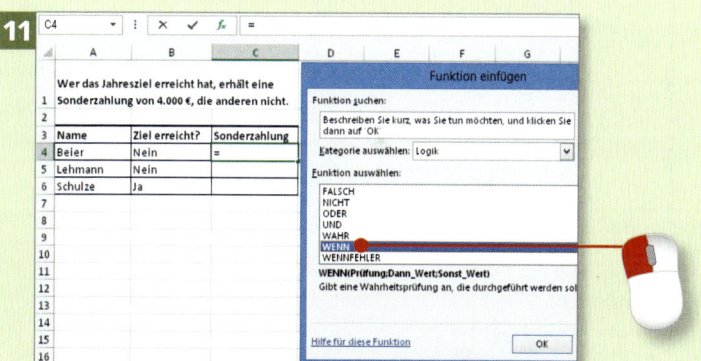

Schritt 12

Geben Sie folgende Argumente an:
- **Prüfung**: B4="Nein"
- **Dann_Wert**: 0
- **Sonst_Wert**: 4000

Hier müssen Sie den Text selbst in
Anführungszeichen setzen. Nachdem
Sie auf **OK** geklickt haben, sehen Sie
das Ergebnis in der Tabelle.

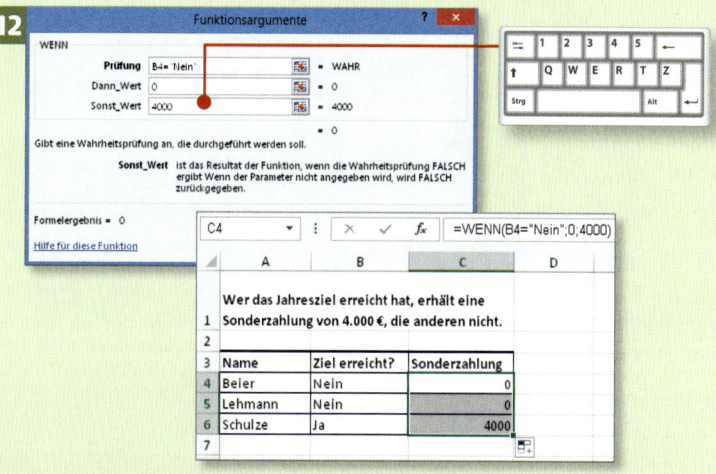

Funktionen verschachteln

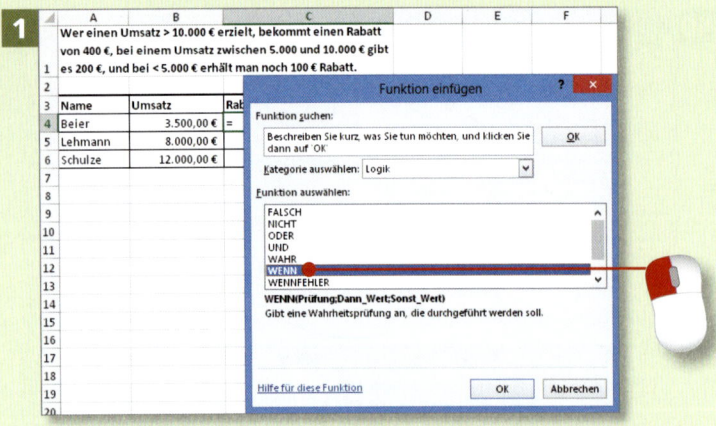

In manchen Fällen kann es erforderlich sein, eine Funktion als eines der Argumente einer anderen Funktion zu verwenden. So können bis zu 64 WENN-Funktionen als Argument für den Dann-Wert und den Sonst-Wert verschachtelt werden.

Schritt 1

Wir berechnen einen umsatzabhängigen Rabatt. Allerdings formulieren wir diesmal eine dritte Rabattstufe und damit eine weitere Bedingung. Wählen Sie wie gehabt im Funktionsassistenten die Funktion WENN aus.

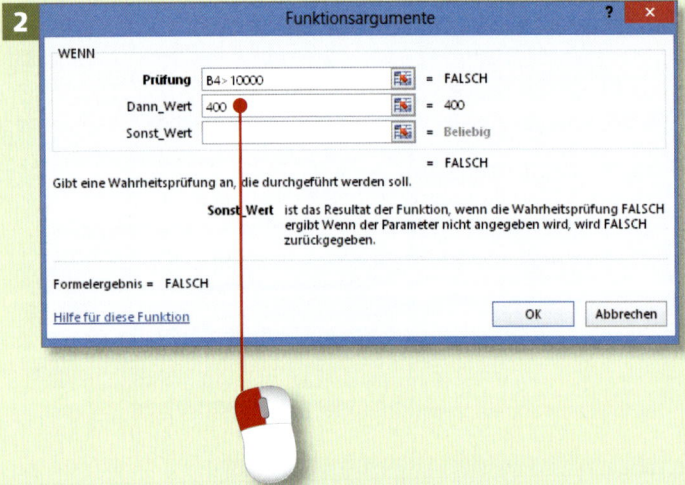

Schritt 2

Im zweiten Schritt geben Sie Folgendes ein:

▶ **Prüfung**: B4>10000
▶ **Dann_Wert**: 400

In das Feld **Sonst_Wert** fügen Sie nun eine weitere WENN-Funktion ein.

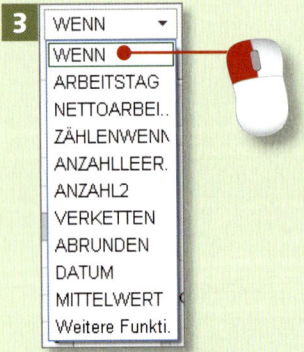

Schritt 3

Um die Formel zu vervollständigen, klicken Sie in der Bearbeitungsleiste auf die Schaltfläche **fx** und wählen aus der Liste WENN aus.

Schritt 4

Im Dialogfeld der zweiten Funktion hinterlegen Sie dann wiederum folgende Werte:

▸ **Prüfung**: B4>=5000
▸ **Dann_Wert**: 200
▸ **Sonst_Wert**: 100

Klicken Sie zur Bestätigung auf **OK**.

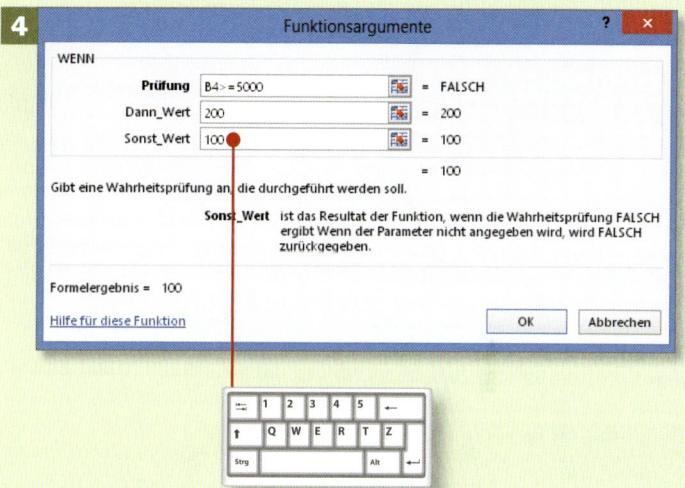

Schritt 5

Nach Ihrer Bestätigung sieht die fertige Formel wie folgt aus: =WENN(B4>10000;400;WENN(B4 >=5000;200;100)). Die anderen Zellen füllen Sie nun wie gehabt mit dem Autoausfüll-Cursor. Das Ergebnis sehen Sie in der nebenstehenden Abbildung.

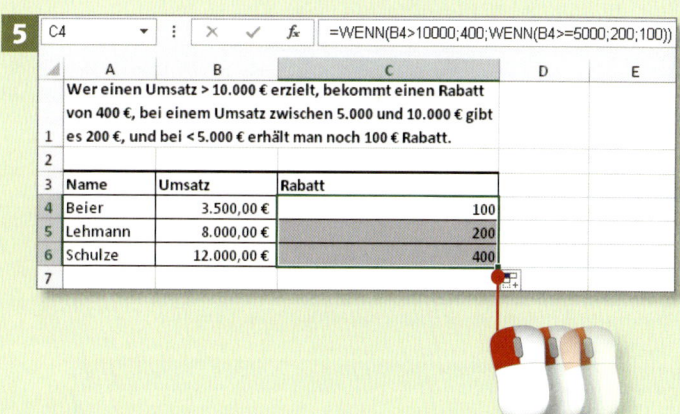

Schritt 6

Für zusätzliche Bedingungen können Sie weitere WENN-Funktionen einsetzen, beispielsweise wie hier: =WENN(B4>10000;400;WENN(B4> 5000;200;WENN(B4>1000;100;0))). Formeln mit geschachtelten Funktionen sind jedoch recht unübersichtlich. In solchen Fällen schafft die Funktion SVERWEIS Abhilfe. Wie diese Funktion arbeitet, erfahren Sie im nachfolgenden Abschnitt.

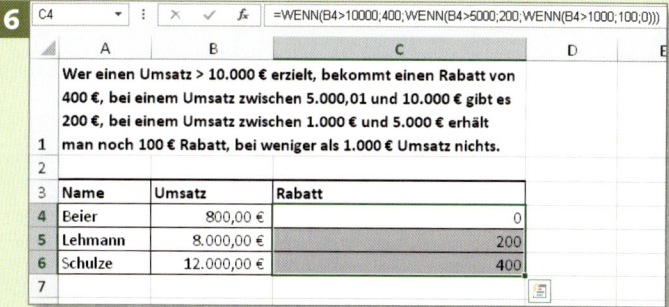

Die Funktion SVERWEIS

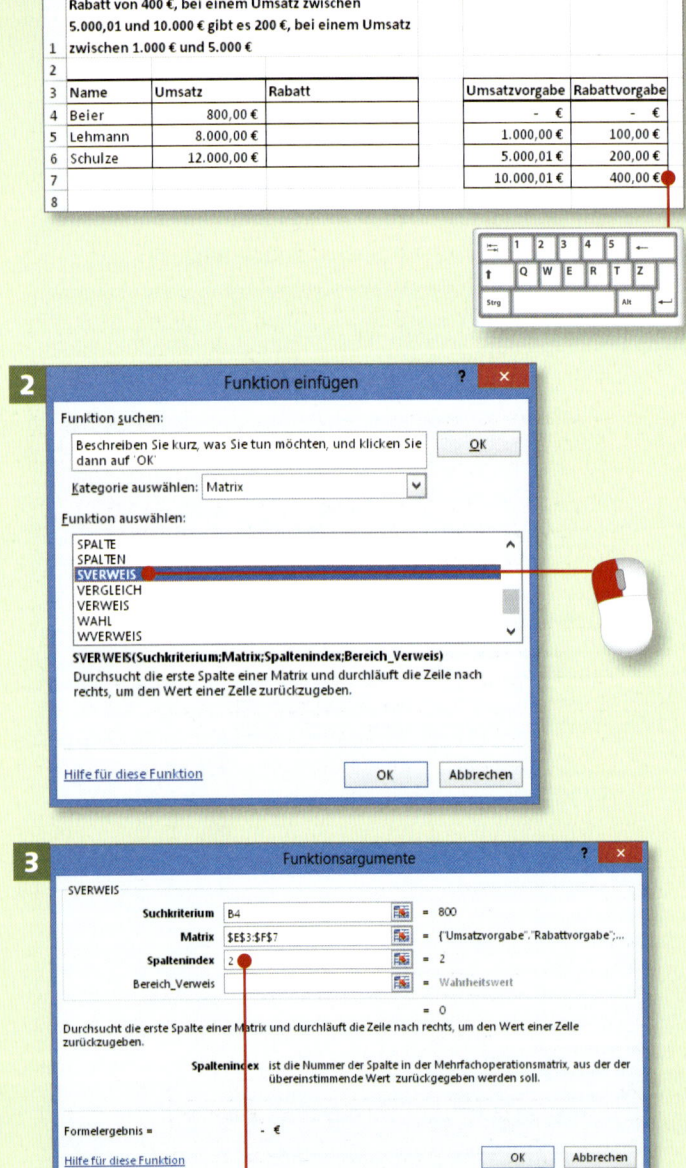

1

	A	B	C	D	E	F
1	Wer einen Umsatz > 10.000 € erzielt, bekommt einen Rabatt von 400 €, bei einem Umsatz zwischen 5.000,01 und 10.000 € gibt es 200 €, bei einem Umsatz zwischen 1.000 € und 5.000 €					
2						
3	Name	Umsatz	Rabatt		Umsatzvorgabe	Rabattvorgabe
4	Beier	800,00 €			- €	- €
5	Lehmann	8.000,00 €			1.000,00 €	100,00 €
6	Schulze	12.000,00 €			5.000,01 €	200,00 €
7					10.000,01 €	400,00 €
8						

2 Funktion einfügen

Funktion suchen:
Beschreiben Sie kurz, was Sie tun möchten, und klicken Sie dann auf 'OK'   OK

Kategorie auswählen: Matrix

Funktion auswählen:

SPALTE
SPALTEN
SVERWEIS
VERGLEICH
VERWEIS
WAHL
WVERWEIS

SVERWEIS(Suchkriterium;Matrix;Spaltenindex;Bereich_Verweis)
Durchsucht die erste Spalte einer Matrix und durchläuft die Zeile nach rechts, um den Wert einer Zelle zurückzugeben.

Hilfe für diese Funktion   OK   Abbrechen

3 Funktionsargumente

SVERWEIS
Suchkriterium B4   = 800
Matrix $E$3:$F$7   = {"Umsatzvorgabe"."Rabattvorgabe";...
Spaltenindex 2   = 2
Bereich_Verweis   = Wahrheitswert

= 0

Durchsucht die erste Spalte einer Matrix und durchläuft die Zeile nach rechts, um den Wert einer Zelle zurückzugeben.

Spaltenindex ist die Nummer der Spalte in der Mehrfachoperationsmatrix, aus der der übereinstimmende Wert zurückgegeben werden soll.

Formelergebnis =   - €

Hilfe für diese Funktion   OK   Abbrechen

Wenn Sie viele Bedingungen auswerten möchten, ist die Funktion SVERWEIS eine gute Alternative zu verschachtelten WENN-Funktionen.

Schritt 1

Ergänzen Sie Ihr Beispiel um eine Hilfstabelle (Matrix) im Bereich E3:F7. Diese Tabelle enthält die angegebenen Vergleichskriterien. Die Funktion SVERWEIS benötigt die Matrix bei der Formeleingabe.

Schritt 2

Markieren Sie die Zelle, in der Sie das Ergebnis darstellen wollen, z. B. C4. Zur Eingabe der Formel mit der Funktion SVERWEIS nutzen Sie wieder den Funktionsassistenten. Im Bereich **Kategorie auswählen** wählen Sie **Matrix** und unter **Funktion auswählen** diesmal **SVERWEIS**. Bestätigen Sie Ihre Wahl mit **OK**.

Schritt 3

Im nächsten Schritt geben Sie Folgendes ein:
▶ **Suchkriterium**: B4
▶ **Matrix**: $E$3:$F$7
▶ **Spaltenindex**: 2 (für die zweite Spalte in der Matrix)
Bestätigen Sie Ihr Ergebnis mit **OK**.

Schritt 4

Das Ergebnis ist zwar das gleiche wie bei der verschachtelten WENN-Funktion, die Formel ist mit SVERWEIS aber viel übersichtlicher: =SVERWEIS(B4;E3:F7;2). Der Umsatz der Zelle B4 (800,00 €) wird in der Umsatzvorgabe der Matrix (E3:F7) gesucht und nicht gefunden. Die nächstkleinere Umsatzvorgabe ist 0 €. Der Rückgabewert steht in der zweiten Spalte der Matrix und beträgt in diesem Fall auch 0 €.

Schritt 5

Bevor Sie die Formel mithilfe der Autoausfüllen-Funktion in die anderen Zellen übertragen, setzen Sie die Zellen des Matrixbereichs absolut: »=SVERWEIS(B4;$E$3:$F$7;2)«.

Schritt 6

Wir demonstrieren die Vorteile der Funktion SVERWEIS an einem weiteren Beispiel. Wir erstellen eine Rechnung für ein Gerät, das tage- bzw. stundenweise ausgeliehen wird. Bereiten Sie die Tabelle vor: Tragen Sie die Nummer des Gerätes in die Zelle B3 ein. Die Leihdauer hinterlegen Sie als Tage und Stunden in den Zellen B6 und B7.

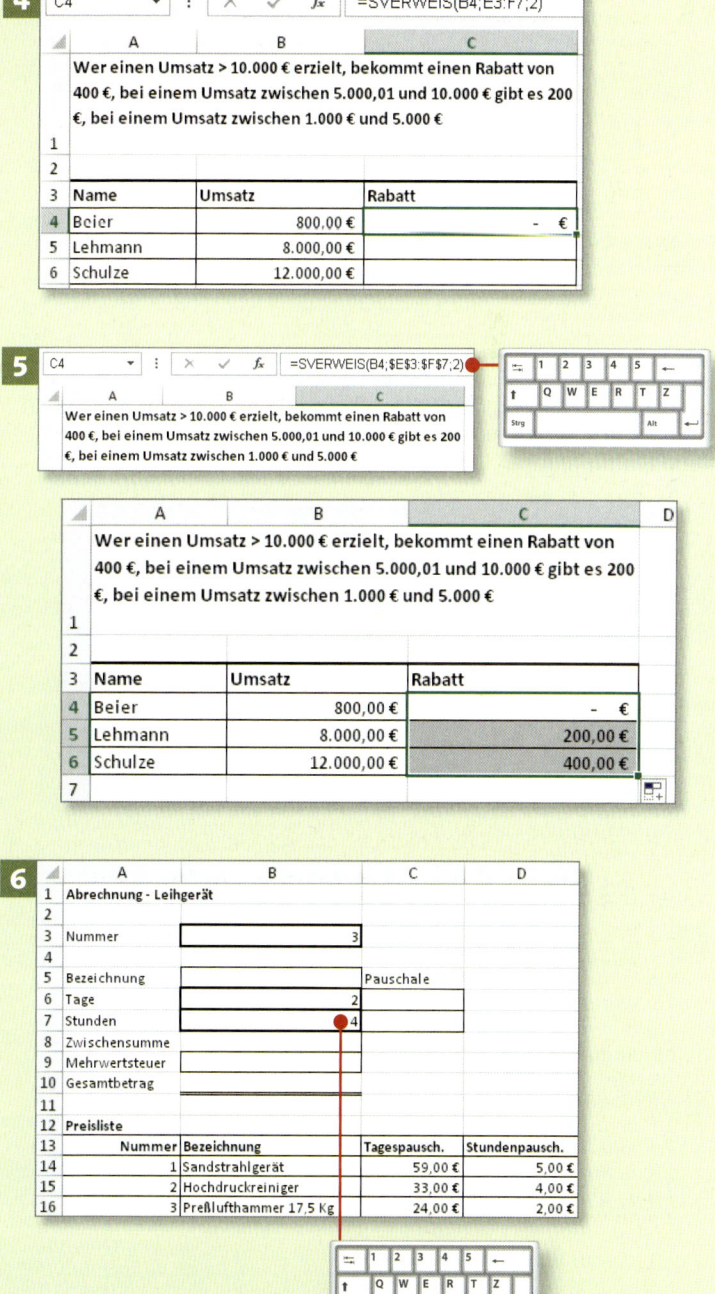

Die Funktion SVERWEIS (Forts.)

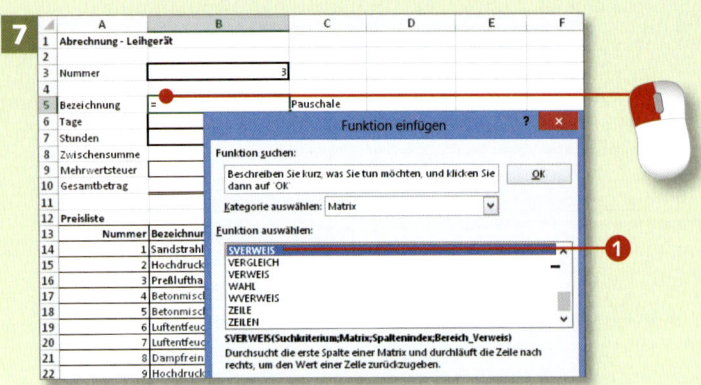

Schritt 7

Zunächst ermitteln wir die Bezeichnung. Setzen Sie den Cursor in die Ergebniszelle, hier B5. Zur Eingabe der Formel mit der Funktion SVERWEIS nutzen Sie wieder den Funktionsassistenten. Im Bereich **Kategorie auswählen** wählen Sie **Matrix** und unter **Funktion auswählen** **SVERWEIS** ❶.

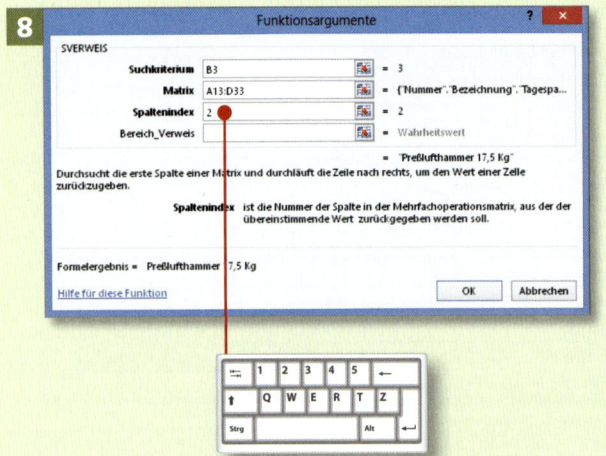

Schritt 8

Im zweiten Schritt geben Sie die nötigen Argumente an:

▶ **Suchkriterium**: B3
▶ **Matrix**: A13:D33
▶ **Spaltenindex**: 2 (für die zweite Spalte in der Matrix)

Bestätigen Sie Ihre Eingaben mit **OK**. Die Formel in der Zelle B5 lautet =SVERWEIS(B3;A13:D33;2).

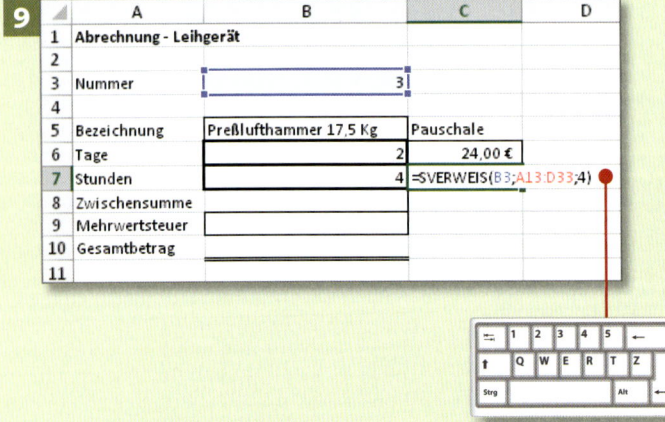

Schritt 9

Nun ergänzen Sie nach dem gleichen Muster die Formeln zur Berechnung der Tagespauschale in der Zelle C6, =SVERWEIS(B3;A13:D33;3), und der Stundenpauschale in der Zelle C7, =SVERWEIS(B3;A13:D33;4). Der Spaltenindex ist im Fall der Tagespauschale 3 (für die dritte Spalte in der Matrix) und bei der Stundenpauschale 4 (für die vierte Spalte).

Schritt 10

Die Zwischensumme in der Zelle B8 setzt sich aus den Tagen der Nutzung multipliziert mit der Tagespauschale und aus den Stunden der Nutzung multipliziert mit der Stundenpauschale zusammen: =B6*C6+B7*C7.

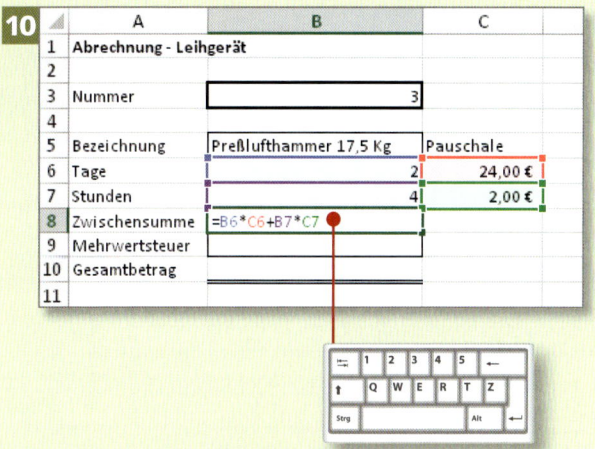

Schritt 11

Die Mehrwertsteuer in der Zelle B9 lässt sich mithilfe der Formel =B8*19% berechnen. Der Gesamtbetrag ergibt sich aus der Zwischensumme und der Mehrwertsteuer: =B8+B9.

Schritt 12

Möchten Sie die Hilfstabelle in Ihrem Tabellenblatt nicht anzeigen, können Sie die entsprechenden Zeilen ausblenden. Markieren Sie dazu die entsprechenden Spalten vollständig, und wählen Sie aus dem Kontextmenü den Befehl **Ausblenden**. Um die Tabelle wieder einzublenden, markieren Sie jeweils die erste Zelle vor und nach der Tabelle, und klicken Sie im Kontextmenü auf **Einblenden**.

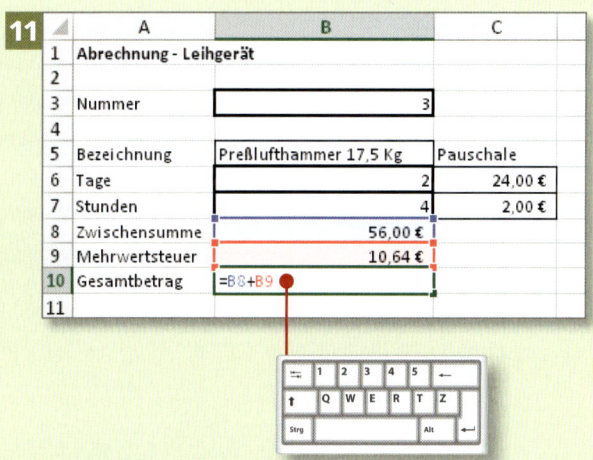

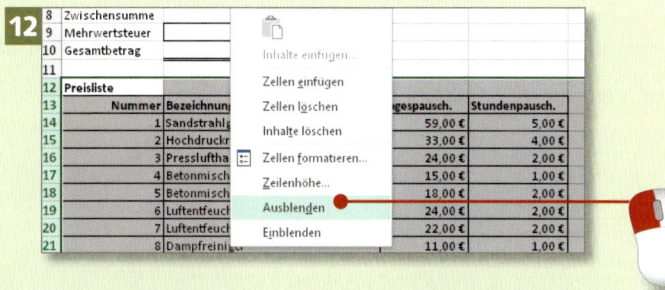

Finanzmathematik? RMZ hilft!

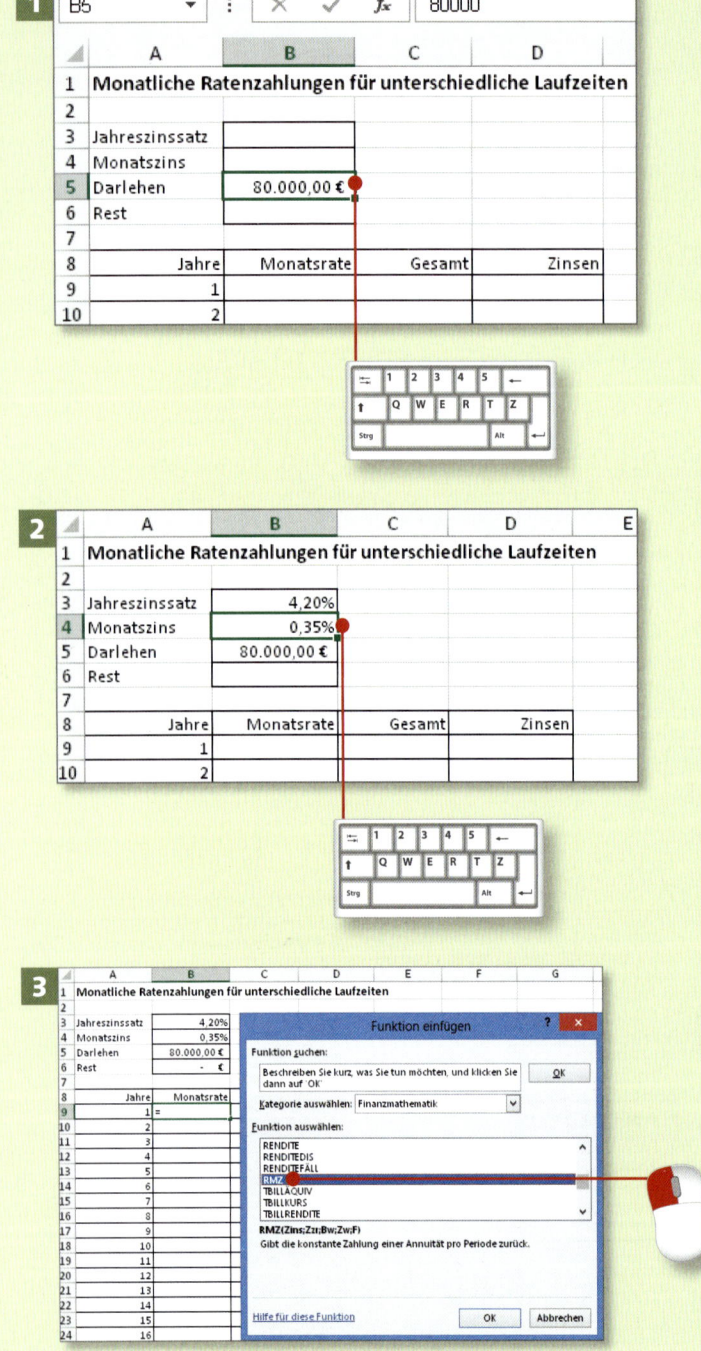

Die Abkürzung RMZ steht für »regelmäßige Zahlung«. Die Funktion berechnet gleichbleibende regelmäßige Zahlungen pro Periode, wobei ein konstanter Zinssatz vorausgesetzt wird.

Schritt 1

Für den lang ersehnten Hauskauf fehlen Ihnen noch 80.000 €. Bevor Sie mit der Bank verhandeln, wollen Sie herausfinden, wie lange die Rückzahlung jeweils dauert. Geben Sie in die Zelle B5 die Gesamtsumme ein.

Schritt 2

In die Zelle B3 schreiben Sie den Jahreszinssatz. Zunächst berechnen Sie in der Zelle B4 den Monatszins mithilfe der Formel =B3/12.

Schritt 3

Die Monatsrate berechnen Sie nun mit der Funktion RMZ. Markieren Sie dazu die Ergebniszelle B9. Im Bereich **Kategorie auswählen** des Funktionsassistenten wählen Sie **Finanzmathematik**, und unter **Funktion auswählen** entscheiden Sie sich für **RMZ**. Bestätigen Sie mit **OK**.

Schritt 4

Im zweiten Schritt geben Sie folgende Argumente an:

▶ **Zins** (Monatszins): B4
▶ **Zzr** (Anzahl der Zahlungszeiträume): A9*12
▶ **Bw** (zu leihender Barwert): -B5
▶ **Zw** (Endwert): B6

Klicken Sie auf **OK**, um Ihre Eingaben zu bestätigen.

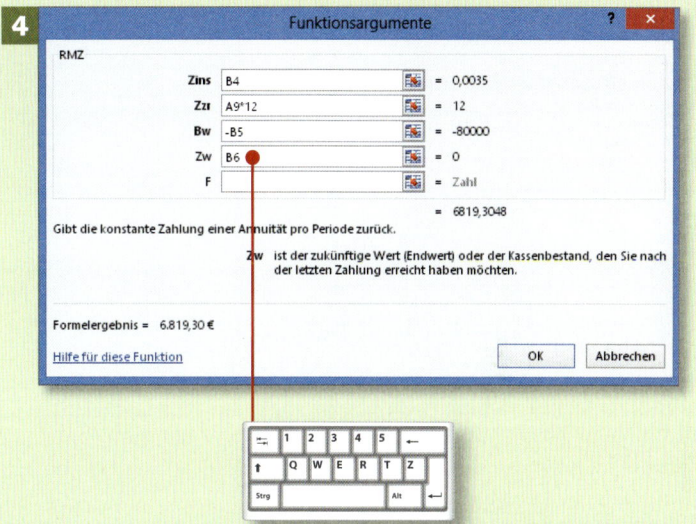

Schritt 5

Für die Rückzahlung wollen Sie sich etwas mehr Zeit lassen, deshalb berechnen Sie auch die Monatsraten für die folgenden 19 Jahre (B10:B28). Bevor Sie die Formel kopieren, müssen Sie die Werte für **Zins**, **Bw** und **Zw** absolut setzen. Die Formel =RMZ(B4;A9*12;-B5;B6) ändern Sie also in: RMZ($B$4;A9* 12;-$B$5;$B$6).

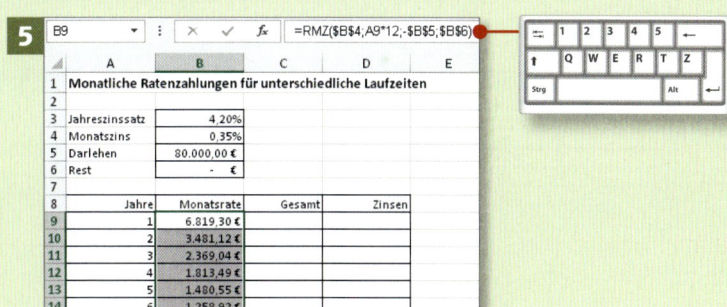

Schritt 6

Sie sind jedoch weiterhin am Gesamtbetrag der Rückzahlung interessiert. Geben Sie also für das erste Jahr in die Zelle C9 »=B9*A9*12« ein. Die darunterliegenden Zellen füllen Sie auch hier mithilfe des Autoausfüll-Cursors.

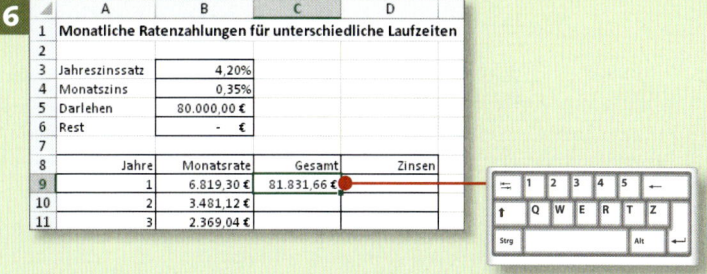

Finanzmathematik? RMZ hilft! (Forts.)

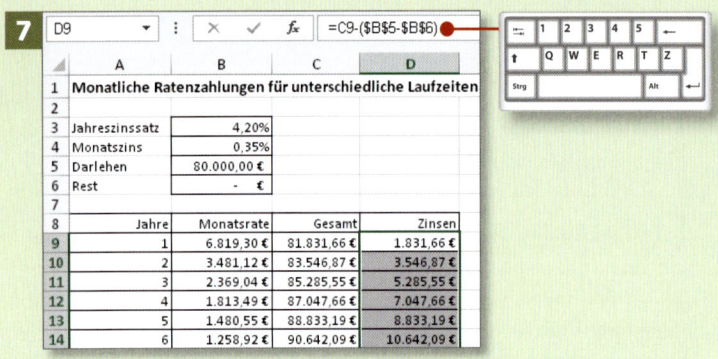

Schritt 7

In der Spalte D weisen Sie mit der Formel =C9-(B5-B6) die anfallenden Zinsen aus. Vergessen Sie vor dem Ausfüllen der übrigen Zellen (D10:D28) nicht, B5 und B6 absolut zu setzen, indem Sie Dollarzeichen ergänzen: =C9-($B$5-$B$6).

Schritt 8

Wenn Sie nun beispielsweise den Zinssatz in der Zelle B3 senken, sehen Sie, wie die Formeln wirken. Sowohl der Monatszins in der Zelle B4 als auch die Werte in den Zellen B9:D28 werden automatisch berechnet.

Schritt 9

Sie können z. B. auch den zahlbaren Restbetrag in der Zelle B6 verändern, dann passt sich die Tabelle ebenso entsprechend an.

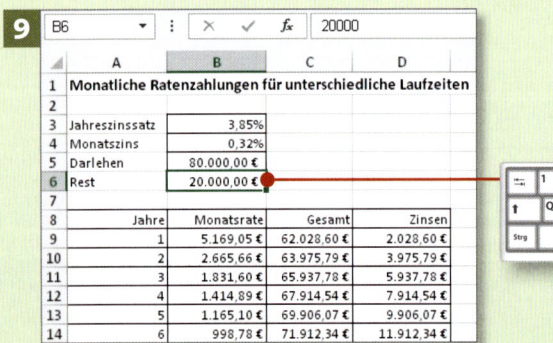

Weitere interessante Funktionen

BW – Barwert einer Investition
KAPZ – Kapitalrückzahlung einer Investition für eine Periode
ZINS – Zinssatz pro Periode
ZW – zukünftiger Endwert einer Investition
ZZR – Anzahl der Zahlungszeiträume (Zahlungsperioden)

Schritt 10

Haben Sie vor, den vollständigen Betrag über Ihre Lebensversicherung zurückzuzahlen, die allerdings erst in 20 Jahren fällig wird, geben Sie für den Restbetrag 80.000 € ein. Die Tabelle weist nun konstante Monatsraten aus.

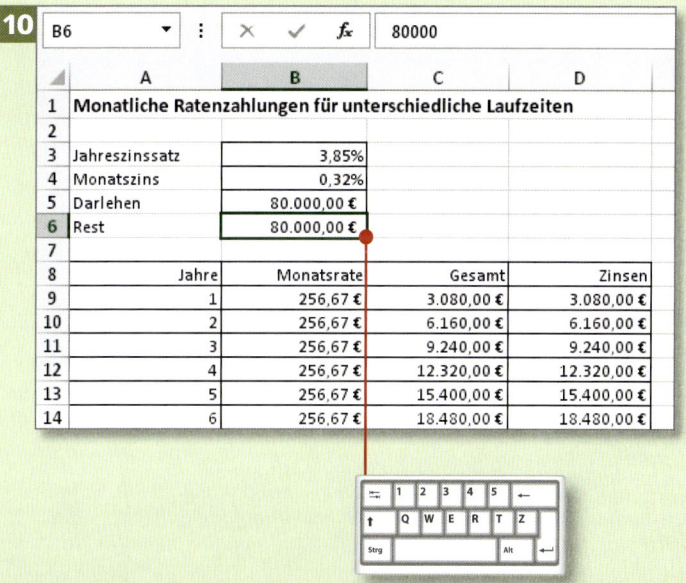

Schritt 11

Zeigt die Excel-Tabelle etwas andere Werte als ein Bank- oder Onlinekreditrechner, liegt der Unterschied vermutlich daran, dass Sie den Effektivzinssatz genutzt haben. Excel benötigt den Nominalzinssatz. Auch hier hat Excel eine Lösung. Zur Demonstration geben Sie nebenstehende Zahlen und Texte ein.

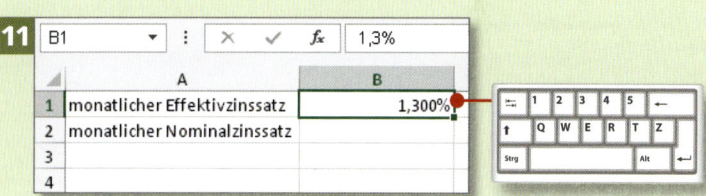

Schritt 12

Über die Funktion =NOMINAL(B1;12) können Sie einen monatlichen Effektivzinssatz in den monatlichen Nominalzinssatz umrechnen. Excel sollte nun genau rechnen.

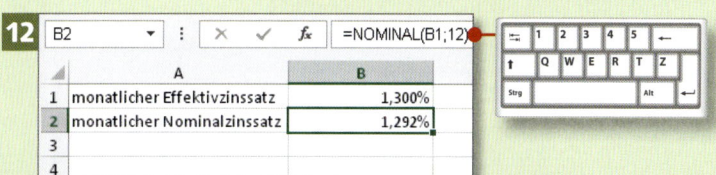

Nominalzinssatz umrechnen
Möchten Sie hingegen einen Nominalzinssatz in einen Effektivzinssatz umrechnen, nutzen Sie die Funktion EFFEKTIV (Nominalzins;Perioden).

Bedingte Formatierung

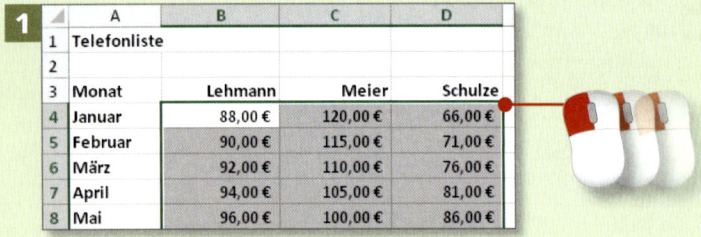

Die bedingte Formatierung in Excel ermöglicht es Ihnen, Wörter oder Zahlen optisch hervorzuheben, wenn sie eine bestimmte Bedingung erfüllen. Auch Datenbalken, Farbskalen und Symbolsätze können Sie dafür nutzen.

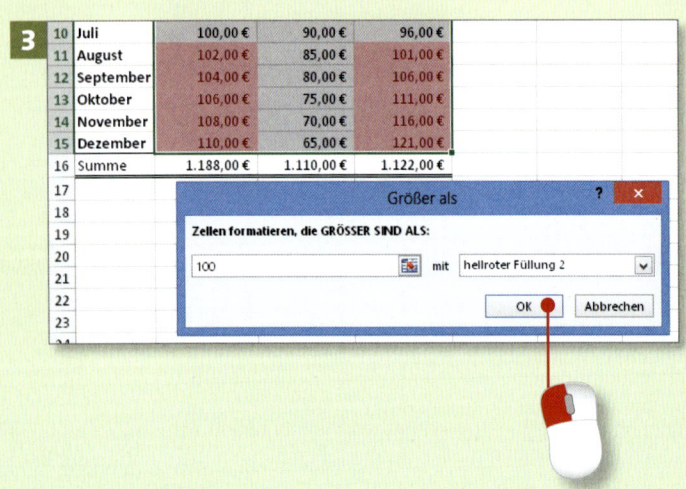

Schritt 1

Im ersten Beispiel sollen in der schon bekannten Telefonliste alle monatlichen Telefonkosten über 100 € farblich hinterlegt werden. Markieren Sie dazu den gewünschten Zellbereich von B4:D15.

Schritt 2

Im Anschluss wählen Sie das Register **Start** und klicken auf die Schaltfläche **Bedingte Formatierung**. Für unser Beispiel klicken Sie im Menü **Regeln zum Hervorheben von Zellen** auf den Unterpunkt **Größer als**.

Schritt 3

Im Dialogfeld geben Sie an, dass Zellen formatiert werden, die größer sind als 100. Für die Formatierung stehen Ihnen verschiedene Optionen zur Auswahl, z. B. **hellrote Füllung 2**. Klicken Sie dann auf **OK**.

Schritt 4

Anstatt in der Regel einen festen Wert einzugeben, kann man auch auf eine Zelle des Tabellenblattes verweisen. Auf diese Weise lässt sich der Wert bei Bedarf schnell ändern. Geben Sie z. B. in die Zelle D1 einen Grenzwert ein.

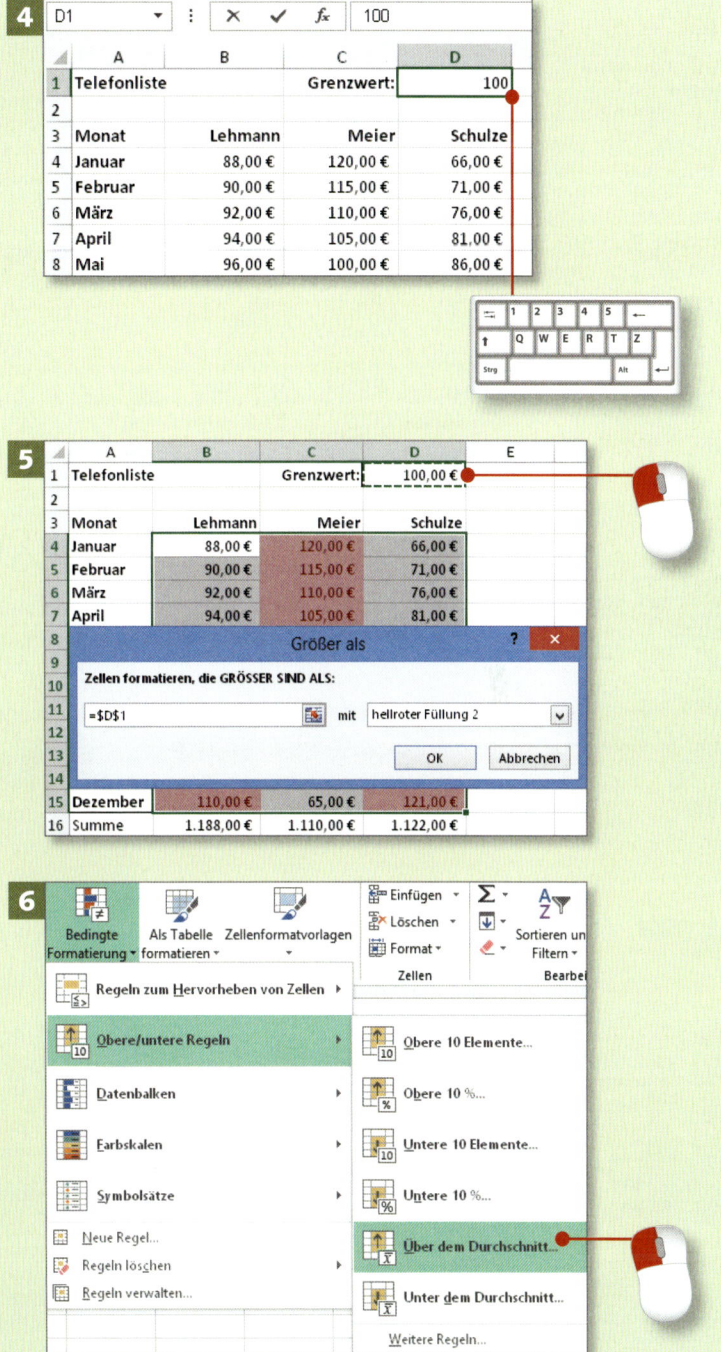

Schritt 5

Für diese flexiblere Variante ersetzen Sie im Dialogfeld des Funktionsassistenten dann einfach den Wert 100 durch die Formel =$D$1, indem Sie mit der Maus auf die Zelle D1 klicken. Excel setzt hier selbst durch die Dollarzeichen einen absoluten Bezug. Bestätigen Sie das Dialogfenster dann mit einem Klick auf **OK**.

Schritt 6

Eine weitere Möglichkeit ist, die Zellen zu formatieren, die über dem Durchschnitt liegen. Markieren Sie den zu formatierenden Bereich, und öffnen Sie abermals das Menü **Bedingte Formatierung**. Klicken Sie auf **Obere/untere Regeln** und dann auf **Über dem Durchschnitt**.

Bedingte Formatierung (Forts.)

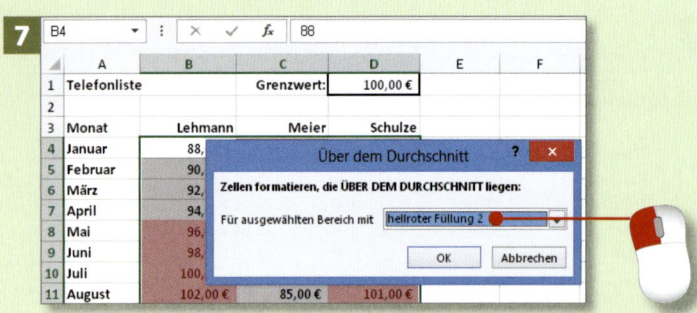

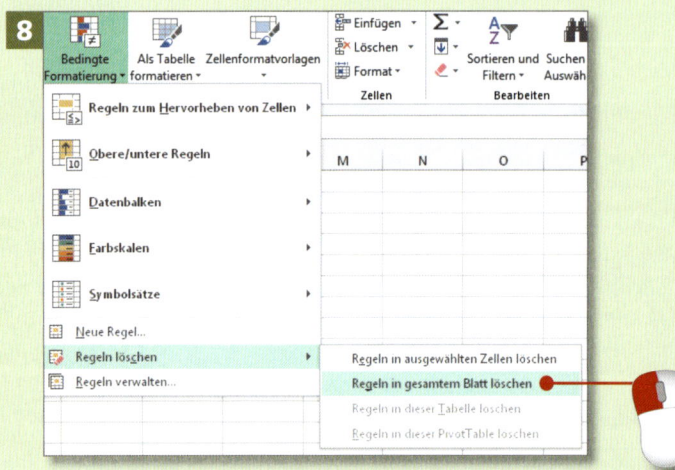

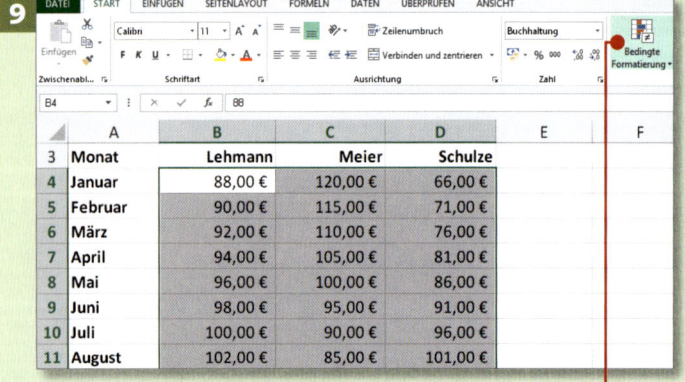

Schritt 7

Im zugehörigen Dialogfenster können Sie erneut eine Füllung wählen, die Ihnen gefällt, z. B. **hellrote Füllung 2**. Klicken Sie auf **OK**.

Schritt 8

Wir experimentieren nun etwas weiter. Löschen Sie zunächst die aktuelle Formatierung, indem Sie im Register **Start** auf die Schaltfläche **Bedingte Formatierung** klicken. Hier nutzen Sie im Menü **Regeln löschen** den Punkt **Regeln in gesamtem Blatt löschen**.

Schritt 9

Nun können Sie die Formatierung mithilfe von Datenbalken ausprobieren. Nachdem Sie den Bereich B4:D15 markiert haben, klicken Sie im Register **Start** auf die Schaltfläche **Bedingte Formatierung**.

Füllung selbst erstellen

Falls Ihnen keine der vorgegebenen Füllungen zur bedingten Formatierung zusagt, können Sie aus dem Drop-down-Menü des Dialogfensters die Option mit benutzerdefiniertem Format wählen und eine eigene Füllung erstellen.

Schritt 10

Nutzen Sie aus dem Menü **Daten-balken** eine beliebige Füllung, z. B. **lilafarbener Datenbalken**.

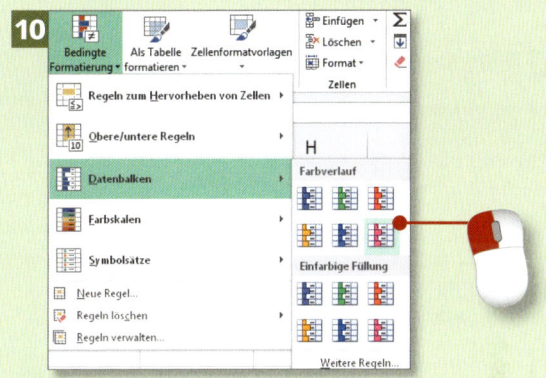

Schritt 11

Ihre Tabelle wird nun formatiert. Dabei wird die Länge der Balken dem Wert entsprechend angepasst. Um nun die Darstellung mit Farbskalen auszuprobieren, löschen Sie die Formatierung erneut über den Befehl **Regeln in gesamtem Blatt löschen**.

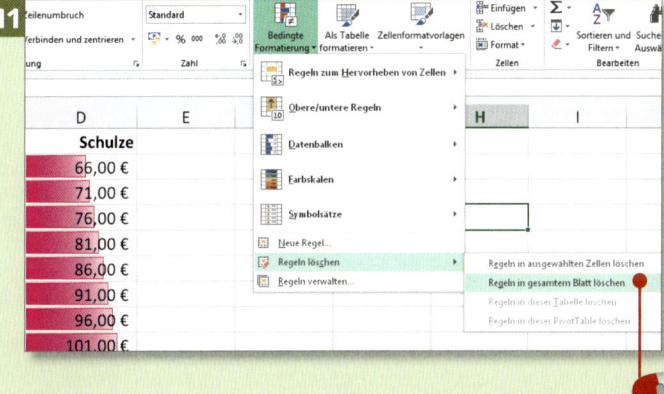

Schritt 12

Markieren Sie dann den Bereich B4:D15, und klicken Sie im Register **Start** auf die Schaltfläche **Bedingte Formatierung**. Suchen Sie sich aus dem Menü **Farbskalen** eine beliebige Skala aus, z. B. **Rot-Gelb-Grün-Farbskala**.

i Bereich erweitern

Soll der Bereich der bedingten Formatierung auf andere Zellen übertragen werden, nutzen Sie den Befehl **Format übertragen** (Pinselsymbol) aus der Registerkarte **Start** und der Gruppe **Zwischenablage**. Mehr Informationen dazu finden Sie im Abschnitt »Umgang mit dem Pinsel: Zellformatierung übertragen« ab Seite 100.

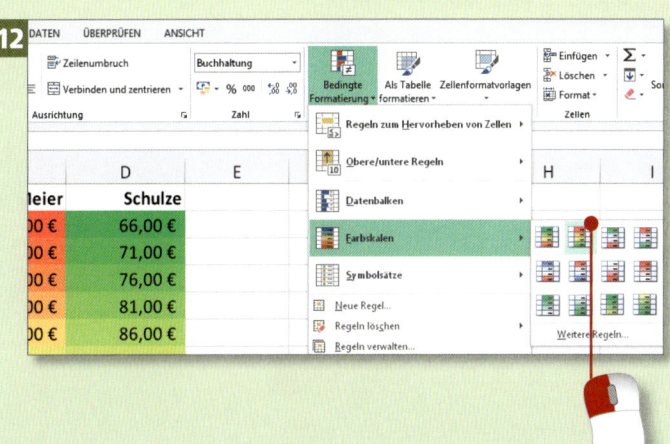

Bedingte Formatierung (Forts.)

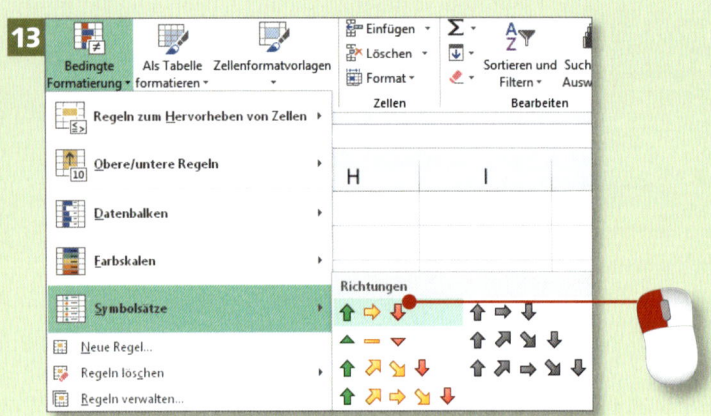

Schritt 13

Zusätzlich zu den Farbskalen können Sie Symbolsätze nutzen. Gehen Sie dazu wie in den anderen Beispielen vor, und wählen Sie dann aus dem Menü **Bedingte Formatierung** die Option **Symbolsätze** und dort im Bereich **Richtungen** z. B. **3 Pfeile (farbig)**.

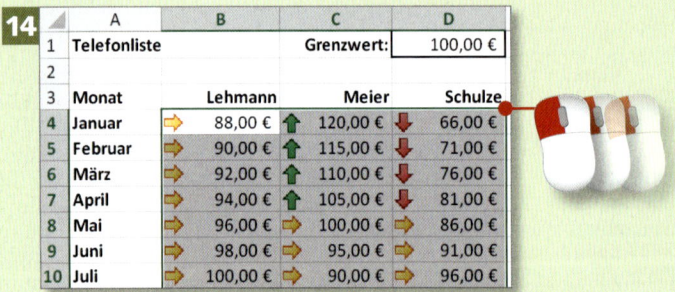

Schritt 14

Für unser Beispiel benötigen wir die Symbole aber in umgekehrter Reihenfolge: Hohe Telefonkosten erfordern eine negative Bewertung, also einen roten Pfeil nach unten. Um die Zuordnung umzudrehen, markieren Sie die Zellen B4:D15.

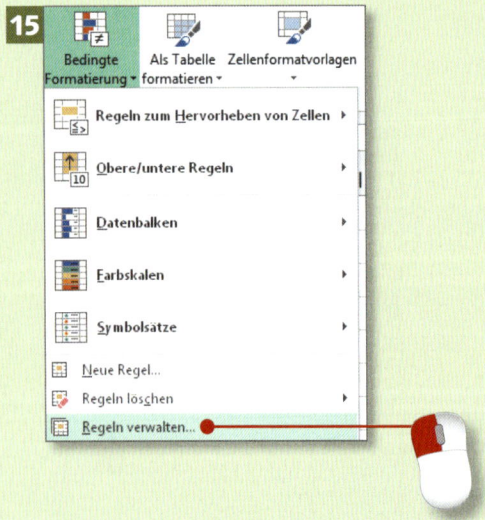

Schritt 15

Klicken Sie im Register **Start** auf **Bedingte Formatierung**, und wählen Sie im Menü den Befehl **Regeln verwalten**.

Symbolsätze

Im Gegensatz zu den Füllungen sind keine eigenen Symbolsätze erstellbar. Excel 2013 besitzt 20 verschiedene Symbolsätze eingeteilt in vier Kategorien. Insgesamt stehen 52 Symbole zur Verfügung.

Schritt 16

Im zugehörigen Dialogfenster können Sie die aktuelle Auswahl an Formatierungen und Regeln verwalten. Klicken Sie auf **Regel bearbeiten**.

Schritt 17

Klicken Sie im nächsten Dialogfenster im Bereich **Regelbeschreibung bearbeiten** auf die Schaltfläche **Symbolreihenfolge umkehren**, und schließen Sie die beiden Dialogfelder mit **OK**.

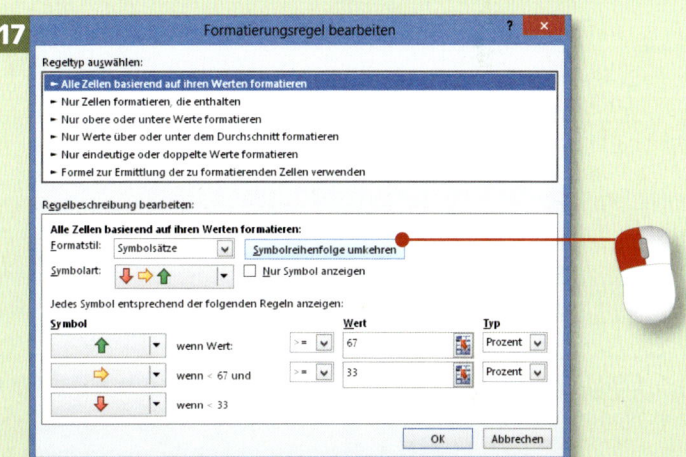

Schritt 18

Die fertige Telefonliste ist nun wesentlich anschaulicher gestaltet. Verändern Sie ruhig einmal einzelne Werte, die Pfeile werden dann automatisch angepasst.

Nicht zu viele Symbole

Auch wenn der Einsatz der Symbolsätze durchaus seine Berechtigung hat, so sollten Sie es dennoch nicht übertreiben und die Symbole mit bedacht verwenden. Zu viele kleine Grafiken machen eine Tabelle schnell unübersichtlich.

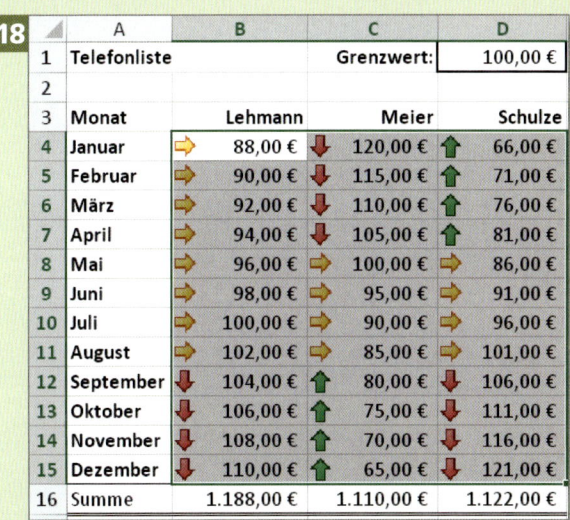

	A	B	C	D
1	Telefonliste		Grenzwert:	100,00 €
2				
3	Monat	Lehmann	Meier	Schulze
4	Januar	⇨ 88,00 €	⬇ 120,00 €	⬆ 66,00 €
5	Februar	⇨ 90,00 €	⬇ 115,00 €	⬆ 71,00 €
6	März	⇨ 92,00 €	⬇ 110,00 €	⬆ 76,00 €
7	April	⇨ 94,00 €	⬇ 105,00 €	⬆ 81,00 €
8	Mai	⇨ 96,00 €	⇨ 100,00 €	⇨ 86,00 €
9	Juni	⇨ 98,00 €	⇨ 95,00 €	⇨ 91,00 €
10	Juli	⇨ 100,00 €	⇨ 90,00 €	⇨ 96,00 €
11	August	⇨ 102,00 €	⇨ 85,00 €	⇨ 101,00 €
12	September	⬇ 104,00 €	⬆ 80,00 €	⬇ 106,00 €
13	Oktober	⬇ 106,00 €	⬆ 75,00 €	⬇ 111,00 €
14	November	⬇ 108,00 €	⬆ 70,00 €	⬇ 116,00 €
15	Dezember	⬇ 110,00 €	⬆ 65,00 €	⬇ 121,00 €
16	Summe	1.188,00 €	1.110,00 €	1.122,00 €

Übersicht: Weitere wichtige Funktionen

Datums- und Zeitfunktionen

Funktion	Beschreibung	Beispiel
ARBEITSTAG(Anfangsdatum; Tage;[Freie_Tage])	Ermittelt das Datum vor oder nach einer bestimmten Anzahl von Arbeitstagen.	=ARBEITSTAG("10.07.2013"; 150;20) liefert das Datum, das 150 Arbeitstage hinter dem Ausgangsdatum liegt, 20 freie Tage ausgenommen, also den *05.02.2014*.
DATEDIF(Startdatum; Enddatum;"Einheit"):	Ermittelt eine Datumsdifferenz in einer angegebenen Einheit.	=DATEDIF("13.06.1957"; "03.08.2013";"Y") ermittelt das Alter in Jahren, also *56*.
DATUM(Jahr;Monat;Tag)	Ermittelt ein Datum.	=DATUM(2013;7;8) liefert das Datum *08.07.2013*.
DATWERT(Datumstext)	Wandelt ein Datum, das in Form von Text vorliegt, in eine Zahl um, die als Berechnungsgrundlage dienen kann.	=DATWERT("01.01.2013") liefert den Wert *41275*.
EDATUM(Anfangsdatum; Monate)	Ermittelt das Datum, bei dem es sich um die angegebene Anzahl von Monaten vor oder nach dem Anfangstermin handelt.	=EDATUM("10.07.2013";2) liefert das Datum, das zwei Monate nach dem genannten Datum liegt, also den *10.09.2013*.
HEUTE()	Ermittelt das aktuelle Datum.	=HEUTE()+10 addiert zehn Tage zum aktuellen Datum.
JAHR(Zahl)	Reduziert eine vollständige Datumsangabe auf die Jahresangabe.	=JAHR("24.12.2013") ergibt das Jahr *2013*.
JETZT()	Ermittelt das aktuelle Datum und die aktuelle Uhrzeit.	=JETZT() zeigt das aktuelle Datum in der Form *15.09.2013 07:52* an.

Funktion	Beschreibung	Beispiel
KALENDERWOCHE(Zahl; [Rückgabetyp])	Wandelt ein Datum in eine Zahl um, die angibt, in welche Kalenderwoche eines Jahres das angegebene Datum fällt.	=KALENDER-WOCHE("22.11.2013";1) ermittelt die *48. Kalenderwoche* bei einer mit einem Sonntag beginnenden Woche (*1*).
MINUTE(Zahl)	Reduziert eine vollständige Uhrzeit auf die Minutenangabe.	=MINUTE("15:58:00") ergibt *58*.
MONAT(Zahl)	Reduziert ein vollständiges Datum auf die Monatsangabe.	=MONAT("24.12.2013") ermittelt *12*.
MONATSENDE(Anfangsdatum; Monate)	Gibt die Zahl des letzten Tages des Monats vor oder nach einer festgelegten Anzahl von Monaten zurück.	=MONATSENDE("01.01. 2013";1) ermittelt den *28.02.2013* als den letzten Tag des Monats, der einen Monat nach dem aufgeführten Datum liegt.
NETTOARBEITSTAGE(Ausgangs-datum;Enddatum;[Freie_Tage])	Ermittelt die Anzahl voller Arbeitstage zwischen zwei Datumswerten.	=NETTOARBEITSTAGE("01. 01.2013";"31.12.2013";A3) ermittelt *261* Arbeitstage vom 01.01.2013 bis zum 31.12.2013.
SEKUNDE(Zahl)	Reduziert eine vollständige Uhrzeit auf die Sekundenangabe.	=SEKUNDE("15:58:13") ergibt *13*.
STUNDE(Zahl)	Reduziert eine vollständige Uhrzeit auf die Stundenangabe.	=STUNDE("15:58:13") ergibt *15*.
TAG(Zahl)	Reduziert eine vollständige Datumsangabe auf die Tagesangabe.	=TAG("24.12.2013") ergibt *24*.

Übersicht: Weitere wichtige Funktionen

Funktion	Beschreibung	Beispiel
WOCHENTAG(Zahl;[Typ])	Wandelt eine Zahl in einen Wochentag um. Der Tag wird als ganze Zahl ausgegeben, die einen Wert von 1 (Sonntag) bis 7 (Samstag) annehmen kann.	=WOCHENTAG ("15.09.2013") ergibt *1* für *Sonntag*.
ZEIT(Stunde;Minute;Sekunde)	Ermittelt eine Uhrzeit.	=ZEIT(1;7;52) ergibt *1:07:52*.

Finanzmathematische Funktionen

Funktion	Beschreibung	Beispiel
BW(Zinssatz;Zahlungszeiträume; Regelmäßige Zahlung;[Endwert]; [Fälligkeit])	Ermittelt den Barwert einer Investition.	=BW(5%/12;12*20;-500) ergibt für eine Versicherung über eine Laufzeit von 20 Jahren bei einer monatlichen Zahlung von 500 € mit 5 % Verzinsung einen Wert von *75.762,66 €*.
NOMINAL(Effektiver_Zins; Perioden)	Gibt die Nominalverzinsung zurück, ausgehend vom effektiven Zinssatz und von der Anzahl der Verzinsungsperioden.	=NOMINAL(B1;12) liefert *1,292 %*, wenn in der Zelle B1 der effektive Zinssatz von 1,3 % steht.
RMZ(Zinssatz; Zahlungszeiträume;Barwert; [Endwert];[Fälligkeit])	Ermittelt die periodische Zahlung.	=RMZ(4%/12; 10*12; 0; -50000) liefert den Betrag, den man monatlich sparen muss, um nach zehn Jahren mit einer Verzinsung von 4 % auf die Zielsparsumme von 50.000 € zu kommen: *339,56 €*.

ZINS(Zahlungszeiträume; Regelmäßige Zahlung;Barwert; [Endwert];[Fälligkeit];[Schätzwert])	Ermittelt den Zinssatz pro angegebenen Zeitraum.	=ZINS(5*12; -250; 10000) ermittelt einen monatlichen Zinssatz von 1,44 % bei einer Laufzeit von fünf Jahren, einem Darlehen von 10.000 € und einer monatlichen Zahlung von 250 €. =ZINS(5*12; -250; 10000)*12 ermittelt bei gleichen Konditionen einen jährlichen Zinssatz von 17,27 %.
ZW(Zinssatz; Zahlungszeiträume; Regelmäßige Zahlung; [Barwert]; [Fälligkeit])	Ermittelt den zukünftigen Wert (Endwert) einer Investition.	=ZW(5%/12;12;-200;1) ermittelt 2.254,72 € bei einer Verzinsung von 5 % bei zwölf Zahlungen von 200 € am Monatsende (1).

Informationsfunktionen

Funktion	Beschreibung	Beispiel
ISTGERADE(Zahl)	Gibt WAHR zurück, wenn es sich um eine gerade Zahl handelt.	=ISTGERADE(17) überprüft, ob 17 eine gerade Zahl ist, und gibt FALSCH aus.
ISTLEER(Wert)	Gibt WAHR zurück, wenn der Wert leer ist.	=ISTLEER(B2) überprüft, ob die Zelle B2 leer ist.
ISTUNGERADE(Zahl)	Gibt WAHR zurück, wenn es sich um eine ungerade Zahl handelt.	=ISTUNGERADE(17) überprüft, ob 17 eine ungerade Zahl ist, und gibt WAHR aus.
ISTZAHL(Wert)	Gibt WAHR zurück, wenn der Wert eine Zahl ist.	=ISTZAHL(8) überprüft, ob 8 eine Zahl ist, und gibt WAHR aus.
ZELLE(Infotyp;[Bezug])	Gibt Informationen zu Formatierung, Position oder Inhalt einer Zelle zurück.	=ZELLE(»Dateiname«) gibt den Pfad und den Dateinamen der geöffneten Excel-Tabelle aus.

Übersicht: Weitere wichtige Funktionen

Logische Funktionen

Funktion	Beschreibung	Beispiel
NICHT(Wahrheitswert)	Kehrt den Wahrheitswert der zugehörigen Argumente um. Die Funktion können Sie verwenden, um sicherzustellen, dass ein Wert nicht mit einem anderen Wert übereinstimmt.	=NICHT(FALSCH) kehrt den Wahrheitswert *FALSCH* in *WAHR* um.
ODER(Wahrheitswert1; Wahrheitswert2;...)	Gibt WAHR zurück, wenn ein Argument zutrifft.	=ODER(2+7=1;2+4=6) gibt *WAHR* aus, weil mindestens ein Argument stimmt (*2+4* ist wirklich *6*).
UND(Wahrheitswert1; Wahrheitswert2;...)	Gibt WAHR zurück, wenn alle zugehörigen Argumente zutreffen.	=UND(2+7=9;2+4=6) gibt *WAHR* aus, weil alle Argumente wahr sind.
WENN(Prüfung; Dann-Wert; Sonst-Wert)	Gibt eine bedingte Prüfung für die Ausführung an.	=WENN(A2<100; "im Finanzrahmen"; "Finanzrahmen überschritten") zeigt als Ergebnis *im Finanzrahmen* an, wenn die Zahl in der Zelle A2 kleiner als 100 ist. Andernfalls wird *Finanzrahmen überschritten* ausgegeben.

Matrixfunktionen

Funktion	Beschreibung	Beispiel
FORMELTEXT(Bezug)	Gibt eine Formel als Text aus.	= FORMELTEXT (C7) liefert als Ergebnis =SUMME(B4:B20), weil diese Formel in der Zelle C7 steht.
SPALTE([Bezug])	Ermittelt die Spaltennummer eines Bezugs.	=SPALTE(C5) ermittelt 3, weil es sich bei Spalte C um die dritte Spalte in der Tabelle handelt.

| SVERWEIS(Suchkriterium; Matrix;Spaltenindex;[Bereich]) | Sucht in der ersten Spalte einer Liste (Matrix), um den zum Suchkriterium passenden Wert zu finden. Danach wird in der gleichen Zeile der Liste entsprechend des Spaltenindex verzweigt und der gefundene Wert als Ergebnis zurückgegeben. | =SVERWEIS(5;A2:B10;2) sucht die Zahl 5 in der Spalte A und liefert als Resultat den passenden Wert in der zweiten Spalte in derselben Zeile. |
| ZEILE([Bezug]) | Ermittelt die Zeilennummer eines Bezugs. | =ZEILE(C8) liefert als Ergebnis 8, weil die Zelle C8 in der achten Zeile liegt. |

Mathematische und trigonometrische Funktionen

Funktion	Beschreibung	Beispiel
AUFRUNDEN(Zahl; Anzahl Stellen)	Rundet die Zahl auf die gewünschte Anzahl an Stellen auf.	=AUFRUNDEN(7,234;1) rundet die Zahl 7,234 auf eine Dezimalstelle auf (ergibt also 7,3).
GANZZAHL(Zahl)	Rundet eine Zahl auf die nächstkleinere ganze Zahl ab.	=GANZZAHL(8,7) rundet 8,7 auf 8 ab.
GERADE(Zahl)	Rundet eine Zahl auf die nächste ganze gerade Zahl auf.	=GERADE(3) rundet 3 auf die nächste gerade Zahl auf, ergibt also 4. =GERADE(4,7) ergibt 6.
KÜRZEN(Zahl;Anzahl Stellen)	»Schneidet« die Kommastellen einer Zahl ab und gibt als Ergebnis eine ganze Zahl zurück.	=KÜRZEN(8,7) macht aus der Kommazahl 8,7 die ganze Zahl 8.
OBERGRENZE(Zahl;Schritt)	Rundet eine Zahl auf die nächste ganze Zahl oder das nächste Vielfache von Schritt auf.	=OBERGRENZE(1,5;1) rundet 1,5 auf das nächste Vielfache von 1 auf (ergibt also 2).

Übersicht: Weitere wichtige Funktionen

REST(Zahl;Divisor)	Ermittelt den Rest einer Division.	=REST(3;2) berechnet den Rest von 3/2 und gibt als Resultat *1* aus.
RUNDEN(Zahl;Anzahl Stellen)	Rundet eine Zahl auf eine bestimmte Anzahl von Dezimalstellen.	=RUNDEN(4,159;1) rundet 4,159 auf eine Dezimalstelle (ergibt also *4,2*).
SUMME(Zahl1;Zahl2;...)	Addiert die jeweiligen Argumente.	=SUMME(4;12) ergibt *16*.
UNGERADE(Zahl)	Rundet eine Zahl auf die nächste ganze ungerade Zahl auf.	=UNGERADE(1,5) rundet 1,5 auf die nächste ganze, ungerade Zahl auf, gibt also *3* aus.
UNTERGRENZE(Zahl;Schritt)	Rundet eine Zahl ab.	=UNTERGRENZE(1,4666;0,1) rundet 1,4666 auf das kleinste Vielfache von 0,1 ab (also auf *1,4*).
WURZEL(Zahl)	Gibt die Quadratwurzel einer Zahl zurück.	=WURZEL(16) ergibt *4*.

Statistische Funktionen

Funktion	Beschreibung	Beispiel
ANZAHL(Wert1;Wert2;...)	Gibt die Anzahl der Zahlen in einer Liste mit Argumenten an.	=ANZAHL(3;2;6) ermittelt *3*. =ANZAHL("Text";2;6) hingegen ergibt *2*.
ANZAHL2(Wert1;Wert2;...)	Gibt die Anzahl der Werte in einer Liste mit Argumenten an.	=ANZAHL2("Hallo";2;4;6) ermittelt *4*.
ANZAHLLEEREZELLEN(Bereich)	Gibt die Anzahl der leeren Zellen in einem Bereich an.	=ANZAHLLEEREZELLEN (A1:B8) ermittelt die Anzahl der leeren Zellen im Bereich A1:B8.
MAX(Zahl1;Zahl2;...)	Ermittelt den größten Wert in einer Liste von Argumenten, die nur Zahlen enthält.	=MAX(3;2;4) ermittelt *4*.

Funktion	Beschreibung	Beispiel
MEDIAN(Zahl1;Zahl2;...)	Ermittelt den Median aus einer Liste mit Argumenten.	=MEDIAN(3;2;6) ermittelt 3.
MIN(Zahl1;Zahl2;...)	Ermittelt den kleinsten Wert in einer Liste von Argumenten, die nur Zahlen enthält.	=MIN(3;2;6) ermittelt 2.
MINA(Wert1;Wert2;...)	Gibt den kleinsten Wert aus einer Liste mit Argumenten zurück, die Zahlen, Text und Wahrheitswerte umfasst.	=MINA(WAHR;3;2;-6) ermittelt -6.
MITTELWERT(Zahl1;Zahl2;...)	Gibt den Mittelwert (Durchschnitt) der Argumente einer Liste zurück.	=MITTELWERT(3;2;6) ermittelt 3,666666667.
MITTELWERTWENN(Bereich; Kriterium;[Mittelwert_Bereich])	Ergibt den Durchschnitt aller Zellen im angegebenen Bereich, die einem bestimmten Kriterium entsprechen.	=MITTELWERTWENN(A1:A9; »<2000«) ermittelt den Durchschnitt der Zellen im Bereich A1:A9, die kleiner als 2.000 sind.
ZÄHLENWENN(Bereich; Kriterien)	Gibt die Anzahl der Zellen in einem Bereich an, deren Inhalte mit den Suchkriterien übereinstimmen.	=ZÄHLENWENN(B1:B15; »>55«) ergibt die Anzahl der Zellen im Bereich B1:B15, die einen Wert enthalten, der größer als 55 ist.

Textfunktionen

Funktion	Beschreibung	Beispiel
ERSETZEN(Alter Text;1. Zeichen; Zeichenanzahl;Neuer Text)	Ersetzt Zeichen in einem Text.	=ERSETZEN(2013;3;2;14) ersetzt die beiden letzten Stellen von 2013 durch 14.
GLÄTTEN(Text)	Entfernt Leerzeichen aus einem Text.	=GLÄTTEN(" Hallo ") entfernt die Leerzeichen vor und nach dem Text und ergibt Hallo.

Übersicht: Weitere wichtige Funktionen

LÄNGE(Text)	Ermittelt die Anzahl der Zeichen in einer Zeichenfolge.	=LÄNGE("Hallo") ermittelt 5, weil sich das gesuchte Wort aus fünf Zeichen zusammensetzt.
LINKS(Text;Zeichenanzahl)	Ermittelt die Zeichen von links beginnend in einem Text entsprechend der Zeichenanzahl.	=LINKS("Berlin";1) ergibt *B*.
RECHTS(Text;Zeichenanzahl)	Ermittelt die Zeichen von rechts beginnend in einem Text entsprechend der Zeichenanzahl.	=RECHTS("Berlin";1) ergibt *n*.
SUCHEN(Suchtext;Text; [1. Zeichen])	Sucht nach einem Text, der in einem anderen Text enthalten ist. Als Ergebnis erhalten Sie die Nummer der Anfangsposition des Suchtextes.	=SUCHEN("Berlin";"Hallo Berlin") gibt zurück, dass der Suchtext ab Zeichen 7 im zweiten Text steht.
TEXT(Wert;Textformat)	Formatiert eine Zahl und wandelt sie in Text um.	="Verkäufe im Wert von "&TEXT(88;"0,00 €") ergibt den Text *Verkäufe im Wert von 88,00 €*.
VERKETTEN (Text1;Text2;...)	Verknüpft mehrere Textelemente zu einem Textelement.	=VERKETTEN("Hallo";" "; "Berlin") ergibt den Text *Hallo Berlin*.
WIEDERHOLEN(Text; Multiplikator)	Wiederholt einen Text so oft wie angegeben.	=WIEDERHOLEN("*";10) ergibt **********.

Umwandlungsfunktionen

Funktion	Beschreibung	Beispiel
DM(Zahl [Dezimalstellen])	Diese Funktion wandelt eine Zahl in das Währungsformat um, das in der Ländereinstellung enthalten ist.	=DM(969,88;2) zeigt die Zahl mit zwei Ziffern links vom Dezimalkomma im Währungsformat an (969,88 €).
UMWANDELN(Zahl; Maßeinheit 1; Maßeinheit 2)	Wandelt eine Zahl von einer Maßeinheit in eine andere um.	
	Temperatur	=UMWANDELN(73;"F";"C") wandelt 73 Grad Fahrenheit in 23 Grad Celsius um.
	Entfernung	=UMWANDELN(1;"m";"in") wandelt 1 Meter in 39,4 Zoll (inches) um.
	Flüssigmaß	=UMWANDELN(1;"l";"gal") wandelt 1 Liter in 0,26 Gallonen um.
	Energie	=UMWANDELN(1;"Wh";"J") wandelt 1 Wattstunde in 3.600 Joule um.

Kapitel 7
Diagramme und Grafiken

Lange Zahlenkolonnen können ermüdend sein – da hilft es häufig, die Tabelle einmal in einem Säulen- oder Kreisdiagramm darzustellen oder um ein passendes Bild zu ergänzen. Auf diese Weise gestalten Sie Ihre Daten wesentlich übersichtlicher und interessanter.

Diagramme

Wenn Sie Ihre Tabelle grafisch darstellen möchten, um sie anschaulicher zu machen, bietet Ihnen die Registerkarte **Einfügen** ❶ dafür diverse Optionen. Und das nicht nur im Sinne der verschiedenen Diagrammarten – auch *Sparklines* (Minidiagramme), Grafiken, Smart-Arts und ClipArts oder eigene Fotos können Sie über dieses Menüband in Ihr Tabellenblatt integrieren.

Grafiken, Fotos und Screenshots

Sobald Sie z. B. ein Foto oder eine Grafik eingefügt und markiert haben, erscheint das Register **Bildtools** ❷, mit dessen Hilfe Sie diese Kunstwerke weiter bearbeiten können. Geben Sie Ihrem Bild beispielsweise einen Rahmen, oder versehen Sie es mit unterschiedlichen künstlerischen Effekten – der optischen Wirkung sind hier kaum Grenzen gesetzt.

Über das Register **Einfügen** können
Sie Ihre Tabelle anschaulich machen.

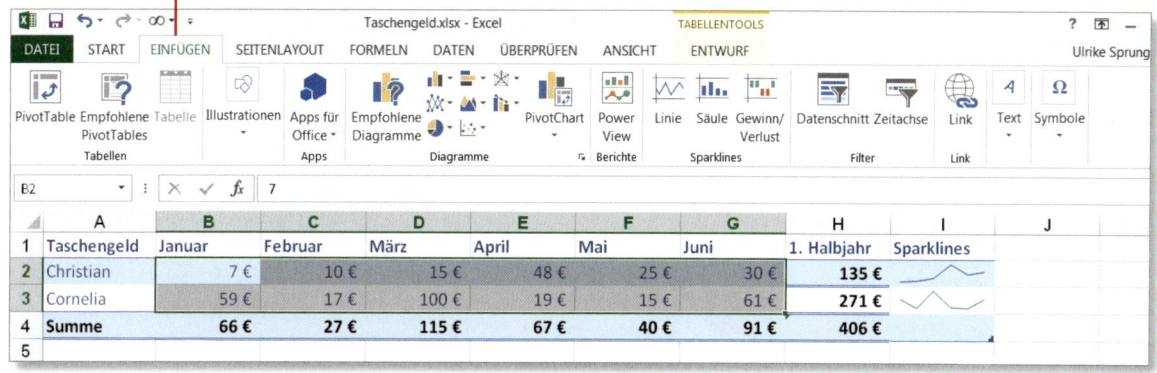

Im Register **Bildtools** finden Sie nützliche Befehle, die Ihre Grafiken noch schöner machen.

Diagramme erstellen mit Diagrammvorlagen

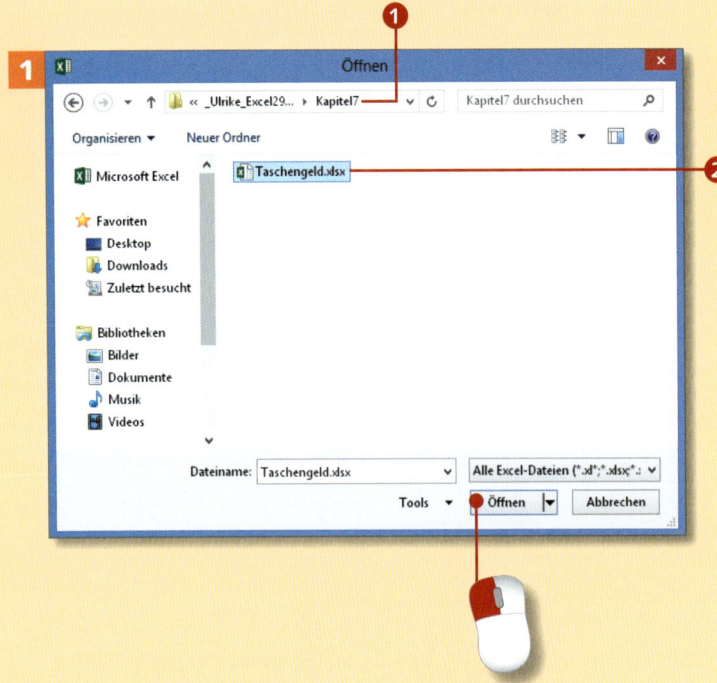

Große Tabellen mit mehr als 1.000 Zahlenwerten sind recht unübersichtlich und lassen sich oft besser grafisch darstellen. Wie Sie in Excel schnell ein schickes Diagramm zaubern, erfahren Sie hier.

Schritt 1

Zunächst erstellen wir ein Diagramm auf klassischem Weg. Dazu öffnen Sie die Tabelle, aus der Sie ein Diagramm machen möchten. Klicken Sie in der Backstage-Ansicht auf den Eintrag **Öffnen**. Wählen Sie den Speicherort ❶ der Datei und dann den Dateinamen ❷. Klicken Sie auf **Öffnen**.

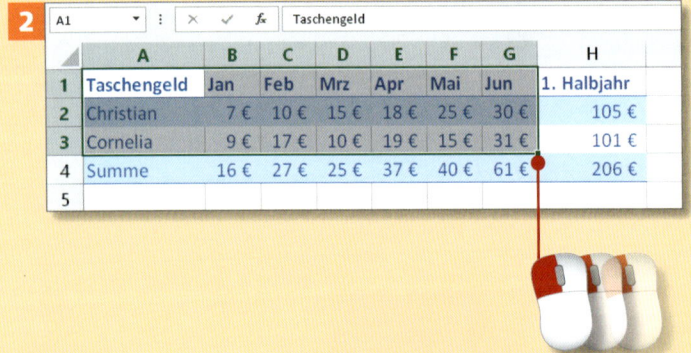

Schritt 2

Überlegen Sie sich genau, welche Aussage Sie mit dem Diagramm treffen und welche Zahlen Sie verdeutlichen wollen. In unserem Beispiel möchten wir die Taschengeldzahlungen im 1. Halbjahr darstellen. Markieren Sie den entsprechenden Bereich, hier A1:G3.

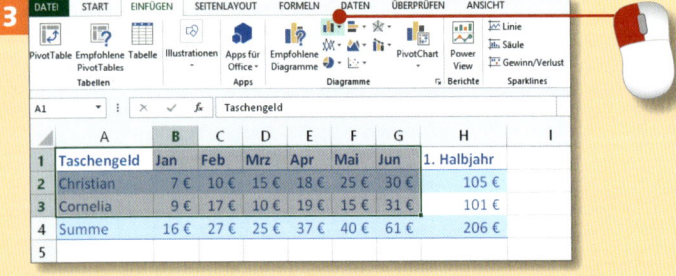

Schritt 3

Aktivieren Sie das Register **Einfügen**. In der Gruppe **Diagramme** sehen Sie die Symbole für die verschiedenen Diagrammarten. Klicken Sie auf das Symbol **Säule**.

Schritt 4

Ein Auswahlmenü wird angezeigt. Zeigen Sie im Bereich **2D-Säule** mit der Maus auf die verschiedenen Diagramme. Sofort erscheint dieser Diagrammtyp als Vorschau. Klicken Sie auf den ersten Eintrag **Gruppierte Säulen**. Das Diagramm wird auf demselben Blatt wie die Tabelle als Objekt eingefügt.

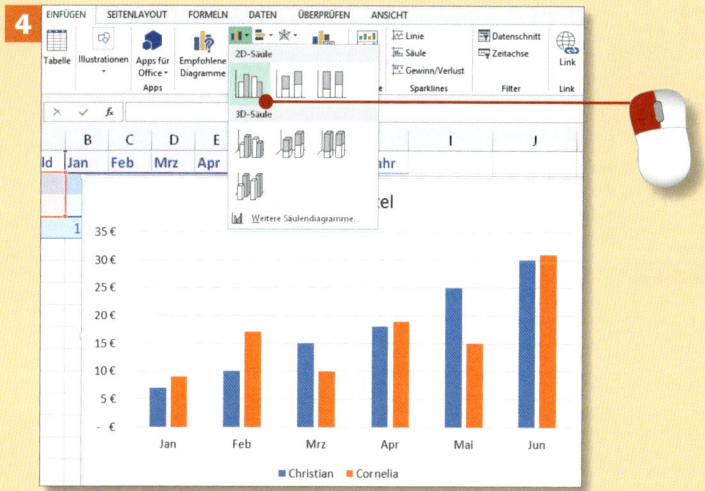

Schritt 5

Nun verdeckt das Diagramm aber einen Teil der Tabelle. Sie verschieben es, indem Sie zunächst auf einen leeren Diagrammbereich zeigen. Der Mauszeiger wird zu einem **Vierfachpfeil**. Mit gedrückter Maustaste verschieben Sie das Diagramm.

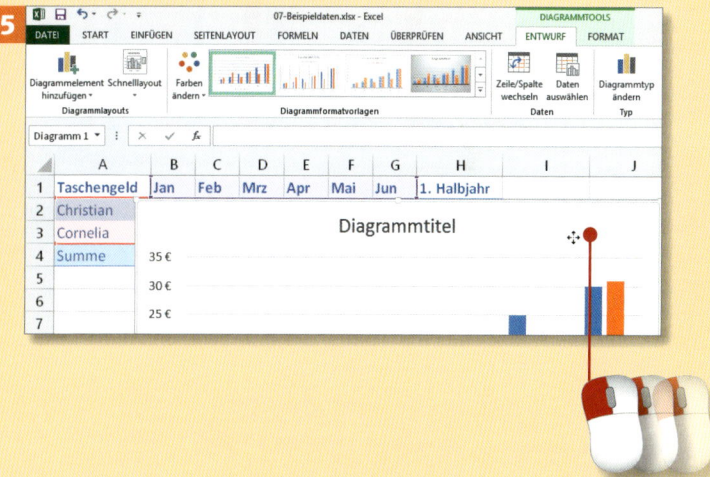

Schritt 6

Wenn Sie das Diagramm zu groß finden, ändern Sie seine Größe, indem Sie den Mauszeiger auf einer Ecke des Rahmens positionieren, dann mit gedrückter Maustaste nach innen ziehen und die Taste bei der gewünschten Größe loslassen.

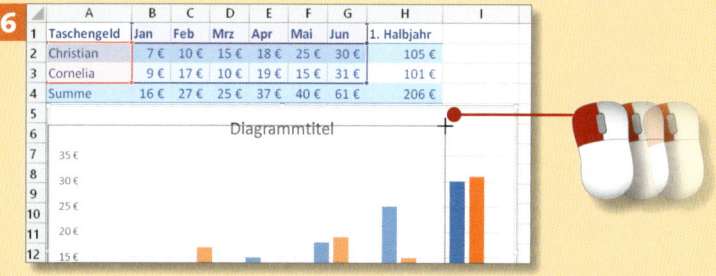

So geht's noch schneller

Sie können auf demselben Tabellenblatt mithilfe der Tastenkombination Alt + F1 blitzschnell ein neues Diagramm erstellen.

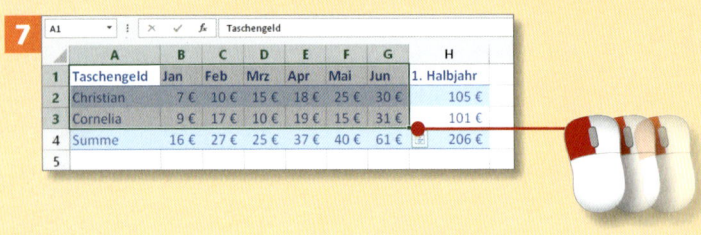

neuen Blatt zu erstellen. Dazu markieren Sie den Tabellenbereich, den Sie in einem Diagramm wiedergeben möchten, z. B. A1:G3.

Schritt 8

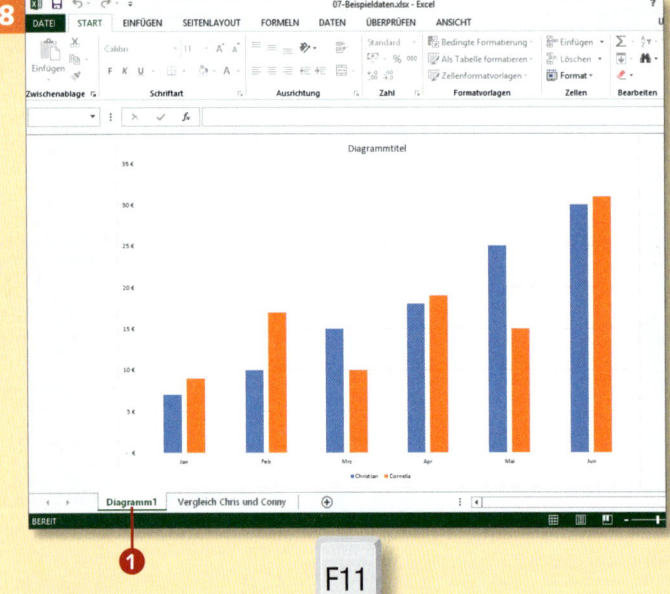

Drücken Sie nun die Funktionstaste F11. Das Diagramm wird sofort auf einem Extra-Tabellenblatt mit dem Namen **Diagramm1** eingefügt. Mit einem Klick auf das Blattregister **Vergleich Chris und Conny** ❶ können Sie wieder zur Tabelle springen.

Schritt 9

Schauen Sie sich das Diagramm nun in der Druckvorschau an: Klicken Sie dazu auf das Register **Datei** und in der Backstage-Ansicht dann auf den Menüpunkt **Drucken**. Sie könnten das Diagramm nun ausdrucken.

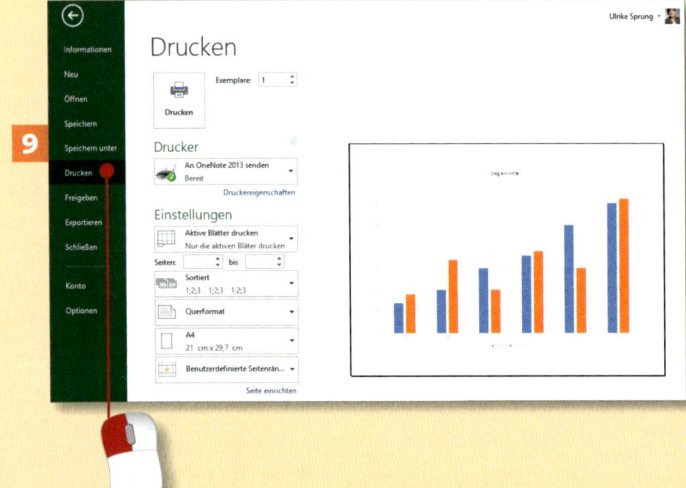

++

Diagramm drucken

In der Druckvorschau finden Sie in der Mitte unten den Befehl **Seite einrichten**. Hier können Sie auf dem Register **Diagramm** die Druckqualität einstellen und z. B. einen Schwarz-Weiß-Druck festlegen.

Schritt 10

Ein Diagramm kann auch aus Tabellenbereichen entstehen, die nicht nebeneinanderliegen. Dazu markieren Sie den ersten Bereich, z. B. A1:A3. Dann halten Sie die Strg-Taste gedrückt und markieren den zweiten Bereich, z. B. H1:H3.

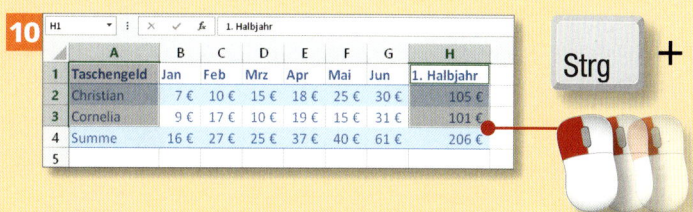

Schritt 11

Diesmal machen wir es uns ganz einfach und folgen Excels Diagrammempfehlungen. Aktivieren Sie dazu das Register **Einfügen**. In der Gruppe **Diagramme** klicken Sie auf das Symbol **Empfohlene Diagramme**.

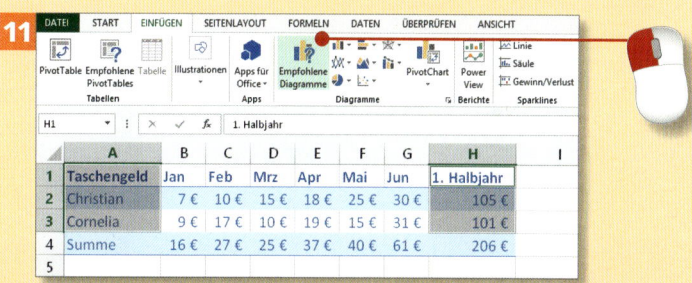

Schritt 12

Klicken Sie auf den ersten Eintrag **Gruppierte Säulen**, und bestätigen Sie mit **OK**. Das Diagramm wird auf demselben Tabellenblatt als Objekt eingefügt. Man erkennt einen deutlichen Unterschied beim Taschengeld der beiden Kinder (Christian und Cornelia). Die y-Achse beginnt leider nicht wie gewünscht bei 0 €, sondern erst bei 99 €. Wie Sie das ändern, erfahren Sie im Abschnitt »Diagrammelemente bearbeiten und ergänzen« ab Seite 220.

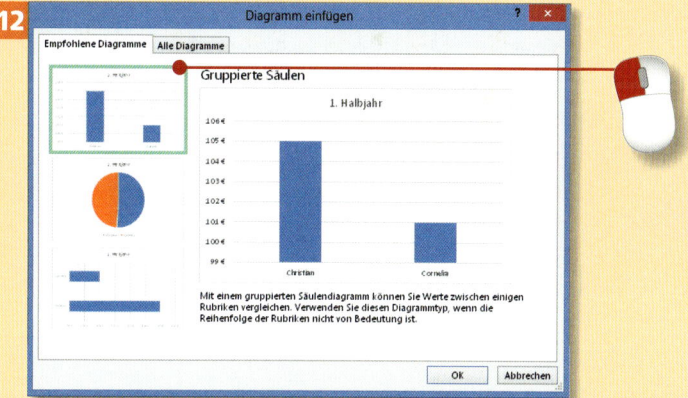

Größe der Tabellenbereiche

Wenn Sie aus verschiedenen auseinanderliegenden Tabellenbereichen ein Diagramm erstellen wollen, müssen diese immer gleich groß markiert sein. Markieren Sie z. B. A2:A3 und dann H1:H3 in der Beispieltabelle, kann Excel die Daten im Diagramm nicht sinnvoll darstellen!

Diagramme erstellen mit Diagrammvorlagen (Forts.)

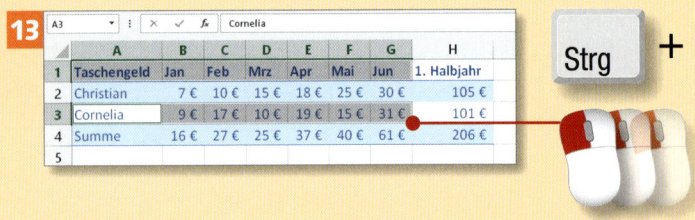

Schritt 13

Ein Kreisdiagramm zeigt immer die Zahlen einer *Datenreihe*, die zusammen ein Ganzes ergeben, also 100 %. Um Cornelias Taschengeld in einem Kreisdiagramm darzustellen, markieren Sie die Überschrift (A1:G1) und dann mit gedrückter `Strg`-Taste die Zellen A3:G3.

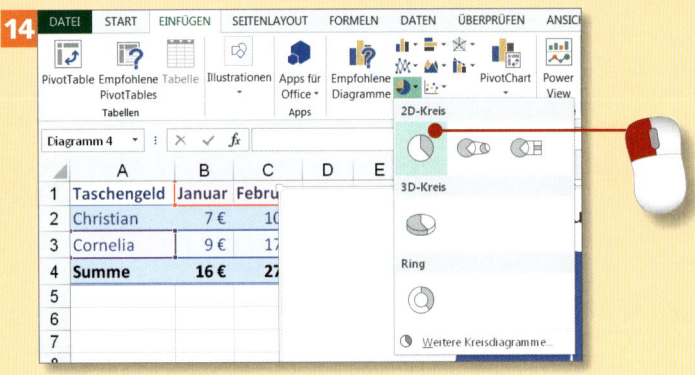

Schritt 14

Aktivieren Sie das Register **Einfügen**. In der Gruppe **Diagramme** klicken Sie auf das Symbol **Kreis** und unter **2D-Kreis** auf das erste Symbol.

Schritt 15

Das Kreisdiagramm erscheint auf demselben Tabellenblatt. Markieren Sie es, und wählen Sie im Register **Diagrammtools/Entwurf** in der Gruppe **Daten** das Symbol **Zeile/Spalte wechseln**, damit Excel das Diagramm korrekt darstellt.

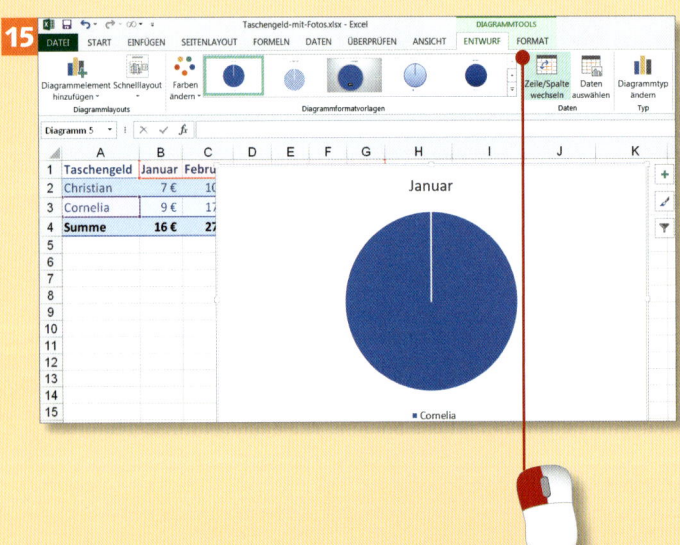

Prozente anzeigen lassen

Weil alle Kreissegmente zusammen 100 % ergeben, bietet Excel in diesem Fall die Prozentbeschriftung automatisch an. Sie finden dafür im Register **Diagrammtools** in der Gruppe **Diagrammformatvorlagen** zwölf Formatvorlagen.

Schritt 16

Im Folgenden wollen wir das Taschengeld mehrerer Jahre im Diagramm darstellen. Markieren Sie den Tabellenbereich A1:G3. Auf dem Register **Einfügen** wählen Sie in der Gruppe **Diagramme** das Symbol **Balken** und im Untermenü **2D-Balken** das erste Symbol **Gruppierte Balken**. So werden allerdings die Jahreszahlen als Balken dargestellt.

Schritt 17

Damit das nicht passiert, entfernen wir die Datenreihe *Jahre*. Dazu klicken Sie im Register **Diagrammtools/Entwurf** in der Gruppe **Daten** auf die Schaltfläche **Daten auswählen** ❶. Markieren Sie im Dialogfenster den Eintrag *Jahre* ❷, und klicken Sie auf **Entfernen**.

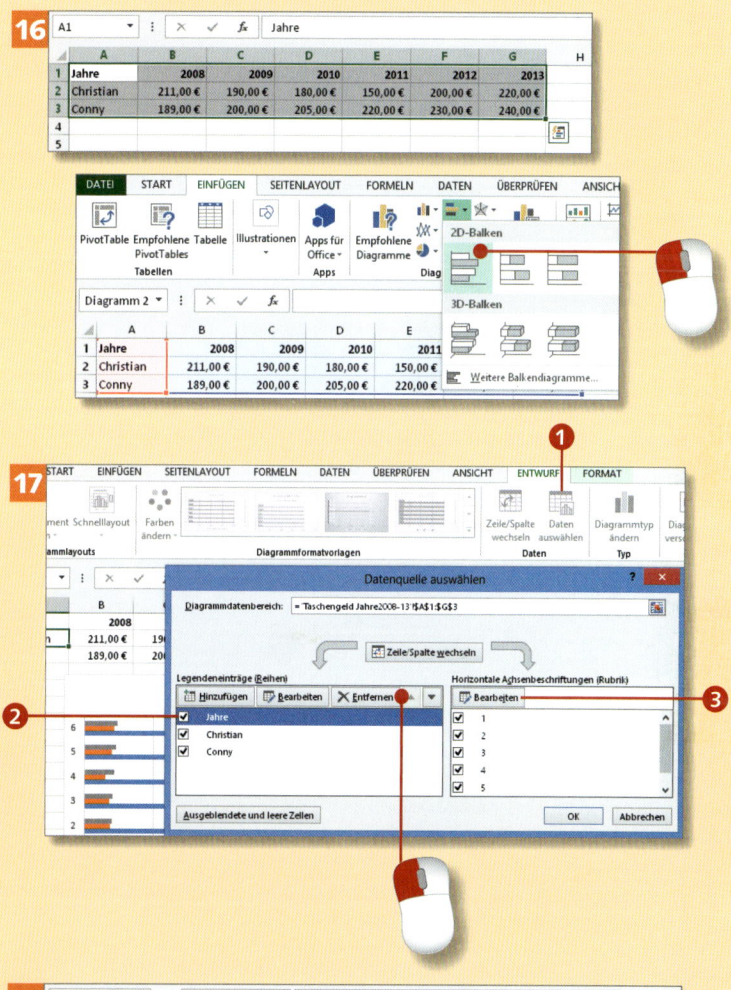

Schritt 18

Klicken Sie dann auf **Bearbeiten** ❸, und markieren Sie in der Tabelle die Zellen B1:G1. Bestätigen Sie die Dialogfenster **Achsenbeschriftungen** und **Datenquelle auswählen** jeweils mit einem Klick auf **OK** und.

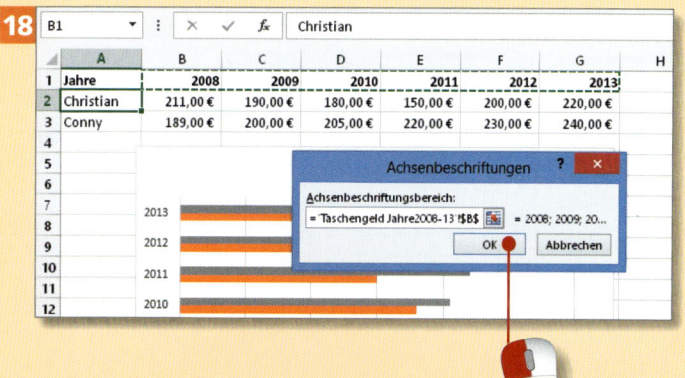

Diagrammelemente bearbeiten und ergänzen

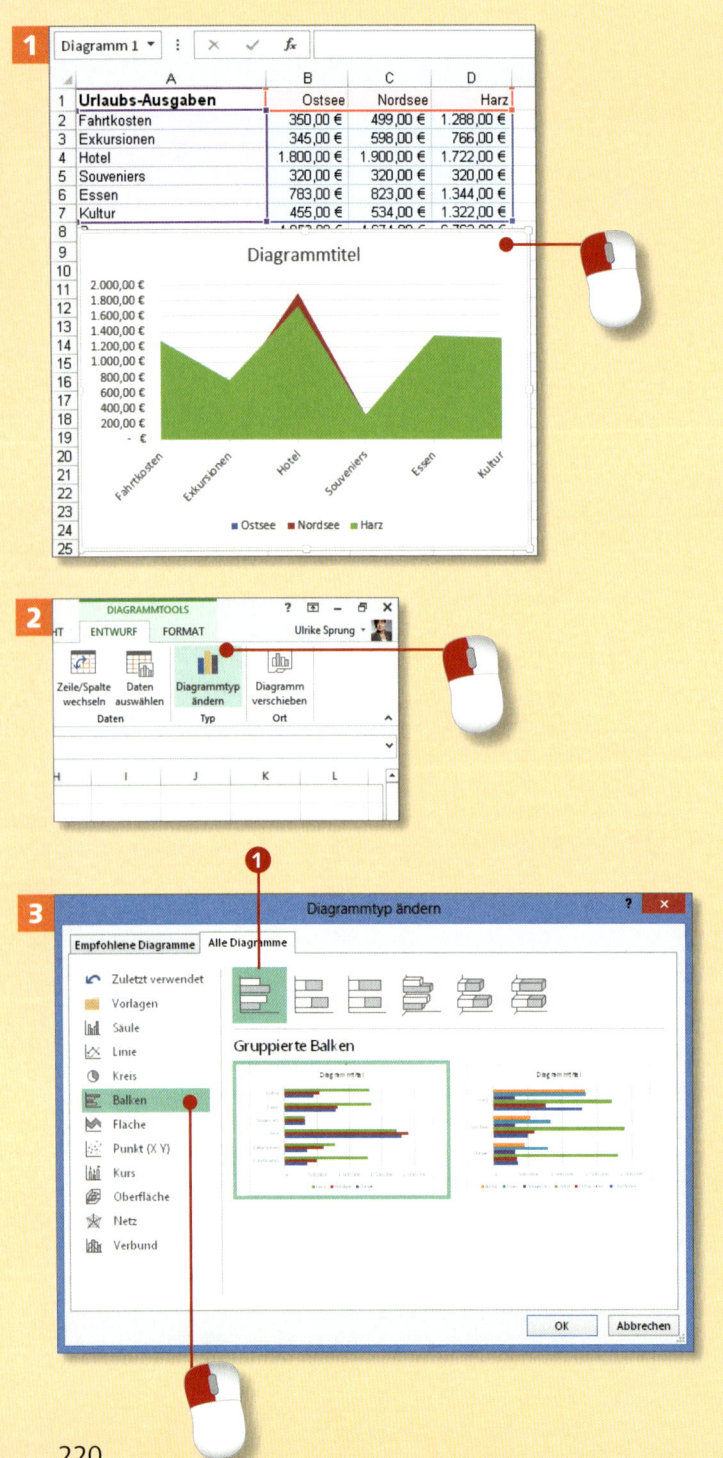

Wenn sich Daten verändern oder Ihnen die Optik des Diagramms nicht mehr gefällt, können Sie dies jederzeit berücksichtigen bzw. ändern.

Schritt 1

Ihre Urlaubsausgaben werden in diesem Flächendiagramm nicht gut dargestellt. Um den Diagrammtyp zu ändern, markieren Sie das Diagramm, indem Sie auf eine leere Stelle im Diagrammbereich klicken.

Schritt 2

Das Register **Diagrammtools** mit Befehlen zum Bearbeiten und Ergänzen von Diagrammelementen erscheint. Klicken Sie auf das Unterregister **Entwurf**, und aktivieren Sie in der Gruppe **Typ** das Symbol **Diagrammtyp ändern**.

Schritt 3

Das Dialogfenster listet alle Diagrammtypen auf. Klicken Sie in der Mitte links auf **Balken** und anschließend auf den Diagrammtyp **Gruppierte Balken** ❶. Bestätigen Sie Ihre Auswahl mit **OK**. Das geänderte Diagramm zeigt nun auch die Ausgaben für den Ostseeurlaub, die im Flächendiagramm nicht auf den ersten Blick zu sehen waren.

Schritt 4

Verfeinern Sie nun das Layout. Dazu klicken Sie im Register **Entwurf** in der Gruppe **Diagrammlayouts** auf die Schaltfläche **Schnelllayout** und im Auswahlmenü z. B. auf **Layout 3**.

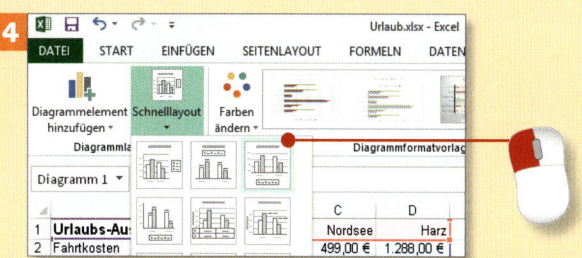

Schritt 5

Nun fügen wir einen Diagrammtitel ein. Dazu klicken Sie in das neue Feld **Diagrammtitel** ❷ in Ihrem Diagramm und geben »=« in die Bearbeitungsleiste ein. Dann klicken Sie auf die Zelle A1 ❸ und bestätigen mit ⏎.

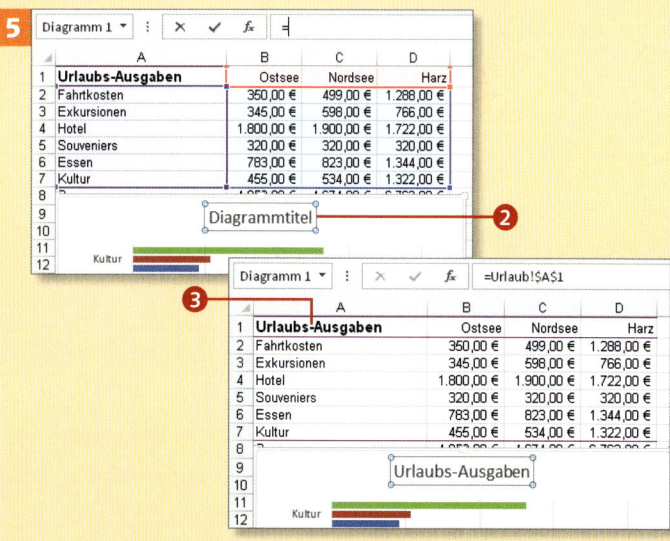

Schritt 6

Korrigieren Sie nun den Text in der Zelle A1 in »Urlaubsausgaben 2013«. Auch der Diagrammtitel aktualisiert sich sofort, weil Sie ihn mit der Zelle A1 verknüpft haben.

Zahlenwerte ändern

Tabelle und Diagramm sind miteinander verknüpft. Wenn Sie in der Tabelle einen Zahlenwert ändern, wird automatisch auch das Diagramm entsprechend geändert.

Diagrammelemente bearbeiten und ergänzen (Forts.)

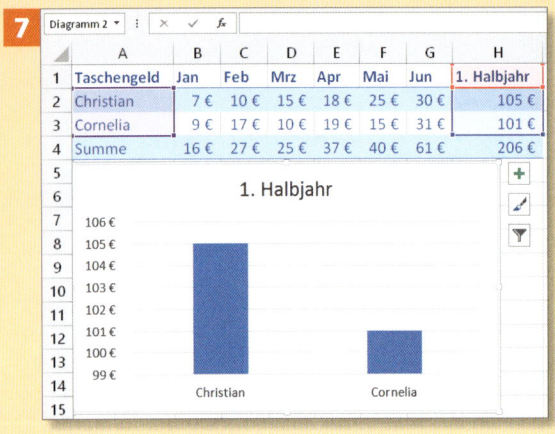

Schritt 7

Manchmal erzeugt die Darstellung im Diagramm einen falschen Eindruck. Im Taschengeldbeispiel aus dem Abschnitt »Diagramme erstellen mit Diagrammvorlagen« ab Seite 214 sieht es so aus, als hätte Cornelia nur etwa ein Drittel des Betrags ihres Bruders bekommen.

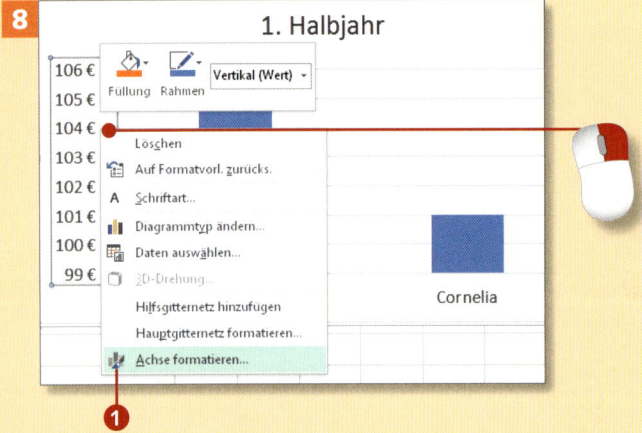

Schritt 8

Klicken Sie mit der rechten Maustaste auf eine Zahl der y-Achse. Aus dem Kontextmenü wählen Sie dann die Option **Achse formatieren** ❶.

Schritt 9

Rechts erscheint der Aufgabenbereich. Ersetzen Sie unter **Achsenoptionen** das automatische **Minimum** »99« durch »0«. Bestätigen Sie das Dialogfenster mit einem Klick auf das Schließkreuz ❷. Die Größenachse beginnt nun bei 0.

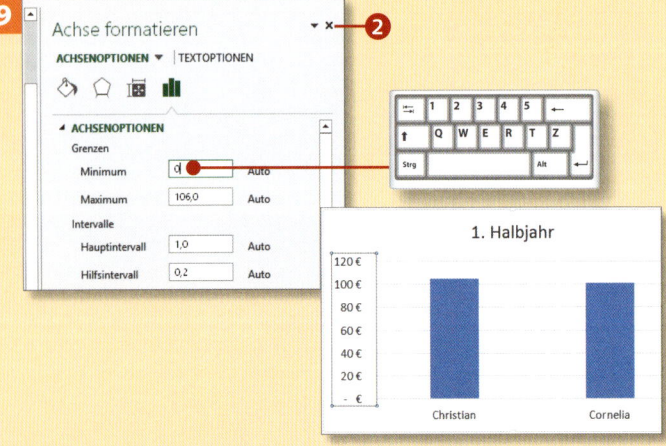

Direkt zu den Achsenoptionen

Mit einem gezielten Doppelklick mit der linken Maustaste auf die Größenachse gelangen Sie schnell in die Achsenoptionen.

Schritt 10

Nun sollen die Säulen die genauen Werte anzeigen, und die Größen-achse soll verschwinden. Klicken Sie das Diagramm an, erscheinen drei Schaltflächen. Wählen Sie die **Plusschaltfläche ❸**. Im Untermenü entfernen Sie das Häkchen neben **Achsen ❹**. Zeigen Sie auf den Eintrag **Datenbeschriftungen**, und wählen Sie **Datenlegende ❺**.

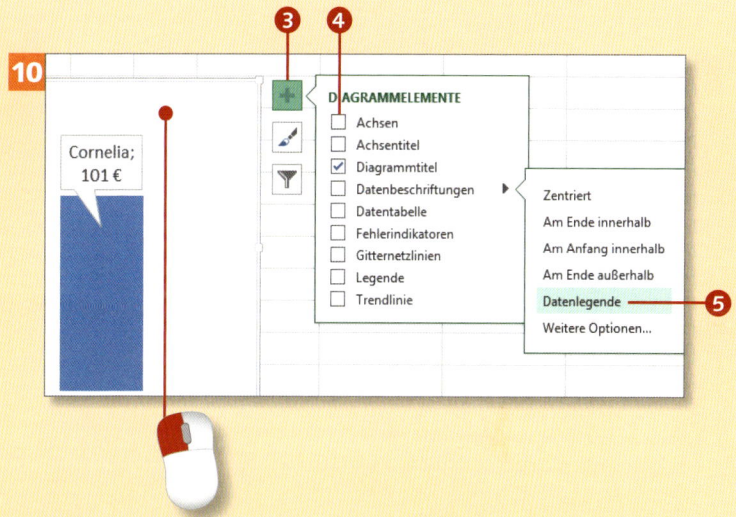

Schritt 11

Um die Farbe der Säulen zu ändern, klicken Sie auf das Symbol **Pinsel ❻** und dann auf den Eintrag **Farbe**. Wählen Sie z. B. Farbe 3.

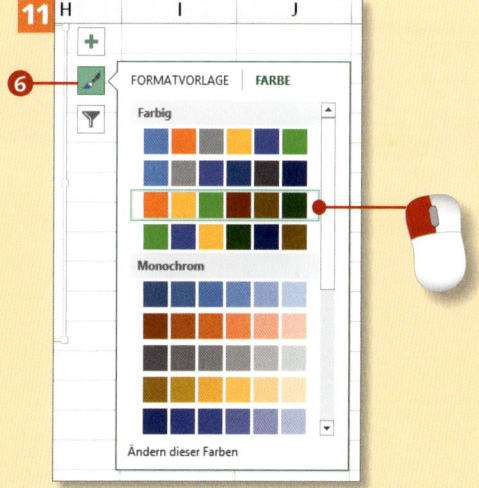

Schritt 12

Um nur Christians Säule anzuzeigen, klicken Sie zum Filtern auf das Sym-bol **Trichter ❼**. Wählen Sie den Be-reich **Kategorien ❽** und entfernen zusätzlich das Häkchen links neben Cornelia, erscheint nur Christians Säule.

Farbe einer Säule ändern

Setzen Sie einen Doppelklick auf die Säule, und wählen Sie dann im Aufgabenbereich **Datenpunkt formatieren** das Symbol **Farbei-mer**. Stellen Sie unter **Füllung** eine andere Farbe ein.

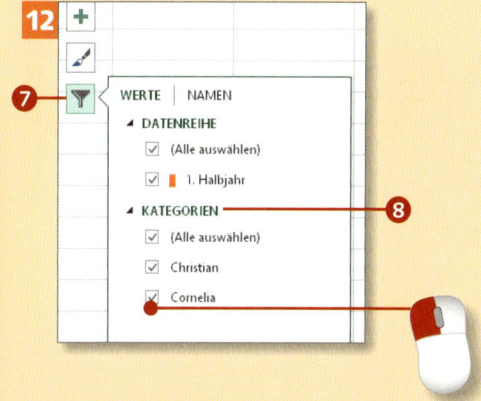

Den richtigen Diagrammtyp wählen

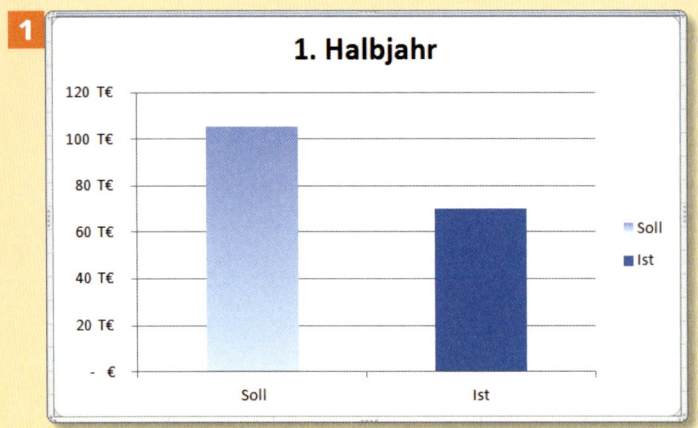

Den richtigen Diagrammtyp zu wählen ist zuweilen eine langwierige Angelegenheit. Nicht jeder Typ eignet sich für jede Darstellung.

Schritt 1

Säulendiagramme zeigen Schwankungen über einen bestimmten Zeitraum oder Vergleiche zwischen einzelnen Elementen. Weil das fast immer passt, ist dieser Typ voreingestellt.

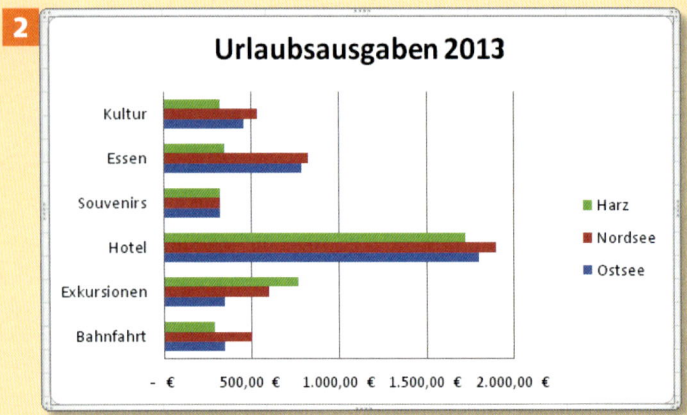

Schritt 2

Balkendiagramme zeigen einzelne Zahlen zu einem bestimmten Zeitpunkt oder Vergleiche zwischen verschiedenen Elementen. Die Rubriken sind untereinander angeordnet, dadurch wird weniger Gewicht auf den zeitlichen Ablauf gelegt.

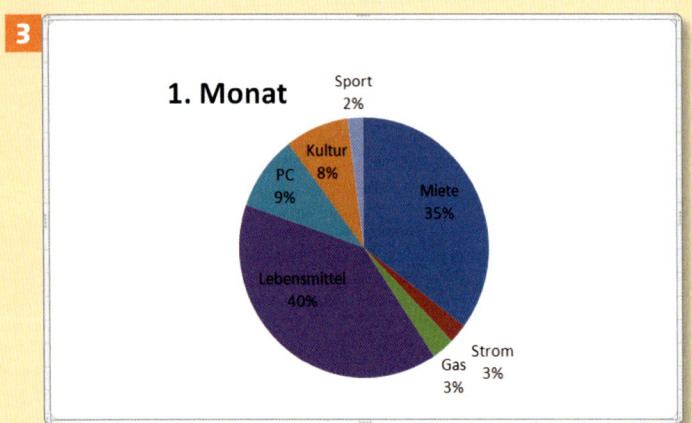

Schritt 3

Torten- oder *Kreisdiagramme* stellen eine Gesamtmenge dar (100 %). Die Segmente stehen für die prozentualen Anteile. Deshalb eignet sich das Kreisdiagramm nur für Tabellen, die eine Datenreihe enthalten. Sie sollte aus maximal acht Elementen bestehen, sonst wird es unübersichtlich.

Schritt 4

Liniendiagramme zeigen Trends oder Änderungen bei Daten über einen bestimmten Zeitraum an. Der Verlauf wird hierbei deutlich herausgestellt.

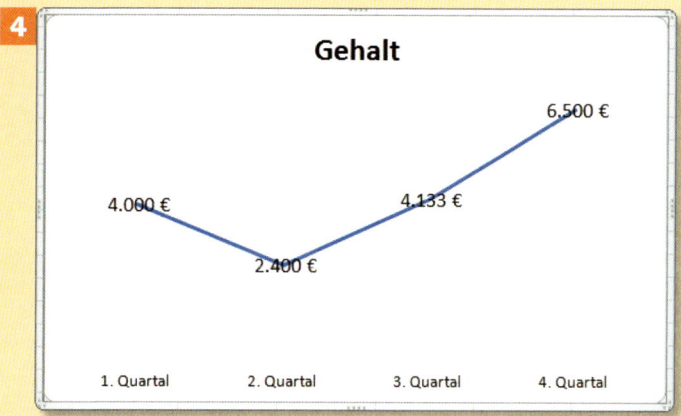

Schritt 5

Ringdiagramme stellen Daten in konzentrischen Kreisen dar, wobei jeder Ring einer Datenreihe entspricht. Hier zeigt der äußere Ring die Ausgaben für den Harzurlaub, der mittlere den Nordseeurlaub und der innere den Ostseeurlaub.

Schritt 6

Flächendiagramme zeigen die relative Bedeutung von Werten über einen bestimmten Zeitraum an. Sie heben das Ausmaß der Änderung bzw. Abweichung optisch stark hervor. Unser Beispiel zeigt die Differenz der Ausgaben zwischen Nordsee- und Harzurlaub.

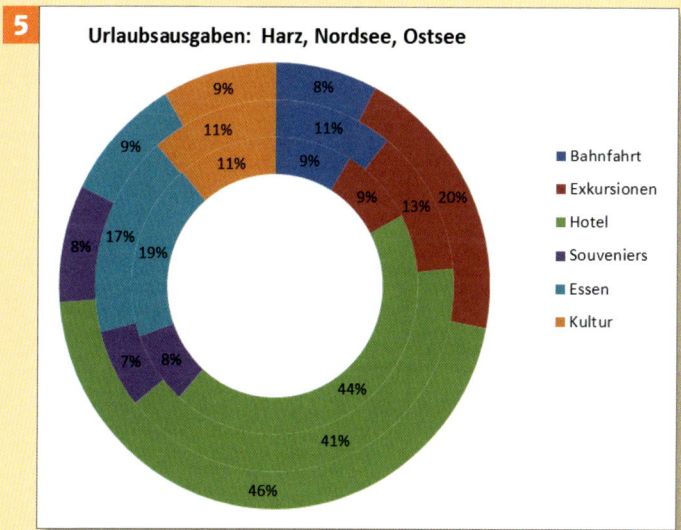

Diagrammtypen

Sie finden alle hier vorgestellten Typen im Register **Einfügen** in der Gruppe **Diagramme**, indem Sie auf die jeweiligen Symbole klicken.

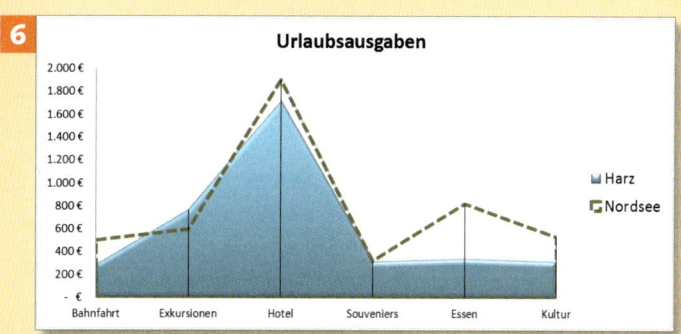

Den richtigen Diagrammtyp wählen (Forts.)

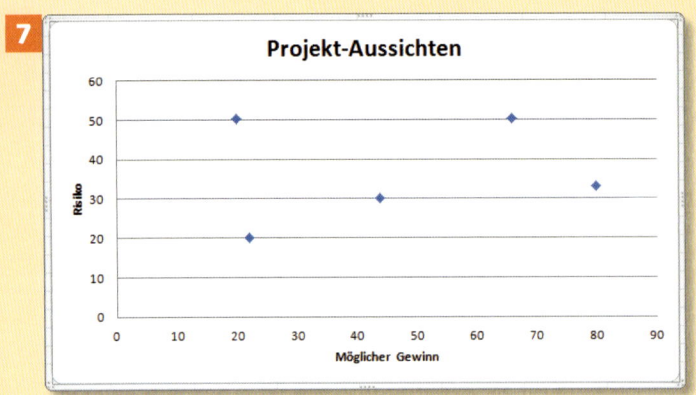

Schritt 7

Punktdiagramme zeigen Zahlenpaare, z. B. den Punktwert für das Risiko und den Punktwert möglicher Gewinne. Sie spiegeln also Trends oder Änderungen wider.

Schritt 8

Verbunddiagramme verbinden zwei Diagrammtypen miteinander, z. B. Säule und Linie. Sie verdeutlichen, dass ein Diagramm zwei verschiedene Arten von Informationen darstellt, z. B. Umsatz und Gewinn.

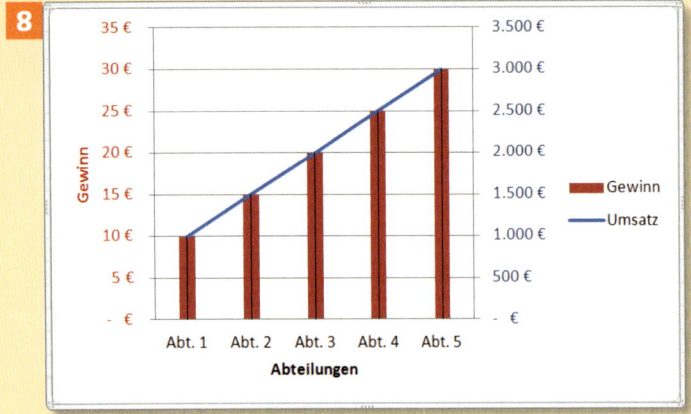

Schritt 9

Netzdiagramme haben in der Mitte einen Nullpunkt, um den Linien gruppiert sind. So stellt man mehrere Faktoren auf einmal dar. Die Spannweite des Netzes macht den Vergleich besonders anschaulich.

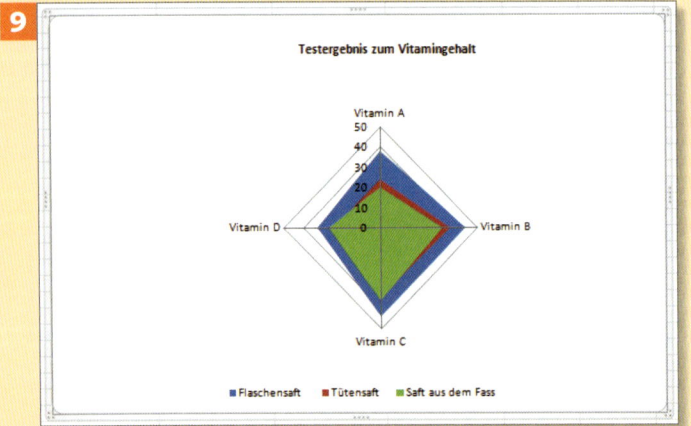

Mehrere Diagrammvarianten
Wenn Sie unsicher sind, welcher Diagrammtyp am besten passt, machen Sie mehrere unterschiedliche Diagramme aus Ihrer Tabelle. Dann schauen Sie sich diese unter dem Blickwinkel an: Welcher Diagrammtyp visualisiert meine beabsichtigte Aussage am besten?

Schritt 10

In *Blasendiagrammen* können Sie drei Werte zu einer Blase darstellen. Die Blase zeigt auf der x-Achse den möglichen Gewinn und auf der y-Achse das Risiko in Prozent. Die Größe der Blase bilden die Kosten aus der dritten Tabellenspalte. Somit ist das Blasendiagramm das um einen dritten Wert »aufgeblasene« Punktdiagramm.

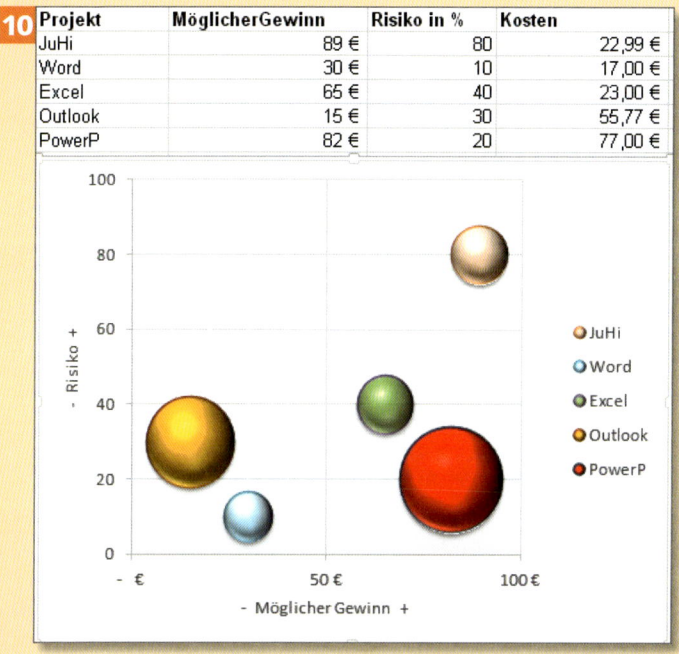

Projekt	MöglicherGewinn	Risiko in %	Kosten
JuHi	89 €	80	22,99 €
Word	30 €	10	17,00 €
Excel	65 €	40	23,00 €
Outlook	15 €	30	55,77 €
PowerP	82 €	20	77,00 €

Schritt 11

Sparklines sind Minidiagramme in einer Zelle, die leer ist oder Daten enthält. Linien-Sparklines eignen sich gut, Entwicklungen von Zahlenwerten in einer zeitlichen Folge darzustellen. So sehen Sie blitzschnell, ob alles gleichmäßig verlief oder ob es ein Auf und Ab gab. Die genauen Zahlen zeigen Sparklines nicht. Es kommt hier eher auf den schnellen Eindruck an.

in T€	Jan	Feb	Mrz	Apr	Mai	Jun	1. Halbjahr
Aktiengewinne	35	40	20	15	40	35	
Aktiengewinne	35	40	20	15	40	35	185

Schritt 12

Balkensparklines eignen sich gut zur Größendarstellung von Werten. Gibt es negative Werte in der Tabelle, ist der *Gewinn-Verlust-Sparkline* passend.

	Jan	Feb	Mrz	Apr	Mai	Jun	1. Halbjahr
Gewinn	35,00 €	- 40,00 €	-50,00 €	15,00 €	40,00 €	35,00 €	

	Jan	Feb	Mrz	Apr	Mai	Jun	1. Halbjahr
Ausgaben	35,00 €	35,00 €	35,00 €	35,00 €	40,00 €	35,00 €	

Sparklines oder Minidiagramme

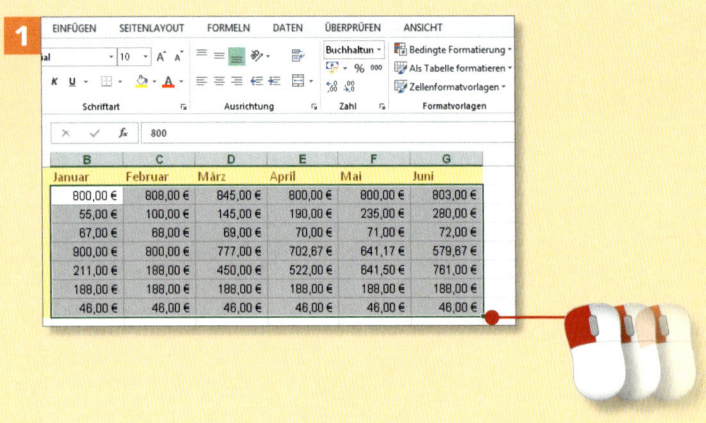

Sparklines sind Minidiagramme. Sie stehen in einer Zelle neben den Zahlen oder verdeutlichen als Hintergrundgrafik die Aussage einer Tabelle. In diesem Abschnitt erfahren Sie, wie Sie Sparklines erstellen und ändern.

Schritt 1

Markieren Sie die Zellen Ihrer Tabelle, die Sie mit Sparklines versehen wollen, z. B. B2:G8.

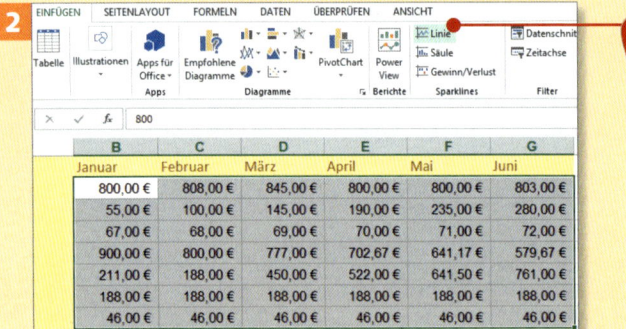

Schritt 2

Wählen Sie das Register **Einfügen** und hier die Gruppe **Sparklines**. Klicken Sie dort auf das Symbol **Linie**.

Schritt 3

Im Dialogfenster **Sparklines erstellen** wird der markierte Bereich im Feld **Datenbereich** angezeigt. Der Cursor blinkt im Feld **Positionsbereich**; das ist der Bereich, in dem die Sparklines zu sehen sein sollen. Markieren Sie mit der Maus die leeren Zellen H2:H8. Bestätigen Sie den Dialog mit einem Klick auf **OK**.

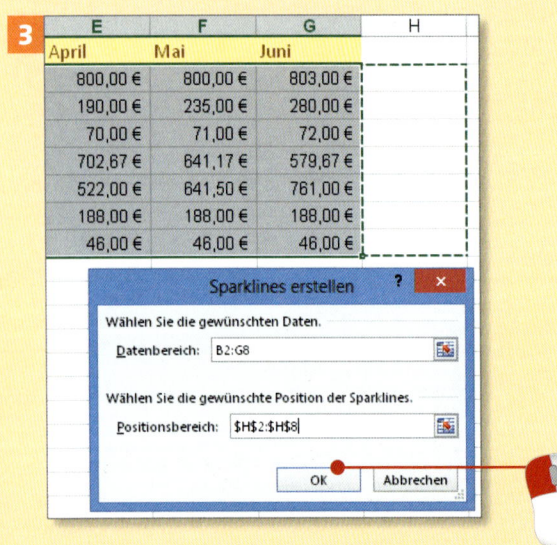

Schritt 4

In den Zellen H2:H8 erscheinen Sparklines, die die Entwicklung der Ausgabenart darstellen. Außerdem erscheint das Register **Sparkline-tools/Entwurf** ❶ mit weiteren Befehlen zum Bearbeiten der Sparklines.

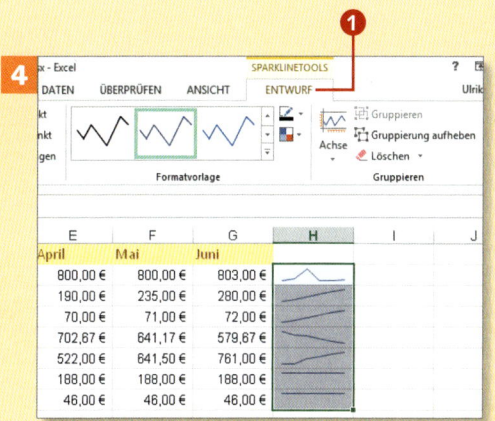

Schritt 5

Erstellen Sie auch für die Monate Sparklines. Dazu markieren Sie erneut den Tabellenbereich, für den die Sparklines erstellt werden sollen, hier B2:G8.

Schritt 6

Klicken Sie im Register **Einfügen** in der Gruppe **Sparklines** auf das Symbol **Säule** ❷. Als **Positionsbereich** geben Sie im Dialogfenster diesmal die Zellen »B9:G9« an und klicken dann auf **OK**. Die neuen Sparklines erscheinen unter den Monatssummen als kleine Säulendiagramme.

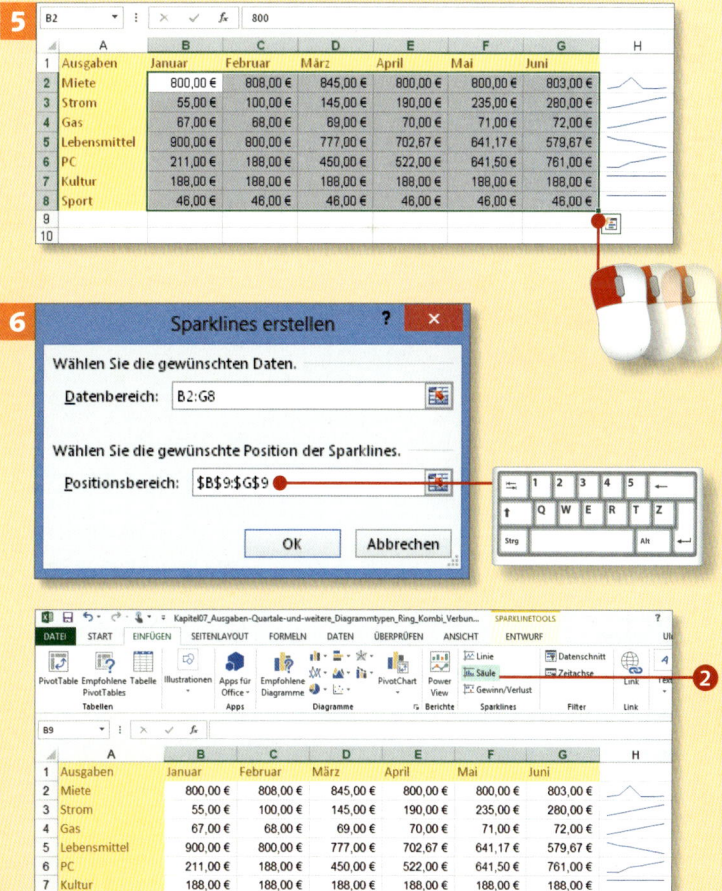

+ Trends

Sparklines eignen sich besonders, um Trends darzustellen und sollten deshalb in größtmöglicher Nähe zu den dazugehörigen Daten positioniert werden.

Sparklines oder Minidiagramme (Forts.)

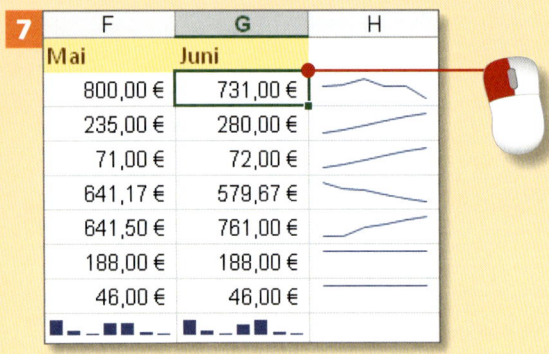

Schritt 7

Ändern Sie nun den Wert für die Miete in der Zelle G2 auf »731,00«. Wie Sie sehen, wird die Sparkline automatisch aktualisiert.

Schritt 8

Sparklines können auch als Hintergrund in Zellen stehen. Markieren Sie die Zellen B2:G8. Im Register **Einfügen** klicken Sie in der Gruppe **Sparklines** auf das Symbol **Linie**.

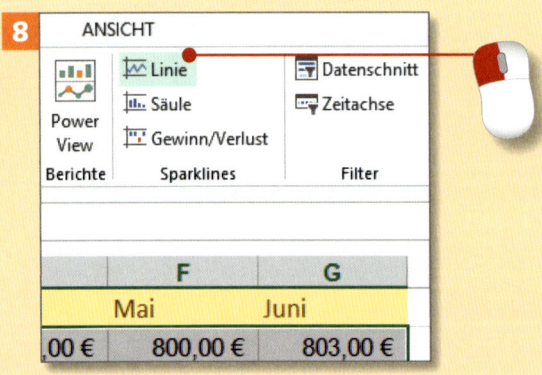

Schritt 9

Für den **Positionsbereich** geben Sie im Dialogfenster die Zellen »H2:H8« an. Bestätigen Sie den Dialog mit einem Klick auf **OK**. Die Sparklines sind jetzt im Hintergrund der Summenzellen zu sehen.

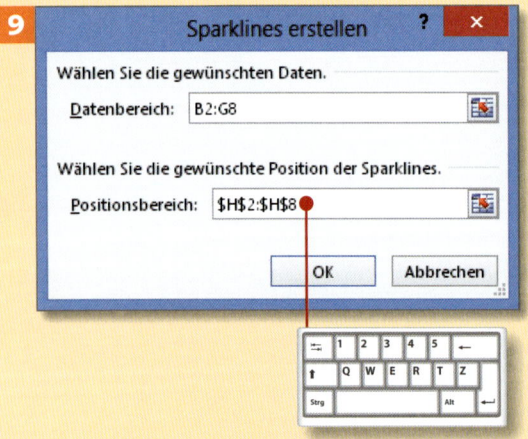

---

i

Anderes Tabellenblatt

Sparklines können auch auf einem anderen Tabellenblatt dargestellt werden. Dazu klicken Sie im Dialog **Sparklines erstellen** in das Feld **Datenbereich** und zeigen mit der Maus auf das andere Tabellenblatt. Ziehen Sie anschließend den entsprechenden Bereich auf.

Schritt 10

Sie können Sparklines auch leicht verändern. Markieren Sie dazu die Zellen, die Sparklines enthalten, z. B. H2:H8. Oben erscheint das Register **Sparklinetools/Entwurf** mit seiner Multifunktionsleiste.

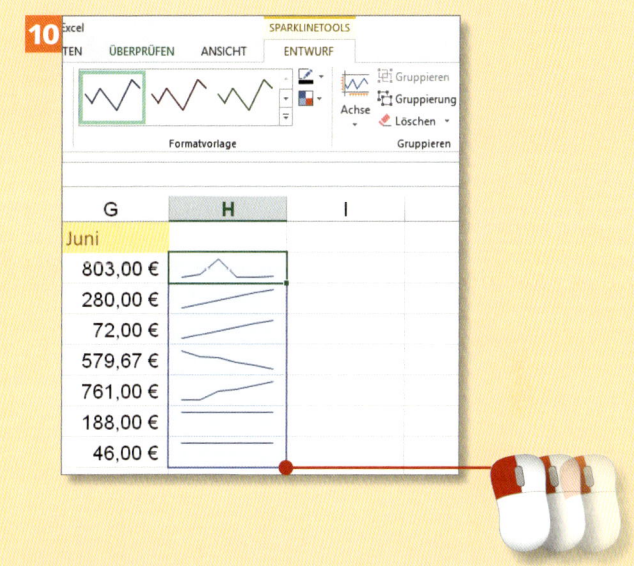

Schritt 11

Um sich z. B. den höchsten Wert als Punkt in der Sparkline anzeigen zu lassen, klicken Sie den Eintrag **Höchstpunkt** ❶ an. In der Gruppe **Formatvorlage** wählen Sie eine For-matvorlage, z. B. **Sparklineformat Akzent 2, 25 % dunkler**, aus.

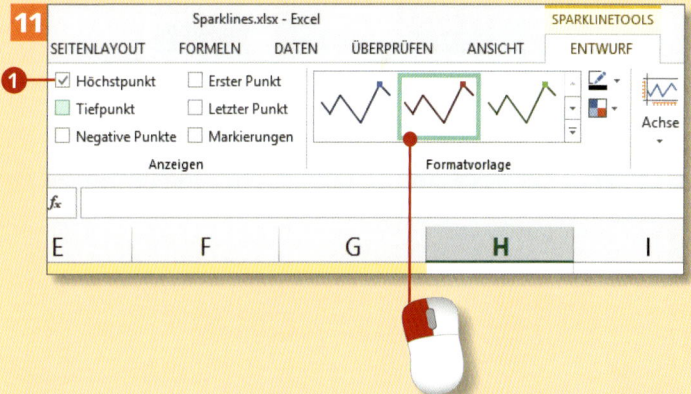

Schritt 12

Um Sparklines zu entfernen, mar-kieren Sie eine Zelle, z. B. H2. Die Sparklinegruppe wird blau umran-det. Im Register **Sparklinetools/ Entwurf** klicken Sie in der Gruppe **Gruppieren** auf den Pfeil neben **Löschen**. Wählen Sie **Ausgewählte Sparklinegruppen löschen**. Alle Sparklines im Bereich H2:H8 werden gelöscht.

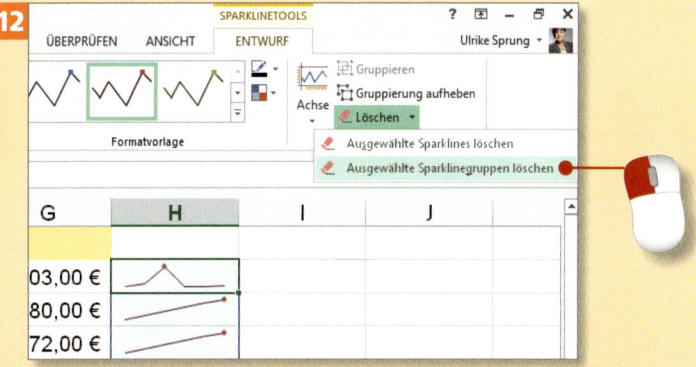

Einzelne Sparklines löschen
Wählen Sie **Ausgewählte Spar-klines löschen**, um nur die eine Sparkline in der markierten Zelle zu entfernen.

Der Einsatz von Grafiken

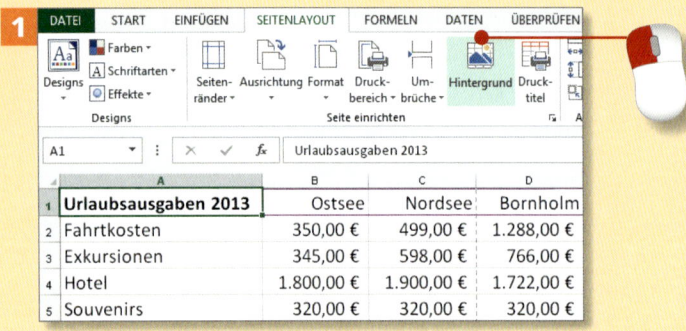

Sie können Ihre Tabelle oder Ihr Diagramm mithilfe von Grafiken noch verschönern. Dies ist auf dem Tabellenblatt, hinter dem Tabellenblatt oder direkt im Diagramm möglich.

Schritt 1

Ein passendes Bild steigert die Freude bei der Arbeit an einer Tabelle. Öffnen Sie die Datei, und öffnen Sie das Tabellenblatt, das Sie mit einem Hintergrundfoto verschönern wollen. Lassen Sie sich das Register **Seitenlayout** anzeigen. In der Gruppe **Seite einrichten** klicken Sie auf das Symbol **Hintergrund**.

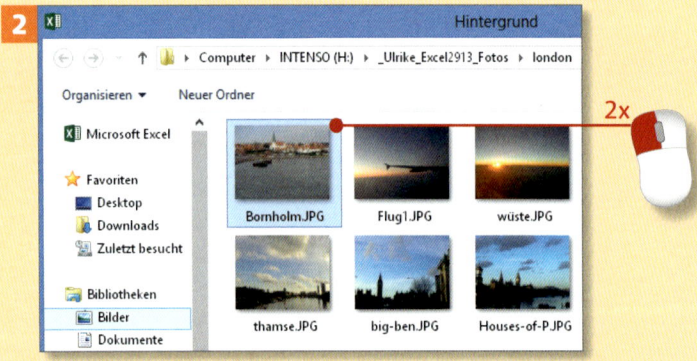

Schritt 2

Wählen Sie im Dialogfenster zuerst den Speicherort und dann die Grafik per Doppelklick, z. B. *Bornholm.JPG*. Das Bild wird als Hintergrundgrafik über das gesamte Tabellenblatt gelegt, wenn es sehr klein ist, auch mehrmals neben- bzw. untereinander.

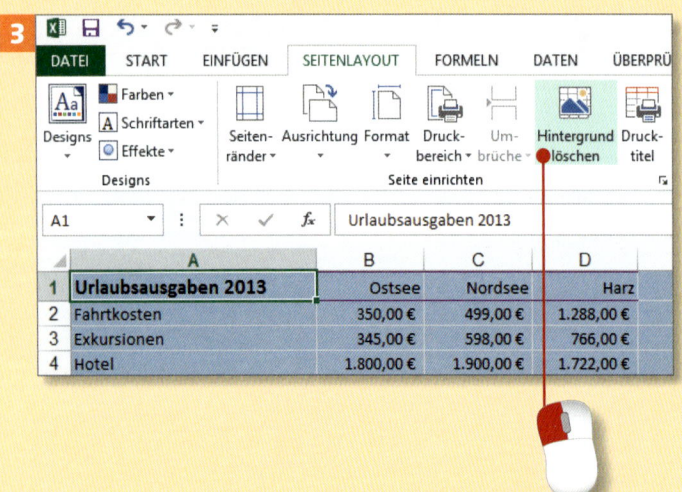

Schritt 3

Um den Hintergrund wieder zu entfernen, klicken Sie im Register **Seitenlayout** in der Gruppe **Seite einrichten** auf das Symbol **Hintergrund löschen**.

Schritt 4

Wenn Sie z. B. auf einem Stundenplan das Foto Ihres Kindes einfügen
und ihn später drucken möchten,
wählen Sie im Register **Einfügen** in
der Gruppe **Illustrationen** das Symbol **Bilder**.

Schritt 5

Fügen Sie eine Grafikdatei ein, z. B.
Christian.jpg. Ziehen Sie das Foto
mit der Maus neben die Spalte G,
und verkleinern Sie es, indem Sie
mit der Maus die Eckpunkte verschieben.

Schritt 6

Um das Foto zu beschneiden,
markieren Sie es mit einem Klick
und wählen im Register **Bildtools/
Format** in der Gruppe **Größe** das
Symbol **Zuschneiden** ❶. Ziehen Sie
die Zuschneidelinie mit der Maus
nach rechts. Der graue Bereich
ist der Bildteil, der abgeschnitten
wird. Wenn Sie einverstanden sind,
klicken Sie erneut auf das Symbol
Zuschneiden. Ziehen Sie das ver-
kleinerte Foto an die richtige Stelle
neben der Tabelle. Fertig!

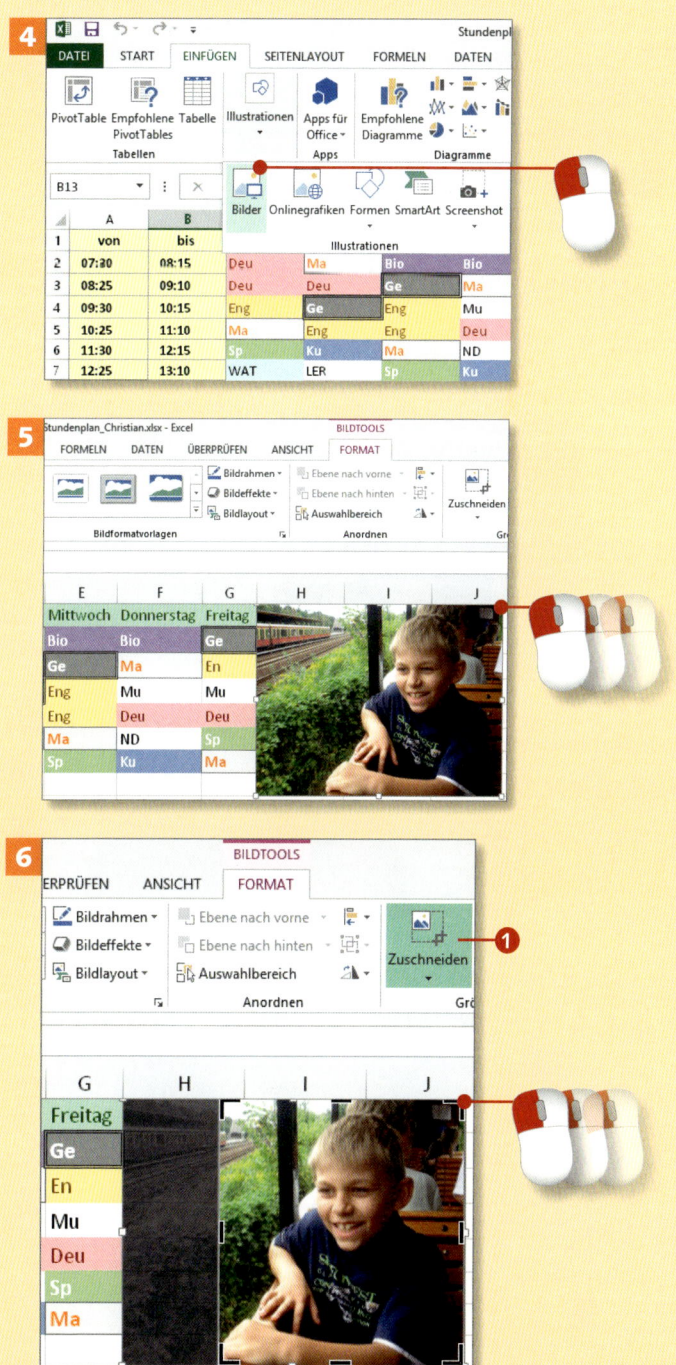

Der Einsatz von Grafiken (Forts.)

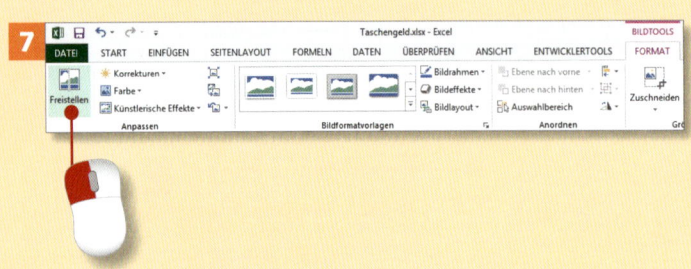

Schritt 7

Bilder lassen sich natürlich auch gestalten. Um z. B. den Bildhintergrund auszublenden, markieren Sie die Grafik und klicken auf das Symbol **Freistellen** in der Gruppe **Anpassen** des Registers **Bildtools/Format**.

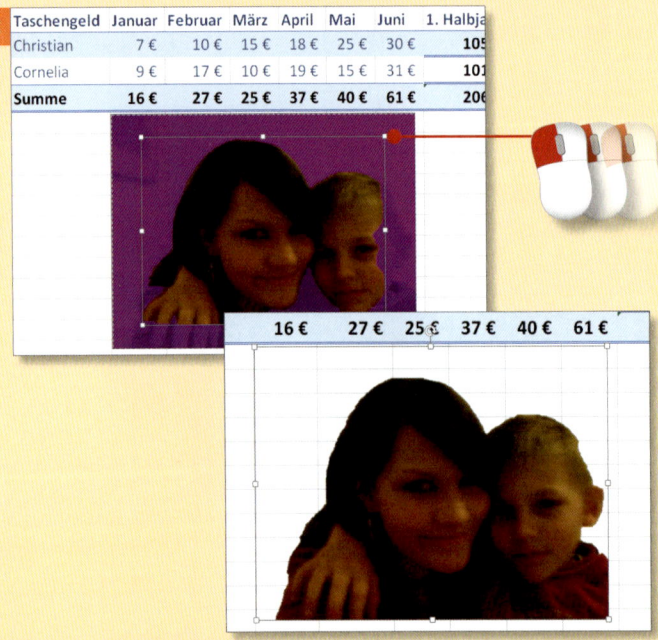

Schritt 8

Excel erkennt die wichtigen Bildinformationen und zeigt darüber hinaus einen Rahmen an, mit dem Sie den freizustellenden Bereich bestimmen können. Ziehen Sie den rechten Markierungspunkt weiter nach rechts und den unteren weiter nach außen. Dann klicken Sie erneut auf das Symbol **Freistellen**. Die Kinder werden ausgeschnitten.

Schritt 9

Sie können ein Foto auch in der Farbe verändern, z. B. ein schwarzweißes Foto farblich passend zur Tabelle gestalten. Dazu markieren Sie das Foto mit einem Mausklick.

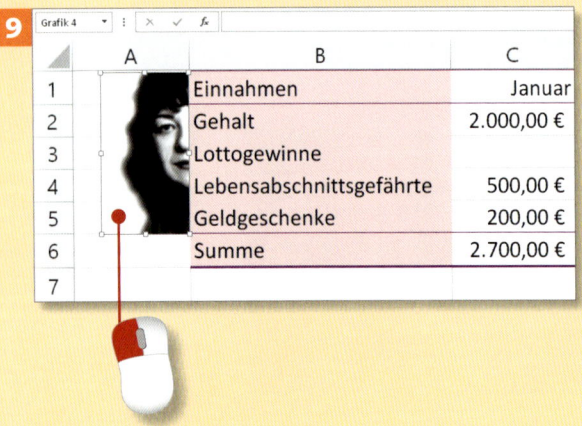

Handarbeit

Sie können ein Bild auch manuell Freistellen. Klicken Sie auf den entsprechenden Befehl und dann auf **Zu behaltende Bereiche markieren**.

Schritt 10

Wählen Sie im Register **Bildtools/Format** in der Gruppe **Anpassen** das Symbol **Farbe**. Klicken Sie z. B. im Bereich **Neu einfärben** in der ersten Zeile auf **Sepia**. Das Foto wird dann passend zum Rotton der Tabelle eingefärbt.

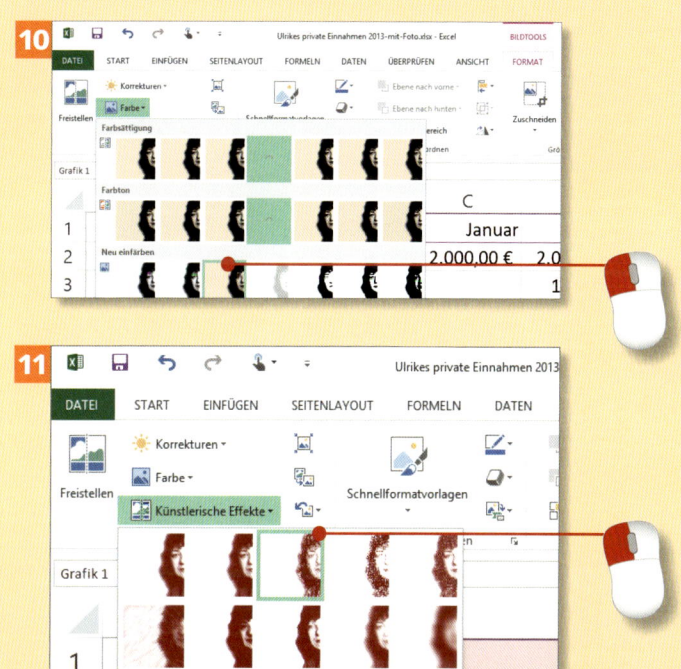

Schritt 11

Nun können Sie das Foto auch noch verfremden. Markieren Sie es, und klicken Sie auf das Symbol **Künstlerische Effekte** und dann auf den dritten Effekt in der ersten Zeile **Bleistift: Graustufen**.

Schritt 12

Auch Diagramme können mit Fotos individuell gestaltet werden. Klicken Sie dazu mit der rechten Maustaste auf eine freie Stelle im Diagramm. Wählen Sie im Kontextmenü **Diagrammbereich formatieren ❶**.

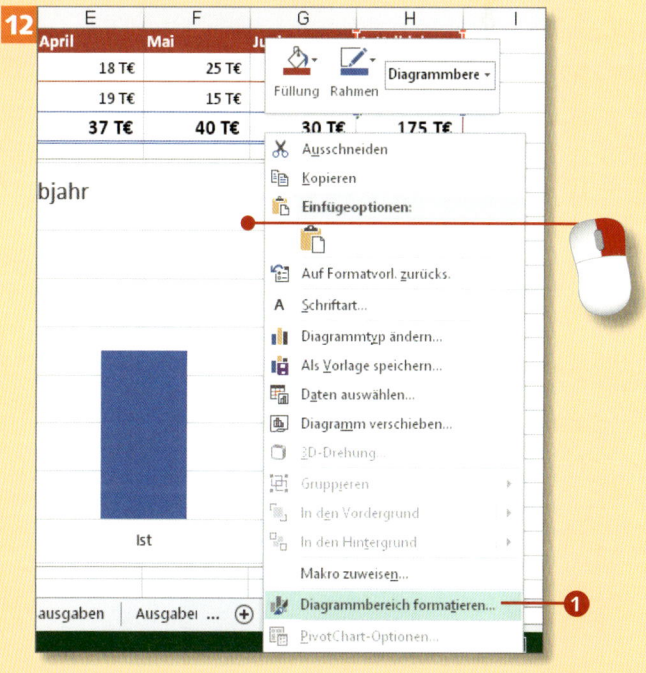

ℹ Gestaltung rückgängig machen

Um ein Bild wieder in den Ursprungszustand zu versetzen, markieren Sie es und wählen im Register **Bildtools/Format** in der Gruppe **Anpassen** das Symbol **Bild zurücksetzen**.

Der Einsatz von Grafiken (Forts.)

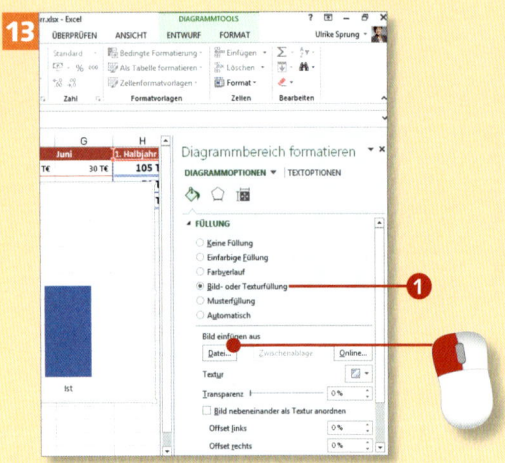

Schritt 13

Unter **Füllung** markieren Sie die Option **Bild- oder Texturfüllung** ❶ und klicken dann auf **Datei**. Im nächsten Dialogfenster geben Sie den Speicherort und den Namen der Grafik an, die Sie einfügen wollen, und bestätigen das Ganze mit **Einfügen**.

Schritt 14

Um die Diagrammbeschriftungen besser zu sehen, stellen Sie die Transparenz des Fotos auf 51 %.

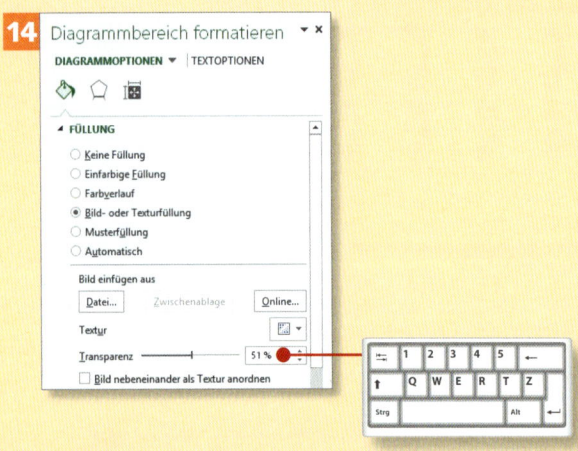

Schritt 15

Um die Lesbarkeit zu erhöhen, könnten Sie bei einem dunklen Hintergrundfoto auch die Achsenbeschriftungen mit einer weißen Schrift versehen. Klicken Sie dazu mit der rechten Maustaste auf das jeweilige Element im Diagramm, und wählen Sie im *Kontextmenü* unter **Schriftart** die Schriftfarbe **Weiß** aus.

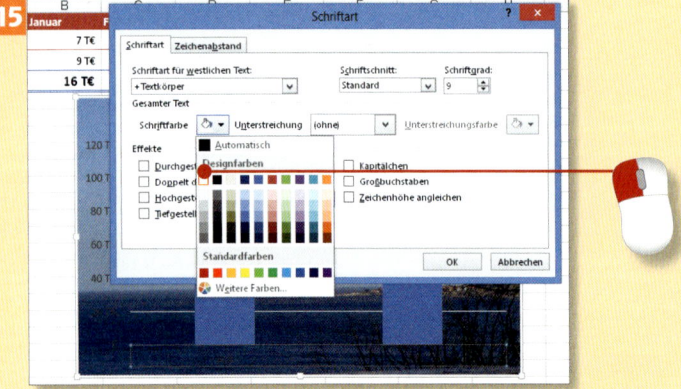

Muster sind auch schön

Drucken Sie Ihr Diagramm in Schwarz-Weiß, bietet sich die Füllung mit einem Muster an, um die unterschiedlichen Säulen- oder Kreissegmente deutlich voneinander abzuheben.

Schritt 16

Auch Diagrammelemente wie Säulen können Sie mit Grafiken füllen. Markieren Sie die erste Säule im Diagramm mit einem Mausklick und einem nochmaligen Klick. Setzen Sie einen rechten Mausklick auf diese Säule, und wählen Sie im Kontextmenü **Datenpunkt formatieren** ❷.

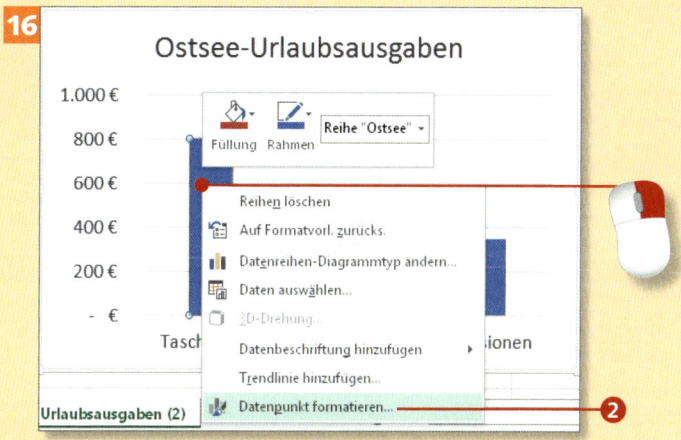

Schritt 17

Wählen Sie den Bereich **Füllung** und darunter die Option **Bild- oder Texturfüllung** ❸ aus. Klicken Sie auf die Schaltfläche **Datei**, und wählen Sie im bekannten Dialogfenster die entsprechende Datei aus. Die Grafik erscheint links in der Säule, ist allerdings etwas verzerrt.

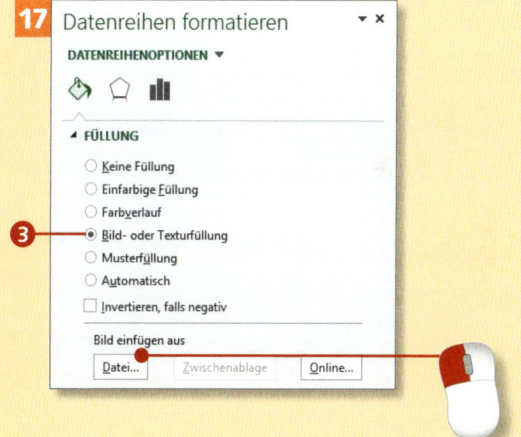

Schritt 18

Um das Foto mehrfach erscheinen zu lassen, blättern Sie die Bildlaufleiste rechts ein wenig herunter und markieren dann die Option **Stapeln** ❹. Sofort sehen Sie das Ergebnis links in der Diagrammsäule. Probieren Sie ruhig mehrere Optionen aus, um die Darstellung zu finden, die Ihnen am besten gefällt.

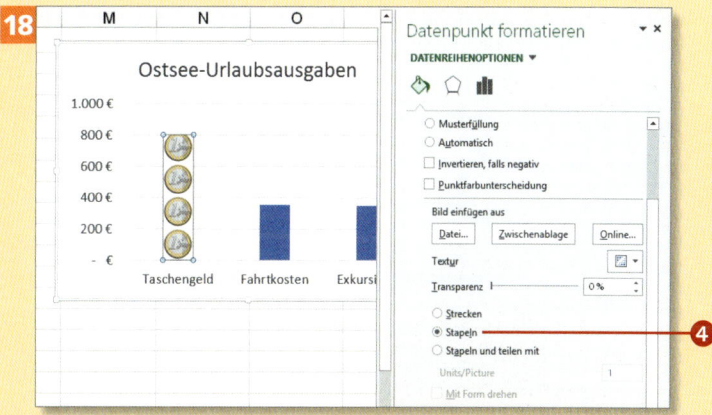

Einen Screenshot einfügen

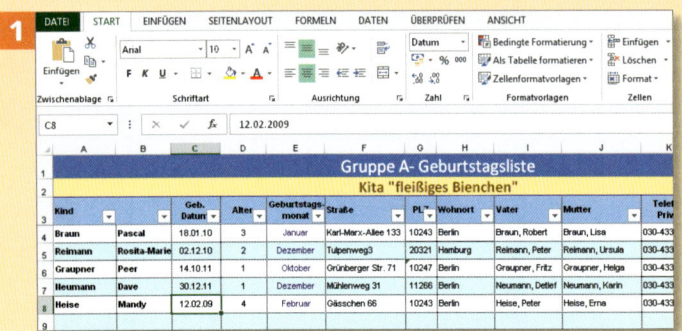

Manchmal ist es nützlich, Fotos vom aktuellen Computerbildschirm in Ihre Tabelle einzufügen. Wir zeigen Ihnen im Folgenden, wie Sie diese Screenshots in Excel erstellen und Ihrer Arbeitsmappe hinzufügen.

Schritt 1

Sie können z. B. einen Screenshot eines Word-Textes in Ihre Tabelle einfügen. Öffnen Sie eine Excel-Tabelle und die Word-Datei, die Sie »fotografieren« möchten.

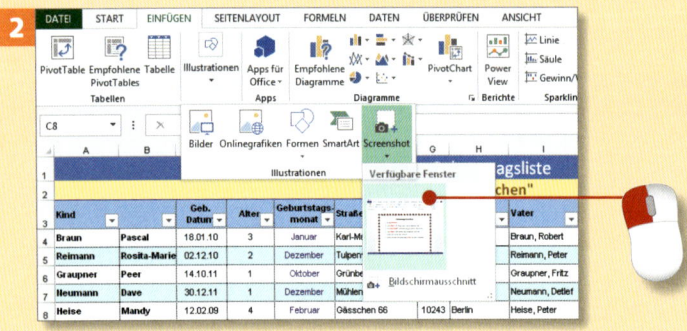

Schritt 2

Wählen Sie im Excel-Programmfenster das Register **Einfügen**, und klicken Sie in der Gruppe **Illustrationen** auf das Symbol **Screenshot**. Das geöffnete Word-Programmfenster wird als Miniatur angezeigt. Klicken Sie auf die Word-Datei.

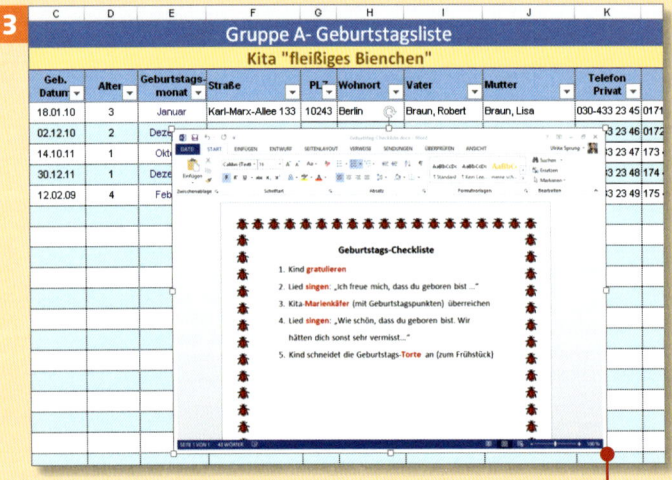

Schritt 3

Das »Foto« des Word-Fensters wird sofort eingefügt. Sie können es wie ein herkömmliches Foto bearbeiten, z. B. die Größe verändern, indem Sie mit der Maus an den äußeren Markierungspunkten ziehen.

Schritt 4

Das Register **Bildtools/Format** bietet Ihnen diverse Befehle zur Bildbearbeitung. Markieren Sie den Screenshot und klicken Sie in der Gruppe **Bildformatvorlagen** auf **Weitere**. Wählen Sie mit einem Mausklick die Option **Perspektivischer Schatten, weiß ❶**.

Schritt 5

Oder weisen Sie dem Screenshot einen künstlerischen Effekt zu. Dazu markieren Sie den Screenshot und wählen im Register **Bildtools/Format** die Gruppe **Anpassen**. Hier klicken Sie auf **Künstlerische Effekte** und stellen z. B. den Effekt **Fotokopie** ein.

Schritt 6

Zu guter Letzt färben Sie den Screenshot ein: mit einem Klick auf den Auswahlpfeil bei **Farbe** in der Gruppe **Anpassen** im Register **Bildtools/Format**. Wählen Sie hier den **Farbton**, beispielsweise **Temperatur 11200 K**.

Mehr Information

Verweilen Sie mit der Maus auf einer Option, um durch die Quick-Info mehr darüber zu erfahren.

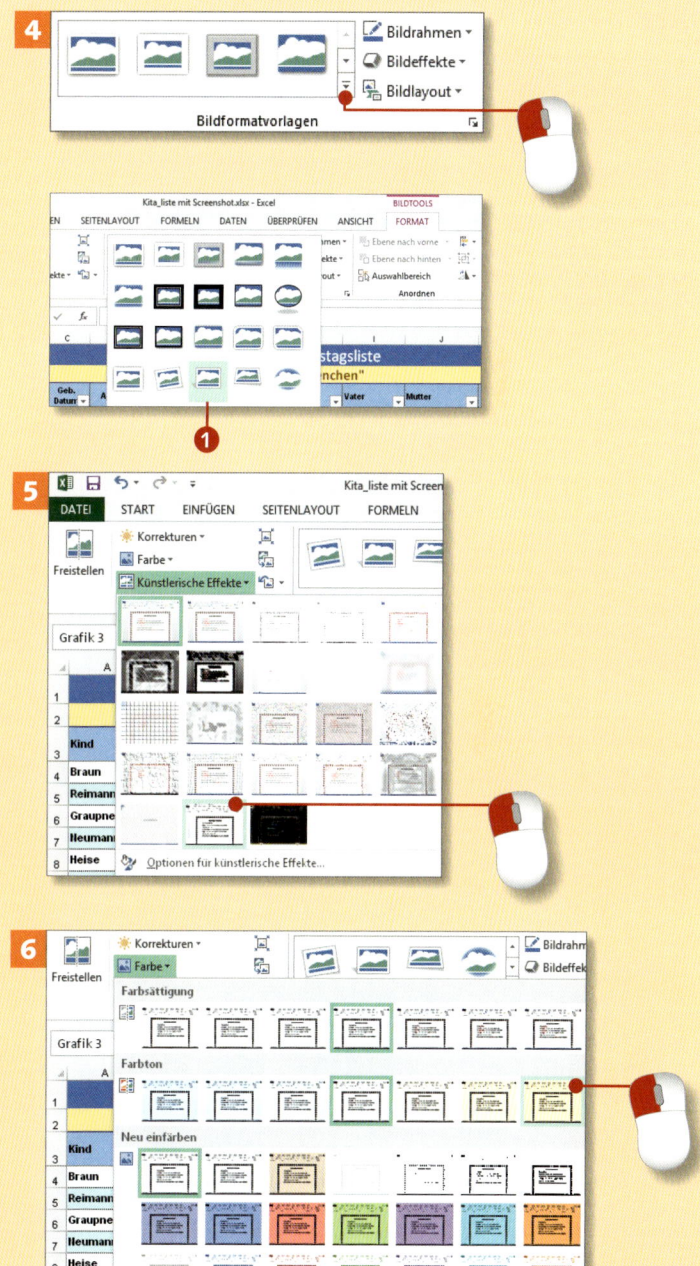

Einen Screenshot einfügen (Forts.)

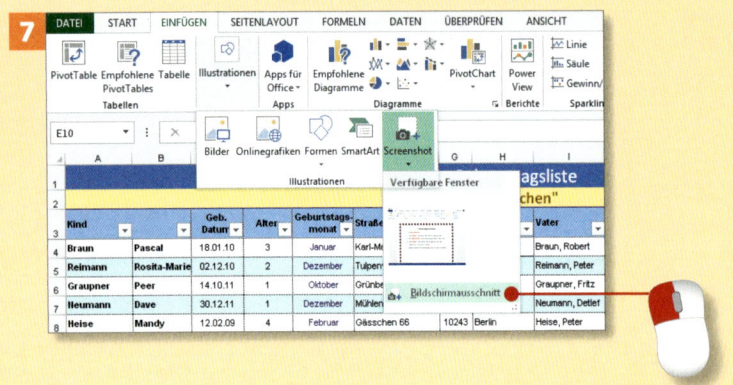

Schritt 7

Sie können aber auch nur einen Ausschnitt des Bildschirms als Screenshot einfügen. Dazu müssen Excel- und Word-Datei geöffnet sein. Klicken Sie in der Excel-Datei im Register **Einfügen** in der Gruppe **Illustrationen** auf das Symbol **Screenshot** und dann auf **Bildschirmausschnitt**.

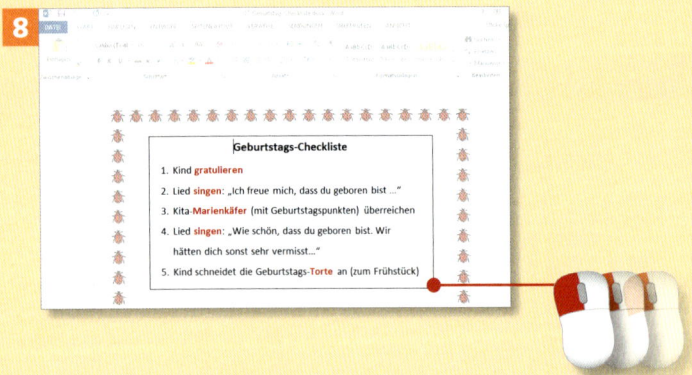

Schritt 8

Der Bildschirm der Word-Datei wird hell dargestellt, und der Mauszeiger wird zum Fadenkreuz. Wählen Sie den Ausschnitt aus, den Sie als Screenshot in Excel einfügen möchten, indem Sie das Fadenkreuz darüberziehen und dabei die Maustaste gedrückt halten.

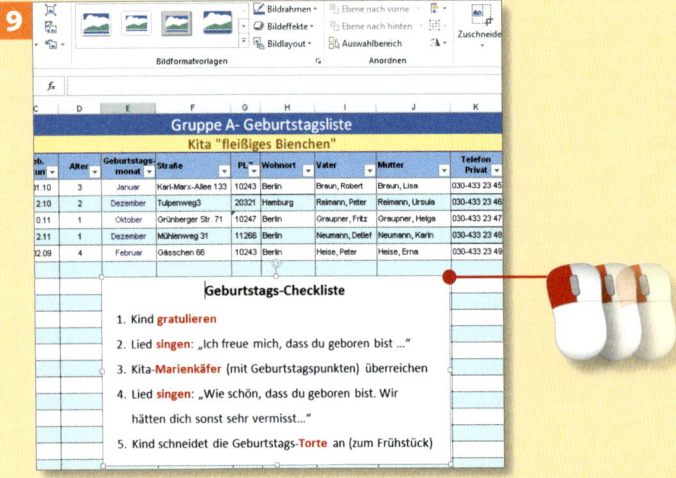

Schritt 9

Sobald Sie die Maustaste loslassen, wird die ausgewählte Passage auf dem Excel-Tabellenblatt als Grafik eingefügt, und Sie können sie wie gewohnt verschieben oder ihre Größe verändern.

> **!**
> **Der richtige Bildausschnitt**
> Haben Sie mehrere Programmfenster geöffnet, müssen Sie zunächst zu dem Fenster wechseln, das Sie fotografieren wollen. Es darf nicht minimiert sein.

Schritt 10

Wählen Sie unter **Bildtools/Format** in der Gruppe **Anpassen** die Schaltfläche **Korrekturen**. Unter **Schärfen/Weichzeichnen** stellen Sie **Weichzeichnen: 25 %** ❶ ein, und unter **Helligkeit/Kontrast** wählen Sie **Helligkeit: –20 % Kontrast –20 %**.

Schritt 11

Sie können einem Screenshot auch im Nachhinein noch Form geben. Dazu markieren Sie ihn und wählen im Register **Bildtools/Format** in der Gruppe **Größe** das Symbol **Zuschneiden**.

Schritt 12

Klicken Sie im Menü auf **Auf Form zuschneiden**, und wählen Sie unter **Standardformen** die Option **Gefaltete Ecke**.

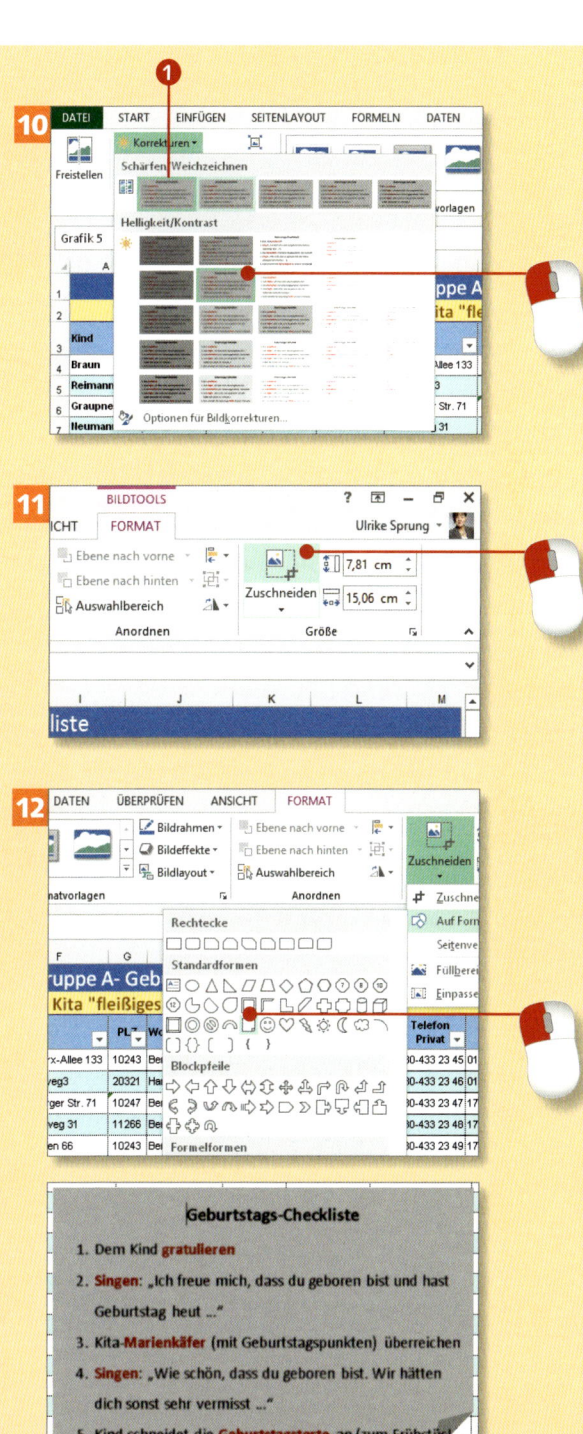

Mehr Übersicht

Minimieren Sie die nicht relevanten Fenster, wenn Sie einen Bildausschnitt machen möchten, damit Sie von Excel aus gleich zum richtigen Fenster springen können.

Kapitel 8
Arbeitsmappen umfangreich nutzen

Excel umfasst einige hilfreiche Funktionen, mit denen Sie Ihre Arbeitsmappen und Tabellenblätter organisieren und verwalten sowie vor ungewollten Veränderungen schützen können.

Arbeitsmappen

Wenn Sie zur gleichen Zeit an unterschiedlichen Arbeitsmappen arbeiten wollen, ohne dauernd die eine schließen und die andere öffnen zu müssen, können Sie das Excel-Fenster über die Registerkarte **Ansicht** ❶ in kleine Fenster aufteilen und so mehrere Arbeitsmappen neben- oder untereinander anordnen.

Tabellenblattübergreifende Formeln

Angenommen, Sie führen ein Haushaltsbuch und haben für jedes Quartal ein eigenes Tabellenblatt angelegt. Nun wäre es aber trotzdem schön, auch die Gesamtsumme im Blick zu haben. Erstellen Sie einfach eine Formel ❷, die die Tabellenblätter miteinander verknüpft. Das funktioniert sogar über verschiedene Arbeitsmappen hinweg.

Schreibschutz

Wenn Sie Ihre Tabelle(n) vor – möglicherweise auch unbeabsichtigten – Änderungen bewahren wollen, können Sie das ganz leicht tun. Über die Registerkarte **Überprüfen** legen Sie einen Schreibschutz für Zellen, Tabellenblätter oder ganze Arbeitsmappen fest. Sie können ein Kennwort ❸ vergeben und bestimmen, welche Aktionen in der Tabelle erlaubt sind und welche nicht.

Im Register **Ansicht** finden Sie die verschiedenen Darstellungen der Arbeitsmappen.

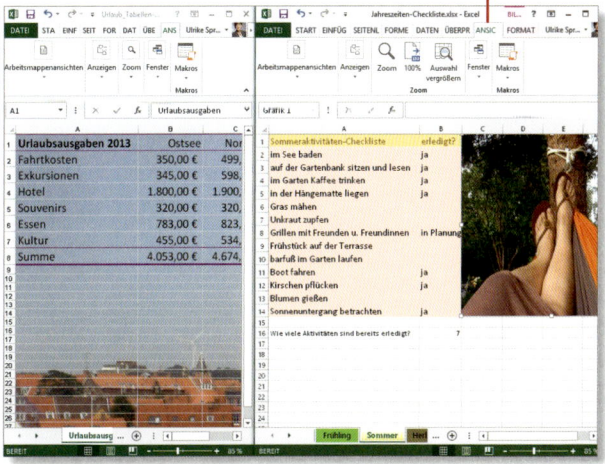

Tabellenübergreifende Formeln erkennen Sie am Namen des Arbeitsblattes in Hochkomma, gefolgt von der Zelladresse.

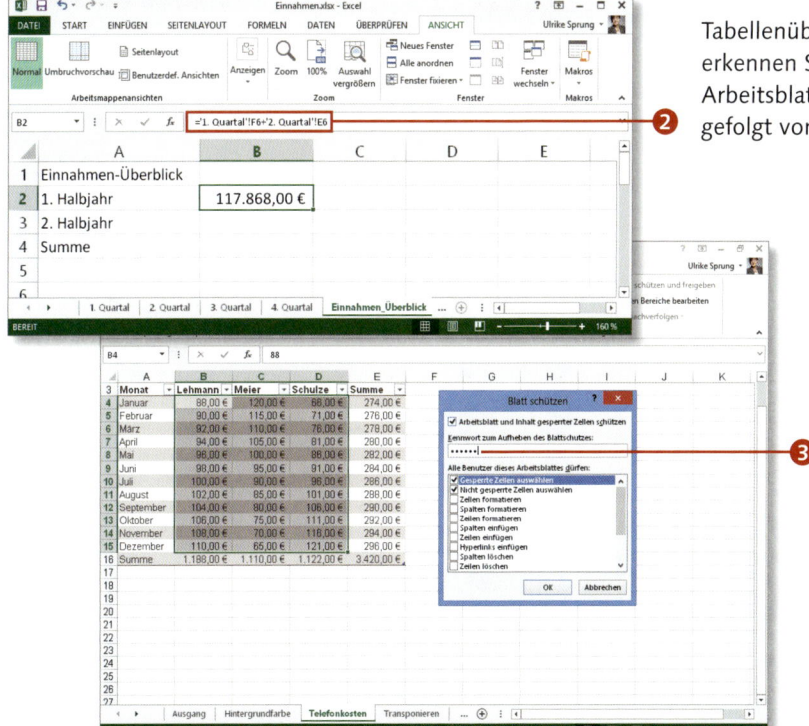

Tragen Sie ein Kennwort ein, damit andere Personen den Blattschutz nicht einfach aufheben können.

Mehrere Arbeitsmappen verwenden

Um einen guten Überblick zu behalten, ist es sinnvoll, inhaltlich nicht unmittelbar zusammengehörige Tabellen in eigenen Arbeitsmappen zu speichern.

Schritt 1

Öffnen Sie die erste Datei, z.B. *Einnahmen.xlsx*. Die geöffnete Datei erscheint im Fenster und als Eintrag in der Taskleiste ❶.

Schritt 2

Öffnen Sie nun die zweite Arbeitsmappe, z.B. *Ausgaben.xlsx*. Sie öffnet sich in einem neuen Fenster, das sich über das bereits geöffnete Fenster *Einnahmen.xlsx* legt. In der Taskleiste erscheint ein zweiter Eintrag für die Datei *Ausgaben.xlsx* ❷.

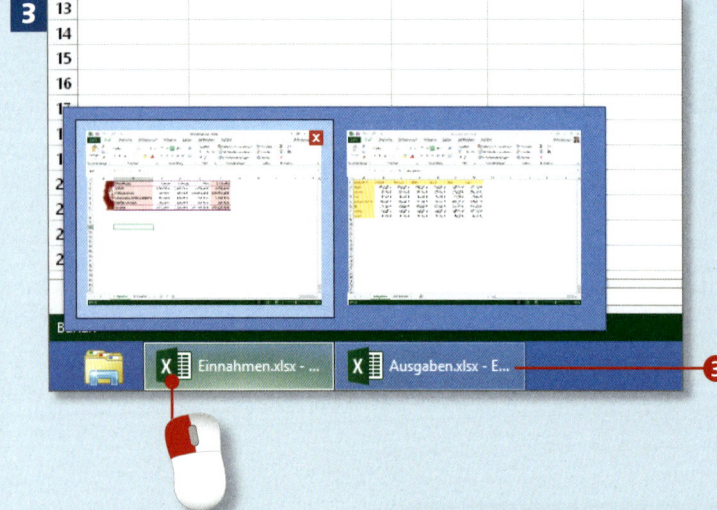

Schritt 3

Wenn Sie dann mit der Maus auf den Eintrag ❸ in der Taskleiste zeigen, sehen Sie eine Minivorschau der beiden geöffneten Tabellen. Klicken Sie z.B. auf *Einnahmen.xlsx*, erscheint die Tabelle wieder im Vordergrund. Auf diese Weise können Sie zwischen den Arbeitsmappen hin- und herspringen.

Schritt 4

Der Wechsel zwischen geöffneten Arbeitsmappen gelingt auch im Register **Ansicht** mit einem Klick auf **Fenster wechseln**. Excel listet die geöffneten Arbeitsmappen auf. Mit einem Mausklick wechseln Sie die Arbeitsmappe.

Schritt 5

Manchmal ist es hilfreich, beide Fenster nebeneinander zu sehen. Dazu klicken Sie im Register **Ansicht** in der Gruppe **Fenster** auf das Symbol **Alle anordnen** und wählen im Dialog z. B. die Option **Unterteilt**.

Schritt 6

Beide Fenster werden daraufhin nebeneinander angezeigt. Sie stellen das aktive Fenster wieder her, indem Sie sich den Dialog **Alle anordnen** noch einmal anzeigen lassen. Nun klicken Sie das Kontrollkästchen neben **Fenster der aktiven Arbeitsmappe** an.

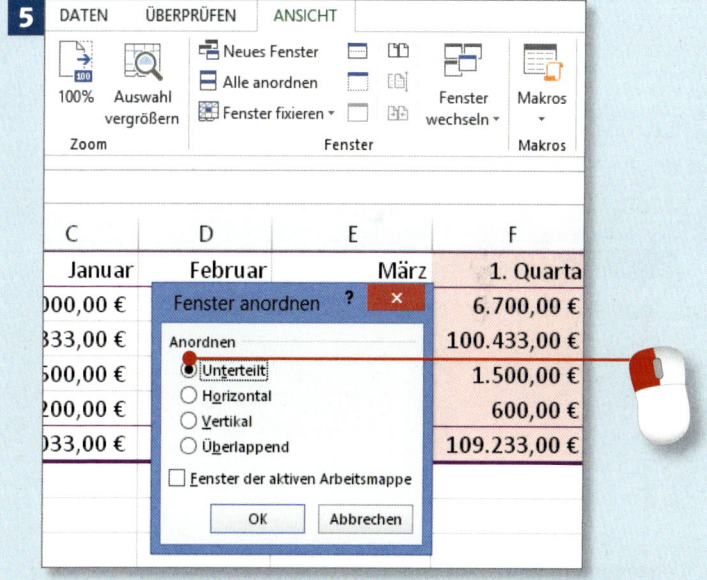

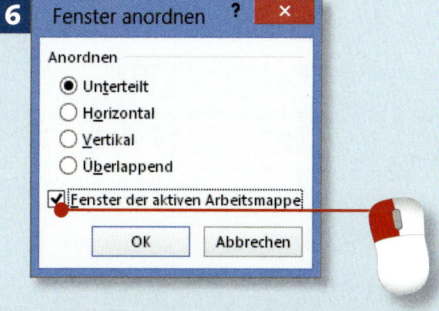

Schneller Wechsel

Am schnellsten geht der Wechsel zwischen Arbeitsmappen mit der Tastenkombination Strg + F6.

Mit Tabellenblättern umgehen

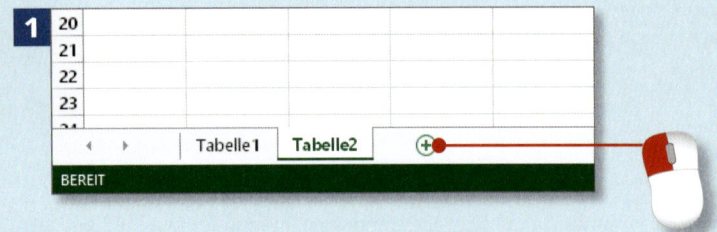

Sie können in einer Excel-Arbeitsmappe beliebig Tabellenblätter zusammenfassen. Wie Sie diese einfügen, Namen für sie vergeben, sie an eine andere Stelle verschieben oder kopieren, zeigen wir Ihnen hier.

Schritt 1

Mit dem Start des Programms wird automatisch ein Tabellenblatt angelegt. Wenn Sie ein weiteres Tabellenblatt benötigen, klicken Sie auf das Plussymbol. Excel fügt pro Klick ein neues Tabellenblatt ein und benennt es fortlaufend, z. B. **Tabelle2**.

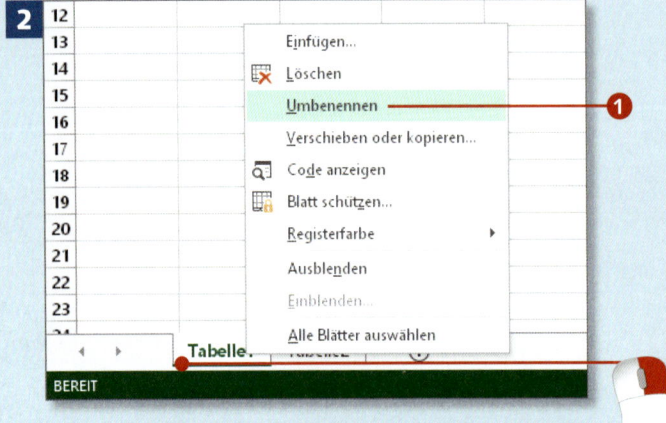

Schritt 2

Wenn Sie einem Tabellenblatt einen passenden Namen geben wollen, klicken Sie mit der rechten Maustaste auf das Tabellenblatt und wählen den Befehl **Umbenennen** ❶ aus dem Kontextmenü.

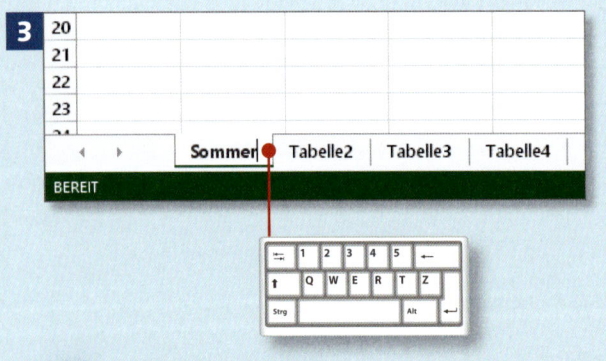

Schritt 3

Tragen Sie einen eindeutigen Namen ein, z. B. »Sommer«. Der Name darf maximal 32 Buchstaben oder Zahlen umfassen. Bestätigen Sie ihn mit Drücken der ⏎-Taste.

Noch schneller geht's so

Mit dem Tastaturkürzel ⬆ + F11 fügen Sie blitzschnell ein neues Tabellenblatt ein.

Schritt 4

Sie können die Übersicht noch erhöhen, indem Sie den Register-blättern eine passende Farbe geben. Dazu klicken Sie mit der rechten Maustaste auf das Blattregister **Sommer** und wählen den Eintrag **Registerfarbe**. Klicken Sie mit der Maus beispielsweise auf **Orange ❷**.

Schritt 5

Die neue Registerfarbe wird erst deutlich erkennbar, wenn Sie ein anderes Register auswählen. Klicken Sie deshalb also auf das Blattregister **Tabelle2**.

Schritt 6

Beim Einfügen kann die Reihenfolge der Tabellenblätter schon einmal durcheinanderkommen. Sie verschie-ben ein Tabellenblatt, beispielsweise **Frühling**, indem Sie es einfach mit gedrückter Maustaste vor ein ande-res Tabellenblatt ziehen, in diesem Beispiel **Sommer**. Ein kleines Blatt-symbol verdeutlicht die Verschiebe-aktion. Wenn Sie die Maus loslassen, wird das Tabellenblatt dort einge-fügt, wo Sie den kleinen Pfeil ❸ sehen.

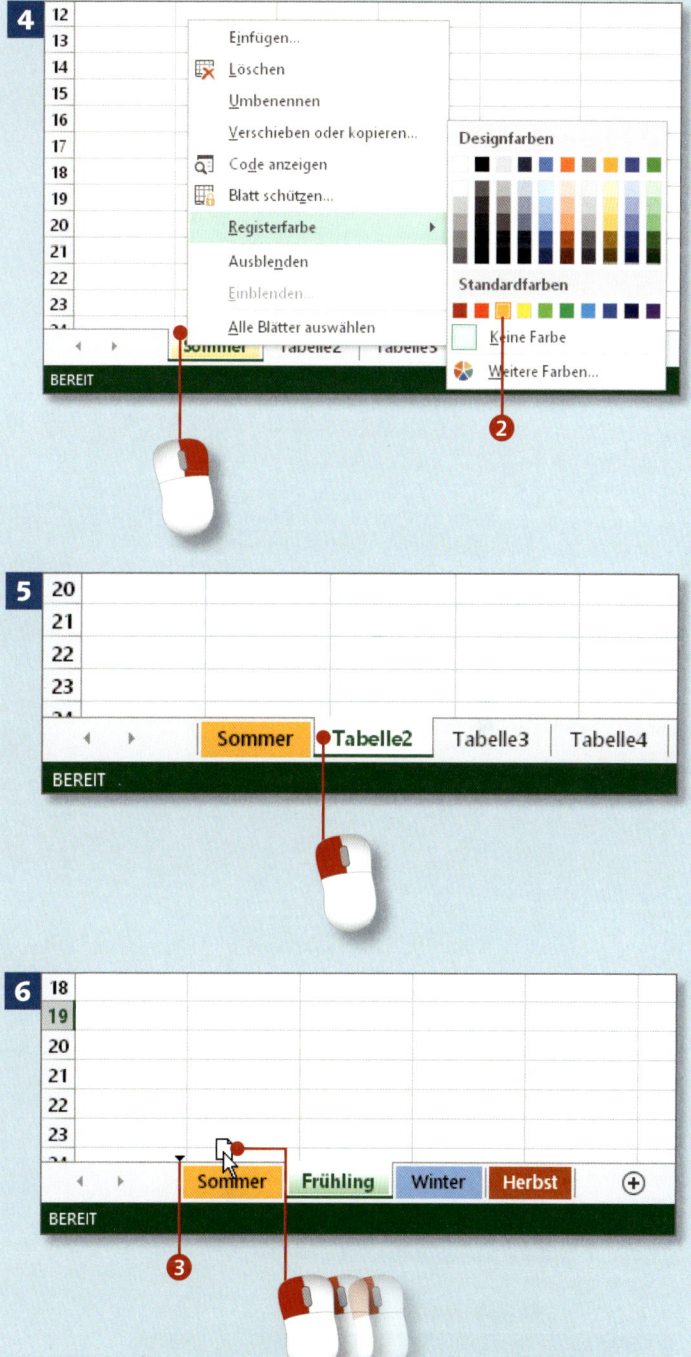

Mit Tabellenblättern umgehen (Forts.)

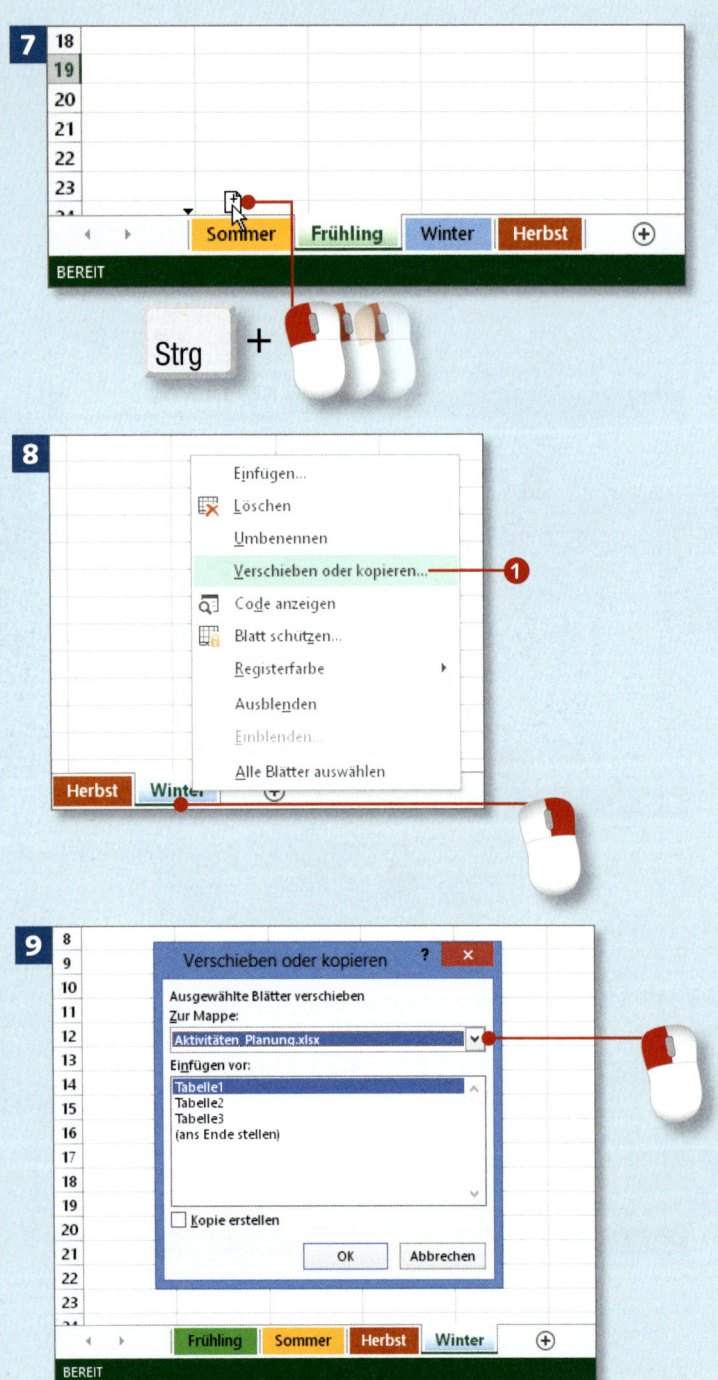

Schritt 7

Wollen Sie ein Tabellenblatt kopieren, z. B. **Sommer**, halten Sie beim Mausziehen die Strg-Taste gedrückt. Das Blattsymbol zeigt nun ein kleines Plus. Lassen Sie zuerst die Maustaste und dann die Strg-Taste los. Die Kopie ist fertig und trägt den Namen des Originaltabellenblattes, gefolgt von »(2)«.

Schritt 8

Das Verschieben oder Kopieren ist auch zwischen verschiedenen Arbeitsmappen möglich. Die zweite Arbeitsmappe muss dazu geöffnet sein. Klicken Sie mit der rechten Maustaste auf das Blattregister, das Sie verschieben wollen, z. B. **Winter**. Wählen Sie **Verschieben oder kopieren** ❶ aus dem Kontextmenü.

Schritt 9

Markieren Sie den Namen der Arbeitsmappe, in die das Tabellenblatt verschoben werden soll, z. B. *Aktivitäten_Planung.xlsx*, und dann auf **OK**. Fertig: Das Tabellenblatt **Winter** wurde in die Datei *Aktivitäten_Planung.xlsx* verschoben.

Schritt 10

Um das Tabellenblatt zu kopieren, gehen Sie genauso vor. Klicken Sie mit der rechten Maustaste auf das Blattregister, das Sie kopieren wollen, z. B. **Frühling**. Wählen Sie **Verschieben oder kopieren ❷** aus dem Kontextmenü.

Schritt 11

Wählen Sie die Arbeitsmappe aus, in die Sie das Blatt kopieren wollen, und aktivieren Sie dann **Kopie erstellen ❸**, indem Sie ein Häkchen davor setzen. Eine Kopie des Tabellenblatts wird in die zweite Arbeitsmappe eingefügt, sobald Sie auf **OK** klicken.

Schritt 12

Sie können aber auch mit der Kopie eine neue Arbeitsmappe erzeugen. Wählen Sie dazu im Dialog die Option **(neue Arbeitsmappe)**. Klicken Sie auf **OK**.

Schnell ein Blatt kopieren

Ziehen Sie das Blattregister mit gedrückter `Strg`-Taste (ein kleines Blattsymbol mit Plus erscheint), und lassen Sie nun die Maus- und dann die `Strg`-Taste los.

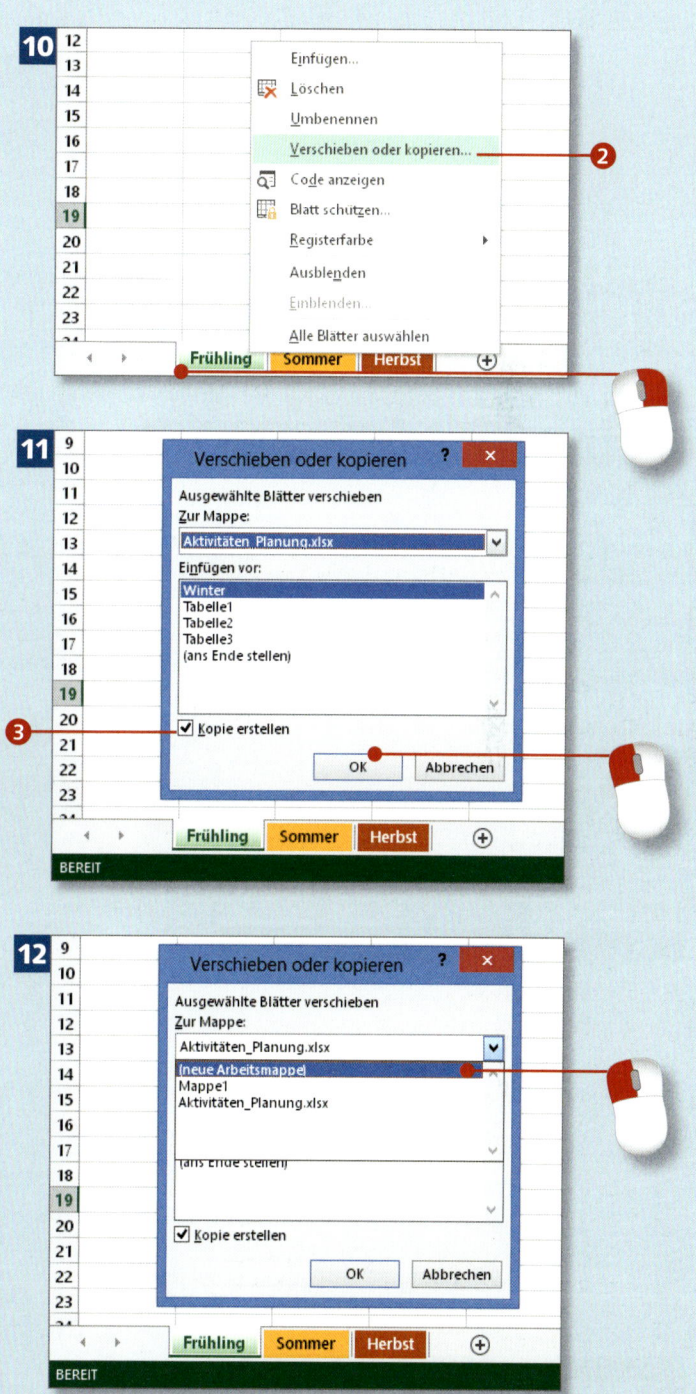

Mit Tabellenblättern umgehen (Forts.)

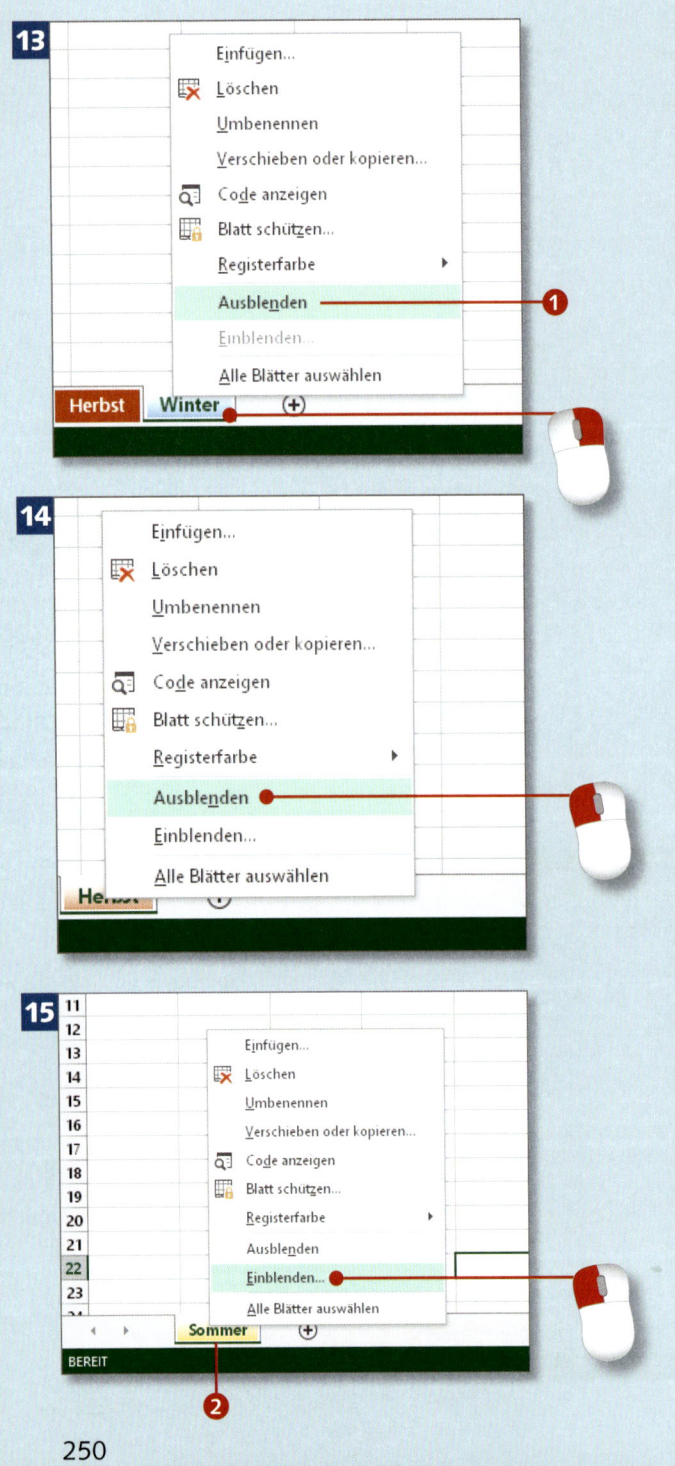

Schritt 13

Um die Arbeitsmappe übersichtlicher zu gestalten, können Sie die Tabellenblätter ausblenden, an denen Sie gerade nicht arbeiten. Klicken Sie mit der rechten Maustaste auf das Blattregister **Winter**, und wählen Sie im Kontextmenü den Befehl **Ausblenden** ❶.

Schritt 14

Auch die Tabellenblätter **Herbst** und **Frühling** blenden Sie auf diese Weise aus. In der Arbeitsmappe ist anschließend nur noch das Tabellenblatt **Sommer** zu sehen.

Schritt 15

Wenn Sie z. B. das Tabellenblatt **Herbst** wieder benötigen, klicken Sie mit der rechten Maustaste auf das Blattregister **Sommer** ❷. Wählen Sie im Kontextmenü die Option **Einblenden**. Sie taucht nur auf, wenn Blätter ausgeblendet sind.

ℹ Arbeitsmappe ausblenden

Das Ein- und Ausblenden gibt es auch für ganze Arbeitsmappen. Sie können im Register **Ansicht** in der Gruppe **Fenster** das aktuelle Fenster ausblenden. Hier finden Sie auch den Befehl **Fenster einblenden**, der die Mappe wieder zeigt.

Schritt 16

Ein Dialogfenster erscheint, in dem alle ausgeblendeten Tabellenblätter dieser Arbeitsmappe aufgelistet sind. Klicken Sie auf den Eintrag **Herbst**, und bestätigen Sie die Auswahl mit **OK**.

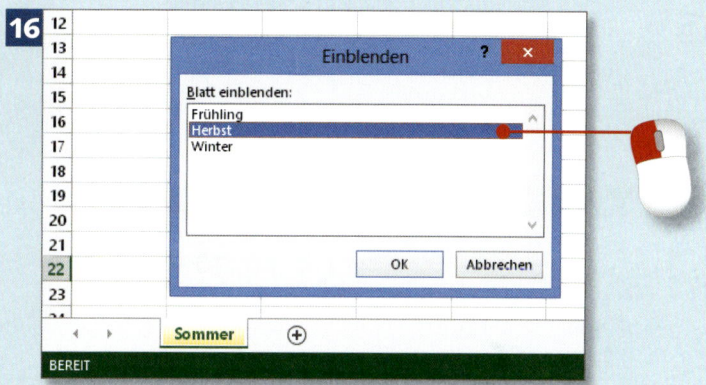

Schritt 17

Sie löschen Tabellenblätter, indem Sie mit der rechten Maustaste auf das entsprechende Blattregister klicken, z. B. **Sommer (2)**. Wählen Sie im Kontextmenü den Befehl **Löschen** ❸.

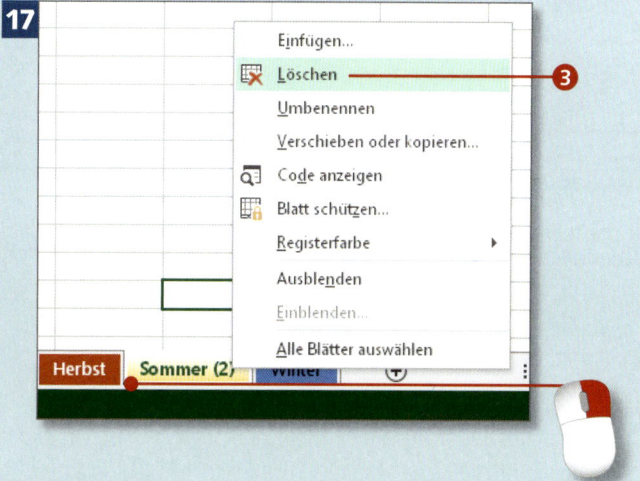

Schritt 18

Das Tabellenblatt ist ohne eine Nachfrage sofort verschwunden. Eine Arbeitsmappe muss allerdings immer mindestens ein Tabellenblatt enthalten, sodass Sie ein Blatt nicht löschen können, wenn es das einzige Tabellenblatt einer Arbeitsmappe sein sollte.

Gelöscht ist gelöscht
Das Löschen eines Tabellenblattes können Sie nicht wieder rückgängig machen.

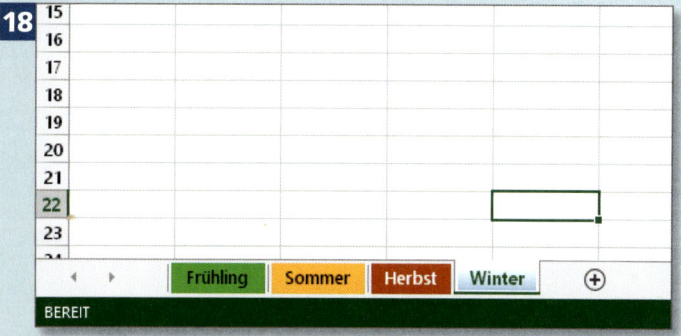

Der Gruppenmodus

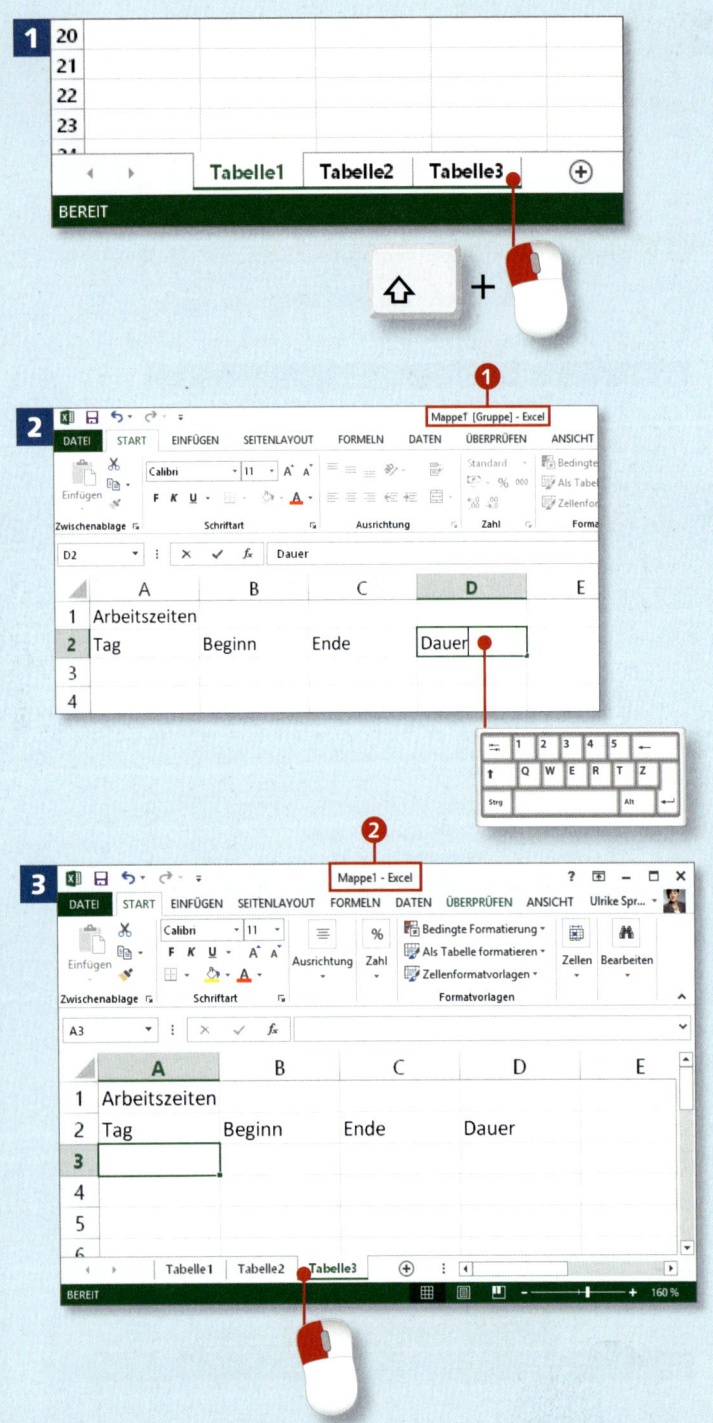

Um z. B. Daten gleichzeitig in mehrere Tabellen einzugeben oder zu ändern, fassen Sie Tabellenblätter einfach in einer Gruppe zusammen.

Schritt 1

Klicken Sie auf das Tabellenblatt **Tabelle1**, das zu der künftigen Gruppe gehören soll. Halten Sie die ⇧-Taste gedrückt, und klicken Sie erst auf das Blattregister **Tabelle2**, dann auf **Tabelle3**. Lassen Sie die ⇧-Taste los.

Schritt 2

Die Tabellenblätter bilden jetzt eine Gruppe. Das erkennen Sie an dem Eintrag **[Gruppe]** in der Titelleiste ❶. Geben Sie nun folgende Daten ein: »Arbeitszeiten« in die Zelle A1, »Tag« in A2, in B2 »Beginn«, in C2 »Ende« und in D2 »Dauer«.

Schritt 3

Mit einem Klick auf ein beliebiges Blattregister heben Sie den Gruppenmodus auf. Der Eintrag **[Gruppe]** verschwindet aus der Titelleiste ❷. Prüfen Sie, ob wirklich auf jedem Blatt die gleiche Eingabe erfolgt ist.

Schritt 4

Sie können auch bestimmte Blätter zu einer Gruppe zusammenfassen. Halten Sie dazu die ⬆-Taste fest, und klicken Sie auf die Blattregister, die Sie gruppieren möchten, z. B. **Frühling** und **Sommer**. Excel zeigt in der Titelleiste neben dem Dateinamen wieder den Eintrag **[Gruppe]**.

Schritt 5

Geben Sie in die Zelle A16 folgenden Text ein: »Wie viele Aktivitäten sind bereits erledigt?« In die Zelle B16 tragen Sie die Funktion »=ZÄHLENWENN(B2:B14;"ja")« ein, die die Zahl der erledigten Aktivitäten im Bereich B2:B14 berechnet. Bestätigen Sie mit ↵.

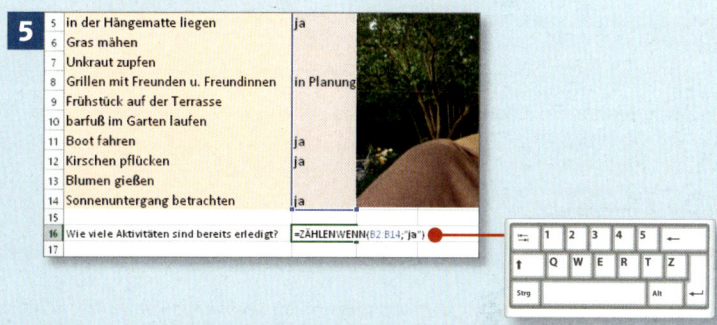

Schritt 6

Heben Sie den Gruppenmodus mit einem Klick auf ein Tabellenblatt außerhalb der Gruppe auf. Der Eintrag **[Gruppe]** verschwindet in der Titelleiste, d. h., jede folgende Aktion gilt nur noch für das aktuelle Tabellenblatt. Das Blatt **Winter** war ohnehin nicht Bestandteil der Gruppe, deshalb wurde die Berechnung hier nicht eingetragen.

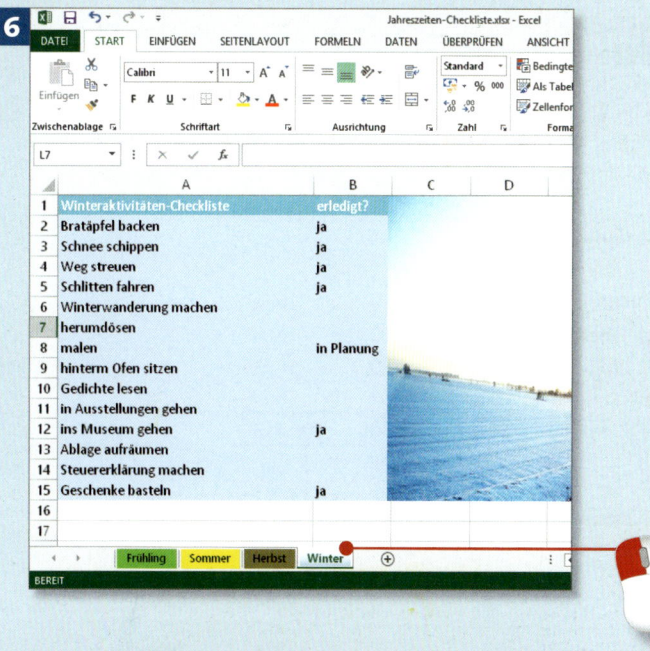

Der Gruppenmodus (Forts.)

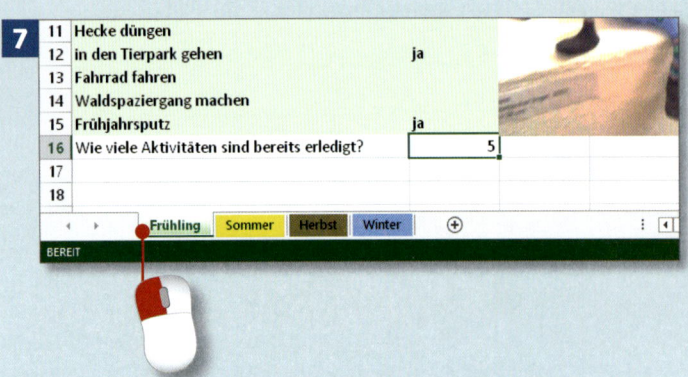

Schritt 7

Wechseln Sie zum Tabellenblatt **Frühling** (es war Bestandteil der Gruppe), und überprüfen Sie, ob der zuvor eingegebene Text und die Funktion hier übernommen wurden.

Schritt 8

Auf dem gleichen Weg können Sie auch einzelne Zahlenwerte in mehrere Tabellenblätter auf einmal eintragen oder sie nachträglich ändern. Öffnen Sie die Tabelle *Arbeitszeiten.xlsx*.

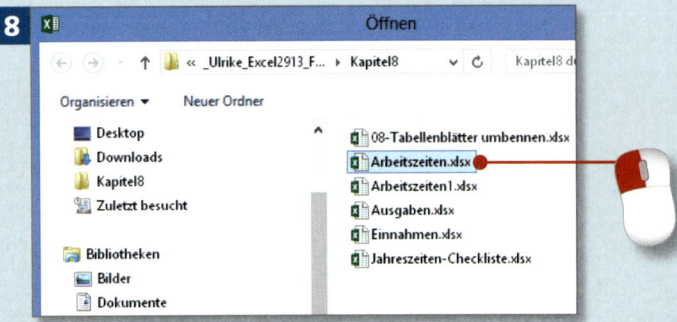

Schritt 9

Fassen Sie die drei Tabellenblätter zu einer Gruppe zusammen, indem Sie sie anklicken und dabei die ⇧-Taste gedrückt halten. Tragen Sie dann die Anfangs- und Endzeiten wie im Beispiel zu sehen ein.

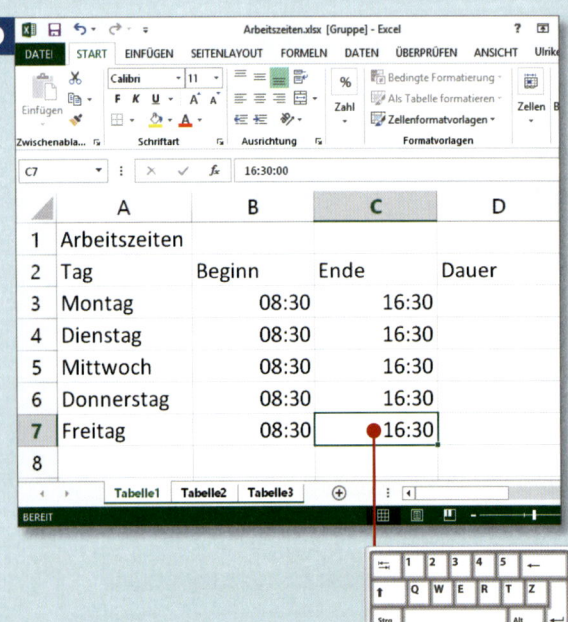

Gruppieren mit der Strg-Taste

Sie können zum Gruppieren auch die Strg -Taste festhalten und dann nacheinander auf die Blattregister der weiteren Tabellenblätter klicken. Aber Achtung: Bitte nicht am Blattregister ziehen, sonst wird dieses nur kopiert!

Schritt 10

Berechnen Sie in der Zelle D3 die Länge der Arbeitstage mithilfe der Formel =C3-B3, und bestätigen Sie Ihre Eingabe mit der ⏎-Taste. Übertragen Sie die Formel auf die Zellen D4:D7.

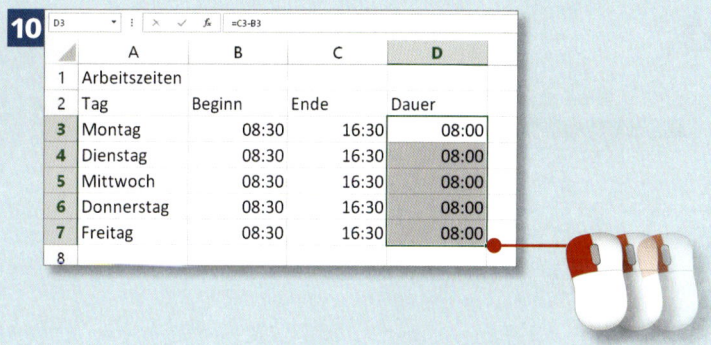

Schritt 11

Heben Sie den Gruppenmodus auf, indem Sie auf ein Blattregister der Gruppe klicken. Blättern Sie dann die einzelnen Tabellenblätter durch. Alle zeigen die Einträge und die Ergebnisse der Formel.

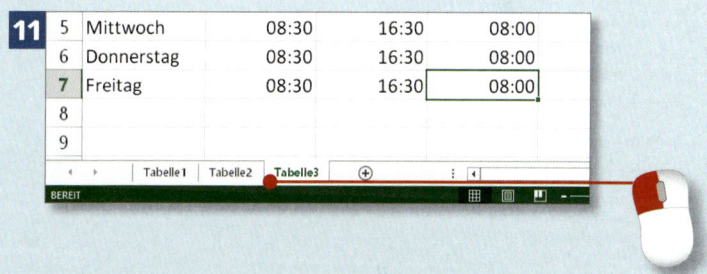

Schritt 12

Ändern Sie die Daten erneut. Bilden Sie den Gruppenmodus, und geben Sie eine andere Uhrzeit in der Zelle B3 ein. Drücken Sie die ⏎-Taste. Heben Sie die Gruppierung auf, und kontrollieren Sie, ob die Änderung auf allen Blättern erfolgt ist. Das Ergebnis in der Zelle D3 wird ebenfalls angepasst.

✚ Schnelles Gruppieren

Setzen Sie einen rechten Mausklick auf ein Tabellenblatt der Arbeitsmappe. Klicken Sie im Kontextmenü auf den Eintrag **Alle Blätter auswählen**.

Tabellenblattübergreifende Formeln

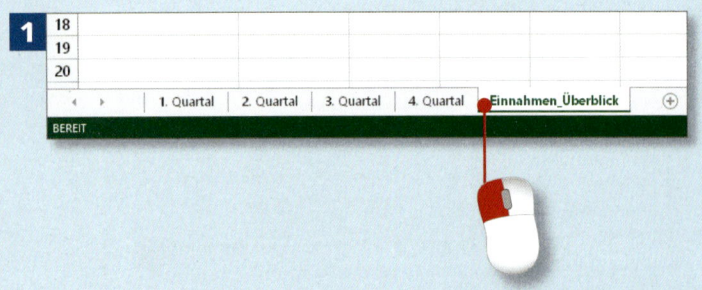

Ihre Einnahmen haben Sie z. B. für jedes Quartal auf einem separaten Tabellenblatt vermerkt. Sie möchten dennoch stets Ihre Gesamteinnahmen im Blick haben. Dazu brauchen Sie eine blattübergreifende Formel.

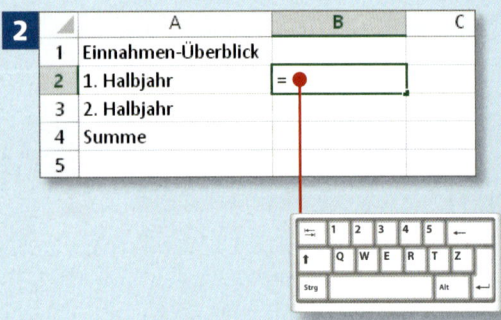

Schritt 1

Öffnen Sie die Datei *Einnahmen.xlsx*, und fügen Sie ein neues Tabellenblatt hinzu. Auf diesem Blatt entsteht Ihre blattübergreifende Formel. Geben Sie dem neuen Blatt den Namen »Einnahmen_Überblick«.

Schritt 2

In die Zelle A1 tragen Sie »Einnahmen-Überblick« ein, in A2 schreiben Sie »1. Halbjahr« und in A3 »2. Halbjahr«. In die leere Zelle B2 tragen Sie »=« ein.

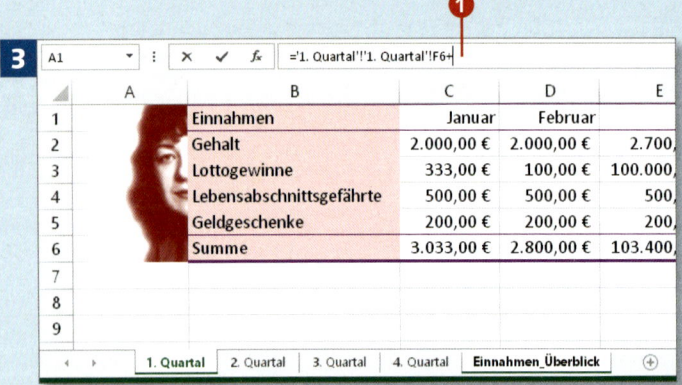

Schritt 3

Klicken Sie auf das Blattregister **1. Quartal** und dort auf die Zelle F6. So entsteht eine Verknüpfung zwischen den Tabellenblättern, die Excel in der Bearbeitungszeile automatisch nach dem Muster »Tabellenblattname in Hochkomma mit Ausrufezeichen, gefolgt von der verknüpften Zelle« schreibt. Geben Sie dahinter »+« ein ❶.

Schritt 4

Zeigen Sie mit der Maus auf das Tabellenblatt **2. Quartal**. Klicken Sie hier die Zelle E6 an. Bestätigen Sie mit der ⏎-Taste, fertig ist die blattübergreifende Formel ❷! Das Ergebnis in der Zelle B2 ist die Summe der beiden Quartale aus verschiedenen Tabellenblättern.

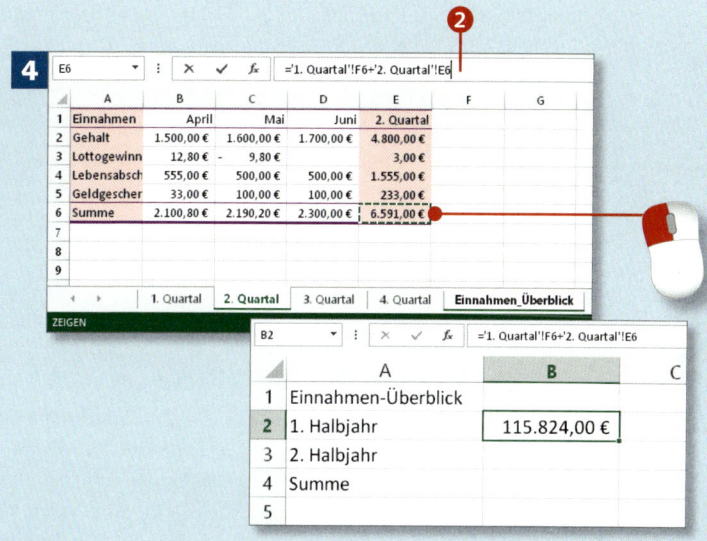

Schritt 5

Wechseln Sie nun zum Tabellenblatt **1. Quartal**, und tragen Sie dort für den Lottogewinn im Januar »777« in die Zelle C3 ein. Drücken Sie dann die ⏎-Taste.

Schritt 6

Jetzt öffnen Sie wiederum das Tabellenblatt **Einnahmen_Überblick**. Überprüfen Sie die Summe: Sie aktualisiert sich automatisch, sobald Sie Ihre Eingaben speichern.

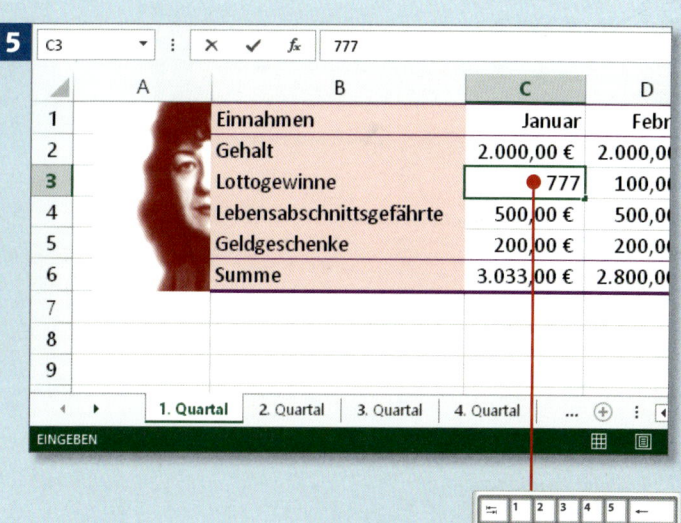

➕➕ Verknüpfen über Kopieren

Gehen Sie zur Quellzelle, mit der Sie verknüpfen wollen, also z. B. **1. Quartal**, und wählen Sie den Befehl **Kopieren**. Wechseln Sie dann zur Zielzelle, z. B. **Gesamteinnahmen**, und rufen Sie den Befehl **Einfügen** auf. Hier aktivieren Sie **Verknüpfung einfügen**.

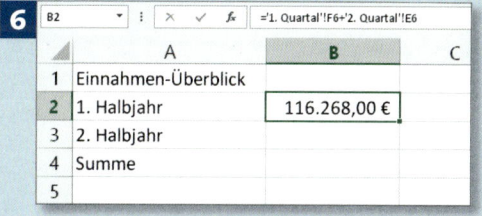

Tabellenblattübergreifende Formeln (Forts.)

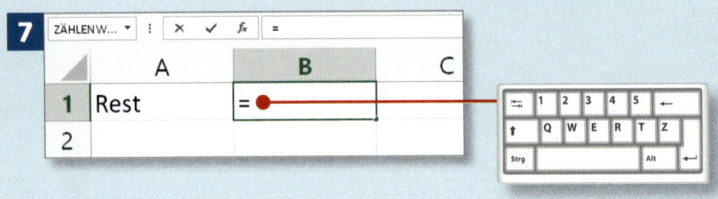

Schritt 7

Tabellenblattübergreifende Formeln können Sie auch über unterschiedliche Arbeitsmappen hinweg bilden. Öffnen Sie z. B. *Einnahmen.xlsx*, *Ausgaben.xlsx* und *Rest.xlsx*. Klicken Sie in der Datei *Rest.xlsx* in die Zelle B1, und tragen Sie »=« ein.

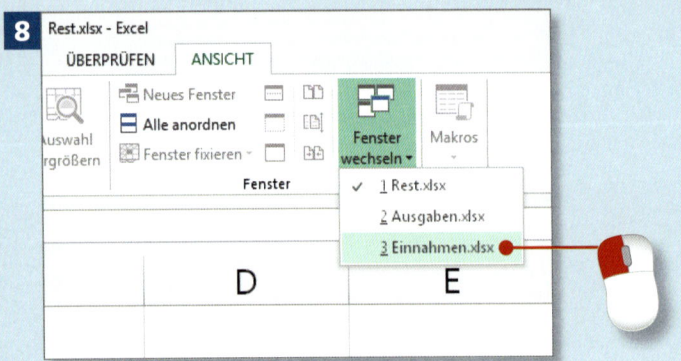

Schritt 8

Klicken Sie im Register **Ansicht** in der Gruppe **Fenster** auf das Symbol **Fenster wechseln**. Wählen Sie den Eintrag **Einnahmen.xlsx** aus.

Schritt 9

Wechseln Sie zum Blatt **Einnahmen_Überblick,** und klicken Sie dort auf die Zelle B4. Der Zellbezug wird in die Formel der Mappe *Rest.xlsx* übernommen.

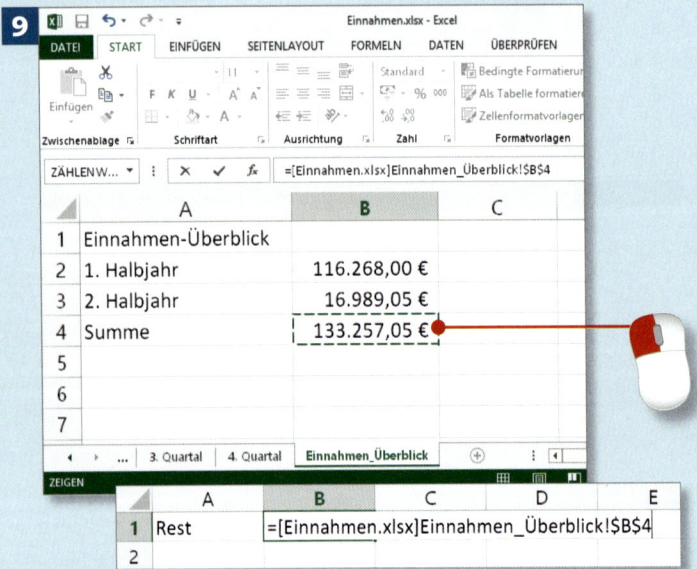

Tastatureingabe

Tabellenübergreifende Formeln können Sie auch einfach tippen. Sie müssen lediglich die Schreibweise beachten: Dateiname in eckigen Klammern, gefolgt vom Tabellenblattnamen in Hochklammern und Ausrufezeichen sowie den Namen der Zelle oder des Bereichs.

Schritt 10

Geben Sie ein Minuszeichen ein, und wechseln Sie zur Datei *Ausgaben.xlsx*. Auf dem Tabellenblatt **Überblick_Ausgaben** klicken Sie in die Zelle B4 und drücken dann ⏎. Das Ergebnis ❶ sehen Sie in der Arbeitsmappe *Rest.xlsx*.

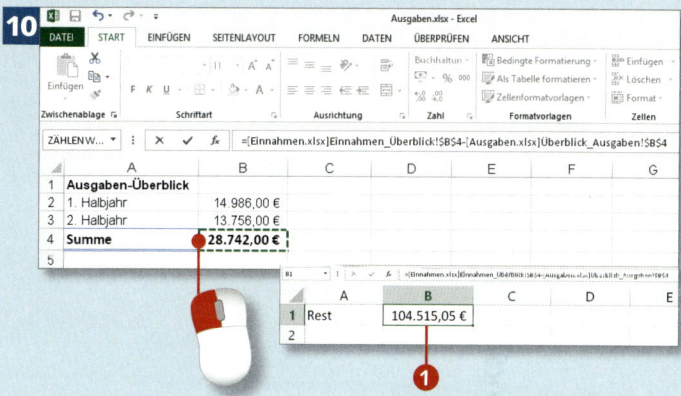

Schritt 11

Testen Sie nun die Funktion der tabellenblattübergreifenden Formel. Dazu springen Sie in die Datei *Einnahmen.xlsx* und wählen das Tabellenblatt **1. Quartal** aus. Hier tragen Sie in die Zelle E3 den Lottogewinn »1000« ein. Drücken Sie ⏎, und speichern Sie Ihre Änderungen.

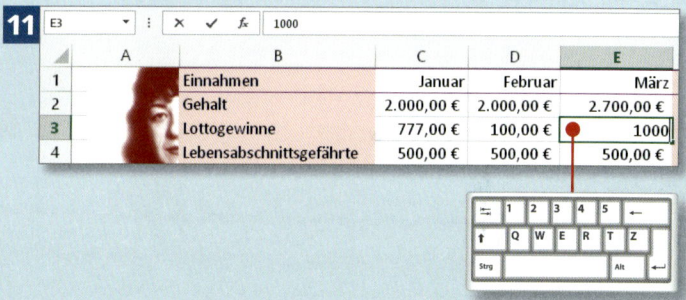

Schritt 12

Wechseln Sie dann zur Arbeitsmappe *Rest.xlsx*, und prüfen Sie dort die automatische Aktualisierung des Ergebnisses.

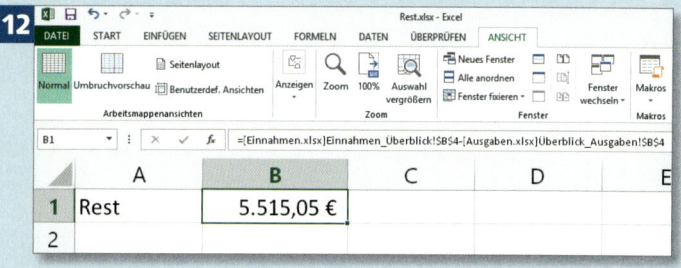

So geht es auch
Diese Änderungen können Sie auch vornehmen, wenn die Datei *Rest.xlsx* geschlossen ist.

Arbeitsblätter und Zellen schützen

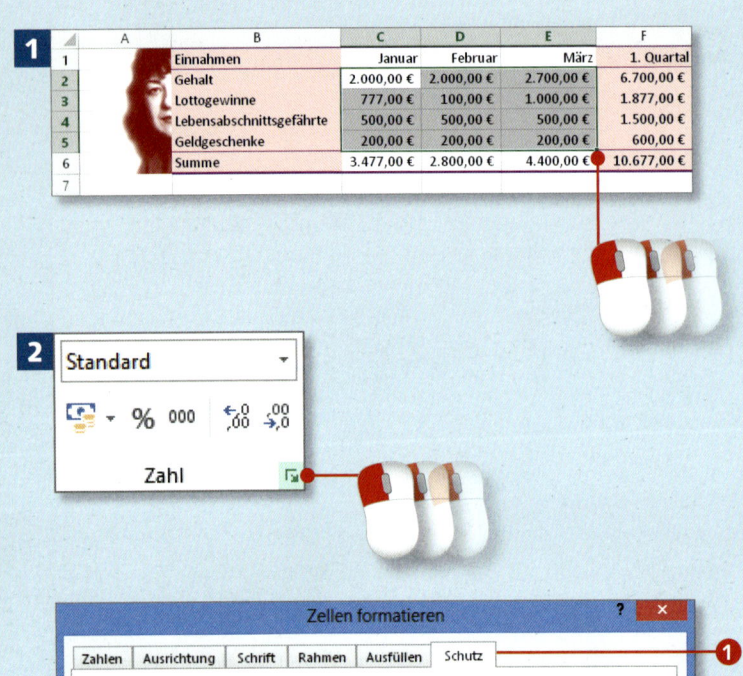

Um unabsichtliche oder ungewollte Änderungen zu vermeiden, schützen Sie Ihre Tabelle. Wie das funktioniert, erfahren Sie hier.

Schritt 1

Wenn Sie z. B. nicht wollen, dass Ihr Formelbereich verändert wird, können Sie ihn schützen. Markieren Sie dazu zunächst den Tabellenbereich, der für Eingaben offen bleiben soll. Hier ist es der Bereich C2:E5.

Schritt 2

Klicken Sie im Register **Start** in der Gruppe **Zahl** unten rechts auf den Dialogfeldstarter. Alternativ klicken Sie den markierten Bereich mit der rechten Maustaste an und wählen aus dem Kontextmenü den Befehl **Zellen formatieren**. Wählen Sie im Dialogfenster **Zellen formatieren** das Register **Schutz** ❶.

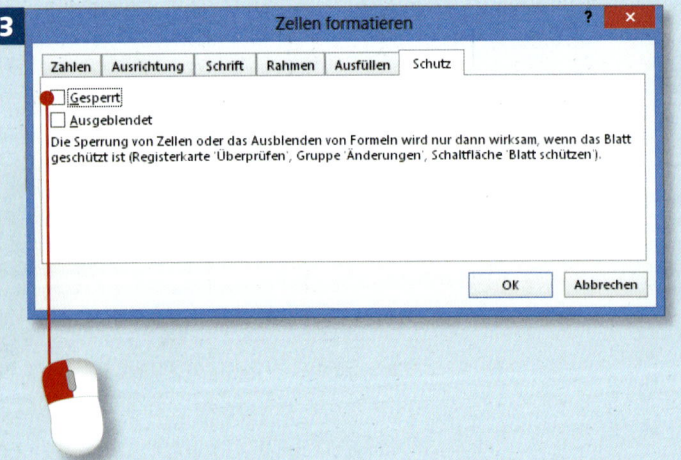

Schritt 3

Entfernen Sie das voreingestellte Häkchen neben **Gesperrt**, und bestätigen Sie den Dialog mit einem Klick auf **OK**. Damit haben Sie den Bereich festgelegt, in dem Eingaben erlaubt sind.

Schritt 4

Lassen Sie sich das Register **Überprüfen** anzeigen. Hier klicken Sie
in der Gruppe **Änderungen** auf
das Symbol **Blatt schützen** ❷. Im
Dialogfenster können Sie bestimmte
Aktionen erlauben. Bestätigen Sie
jetzt ohne weitere Änderungen mit
einem Klick auf **OK**.

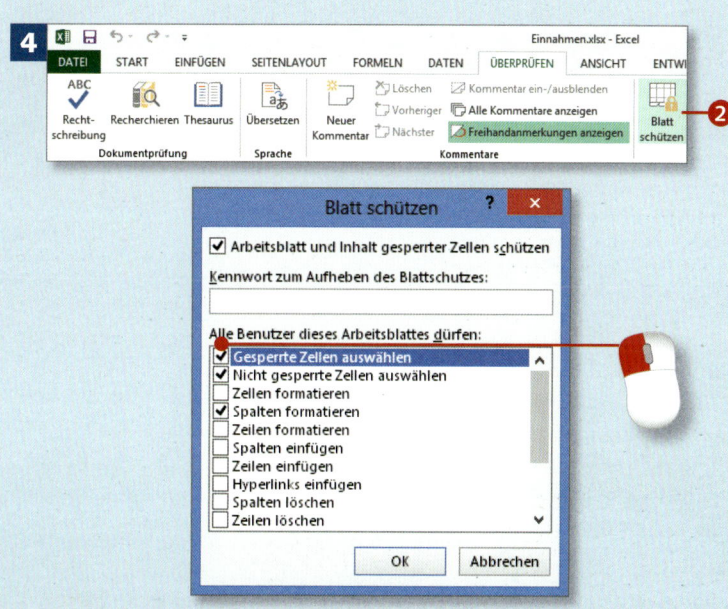

Schritt 5

Testen Sie den soeben eingestellten
Schreibschutz. Dazu klicken Sie in
die Zelle F2 und drücken die `Entf`-
Taste. Sofort erscheint ein Hinweis,
dass diese Zelle schreibgeschützt ist
und nicht ohne Weiteres verändert
werden darf.

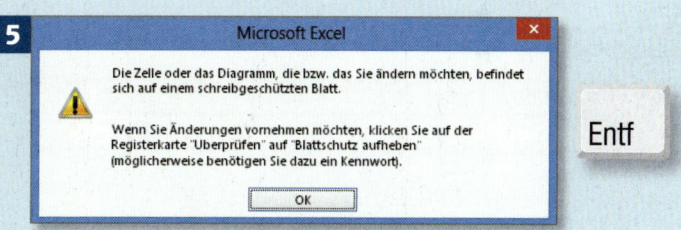

Schritt 6

Klicken Sie nun ein Mal in die Zelle
D2, und ändern Sie ihren Wert
auf »2700«. Bestätigen Sie mit der
`↵`-Taste. Das funktioniert, weil Sie
in Schritt 3 die Eingabe für diesen
Bereich erlaubt haben.

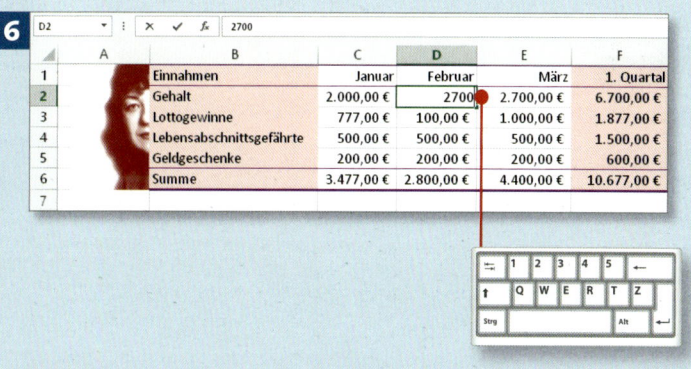

Kennwort eingeben

In Schritt 5 sehen Sie, wie der
Schreibschutz aufgehoben werden
kann. So könnte jeder den Schutz
leicht aufheben. Mit der Eingabe
eines Kennworts ist der Blattschutz
nicht so einfach zu »knacken«.

Arbeitsblätter und Zellen schützen (Forts.)

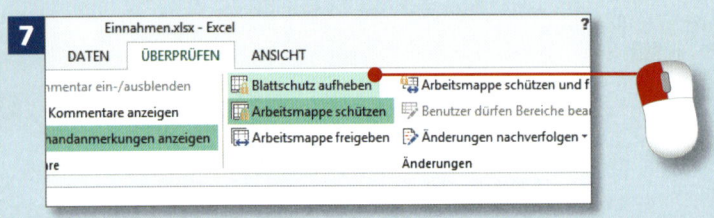

Schritt 7

Sie heben den Blattschutz wieder auf, indem Sie im Register **Über-prüfen** auf das Symbol **Blattschutz aufheben** klicken.

Schritt 8

Wieder können Sie testen, ob Sie den Inhalt der Zelle F2 löschen kön-nen. Diesmal funktioniert es, weil der Blattschutz aufgehoben ist.

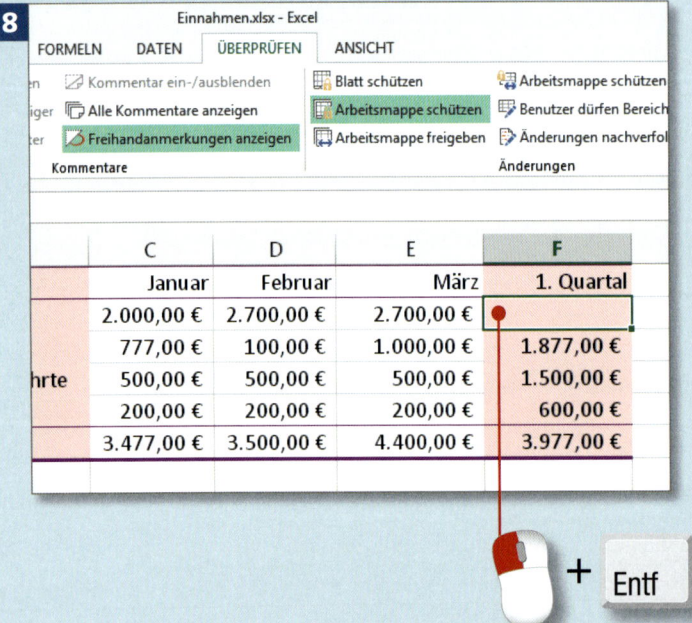

Schritt 9

Machen Sie Ihre Löschaktion rück-gängig – mit einem Mausklick auf das Symbol **Rückgängig** in der Symbolleiste für den Schnellzugriff oder mit der Tastenkombination [Strg] + [Z] (dies bewirkt, dass der letzte Befehl rückgängig gemacht wird).

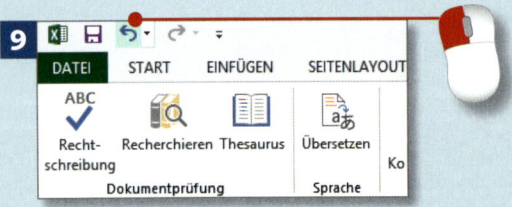

i Bereiche zugänglich machen
Im Register **Überprüfen** finden Sie den erweiterten Blattschutz in der Gruppe **Änderungen** unter dem Befehl **Benutzer dürfen Bereiche bearbeiten**.

Schritt 10

Nun verfeinern wir die Einstellungen. Markieren Sie den Bereich, der nicht gesperrt sein soll, z. B. C2:E5. Im Register **Start** klicken Sie in der Gruppe **Zahl** auf den Dialogfeldstarter ❶ und im Dialogfenster auf das Register **Schutz**. Stellen Sie sicher, dass das Häkchen neben **Gesperrt** entfernt ist, und bestätigen Sie mit **OK** (in der Abbildung nicht zu sehen).

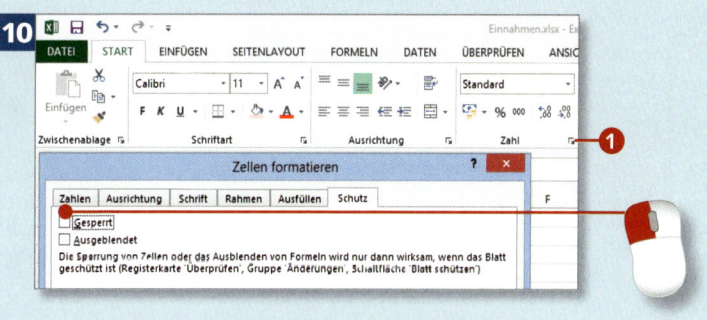

Schritt 11

Im Register **Überprüfen** klicken Sie auf das Symbol **Blatt schützen** ❷. Im Dialogfenster geben Sie nun ein Kennwort, z. B. »as0603« ein. Es wird mit Punkten dargestellt, damit es geheim bleibt.

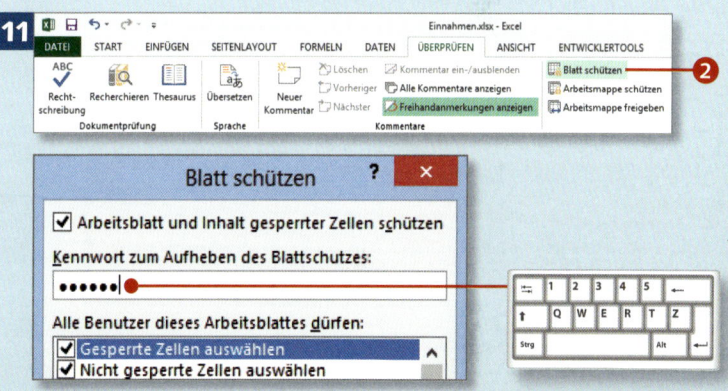

Schritt 12

Erlauben Sie z. B., dass die Spaltenbreite geändert wird, indem Sie ein Häkchen neben **Spalten formatieren** setzen.

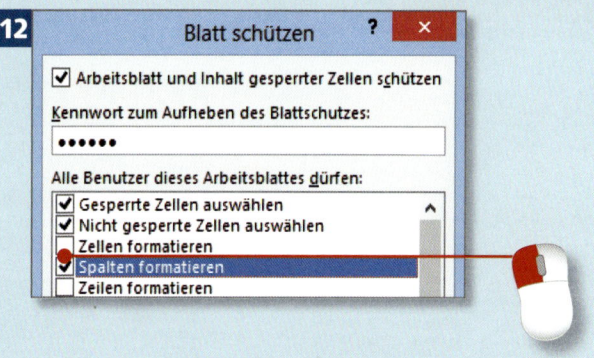

---

i

Kennwörter

Kennwörter können bis zu 255 Zeichen lang sein, Groß- und Kleinschreibung wird unterschieden. Merken Sie sich das Kennwort gut, weil Sie sonst den Blattschutz nicht deaktivieren können.

Arbeitsblätter und Zellen schützen (Forts.)

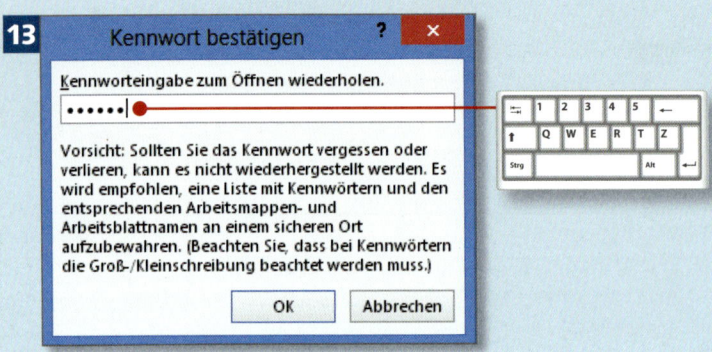

Schritt 13

Nachdem Sie auf **OK** geklickt haben, müssen Sie das Kennwort durch die erneute Eingabe von »as0603« bestätigen. Klicken Sie dann noch einmal auf **OK**.

Schritt 14

Testen Sie den eben eingestellten Blattschutz, und löschen Sie die Zelle F2. Geht nicht, schreibgeschützt. Prima, so soll es sein! Ändern Sie dann den Wert in der Zelle D3 auf »100000«.

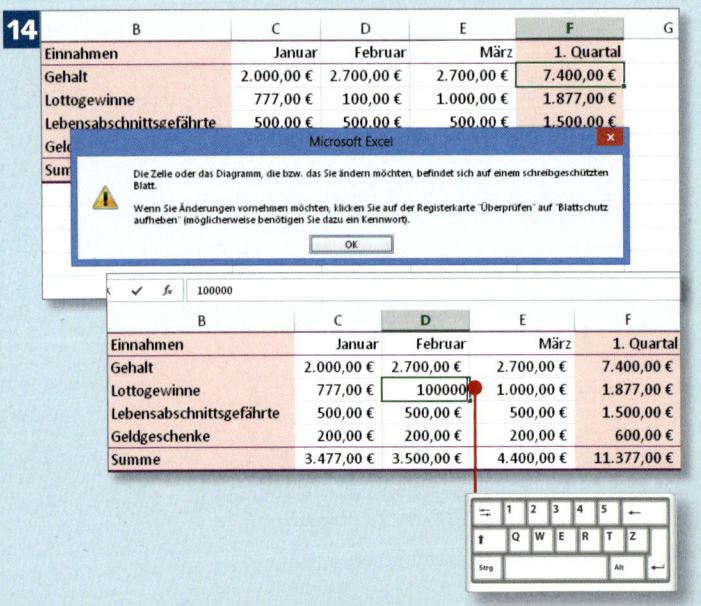

Schritt 15

Das funktioniert, nur die Ergebniszellen weisen ein Rautenmuster auf. Es ist nicht genug Platz, um die großen Summen darzustellen. Ziehen Sie die Trennlinie zwischen den Spalten E und F so weit nach rechts, dass die Zahlen korrekt angezeigt werden. So testen Sie gleich, dass Ihre Einstellung **Spalten formatieren** aus Schritt 12 funktioniert.

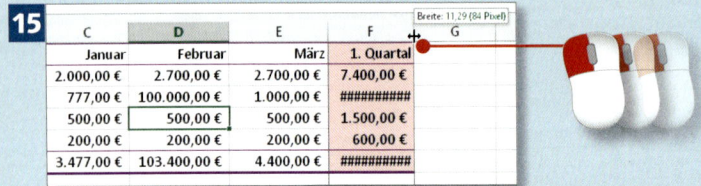

Rauten

Excel zeigt Rauten an, wenn in einer Zelle zu wenig Platz ist, um einen bestimmten Wert anzuzeigen.

Schritt 16

Heben Sie über das Register **Über-prüfen** und einen Klick auf das Symbol **Blattschutz aufheben** ❶ den Blattschutz wieder auf. Sie werden aufgefordert, das Kennwort einzutragen. Ohne dieses können Sie den Blattschutz nicht aufheben. Tragen Sie also das Kennwort »as0603« ein, und bestätigen Sie mit **OK**.

Schritt 17

Sie können auch die Struktur Ihrer Arbeitsmappe schützen, sodass es nicht gestattet ist, Tabellenblätter einzufügen, zu verschieben, zu ändern oder zu löschen. Im Register **Überprüfen** klicken Sie auf **Arbeitsmappe schützen** ❷ und tragen als Kennwort z. B. »as0603« ein. Bestätigen Sie mit einem Klick auf **OK**, geben Sie das Kennwort nochmals ein, und klicken Sie erneut auf **OK**.

Schritt 18

Speichern Sie die Änderungen, und testen Sie nun den eingestellten Schutz, indem Sie mit der rechten Maustaste auf ein Blattregister klicken. Es ist jetzt z. B. nicht erlaubt, neue Blätter einzufügen – diese Befehle sind ausgegraut, d. h., ihre Ausführung ist nicht möglich.

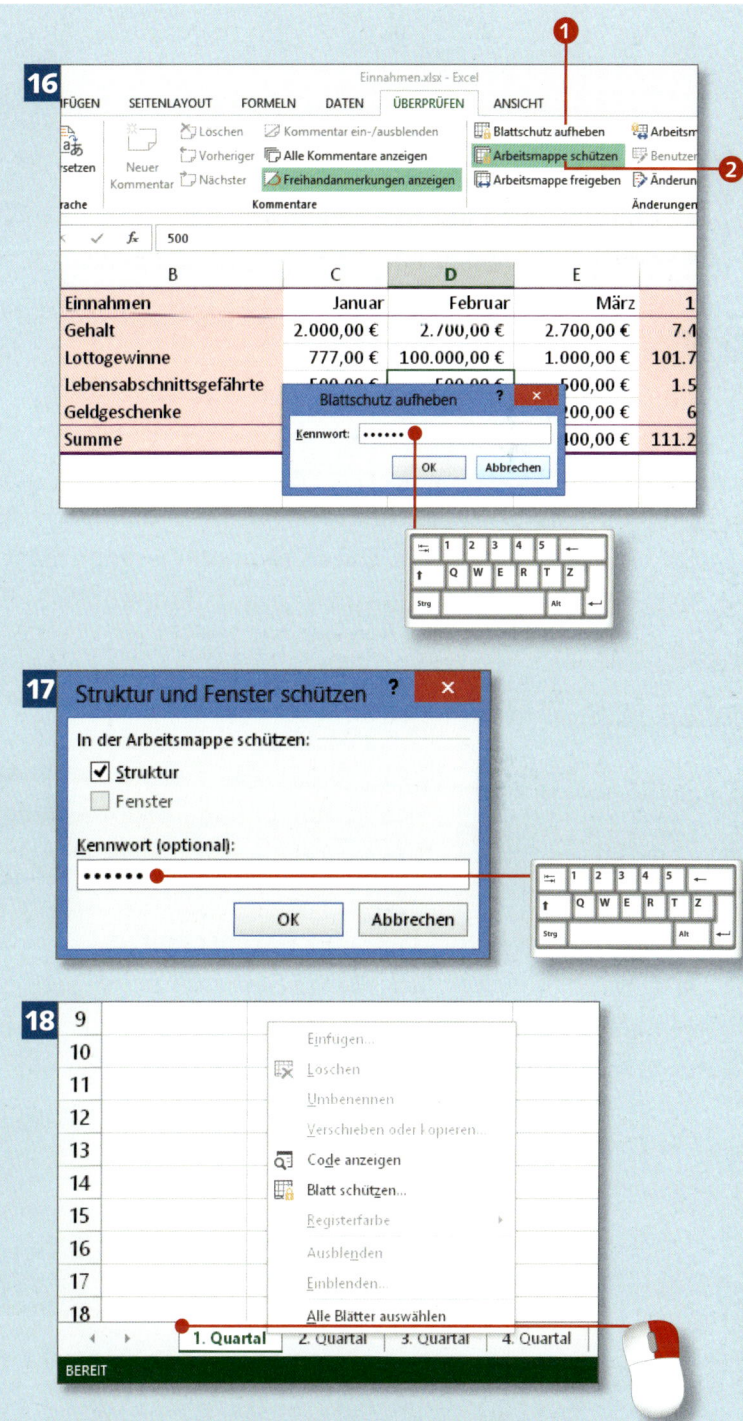

Kapitel 9
Listen gekonnt auswerten

Mitunter werden in Excel geführte Listen sehr lang und damit extrem unübersichtlich. Gerade wenn man in ihnen blättern (scrollen) muss, kann man schon einmal schnell den Überblick verlieren. Aber es gibt natürlich auch hierbei Funktionen, die Ihnen das Leben erleichtern.

Daten sortieren

Lange Listen lassen sich sehr leicht automatisch sortieren oder nach bestimmten Gesichtspunkten filtern. Die entsprechenden Befehle, beispielsweise **Von A bis Z sortieren**, finden Sie auf der Registerkarte **Daten** ❶. In der Gruppe **Datentools** gibt es außerdem die Möglichkeit, Duplikate aus Ihrer Liste zu entfernen, um z. B. Fehler bei der Rechnungsstellung zu vermeiden.

Fixierung

Um z. B. auch bei nahezu unendlichen Kundenlisten immer sofort sehen zu können, in welchem Bereich Sie sich gerade befinden, gibt es Befehle ❷ zum Feststellen von Zeilen (z. B. Überschriften), Spalten oder sogar ganzer Fenster.

Pivot-Tabelle, PivotChart und Datenschnitte

Eine auf den ersten Blick kompliziert anmutende, aber im Prinzip gar nicht so schwere Funktion ist die Pivot-Tabelle ❸. Mit ihrer Hilfe können Sie Daten auswerten und sortieren, ohne dabei die Originaltabellen verändern zu müssen. Auf der Registerkarte **Pivot-Table-Tools** finden Sie die entsprechenden Werkzeuge zur Bearbeitung Ihrer Pivot-Tabelle.

Im Register **Daten** finden Sie in der Gruppe **Sortieren und Filtern** Befehle zur Strukturierung Ihrer Daten.

1

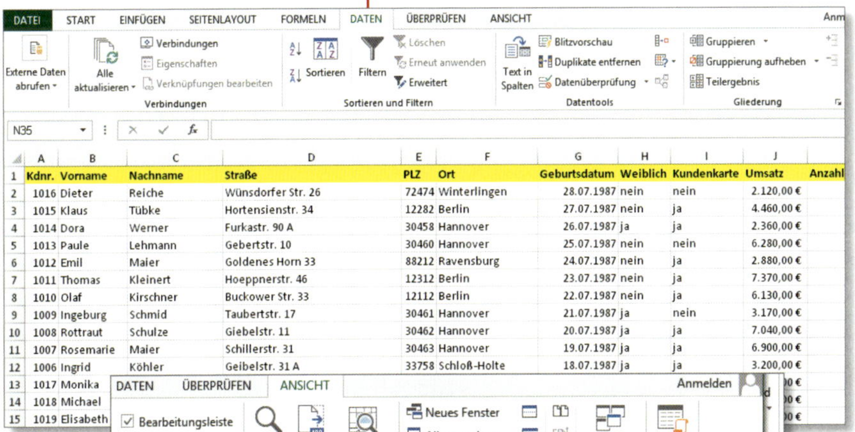

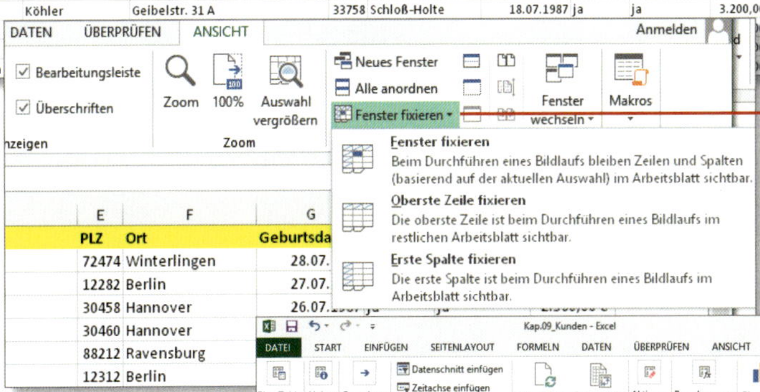

Bei großen Tabellen können Sie mithilfe des Befehls **Fenster fixieren** bestimmte Zeilen oder Spalten vom Scrollen ausschließen.

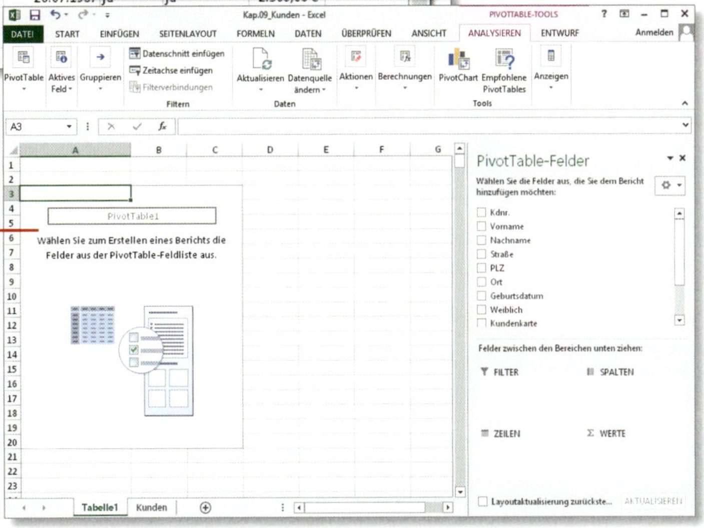

2

Mithilfe der Pivot-Tabelle können Sie große Datenmengen darstellen und analysieren.

3

Daten sortieren

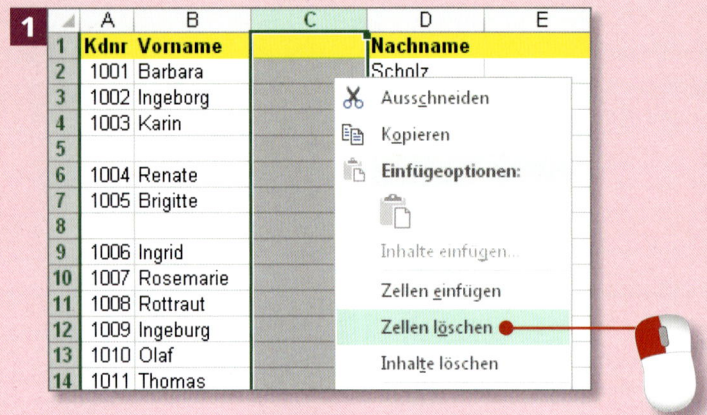

Excel-Listen lassen sich schnell und einfach neu sortieren. Was Sie beachten müssen, um Komplikationen bei der Arbeit mit Listen zu vermeiden, zeigen wir Ihnen im Folgenden.

Schritt 1

Wenn Sie eine Liste sortieren wollen, darf sie keine leeren Zeilen oder Spalten aufweisen. Entfernen Sie sie, indem Sie mit der rechten Maustaste auf eine Zelle der entsprechenden Zeile oder Spalte klicken. Im Kontextmenü wählen Sie **Zellen löschen**.

Schritt 2

Sortieren Sie nun die Liste alphabetisch nach Vornamen. Dazu markieren Sie z. B. die Zelle B6 in der Spalte *Vorname*.

Schritt 3

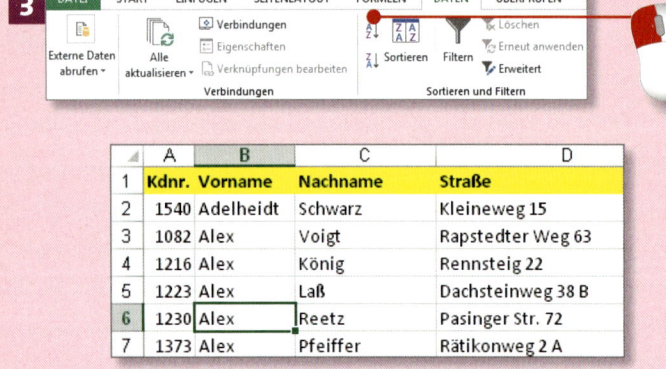

Für eine alphabetische Sortierung der Vornamen wählen Sie das Register **Daten** und in der Gruppe **Sortieren und Filtern** die Option **von A bis Z sortieren**. Die übrigen Spalten der Tabelle werden selbstverständlich mitsortiert, d. h., die Daten wandern mit.

Schritt 4

Klicken Sie in eine Zelle in der Spalte *Geburtsdatum.* Nun nutzen Sie den Befehl **von Z bis A sortieren**. Jetzt werden alle Daten neu sortiert, und das jüngste Geburtsdatum wird zuerst angezeigt.

Schritt 5

Um die Tabelle alphabetisch nach den Orten und zusätzlich nach den Familiennamen zu sortieren, klicken Sie im Register **Daten** auf **Sortieren**. Es erscheint das Dialogfenster **Sortieren**. Hier wählen Sie bei **Sortieren nach** den **Ort**, und bei **Reihenfolge** entscheiden Sie sich für **A bis Z**.

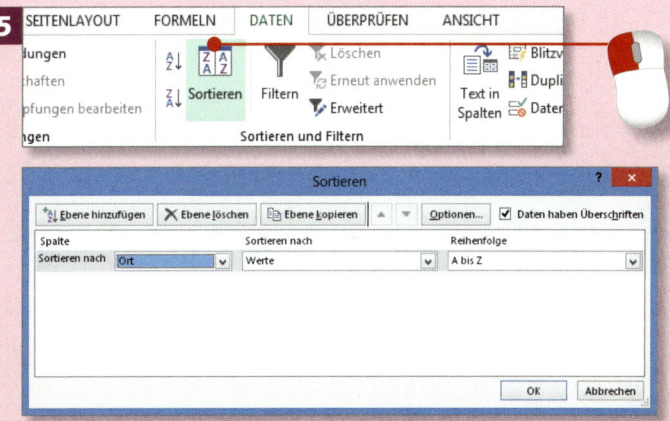

Schritt 6

Wenn Sie weitere Sortierebenen hinzufügen wollen, wählen Sie die Schaltfläche **Ebene hinzufügen**. In der neuen Zeile unten können Sie dann den zweiten Sortierbegriff **Nachname** wählen. Wenn Sie Ihre Eingabe mit **OK** bestätigen, wird die gewählte Sortierung ausgeführt.

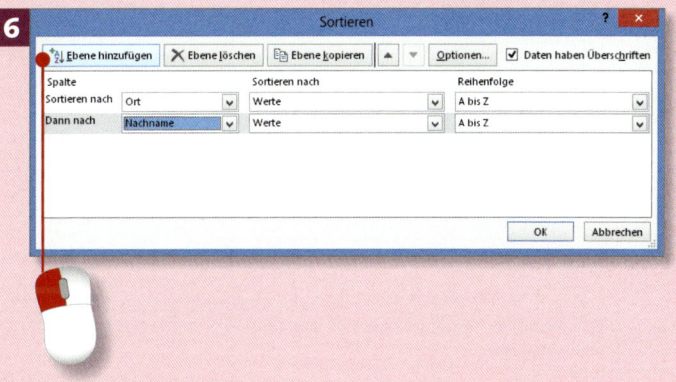

Kontextmenü

Die Sortierbefehle erreichen Sie auch über das Kontextmenü.

Den AutoFilter anwenden

Häufig benötigen Sie nicht alle Datensätze der Liste, sondern müssen nur auf ganz bestimmte Informationen zugreifen. Excel bietet Ihnen sehr komfortable Möglichkeiten, Daten zu filtern.

Schritt 1

Um die Datenfilterung zu aktivieren, setzen Sie den Zellcursor in eine beliebige Zelle Ihrer Liste. Rufen Sie im Register **Daten** den Befehl **Filtern** auf. Auf die gleiche Weise deaktivieren Sie übrigens später die Filtermöglichkeit.

Schritt 2

Rechts neben jedem Feldnamen steht jetzt ein Listenpfeil. Klicken Sie auf den Pfeil in der Spalte *Nachname*, um das Dialogfeld für die Filterauswahl anzuzeigen.

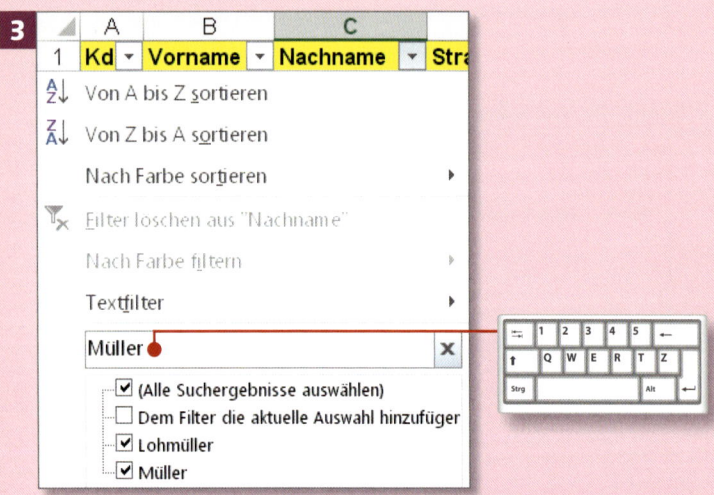

Schritt 3

Sämtliche Werte in dieser Spalte werden in einer Liste angezeigt. Sie können sie mithilfe der Häkchen oder durch die Eingabe eines Suchbegriffs einschränken. Die Eingabe von *Müller* reduziert die Liste z. B. auf *Müller* und *Lohmüller*.

Schritt 4

Eine weitere Möglichkeit sind Text-
oder Zahlenfilter. Je nach Datentyp
in der Spalte steht das eine oder
andere zur Verfügung. Wählen Sie
beispielsweise unter **Textfilter** die
Einschränkung **Enthält**.

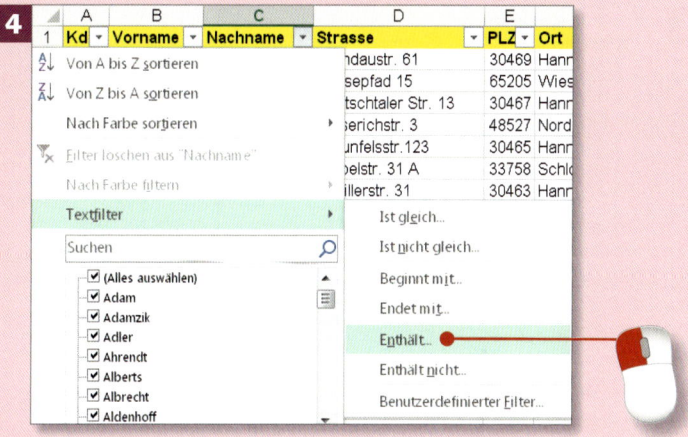

Schritt 5

Egal, welche Einschränkung Sie wählen, Ihre Wahl führt Sie jeweils in
das Dialogfeld **Benutzerdefinierter
AutoFilter**. Hier können Sie die
Einschränkung noch einmal ändern
oder einen Suchbegriff wie »Müller«
eingeben. Bestätigen Sie Ihre Eingabe mit **OK**.

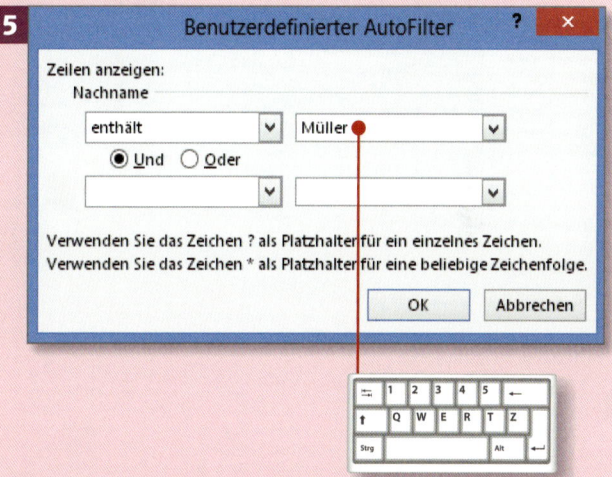

Schritt 6

Sie sehen nun die gefilterte Tabelle.
Wenn Sie die Filterung wieder
entfernen möchten, klicken Sie auf
das Filtersymbol und wählen **Filter
löschen aus "Nachname"** aus dem
zugehörigen Menü.

Weitere Filtereigenschaften

Bei den benutzerdefinierten
AutoFiltern können Sie bei Bedarf
noch eine zweite Filtereigenschaft
hinterlegen. Bei der Verknüpfung
mit UND müssen beide Filterei-
genschaften erfüllt sein, nutzen Sie
ODER, nur eine.

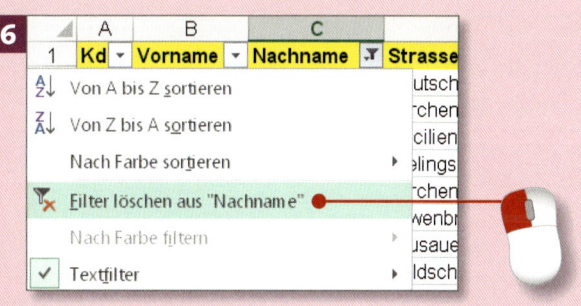

Listen gekonnt aufbereiten

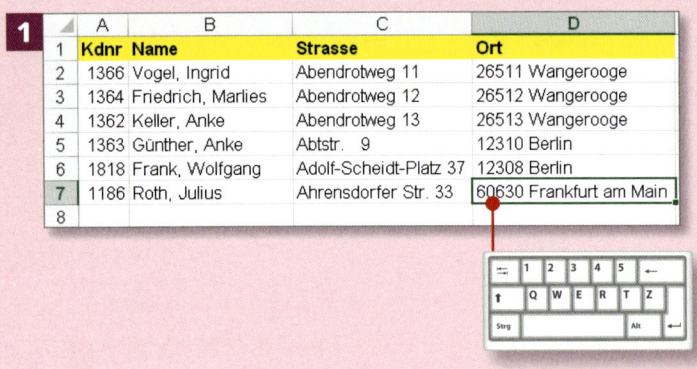

Um Listen gekonnt aufzubereiten, bietet Excel einen Textkonvertierungs-Assistenten für die Spaltenaufteilung sowie die Möglichkeit, Dopplungen schnell zu finden.

Schritt 1

Bereiten Sie nebenstehende Tabelle vor. Da die Spalten *Name* und *Ort* jeweils zwei Werte enthalten, lässt sich diese Liste weder nach Vornamen noch nach Orten sortieren.

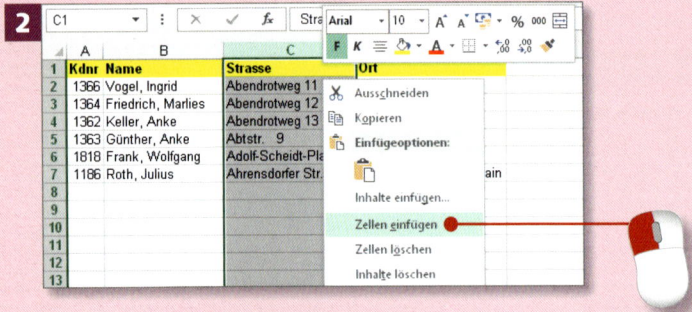

Schritt 2

Sie müssen die Daten nicht einzeln per Hand trennen, sondern können sie einfach in zwei Spalten splitten. Fügen Sie dazu zunächst eine leere Spalte neben der Spalte *Name* ein. Markieren Sie dafür die Spalte C, und nutzen Sie aus dem Kontextmenü den Befehl **Zellen einfügen**.

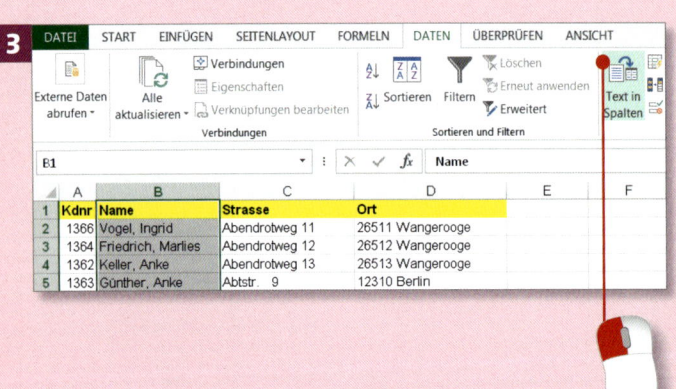

Schritt 3

Markieren Sie dann die Spalte, die Sie splitten wollen, und öffnen Sie über das Register **Daten** und die Schaltfläche **Text in Spalten** den Textkonvertierungs-Assistenten.

Schritt 4

Klicken Sie oben in Schritt 1 des Assistenten auf die Option **Getrennt** und dann auf die Schaltfläche **Weiter**.

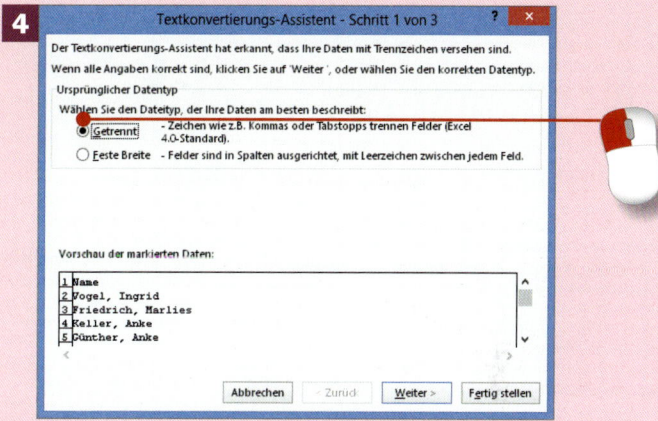

Schritt 5

Aktivieren Sie in Schritt 2 des Assistenten das Kontrollkästchen **Komma**, und deaktivieren Sie die anderen Kontrollkästchen. Im Feld **Datenvorschau** ❶ werden Vor- und Nachnamen jeweils in zwei getrennten Spalten ausgewiesen. Klicken Sie dann erneut auf **Weiter**.

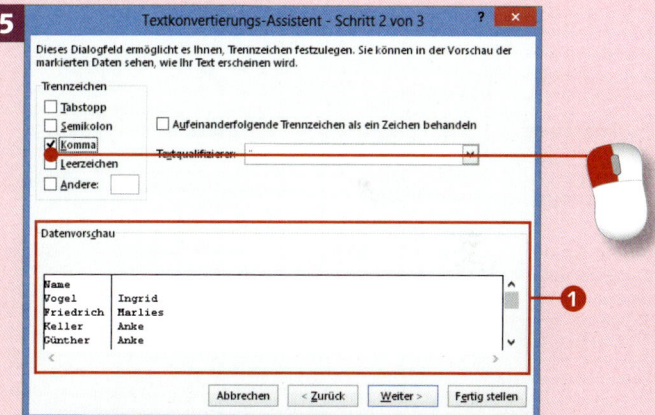

Schritt 6

Im dritten Schritt des Assistenten lassen Sie die Angaben, wie sie sind, und klicken auf **Fertig stellen**.

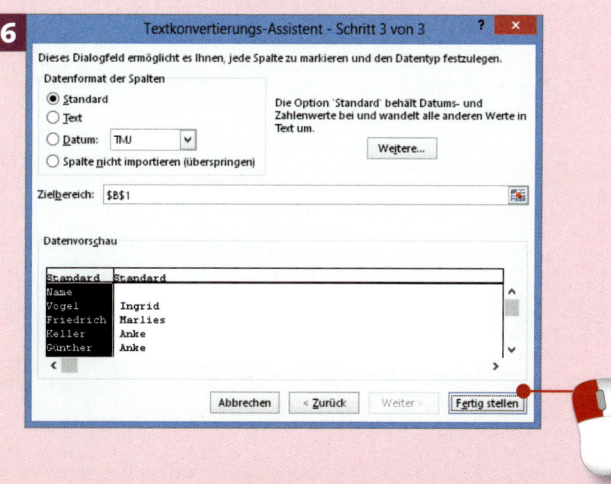

Blitzvorschau verwenden

Alternativ zu der aufgezeigten Methode können Sie auch die in Kapitel 3, »Es geht noch viel schneller!«, beschriebene Blitzvorschau einsetzen.

Listen gekonnt aufbereiten (Forts.)

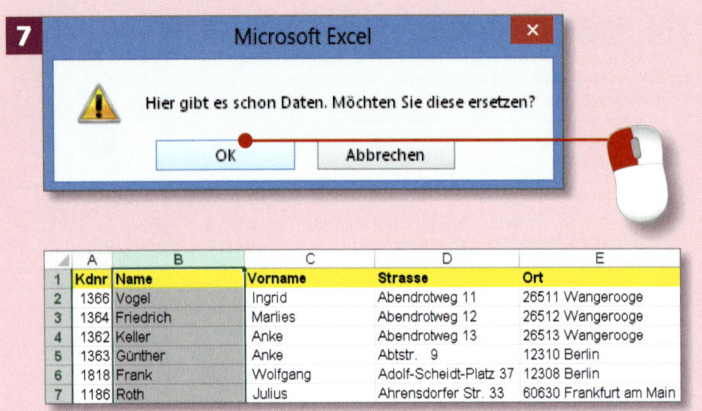

Schritt 7

Sie werden gefragt, ob Sie die Inhalte der Zellen des Zielbereichs überschreiben wollen. Da wir zuvor eine neue Spalte eingefügt haben, ist die erwähnte Ersetzung gewollt. Klicken Sie also auf **OK**. Der neue, gesplittete Inhalt wird eingefügt.

Schritt 8

Vergessen Sie nicht, auch der neuen Spalte eine aussagekräftige Spaltenüberschrift zu geben, hier also »Vorname«.

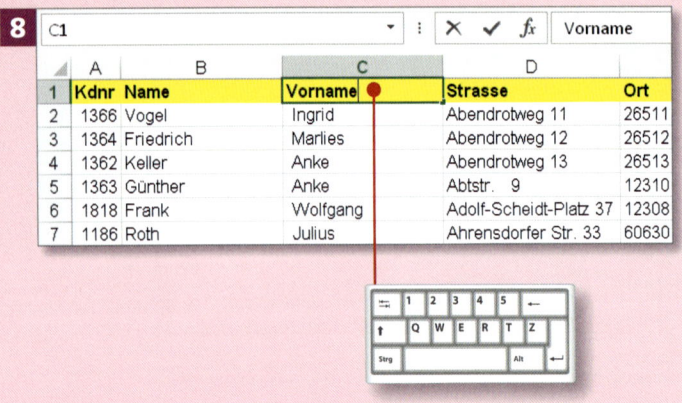

Schritt 9

Auch doppelte Eingaben können mithilfe von Excel gefunden und entfernt werden. Positionieren Sie dazu Ihren Tabellencursor in einer beliebigen Zelle Ihrer Tabelle, und wählen Sie im Register **Daten** die Schaltfläche **Duplikate entfernen**.

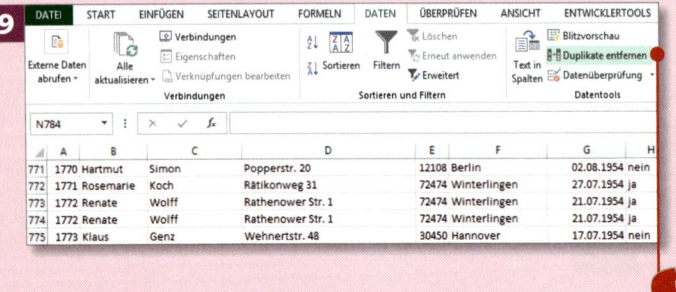

Duplikate entfernen

Um die Zeilen mit doppelten Eingaben zu löschen, können Sie auswählen, welche Spalten auf doppelte Informationen überprüft werden sollen.

Schritt 10

Im nachfolgenden Dialogfenster heben Sie zunächst die Markierung der Spalten mithilfe der Schaltfläche **Markierung aufheben** ❶ auf, um dann nur die Spalte **Kdnr** ❷ auszuwählen. Klicken Sie zur Bestätigung Ihrer Auswahl auf **OK**.

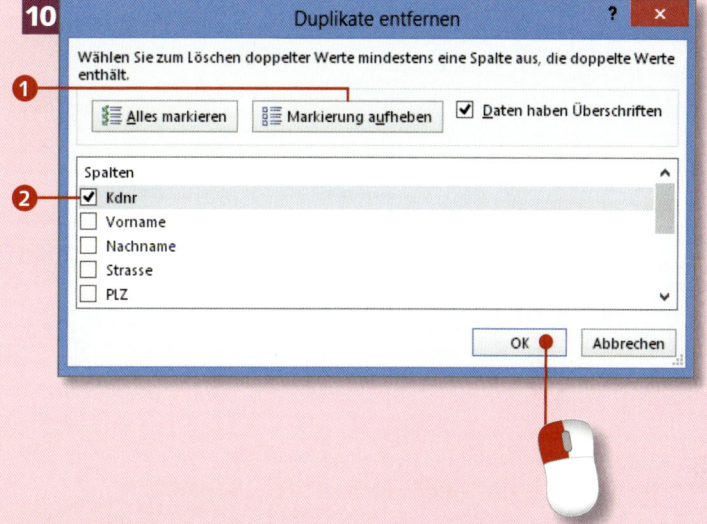

Schritt 11

Das Datentool hat einen doppelten Wert ermittelt und ihn gelöscht. Bestätigen Sie die Meldung mit **OK**. Das Resultat ist eine Tabelle mit eindeutigen Kundennummern.

Schritt 12

Doppelte Datensätze werden vollständig entfernt. Möchten Sie den gefundenen Datensatz doch nicht löschen, können Sie das Entfernen der Duplikate mit ⎡Strg⎤ + ⎡Z⎤ rückgängig machen.

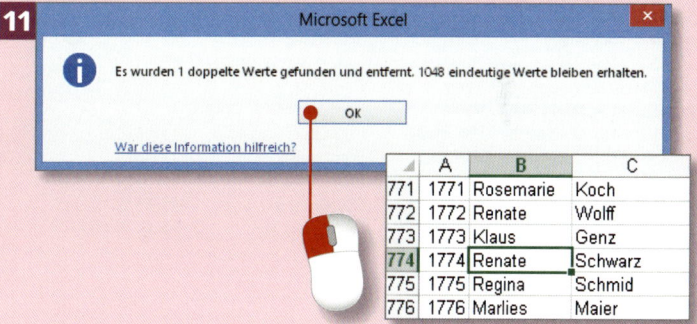

Duplikate anzeigen

Möchten Sie sich die Duplikate nur anzeigen lassen, ohne diese gleich zu löschen, klicken Sie im Register **Start** auf **Bedingte Formatierung**, anschließend auf **Regeln zum Hervorheben von Zellen** und dann auf **Doppelte Werte**.

	A	B	C	D
773	1772	Renate	Wolff	Rathenower Str. 1
774	1773	Klaus	Genz	Wehnertstr. 48
775	1774	Renate	Schwarz	Raucheckweg 5
776	1774	Renate	Schwarz	Raucheckweg 5
777	1775	Regina	Schmid	Reichnerweg 31

Strg + Z

Fenster fixieren – Zeilen und Spalten feststellen

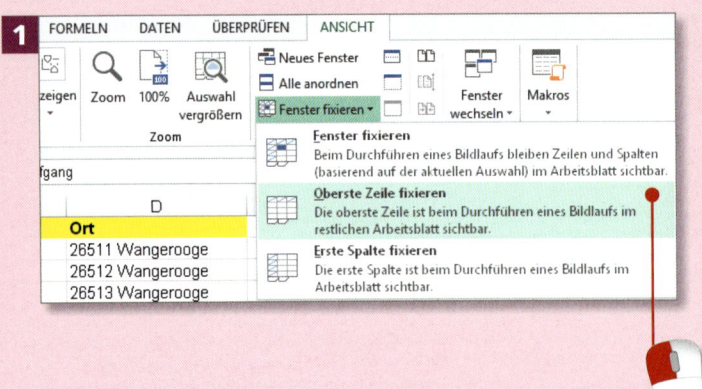

Die Möglichkeit, die wir Ihnen jetzt zeigen, ist sehr effektiv, wenn Sie mit langen Listen arbeiten. Mit der Fixierung erreichen Sie, dass ausgewählte Zeilen und Spalten permanent sichtbar bleiben.

Schritt 1

Öffnen Sie eine Datei mit einer langen Liste, z. B. eine Kundenliste. Um die Überschriftenzeile zu fixieren, klicken Sie im Register **Ansicht** in der Gruppe **Fenster** auf **Fenster fixieren** und im Menü auf **Oberste Zeile fixieren**.

Schritt 2

Bewegen Sie nun Ihren Cursor in der Liste nach unten. Auch dann bleibt die Zeile mit den Überschriften immer sichtbar.

Schritt 3

Wenn Sie die gewählte Fixierung wieder aufheben möchten, nutzen Sie den gleichen Weg. Klicken Sie im Register **Ansicht** in der Gruppe **Fenster** auf **Fenster fixieren**. Hier steht Ihnen nun die Option **Fixierung aufheben** zur Verfügung.

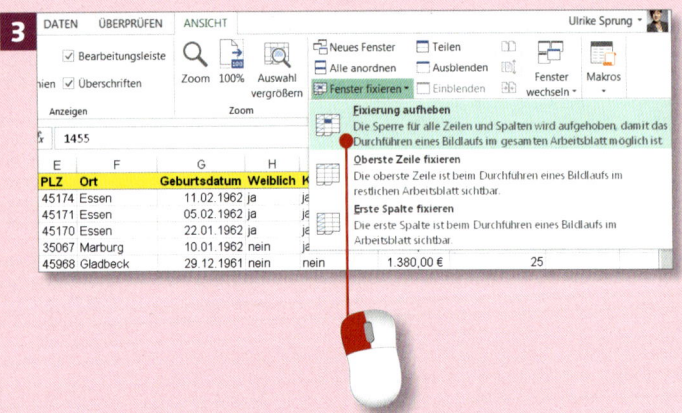

Schritt 4

Um die erste Spalte zu fixieren, klicken Sie im Register **Ansicht** in der Gruppe **Fenster** auf **Fenster fixieren** und dann auf **Erste Spalte fixieren**. Wenn Sie nun Ihren Cursor in der Liste nach rechts bewegen, bleibt diese Spalte durchgängig sichtbar.

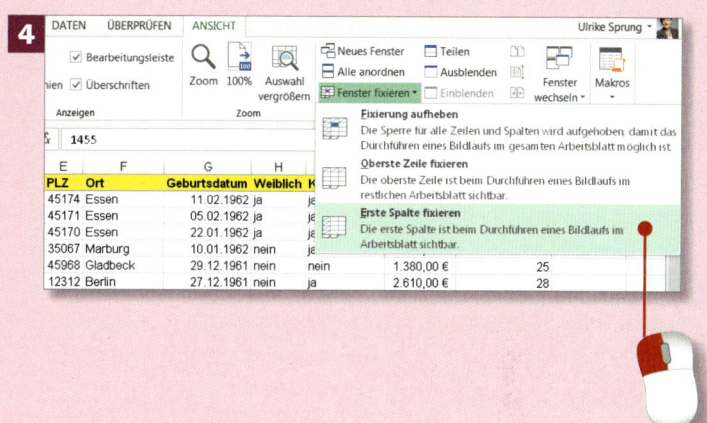

Schritt 5

Es ist aber auch möglich, eine Spalte und eine Zeile zu fixieren. Setzen Sie dazu den Cursor in eine beliebige Zelle der Liste. Klicken Sie im Register **Ansicht** in der Gruppe **Fenster** auf **Fenster fixieren**. Hier nutzen Sie die Option **Fenster fixieren**.

Schritt 6

Wenn Sie nun nach unten und nach rechts scrollen, bleibt trotzdem der Rahmen sichtbar, nämlich die Kundennummer in der Spalte A und die Spaltenüberschriften in der Zeile 1.

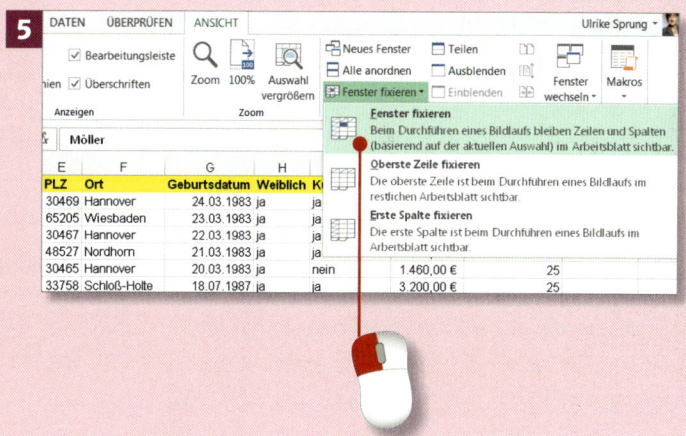

Fixierung speichern

Die gewählte Fixierung bleibt beim Speichern der Datei erhalten.

	A	D	E	F
1	Kdnr	Straße	PLZ	Ort
278	1277	Grillostr. 33 A	12308	Berlin
279	1278	Wittelsbacherstr. 63	30449	Hannover
280	1279	Leonhardyweg 83	26509	Wangerooge
281	1280	Attilastr. 15	60650	Frankfurt am Main
282	1281	Landsberger Str. 22	44242	Dortmund
283	1282	Attilastr. 149	60649	Frankfurt am Main
284	1283	Attilastr. 11	60648	Frankfurt am Main
285	1284	Curtiusstr. 84	12280	Berlin
286	1285	Pflügerstr. 38	45155	Essen

Statistik ohne Formeln mithilfe der Pivot-Tabelle

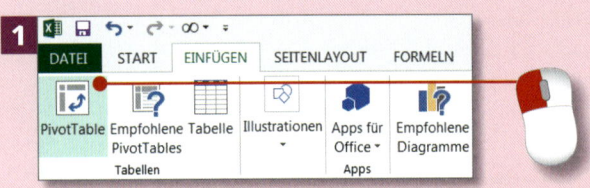

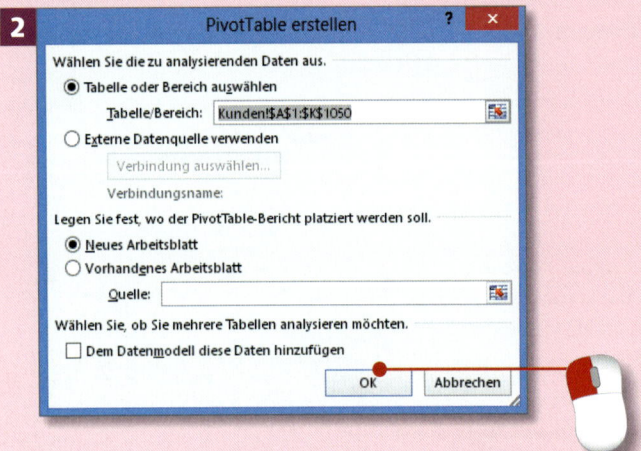

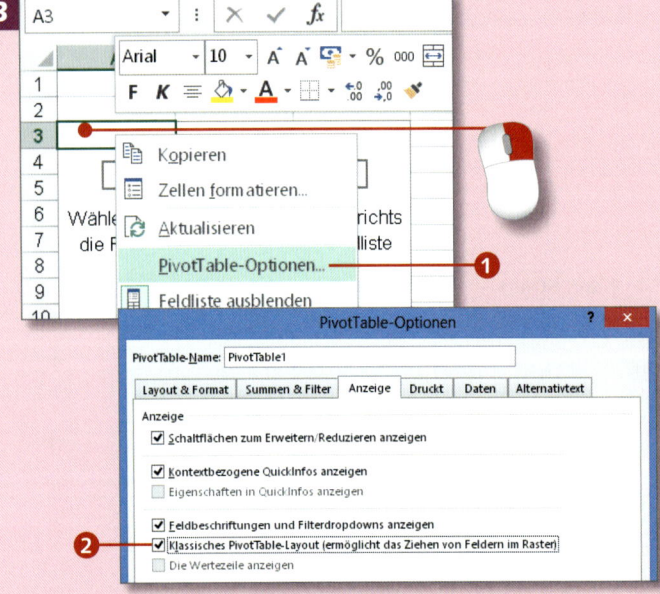

Die Pivot-Tabelle bietet Ihnen die Möglichkeit, Daten neu darzustellen und auszuwerten, ohne dafür die Ausgangsdaten ändern zu müssen.

Schritt 1

Sie möchten aus der Kundenliste ermitteln, wie viele Frauen und Männer es pro Ort gibt. Mit der Pivot-Tabelle geht das sehr viel schneller als über langwieriges Filtern. Positionieren Sie den Cursor in einer Zelle, und klicken Sie im Register **Einfügen** in der Gruppe **Tabellen** auf die Schaltfläche **PivotTable**.

Schritt 2

Im Dialogfenster ist der Tabellenbereich oben bereits ausgewählt. Bestätigen Sie die Angaben einfach mit **OK**. Ihr Tabellenblatt enthält nun einen Bereich für die Pivot-Tabelle.

Schritt 3

Wir empfehlen Ihnen das klassische Pivot-Tabellenlayout. Klicken Sie mit der rechten Maustaste auf eine Zelle im Bereich der Pivot-Tabelle. Im Kontextmenü wählen Sie **PivotTable-Optionen** ❶. Im Dialogfenster wählen Sie im Register **Anzeige** die Option **Klassisches PivotTable-Layout** ❷. Klicken Sie auf **OK**.

Schritt 4

Auf der rechten Seite Ihres Bildschirms ist die Feldliste eingeblendet. Aktivieren Sie dort zunächst das Kontrollkästchen neben **Ort**. Alle Orte werden nun links im Bereich **Zeilenfelder** alphabetisch sortiert angezeigt.

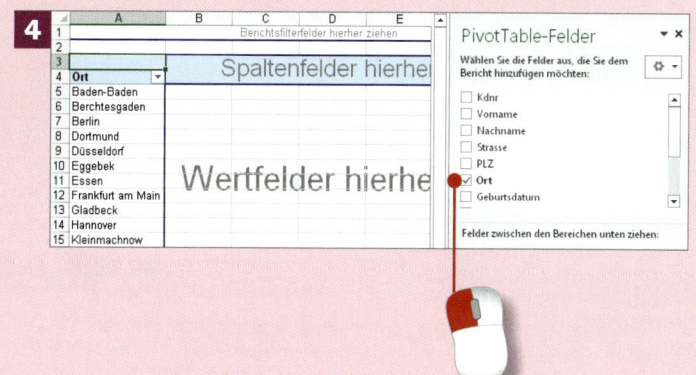

Schritt 5

Um die Inhalte des Feldes *Weiblich* als Spaltenüberschrift zu positionieren, klicken Sie mit der rechten Maustaste auf den Feldnamen und wählen aus dem Kontextmenü die Option **Zu Spaltenbeschriftungen hinzufügen** ❸. Die Pivot-Tabelle links wird entsprechend ergänzt.

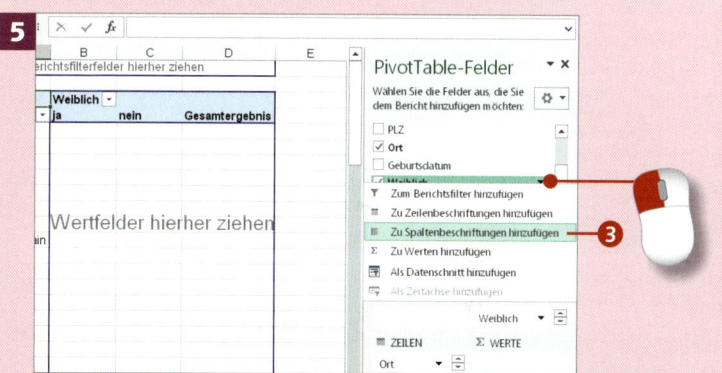

Schritt 6

Im Wertebereich soll nun die Anzahl der Kunden pro Ort dargestellt werden. Dazu ermitteln Sie die Anzahl an Datensätzen, indem Sie ein beliebiges Feld wählen, beispielsweise das Feld **Straße**. Ziehen Sie es einfach mit gedrückter Maustaste aus dem Feldbereich in den Bereich **Werte**. Das Ergebnis sehen Sie links.

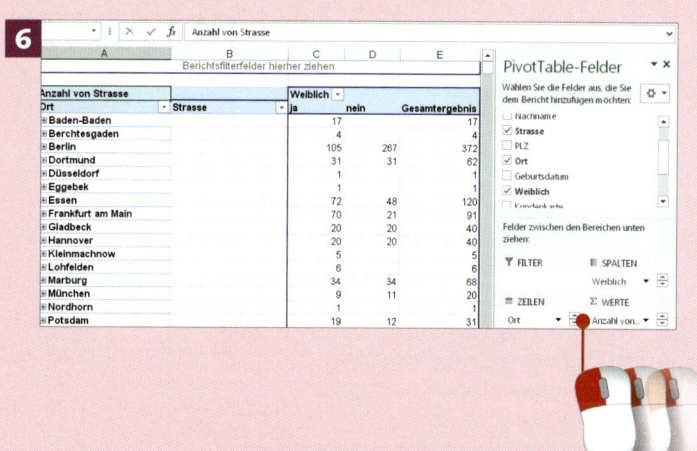

Statistik ohne Formeln mithilfe der Pivot-Tabelle (Forts.)

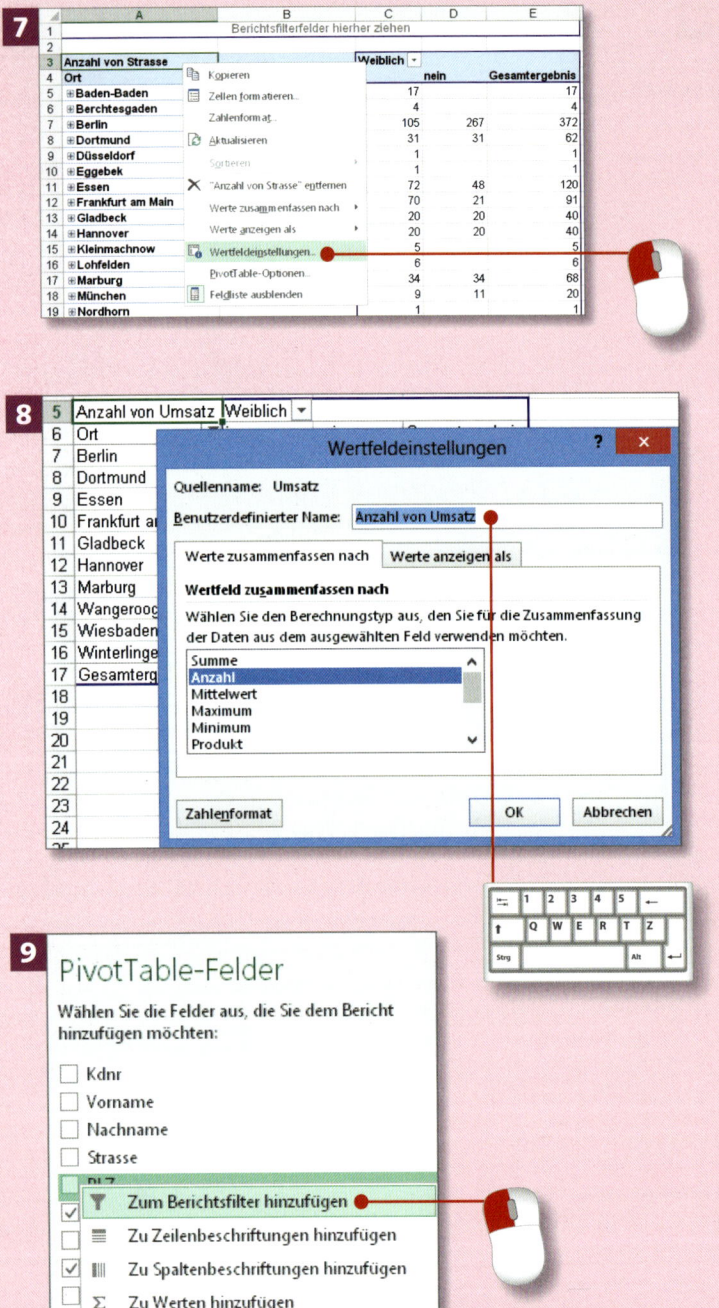

Schritt 7

In einer Pivot-Tabelle können Sie bei Bedarf die Namen der Felder durch treffendere Begriffe ersetzen. Klicken Sie dazu mit der rechten Maustaste auf das entsprechende Feld und dann auf **Wertfeldeinstellungen**.

Schritt 8

Im Dialogfenster nehmen Sie Ihre Umbenennung im Feld **Benutzerdefinierter Name** vor. Geben Sie also z. B. »Anzahl von Umsatz« ein, und klicken Sie dann auf **OK**. Der neue Feldname wird sofort übernommen.

Schritt 9

Ihre Pivot-Tabelle kann darüber hinaus zusätzliche Filter berücksichtigen, die sogenannten *Berichtsfilter*. Wenn Sie z. B. Aussagen zu bestimmten Postleitzahlen treffen möchten, platzieren Sie das Feld **PLZ** im Filter.

Filterung

Die Felder in den Bereichen **Filter**, **Spalten** und **Zeilen** erlauben eine Filterung.

Schritt 10

Klicken Sie auf den Pfeil neben dem Feld **PLZ**. Im Menü können Sie mithilfe des Kontrollkästchens **Mehrere Elemente auswählen** ❶ verschiedene Postleitzahlen auswählen. Wenn Sie Ihre Wahl mit **OK** bestätigen, erscheint die gefilterte Tabelle.

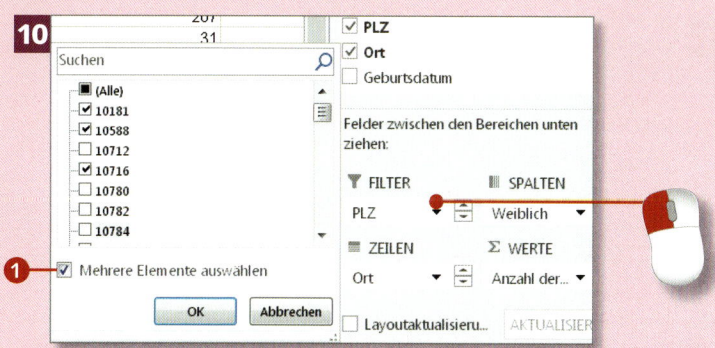

Schritt 11

Auch hier stehen weitere Sortieroptionen sowie Werte- und Suchfilter zur Auswahl. Wenn Sie sich z. B. nur für Orte interessieren, die mit B beginnen, geben Sie »B*« in die Suchmaske ein und klicken auf **OK**.

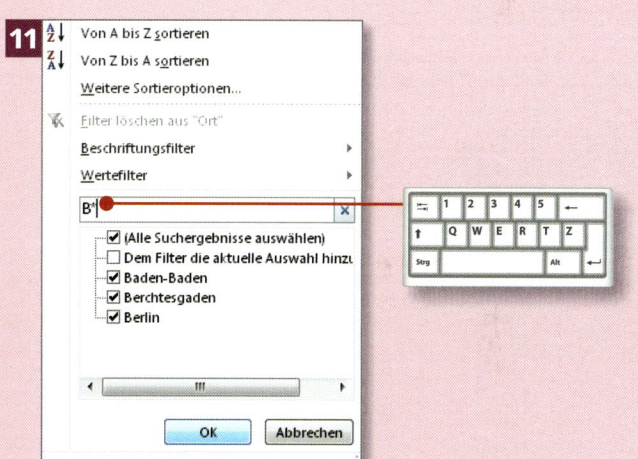

Schritt 12

Wenn Sie wieder auf alle Datensätze zugreifen möchten, müssen Sie die Filter entfernen. Klicken Sie dazu auf das Filtersymbol neben dem entsprechenden Feld und im Menü auf **Filter löschen aus "Ort"**. Sie können aber auch das Kontrollkästchen bei **(Alle anzeigen)** ❷ aktivieren und auf **OK** klicken.

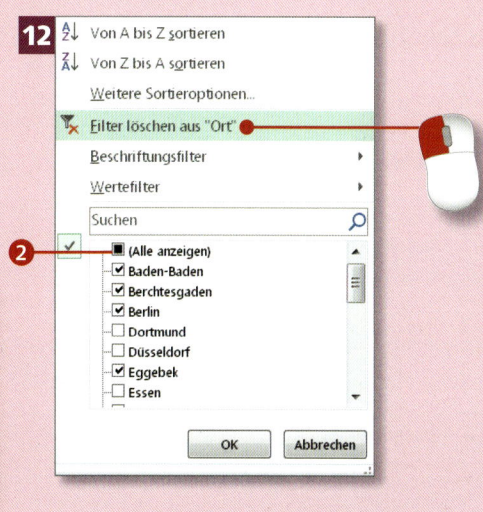

i

Alle anzeigen

Beachten Sie, dass die Option **Alle anzeigen** deaktiviert ist, wenn das Kästchen schwarz gefüllt ist. Erst ein Setzen eines Häkchens aktiviert die Option.

Daten in der Pivot-Tabelle neu anordnen

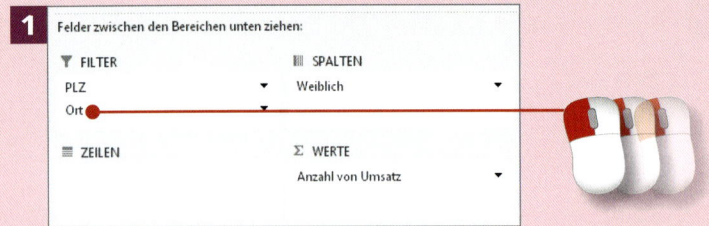

Sie können in der Pivot-Tabelle vorhandene Felder ganz einfach anders anordnen und auf diese Weise neue und interessante Aussagen erhalten.

Schritt 1

Pivot-Tabellen können Sie leicht verändern. In unserem Beispiel vertauschen wir zunächst die Felder **Ort** und **PLZ**. Ziehen Sie mit gedrückter Maustaste zunächst das Feld **Ort** in den Bereich **Filter**.

Schritt 2

Danach verschieben Sie das Feld **PLZ** in den Bereich **Zeilen**. Aufgrund dieser Veränderungen dient Ihnen der Ort nun als Berichtsfilter und die Postleitzahl als Zeilenbeschriftung.

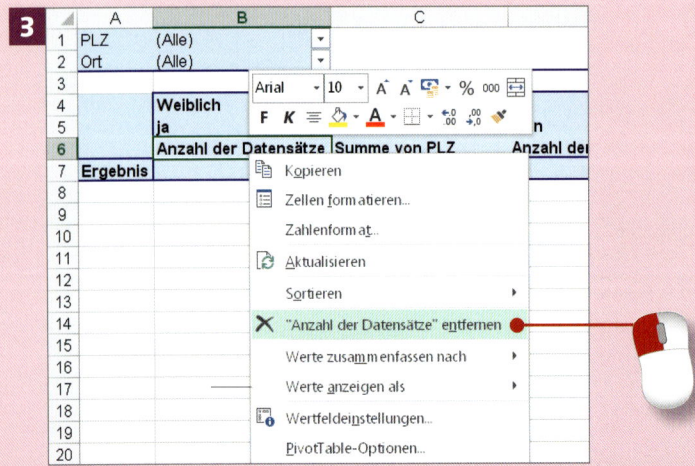

Schritt 3

Nun interessiert Sie, wie hoch der Gesamtumsatz für Frauen und Männer ist und ob jeweils eine Kundenkarte vorhanden ist. Das Feld **PLZ** können Sie nun wieder in den Bereich **Filter** ziehen. Da wir das Feld **Anzahl der Datensätze** nicht mehr benötigen, klicken Sie es mit der rechten Maustaste an und wählen dann "**Anzahl der Datensätze**" **entfernen** aus dem Kontextmenü.

Schritt 4

Nun ziehen Sie das Feld **Kunden-karte** in den Bereich **Zeilen** und das Feld **Umsatz** in den Bereich **Werte**.

Schritt 5

Da es sich bei dem Feld **Umsatz** um ein numerisches Feld handelt, wird hier standardmäßig die Summe gebildet. Um das neue Ergebnis aussagekräftiger darzustellen, versehen Sie die Ergebniszellen C7:C9, E7:E9 und G7:G9 über das Register **Start** in der Gruppe **Zahl** mit dem entsprechenden Währungsformat.

Schritt 6

Wenn Sie auch eine detaillierte Aussage zu den Umsatzsummen bezogen auf die Orte interessiert, vertauschen Sie mit gedrückter Maustaste im letzten Schritt die Felder **Kundenkarte** und **Ort**. Die Umsatzsummen können Sie auch hier wieder im Währungsformat formatieren.

i

Pivot

Die Bezeichnung Pivot stammt aus dem Französischen und bedeutet Dreh- bzw. Angelpunkt.

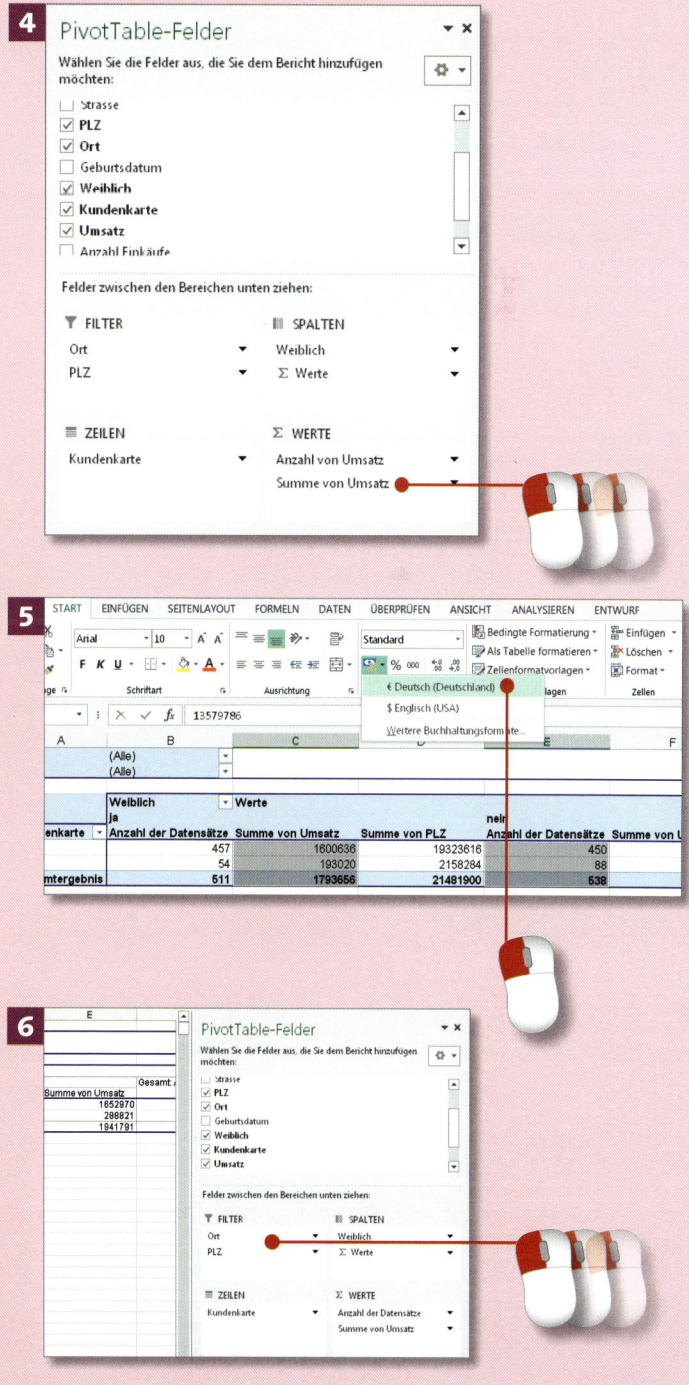

Auswertung nach Jahren und Monaten

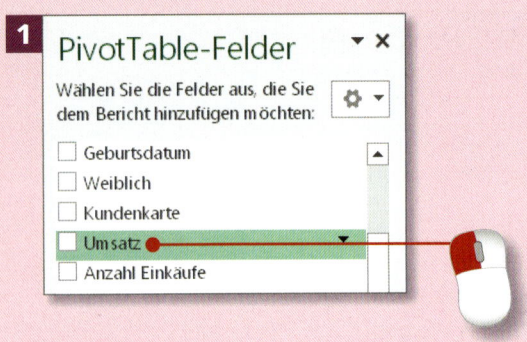

Interessante Auswertungen lassen sich auch erzielen, indem Sie Datumsfelder mit einbeziehen. Sie müssen dazu keine Funktionen einsetzen. Die Pivot-Tabelle liefert alles, was Sie brauchen.

Schritt 1

Wir nutzen die Pivot-Tabelle der vorherigen Übung. Löschen Sie also zuerst die Feldbereichsinhalte, indem Sie alle Markierungen aus der PivotTable-Feldliste entfernen.

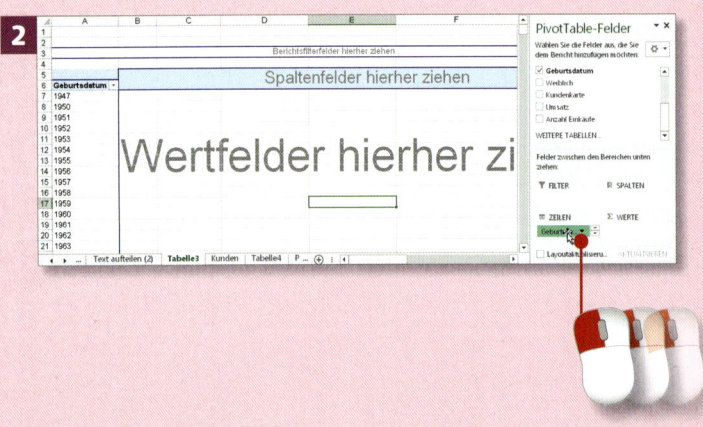

Schritt 2

Wir möchten nun einen Zusammenhang zwischen Umsatz und Geburtsjahr herstellen. Ziehen Sie dazu zunächst das Feld **Geburtsdatum** in den Bereich **Zeilen**. Alle Geburtstage werden in der Pivot-Tabelle angezeigt.

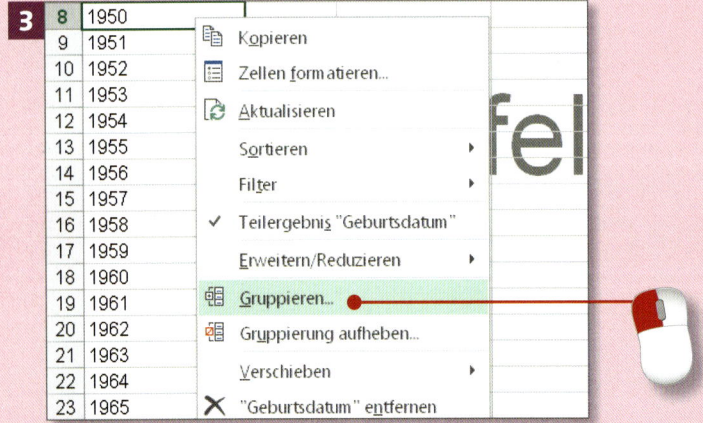

Schritt 3

Sie sind nur an den Geburtsjahren interessiert, darum nutzen Sie die Gruppierungsfunktion. Klicken Sie mit der rechten Maustaste auf ein beliebiges Datum. Aus dem Kontextmenü wählen Sie **Gruppieren**.

Schritt 4

Im zugehörigen Dialogfenster wählen Sie die Gruppierung **Jahre** ❶. Die Vorgabe **Monate** deaktivieren Sie, indem Sie darauf klicken. Bestätigen Sie Ihre Änderungen mit **OK**.

Schritt 5

Vervollständigen Sie das Beispiel, indem Sie das Feld **Umsatz** in der Feldliste mit einem Klick aktivieren. Es erscheint automatisch im Bereich **Werte**, und die Pivot-Tabelle bekommt eine Umsatzspalte.

Schritt 6

Probieren Sie weitere Möglichkeiten der Anzeige aus. Beispielsweise lässt sich der Inhalt des Feldes **Kundenkarte** als Spaltenbeschriftung wählen. Den **Ort** nutzen wir dann als Filter. So erhalten Sie eine jahrgangsweise Umsatzübersicht mit bzw. ohne Kundenkarte.

✚✚ Gruppierung

Benötigen Sie die Ergebniswerte zusätzlich auch quartalsweise bzw. monatsweise, aktivieren Sie über das Kontextmenü nochmals **Gruppieren**. Aktivieren Sie zusätzlich **Monate** bzw. **Quartale** im Dialogfenster **Gruppierung**, das in Schritt 4 abgebildet ist.

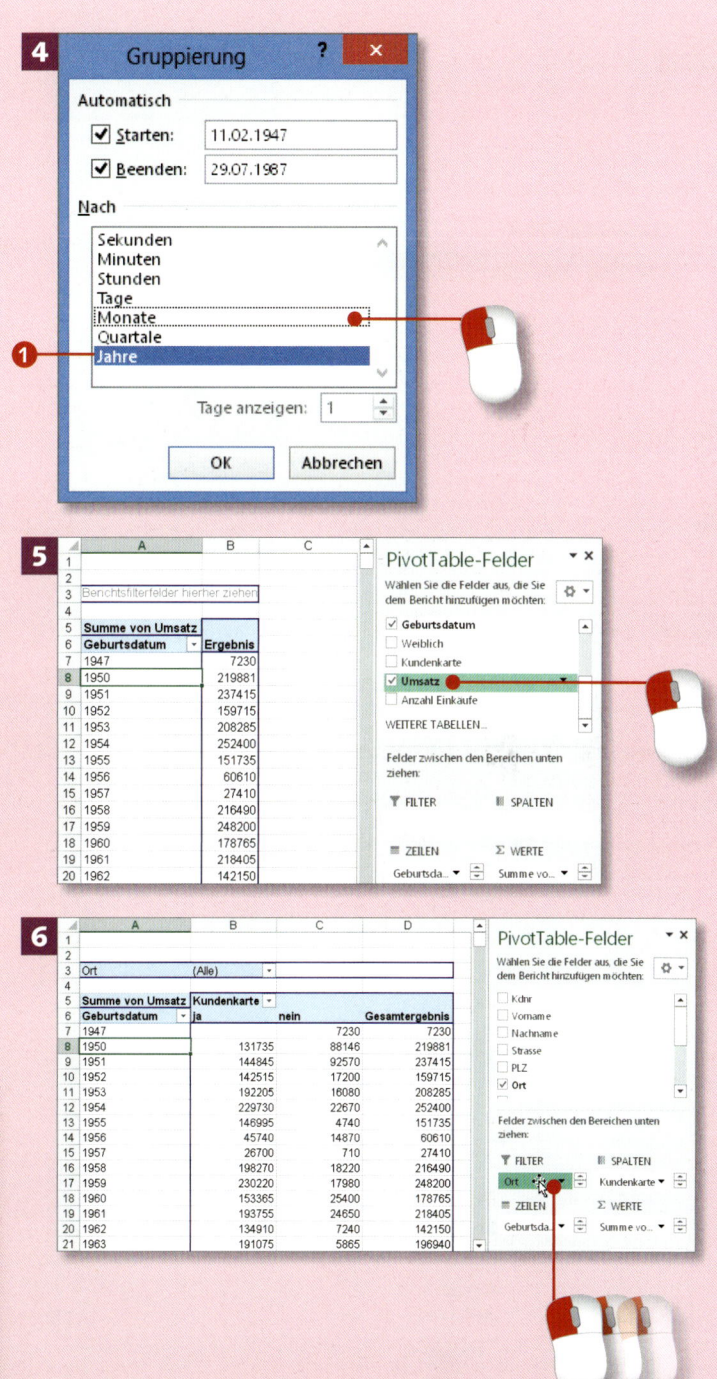

Pivot-Tabellen schnell formatieren

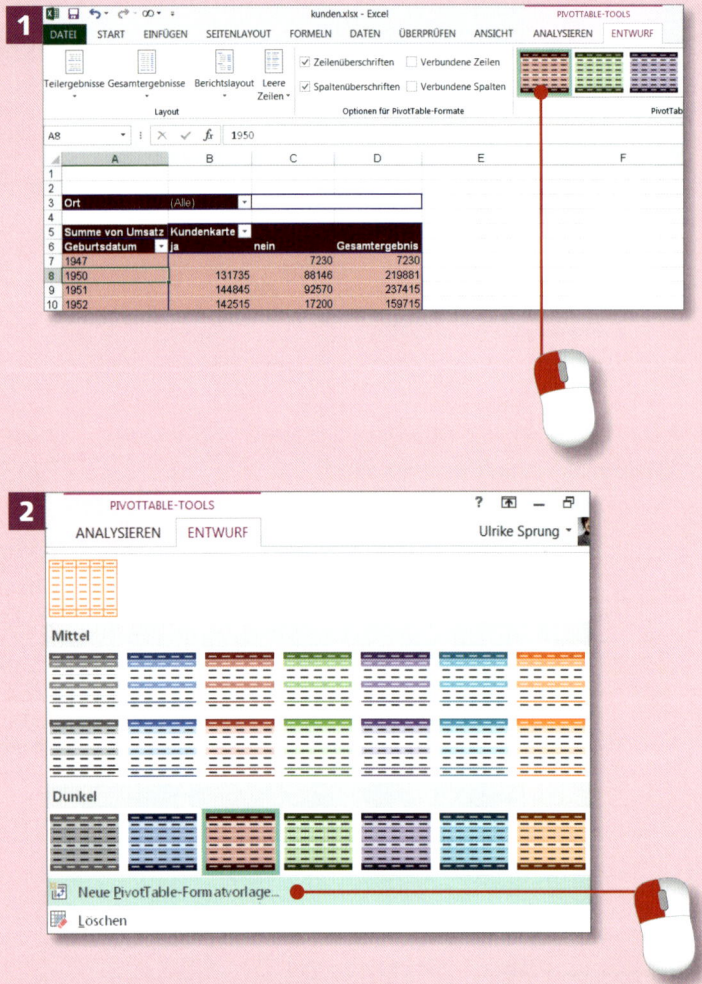

Mithilfe der Tabellenformatvorlagen lassen sich auch Pivot-Tabellen formatieren. Sie können aber auch schnell eigene Vorlagen einrichten.

Schritt 1

Ändern Sie das Format einer Pivot-Tabelle mithilfe der zahlreichen Vorlagen. Klicken Sie dazu in eine Zelle der Pivot-Tabelle. Unter **Pivot-Table-Tools/Entwurf** in der Gruppe **PivotTable-Formate** wählen Sie eines der angezeigten Formate, z. B. **Pivotformat – dunkel 3**.

Schritt 2

Wenn Sie keine passende Format-vorlage finden, können Sie auch eine eigene erstellen. Erweitern Sie dazu die Anzeige der Formatvorla-gen, und wählen Sie ganz unten die Option **Neue PivotTable-Format-vorlage**.

Schritt 3

Es öffnet sich das Fenster **Neues PivotTable-Format**. Hier können Sie alle Tabellenelemente nach Ihren Wünschen verändern. Wählen Sie ein Element aus, z. B. **Überschrif-tenzeile ❶**, und klicken Sie dann auf **Formatieren**.

Schritt 4

Formatieren Sie nun also die **Über-schriftenzeile** orange, die **Ganze Tabelle** gelb und die **Berichtsfilter-beschriftungen** ebenfalls orange. Bestätigen Sie dann mit **OK**.

Schritt 5

Wenn Sie außerdem die erste Spalte in einer fetten Schrift darstellen möchten, klicken Sie mit der rechten Maustaste auf Ihre neue Formatvorlage und wählen aus dem Kontextmenü den Befehl **Ändern**.

Schritt 6

Wählen Sie im Dialogfenster **Erste Spalte** aus, und klicken Sie wieder auf **Formatieren**. Verändern Sie den **Schriftschnitt** zu **Fett ❷**, und klicken Sie auf **OK**.

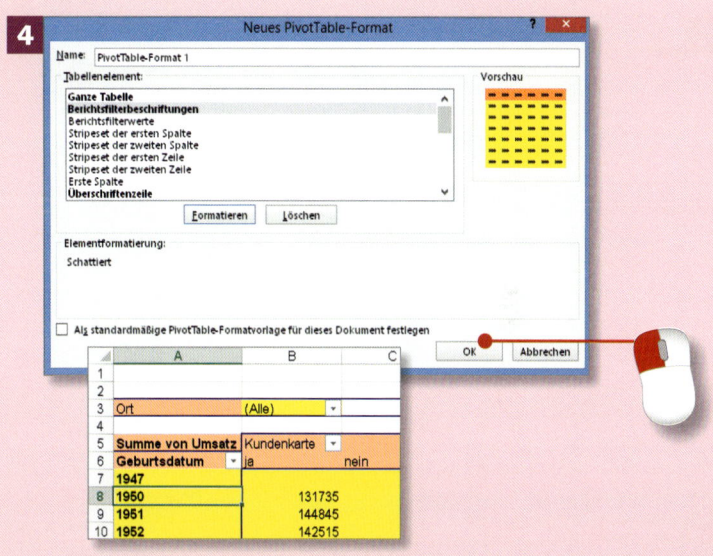

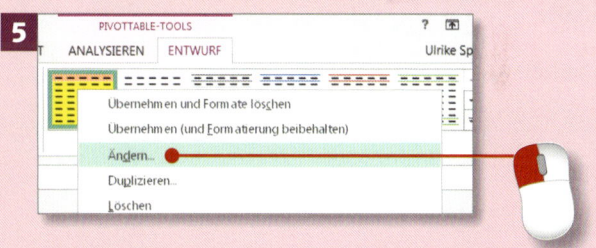

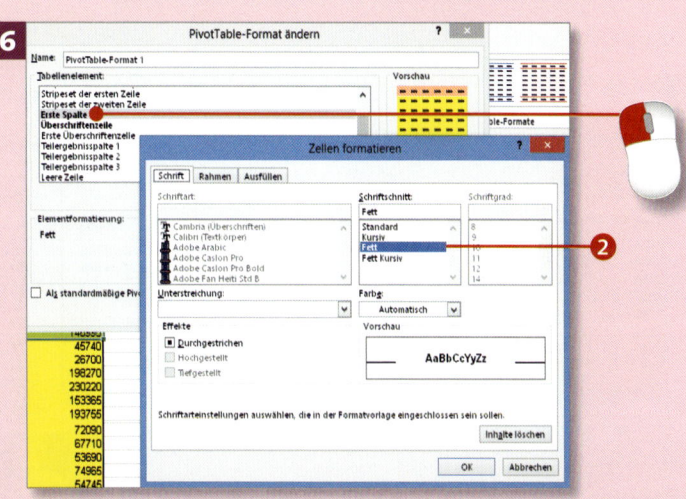

> **ℹ Formatierung löschen**
>
> Soll die Formatierung der Pivot-Tabelle wieder entfernt werden, wählen Sie unter **PivotTable-Tools/Entwurf** in der Gruppe **PivotTable-Formate** den Befehl **Löschen**.

PivotCharts anlegen

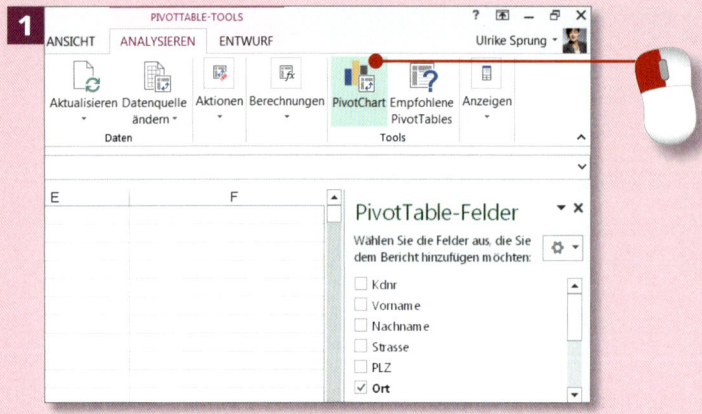

Ein PivotChart ist die grafische Darstellung der Daten einer Pivot-Tabelle. In einem PivotChart können Sie wie in Standarddiagrammen zwischen verschiedenen Diagrammtypen wählen. Am einfachsten ist es, einen neuen PivotChart aus einer vorhandenen Pivot-Tabelle zu erstellen.

Schritt 1

Öffnen Sie eine bereits vorhandene Pivot-Tabelle. Um ein Diagramm zu erstellen, wählen Sie im Register **PivotTable-Tools/Analysieren** den Befehl **PivotChart**.

Schritt 2

Im Dialogfenster **Diagramm einfügen** stehen Ihnen verschiedene Diagrammtypen zur Auswahl. Wählen Sie beispielsweise aus der Gruppe **Säule** die Option **3D-Säulen (gruppiert)**. Bestätigen Sie mit **OK**.

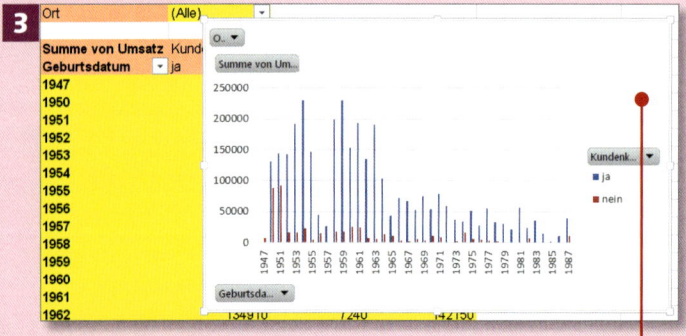

Schritt 3

Sofort erstellt Excel das Pivot-Diagramm in derselben Arbeitsmappe. Die Position des Diagramms verändern Sie wie üblich durch das Verschieben mit der Maus.

Schritt 4

Das Pivot-Diagramm umfasst Berichtsfilter. Wenn Sie nur die Umsätze interessieren, die mit Kundenkarte erzielt wurden, klicken Sie auf den Filter der Kundenkarte **1**. Deaktivieren Sie die Option **Alle anzeigen**, und wählen Sie stattdessen das Kontrollkästchen **ja**.

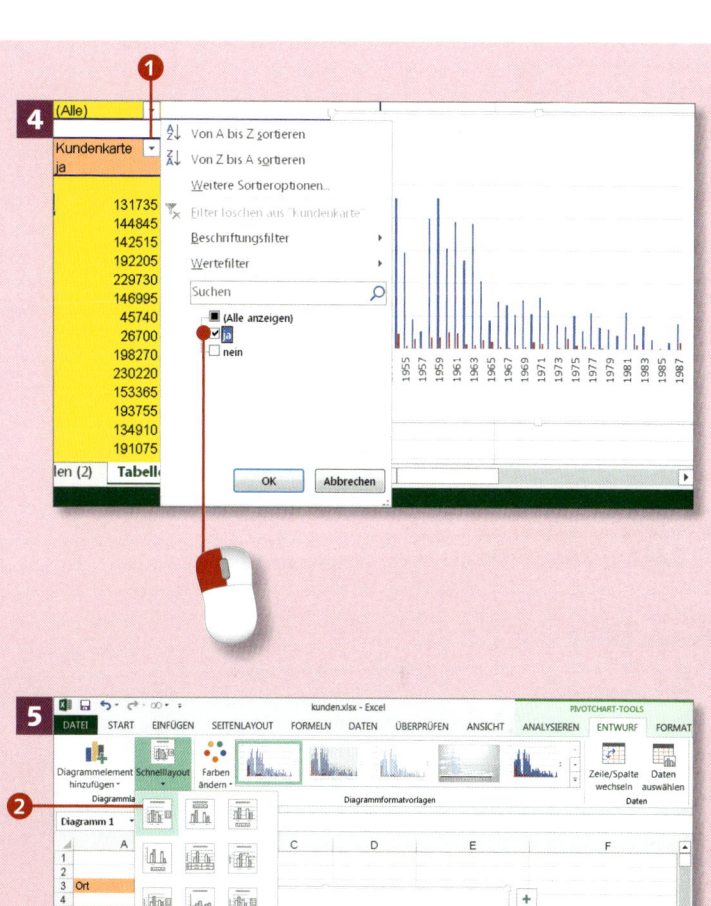

Schritt 5

Die Diagramme lassen sich einfach verändern. Wenn Sie dem Diagramm z. B. eine Überschrift geben wollen, wählen Sie im Register **PivotChart-Tools/Entwurf** in der Gruppe **Diagrammlayouts** das **Layout 1** **2** und geben in das Textfeld **Diagrammtitel** die neue Überschrift ein. Dazu klicken Sie den Platzhalter doppelt an und überschreiben ihn mit einem passenden Titel, z. B. »Umsätze mit Kundenkarte«.

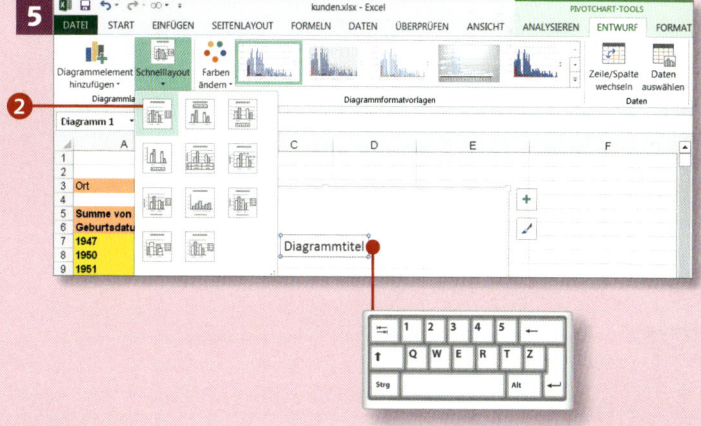

Schritt 6

Um mehr Platz für die Zeichnungsfläche des Diagramms zu erhalten, können Sie die Legende in die rechte obere Ecke verschieben. Markieren Sie das Textfeld, und positionieren Sie es mit dem Verschiebecursor neu.

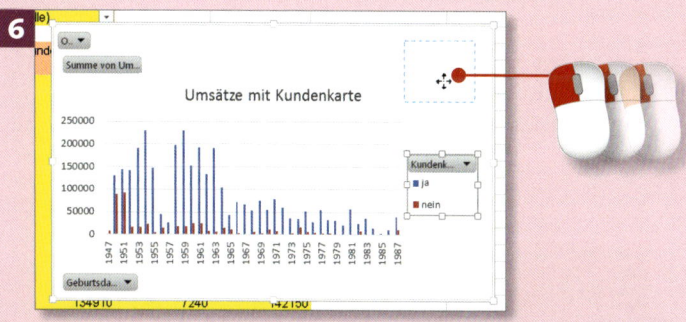

PivotCharts anlegen (Forts.)

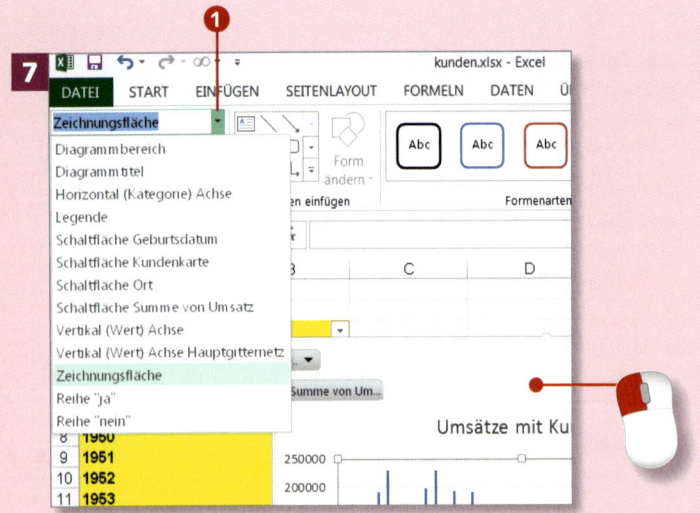

Schritt 7

Zur Vergrößerung der Zeichnungsfläche markieren Sie diese mit einem
Klick. Zur Auswahl können Sie auch
die Liste ❶ in der Gruppe **Aktuelle
Auswahl** nutzen. Diese finden Sie im
Register **PivotChart-Tools/Format**
ganz links.

Schritt 8

Vergrößern Sie die Zeichnungsfläche
je nach Bedarf, indem Sie mit der
Maus an ihren Eckpunkten ziehen.

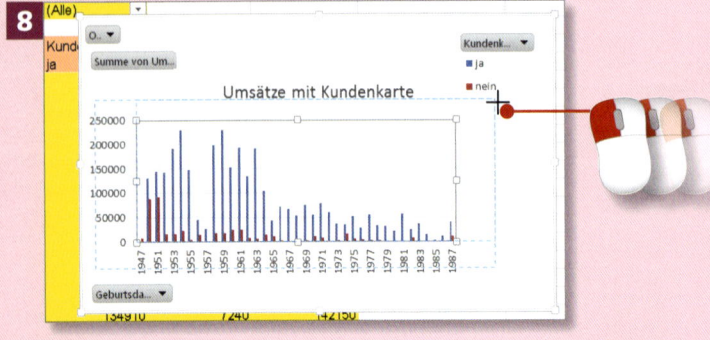

Schritt 9

Das Register **Entwurf** enthält
weitere Gestaltungsmöglichkeiten.
Klicken Sie z. B. in der Gruppe **Diagrammlayouts** in der Schaltfläche
Diagrammelement hinzufügen auf
Gitternetzlinien. Hier können Sie
z. B. ein Haupt- oder Hilfsgitternetz
einfügen, um die Balkenhöhe anschaulicher zu machen.

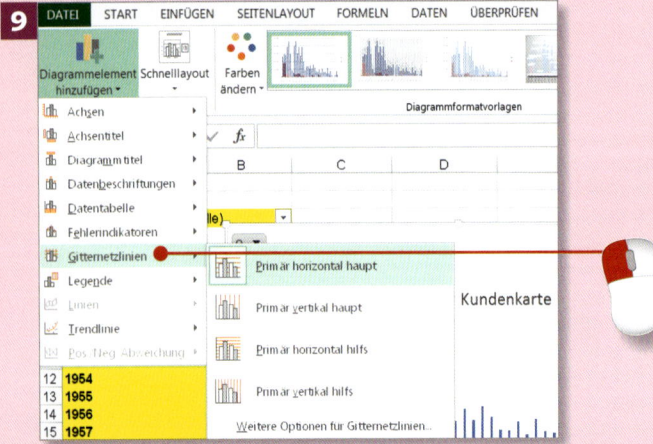

Probieren geht über Studieren
Experimentieren Sie mit den ver-
schiedensten Gestaltungsmöglichkeiten der PivotChart-Tools. Die
PivotChart-Tools stehen Ihnen nur
zur Verfügung, wenn Ihr Chart
markiert ist.

Schritt 10

Wenn Sie mit der Farbgebung des Diagramms nicht zufrieden sind, steht Ihnen im Register **PivotChart-Tools/Entwurf** die Gruppe **Diagrammformatvorlagen** zur Verfügung. Wählen Sie z. B. unter **Farbe ändern** im Abschnitt **Farbig** die erste Farbe.

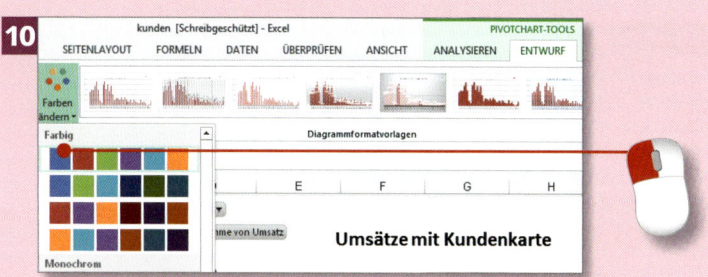

Schritt 11

Wenn Sie im Nachhinein den Diagrammtyp ändern möchten, klicken Sie im Register **PivotChart-Tools/Entwurf** in der Gruppe **Typ** auf den Befehl **Diagrammtyp ändern** ❷. Im Dialogfenster wählen Sie **Gruppierte Balken** und bestätigen mit **OK**.

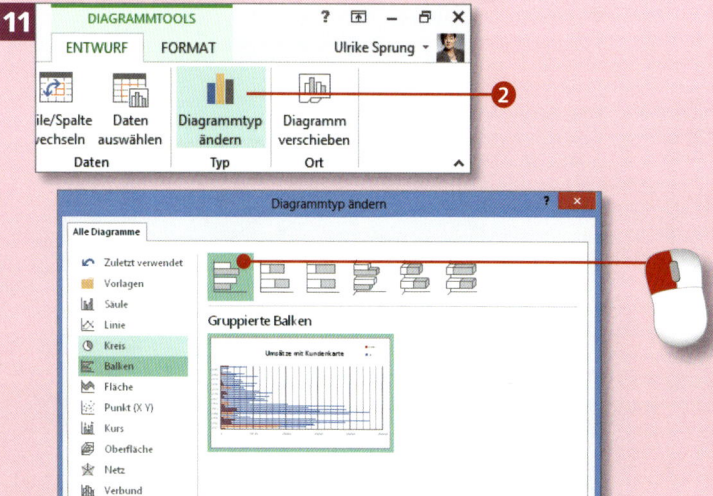

Schritt 12

Wenn Sie dann das gesamte Layout ändern möchten, nutzen Sie im Register **PivotChart-Tools/Entwurf** in der Gruppe **Diagrammlayouts** unter **Schnelllayout** z. B. die Option **Layout 7**.

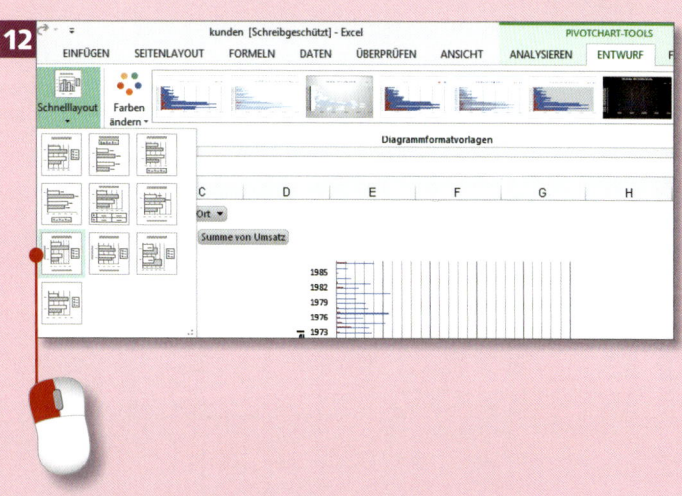

---

i

Automatische Aktualisierung
Ändern sich die Daten der Pivot-Tabelle nach einer Aktualisierung, werden auch die Daten im Pivot-Chart geändert.

Automatisch erstellte Pivot-Tabellen

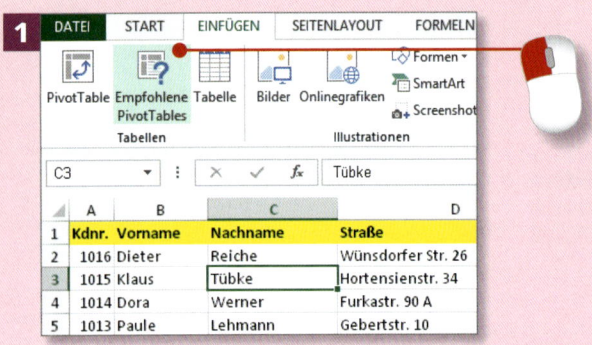

Das Auswählen der richtigen Daten für einen Pivot-Tabellenbericht kann eine anspruchsvolle Aufgabe sein. Excel 2013 gibt hierfür Empfehlungen.

Schritt 1

Um die Excel-Empfehlungen für einen Pivot-Tabellenbericht zu erhalten, nutzen Sie die ursprüngliche Kundentabelle. Positionieren Sie den Cursor in einer Zelle, und klicken Sie im Register **Einfügen** in der Gruppe **Tabellen** auf die Schaltfläche **Empfohlene PivotTables**.

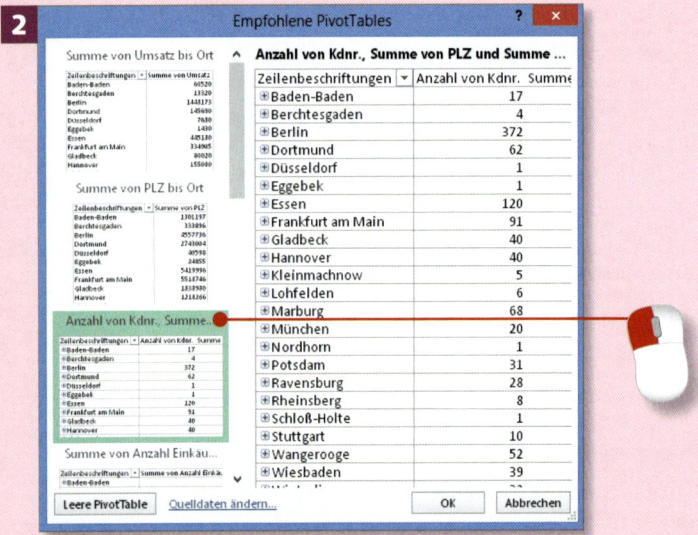

Schritt 2

Im nachfolgenden Dialogfenster können Sie sich nun die einzelnen Vorschläge anschauen. Scrollen Sie dazu mit der Bildlaufleiste nach unten, um weitere Vorschläge zu sehen. Wenn Sie auf einen Vorschlag klicken, sehen Sie rechts eine Vorschau.

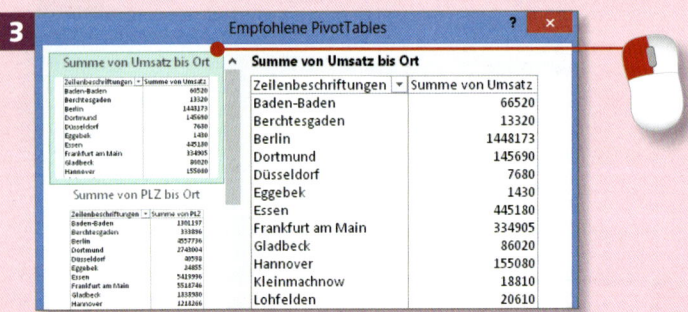

Schritt 3

Für die weitere Arbeit wählen Sie die erste Empfehlung. Die Umsätze werden ortsweise angezeigt. Klicken Sie auf **OK**, um Ihre Auswahl zu bestätigen.

Schritt 4

Das Ergebnis kann, wie bereits dargestellt, weiter bearbeitet werden. Zur besseren Übersichtlichkeit formatieren Sie die Umsatzwerte mit dem Währungsformat (**Buchhaltungszahlenformat ❶**).

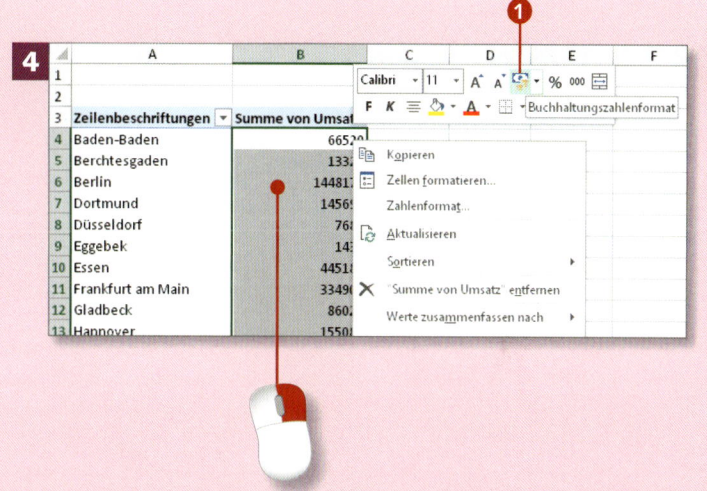

Schritt 5

Für eine weitere Auswertung möchten Sie sich nun die Umsätze der Kunden, die älter als 50 Jahre sind, anzeigen lassen. Die neue Zeitachse hilft hier weiter. Aus dem Register **PivotTable-Tools** wählen Sie das Unterregister **Analysieren**. Klicken Sie in der Gruppe **Filtern** auf **Zeitachse einfügen**.

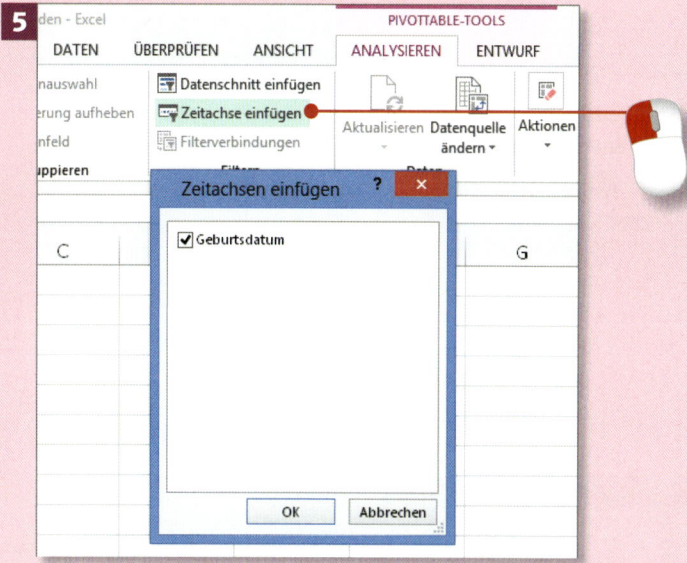

Schritt 6

Wählen Sie in der Zeitachse den Bereich **Jahre** aus. Im Anschluss können Sie in der Zeitachse den Zeitraum von 1947 bis 1963 auswählen.

Zeitachse – auch für PivotChart

Auch im PivotChart-Diagramm haben Sie die Möglichkeit, mithilfe der neuen Zeitachse unterschiedliche Zeiträume einfacher miteinander zu vergleichen.

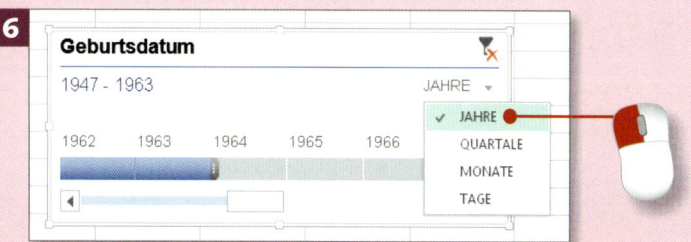

Einen Datenschnitt ausrechnen

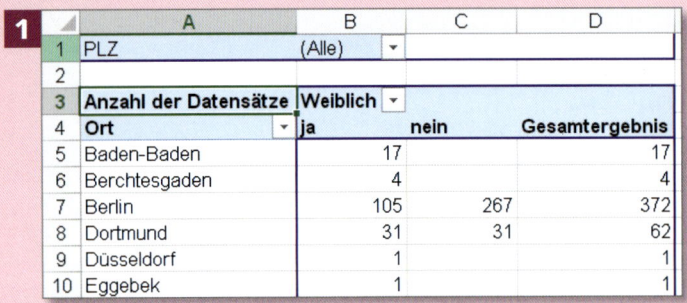

Die Datenschnitte wurden mit Excel 2010 zum ersten Mal bereitgestellt. Es handelt sich dabei um zusätzliche Filterkomponenten.

Schritt 1

Um einen Datenschnitt zu erstellen, benötigen Sie eine Pivot-Tabelle. Öffnen Sie also die ursprüngliche Kundenliste mit der Pivot-Tabelle aus dem Abschnitt »Statistik ohne Formeln mithilfe der Pivot-Tabelle« ab Seite 278.

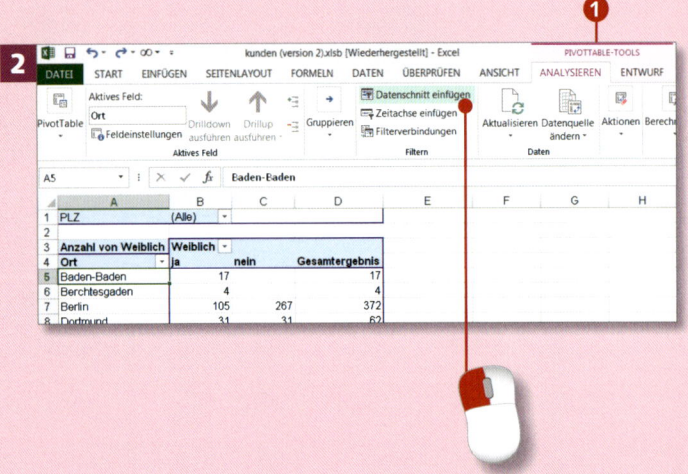

Schritt 2

Klicken Sie auf eine beliebige Stelle der Pivot-Tabelle, für die Sie einen Datenschnitt erstellen möchten. Im Menüband erscheint das Register **PivotTable-Tools** ❶. Wählen Sie das Unterregister **Analysieren**, und klicken Sie in der Gruppe **Filtern** auf **Datenschnitt einfügen**.

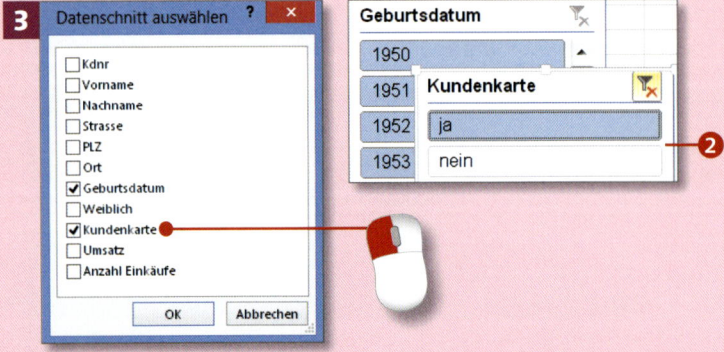

Schritt 3

Im Dialogfeld **Datenschnitt auswählen** aktivieren Sie die Kontrollkästchen der Felder, für die Sie einen Datenschnitt erstellen möchten, hier **Geburtsdatum** und **Kundenkarte**. Klicken Sie dann auf **OK**. Für jedes der aktivierten Felder wird ein Datenschnitt ❷ angezeigt.

Schritt 4

Lassen Sie sich zunächst den Datenschnitt für die mit der Kundenkarte erzielten Umsätze anzeigen, indem Sie auf die Schaltfläche **ja** klicken. Das Ergebnis erscheint sofort in einem Fenster in der Tabelle.

Schritt 5

Wenn Sie den Filter des Datenschnitts wieder löschen möchten, klicken Sie auf das Filtersymbol mit dem roten Kreuzchen, oder drücken Sie einfach die Tastenkombination Alt + C.

Schritt 6

Als Nächstes möchten Sie bestimmte Jahrgänge auswählen, für die Ihnen dann der Umsatz angezeigt wird. Um das entsprechende Fenster zu sehen, können Sie das aktive Fenster **Kundenkarte** eine Ebene nach hinten bringen, indem Sie den entsprechenden Befehl aus der Gruppe **Anordnen** wählen.

✚✚ Anordnen

Sie können die Datenschnittfenster auch über das Kontextmenü anordnen. Wählen Sie dort einfach die Befehle **In den Hintergrund** bzw. **In den Vordergrund**.

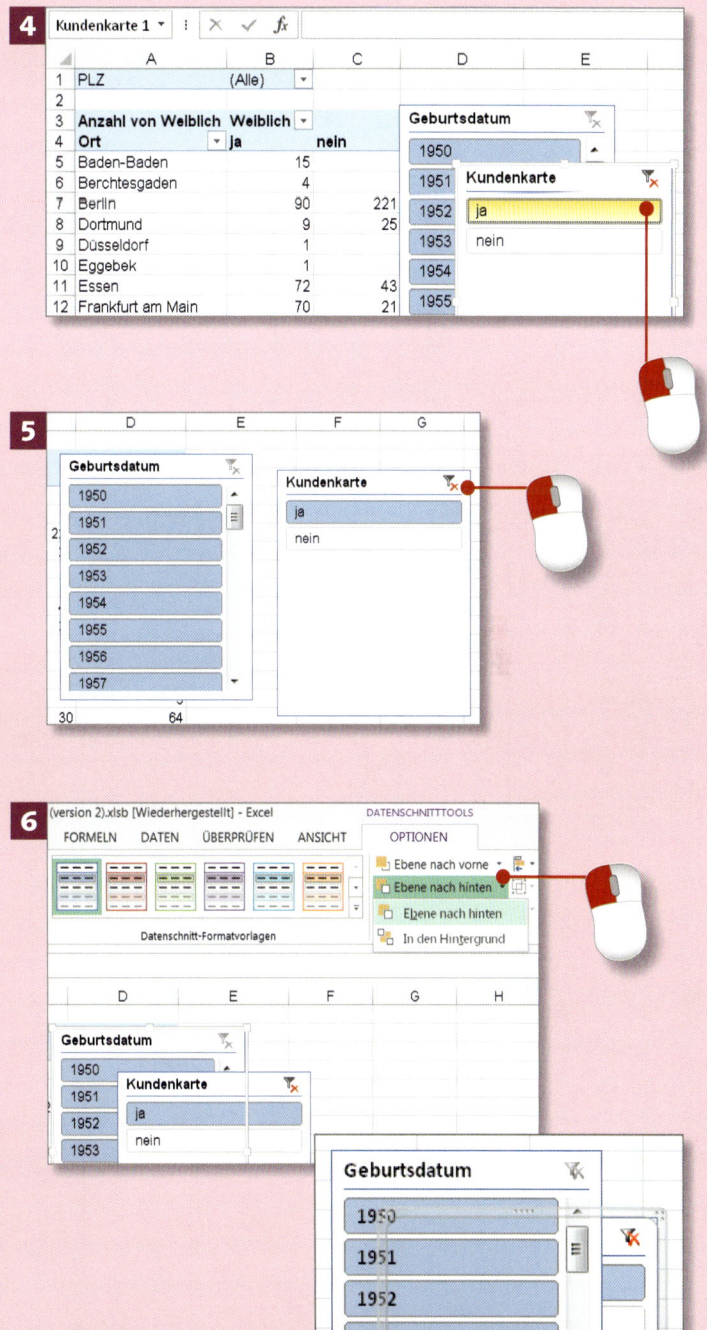

Einen Datenschnitt ausrechnen (Forts.)

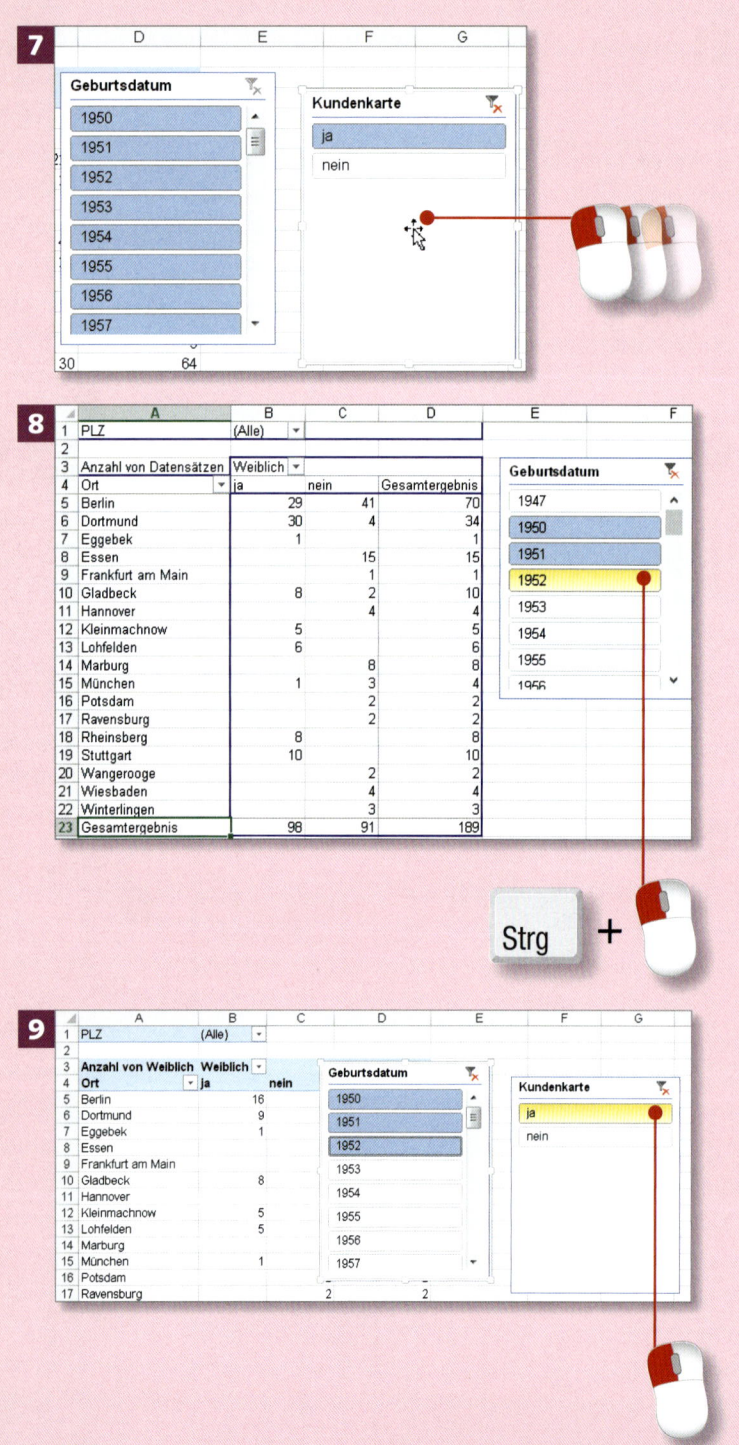

Schritt 7

Alternativ können Sie den Datenschnitt wie alle anderen Fenster auch mit der Maus an eine andere Position auf dem Arbeitsblatt verschieben. Die Größe des Datenschnittfensters ändern Sie, indem Sie an einem der sechs weißen Ziehpunkte mit gedrückter linker Maustaste ziehen.

Schritt 8

Um einen Datenschnitt für die Jahrgänge 1950 bis 1952 zu erstellen, müssen Sie diese Elemente auswählen. Halten Sie dazu die Strg-Taste gedrückt, und klicken Sie auf alle Elemente, die Sie filtern wollen.

Schritt 9

Wenn Sie sich nur für die Umsätze dieser Jahrgänge interessieren, die mit Kundenkarte erzielt wurden, können Sie sich diese mithilfe des Datenschnitts **Kundenkarte** herausfiltern. Klicken Sie dazu im Datenschnitt **Kundenkarte** einfach auf **ja**. Beide Datenschnitte funktionieren gleichzeitig.

Schritt 10

Zur besseren Unterscheidung lassen sich die Datenschnitte auch verschiedenfarbig formatieren. Klicken Sie auf den zu formatierenden Datenschnitt, hier **Kundenkarte**. Das Register **Datenschnitttools/Optionen** erscheint im Menüband. Wählen Sie eine Datenschnittformatvorlage, z. B. **Hell 6**.

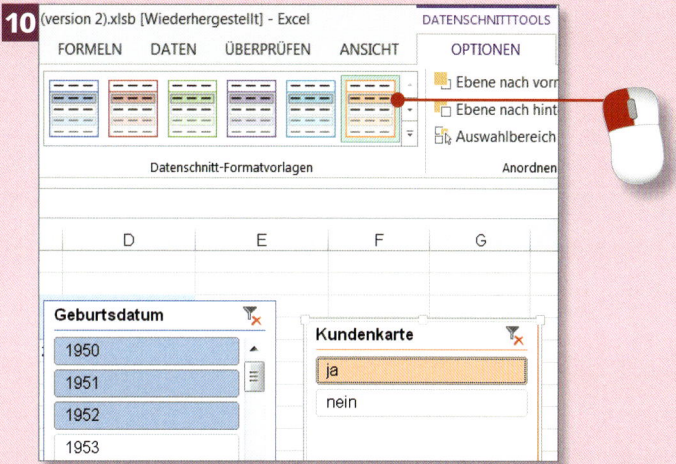

Schritt 11

Wenn Sie einen Datenschnitt nicht länger benötigen, können Sie ihn natürlich wieder löschen. Markieren Sie dazu z. B. den Datenschnitt **Kundenkarte**, und drücken Sie dann die [Entf]-Taste. Alternativ klicken Sie den Datenschnitt mit der rechten Maustaste an und wählen den Befehl »**Kundenkarte« entfernen**.

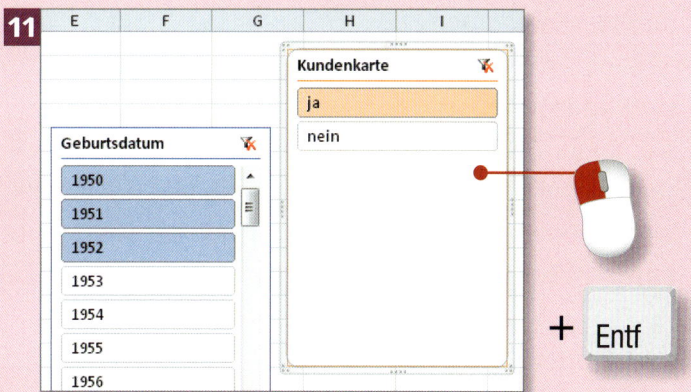

Schritt 12

Nun ist der Datenschnitt **Kundenkarte** gelöscht. Der Datenschnitt für das **Geburtsdatum** steht Ihnen weiterhin zur Verfügung. Wollen Sie den Datenschnitt wieder einfügen, wiederholen Sie die Schritte zwei und drei dieser Anleitung.

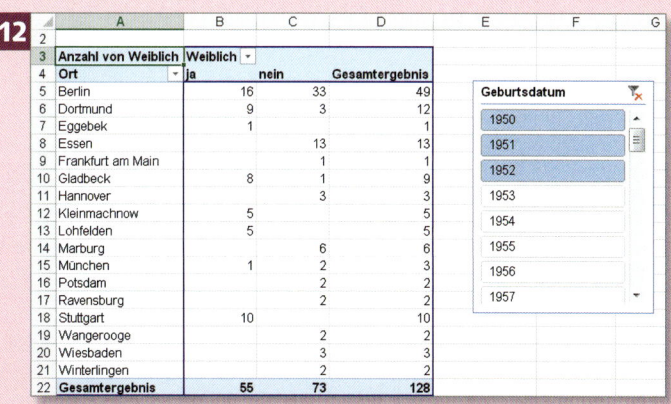

Wenn Sie Excel-Tabellen weitergeben möchten, sollten Sie sie zuerst als PDF speichern, um sicherzugehen, dass sie nicht verändert werden. Auch die Zusammenarbeit mit dem Textverarbeitungsprogramm Word bietet eine Menge Möglichkeiten, um Daten für andere anschaulich zu machen oder sich die Arbeit zu erleichtern.

Als PDF speichern

Wenn Sie eine Tabelle per E-Mail verschicken oder einfach nur verhindern wollen, dass sie jemand – vielleicht auch nur aus Versehen – verändert, speichern Sie sie am besten als PDF ❶. So sind alle Texte und Formatierungen gesichert, und Sie können die Datei problemlos weitergeben.

Intelligente Tabellen

Sie können eine Excel-Tabelle so in ein Word-Dokument einfügen, dass sie sich automatisch aktualisiert, sobald in der Original-Excel-Tabelle etwas verändert wird. Dazu kopieren Sie die Excel-Tabelle und fügen sie mit der Einfügeoption **Verknüpfen und ursprüngliche Formatierung beibehalten (F)** ❷ in Ihr Word-Dokument ein.

Serienbriefe

Eine besonders im Berufsleben ungemein hilfreiche Funktion ist die des Serienbriefs ❸. So können Sie den gleichen Brief an mehrere Empfänger richten, ohne dass Sie alle Adressdaten oder die Anrede immer wieder von Hand eingeben müssen. Verknüpfen Sie das Word-Dokument einfach mit Ihrer Adressliste in Excel.

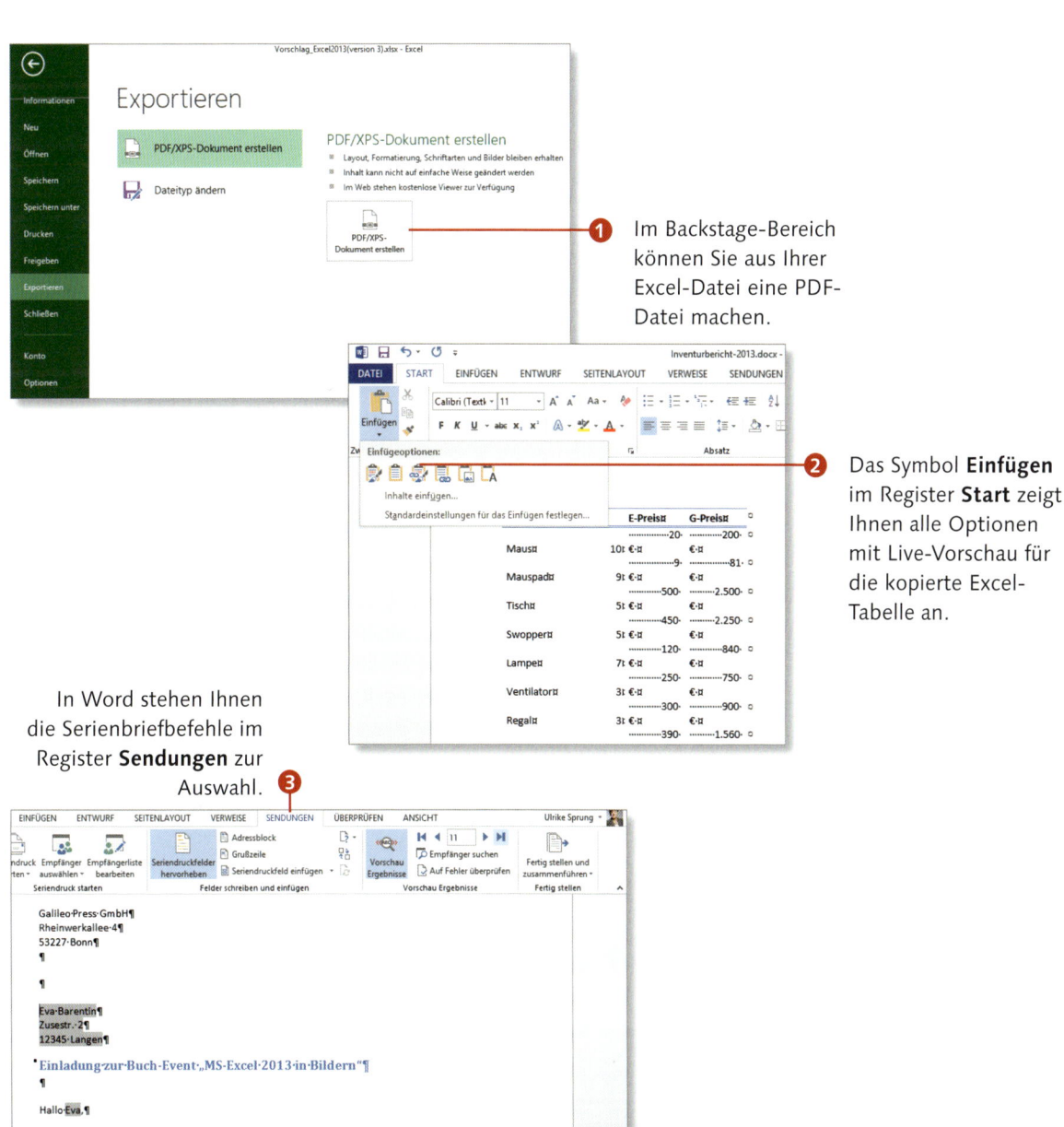

① Im Backstage-Bereich können Sie aus Ihrer Excel-Datei eine PDF-Datei machen.

② Das Symbol **Einfügen** im Register **Start** zeigt Ihnen alle Optionen mit Live-Vorschau für die kopierte Excel-Tabelle an.

In Word stehen Ihnen die Serienbriefbefehle im Register **Sendungen** zur Auswahl.

③

Eine PDF-Kopie der Arbeitsmappe erstellen

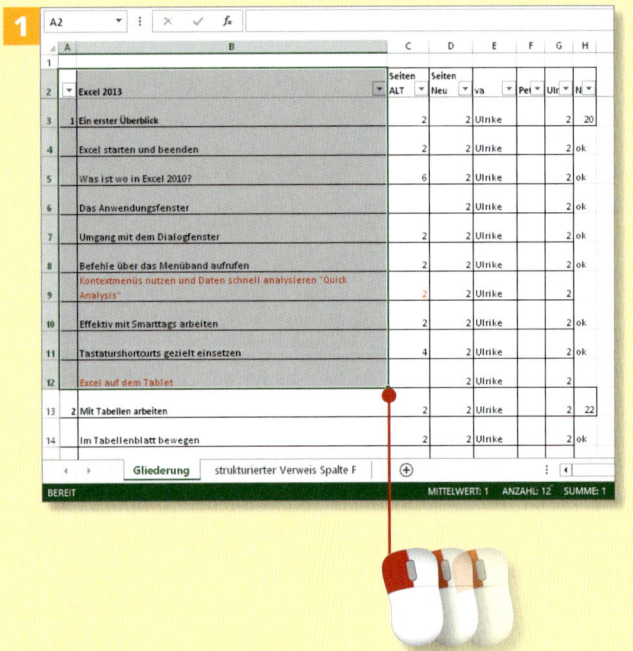

Wie können Sie Ihre Tabelle auch ohne Excel formvollendet drucken? Wie verhindern Sie gleichzeitig Änderungen? Erstellen Sie einfach eine PDF-Kopie. Wie Sie das schaffen, zeigen wir Ihnen hier.

Schritt 1

Öffnen Sie die Tabelle, aus der Sie eine PDF-Kopie erstellen möchten. Wenn Sie nicht die ganze Tabelle in der PDF darstellen wollen, markieren Sie nur einen Bereich, z. B. A2:B12.

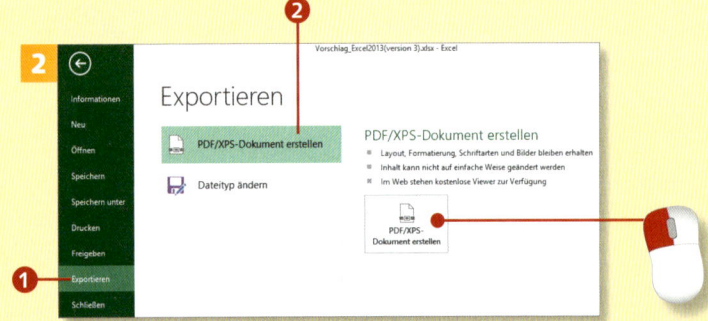

Schritt 2

Rufen Sie über das Register **Datei** die Backstage-Ansicht auf, und klicken Sie links auf **Exportieren** ❶. In der Mitte wählen Sie den Eintrag **PDF/XPS-Dokument erstellen** ❷. Rechts daneben befinden sich eine kurze Erklärung und die Schaltfläche **PDF/XPS-Dokument erstellen**. Klicken Sie darauf.

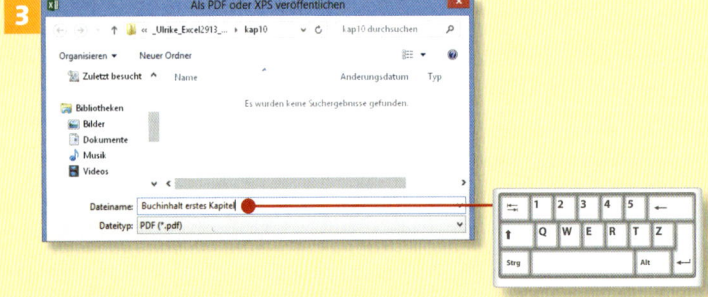

Schritt 3

Der Name der geöffneten Arbeitsmappe wird als Name für die PDF vorgeschlagen. Tragen Sie einen präziseren Dateinamen ein, z. B. »Buchinhalt erstes Kapitel«. Wählen Sie einen passenden Speicherort aus.

Schritt 4

Falls Sie die Datei später per E-Mail verschicken möchten, ist eine möglichst kleine Dateigröße sinnvoll. Deshalb aktivieren Sie rechts unten im Dialogfenster die Option **Minimale Größe**.

Schritt 5

Klicken Sie auf die Schaltfläche **Optionen** ❸. Dann stellen Sie ein, welchen Teil der Tabelle Sie als PDF-Kopie erstellen möchten, z. B. **Auswahl**. Damit ist der markierte Bereich A2:B12 gemeint. Bestätigen Sie den Dialog mit einem Klick auf **OK**.

Schritt 6

Zum Abschluss klicken Sie auf **Veröffentlichen** ❹. Die PDF-Datei der Excel-Tabelle wird sofort erstellt und automatisch im PDF-Anzeigeprogramm Adobe Reader geöffnet.

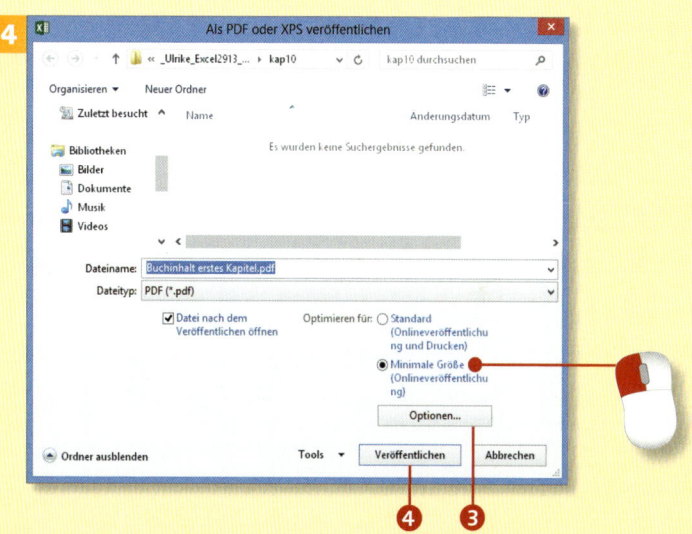

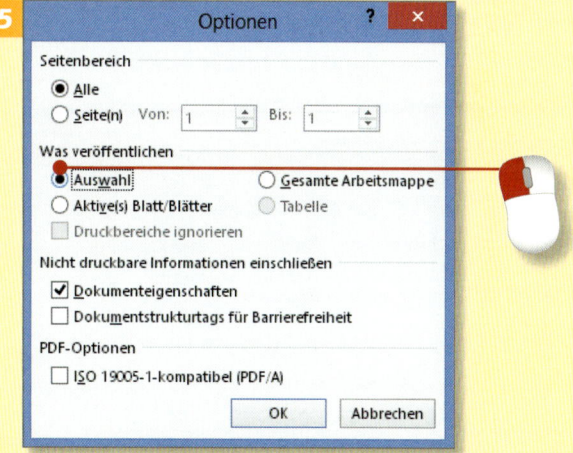

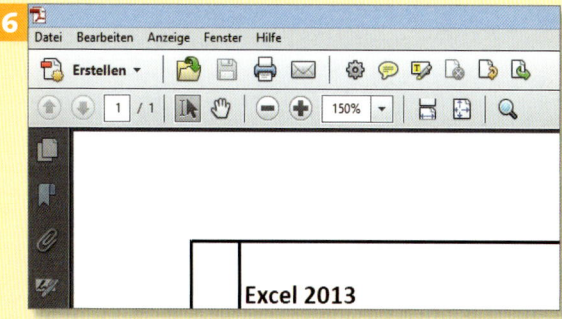

So geht es auch

Sie können auch im Dialog **Speichern unter** den Dateityp **PDF** einstellen und auf diese Weise eine PDF-Kopie Ihrer Tabelle erzeugen.

Intelligente Tabellen in Word

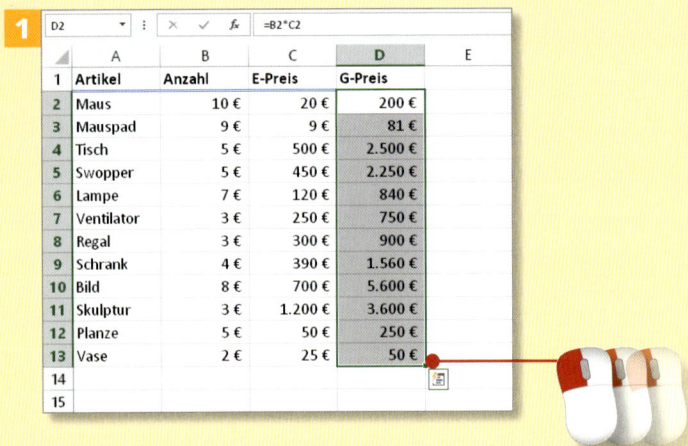

Sie können Ihre Excel-Tabelle an Word übergeben und dort nutzen. Fügen Sie die Tabelle z. B. als Bild ein, oder verknüpfen Sie sie mit Excel, sodass sie sich automatisch aktualisiert.

Schritt 1

Öffnen Sie eine Excel-Tabelle, z. B. *Inventur_2013.xlsx*. Bevor Sie sie in Word einfügen, muss sie komplett sein. Ergänzen Sie also die entsprechenden Formeln, und füllen Sie sie bis Zelle D13 aus.

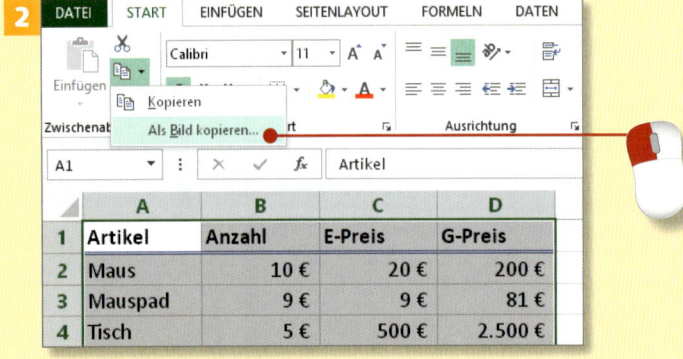

Schritt 2

Markieren Sie den Bereich, den Sie an Word übergeben möchten, z. B. A1:D13. Klicken Sie im Register **Start** in der Gruppe **Zwischenablage** auf den Pfeil bei **Kopieren** und hier auf **Als Bild kopieren**. Wenn Sie die Tabelle in Word nicht mehr verändern möchten, ist das der beste Weg.

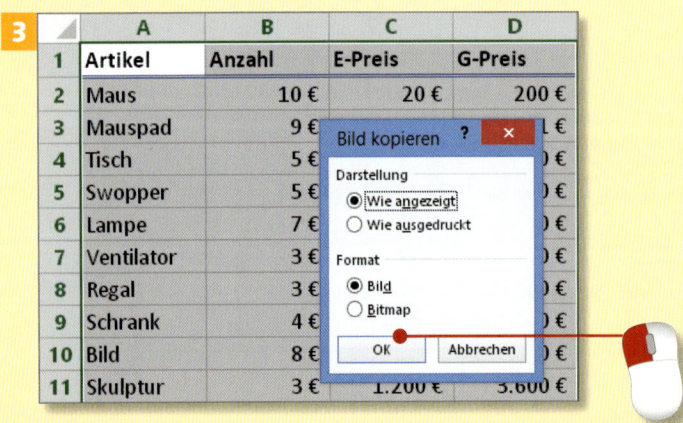

Schritt 3

Bestätigen Sie den daraufhin erscheinenden Dialog **Bild kopieren** mit einem Klick auf **OK**, ohne etwas zu verändern.

Schritt 4

Öffnen Sie die Word-Datei, in die Sie das Excel-Bild einfügen wollen. Setzen Sie den Cursor an die entsprechende Stelle ❶. Klicken Sie im Register **Start** in der Gruppe **Zwischenablage** auf das Symbol **Einfügen**.

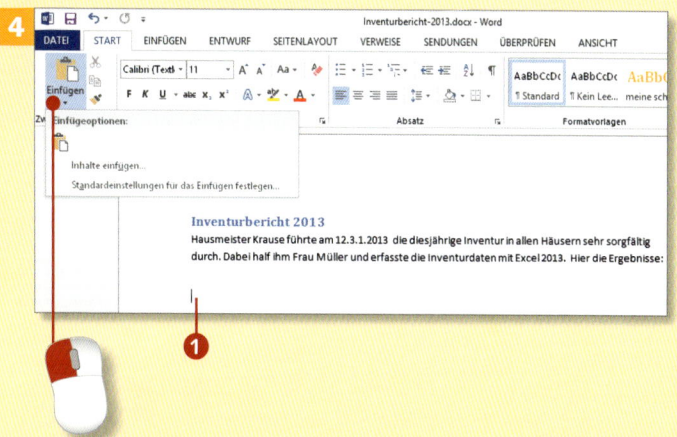

Schritt 5

Die Tabelle wird als Bild eingefügt und sieht genauso aus, wie sie in Excel formatiert wurde. Sie können die Werte nicht verändern, aber das Tabellenbild wie jede andere Grafik bearbeiten. Markieren Sie es mit einem Mausklick, dann erscheint oben das Register **Bildtools/Format** ❷.

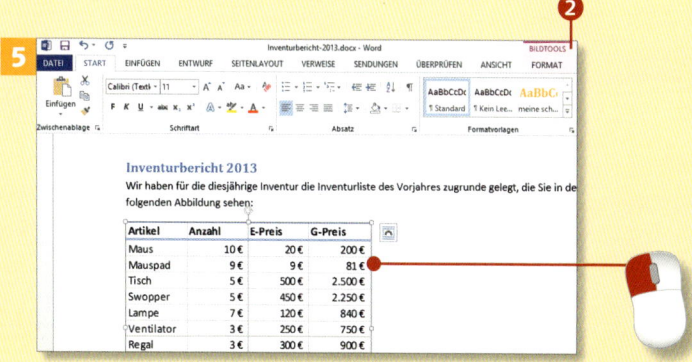

Schritt 6

Klicken Sie auf das Register **Bildtools/Format**, damit sich das Menüband mit den Bildbearbeitungsbefehlen öffnet. Wählen Sie in der Gruppe **Bildformatvorlagen** z. B. die Darstellung **Perspektive oberhalb, weiß** ❸.

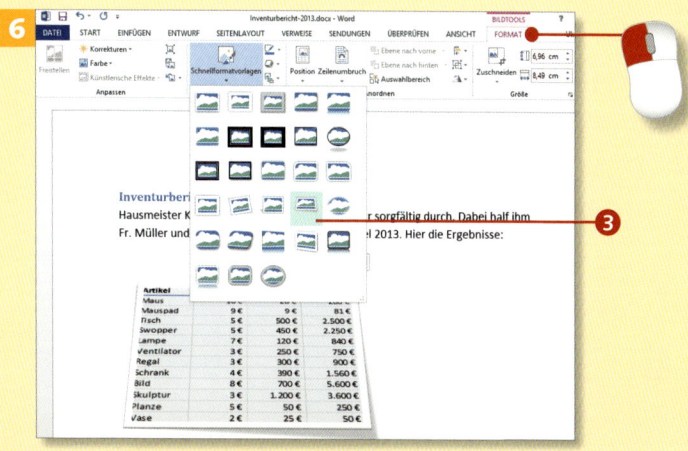

---

i

Tabellenbild löschen

Um das Bild der Tabelle wieder zu löschen, markieren Sie es und drücken die Entf -Taste.

Intelligente Tabellen in Word (Forts.)

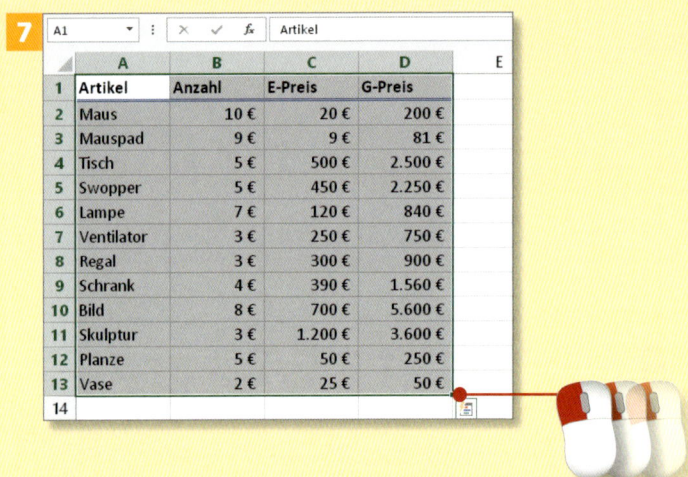

Schritt 7

Sie können die Excel-Tabelle auch als Verknüpfung einfügen. Markieren Sie dazu erneut den Bereich, den Sie darstellen wollen, hier also A1:D13.

Schritt 8

Klicken Sie im Register **Start** in der Gruppe **Zwischenablage** auf die Schaltfläche **Kopieren**. Excel zeigt einen gestrichelten Laufrahmen um den markierten Bereich herum an, d. h., die Tabelle befindet sich als Kopie in der Zwischenablage und kann nun an einer anderen Stelle eingefügt werden.

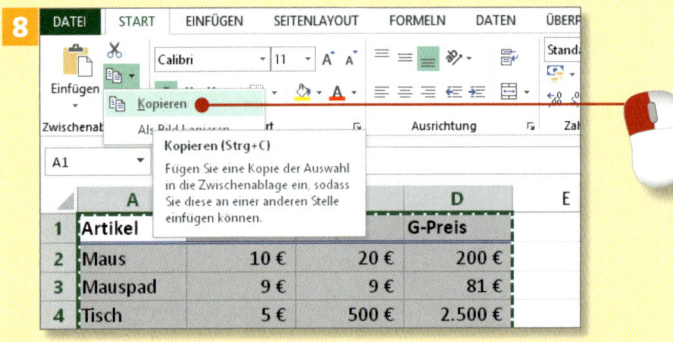

Schritt 9

Öffnen Sie die Word-Datei, in die Sie die Tabelle einfügen wollen. Positionieren Sie die Schreibmarke an der Stelle im Text, an der die Tabelle eingefügt werden soll.

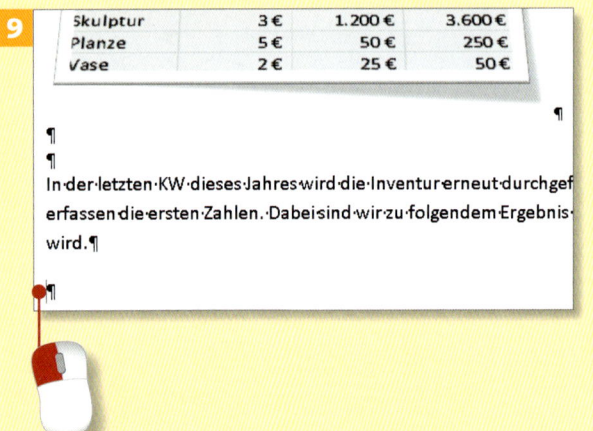

Aktualisierungen

Wenn Sie eine verknüpfte Excel-Tabelle ändern, werden Sie beim nächsten Öffnen der zugehörigen Word-Datei gefragt, ob die Tabelle auch dort aktualisiert werden soll.

Schritt 10

Klicken Sie im Register **Start** in der Gruppe **Zwischenablage** auf den Pfeil unter dem Symbol **Einfügen**. Aus den Optionen wählen Sie mit einem Mausklick **Verknüpfen und ursprüngliche Formatierung beibehalten (F)**. In der Vorschau rechts sehen Sie das Ergebnis.

Schritt 11

Die Excel-Tabelle ist jetzt als *Verknüpfung* im Word-Text enthalten. Wie Sie sehen, zeigt auch die Spalte »Anzahl« ❶ fälschlicherweise die Währungseinheit €. Öffnen Sie daher Excel, und ändern Sie das Zahlenformat für den Bereich B2:B13 in **Standard**.

Schritt 12

Öffnen Sie den Word-Text, und klicken Sie mit der rechten Maustaste auf die Tabelle. Aus dem Kontextmenü wählen Sie den Befehl **Verknüpfungen aktualisieren**. Die Währungseinheit verschwindet in der Spalte »Anzahl«. Dann wählen Sie im Register **Tabellentools/Layout** in der Gruppe **Zellengröße** das Symbol **AutoAnpassen** und hier den Befehl **Inhalt automatisch anpassen** ❷.

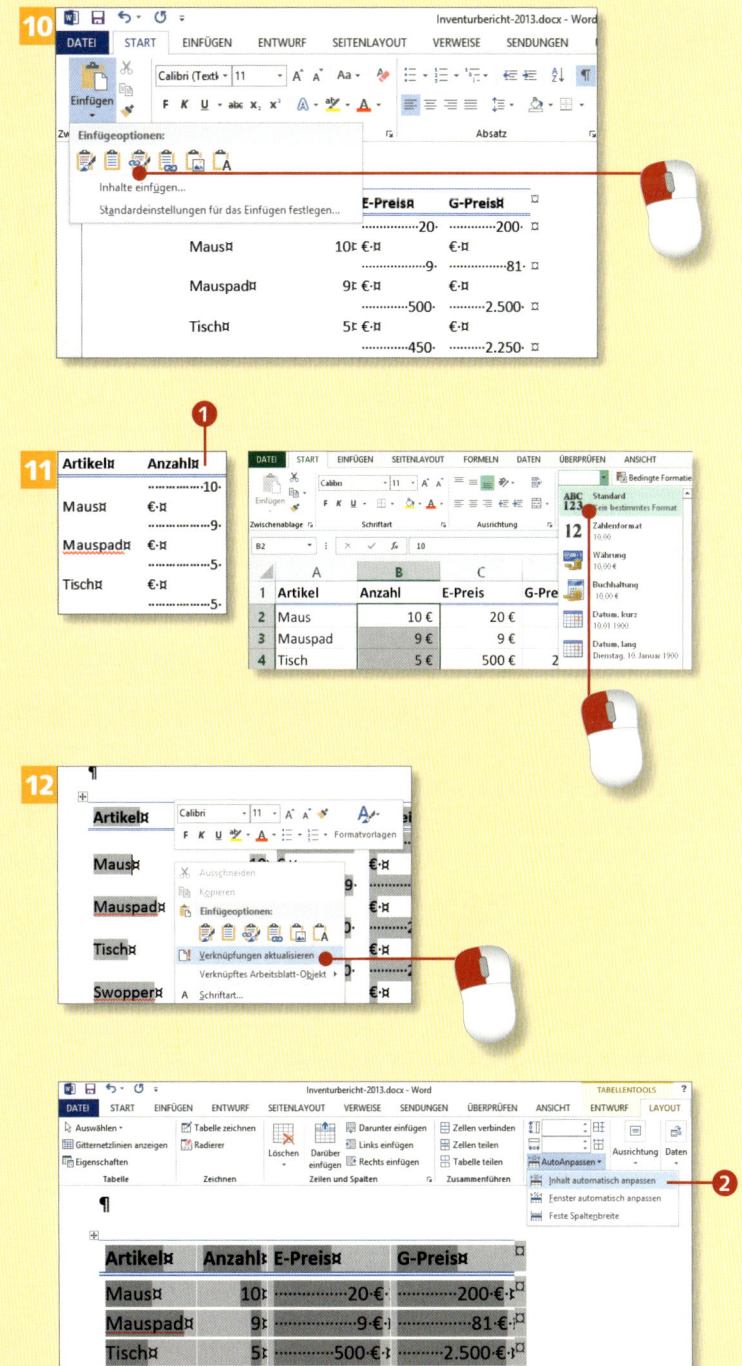

Serienbriefe auf Basis von Excel-Listen

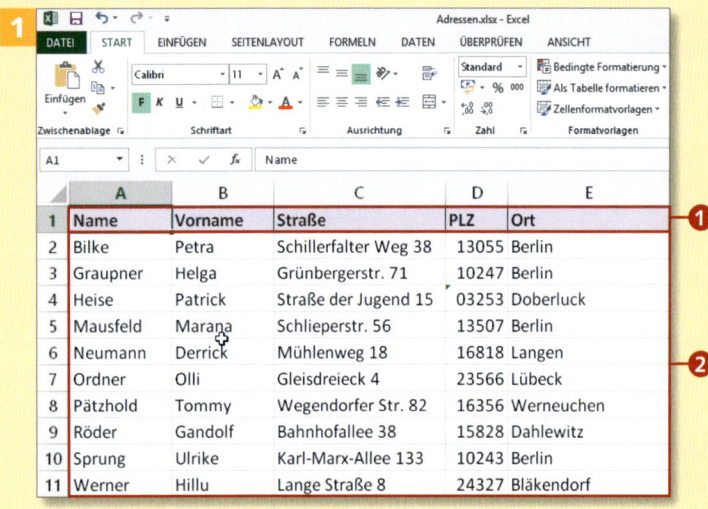

Um einen Brief ohne großen Aufwand gleich an mehrere Personen zu verschicken, können Sie als Datenquelle problemlos Ihre Excel-Adressliste verwenden.

Schritt 1

Damit eine Excel-Liste als Datenquelle für einen Serienbrief geeignet ist, muss sie Überschriften mit Feldnamen ❶ enthalten, darunter die Datensätze ❷, und sie darf keine Leerzeilen beinhalten. Öffnen Sie Ihre Datei, und prüfen Sie diese Kriterien. Dann können Sie Excel beenden.

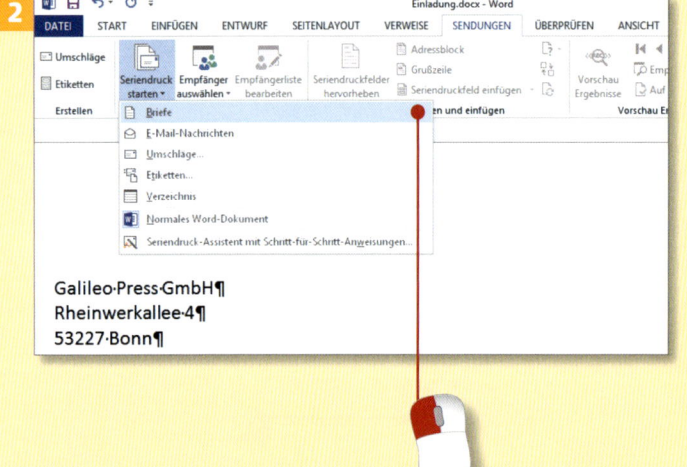

Schritt 2

Starten Sie Word, und öffnen Sie eine passende Datei, z. B. eine Einladung. Klicken Sie im Register **Sendungen** in der Gruppe **Seriendruck starten** auf den Pfeil neben dem Symbol **Seriendruck starten**, und wählen Sie den Eintrag **Briefe**.

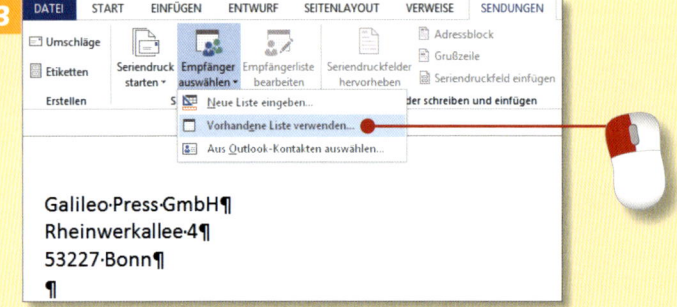

Schritt 3

Rufen Sie dann im Register **Sendungen** in der Gruppe **Seriendruck starten** den Befehl **Empfänger auswählen** auf. Hier klicken Sie auf den Eintrag **Vorhandene Liste verwenden**.

Schritt 4

Im Dialogfenster stellen Sie den Speicherort der Excel-Tabelle ein und wählen mit einem Mausklick deren Dateinamen aus, z. B. *Adressen.xlsx*. Klicken Sie dann auf **Öffnen**.

Schritt 5

Wählen Sie das Tabellenblatt aus, auf dem sich die Adressdaten befinden, hier »Tabelle1$«. Bestätigen Sie mit einem Klick auf **OK**. Damit haben Sie das *Startdokument*, also die Einladung an sich, und die *Datenquelle* bestimmt.

Schritt 6

Nun müssen Sie die *Seriendruckfelder* (die Überschriftenfelder aus der Excel-Tabelle) einfügen, die später mit dem entsprechenden Eintrag des Datensatzes gefüllt werden. Dazu setzen Sie den Cursor an die entsprechende Textstelle.

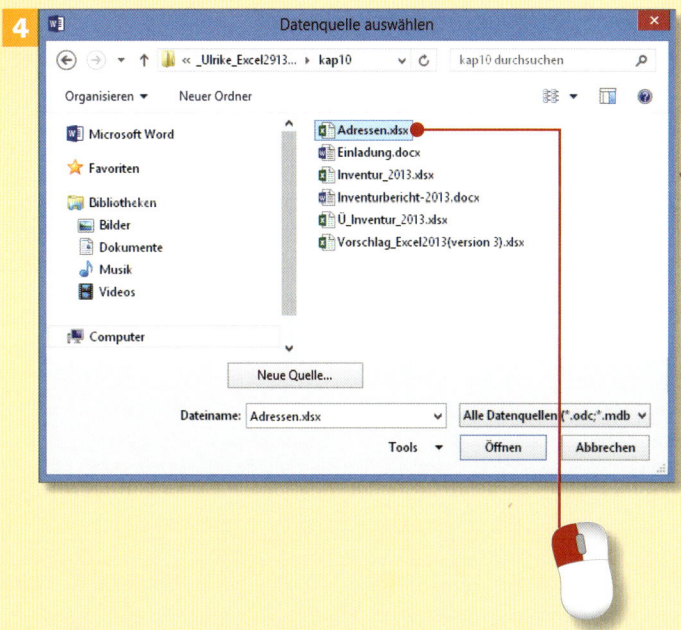

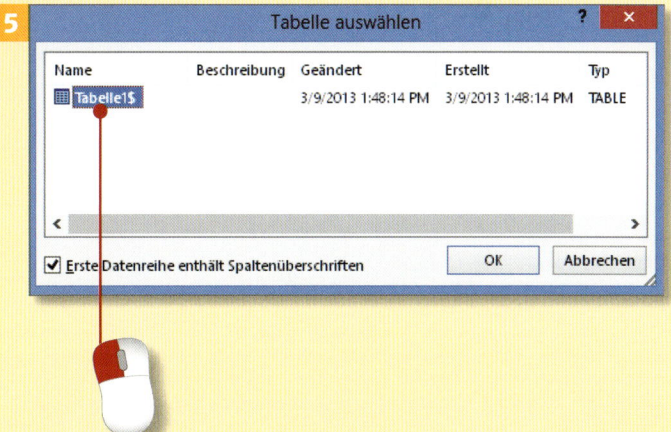

i

Tausenderpunkt

Enthalten die Seriendruckfelder in Excel Zahlenwerte, kann der Tausenderpunkt beim Übertragen verloren gehen. In diesem Fall müssen Sie das Format selbst korrigieren.

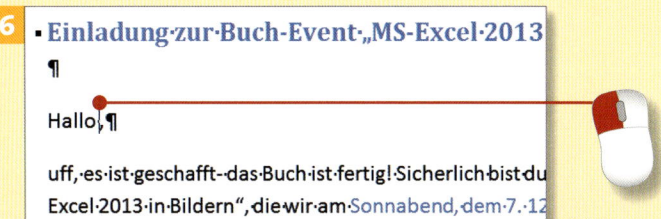

Serienbriefe auf Basis von Excel-Listen (Forts.)

Schritt 7

Klicken Sie im Register **Sendungen** in der Gruppe **Felder schreiben und einfügen** auf den Pfeil neben dem Symbol **Seriendruckfeld einfügen**. Die Auswahl der Feldnamen erscheint. Wählen Sie das Feld **Vorname** mit einem Mausklick.

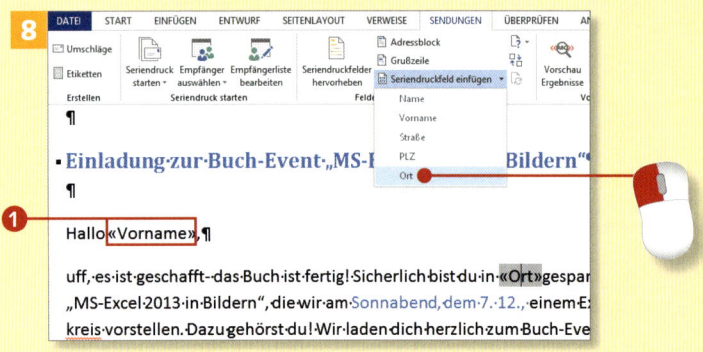

Schritt 8

Das Seriendruckfeld «Vorname» ❶ wird eingefügt und dient als Platzhalter für einen Vornamen aus der Excel-Tabelle. Setzen Sie dann den Cursor in die erste Zeile im Text – nach »Sicherlich bist du in« –, geben Sie ein Leerzeichen ein, und fügen Sie über die Schaltfläche **Seriendruckfeld einfügen** hier das Seriendruckfeld «Ort» ein.

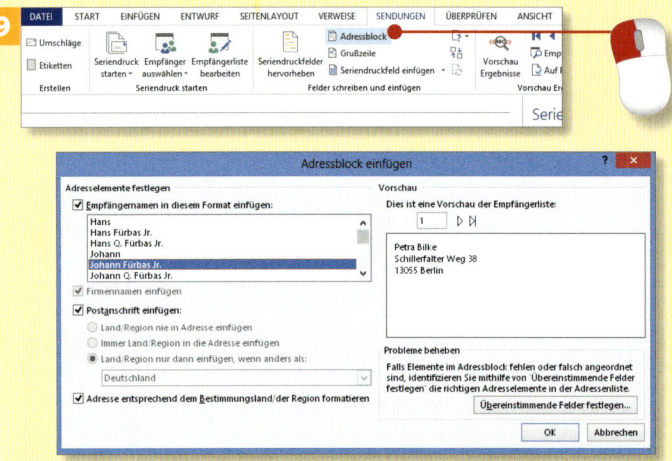

Schritt 9

Um im Briefkopf die Empfängeradresse zu ergänzen, klicken Sie auf das Symbol **Adressblock** in der Gruppe **Felder schreiben und einfügen**. Im Dialogfenster **Adressblock einfügen** können Sie die Adresselemente festlegen und sehen rechts eine Vorschau der Empfängerliste. Excel hat hier bereits alles richtig eingestellt. Bestätigen Sie das Dialogfenster daher ohne Änderungen mit einem Klick auf **OK**.

Schritt 10

Klicken Sie nun in der Gruppe **Vorschau Ergebnisse** auf das gleichnamige Symbol. Die Felder werden eingelesen. Mit dem Pfeil für **Nächster Datensatz ❷** blättern Sie durch die Datensätze. Selbstverständlich können Sie auch zurückblättern oder direkt zu einem Datensatz springen.

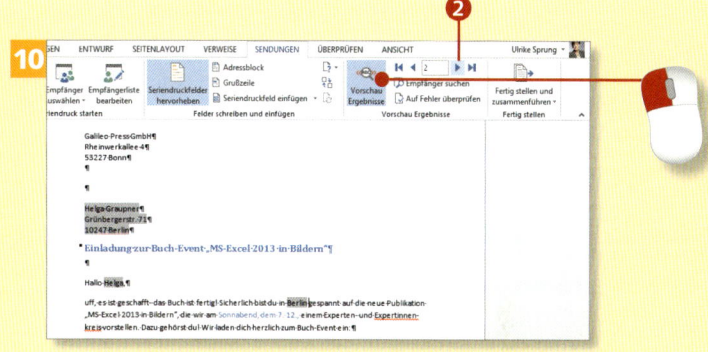

Schritt 11

Starten Sie den Seriendruck zunächst auf dem Bildschirm, indem Sie auf das Symbol **Fertig stellen und zusammenführen** klicken. Hier wählen Sie den ersten Eintrag **Einzelne Dokumente bearbeiten**, um Ihre Dokumente vor dem Ausdruck gegebenenfalls noch ändern zu können.

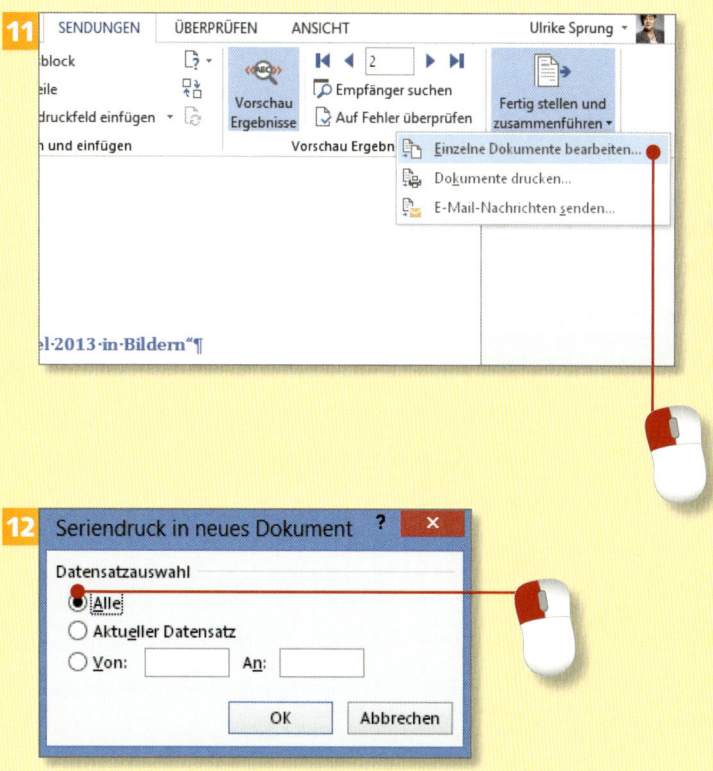

Schritt 12

Im folgenden Dialogfenster **Seriendruck in neues Dokument** könnten Sie einzelne Datensätze für den Serienbrief wählen. Wir wollen unsere Einladung jedoch an alle schicken. Aktivieren Sie daher die Option **Alle**, und klicken Sie dann auf **OK**.

Serienbriefe auf Basis von Excel-Listen (Forts.)

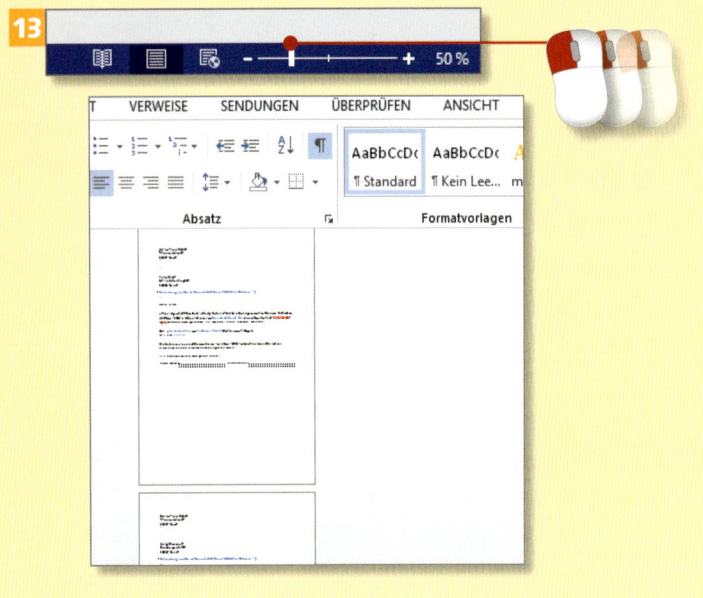

Schritt 13

Ein neues Dokument mit dem Namen *Serienbriefe1* öffnet sich. Zoomen Sie die Ansicht über den Regler unten rechts so, dass Sie alle Briefe sehen können.

Schritt 14

Drucken Sie das Dokument *Serienbriefe1* aus, indem Sie in der Backstage-Ansicht die Option **Drucken** wählen. Schließen Sie dann die Datei. Weil Sie den Brief nun nicht mehr benötigen, beantworten Sie die Frage nach dem Speichern mit einem Klick auf **Nicht speichern**.

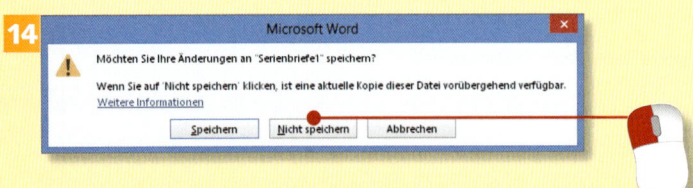

Schritt 15

Jetzt ist wieder das Startdokument zu sehen. Dieses benötigen Sie später erneut, also schließen Sie diese Datei und beantworten die Frage nach dem Speichern diesmal mit einem Klick auf **Speichern**.

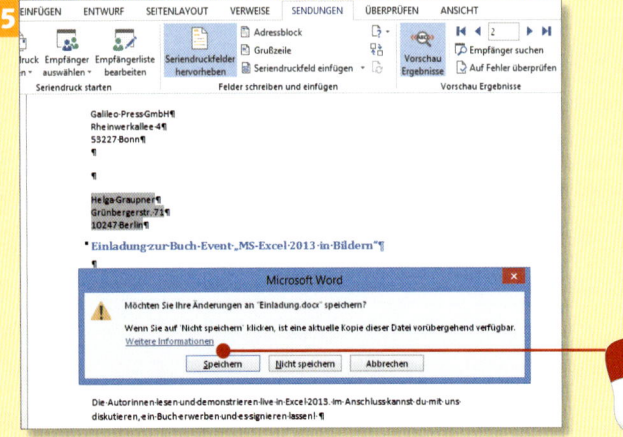

Datenquelle und Startdokument
Datenquelle und Startdokument bleiben nach dem Beenden miteinander verbunden. Wurde die Excel-Tabelle verschoben, umbenannt oder gelöscht, müssen Sie den Seriendruck neu einstellen.

Schritt 16

Öffnen Sie erneut Ihre Adressliste, und nehmen Sie noch eine Person auf: »Eva Barentin«. Speichern Sie Ihre Änderungen, und beenden Sie Excel.

Schritt 17

Öffnen Sie wieder die Word-Datei. Klicken Sie im Register **Sendungen** in der Gruppe **Vorschau Ergebnisse** auf das gleichnamige Symbol. Mit dem Pfeil ❶ springen Sie zu »Eva Barentin«.

Schritt 18

Drucken Sie jetzt mit einem Klick auf das Symbol **Fertig stellen und zusammenführen** nur Evas Brief aus. Dazu wählen Sie den Eintrag **Einzelne Dokumente bearbeiten**. Im Dialogfenster **Seriendruck in neues Dokument** aktivieren Sie die Option **Aktueller Datensatz** ❷ und klicken dann auf **OK**.

Einstellungen zurücksetzen

Um alle Seriendruckeinstellungen wieder rückgängig zu machen, klicken Sie im Register **Sendun-gen** auf das Symbol **Seriendruck starten** und dort auf den Eintrag **Normales Word-Dokument**.

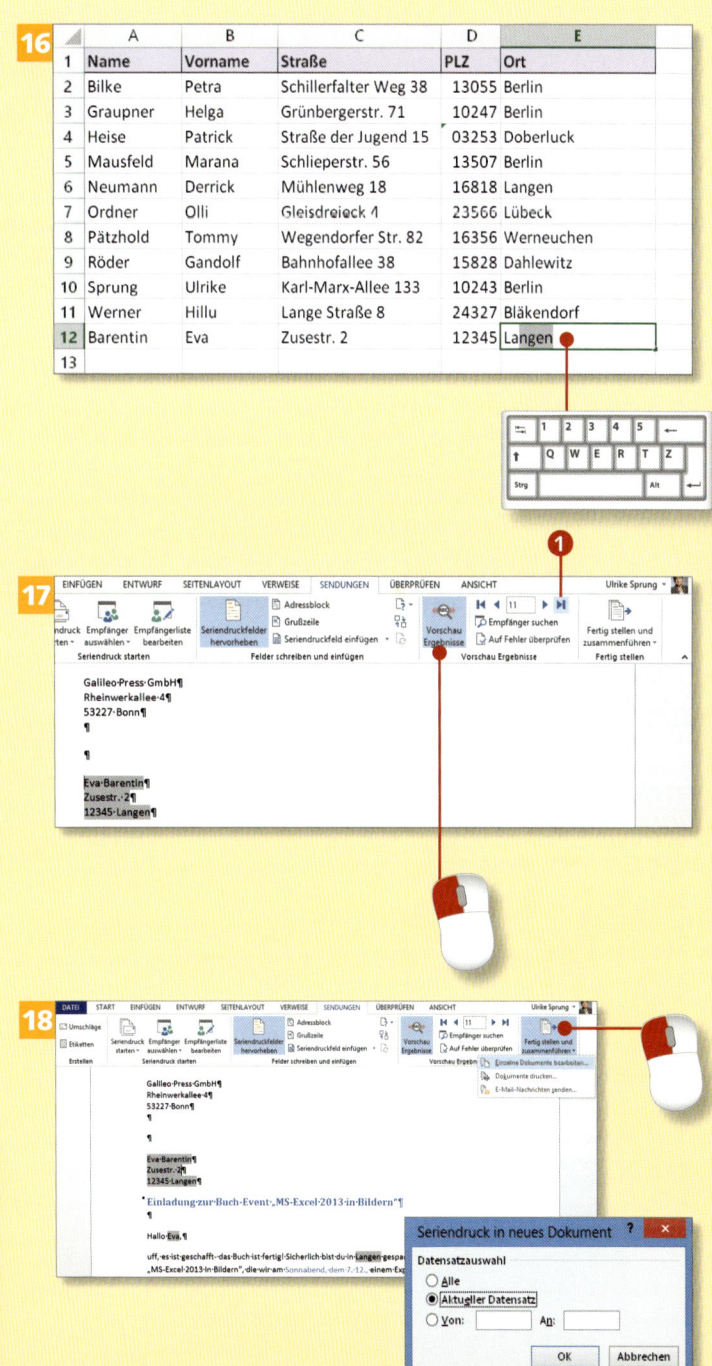

Kapitel 11
Nützliche Vorlagen

Dieses Kapitel beinhaltet zwölf überaus nützliche Vorlagen zu alltäglichen Belangen, die Sie als Grundstein verwenden und individuell anpassen können. Jede Vorlage steht für Sie auf unserer Website unter *www.vierfarben.de/3287* zum Download bereit, sodass Sie sofort loslegen können.

Beschreibungstext

Zu jeder Vorlage finden Sie einen kurzen Beschreibungstext: Er erklärt, in welche Zellen Sie welche Basisformeln eintragen und welche Bereiche Sie damit automatisch ausfüllen müssen. Natürlich erfahren Sie dabei auch, was die Formeln genau bewirken. Sie müssen sie also nicht selbst austüfteln, sondern können einfach die Vorgaben übernehmen oder gleich die ganze Excel-Tabelle als Grundlage nutzen.

Formelansicht

Mit der Tastenkombination `Alt` + `M` + `F` springen Sie in die Formelansicht. Wohingegen sonst nur die Ergebnisse in den jeweiligen Zellen zu sehen sind, können Sie in der Formelansicht auf einen Blick erkennen, welche Zellen Formeln enthalten, und sie so leicht bearbeiten. Ebenfalls mit `Alt` + `M` + `F` schalten Sie wieder zurück in die normale Ansicht.

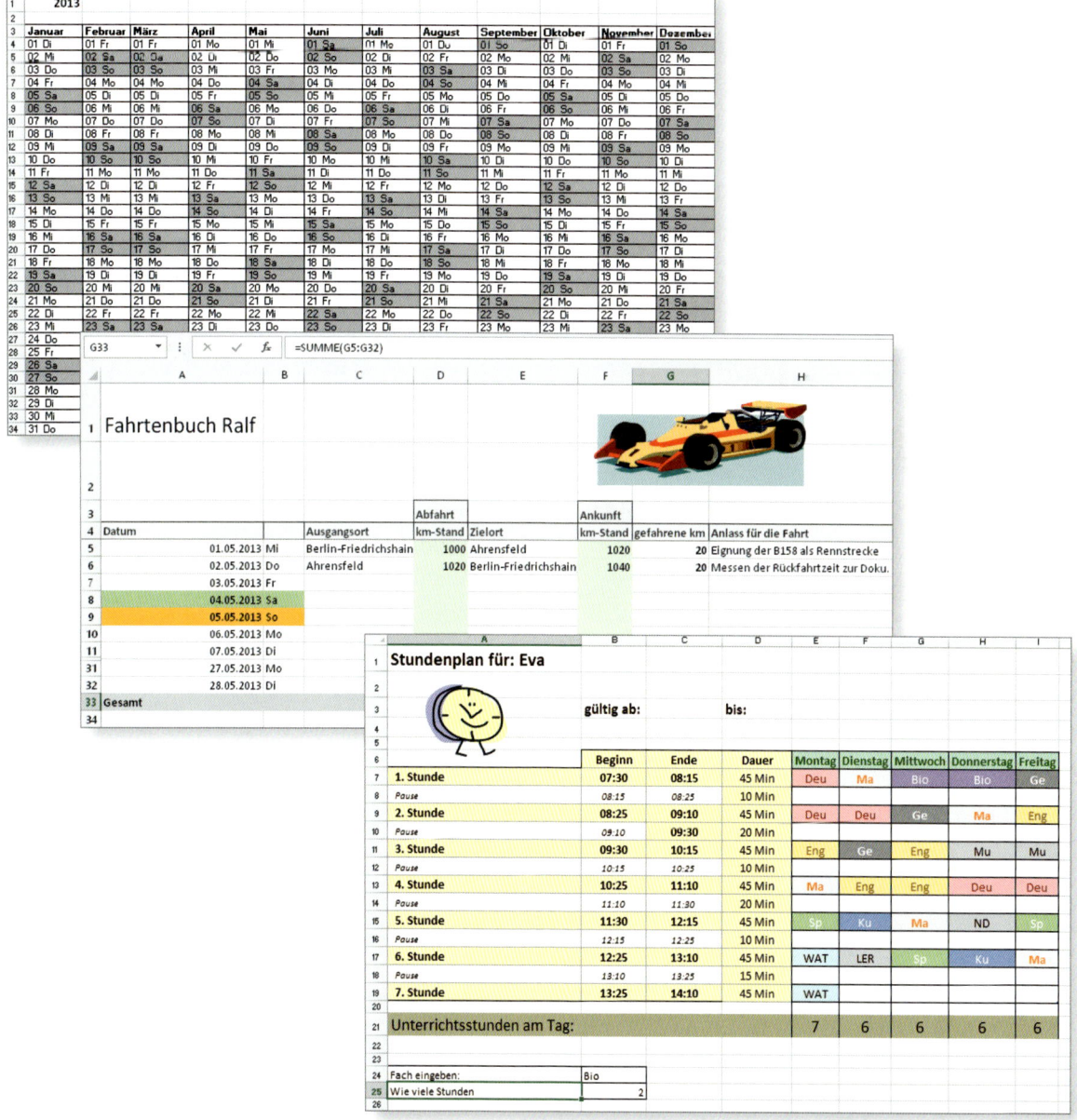

Persönlicher Jahreskalender

Ein Jahreskalender, der sich einfach an das nächste Jahr anpassen lässt,
kann vielfach eingesetzt werden. Auf den nächsten beiden Seiten erklären
wir Ihnen kurz, wie die Vorlage aussieht und wie sie funktioniert.

Die Handhabung des Kalenders ist denkbar einfach. Geben Sie in die Zelle A3 ❶ das Datum für den ersten Tag des Jahres ein. Wenn Sie den Jahreskalender für das Jahr 2013 erstellen möchten, muss der Eintrag also »01.01.2013« lauten. Mithilfe der Formel =JAHR(A3) wird in der Zelle A1 ❷ die Jahreszahl automatisch berechnet. In den Zellen B3:L3 berechnet Excel über eine Formel das jeweils erste Datum des jeweiligen Monats. Der Bereich hat das Format *Monat*. Die Formel für die Zelle B3 ❸ lautet: =DATUM($A$1;SPALTE(B2);1). Das Datum des ersten Tages wird auch noch einmal im Bereich A4:L4 benötigt. Die Formel für die Zelle A4 ❹ lautet also =A3. Die nachfolgenden Tage im Bereich A5:L34 dürfen nur angezeigt werden, wenn sie im gleichen Monat liegen wie der vorherige Tag. Deshalb lautet die Formel für die Zelle A5 ❺ wie folgt: =WENN(MONAT(A4)= MONAT(A4+1);A4+1;" ").

Im Februar funktioniert diese Funktion allerdings für die letzten Tage des Monats nicht, weil sie nicht für Texte ausgelegt ist. Deshalb wurde die Formel für die beiden letzten Tage des Monats Februar um eine weitere WENN-Funktion erweitert. In der Zelle B33 ❻ lautet die Formel deshalb: =WENN(B31="";WENN (MONAT(B32)=MONAT(B32+1);B32+1;" ");""). Die Wochenenden im Kalender ❼ werden automatisch grau formatiert. Hierfür wurde die bedingte Formatierung eingesetzt. Die entsprechende Regel können Sie über **Start ▸ Formatvorlagen ▸ Bedingte Formatierung ▸ Regeln verwalten** ändern:

▸ **Formel**: =WOCHENTAG(A4;2)>=6
▸ **Ausfüllen**: grau
▸ **Wird angewendet**: =$A$4:$L$34

Um mehr Platz für Notizen zu haben, können Sie die Breite der Spalten nach Ihren Wünschen verändern.

	A	B	C	D	E	F	G	H	I	J	K	L
1	**2013**											
2												
3	**Januar**	**Februar**	**März**	**April**	**Mai**	**Juni**	**Juli**	**August**	**September**	**Oktober**	**November**	**Dezember**
4	01 Di	01 Fr	01 Fr	01 Mo	01 Mi	01 Sa	01 Mo	01 Do	01 So	01 Di	01 Fr	01 So
5	02 Mi	02 Sa	02 Sa	02 Di	02 Do	02 So	02 Di	02 Fr	02 Mo	02 Mi	02 Sa	02 Mo
6	03 Do	03 So	03 So	03 Mi	03 Fr	03 Mo	03 Mi	03 Sa	03 Di	03 Do	03 So	03 Di
7	04 Fr	04 Mo	04 Mo	04 Do	04 Sa	04 Di	04 Do	04 So	04 Mi	04 Fr	04 Mo	04 Mi
8	05 Sa	05 Di	05 Di	05 Fr	05 So	05 Mi	05 Fr	05 Mo	05 Do	05 Di	05 Di	05 Do
9	06 So	06 Mi	06 Mi	06 Sa	06 Mo	06 Do	06 Sa	06 Di	06 Fr	06 So	06 Mi	06 Fr
10	07 Mo	07 Do	07 Do	07 So	07 Di	07 Fr	07 So	07 Mi	07 Sa	07 Mo	07 Do	07 Sa
11	08 Di	08 Fr	08 Fr	08 Mo	08 Mi	08 Sa	08 Mo	08 Do	08 So	08 Di	08 Fr	08 So
12	09 Mi	09 Sa	09 Sa	09 Di	09 Do	09 So	09 Di	09 Fr	09 Mo	09 Mi	09 Sa	09 Mo
13	10 Do	10 So	10 So	10 Mi	10 Fr	10 Mo	10 Mi	10 Sa	10 Di	10 Do	10 So	10 Di
14	11 Fr	11 Mo	11 Mo	11 Do	11 Sa	11 Di	11 Do	11 So	11 Mi	11 Fr	11 Mo	11 Mi
15	12 Sa	12 Di	12 Di	12 Fr	12 So	12 Mi	12 Fr	12 Mo	12 Do	12 Sa	12 Di	12 Do
16	13 So	13 Mi	13 Mi	13 Sa	13 Mo	13 Do	13 Sa	13 Di	13 Fr	13 So	13 Mi	13 Fr
17	14 Mo	14 Do	14 Do	14 So	14 Di	14 Fr	14 So	14 Mi	14 Sa	14 Mo	14 Do	14 Sa
18	15 Di	15 Fr	15 Fr	15 Mo	15 Mi	15 Sa	15 Mo	15 Do	15 So	15 Di	15 Fr	15 So
19	16 Mi	16 Sa	16 Sa	16 Di	16 Do	16 So	16 Di	16 Fr	16 Mo	16 Mi	16 Sa	16 Mo
20	17 Do	17 So	17 So	17 Mi	17 Fr	17 Mo	17 Mi	17 Sa	17 Di	17 Do	17 So	17 Di
21	18 Fr	18 Mo	18 Mo	18 Do	18 Sa	18 Di	18 Do	18 So	18 Mi	18 Fr	18 Mo	18 Mi
22	19 Sa	19 Di	19 Di	19 Fr	19 So	19 Mi	19 Fr	19 Mo	19 Do	19 Sa	19 Di	19 Do
23	20 So	20 Mi	20 Mi	20 Sa	20 Mo	20 Do	20 Sa	20 Di	20 Fr	20 So	20 Mi	20 Fr
24	21 Mo	21 Do	21 Do	21 So	21 Di	21 Fr	21 So	21 Mi	21 Sa	21 Mo	21 Do	21 Sa
25	22 Di	22 Fr	22 Fr	22 Mo	22 Mi	22 Sa	22 Mo	22 Do	22 So	22 Di	22 Fr	22 So
26	23 Mi	23 Sa	23 Sa	23 Di	23 Do	23 So	23 Di	23 Fr	23 Mo	23 Mi	23 Sa	23 Mo
27	24 Do	24 So	24 So	24 Mi	24 Fr	24 Mo	24 Mi	24 Sa	24 Di	24 Do	24 So	24 Di
28	25 Fr	25 Mo	25 Mo	25 Do	25 Sa	25 Di	25 Do	25 So	25 Mi	25 Fr	25 Mo	25 Mi
29	26 Sa	26 Di	26 Di	26 Fr	26 So	26 Mi	26 Fr	26 Mo	26 Do	26 Sa	26 Di	26 Do
30	27 So	27 Mi	27 Mi	27 Sa	27 Mo	27 Do	27 Sa	27 Di	27 Fr	27 So	27 Mi	27 Fr
31	28 Mo	28 Do	28 Do	28 So	28 Di	28 Fr	28 So	28 Mi	28 Sa	28 Mo	28 Do	28 Sa
32	29 Di		29 Fr	29 Mo	29 Mi	29 Sa	29 Mo	29 Do	29 So	29 Di	29 Fr	29 So
33	30 Mi		30 Sa	30 Di	30 Do	30 So	30 Di	30 Fr	30 Mo	30 Mi	30 Sa	30 Mo
34	31 Do		31 So		31 Fr		31 Mi	31 Sa		31 Do		31 Di

	A	B
1	**=JAHR(A3)**	
2		
3	**41275**	=DATUM($A$1;SPALTE(B2);1)
4	=A3	=B3
5	=WENN(MONAT(A4) = MONAT(A4+1);A4+1;"")	=WENN(MONAT(B4) = MONAT(B4+1);B4+1;"")
6	=WENN(MONAT(A5) = MONAT(A5+1);A5+1;"")	=WENN(MONAT(B5) = MONAT(B5+1);B5+1;"")
7	=WENN(MONAT(A6) = MONAT(A6+1);A6+1;"")	=WENN(MONAT(B6) = MONAT(B6+1);B6+1;"")
8	=WENN(MONAT(A7) = MONAT(A7+1);A7+1;"")	=WENN(MONAT(B7) = MONAT(B7+1);B7+1;"")
9	=WENN(MONAT(A8) = MONAT(A8+1);A8+1;"")	=WENN(MONAT(B8) = MONAT(B8+1);B8+1;"")
10	=WENN(MONAT(A9) = MONAT(A9+1);A9+1;"")	=WENN(MONAT(B9) = MONAT(B9+1);B9+1;"")
11	=WENN(MONAT(A10) = MONAT(A10+1);A10+1;"")	=WENN(MONAT(B10) = MONAT(B10+1);B10+1;"")
12	=WENN(MONAT(A11) = MONAT(A11+1);A11+1;"")	=WENN(MONAT(B11) = MONAT(B11+1);B11+1;"")
13	=WENN(MONAT(A12) = MONAT(A12+1);A12+1;"")	=WENN(MONAT(B12) = MONAT(B12+1);B12+1;"")
14	=WENN(MONAT(A13) = MONAT(A13+1);A13+1;"")	=WENN(MONAT(B13) = MONAT(B13+1);B13+1;"")
15	=WENN(MONAT(A14) = MONAT(A14+1);A14+1;"")	=WENN(MONAT(B14) = MONAT(B14+1);B14+1;"")
16	=WENN(MONAT(A15) = MONAT(A15+1);A15+1;"")	=WENN(MONAT(B15) = MONAT(B15+1);B15+1;"")
17	=WENN(MONAT(A16) = MONAT(A16+1);A16+1;"")	=WENN(MONAT(B16) = MONAT(B16+1);B16+1;"")
18	=WENN(MONAT(A17) = MONAT(A17+1);A17+1;"")	=WENN(MONAT(B17) = MONAT(B17+1);B17+1;"")
19	=WENN(MONAT(A18) = MONAT(A18+1);A18+1;"")	=WENN(MONAT(B18) = MONAT(B18+1);B18+1;"")
20	=WENN(MONAT(A19) = MONAT(A19+1);A19+1;"")	=WENN(MONAT(B19) = MONAT(B19+1);B19+1;"")
21	=WENN(MONAT(A20) = MONAT(A20+1);A20+1;"")	=WENN(MONAT(B20) = MONAT(B20+1);B20+1;"")
22	=WENN(MONAT(A21) = MONAT(A21+1);A21+1;"")	=WENN(MONAT(B21) = MONAT(B21+1);B21+1;"")
23	=WENN(MONAT(A22) = MONAT(A22+1);A22+1;"")	=WENN(MONAT(B22) = MONAT(B22+1);B22+1;"")

Sparplan

Wer von einem neuen Auto, Haus oder von der Altersvorsorge nicht nur träumen, sondern sie auch realisieren möchte, kommt nicht darum herum, sich Gedanken über den Aufbau seines Vermögens zu machen. Wir zeigen Ihnen nun, wie Sie die Vorlage für den Sparplan nutzen.

Bei diesem Sparplan geht es darum, sein Geld für eine geplante Anschaffung sicher anzulegen. Die anzulegende Summe geben Sie in die Zelle D1 ❶ ein. Zur Auswahl stehen Bundesschatzbriefe oder Festgeld. Bundesschatzbriefe können Sie in zwei Varianten ❷ erwerben. Wenn Sie Ihr Geld in Typ A investieren, erhalten Sie in den kommenden sechs Jahren jährliche Zinszahlungen. Bei Typ B werden die Zinsen gesammelt und jedes Jahr wieder mit angelegt. Die Auszahlung der Anlagesumme und der Zinsen erfolgt nach sieben Jahren.

Die Zinssätze tragen Sie entsprechend den Konditionen in die Zellen C7:C12 ❸ bzw. I7:I13 ❹ ein. Die Zinssätze für den Bundesschatzbrief von Typ A wurden mithilfe der einfachen Formel *Betrag * Anlagezeitraum * Prozentsatz* berechnet, z. B. =(B7*1*C7) in der Zelle D7 ❺. Zur Berechnung der Zinssätze für den Bundesschatzbrief Typ B wurde die Funktion ZW (zukünftiger Wert) genutzt. Die Formel für die Zelle J7 ❻ lautet demnach =ZW(I7;1;0;-H7;0). Die Funktion ZW wurde auch bei der Festgeldanlage genutzt. Hier tragen Sie den aktuellen Zinssatz in der Zelle D15 ❼ ein, und die Tabelle darunter macht Aussagen zu den verschiedenen Laufzeiten.

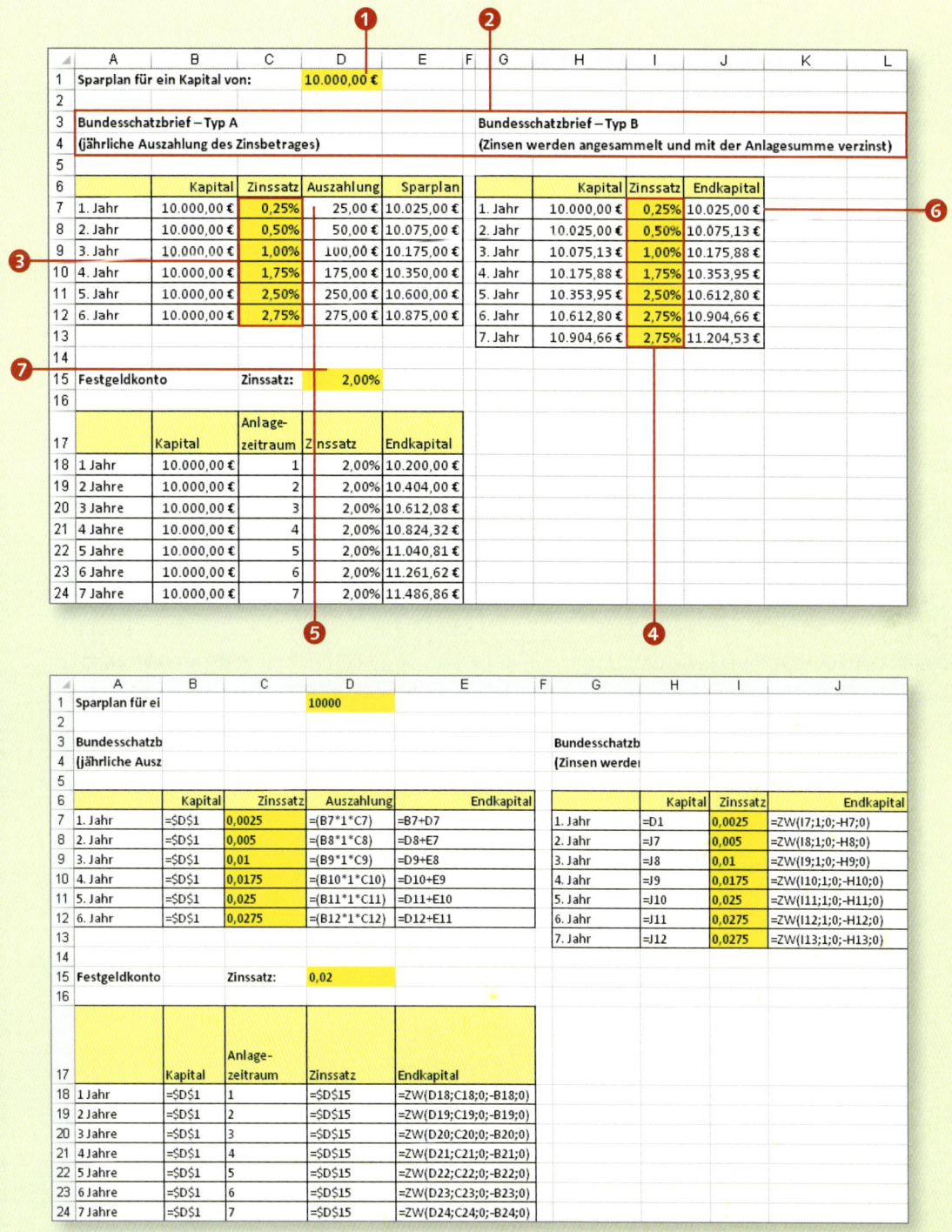

	A	B	C	D	E	F	G	H	I	J	K	L
1	Sparplan für ein Kapital von:			10.000,00 €								
2												
3	Bundesschatzbrief – Typ A						Bundesschatzbrief – Typ B					
4	(jährliche Auszahlung des Zinsbetrages)						(Zinsen werden angesammelt und mit der Anlagesumme verzinst)					
5												
6			Kapital	Zinssatz	Auszahlung	Sparplan			Kapital	Zinssatz	Endkapital	
7	1. Jahr	10.000,00 €	0,25%	25,00 €	10.025,00 €		1. Jahr	10.000,00 €	0,25%	10.025,00 €	
8	2. Jahr	10.000,00 €	0,50%	50,00 €	10.075,00 €		2. Jahr	10.025,00 €	0,50%	10.075,13 €	
9	3. Jahr	10.000,00 €	1,00%	100,00 €	10.175,00 €		3. Jahr	10.075,13 €	1,00%	10.175,88 €	
10	4. Jahr	10.000,00 €	1,75%	175,00 €	10.350,00 €		4. Jahr	10.175,88 €	1,75%	10.353,95 €	
11	5. Jahr	10.000,00 €	2,50%	250,00 €	10.600,00 €		5. Jahr	10.353,95 €	2,50%	10.612,80 €	
12	6. Jahr	10.000,00 €	2,75%	275,00 €	10.875,00 €		6. Jahr	10.612,80 €	2,75%	10.904,66 €	
13							7. Jahr	10.904,66 €	2,75%	11.204,53 €	
14												
15	Festgeldkonto		Zinssatz:	2,00%								
16												
17		Kapital	Anlage-zeitraum	Zinssatz	Endkapital							
18	1 Jahr	10.000,00 €	1	2,00%	10.200,00 €							
19	2 Jahre	10.000,00 €	2	2,00%	10.404,00 €							
20	3 Jahre	10.000,00 €	3	2,00%	10.612,08 €							
21	4 Jahre	10.000,00 €	4	2,00%	10.824,32 €							
22	5 Jahre	10.000,00 €	5	2,00%	11.040,81 €							
23	6 Jahre	10.000,00 €	6	2,00%	11.261,62 €							
24	7 Jahre	10.000,00 €	7	2,00%	11.486,86 €							

	A	B	C	D	E	F	G	H	I	J
1	Sparplan für ei			10000						
2										
3	Bundesschatzb						Bundesschatzb			
4	(jährliche Ausz						(Zinsen werde			
5										
6			Kapital	Zinssatz	Auszahlung	Endkapital			Kapital	Zinssatz	Endkapital
7	1. Jahr	=$D$1	0,0025	=(B7*1*C7)	=B7+D7		1. Jahr	=D1	0,0025	=ZW(I7;1;0;-H7;0)
8	2. Jahr	=$D$1	0,005	=(B8*1*C8)	=D8+E7		2. Jahr	=J7	0,005	=ZW(I8;1;0;-H8;0)
9	3. Jahr	=$D$1	0,01	=(B9*1*C9)	=D9+E8		3. Jahr	=J8	0,01	=ZW(I9;1;0;-H9;0)
10	4. Jahr	=$D$1	0,0175	=(B10*1*C10)	=D10+E9		4. Jahr	=J9	0,0175	=ZW(I10;1;0;-H10;0)
11	5. Jahr	=$D$1	0,025	=(B11*1*C11)	=D11+E10		5. Jahr	=J10	0,025	=ZW(I11;1;0;-H11;0)
12	6. Jahr	=$D$1	0,0275	=(B12*1*C12)	=D12+E11		6. Jahr	=J11	0,0275	=ZW(I12;1;0;-H12;0)
13							7. Jahr	=J12	0,0275	=ZW(I13;1;0;-H13;0)
14										
15	Festgeldkonto		Zinssatz:	0,02						
16										
17		Kapital	Anlage-zeitraum	Zinssatz	Endkapital					
18	1 Jahr	=$D$1	1	=$D$15	=ZW(D18;C18;0;-B18;0)					
19	2 Jahre	=$D$1	2	=$D$15	=ZW(D19;C19;0;-B19;0)					
20	3 Jahre	=$D$1	3	=$D$15	=ZW(D20;C20;0;-B20;0)					
21	4 Jahre	=$D$1	4	=$D$15	=ZW(D21;C21;0;-B21;0)					
22	5 Jahre	=$D$1	5	=$D$15	=ZW(D22;C22;0;-B22;0)					
23	6 Jahre	=$D$1	6	=$D$15	=ZW(D23;C23;0;-B23;0)					
24	7 Jahre	=$D$1	7	=$D$15	=ZW(D24;C24;0;-B24;0)					

Taschengeldverwaltung

*Die Verwaltung des eigenen Geldes ist von immenser Wichtigkeit.
Egal, ob es sich um Taschengeld oder Haushaltsgeld handelt, ein
schneller Überblick über die monatlichen Ein- und Ausgänge hilft
bei der Kostenkontrolle.*

Die Handhabung der Taschengeldtabelle ist recht einfach. Die Datumsanzeige in der Zelle E1 ❶ weist immer das aktuelle Datum aus. Der Übertrag aus dem Vormonat wird mithilfe einer tabellenblattübergreifenden Formel automatisch in der Zelle C3 ❷ angezeigt. Der aktuelle Bestand kann der Zelle C4 entnommen werden: Mithilfe der Matrixfunktion SVERWEIS wird in der Zelle C4 ❸ der aktuelle Betrag des Tages angezeigt, an dem zuletzt ein Eingang oder eine Ausgabe stattgefunden hat: =SVERWEIS(E1;A7:E40;5). Das Datum der »Kontobewegung« ❹ steht in der Spalte A. Den Grund ❺ für den Eingang oder die Ausga-

be geben Sie in die Spalte B ein. In die Spalten C und D werden jeweils die Eingänge und Ausgaben ❻ eingetragen. Der neue Bestand ❼ wird errechnet und in der Spalte E ausgewiesen. Die entsprechenden Formeln sind bereits eingetragen. Wenn noch keine Einträge in der Spalte C oder D vorgenommen wurden, werden hier keine Werte angezeigt. Das ermöglicht die folgende WENN-Funktion: =WENN(UND(C8="";D8="");"";E7-D8+C8). Sie gibt eine leere Zeichenkette aus, wenn in den Zellen für Eingang und Ausgabe kein Eintrag vorgenommen wurde. Sobald Sie etwas eintragen, wird der aktuelle Wert berechnet.

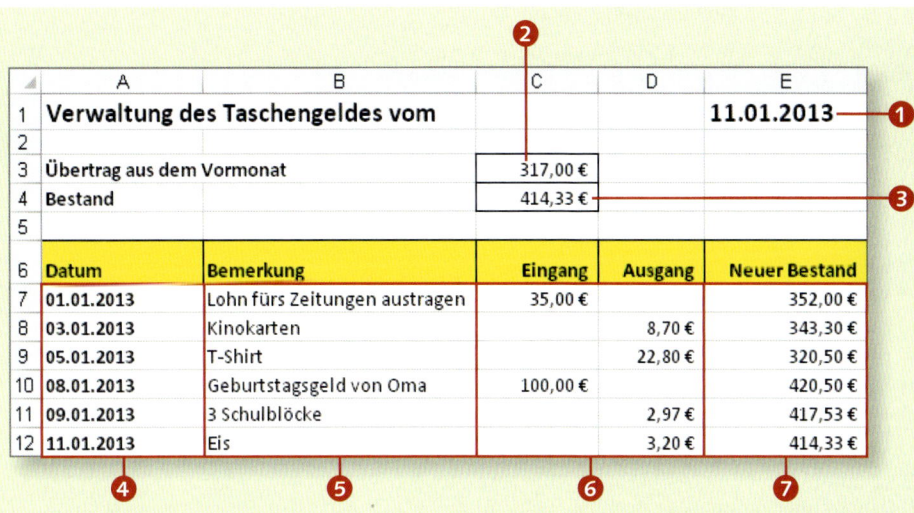

▲	A	B	C	D	E
1	Verwaltung des Taschengeldes vom				11.01.2013
2					
3	Übertrag aus dem Vormonat		317,00 €		
4	Bestand		414,33 €		
5					
6	Datum	Bemerkung	Eingang	Ausgang	Neuer Bestand
7	01.01.2013	Lohn fürs Zeitungen austragen	35,00 €		352,00 €
8	03.01.2013	Kinokarten		8,70 €	343,30 €
9	05.01.2013	T-Shirt		22,80 €	320,50 €
10	08.01.2013	Geburtstagsgeld von Oma	100,00 €		420,50 €
11	09.01.2013	3 Schulblöcke		2,97 €	417,53 €
12	11.01.2013	Eis		3,20 €	414,33 €

▲	A	B	C	D	E
1	Verwa				=HEUTE()
2					
3	Übertra		='Taschengeld – Vormonat'!C4		
4	Bestand		=SVERWEIS(E1;A7:E40;5)		
5					
6	Datum	Bemerkung		Eingang	Ausgang	Neuer Bestand
7	41275	Lohn – Zeitungen austragen	35			=C3+C7-D7
8	41277	Kinokarten			8,7	=WENN(UND(C8="";D8="");"";E7-D8+C8)
9	41279	T-Shirt			22,8	=WENN(UND(C9="";D9="");"";E8-D9+C9)
10	41282	Oma – Geburtstagsgeld	100			=WENN(UND(C10="";D10="");"";E9-D10+C10)
11	41283	3 Schulblöcke			2,97	=WENN(UND(C11="";D11="");"";E10-D11+C11)
12	41285	Eis			3,2	=WENN(UND(C12="";D12="");"";E11-D12+C12)
13						=WENN(UND(C13="";D13="");"";E12-D13+C13)
14						=WENN(UND(C14="";D14="");"";E13-D14+C14)
15						=WENN(UND(C15="";D15="");"";E14-D15+C15)
16						=WENN(UND(C16="";D16="");"";E15-D16+C16)

Nordic-Walking-Laufkalender

Viele Menschen laufen regelmäßig. Aber trainieren sie auch richtig?
Unser Nordic-Walking-Laufkalender hilft Ihnen, Ihre Trainingsleistungen
im Griff zu behalten. Darüber hinaus gibt er Auskunft zum BMI (Body
Mass Index), zum idealen Trainingspuls und zur empfohlenen Stocklänge.

Zunächst werden Ihre persönlichen Daten erfragt. In der Zelle B8 ❶ wird mithilfe der Formel *=B7/(B6*B6)*10000* der Body Mass Index (BMI) errechnet (Körpergewicht in Kilogramm geteilt durch Körpergröße in Metern zum Quadrat). Die Hilfstabelle zum BMI finden Sie im Tabellenblatt **BMI & Zonen**. Die Bewertung erfolgt in der Zelle C8 ❷ mithilfe der Formel =SVERWEIS(B8;'BMI & Zonen'!A4:B7;2).

Die Wirkung der Herzfrequenz hängt von Alter und Geschlecht ab. Für Männer lautet die Faustformel *220 – Alter*, für Frauen *226 – Alter*. Die Formel im Feld B9 ❸ muss also =WENN(B5="weiblich";226-DATEDIF(B4;(HEUTE());"Y");220-DATE-DIF(B4;(HEUTE());"Y")) lauten. Für die Bewertung der Herzfrequenz können mehrere Zonen unterschieden werden: Gesundheits- oder Fettverbrennungszone, aerobe, anaerobe und rote Zone. Die zugehörige Hilfstabelle befindet sich auch auf dem Tabellenblatt **BMI & Zonen**.

Über die Formeln =SVERWEIS(A10;'BMI & Zonen'!D3:F7;2;FALSCH)*B9/100 und =(SVERWEIS(A10;'BMI & Zonen'!D3:F7;2;FALSCH)+10)*(B9)/100 wird in den Zellen B10 und C10 der optimale Trainingsbereich ❹ ausgewiesen. Mithilfe der Formel =SVERWEIS(A10;'BMI & Zonen'!D3:F7;3;FALSCH) wird zusätzlich eine kurze Beschreibung ❺ angezeigt. Die empfohlene Stocklänge ❻ wird anhand der Körpergröße ermittelt und unter Einbeziehung des Tabellenblatts **Stocklänge** mithilfe der Formeln =SVERWEIS(B6;Stocklänge!A5:C55;3) und =SVERWEIS(B6;Stocklänge!E5:G55;3) errechnet. Sie können zwischen *klassisch* und *sportlich ambitioniert* wählen.

Nun kann es losgehen. Geben Sie in die Spalte C die gelaufene Strecke pro Tag ❼ und in die Spalte D die jeweilige Zeit ❽ ein. Für einen besseren Überblick wird in der Spalte E auch noch die Zeit ❾ berechnet, die Sie pro Kilometer gebraucht haben.

	A	B	C	D	E	F
1	**Nordic Walking – Laufkalender 2013**					
2						
3	Name:	Rosi Winter				
4	Geburtstag:	17.07.1975				
5	Geschlecht	weiblich				
6	Größe:	163 cm				
7	Gewicht:	71,00 kg				
8	BMI:	26,7	leichtes Übergewicht			
9	max. Herzfrequenz:	189,0				
10	Fettverbrennungszone:	113,4	132,3	Hier werden die meisten Kalorien aus Fett		
11	Stocklänge:	105 cm	klassisch ambitioniert			
12		110 cm	sportlich ambitioniert			
13	Kilometer ingesamt:	47,00 km				
14						
15	Kalenderwoche		Datum	Strecke (km)	Zeit (h:mm:ss)	Zeit pro km
16		1	01.01.2013	12,00 km	00:55	00:04
17		1	02.01.2013	0,00 km	00:00	00:00
18		1	03.01.2013	13,00 km	01:01	00:04
19		1	04.01.2013	0,00 km	00:00	00:00
20		1	05.01.2013	0,00 km	00:00	00:00
21		2	06.01.2013	22,00 km	01:19	00:03
22		2	07.01.2013	0,00 km	00:00	00:00
23		2	08.01.2013	0,00 km	00:00	00:00

	A	B	C
1	**Nordic Walking – La**		
2			
3	Name:	Rosi Winter	
4	Geburtstag:	27592	
5	Geschlecht	weiblich	
6	Größe:	163	
7	Gewicht:	71	
8	BMI:	=B7/(B6*B6)*10000	=SVERWEIS(B8;'BMI & Zonen'!A4:B7;2)
9	max. Herzfrequenz:	=WENN(B5="weiblich";226-DATEDIF(B4;(HEUTE());"Y");220-DATEDIF(B4;(HEUTE());"Y"))	
10	Fettverbrennungszone:	=SVERWEIS(A10;'BMI & Zonen'!D3:F7;2;FALSCH)*B9/100	=(SVERWEIS(A10;'BMI & Zonen'!D3:F7;2;FALSCH)+...
11	Stocklänge:	=SVERWEIS(B6;Stocklänge!A5:C55;3)	klassisch ambitioniert
12		=SVERWEIS(B6;Stocklänge!E5:G55;3)	sportlich ambitioniert
13	Kilometer ingesamt:	=SUMME(C16:C380)	
14			
15	Kalenderwoche	Datum	
16	=KALENDERWOCHE(B16)	41275	12
17	=KALENDERWOCHE(B17)	41276	0
18	=KALENDERWOCHE(B18)	41277	13
19	=KALENDERWOCHE(B19)	41278	0
20	=KALENDERWOCHE(B20)	41279	0
21	=KALENDERWOCHE(B21)	41280	22
22	=KALENDERWOCHE(B22)	41281	0
23	=KALENDERWOCHE(B23)	41282	0

Fahrtenbuch

Mit dem Fahrtenbuch behalten Sie den Überblick über Ihre Reiseaktivitäten mit dem Pkw und können auch nach Jahren noch nachvollziehen, wo Sie wann gewesen sind. Dies ist besonders bei der Reisekostenabrechnung oder für die Zuarbeit zur Steuererklärung hilfreich.

Zunächst tragen Sie in die Zelle A5 ❶ das korrekte Datum ein. Mit der Autoausfüllen-Funktion vervollständigen Sie die Reihe, z. B. für einen Monat. Mithilfe der bedingten Formatierung werden die Samstage (=WOCHENTAG(A5)=7) grün ❷ und die Sonntage (=WOCHENTAG(A5)=1) sonnig-gelb ❸ hervorgehoben. Sie können die entsprechende Regel über **Start ▸ Formatvorlagen ▸ Bedingte Formatierung ▸ Regeln verwalten** einsehen.

Die Zelle B5 ❹ zeigt das von Ihnen erfasste Datum automatisch im Format **Wochentag** (benutzerdefiniertes Datumsformat *TTT*) an, hier z. B. »Mi«. In der Zelle G33 wird die Gesamtsumme der gefahrenen Kilometer ❺ mithilfe der Funktion =SUMME(G5:G32) errechnet. Die Zeile 4 ❻ mit den Überschriften ist fixiert worden und bleibt daher beim Blättern auch für die letzten Tage des Monats immer im Blick.

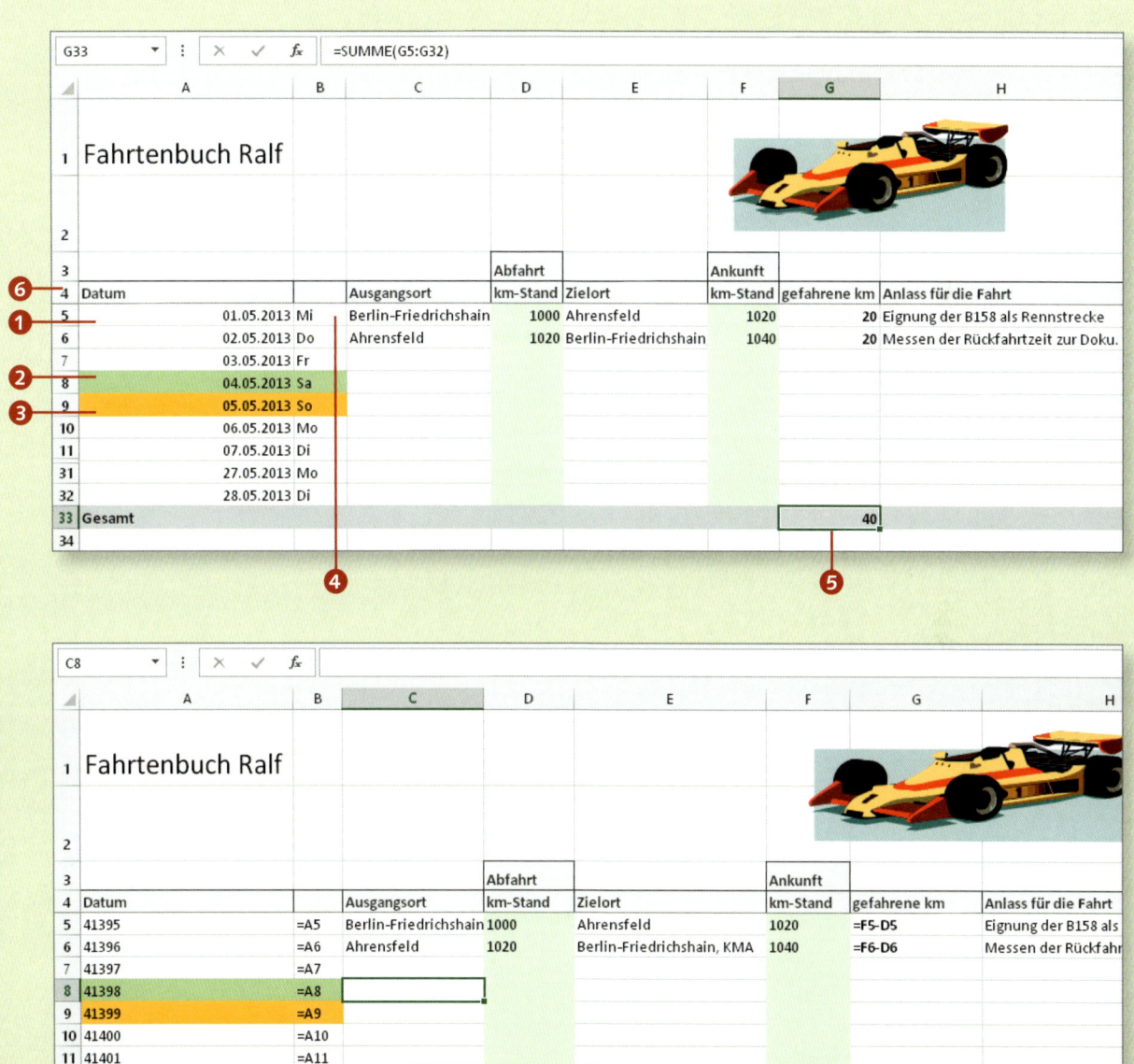

Turniertabelle

Mit der Turniertabelle führen Sie Buch über die Ergebnisse z. B. der Laufturniere Ihrer Sportgruppe und können so auch nach Jahren noch nachvollziehen, wer wann die Bestleistungen erzielt hat und ob es Steigerungen gab.

Erfassen Sie in den Spalten B und C die Namen der Turnierteilnehmer(innen) und in der Spalte D deren einzelne Laufzeiten als Dezimalzahlen, z. B. *10,5*. Der Bereich A12:D21 wurde als Tabelle in der Zeile 12 formatiert. Damit erscheinen zugleich Filterpfeile an den Feldnamen in der Tabellenüberschrift in der Zeile 12. Um das Turnier auszuwerten, klicken Sie auf den Filterpfeil des Feldes *Zeit in Sekunden* ❶ und stellen den Filter **Top-10** ❷ ein. Im zugehörigen Dialog wählen Sie unter **Einblenden** die Option **Untersten** und für **Elemente** den Wert »3« aus ❸, das bedeutet, die drei schnellsten Zeiten bleiben stehen. Wenn Sie anschließend das Feld *Zeit in Sekunden* noch nach Größe aufsteigend ❹ sortieren, haben Sie die drei Siegerinnen ermittelt ❺.

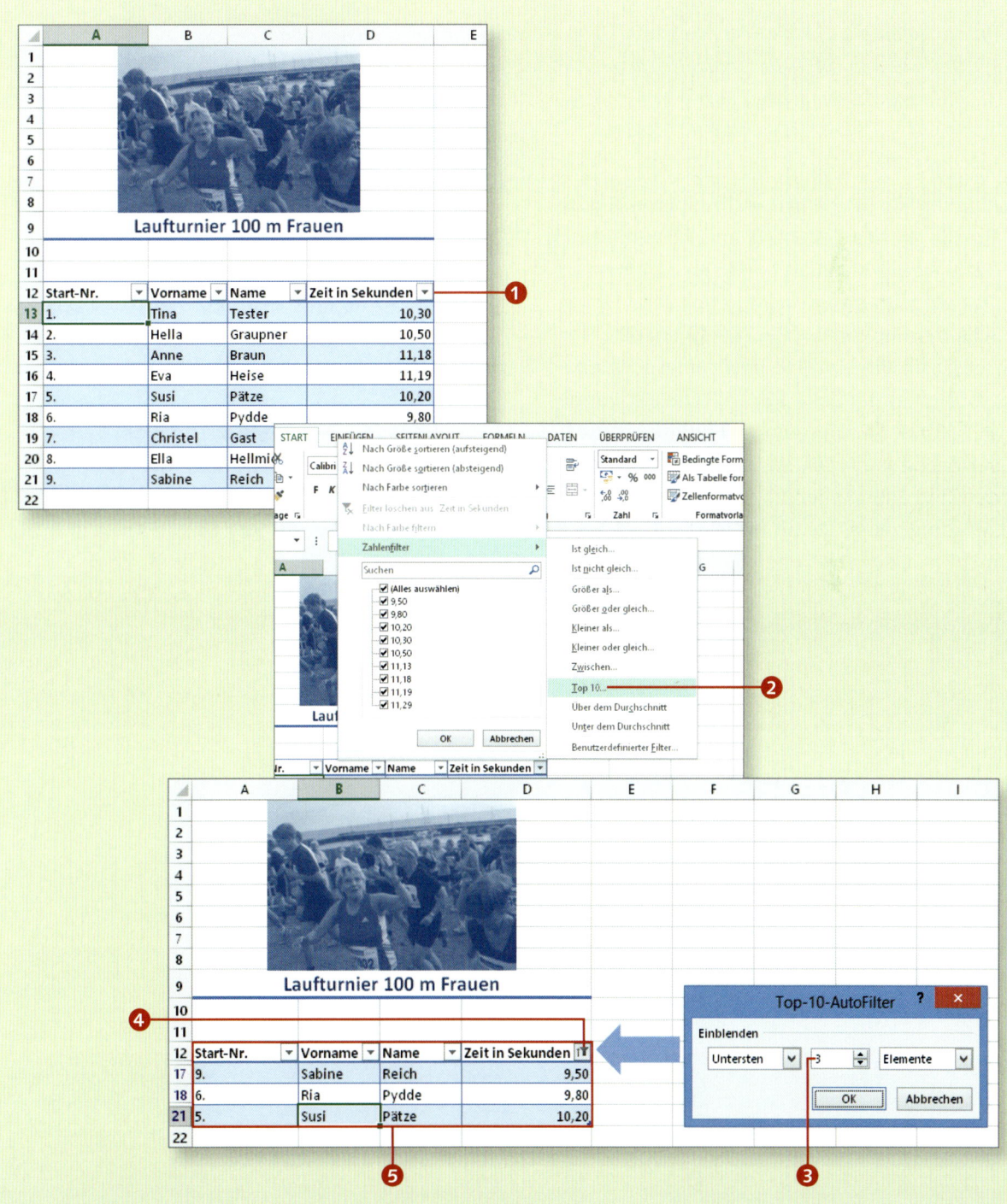

Musterrechnung allgemein

Wenn Sie eine einfache Rechnung mit 19 % Umsatzsteuer erstellen wollen, können Sie sich die Arbeit mithilfe unserer Vorlage deutlich erleichtern.

Machen Sie Ihre Angaben im oberen Teil der Tabelle. In den Zellen A3 und F10 findet sich dazu jeweils ein ausführlicherer Kommentar. Das aktuelle Datum wird in der Zelle F9 mithilfe der Funktion =HEUTE() ❶ erstellt. Der Betrag für die einzelne Rechnungsposition ergibt sich in der Zelle F17 mithilfe der Formel =E17*D17 ❷. Diese Formel wurde als relativer Bezug in die folgenden Zellen kopiert und damit in allen Zellen ab F18 für die jeweilige Zeile angepasst. Damit bei leeren Eingaben ❸ nicht »– €« in den Zellen F21:F25 angezeigt wird, wurde die Schriftfarbe mithilfe der bedingten Formatierung auf Weiß gesetzt,

wenn der Inhalt der Zelle = 0 ist. Auf diese Weise sieht man die Anzeige »– €« nicht. Die entsprechende Regel können Sie über **Start ▸ Formatvorlagen ▸ Bedingte Formatierung ▸ Regeln verwalten** einsehen und gegebenenfalls ändern.

In der Zelle F26 werden mithilfe der Summenfunktion alle Einzelpositionen ❹ addiert: =SUMME(F17:F25). In der Zelle F27 wird die Mehrwertsteuer ❺ von 19 % mit der Formel =F26*19% berechnet. Zum Schluss wird die Gesamtsumme ❻ gebildet: =SUMME(F26:F27).

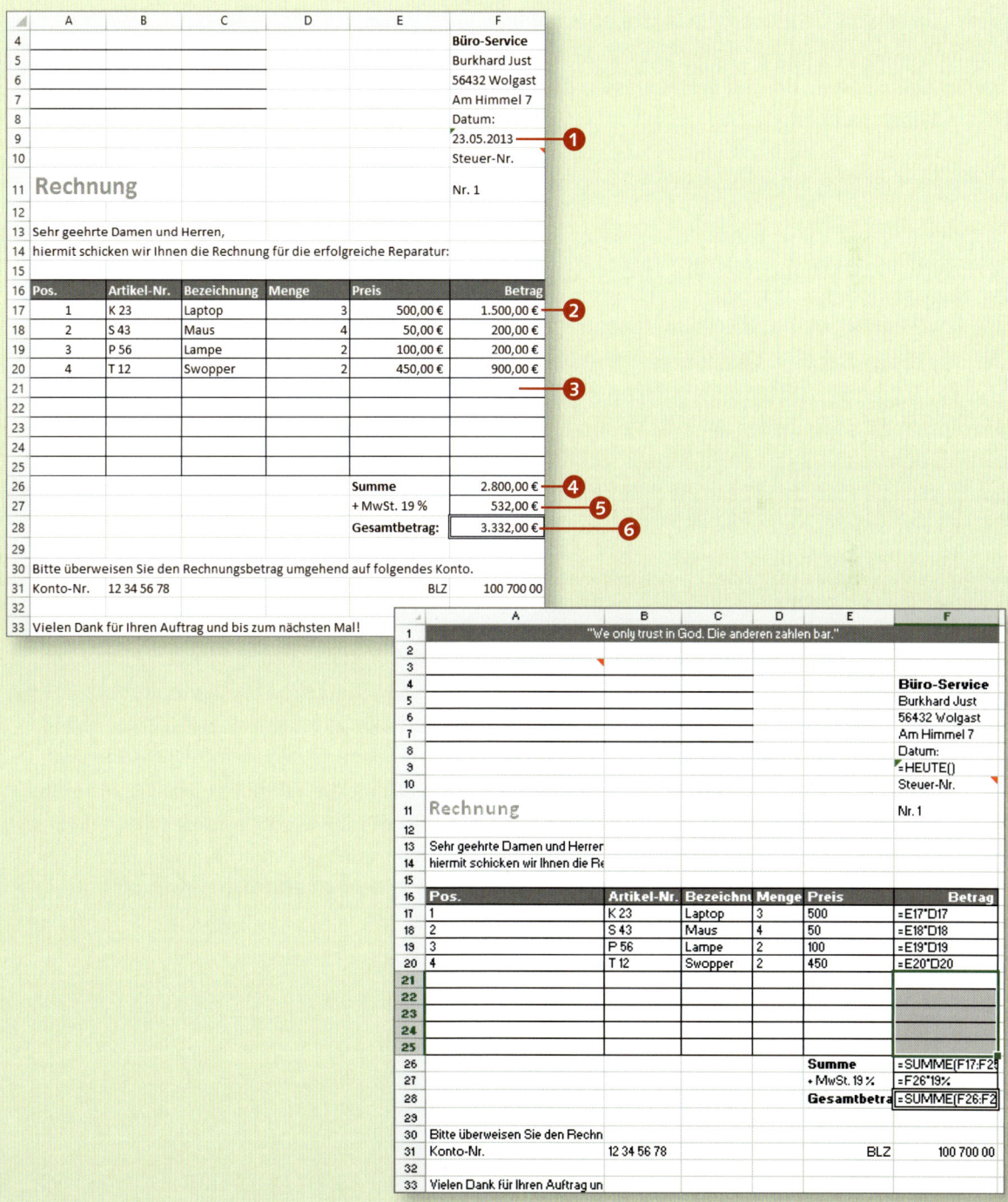

Gemischte Musterrechnung mit 7 % und 19 % MwSt.

Wenn Sie verschiedene Waren oder Dienstleistungen in Rechnung stellen, z. B. bei Hotelrechnungen, haben Sie es oft mit unterschiedlichen Mehrwertsteuersätzen zu tun. Wie Sie diese erfassen und berechnen, zeigen wir Ihnen in der Musterrechnung.

Erfassen Sie Absender, Steuernummer, Kundenadresse und die laufende Rechnungsnummer. Das Datum wird in der Zelle B16 mit der Funktion =HEUTE() ❶ automatisch aktualisiert. Tragen Sie die einzelnen Rechnungspositionen ❷ in die Zellen A19:A21 ein, z. B. »Übernachtung« und »Frühstück«. In die Spalte B tragen Sie den Netto-Rechnungsbetrag ❸ ein, wenn darauf 7 % Mehrwertsteuer zu zahlen ist, also in die Zelle B19 z. B. die Kosten für die Übernachtung in Höhe von 100 €. Den Netto-Rechnungsbetrag ❹ für Positionen mit 19 % Mehrwertsteuer erfassen Sie hingegen in der Spalte C. Tragen Sie in die Zelle C21 also z. B. die Kosten für das Frühstück in Höhe von 50 € ein.

Der Rest wird automatisch berechnet: In der Zelle B23 wird die Summe der Positionen mit 7 % Mehrwertsteuer ❺ gebildet und in der Zelle C24 die Summe der Positionen mit 19 % ❻. Die Mehrwertsteuer selbst wird dann für die 7-%-Beträge ❼ in der Zelle B26 mithilfe der Formel =B23*7% berechnet. In der Zelle C27 ist die Formel =C24*19% hinterlegt, mit der die Mehrwertsteuer für die 19-%-Beträge ❽ ermittelt wird. Die Gesamtsumme der 7-%- und der 19-%-Positionen ❾ wird schließlich in der Zeile C30 mithilfe der Summenfunktion =SUMME(B28;C28) berechnet. Wenn die Rechnung bis zu einem bestimmten Datum gezahlt wird (innerhalb von vier Tagen), wird ein Preisnachlass gewährt ❿. Die Zelle C32 beinhaltet die Formel für den Zahlungstag in vier Tagen: =B16+4. Die Berechnung des Skontos in Höhe von 2 % erledigt die Formel =C30*2% in der Zelle C33. In der Zelle C35 wird der normale Zahlungszeitraum ⓫ (innerhalb von zehn Tagen) über die Formel =B16+10 ermittelt.

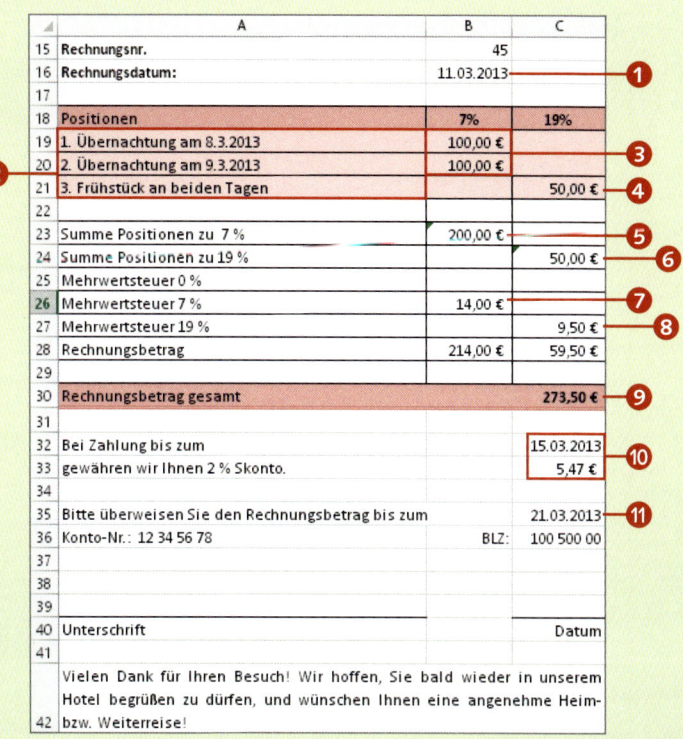

	A	B	C	
15	Rechnungsnr.		45	
16	Rechnungsdatum:		11.03.2013	**1**
17				
18	Positionen	7%	19%	
19	1. Übernachtung am 8.3.2013	100,00 €		**3**
20	2. Übernachtung am 9.3.2013	100,00 €		
21	3. Frühstück an beiden Tagen		50,00 €	**4**
22				
23	Summe Positionen zu 7 %	200,00 €		**5**
24	Summe Positionen zu 19 %		50,00 €	**6**
25	Mehrwertsteuer 0 %			
26	Mehrwertsteuer 7 %	14,00 €		**7**
27	Mehrwertsteuer 19 %		9,50 €	**8**
28	Rechnungsbetrag	214,00 €	59,50 €	
29				
30	Rechnungsbetrag gesamt		273,50 €	**9**
31				
32	Bei Zahlung bis zum		15.03.2013	**10**
33	gewähren wir Ihnen 2 % Skonto.		5,47 €	
34				
35	Bitte überweisen Sie den Rechnungsbetrag bis zum		21.03.2013	**11**
36	Konto-Nr.: 12 34 56 78	BLZ:	100 500 00	
37				
38				
39				
40	Unterschrift		Datum	
41				
42	Vielen Dank für Ihren Besuch! Wir hoffen, Sie bald wieder in unserem Hotel begrüßen zu dürfen, und wünschen Ihnen eine angenehme Heim- bzw. Weiterreise!			

	A	B	C
14			
15	Rechnungsnr.	45	
16	Rechnungsdatum:	=HEUTE()	
17			
18	Positionen	0,07	0,19
19	1. Übernachtung am 8.3.2013	100	
20	2. Übernachtung am 9.3.2013	100	
21	3. Frühstück an beiden Tagen		50
22			
23	Summe Positionen zu 7 %	=SUMME(B19:B21)	
24	Summe Positionen zu 19 %		=SUMME(C19:C21)
25	Mehrwertsteuer 0 %		
26	Mehrwertsteuer 7 %	=B23*7%	
27	Mehrwertsteuer 19 %		=C24*19%
28	Rechnungsbetrag	=SUMME(B23;B26)	=SUMME(C27;C24)
29			
30	Rechnungsbetrag gesamt		=SUMME(B28:C28)
31			
32	Bei Zahlung bis zum		=B16+4
33	gewähren wir Ihnen 2 % Skonto.		=C30*2%
34			
35	Bitte überweisen Sie den Rechnungsbe		=B16+10
36	Konto-Nr.: 12 34 56 78	BLZ:	100 500 00
37			
38			
39			
40	Unterschrift		Datum
41			
42	Vielen Dank für Ihren Besuch! Wir hoffen, Sie bald wieder in unserem Hotel begrüßen zu dürfen, und wünschen Ihnen eine angenehme Heim- bzw. Weiterreise!		

Musterrechnung für Kleinunternehmer

Wenn Sie als Kleinunternehmer(in) Waren oder Dienstleistungen in Rechnung stellen, müssen Sie die Mehrwertsteuer nicht ausweisen. Wie eine solche Rechnung dann aussieht, zeigen wir Ihnen nun anhand einer Musterrechnung nach §19 UStG.

Wenn Sie in die Kategorie Kleinunternehmer fallen, haben Sie zwei Möglichkeiten: Sie können sich von der Umsatzsteuer befreien lassen oder Umsatzsteuer zahlen und damit die Vorteile des Vorsteuerabzugs nutzen. In unserem Beispiel stellen wir Ersteres vor. Die Zelle J26 beinhaltet die Formel für das Honorar ❶, nämlich die Anzahl der Tage mal den Tagessatz in €: =C26*H26. Die Fahrtkosten ❷ werden

in der Zelle J31 angegeben, und zwar mithilfe der Formel =E31*0,3. Diese und die übrigen Ausgaben werden in der Zelle J41 mithilfe der Summenfunktion zum Nettobetrag ❸ addiert: =SUMME(J26:J40). Da netto in diesem Fall gleich brutto ist, wird der Bruttobetrag ❹ in der Zelle J43 einfach mit der Formel =J41 übernommen.

◢	A	B	C	D	E	F	G	H	I	J	K	L
16										Rechnungsdatum:		09.07.2013
17												
18												
19		Seminar										
20			Thema:		MS Excel 2013 – Power-Seminar							
21			Termin		28./29.06.2013							
22			Einsatzort:		Helmstedt							
23												
24												
25		Honorar										
26			2 Tage für Seminardurchführung:			je EUR			777,00 EUR			1.554,00	— ❶
27												
28												
29		Nebenkosten										
30												
31		Fahrtkosten			100 km je EUR 0,30				EUR			30,00	— ❷
32												
33		Übernachtungskosten (Hotelbeleg in Kopie anbei)							EUR			182,00
34		Frühstück (lt. Hotelbeleg)							EUR			50,00
35												
36		Sonstige Nebenkosten (Einzelbelege in Kopie anbei), abzgl. enthaltener USt.										
37												
38			Taxi in EUR						EUR			20,00
39			Bahnfahrkarten						EUR			120,00
40			Parken in EUR						EUR			0,00
41			Nettobetrag						EUR			1.956,00	— ❸
42			Umsatzsteuerbefreit nach §19 UStG Kleinunternehmer									
43			Bruttobetrag						EUR			1.956,00	— ❹

◢	B	C	D	E	F	G	H	I	J
16								Rechnungsdatum:	41464
17									
18									
19	Seminar								
20			Thema:		MS Excel 2013 –				
21			Termin		28./29.06.2013				
22			Einsatzort:		Helmstedt				
23									
24									
25	Honorar								
26			2	Tage		je EUR	777	EUR	=C26*H26
27									
28									
29	Nebenkosten								
30									
31	Fahrtkosten			100	km je EUR 0,30			EUR	=E31*0,3
32									
33	Übernachtungskosten (H							EUR	182
34	Frühstück (lt. Hotelbeleg)							EUR	50
35									
36	Sonstige Nebenkosten (Ei								
37									
38			Taxi in EUR					EUR	20
39			Bahnfahrkarten					EUR	120
40			Parken in EUR					EUR	0
41			Nettobetrag					EUR	=SUMME(J26:J40)
42			Umsatzsteuerbef						
43			Bruttobetrag					EUR	=J41

Musterrechnung für Kleinbeträge bis 150 €

Auch für Rechnungen über Kleinbeträge gibt es Regelungen dazu, was ausgewiesen werden muss und was nicht. Mit dieser Vorlage zeigen wir Ihnen einige Erleichterungen bei der Rechnungserstellung.

Die Angabe der Steuernummer und einer fortlaufenden Rechnungsnummer ist in der Kleinbetragsrechnung nicht erforderlich. Es genügen, wie im Beispiel *Baumateriallieferung* dargestellt, folgende Rechnungsangaben (§ 33 UStDV):

▶ Name und Anschrift des leistenden Unternehmers
▶ Ausstellungsdatum der Kleinbetragsrechnung
▶ Menge und handelsübliche Bezeichnung der Lieferung oder Art und Umfang der Leistung
▶ Entgelt und Steuerbetrag für die Lieferung oder Leistung in einer Summe
▶ Steuersatz oder Hinweis auf eine Steuerbefreiung

Die Umsatzsteuer muss auf der Kleinbetragsrechnung nicht gesondert als Betrag ausgewiesen werden. Es reicht, wenn der Gesamtbetrag ❶ angewiesen wird, wie z. B. in der Zelle D21 zu sehen. Dieser Betrag wird mithilfe der Summenfunktion =SUMME(D16:D20) berechnet. Hinzu kommt die Angabe des konkreten Umsatzsteuersatzes ❷ (»Rechnungsbetrag inkl. 19 % MwSt.«), wie in der Zelle A21 zu sehen. Das Datum der Rechnungsausstellung ❸ wird in der Zelle B13 mithilfe von =HEUTE() dargestellt und in der Zelle C27 mit der Funktion =B13 übernommen ❹. Auch das Fälligkeitsdatum ❺ in der Zelle C24 bezieht sich natürlich auf das Rechnungsdatum: =B13+10.

❸

⊿	A	B	C	D
10				
11	Kleinbetrags-Rechnung für Baumaterialien			
12				
13	Ausstellungsdatum:	11.03.2013		
14	Lieferung vom 4.03.2013			
15	Bezeichnung der gelieferten Waren	Menge	Einzelpreis	Gesamtpreis
16	1. Position – Schrauben	2	5,33 €	10,66 €
17	2. Position – Dichtung	1	25,00 €	25,00 €
18	3. Position – Dachplatte	2	50,00 €	100,00 €
19				- €
20				
21	Rechnungsbetrag inkl. 19 % MwSt.			135,66 €
22				
23				
24	Bitte überweisen Sie den Rechnungsbetrag bis zum		21.03.2013	
25	Konto-Nr.: 12 34 56 78	BLZ:	100 500 00	
26				
27			11.03.2013	
28	Unterschrift		Datum	

❷ ❶ ❺ ❹

⊿	A	B	C	D
10				
11	Kleinbetrags-Rechnung für Baumaterialien			
12				
13	Ausstellungsdatum:	=HEUTE()		
14	Lieferung vom 4.03.2013			
15	Bezeichnung der gelieferten Waren	Menge	Einzelpreis	Gesamtpreis
16	1. Position – Schrauben	2	5,33	=B16*C16
17	2. Position – Dichtung	1	25	=B17*C17
18	3. Position – Dachplatte	2	50	=B18*C18
19				=B19*C19
20				
21	Rechnungsbetrag inkl. 19 % MwSt.			=SUMME(D16:D20)
22				
23				
24	Bitte überweisen Sie den Rechnungsbetrag bis zum		=B13+10	
25	Konto-Nr.: 12 34 56 78	BLZ:	100 500 00	
26				
27			=B13	
28	Unterschrift		Datum	

Arbeitszeitentabelle

Mit dieser Vorlage können Sie Ihre Wochenarbeitszeit optimal planen, indem Sie Ihre Aktivitäten sowie die regulären Arbeits- und Überstunden erfassen.

Tragen Sie in die Zelle F8 das Datum für den letzten Tag (Sonntag) ❶ der betreffenden Woche ein. Nachdem Sie die Eingaben bestätigt haben, füllt sich der Bereich B13:B19 mit den Wochendatumswerten ❷. Wenn in der Zelle F8 nichts steht, werden auch in der Spalte B keine Daten angezeigt; ansonsten werden sechs Tage vom Wert aus der Zelle F8 (dem letzten Tag der Woche) abgezogen. Das geschieht über die WENN-Funktion in den einzelnen Zellen des Bereichs, z. B. =WENN($F$8=0;"";$F$8-6) in der Zelle B13. Ihre Arbeits- und Überstunden ❸ geben Sie in die Spalten E und F als normale Zahlenwerte ein.

Auch in den Zellen des Bereichs G13:G19 wird eine WENN-Funktion verwendet ❹. Die Gesamtarbeitszeit wird addiert, und Workaholics werden darauf aufmerksam gemacht, wenn sie länger als 24 Stunden gearbeitet haben: =WENN(E13+F13>24;"Sie haben mehr als 24 Stunden eingegeben.";E13+F13). Wie immer wird die Summenfunktion für die Berechnung der Arbeitsstunden in der Zelle E20 (=SUMME(E13:E19)), der Überstunden in der Zelle F20 (=SUMME(F13:F19)) und der Gesamtarbeitszeit in der Zelle G20 (=SUMME(G13:G19)) genutzt ❺.

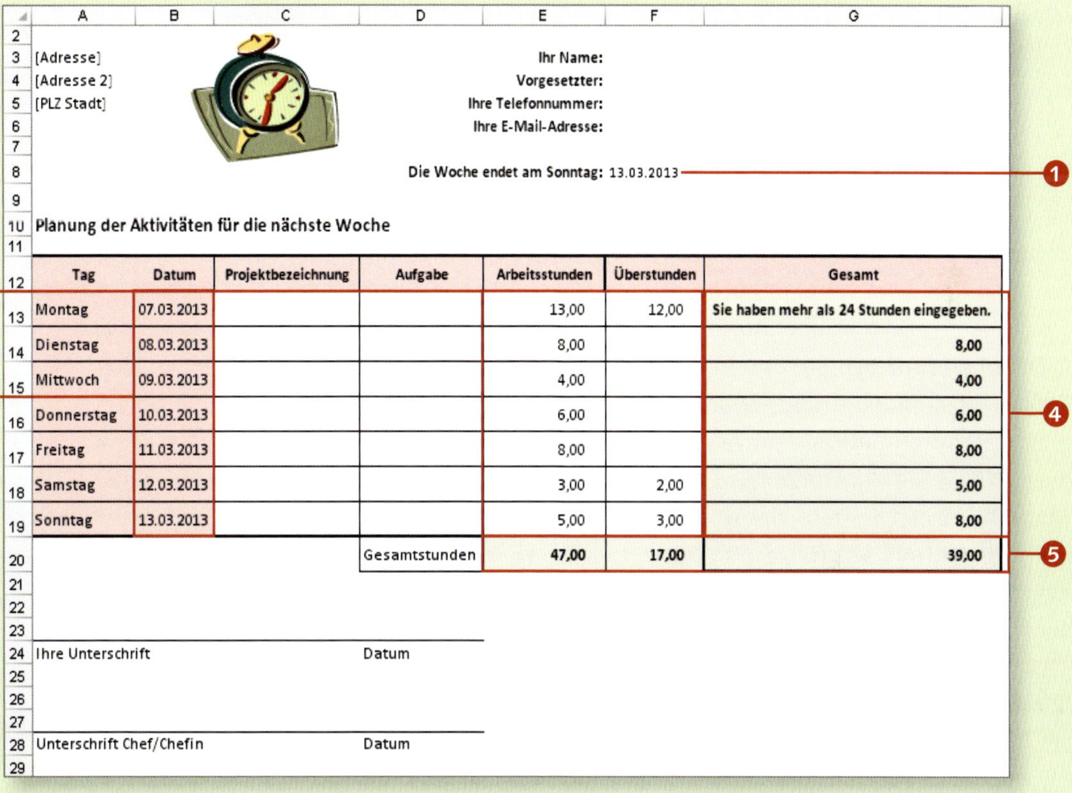

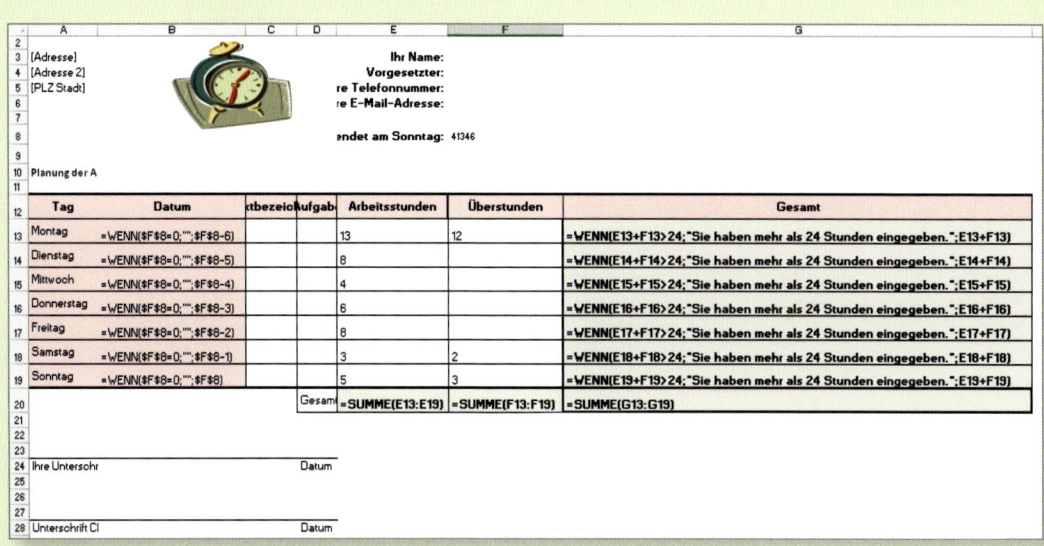

Top screenshot (columns A–G):

[Adresse]				Ihr Name:		
[Adresse 2]				Vorgesetzter:		
[PLZ Stadt]				Ihre Telefonnummer:		
				Ihre E-Mail-Adresse:		

Die Woche endet am Sonntag: 13.03.2013 ①

Planung der Aktivitäten für die nächste Woche

Tag	Datum	Projektbezeichnung	Aufgabe	Arbeitsstunden	Überstunden	Gesamt
Montag	07.03.2013			13,00	12,00	Sie haben mehr als 24 Stunden eingegeben.
Dienstag	08.03.2013			8,00		8,00
Mittwoch	09.03.2013			4,00		4,00
Donnerstag	10.03.2013			6,00		6,00
Freitag	11.03.2013			8,00		8,00
Samstag	12.03.2013			3,00	2,00	5,00
Sonntag	13.03.2013			5,00	3,00	8,00
			Gesamtstunden	47,00	17,00	39,00

Ihre Unterschrift   Datum

Unterschrift Chef/Chefin   Datum

Bottom screenshot (formula view, columns A–G):

[Adresse]				Ihr Name:		
[Adresse 2]				Vorgesetzter:		
[PLZ Stadt]				re Telefonnummer:		
				re E-Mail-Adresse:		

endet am Sonntag: 41346

Planung der A

Tag	Datum	tbezeic	Aufgab	Arbeitsstunden	Überstunden	Gesamt
Montag	=WENN($F$8=0;"";$F$8-6)			13	12	=WENN(E13+F13>24;"Sie haben mehr als 24 Stunden eingegeben.";E13+F13)
Dienstag	=WENN($F$8=0;"";$F$8-5)			8		=WENN(E14+F14>24;"Sie haben mehr als 24 Stunden eingegeben.";E14+F14)
Mittwoch	=WENN($F$8=0;"";$F$8-4)			4		=WENN(E15+F15>24;"Sie haben mehr als 24 Stunden eingegeben.";E15+F15)
Donnerstag	=WENN($F$8=0;"";$F$8-3)			6		=WENN(E16+F16>24;"Sie haben mehr als 24 Stunden eingegeben.";E16+F16)
Freitag	=WENN($F$8=0;"";$F$8-2)			8		=WENN(E17+F17>24;"Sie haben mehr als 24 Stunden eingegeben.";E17+F17)
Samstag	=WENN($F$8=0;"";$F$8-1)			3	2	=WENN(E18+F18>24;"Sie haben mehr als 24 Stunden eingegeben.";E18+F18)
Sonntag	=WENN($F$8=0;"";$F$8)			5	3	=WENN(E19+F19>24;"Sie haben mehr als 24 Stunden eingegeben.";E19+F19)
			Gesam	=SUMME(E13:E19)	=SUMME(F13:F19)	=SUMME(G13:G19)

Ihre Untersohr   Datum

Unterschrift Cl   Datum

Stundenplan

Erstellen Sie gemeinsam mit Ihrem Kind einen Stundenplan als Excel-Tabelle, und drucken Sie ihn aus. Wir zeigen Ihnen hier, wie eine Vorlage für den Stundenplan aussehen kann und wie sie funktioniert.

In die Zellen C3 und E3 tragen Sie ein, von wann bis wann der Stundenplan gültig ist. In der Spalte A erfassen Sie die Stunden und Pausen. Daneben notieren Sie in den Spalten B und C die Uhrzeiten, zu denen Stunden und Pausen beginnen und enden. Achten Sie dabei darauf, dass Sie die Uhrzeiten immer im Format »08:30« schreiben. Um sich die Eingabe zu erleichtern, können Sie bei den Pausenzeiten ❶ einen Bezug zur jeweiligen Zelle mit dem Stundenschluss herstellen. Klicken Sie also z. B. in die Zelle B8, geben Sie ein Gleichheitszeichen ein (=), und zeigen Sie dann auf die Zelle C7. Excel ergänzt den Eintrag für Sie.

In der Zelle D7 berechnen Sie die Dauer der Unterrichtsstunde ❷ mit der Formel =C7-B7. Kopieren Sie diese Formel in den Bereich D8:D19, dann führt Excel die Berechnung dort automatisch durch. Die Zahlen haben das benutzerdefinierte Zahlenformat »MM "Min"«.

Tragen Sie dann für jeden Wochentag die passenden Fächer ein. Am leichtesten ist es, wenn Sie ein Fach eintragen und es dann für die anderen Tage kopieren. In den Zellen E21:I21 wird die Anzahl der Unterrichtsstunden pro Tag ❸ errechnet, in der Zelle E21 steht also die Funktion =ANZAHL2(E7:E19). Wenn Sie schnell herausfinden wollen, wie viele Biologiestunden Ihr Kind in der Woche hat, tragen Sie »Bio« in die Zelle B24 ein und bestätigen die Eingabe mit ⏎. Über die Funktion =ZÄHLENWENN(E7:I19;B24) zeigt die Zelle B25 die Anzahl der wöchentlichen Stunden ❹ an, die zum Eintrag in der Zelle B24 passen. Wenn Sie in die Zelle B24 dann z. B. »Ma« eintragen, erscheint in der Zelle B25 die Anzahl der Mathematikstunden pro Woche. Zum Abschluss formatieren Sie den Stundenplan nach Ihren Wünschen. Fügen Sie z. B. eine fröhliche Grafik ein, die Ihrem Kind gefällt.

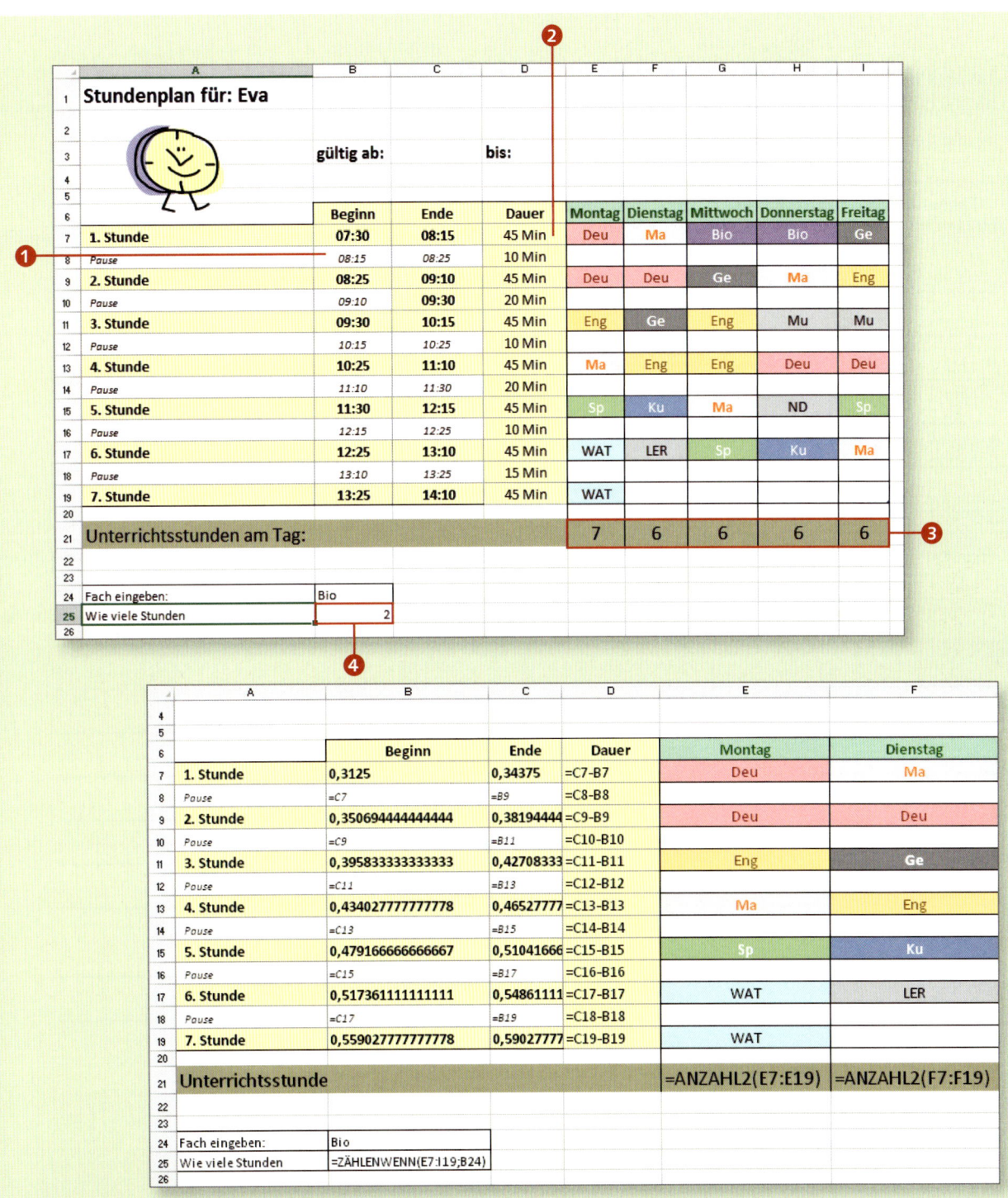

	A	B	C	D	E	F	G	H	I
1	**Stundenplan für: Eva**								
2									
3		**gültig ab:**		**bis:**					
4									
5									
6		**Beginn**	**Ende**	**Dauer**	**Montag**	**Dienstag**	**Mittwoch**	**Donnerstag**	**Freitag**
7	**1. Stunde**	**07:30**	**08:15**	45 Min	Deu	Ma	Bio	Bio	Ge
8	*Pause*	08:15	08:25	10 Min					
9	**2. Stunde**	**08:25**	**09:10**	45 Min	Deu	Deu	Ge	Ma	Eng
10	*Pause*	09:10	**09:30**	20 Min					
11	**3. Stunde**	**09:30**	**10:15**	45 Min	Eng	Ge	Eng	Mu	Mu
12	*Pause*	10:15	10:25	10 Min					
13	**4. Stunde**	**10:25**	**11:10**	45 Min	Ma	Eng	Eng	Deu	Deu
14	*Pause*	11:10	11:30	20 Min					
15	**5. Stunde**	**11:30**	**12:15**	45 Min	Sp	Ku	Ma	ND	Sp
16	*Pause*	12:15	12:25	10 Min					
17	**6. Stunde**	**12:25**	**13:10**	45 Min	WAT	LER	Sp	Ku	Ma
18	*Pause*	13:10	13:25	15 Min					
19	**7. Stunde**	**13:25**	**14:10**	45 Min	WAT				
20									
21	**Unterrichtsstunden am Tag:**				7	6	6	6	6
22									
23									
24	Fach eingeben:	Bio							
25	Wie viele Stunden		2						
26									

	A	B	C	D	E	F
4						
5						
6		**Beginn**	**Ende**	**Dauer**	**Montag**	**Dienstag**
7	**1. Stunde**	0,3125	0,34375	=C7-B7	Deu	Ma
8	*Pause*	=C7	=B9	=C8-B8		
9	**2. Stunde**	0,350694444444444	0,38194444	=C9-B9	Deu	Deu
10	*Pause*	=C9	=B11	=C10-B10		
11	**3. Stunde**	0,395833333333333	0,42708333	=C11-B11	Eng	Ge
12	*Pause*	=C11	=B13	=C12-B12		
13	**4. Stunde**	0,434027777777778	0,46527777	=C13-B13	Ma	Eng
14	*Pause*	=C13	=B15	=C14-B14		
15	**5. Stunde**	0,479166666666667	0,51041666	=C15-B15	Sp	Ku
16	*Pause*	=C15	=B17	=C16-B16		
17	**6. Stunde**	0,517361111111111	0,54861111	=C17-B17	WAT	LER
18	*Pause*	=C17	=B19	=C18-B18		
19	**7. Stunde**	0,559027777777778	0,59027777	=C19-B19	WAT	
20						
21	**Unterrichtsstunde**				=ANZAHL2(E7:E19)	=ANZAHL2(F7:F19)
22						
23						
24	Fach eingeben:	Bio				
25	Wie viele Stunden	=ZÄHLENWENN(E7:I19;B24)				
26						

Wichtige Tasten und Tastenkombinationen

Tastenkombinationen, häufig auch Tastenkürzel oder Shortcuts genannt, sind für die Arbeit mit Excel besonders nützlich und zeitsparend. Auf dieser Seite finden Sie eine Übersicht der wichtigsten und am häufigsten benötigten »Abkürzungen«.

Taste/Tastenkombination	Beschreibung
`↑`, `↓`, `←`, `→`	*Die Eingabe in einer Zelle beenden und den Cursor um eine Zelle nach oben, unten, rechts oder links bewegen.*
`↵`	*Die Eingabe beenden und zur Zelle darunter springen.*
`⇧`-Taste + `↵`	*Die Eingabe beenden und zur Zelle darüber springen.*
`⇥`	*Die Eingabe beenden und nach rechts zur nächsten Zelle springen.*
`⇧`-Taste + `⇥`	*Die Eingabe beenden und nach links zur nächsten Zelle springen.*
`Esc`	*Die Eingabe beenden und die eingegebenen Daten löschen.*
`Alt`	*Die Tasteninfos für den Zugriff auf die Befehle im Menüband anzeigen.*
`Alt` + `F4`	*Excel beenden.*
`Alt` + `M` + `F`	*In Zellen Formeln anzeigen lassen.*
`Alt` + `↵`	*Eine neue Zeile in der Bearbeitungsleiste beginnen.*
`F1`	*Die Excel-Hilfe aufrufen.*
`F4`	*Eine Aktion oder einen Befehl wiederholen.*
`F12`	*Den Dialog Speichern unter öffnen.*
`Strg` + `A`	*Das gesamte Tabellenblatt markieren.*
`Strg` + `C`	*Die aktuelle Auswahl in die Zwischenablage kopieren.*
`Strg` + `X`	*Die aktuelle Auswahl ausschneiden und in die Zwischenablage übernehmen.*
`Strg` + `V`	*Die aktuelle Auswahl aus der Zwischenablage einfügen.*
`Strg` + `F1`	*Das Menüband ein- und ausblenden.*

Absoluter Bezug	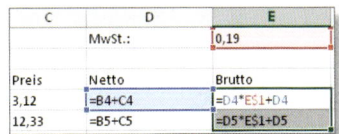	Beim Kopieren von Zellen, die eine Formel enthalten, können Sie mit der Eingabe von »$« verhindern, dass die Formel verändert, d. h. mit der Kopierrichtung angepasst wird. Die Formel ist dann absolut.
Achsen	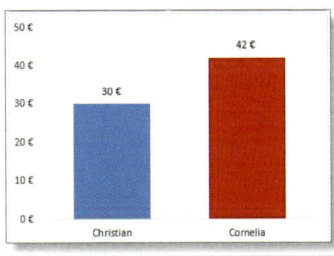	Die waagerechte Achse in einem Säulendiagramm ist die x-Achse (oder Rubrikenachse), die senkrechte Achse ist die y-Achse (oder Größenachse).
Adresse	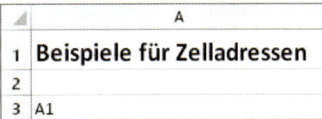	Mit einer Adresse können Sie auf eine spezielle Position innerhalb einer Datei verweisen, z. B. auf einen Zellbereich. Aber auch der Pfad zu einem Objekt, Dokument, zu einer Datei, einer Seite oder einem anderen Zielobjekt wird Adresse genannt.
Aktives Blatt	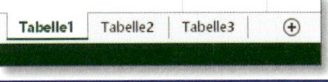	Das aktive Blatt ist das Tabellenblatt, das in der Arbeitsmappe aktuell bearbeitet wird.
Aktive Zelle	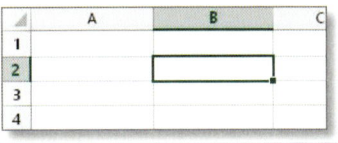	Die aktive Zelle ist die Zelle in einem Excel-Tabellenblatt, die aktuell ausgewählt ist.
Arbeitsmappe		Eine Arbeitsmappe ist eine Excel-Datei. Seit der Version Excel 2007 werden die Dateien mit der Endung *.xlsx* gespeichert, vorher war es *.xls*. Die Standardarbeitsmappe heißt *Mappe1*.
Argument	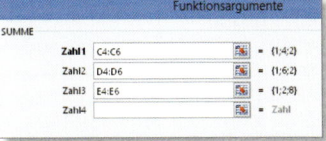	Argumente in Funktionen sind numerische Werte, Textwerte, Zellbezüge oder Namen.

Glossar

Ausdruck		Ein Ausdruck besteht aus einer Kombination von Operatoren, Feldnamen, Funktionen, Texten oder Konstanten.
Ausfüllkästchen		Das Ausfüllkästchen ist das kleine schwarze Kästchen in der rechten unteren Ecke der Zellmarkierung. Wenn Sie mit dem Mauszeiger auf dieses Kästchen zeigen, nimmt er die Form eines schwarzen Kreuzes an.
AutoFilter		Kleine Pfeile neben den Zellen symbolisieren automatische Filterfunktionen, die Sie zuvor über **Sortieren und Filtern** eingefügt haben. Sie eignen sich hervorragend zum Sortieren umfangreicher Tabellen.
AutoKorrektur		Excel korrigiert Schreib- und Tippfehler oder bestimmte Einträge automatisch, z. B. wird die Eingabe (c) zu ©.
Backstage-Ansicht		In der Backstage-Ansicht, die Sie über das Register **Datei** aufrufen, finden Sie Befehle für das Dokumentenmanagement, z. B. **Drucken**, **Speichern** und **Neu**.

Bearbeitungsleiste	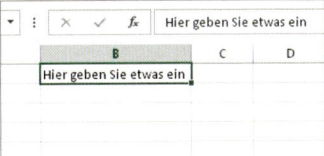	Die Bearbeitungsleiste ist die Leiste direkt über den Spaltenüberschriften, die zum Eingeben oder Bearbeiten von Werten oder Formeln in Zellen oder Diagrammen verwendet wird.
Bedingte Formatierung	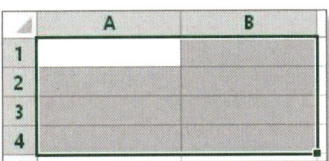	Die bedingte Formatierung ermöglicht es Ihnen, Wörter oder Zahlen mit einem bestimmten Erscheinungsbild darzustellen. So können Sie z. B. alle Werte rot hinterlegen, die kleiner als 100 sind.
Bereich	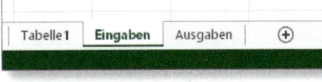	Ein Bereich ist ein festgelegter Ausschnitt eines Tabellenblattes. Diesen legen Sie vor dem Kopieren, Ausschneiden, Formatieren oder Löschen fest.
Blattregister		Das Blattregister enthält den Namen des Tabellenblattes einer Arbeitsmappe, z. B. **Tabelle1**, **Eingaben** oder **Ausgaben**.
Blitzvorschau	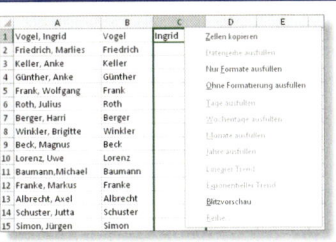	Mithilfe der Blitzvorschau können Daten aus einer Spalte in mehrere Spalten aufgeteilt bzw. Daten aus mehreren Spalten in einer Spalte zusammengefasst werden.
Datenpunkt	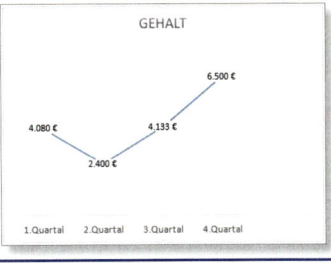	Bei einem Datenpunkt handelt es sich um einen einzelnen Wert in einem Diagramm.

Glossar

Datenreihe	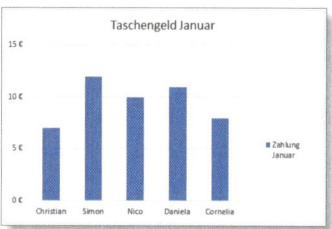	Bei Datenreihen handelt es sich um in Reihen angeordnete Zahlenwerte (wie das Taschengeld), die z. B. als Säule zu sehen sind und gleich gestaltet werden.
Datenschnitt		Mit dem Datenschnitt erhalten Sie eine aussagekräftige Darstellung der Pivot-Tabellenansicht, in der Sie die Daten dynamisch filtern können, sodass nur die benötigten Daten angezeigt werden.
Datumsformat	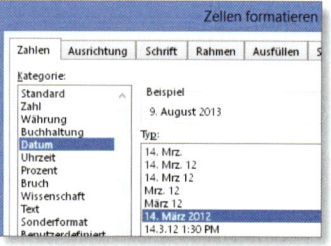	Mithilfe des Datumsformats, das Sie auf der Registerkarte **Start** in der Gruppe **Zahlen** einstellen können, legen Sie z. B. fest, ob die Jahreszahl zweistellig oder vierstellig angezeigt wird.
Design		Designs sind Gestaltungsvorgaben (Schriftart, Farben, Effekte), die über Excel hinaus auch für Word und PowerPoint gelten.
Diagramm		Ein Diagramm ist eine grafische Darstellung von Werten einer Tabelle, um die wichtigsten Informationen anschaulich zu machen.

Drag & Drop		Drag & Drop bedeutet »Ziehen und Fallenlassen«. Es handelt sich dabei um eine Technik, bei der Sie Daten mit der Maus markieren und sie dann mit gedrückter Maustaste an eine neue Position ziehen und dort ablegen können.
Drucktitel	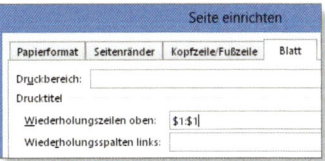	Drucktitel sind Zeilen- oder Spaltenbeschriftungen, die oben oder am linken Rand jeder Seite einer Tabelle gedruckt werden.
Fingereingabe-/ Mausmodus		Umschalten von Maus- in Fingereingabe auf Touchdisplays.
Format	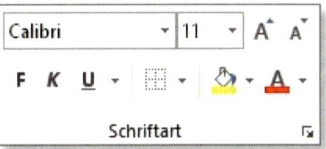	Ein Format ist eine durch den Benutzer zugewiesene Darstellungsweise von Daten, z. B. in Bezug auf Schriftgröße und -farbe, Rahmen oder Hintergrund.
Formel	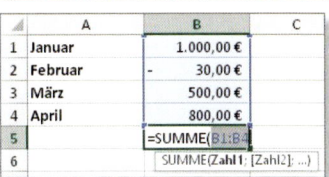	Eine Formel ist ein Rechenausdruck, mit dem Sie in Excel Berechnungen ausführen oder Bezüge herstellen können, z. B. =SUMME().

Glossar

FORMELTEXT	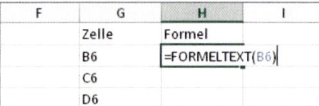	FORMELTEXT ist eine neue Funktion in Excel 2013, die eine Formel als Text darstellt.
Fußzeile	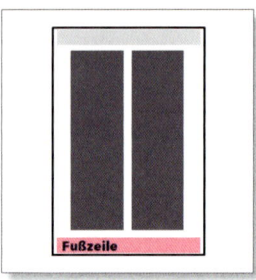	Bei einer Fußzeile handelt es sich um einen Bereich außerhalb des normalen Tabellenblattes mit allgemeinen Informationen, z. B. Seitenzahl und Tabellenname. Dieser Bereich wird auf jeder Seite unten angezeigt.
Gruppenmodus		Mehrere Tabellenblätter können zu einer Gruppe zusammengefasst werden, damit Sie Eingaben z. B. nur einmal ausführen müssen. Der Eintrag **[Gruppe]** erscheint in der Titelleiste.
Konstante	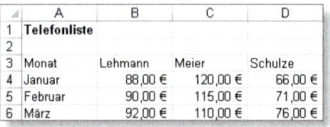	Eine Konstante ist ein nicht berechneter, sondern fest eingegebener Wert, wie hier die Namen oder Zahlen.
Kontextmenü		Ein Kontextmenü ist ein spezielles, vom jeweiligen Objekt abhängiges Menü, das Sie mit der rechten Maustaste aufrufen.
Kopfzeile		Die Kopfzeile ist ein Bereich außerhalb des normalen Tabellenblattes mit allgemeinen Informationen, z. B. Dateiname und Logo, der auf jeder Seite oben angezeigt wird.

Kriterien		Kriterien sind Bedingungen, mit deren Hilfe Sie die Einbeziehung von Datensätzen in eine Berechnung bestimmen.
Laufrahmen	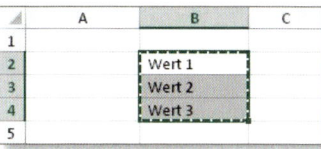	Bei einem Laufrahmen handelt es sich um einen animierten Rahmen, der um den Tabellenbereich herum angezeigt wird, der ausgeschnitten oder kopiert wurde. Soll der Laufrahmen nicht mehr angezeigt werden, drücken Sie Esc.
Legende	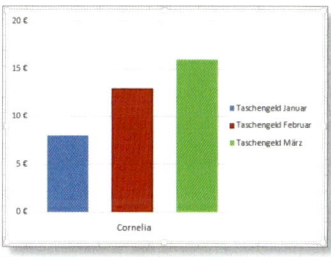	Die Legende enthält eine Erläuterung zu den im Diagramm dargestellten Werten.
Markieren		Markieren bedeutet das Auswählen einer Zelle oder eines Zellbereichs in einem Tabellenblatt.
Menüband		Im Menüband finden Sie fast alle Funktionen, mit denen Sie Ihre Tabellen bearbeiten und gestalten können.
Namensfeld		Das Namensfeld links in der Bearbeitungsleiste zeigt den Namen der Zelle an, die Sie ausgewählt haben.

Glossar

Normalansicht

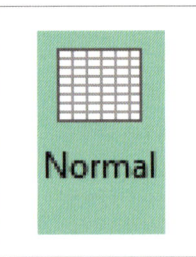

Die Normalansicht ist zum Bearbeiten von Tabellen gedacht und zeigt *nicht* das Druckergebnis, sie enthält z. B. keine Kopf- und Fußzeilen.

Operand

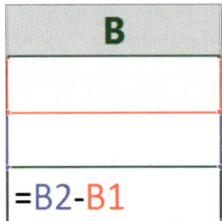

Operanden sind Elemente auf einer Seite eines Operators in einer Formel. In Excel können Sie als Operanden Werte, Zellbezüge, Namen, Beschriftungen oder Funktionen verwenden.

Operator

Der Operator ist das Zeichen oder Symbol, mit dessen Hilfe Sie die in einem Ausdruck auszuführende Berechnung angeben. Es gibt mathematische und logische sowie Vergleichsoperatoren.

PDF

Sie können Tabellen als PDF-Datei speichern. Die Formatierungen bleiben dann bei der Weitergabe in jedem Fall erhalten.

PivotChart

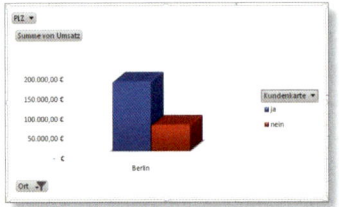

Ein PivotChart-Bericht liefert die grafische Darstellung der Daten einer Pivot-Tabelle.

Glossar

Pivot-Tabelle		Eine Pivot-Tabelle bietet Ihnen die Möglichkeit, Daten einer Tabelle darzustellen und auszuwerten, ohne die Ausgangsdaten ändern zu müssen.
Pixel (Bildpunkt)		Ein Pixel ist die Einheit zur Bestimmung der Größe von Elementen der Bildschirmdarstellung. 1 Pixel entspricht etwa 0,3 mm.
Relativer Bezug	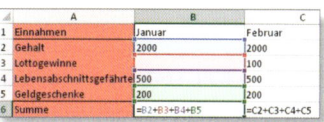	Beim relativen Bezug handelt es sich um eine Adresse einer Zelle in einer Formel. Beim Kopieren der Formel wird dieser Bezug automatisch mit der Kopierrichtung angepasst.
Schnellanalyse-tool	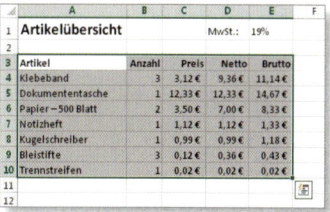	Die Schnellanalyse gestattet das schnelle und einfache Analysieren von Daten. Es stehen Ihnen Analysefeatures für die Formatierung, Diagramme, Berechnungen, Tabellen und Sparklines zur Verfügung.
Schutz	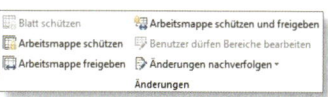	Die Schutzfunktion auf dem Register **Überprüfen** verhindert den Zugriff auf Tabellenblatt- oder Arbeitsmappenelemente.
Screenshot	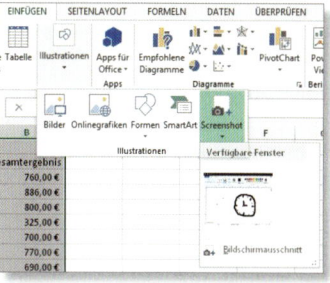	Ein Screenshot ist ein »Foto« des ganzen oder eines Teils des Bildschirminhalts.

Glossar

Seitenansicht		In der Backstage-Ansicht finden Sie unter **Drucken** die **Seitenansicht**, die den künftigen Ausdruck in der Vorschau zeigt.
Seitenlayout		Das Seitenlayout zeigt das Dokument mit der Tabelle einschließlich der Bereiche für Kopf- und Fußzeile sowie der Seitenränder so an, wie es ausgedruckt wird.
Seitenumbruch	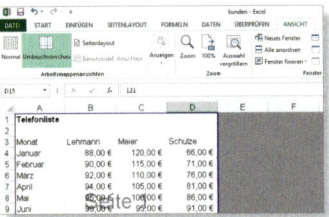	Der Seitenumbruch ist die Trennlinie, die ein Tabellenblatt für den Ausdruck in mehrere Seiten unterteilt. Excel legt die Seitenumbrüche entsprechend der Seiteneinrichtung fest.
Smarttag		Ein Smarttag unterstützt Sie bei Ihrer Arbeit, indem es Sie auf passende Funktionen aufmerksam macht.
Sortierreihenfolge	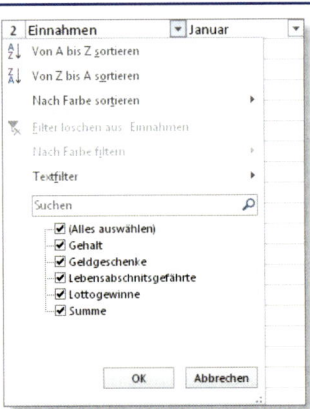	Die Sortierreihenfolge ist ein Verfahren zur Anordnung von Daten nach ihrem Wert oder Datentyp. Daten können z. B. alphabetisch, numerisch oder nach Datum aufsteigend bzw. absteigend sortiert werden.

Sparklines	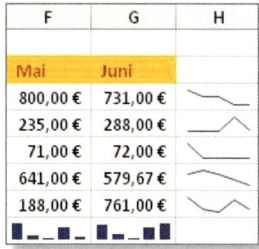	Sparklines sind Minidiagramme in einer Zelle. Sie eignen sich vor allem zur Darstellung von Trends.
Tabellenblatt	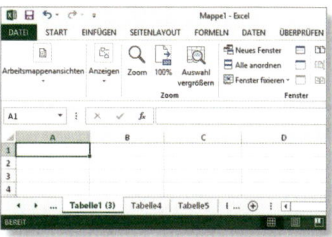	Ein Tabellenblatt besteht aus Zellen, die in Spalten und Zeilen angeordnet sind. Es wird immer als Teil einer Arbeitsmappe gespeichert. In Excel 2013 stehen in einer Datei bis zu 255 Tabellenblätter zur Verfügung.
Tabellenblatt-übergreifende Formeln	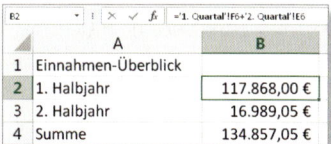	Tabellenblattübergreifende Formeln verknüpfen die Daten mehrerer Tabellenblätter und zeigen in der Formel das jeweilige Tabellenblatt, gefolgt von einem Ausrufezeichen sowie der entsprechenden Zelladresse an.
Tabellenformat-vorlagen	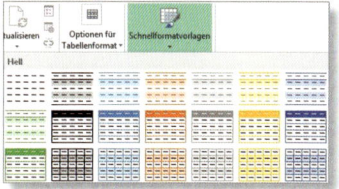	Excel bietet 60 verschiedene fertige Formatvorlagen für ganze Tabellen an. Zusätzlich zur Gestaltung werden AutoFilter eingestellt.
Tastatur-Shortcut	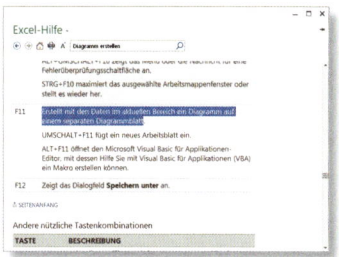	Bei einem Tastatur-Shortcut handelt es sich um eine Taste oder eine Kombination mehrerer Tasten, mit deren Hilfe man einen Befehl schnell aufrufen kann. Um ein Diagramm zu erstellen, drücken Sie z. B. F11.

Glossar

Umbruch-vorschau	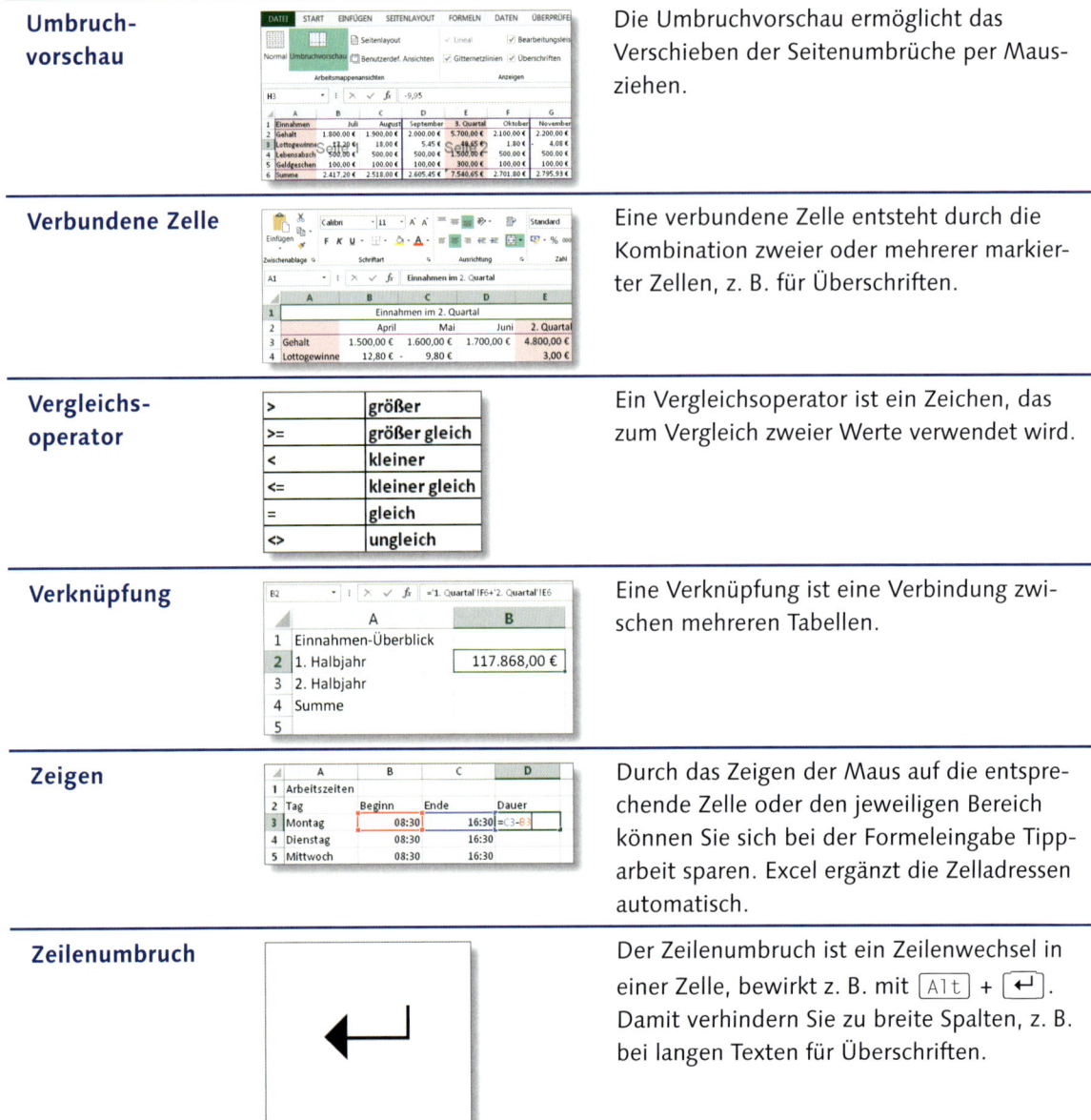	Die Umbruchvorschau ermöglicht das Verschieben der Seitenumbrüche per Maus-ziehen.
Verbundene Zelle		Eine verbundene Zelle entsteht durch die Kombination zweier oder mehrerer markier-ter Zellen, z. B. für Überschriften.
Vergleichs-operator		Ein Vergleichsoperator ist ein Zeichen, das zum Vergleich zweier Werte verwendet wird.
Verknüpfung		Eine Verknüpfung ist eine Verbindung zwi-schen mehreren Tabellen.
Zeigen		Durch das Zeigen der Maus auf die entspre-chende Zelle oder den jeweiligen Bereich können Sie sich bei der Formeleingabe Tipp-arbeit sparen. Excel ergänzt die Zelladressen automatisch.
Zeilenumbruch		Der Zeilenumbruch ist ein Zeilenwechsel in einer Zelle, bewirkt z. B. mit `Alt` + `↵`. Damit verhindern Sie zu breite Spalten, z. B. bei langen Texten für Überschriften.

Zelle		Die Zelle ist der Überschneidungsbereich von Zeile und Spalte, also ein einzelnes Eingabefeld (hier: B2).
Zellenformat-vorlagen	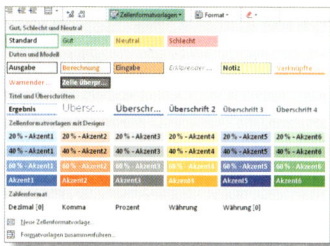	Excel verfügt über 47 fertige Gestaltungen (Schablonen) zum schnellen Formatieren einzelner Zellen oder Zellbereiche, z. B. für Berechnungen, Überschriften oder Zahlenformate.
Zwischenablage		Die Zwischenablage ist eine Datenablage im Hintergrund, die für den Austausch (z. B. das Kopieren) von Daten genutzt wird. Sie steht in allen Windows-Anwendungen zur Verfügung.

Index

Index

Index

Index

Index

Index

■ Grundlagen, Praxistipps
und Profiwissen

■ Mit zahlreichen Beispielen und
Schritt-für-Schritt-Anleitungen

■ Formeln und Funktionen,
Diagramme, Pivot, VBA u.v.m.

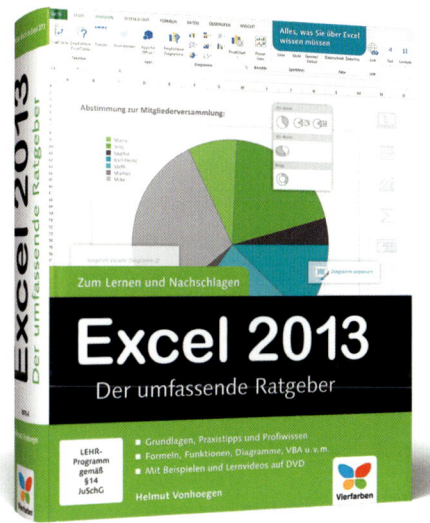

Helmut Vonhoegen

Excel 2013
Der umfassende Ratgeber

Was immer Sie mit Excel 2013 tun wollen, in diesem Ratgeber erhalten
Sie kompetent Auskunft. Helmut Vonhoegen zeigt Ihnen alles, was Sie
wissen müssen: von einfachen Formeln und Diagrammen über komplexe
Berechnungen und Datenanalysen bis hin zur Makroprogrammierung
mit VBA. Ob Sie Excel auf dem PC oder Tablet nutzen, hier finden Sie
immer die richtige Antwort auf Ihre Fragen. Vollständig, anschaulich
und verständlich.

918 S., 2013, komplett in Farbe, mit DVD, 39,90 Euro
ISBN 978-3-8421-0075-6
www.vierfarben.de/3288

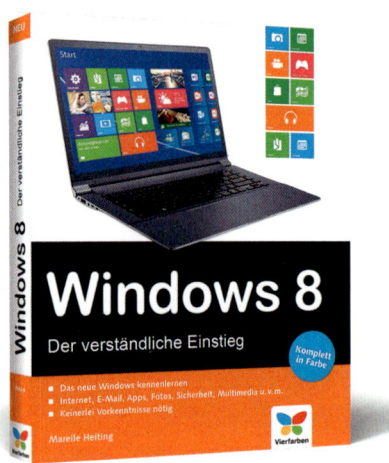

Mareile Heiting

Windows 8
Der verständliche Einstieg

Mit diesem Buch lernen Sie Windows 8 von Grund auf kennen! Dank der leicht verständlichen Anleitungen und zahlreicher farbiger Abbildungen finden Sie sich schnell an Ihrem Computer zurecht. Alle wichtigen Themen werden anschaulich und unterhaltsam erklärt.

420 S., 2013, komplett in Farbe,
19,90 Euro
ISBN 978-3-8421-0068-8
www.vierfarben.de/3255

Frank Möller

Office 2013
Die Anleitung in Bildern

Briefe schreiben mit Word, rechnen mit Excel, E-Mails mit Outlook verwalten oder Präsentationen mit PowerPoint erstellen – in diesem Buch sehen Sie Schritt für Schritt, wie Sie Office 2013 gekonnt für sich nutzen.

ca. 350 S., komplett in Farbe, 14,90 Euro
ISBN 978-3-8421-0076-3,
September 2013
www.vierfarben.de/3289